U0598712

AHLEI
AMERICAN HOTEL & LODGING
EDUCATIONAL INSTITUTE

美国饭店业协会教育学院系列教材

前厅部的运转与管理
（中文第二版）

Managing Front Office Operations，Ninth Edition

Michael L. Kasavana　著　王培来　包伟英　译

中国旅游出版社

作者简介

迈克尔·L.卡萨瓦纳（Michael L. Kasavana）博士 密歇根州州立大学旅馆学院旅馆系终身教授，其终身教职受全国自动化商品交易协会资助。他被认为是这所学校的技术专家。卡萨瓦纳博士毕业于马萨诸塞—阿默斯特大学，并通过学位论文，获得了旅馆、餐馆和旅行管理本科学位，财务管理硕士学位和管理信息系统的博士学位。他出过多本专著，编写过教学软件包，撰写了不少学术研究论文，还在贸易杂志发表了很多文章。卡萨瓦纳博士在教育和研究上的投入，主要集中在酒店、餐馆、博彩、自动售货机和俱乐部的计算机运用上。他是一位活跃的咨询顾问，曾获得密歇根州州立大学杰出才能奖、教学研究奖和埃利·布罗德商学院威瑟罗教师学者奖。他曾在美国、加拿大、中国香港及世界其他地方的许多学术讨论会上，就广泛的题材做过演讲。他还是名望国际科技会堂的招待业财务和科技专业协会的成员，并获得食品服务科技展览和会议协会颁发的杰出成就奖。他创造性地提出了术语"菜单工程"和"可视化商务"的概念。除了在密歇根州州立大学酒店业管理学院任职外，他还作为大学的院系田径代表出席全国大学体育运动联合会、高校十项运动会和中部大学冰球联合会的会议，并主持密歇根州立大学的田径理事会。

主译简介

王培来 先后毕业于上海旅游高等专科学校、华东师范大学、香港理工大学，主要研究方向为酒店与旅游业管理，旅游职业教育。香港理工大学饭店与旅游业管理硕士学位，博士在读。

1993年至今任教于上海旅游高等专科学校饭店管理系，主要讲授饭店经营管理，饭店房务管理，服务市场营销等课程，任饭店管理系副主任、副教授。国家示范性高职院校酒店管理重点专业负责人。1994年至今先后赴印尼巴厘岛香格里拉、澳门旅游学院、瑞士理诺士酒店管理学院学习进修。1987年曾先后在山东省济南舜耕山庄、山东南郊宾馆从事饭店服务工作；2004年曾担任广东亚洲国际大酒店（五星级）总经理助理。

包伟英 曾担任无锡湖滨酒店集团、上海淳大酒店投资管理有限公司顾问，南京金陵旅游管理干部学院教务处副处长，金陵饭店前厅部经理和培训部经理。曾作为中国旅馆专家组成员前往新加坡一年并承担教材编写与师资培训工作。曾接受美国康奈尔大学、瑞士洛桑旅馆学校、澳大利亚丽晶学院的培训。曾在日本、中国香港、新加坡、美国以及国内多家著名饭店受训。

再版前言

　　由美国饭店业协会教育学院编写的酒店从业人员职业教育培训系列丛书于 2001 年第一次被引进中国，距今已经过去 13 年之久。回首这套丛书初次被引进中国的时节，正是中国酒店业走向一个新阶段的起点。彼时，国际竞争国内化、国内竞争国际化是国内酒店业对行业发展趋势的共识，而面对这种趋势的国内酒店管理教育在培养职业人才的系统性方面仍然存在着明显的短板，其中教材方面的缺失尤其严重。鉴于此，中国旅游出版社在考虑中国酒店业的现实情况，经过细致的比较之后，认可了美国饭店业协会教育学院的职业教育教材体系和职业培训体系，引进了这套在国际上颇有影响力的酒店管理教材。可以说，这套教材的引进，相当及时地补充了国内酒店管理教育在国际化经营方面的不足。

　　今天，中国酒店业的经营环境及运营管理等已然发生了巨大的变化，曾经认为的趋势已成为现实，但是又出现了一些无法预想的变化。在 21 世纪之初，酒店行业已经预见到了国内国外酒店企业集团的同场竞技，如今则早已习惯了共同存在和竞争。曾经，中国酒店行业看到了自身未来的繁荣，而如今，中国酒店业经过十几个春秋的洗礼，已经形成了国内市场、国际市场和出境市场三分天下的格局，业态进一步细分完善。与此同时，酒店企业经营的科学性和创新性不断提升，在吸收国际酒店管理经验的基础上，进一步开展本土化创新实践，本土集团成长非常迅速，其中许多已经进入世界酒店集团 10 强。中国本土酒店集团的发展将改变世界酒店企业的格局，同时将带来国际酒店企业运营与管理的话语基础。

任何对未来的预测都不会是全面的。在 21 世纪之初，中国酒店业已经看到了很多，但是没有看到和无法看到的更多。在十几年中，大众旅游蓬勃发展，经济型连锁酒店趁势而起，把控了大众市场的半壁江山，中端酒店蓄力而发，在中产阶级成长的东风下开始风生水起，而高端酒店却遭遇了意外的困境。中国酒店行业一直梦想着走向世界，而如今我们看到了一个接一个的海外并购，其势不敢称大，但是根苗已生，令人产生星星之火可以燎原的期待。在酒店业之外，先是互联网技术运用的风靡，其后又是移动互联网的夺人眼球，这些技术风潮席卷各行各业，而作为和流行"亲密接触"的酒店业自然不可能置身于外，于是，互联网思维和智慧酒店大行其道，这是酒店业对技术风潮的回应。

比起 13 年前，现今的中国酒店业可以说是令人眼花缭乱。一群非传统酒店行业人士进入，以他们的外部眼光突破着酒店行业经营的传统思维和惯例，而传统的酒店行业人士也在借鉴着他山之石，思考现代科技在酒店业运用的可能，进行着自我突破。在信息爆炸的今天，我们每天接触海量的大数据，但是如何分辨信息的价值，为创新提供有效的指导，这已经成为必修课。当我们意识到这一点的时候，仔细审视，会发现自身知识结构的完整才是支撑这一切的基础。

实际上，比起 13 年前，如今的酒店业管理更加需要完整的知识结构和良好的思辨能力，因为环境不确定性进一步加强，外部干扰更多了，内部系统更为复杂，如果无所凭借、无所支撑，必然难以驾驭更加复杂的环境。

　　著名科学家钱学森曾反复地问："为什么我们的学校总是培养不出杰出人才？"而酒店行业的教育者和从业者也在问："怎样培养一流的酒店管理人才？"曾经如此疑问，如今更加急切。不积跬步，无以至千里。系统而深入、兼具理论和实践的酒店管理教育仍然是酒店业人才培养的基础。秉承这样的理念，回顾过往，我们发现了这套书籍的闪光点。

　　一部书籍是否能被称为经典，而不是昙花一现的时髦，是要靠时间来检验的。只有当书中的观点和逻辑，在时间的浪潮中被反复地印证、扩展和应用的时候，被相关的从业人员和研究人员在实践中认可的时候，这才有了被奉为经典的资格。这套出自"名门"的酒店业管理教材背后是整个美国饭店业的职业教育体系的支撑。美国饭店业的管理水平毋庸置疑代表目前国际的标杆，我国诸多酒店企业在发展过程中也是多有借鉴。本套书将理论和实践进行了较好的结合，既有理论的深入，又有实践上的指导，能够使读者通过编写者的切身体会看到真实的酒店工作，帮助读者提升酒店行业的思考和实践能力，同时其系统性和全面性也是诸多其他教材无法比肩的，涵盖了国际酒店的开发与管理、饭店业督导、饭店业管理会计、饭店客房经营管理、饭店前厅部的运营与管理、饭店业人力资源管理、餐饮经营管理、饭店设施的管理与设计、会展管理与服务、收益管理、饭店业市场营销，以及当今酒店企业多个经营的环节。读者借助这套教材既能建立对酒店的全面认识，又能各取所需，有针对性地进行深入的学习。本套丛书的译者均为本行业研究和实践的专家，确保了翻译的准确性和专业性。

再版前言

　　本套丛书在出版之后就广受赞誉,但是编者仍然以一颗谦谨之心,根据酒店业管理的新变化对书籍不断地进行修改和补充,加入很多新材料、新理念和新的实践方法,为的是尽力缩小教材的滞后性,为酒店业的从业人员和学习者提供一个了解酒店业,建立起自身完整知识结构的最佳途径。

　　本套丛书的出版和再版多有赖于中国旅游出版社的远见和坚持,同时也是中外酒店教育及出版机构通力合作的结果,谨对他们付出的努力表示诚挚的感谢。

谷慧敏

2014 年 8 月

AHLA
前　言

　　从宾客订房到抵达酒店直至结账离店，前厅员工在协调相关资源、提供各种服务满足宾客需求方面起着核心的作用。通常宾客与前厅部员工的接触要多于酒店其他部门的员工，因此，对于客人而言，前厅就是整个酒店。宾客带着各种各样的问题、要求、意见和投诉来到前厅。前厅员工有效地预测、回应、处理这些挑战，并以此超越客人对酒店的期望。

　　一位精明能干、彬彬有礼、有专业知识的前厅员工能使宾客获得愉快的住店经历，使其产生再次来店住宿的愿望。就这样，前厅员工在满足宾客需求的同时，也确保了酒店的顺畅运转和赢利。这并非是件容易的事。缺乏良好训练的前厅员工会对酒店声誉造成极大损害、减少或消除酒店赢利并引起顾客的极大不满。

　　不论你是前厅经理，是员工，还是酒店专业的学生，这本最新的《前厅部的运转与管理》都将帮助你理解、组织、实施以及评估那些对酒店经营成功至关重要的前厅各项功能。本书描述了前厅部运行管理的方方面面，审视了在酒店部门、先进技术与独有的前厅经营策略之间的复杂关系。所有内容的介绍都力求简明易懂。本书虽然强调了前厅管理的许多技术，但丝毫不忽视对客服务的重要性。从深层次讲，对客服务质量通常是区别出色顾客体验的酒店和平庸酒店的重要标志。许多有关对客服务的讨论能使读者恰如其分地审视这一重要领域。

　　在本书的各个部分还挑选了前厅各个岗位的岗位职责样本。本书还触及了行业关注的一些重要问题，例如多元文化背景的劳动力管理、员工招聘与保留、《美国残疾人法案》等。复习题和主要术语的界定出现在每一章的最后，随后的部分则提供了相关的网址，满足那些需要了解更深入的有关本书中提到的话题的需求。

　　本版在保留上一版精华的基础上进行了多方面的修改。有关自动化信息技术的新素材描述了对于酒店前厅功能的各种潜在影响，本版中新增的部分内容还包括了收益经理、博客与社交网络影响酒店的途径、自动化信息系统失灵情况下的手工备份程序、身份盗用的预防、信用卡支付安全标准、绿色酒店和互联网概念与协议（见本书最后部分的附录）。这些话题已经成为前厅部运营的关键所在，前厅部经理对此必须要有充分的了解并具备灵活运用和表述的能力。另外，有关前厅运行的重要讨论贯穿了整本教材，尤其是关于人力资源管理、酒店业务预测、收益管理、预算编制等方面，以及前厅员工与销售部、客房部及安保部员工的交流互动。

　　我深信这些修订与改进能使每位读者对前厅部的运行管理有清晰和系统的认识。

迈克尔·L.卡萨瓦纳博士

密歇根州东兰辛

目　录

5. 入住登记

6. 沟通技巧与对客服务

第 1 章

学习目标

1. 说明旅行与旅游业是如何被分类的，酒店业又是怎样依据规模和目标市场进行分类的。

2. 如何将酒店业依据服务档次、所有权归属和联盟方式分类。

3. 描述商务旅行者、娱乐／休闲旅行者、团体旅行者和国际旅行者的特点。

4. 识别影响旅行者购买决定的因素。

5. 描述酒店业怎样成为承担更多生态责任者及驱动它们这样做的原因。

住宿业

埃尔斯沃斯·M.斯塔特勒——这位现代酒店的亨利·福特曾说过，"客人总是对的"[①]。有些人可能会反驳这位世纪之交的旅馆主的说法，他们认为"客人不会总是对的——但是他们毕竟是客人"。不管怎样，这种争论反映了招待业人士面临的最大挑战：提供的服务要适应不断变化着的客人的需要和要求。

对许多人而言，招待业具有某种魅力和包罗万象的特点。这大都来自酒店外在的精致形象给公众所留下的印象。酒店形象大部分是通过建筑和室内设计来表达的。但是楼宇毕竟是由砖瓦、水泥、钢铁、玻璃和家具布置所构成；楼宇的式样和风格可能对酒店的主题起到更加重要的作用。这些因素包括：酒店的位置，餐饮服务的种类和质量，特别的设施和舒适的条件，以及也许是最为重要的员工，他们通过服务米融合一切，创造出酒店的整体形象和有竞争力的地位。

前厅部的员工按字面讲就是在第一线创造形象的人。预订员常常是接触客人的第一人；而大堂服务主管、行李员和迎宾员可能是宾客抵店时最先见到的员工。他们需要具备多种才干和技能，才能满足宾客的需要并使前厅工作充满乐趣和价值。由于从来没有两位宾客、两家酒店或两天发生的事情完全雷同，因而前厅的工作充满了刺激和挑战。

本章将概述招待业的基本内容，同时说明酒店如何从规模、市场、服务档次和产权类型与加盟等方面来进行分类。对人们旅行原因的讨论也将给予介绍。本章还会触及因接待不断增长的、来自不同文化背景和不同国家的游客而使酒店面临的挑战及讨论影响旅行者购买决策的因素。最后，本章以一部分关于"绿色"酒店的话题结束。

住宿业

　　住宿业是更大范围的旅游业的一个组成部分。旅游业是一个具有相同目标的浩大企业群体组成的行业，其目标是为旅行者提供所需要的产品和服务。

　　如图 1-1 所示，旅游业由五大组成部分，每个部分又由很多方面构成。住宿业涵盖了住宿、餐饮，以及目标市场并非旅行大众的机构餐饮业。住宿业在旅游业中又有其独特性，因为它为宾客提供过夜的住宿服务。许多住宿机构还向宾客提供餐饮、娱乐和其他多种服务。

住宿业类型	交通业类型	餐饮业类型	零售业类型	活动类型
酒店	轮船	餐馆	礼品店	休闲消遣
汽车旅馆	飞机	酒店	纪念商品	商务
度假酒店	汽车	零售店	工艺和手工艺品商品	娱乐
分时度假酒店	巴士	自动售货	大卖场	会议考察旅行
共管理酒店	火车	外卖服务	集市	体育活动
会议中心	自行车	小吃部	其他商品	民俗节日
帐篷营地	豪华轿车	游船		文化活动
公园酒店		酒吧、小餐馆		季节活动
长住客酒店		宴会厅		游戏
ＢＢ旅馆（只提供住宿和早餐）		合约餐饮服务		
赌场酒店				
会议酒店				
游船				

图 1-1　旅游业概述

　　在美国产生的一个管理旅游业的组织特别与住宿业有关，就是美国饭店业协会。在其他国家也有类似的商业协会。这些协会通过国际酒店和餐馆协会的作用，在同一宗旨下合作共事。国际酒店和餐馆协会设在巴黎。美国饭店业协会作为美国住宿业的一个商业协会，是一个由 50 个州，以及哥伦比亚特区、波多黎各岛和美属维京群岛的酒店和住宿业协会组成的联盟。加拿大和其他拥有大量住宿企业的国家也有类似的全国性机构。这些全国性的行业协会基于共同的目标在国际酒店业与餐馆协会（IHPA）的平台上共同开展工作，IHPA 的总部设在法国巴黎。

　　美国饭店业协会的主要服务提供机构是教育学院。自 1952 年成立以来，已有超过 200 万人从该学院提供的课程和服务中受益，该教育学院可以说是全球住宿业中最大的教育中心。这个非营利性的组织为不断拓展的招待业提供基础教育和培训课程，并为有志于此行业的人提供帮助，使他们做好入行准备和以后的晋升准备。

酒店分类

在这个庞大的行业中，有如此多种的企业提供如此多样的服务，难怪人们会被酒店、汽车旅馆、旅馆和其他住宿企业搞得混淆不清，难以区分。事实上界限确实不易划定，界限模糊的起因是业主按其想象中的偏好将他们的企业自行归类，致使普遍公认的标准难以设定。然而尽管有许多的例外，一些大部分企业的界限标准仍被广泛认同。

一家酒店或旅馆应是一个实体，其最基本的业务是为公众提供住宿设施。此外还会有下列一项或几项其他服务：餐饮服务、客房清扫服务、问讯服务、行李和迎宾服务（有时被称为制服服务），还有洗衣、干洗服务和可供使用的设备和设施。酒店的客房从 50 间到 2000 间不等，甚至更多，在拉斯维加斯有的酒店超过 5000 间客房。小旅馆一般的客房数在 5 ~ 20 间。往往提供更多的个性化服务。

汽车旅馆是汽车和旅馆的复合词。它主要给开车抵店的客人提供住宿。早期的汽车旅馆在客房楼附近安置停车位。近年来这一做法有所改变，因为业主和特许经营授权人越来越关注宾客安全。汽车旅馆可以建在任何地方，但通常多见于郊区和公路旁边。在美国州际高速公路大发展的 20 世纪 50 年代和 60 年代，汽车旅馆取得优良的成绩。许多汽车旅馆设在主要高速公路旁，大都为两层或低层建筑。灌木丛旁的游泳池和儿童嬉戏场所也是大众所熟识的汽车旅馆的主要标志。大多数汽车旅馆不提供酒店所提供的全方位服务和设施。

除非特指，否则本书使用的酒店这一字眼泛指汽车旅馆、酒店、旅馆、套间酒店、会议中心和其他住宿企业。

对酒店进行分类有着许多方法。这一章讨论的分类方法基于酒店的规模、目标市场、服务等级及产权和加盟的区分。必须特别注意，对一特定酒店而言，它可能同时具有几种不同分类的酒店的特征。

规模

规模也可理解为一家酒店的客房数量，给我们提供了对酒店分类的一般方法。酒店可按下列四种规模进行分类：

- 150 间以下。
- 150 ~ 299 间。
- 300 ~ 600 间。
- 600 间以上。

这一分类可使相同规模的酒店按操作程序和统计结果进行对照。除个别例外，本章以后部分讨论的酒店分类不受规模的限定。

目标市场

招待业面临的两个最重要的挑战是："谁是我们的宾客，我们还能吸引谁？"通过运用市场调研、分析工具和战略举措，酒店寻找自己的目标市场。所谓目标市场是指酒店希望留住和吸引的客源群体。

行业近来的一个趋势是对大目标市场中的较小的不同特点的群体再做细分，目的是提供针对性的产品和服务，以满足细分市场的需求。市场细分的推广对酒店业的发展，尤其是连锁酒店的发展影响巨大。例如，万豪酒店和度假村集团内部有许多不同的品牌，如 JW 万豪酒店（J.W.Marriott）、万豪伯爵酒店（Marriott Marquis）、万豪酒店（Marriott Hotel）、万豪旅馆（Marriott Inn）、万豪旗下的庭院旅馆（Courtyard by Marriott）、万豪的费尔菲儿旅馆（Fairfield Inn）。丽兹·卡尔顿（Ritz-Carlton）和万丽（Marriott Renaissance）也都是万豪拥有的品牌，它们的客房也都可通过同一预订系统预约。甚至万豪的长住客酒店市场也细分成几个亚市场，如万豪的公寓旅馆（Residence Inn by Marriott）、万豪的城市套间酒店（Town Place Suites by Marriott）和斯普林希尔套间酒店（Spring Hill Suites by Marriott）。每一品牌针对一个特定类别的客源或细分市场，一个由万豪集团设定的潜在市场。许多其他主要的住宿企业也做同样的细分市场分析。洲际酒店集团、喜达屋酒店与度假村集团、希尔顿酒店集团等均采用市场细分的策略通过多样化的产品吸引更多的顾客。这种分析的好处是，处于特定地域的各种不同类别的酒店可以吸引不同种类的宾客。不利之处是，宾客很难区分这同一连锁旗帜下的不同品牌的服务和设施究竟有何种差异。

酒店面对的市场目标很多，目标市场的分类可根据酒店希望吸引并为之提供服务的那个市场来确定。按目标市场的分类，通常酒店类型有商务酒店、机场酒店、套间酒店、长住酒店、度假酒店、生活时尚酒店、床位加早餐酒店、产权度假公寓、博彩酒店、会议中心和会议酒店。一些其他类型的住宿单位直接与上述酒店竞争，这在最后部分会加以讨论。

商务酒店 最初出现的大大小小酒店通常位于城镇。直到铁路出现的年代，酒店才开始在全美遍地开花。乘火车旅行比坐马车，甚至比早期的汽车旅行都要快捷、方便和安全。铁路把乡村连接起来，火车站通常设立在城镇边缘，旅行者下了车都需要一个落脚的地方。旅行者的与日俱增和随之高涨的需求促进了酒店业的发展。此间许多酒店都建造在火车站附近。纽约华尔道夫—埃斯托里亚酒店在最初建造时就有一个从地下连接站台的入口，以方便搭乘火车前来的重要宾客（纽约华尔道夫—

埃斯托里亚酒店原址在现在的帝国大厦处）。位于城市中心的酒店实际上不仅是旅行者的下榻地，也是社交活动的中心。

与历史上曾发挥过的作用相似，如今的商务酒店大都位于市中心或商业区，因位置方便出入而对目标市场颇具吸引力。商务酒店是各类酒店中最大的一类，虽然主要对象是商务旅行者，但也对旅游团队、旅游散客和小型会议具有吸引力。在过去，商务型酒店也叫暂住酒店，因为与其他类型的酒店相比较，商务型酒店的宾客住店时间较短。

商务型酒店的对客服务内容可包括提供免费报纸及咖啡，免收当地电话费，提供有线电视节目及录放设备和录像制品、录像游戏，个人计算机及高速网络接口和传真机。还有汽车出租服务、机场接送服务，24 小时餐厅，半正式正餐厅，一般还有鸡尾酒廊。大部分商务酒店有会议室、会见厅和房内用膳服务和宴会服务。商务酒店也可能会提供洗衣服务、行李服务、问询及委托代办服务、室内健身房、免费的当地交通服务及小卖部。这类酒店还会有游泳池、健身俱乐部、网球场、桑拿室和跑步专用道等设施。

机场酒店 就像 19 世纪早期至 20 世纪，铁路的发展刺激了美国的酒店业，引发了第一次发展高潮。20 世纪 50 年代至 70 年代，航空旅行又刺激了另一类型酒店的发展。20 世纪 50 年代后期商务喷气机问世，它比早先的飞机更快更大，这使搭乘飞机旅行迅速发展。它的出现推动了美国经济的快速增长。对毗邻机场尤其是国际机场的住宿需求急剧增加，引发了类似城镇火车站酒店的情况，使得美国机场附近出现了很多酒店。

机场酒店很常见，这些酒店都靠近主要交通枢纽。与其他类型的酒店相比，机场酒店无论是在规模上，还是在服务档次上差异很大。这类酒店的主要目标市场包括商务客、因中转和航班取消需过夜的乘客、机组人员。酒店备有豪华轿车或穿梭于酒店和机场之间的班车，往返接送宾客。在大部分机场能看到明显的标志，指示附近酒店的直通电话，用于订房和订车。许多机场酒店还设有会议室以吸引特定市场即那些专程飞来出席会议并希望尽量缩短落地时间的客人。住在机场酒店的宾客不但能节省可观的开支，而且享受到了种种便利。

套间酒店 套间酒店是近年来增长最快的一类酒店。这类酒店的客房特征是除了卧房外还有一间会客室或叫作起居室的房间。在部分套间里还包括一组带冰箱的厨房设备和房内酒吧设施。由于增加了起居空间，套间酒店提供的对客服务内容和客用公共面积要比其他类型酒店的少。这种做法是为了使套间酒店的房价在市场上更有竞争力。

套间酒店可面向几个不同的细分市场。搬家人士的暂住地；经常旅行的人士喜欢这类酒店的"家外之家"的感觉；度假的家庭看中这类酒店的私密和方便。这类酒店的设计理念也摆脱了传统的标准，更加注重营造家居的感觉。专业人士如会计、律师和行政管理人员特别喜欢这类酒店，因为他们可以在卧室以外的地方工作或招待客人。这些全套间酒店还提供免费的晚间招待会、早餐或冷盘或点心服务。这种聚会的安排提供了宾客间交往的机会。这种做法会对延长宾客的居住期产生重要的影响。

长住客酒店　长住客酒店与套间酒店相似，但客房通常带有全套厨房设施，这一点与全套间酒店不同。这类酒店专为打算在酒店居住 5 天以上的宾客设计；这类宾客希望减少酒店的服务项目。长住客酒店一般不设行李服务，甚至不设餐饮服务和洗衣服务，客房清扫服务也不是每天提供，但通常设有公用洗衣机房。像全套间酒店和公寓酒店一样，它们的内外装修设计着力于给宾客带来更多的家庭感觉。长住型酒店有别于其他大多数类型酒店的一点是，其房价通常由宾客居住期的长短来决定。一些著名的长住型酒店有 Extended Stay America、Home Wood Suites 和 Suburban Lodges。

公寓酒店　公寓酒店为宾客提供长期或永久性的住宿设施，地址可在市区也可在郊区。这类酒店已不像以往那样多见、那样流行。部分公寓酒店已被共管大厦和套间酒店所取代。

住房的设施布置与套间酒店类似。住所一般包括一间起居室、一间卧室和小型厨房。住户通过签约入住公寓酒店，因此要顾及法律规定的租借条款。住户还可以通过签约选择几项或全套类似商务酒店提供的服务。一家公寓酒店可以提供每天客房清扫、电话、总台、问讯和行李服务。在酒店内也可能设有餐厅和茶座。

其他类型的酒店也会居住着较长期的房客或永久住户，只不过那些酒店的服务重点是针对另一些类型的宾客。同样道理，公寓酒店也可接待短期住客或过路客，为他们提供住宿服务。

度假酒店　宾客常常选择度假酒店（又叫度假村）作为他们计划中的目的地，或休假地——这是将度假酒店与其他类型酒店相区别的主要之点。度假村可以建在山旁，在岛上，或在其他奇特的地方，总之远离人口密集处。完备的娱乐设施、清新的空气和宜人的风景是大部分度假酒店与其他类型酒店的不同之处。度假酒店大都提供多种餐饮服务、泊车服务及房内用膳服务。许多度假酒店还举办各种活动，如跳舞、打高尔夫、打网球、骑马、远足、驾船、滑雪和游泳。度假酒店大都通过对宾客提供各类设施和各式活动，让宾客广泛选择，流连忘返，而努力使自己定位为度假"目的地中的目的地"。

度假酒店常常较商业酒店有更多轻松、休闲的气氛，这是个大的区分点。度假酒店希望通过丰富的住店活动来吸引回头客，建立良好的口碑。经常为团队客人安排像跳舞、高尔夫、网球、骑马、远足等活动。度假酒店常聘请社交活动顾问来策划、组织和指导这类宾客活动。

度假村社区是度假业中快速成长的一个部分。这类社区的发展可以通过对已建酒店设施采用分时产权或共管产权的销售办法来获得；或者让一些新的目的地的设施特定地发展成度假村社区。

生活时尚酒店　生活时尚酒店是一个额外的住宿业分类，旨在进一步细分市场。生活时尚酒店的目标客人是那些乐于享受某些建筑、艺术、文化和设施的特定旅客。客人欣赏这些别具一格的酒店风格并认为对他们的住宿整体体验有重要影响。最主要的酒店管理公司与新的生活时尚品牌已经进入这个细分市场，或是转换现有的品牌选择成为生活时尚酒店品牌。此外，许多独立拥有和经营的生活时尚酒店成为受人欢迎的目的地。

生活时尚酒店品牌反映客人的利益。例如，一些酒店倡导环保理念，而另一些则倡导健康的生活方式和社会交往。一些品牌是针对特定年龄群体的利益，提供专门为那些客人服务的设施。生活时尚酒店的客房规模倾向于从 100 间到 250 间，拥有有限的会议空间或不设会议空间。生活时尚酒店提供的食品服务也不相同，取决于品牌设计和市场等级（例如，世界级的或中档的）。内部装饰，建筑和客房设计和许多其他环境的细节（如背景音乐和艺术品）有助于成就生活时尚酒店客人的住宿体验。

BB 型酒店（只供住宿和早餐）　BB 型酒店有时候被称为 B&Bs，是一类经常被忽视的住宿单位。BB 型酒店是从住宅楼分出几间房间，改装成住宿设施，或是改建成一幢 20 ~ 30 间客房的小商务楼。BB 型酒店的业主通常就是住在这幢建筑物的男女主人，同时也是管理这份产业的经理人物。早餐可能是极简单的欧陆早餐，也可能是无所不包的丰盛早餐。现在经营着的 BB 型酒店成百上千，其得以发展的原因是来自为游客提供亲切的、面对面的服务。一些 BB 型酒店提供极精致的住宿设施和高档服务，并在最佳服务排行表上名列前茅。大部分 BB 型酒店只提供住宿和有限的餐食服务，有如其名所示，只供早餐。而会议室、洗衣、干洗服务、午晚餐及娱乐设施通常都不在提供之列。由于服务项目有限，所以 BB 型酒店的房价通常比提供全方位服务的酒店要低。

产权度假酒店和共管公寓酒店　在招待业中另一个处在发展中的酒店类型是产权度假酒店。这类酒店有时也称为时段度假或分时度假酒店。产权度假酒店是专指一些个人购买了某一时段——通常是每年一两周的所有权，而成了业主。这些购买者在那个时段成了某个单位住宅——通常是在一幢共管寓所——的业主。业主也可通过经营该酒店的管理公司将某个单位时段出租给他人使用。由于这类物业的功能在许多方面像一家酒店，入住的旅游者可能不会发觉这其实是家产权度假酒店的一部分。这类酒店在度假区尤其普遍，但也有些建在商业区、由当地公司所拥有、专门用来接待前来工作的经理和咨询顾问。业主可能无能为力整年拥有产权，但买得起一个时段的产权，成为这个住宿单位每年中几周的业主。产权度假酒店的一个明显特征是可以将自己的时段与异地业主进行交换。例如，一位拥有海滨时段单位的业主想与冬天滑雪地时段单位的业主进行交换。通常管理公司会帮助寻找到他希望与之交换的对象。这就使业主每年有机会到不同的地点度假。由于交换是在业主间进行，所以双方仍享受业主应有的权益。两家主要的时段互换公司是：时段国际公司和度假共管楼宇国际公司。一些主要的酒店公司也进军这一市场，如迪士尼、万豪、希尔顿以及其他一些公司。美国度假发展协会专门为从事这一市场的人提供教育和服务。

共管公寓酒店和产权度假酒店很相似，两者的区别在于产权类型的不同。共管型酒店就每一住宿单位而言，是单一业主，而不是每年每人只拥有一段时间的多个业主。在一家共管酒店，一位业主将自己希望居住的时段通知管理公司，这样管理公司就可把余下的时段自主地出租给他人。管理公司把出租的租金收入返还业主。

产权度假酒店、共管公寓酒店的业主收到租金后要向管理公司支付广告、出租房的清扫、管理和维修费用。产权度假酒店及共管公寓酒店的业主们还要负责支付家具和所属物业的大修费用。这些酒店实际上是按公寓或共管楼宇样式建造的，这是为了方便出租。一般来说，这些住宿单位包括一间起居室、餐厅、厨房、浴室、一间或一间以上的卧室。通常在一个住宿单位内设有洗衣设备，但也有将洗衣设备安置在大楼的公用区域。共管公寓酒店的房客通常起码租房一周以上。宾客就某个特定住宿单位与管理公司签订每年某个特定时段的租约，也是常事。

博彩型酒店 有博彩设施的酒店可归类于一种特别类型，即博彩型酒店。虽然博彩型酒店的客房和餐饮设施可能非常豪华，但是它们在酒店内却不处于主营地位，而是辅助性的从属地位。不久前，博彩型酒店的客房和餐饮设施还不一定要赢利。现在，大部分博彩型酒店在一开始就希望所有设施都赢利。与度假酒店相似，博彩型酒店以休闲、度假客为主要接待对象。

博彩型酒店是通过推广博彩机和当红明星的表演来吸引住客。最近这类酒店出现的一种趋势是，提供一个大范围的休闲设施，包括高尔夫球场、网球场、美容健身中心及各种娱乐活动。博彩型酒店有专门的餐厅提供华丽的表演，有的还向专程来博彩的游客提供包机服务。在一些博彩型酒店，博彩设施每天24小时开放，整年不休。这些经营方式会对客房和餐饮部门的运转带来影响。一些博彩型酒店规模非常大，在同一屋顶下，客房数量达4000间之多。

船上博彩是近来发展的又一趋势。由于大部分船只不具备住宿条件，就有酒店建在船只停靠的码头边，供博彩客使用。这类酒店不能视为博彩型酒店，因为店内无博彩设施，也不为客人在船上的博彩提供服务。当然船上的收入与酒店无关，酒店也不必为此支付税金。

会议中心 大部分酒店都有会议场所，而会议中心是针对团体会议设计的。许多提供全方位服务的会议中心为出席者提供住宿设施。会议中心的关注焦点在会议市场上，所以十分强调提供确保会议成功的一切服务和设施，例如，必需的科技设备，高质量的音响设备，完备的商务中心，可随意变动的座位，还有白板和银幕等。

会议中心常常建在城区以外，因而可提供多种休闲设施：高尔夫球场、室内室外游泳场、网球场、健身中心、水疗中心、跑步和徒步专用道等。会议中心向会议组织者提出"一揽子"包价产品，含房费、餐费、会议场租、音响设备费和其他相关服务。宾客设施在会议中心并不丰富，因为这些会议中心更多关注会议策划者和组织者的需求不是会议参加者的需要。会议中心可能也接受短暂的业务，但这样做通常是为了填补淡季空缺客房而不会作为主要的业务。

会议酒店 会议酒店构成了酒店业的又一个细分市场，并在近年来获得了长足发展；会议市场需求在过去的 20 年获得了近两倍的增长。虽然大多数商务酒店拥有少于 600 间客房，但是用于接待大型会议的会议型酒店却通常提供多达 2000 间客房甚至更多。

会议酒店有足够数量的客房，能向大部分与会者提供住宿。会议酒店通常会有4600 平方米甚至更大的展览厅，此外还有宴会厅和各种会议室。大多数会议酒店设有多种餐饮项目。从自助餐厅、咖啡厅乃至各类精美的正餐厅。会议酒店主要针对有相同专业兴趣的商务客人，一般设有齐备的商务服务项目，有电视会议设施、秘书服务、翻译服务、传真服务等。这样的商务酒店有位于田纳西州那什维尔的奥普里酒店，得克萨斯州达拉斯的怀德海姆阿纳托尔酒店，还有芝加哥的凯越丽晶酒店。一些博彩型酒店，比如曼德勒海湾度假村以及拉斯维加斯的米高梅大酒店等也提供类似的设施。

会议酒店通过州、地区、国家和国际的各种协会来吸引会议市场的客人。它们也设法吸引地区、国家和国际的社团性会议。大部分会议提前两年就做好预订。提前 10 年预订的情况也不少见。有些与会团体是如此之庞大，必须有足够的提前量订妥设备设施，确保与会者的使用。

有些会议酒店并非所需的设施都齐备，遇此情况便会与当地会议中心联合接待会议。会议中心通常为当地社团拥有，有自己的销售部门。会议中心不仅有大小会议场所，还有足以举办展览的场所和设施。有的仅一栋楼就超过 46000 平方米。会议中心常常与附近的酒店通力合作，确保向与会者提供足够的客房。反之酒店通过会议中心来吸引会议市场的客源以增加客房收入。

其他住宿设施 除了酒店以外，还有一些其他种类的住宿设施可供商务游客和休闲客选择。房车营地、帐篷营地和流动之家公园在某种程度上也起到酒店的作用，因为它们都出租过夜的场所与设施。虽说有相似之处，不过这些住宿地并无其他设施，因此在价格方面有很强的竞争力。在一些度假地，公园和帐篷营地吸引了相当广泛的旅游者，从而成了当地传统住宿业的强劲竞争对手。例如，许多州立和国家公园其提供的帐篷营地和住宿地，直接与酒店竞争客源。这些设施有着优于当地酒店的有利条件，比如地处公园之内，价格常常很便宜，或许还有其他优惠。与酒店不同的是，借宿帐篷营地和观光营地的客人要自带卧具。

还是另一种形式的住宿设施是行政公寓。行政公寓是专为希望住宿很长时间的客人而设，通常 6 个月或更长时间。虽然酒店通常为客人设计的住宿时长为 1 ~ 10 天，实际上行政公寓更适合客人很长住宿时间的需求。客人通常包括那些从一个城市到另一个城市的企业行政高管、短期咨询顾问、企业培训师、专业运动员和诸如电影拍摄等因某个特别项目而产生的住宿需求的人。与酒店客房不同，行政公寓通常为客人提供全套家具的公寓式房间。在许多情况下，是由业主提供公寓给客人，而在其他情况下，也可由某个服务供应商提供公寓给客人。服务供应商租用公寓，为客人提供家具和家用器皿，以及管家和其他服务。因为公寓是酒店的替代品，一个单一供应商在一个社区可以在不同位置提供行政公寓服务，从而让客人拥有更大的灵活性。行政公寓与酒店相比通常具有成本竞争优势，因为公寓可以出租，家具所有者或服务提供者所发生的日常成本低于酒店。行政公寓成为最近一个主要增长行业，在北美以外地区的欧洲和亚洲获得了迅速扩张。

邮轮业是其他住宿设施的另一个例子。相对于度假地而言，邮轮已经成为主要的竞争者，尤其是在加勒比海地区，同时也是度假酒店的竞争对手。它们拥有许多类似海岛度假酒店所提供的便利设施，作为游客体验的一部分，邮轮为顾客还提供了从一个海岛到另一个海岛的经历。现代邮轮具备所有度假酒店的优势。邮轮通常配置了许多现代化的便利设施，比如健身中心、电影院、各类餐饮与鸡尾酒廊、水疗、博彩、商店和船岸通信设施，包括卫星电视系统和互联网接入设备等。邮轮体量可以小到只有二十几个客舱，也可以大到几百个客舱甚至更多。有些邮轮甚至为公司或协会会议提供小型会议设施。

服务等级

对住宿设施进行分类的另一种方法是依据对客服务等级，即为顾客提供的利益作为衡量标准。不论酒店的规模或类型如何，一家酒店提供的对客服务等级是多样的，有些酒店提供不止一种等级的服务。服务等级通常反映在客房的价格上。在讨论具体的服务等级之前，在此将先就有关服务的基本问题，包括服务的无形性、服务质量保证和服务评价作一探讨。

服务的无形性 酒店不是在从事简单的销售有形产品的业务，如舒适的床和有益健康的食品。事实上，酒店提供的是最有助于客人获得美好体验的无形服务。这些服务并不是物理的东西，而是行动、行为、表演或努力。例如，一顿饭在酒店餐厅肯定是客人体验中的有形元素。然而，好客更多意味着的不仅仅是一顿美餐——它意味着围绕这顿美餐的一个特定的氛围，包括餐厅的装饰和员工的态度。这些无形的元素与有形元素对客人而言同等重要。

困难在于服务交付后，买方通常对有形展示没有概念。服务无法触摸、品尝或尝试大小，而且几乎不可能"重来一次"。在大多数情况下，客人离开酒店只有他们经历的记忆。为了抵消这一点，许多酒店尝试建立一种关于服务的形象，即它们的服务是强有力的、清晰的、精确的。从而使服务成为辨识酒店的公认的标准、标签或商标，几乎像一个有形产品那样。酒店的员工必须通过他们对服务的承诺维护这一形象。

一家酒店提供的每一种服务都应符合酒店希望吸引和满足的目标市场的需要。例如，在一家路边小酒店入住的客人如果在办理完入住手续后受到某位员工引领进房的服务会令客人感到惊讶。然而，在那些有着明确市场定位和服务水准的大型酒店里，引领宾客进房服务则是客人所期望的，同时也是体现酒店形象的重要组成部分。

质量保证 酒店所提供的无形服务，不像制造业所提供的有形产品那样容易标准化。当今酒店业面对的最大挑战便是如何通过控制来确保服务水准的稳定。提供始终如一的服务，就是质量保证活动的结果。

制造业传统的质量控制办法可能不适用于招待业。制造业的顾客通常与生产过程相隔离，产品在出售前必须经过反复测试。酒店业也部分采用了制造业的质量控制办法，如客房清扫后要检查，菜肴经过试菜后才能加入餐厅的菜单。但是在许多情况下，酒店是无法将顾客隔离在生产过程之外的。如办理入住手续，整个服务的生产、传递、消费的过程就是面对客人同步发生的。

始终如一是服务质量的关键。酒店制定的一系列标准构成了始终如一的服务内容。然而，标准虽然确立，质量虽然界定，但是只有酒店员工才能使质量得到名副其实的体现。一家酒店、一家连锁公司总是希望通过始终如一的服务来赢得顾客的忠诚，获得客人的赞许并树立其独特的市场定位。

服务等级 美国的一些服务组织为旅行者提供了对酒店服务的评估和分等定级。提供服务评估的最著名的组织如美国汽车协会（AAA）和汽车旅行指南。最著名的等级分类是由美国汽车协会提供的五星钻石和四星钻石的分类。汽车旅行指南则给获得最高档次的酒店授予五星级或四星级的标牌。

一家酒店要获得五星钻石或五星级别是非常不容易的。其评审标准很严格，并要求设备设施和服务质量年年保持稳定。美国有数百家四星钻石或四星级酒店，而获得五星钻石或五星级别的酒店不到 50 家。

在世界其他地方也有私人组织和政府颁布类似的等级标准。如墨西哥政府制定了酒店从一星到五星的分等标准，并将一些最好的酒店归入类似 GT 赛车的最高级别。在欧洲最著名、最有权威的等级标准是由米其林制定的红色指南。红色指南已有百年历史，将最高级的三星授予最优秀的酒店和餐馆。

为了便于叙述，我们把住宿业分成四个不同的档次来进行讨论：国际顶级酒店、高级酒店、中档服务酒店和经济/有限服务酒店。在许多情况下，国际顶级酒店有更细一层的分类，如一级酒店指的是获得美国汽车协会和汽车旅行指南指定的四星钻石或四星级的酒店。

国际顶级酒店 酒店提供的是国际顶级的服务——有时也称为奢华服务——其目标市场为高级商务行政人员、演艺界名流、高级政要以及其他富有的客人。国际顶级的酒店提供高档次的餐厅、酒吧、茶廊，还有精美的装潢、委托代办服务和各种会议设施及私密性用餐设施。客人会看到宽敞的客房，房内有加厚的毛巾、大块的浴皂、超大的房内保险箱、精致的娱乐中心、多频道电视机、昂贵的家具、豪华的装潢和艺术品。客房服务提供一天两次清扫，做夜床，每日客房递送当地和国际报纸。为保证世界级服务水平，此类酒店很少超过 400 间客房，但通常超过 200 间。在北美地区，正如前面所提到的服务等级评价，这些酒店通常归入五星级或五钻级酒店。从世界范围来看，也有其他服务等级评价系统存在。正如人们所期望的，世界级服务酒店通常是最昂贵的，同样也为客人提供了最高的性价比。

国际顶级的酒店有大面积的公共区域且装潢精细，设施奢华。通常会有不同风味的餐厅来满足店内外客人的需要，还会有商店如礼品、服装和珠宝，有特色的零售店和供应报章杂志的书报亭。

此外，国际顶级的酒店还强调个性化的甚至是定制化的对客服务，同时保持了相当高的服务人员与客人的比例。这种比例使酒店有可能向宾客提供细致和有特色的服务，能对客人的要求做出快速的反应。在一些亚洲脍炙人口的顶级酒店内，每位客人配有两名或两名以上的服务人员。在北美洲的大部分国际级酒店为每位宾客配备的员工数是一名或一名以上。国际级酒店常常聘请通晓多国语言的礼宾服务主管，他为宾客提供许多额外服务：如帮助宾客办理入住，购买车船机票和演出门票，提供旅行指南和观光信息，还可代为安排秘书和各类商务服务。另外，有些国际顶级酒店也为特定楼层的客人提供私人管家服务，这些服务包括为客人安排房内用餐和为客人提供衣物清洗服务，安放与打包客人行李，直至提供许多应客人之需的其他服务。

行政楼层 在一些酒店内，有几层是专为住客提供国际级服务而设计的，也称为酒店的行政楼层（有些也称为楼中楼，或礼宾楼层，或俱乐部楼层）。行政楼层的住客被提供高于全店标准的设施和服务。行政楼层的客房通常比一般客房更大、更豪华，还会配备一些独特的设施。最近的趋势是在这些楼层配备房内传真机、录像机、大屏幕的电视机，有的甚至配有计算机。在行政楼层的客房或套间内还可能有房内饮料台，绣上住客姓名的浴衣，以及摆放鲜花和新鲜水果。

通常行政楼层提供的豪华服务还不仅局限在客房内，在每个楼层还可能安排一位服务主管或贴身管家。要想进入那些楼层需要搭乘专用电梯，确保只有该层住客才能进入。许多行政楼层还有专用的休息区。那里在晚上提供特制的免费食物和饮料，早上提供欧陆早餐。还有其他的便利服务，如秘书服务和专为行政楼层提供的入住及离店的安排。

高级酒店 高级酒店是为满足旅行者寻求高等级服务和住宿设施的酒店，但与国际顶级酒店不在一个档次上。这类酒店的主要客户是高级商务客人、高级行业会议参加者和追求额外舒适度与服务的休闲旅行者。高级酒店倾向于提供多种食品服务与正餐休验，从而配置有几种餐饮设施，每一种都提供不同的菜式。房间里则为客人配置各类现代化设施，包括平板电视、豪华床上用品、可供选择的不同材质枕头、房内咖啡中心、符合人体工程学原理的办公环境及其他设施。客房服务按惯例每天两次，包括应客人之需提供晚上的开夜床服务。

尽管高级酒店不具备像国际顶级酒店那样高的员工客人比例，但这并不妨碍高级酒店为客人提供的优质服务。高级酒店通过提供行政楼层、代客泊车、门童及行李服务、礼宾服务、商务中心、购物设施等其他服务吸引特定旅行者。依目标市场与地理位置不同，这类酒店的客房规模从 100 间到 2000 间客房不等。另外，有些高级酒店提供可容纳 500 人甚至更多人的大型会议设施供人们开会或宴饮。在北美地区，这类酒店通常归为四星级或四钻级酒店；从世界范围看，其他等级系统同样并存。在许多情况下，高级酒店通常都比国际顶级酒店便宜。

中档等级服务 提供中档等级服务的酒店，其目标市场是最大数量的公众旅行者。中档等级的服务朴实无华且能满足需求。尽管员工配备充足，但不必想方设法提供精细复杂的服务。一家中等级的酒店可以提供行李服务、机场接送服务及房内用膳服务。像国际等级和一流酒店一样，实施中档等级服务的酒店其规模也大小不等。典型的中档服务酒店的规模，其房间数通常在 150 间至 299 间之间。

一家中档等级的酒店通常也许设有一个 24 小时营业的特色餐厅或酒廊，以接待店内外的宾客。在旺季，酒店的酒吧还会安排娱乐节目助兴。喜欢住宿中档酒店的宾客有商人、散客和家庭旅游者。由于中档酒店提供的服务较国际级酒店和高级酒店的要少，客房面积小一些，提供的设施和娱乐活动也较少，因此价格较低。这些因素使得中档酒店常常得到那些希望享受酒店服务，但又不寻求如国际级和一流酒店那样全方位奢华服务的客人的青睐。会议室一般在中档等级的酒店就会有了，准备召开小型报告会议、团组座谈会和协商会的人也会因此感到此类酒店的吸引力。

经济等级／有限服务酒店 经济等级／有限服务酒店是招待业中正在成长之中的部分。这类酒店提供清洁舒适价廉的客房来满足宾客的基本需求。经济等酒店的基本客源对象是希望用合适的价钱来获得舒适的居住设施的人，他们不要求接受其他不必要的昂贵服务。由于大部分旅行者都有控制费用的要求，所以经济类酒店拥有诸如巴士团、商务客、度假客、退休老人团及会议团等潜在的巨大客源市场。

20 世纪 70 年代早期，许多经济等级酒店提供的设施仅有房内电话，一块肥皂，一台只能收看当地节目的电视。现在大部分经济等级的酒店提供有线或卫星电视节目、游泳池、必备的餐饮设施、娱乐场地、小型会议室以及其他特别设施。大多数经济等级的酒店不提供诸如房内用膳、行李服务、大型会议室、洗衣及干洗服务、宴会服务、健身俱乐部以及任何种类的在中等级和国际级酒店内能看到的精细复杂的服务项目。

一家经济等级酒店不会提供全方位的餐饮服务。这意味着住客可能要在附近的餐馆用餐。但是许多经济等级酒店在大厅范围内提供免费的欧陆式早餐。

所有权与加盟

产权和加盟为酒店业的分类提供了另一种方法。存在两种基本的产权和加盟的分类法：独立经营的酒店和连锁酒店。一家独立经营的酒店不与其他酒店发生关联。连锁经营的产权可能有好几种方式，这取决于酒店与连锁公司的联合经营方式。本章将举出连锁酒店公司与酒店间存在的几种产权方式，其中包括管理公司、特许加盟和自由联盟经营。许多连锁公司趋向于产权多元形式的组合。

独立经营的酒店 独立经营的酒店在产权方面不属于其他机构，在管理上也不加盟于其他机构。换句话说，独立经营的酒店与其他酒店在政策、程序 、市场销售或财务合同方面没有关系。一个典型的独立经营的酒店拥有并自主经营自己的酒店，这类酒店在政策和经营程序上不要求符合任何其他公司的规定。从经营角度来看，有些独立经营的酒店的产权性质可能是单个人也可能是合伙经营的，还有一些则是产权属于由业主们组成的股份公司以规避风险及太多的个人连带责任。

独立经营的酒店的唯一优点是自主性。由于不必遵循和维护某种形象，一家独立经营的酒店可提供某种水平的服务来针对某种目标市场。再则，独具的灵活性可使一家较小型的独立经营的酒店快速地与多变的市场接轨。但是，一家独立经营的酒店不能分享加盟公司在广告宣传、管理咨询方面的实惠，也不能得到来自连锁公司批量采购的优惠。著名的独立经营的酒店包括佛罗里达州棕榈滩的布利克斯饭店 (Breakers)，纽约的纽约大酒店 (New York Palace Hotel) 以及圣地亚哥的戴尔·科罗那多酒店 (Del Coronado)。

连锁酒店 连锁酒店集团业主通常会制定一些必需的标准、规章和规定程序对加盟者的行为加以规范。一般来说，越是集权的公司对下属酒店的控制越严。而集权程度较小的连锁集团，下属酒店可有更多的创新和自主决策权。

连锁酒店有好几种组织形式。一些连锁酒店集团拥有下属酒店的产权，但大多数情况并非如此。有些连锁酒店集团在建筑形式、管理方法和标准制定方面对下属酒店均有严格要求。其他一些连锁酒店公司只是把关注点放在广告宣传、市场开拓和采购方面。还有一些连锁集团只是一个小型公司架构，对加盟者的入会要求较少限制，也因此不可能对当地酒店业主提供较大的帮助。

连锁酒店的形式可以分为管理合同型、特许加盟型和自由联盟型。下面将重点说明每种形式的连锁酒店是如何运行的，它们之间又有什么区别。

管理合同型。管理公司负责运行的酒店其产权属于其他企业。这类公司的范围从私人企业到合伙经营的公司，直至大型保险公司都有。下面举例说明管理公司是如何受到聘请负责运转一家酒店的。一群商人感到建造一家酒店会改善当地的经商环境。在对这一投资机会进行初步考察后，一致认为可行。那么这个团体便会设法取得建造酒店的资金。许多投资机构在批准贷款申请前要求申请方聘请专业酒店管理公司。这些专业酒店管理公司大部分是连锁酒店集团。此时，这个发展商团体就会寻找一家专业酒店管理公司签订经营管理合同，通常是长期性质的合同。如果该家酒店管理公司被贷款方认可并接受，那么管理合同就由发展商与管理公司方签订。

签订此类合同后，业主或发展商对酒店的责任通常限于财务和法律方面。管理公司负责经营管理，负责招聘员工，支付运转费用，并按与业主或发展商签订的合同条款收取费用。支付了经营费用和管理费用后，剩下的就是业主的收入，业主以此支付借款、保险、税金等。

管理合同是一种成功的方式，在许多重要的连锁酒店集团都得到验证。有些管理合同公司并没有自己的品牌。这些公司通常为特许加盟店和独立经营的酒店业主工作。特许经营授权公司提供统一采购、统一广告以及集团统一订房系统支援，而管理公司提供管理专家。

以管理合同方式管理会使一家酒店管理公司迅速扩展业务，比直接投资一家酒店资金要少得多。有些管理公司成立的初衷就是为其他投资者管理公司。这些公司也可向酒店业主和经理们提供某一方面的帮助，因为他们有运转、财务、人事、市场销售和预订方面的各类专家。

特许经营和自由联盟集团。有些美国最著名的酒店分别属于特许加盟或自由联盟集团。在大部分城镇，在州级公路沿线和度假地区都能找到这类酒店。特许加盟和自由联盟集团是近年来住宿业在世界范围增长最快的部分。因为旅游者喜欢住在他们认可的品牌酒店，业主也相信通过利用信誉好的品牌能吸引生意。但是这两种方式在组织形式上有区别。

特许经营简而言之是一种配送方式，通过这一途径，一家已建立特定经营方式的企业——特许品牌持有者，准许其他企业——特许加盟者，引进这种经营方式的权力。在住宿业，大部分提供特许经营的集团首先通过发展母企业（特许品牌持有者拥有产权的酒店）确立产品质量和运转专业技能。特许经营组织也在设计、装潢、装备和经营程序方面制定标准，加盟酒店必须遵守这些标准。这些标准化的措施使连锁酒店集团在保持产品和服务的特定水准的同时拓展整体的业务。

加盟酒店之所以会购买特许经营权，除了特许品牌持有者强大的品牌声望外，还有其他一些理由。这些理由包括特许品牌持有者的国际国内的中心预订网、全国性的广告推广活动、管理培训课程、先进的技术手段以及集中采购服务。有些特许经营集团还提供建筑工程和内部装潢方面的咨询服务。一些著名的特许经营公司有巴斯酒店和度假集团的假日酒店品牌，国际选择集团（Choice International）的品质酒店（Quality Hotels and Inns）品牌，森丹集团的华美达和戴斯旅馆（Days Inns）品牌，喜达屋集团的喜来登和威斯汀酒店品牌。有些情况下，一家公司既可以提供管理合约服务，又可以销售特许经营权。例如，大多数的福朋酒店（Four Point Hotels）都是特许加盟喜来登酒店集团的；而大多数喜来登品牌的酒店或是为喜来登所拥有，或是喜来登根据合约来管理。

特许加盟的形式并不适用于所有酒店。有些酒店情况特殊，如果将它归入一个特许经营体系，执行一套既定的标准，将有害无益。对于这些酒店，加入一个自由联盟集团也许更有利。自由联盟集团把一些独立经营的酒店联合起来，结成同一品牌，为一个共同目标而努力。在一个自由联盟集团中各家酒店并不雷同。他们可在质量方面坚持自己的标准，满足客人的期望。集团内的酒店相互介绍客源。一家独立经营的酒店通过加入自由联盟的酒店集团，也可扩大其知名度。最佳西方国际（Best Western International）是世界上最大的自由联盟酒店集团，也是自由联盟的一个范例。普雷弗酒店集团（Preferred Hotels）和世界一流酒店组织是由高档酒店组成的自由联盟集团。

加入特许经营或自由联盟集团的好处是显而易见的：广泛密集的预订系统和更为集中的广告投向会产生更大的效应。这些优势是如此显著，以至一些投资机构只把资金投向那些加入了特许经营集团或自由联盟集团的酒店。

特许经营集团和自由联盟集团能提供集中采购服务。这项服务，因为集中采购的批量效应，大大节省了独立经营的酒店的采购费用。业主们可用批量优惠的价格购买室内家具、洗浴用品、棉织品和毛巾以及餐厅用品等。自由联盟集团也会要求加盟的酒店保持某些经营标准，以使它们的质量能长久地得到客人的许可。

宾客分类

宾客也能像酒店那样予以分类。这种分类，特别是一些做得好的分类，对酒店的市场分析非常有用。对宾客旅行理由的分析能使我们识别他们不同的需求。根据旅行理由的不同，住宿业的客源市场可分为四类：商务、休闲、团体和国际。

商务旅行者

商务旅行市场对酒店来说，是最为重要的市场。早在铁路发展期，商务旅行就是酒店最初和最基本的市场。在美国，每天有 3500 万人在进行商务旅行。商务旅行者每年人均 5 次旅行，而且商务旅行者很少与亲朋同住一室，所以他们对酒店业的收入起着举足轻重的作用。商务旅行是商务市场的一个组成部分，不包括会议客源。

对许多酒店来说，经常商务旅行的人是一支重要的客源队伍。近几年来，酒店和航空公司专为商务行政人员设计了一些针对性产品和服务。同时增加了对女性商务人员的关注。有一部分商务旅客喜欢投宿豪华酒店。商务旅客通常告诉旅行社他们想居住的酒店类型，旅行代理商有较大的挑选范围，套间酒店的增加反映了这类酒店符合商务旅行的需要，现在这类酒店占有商务市场的很大份额。商务酒店的配备和设施通常针对商务旅行者的需要，例如酒店内有会议场地，有可供住客租用的办公室，秘书服务和计算机服务，房内小保险箱，24 小时房内用膳服务。最近发展趋势是提供互联网接口，既可用于计算机，又可用于房内电视。

休闲旅行者

与商务旅行一样，休闲旅行也是酒店重要的客人来源。越来越多的人可供自由支配的收入和休闲时间增加了，这也就导致了越来越多的人外出旅行。

休闲旅行市场并不是一个由单一客源构成的市场。休闲旅行市场的客源种类与目的地酒店的产品和服务的魅力有相当的关系。主要客源类型有：有特定目的的度假旅游者（如喜欢健身设施或网球、高尔夫等某项运动的），家庭休闲旅游，老年、单身或夫妇游客。

在旅游市场中，休闲旅行是最难捉摸的一种客源。与商务旅行相比，休闲旅行者只愿意支付必不可少的费用。他们通常属于对价格较为敏感的一类。收入是决定休闲旅行去处的重要因素。度假活动与住宿条件和旅行者可自由支配的收入以及休闲时间有联动关系。可自由支配的收入数量直接影响休闲旅行，因为它是游览活动的补给源。

有两种商务和休闲相结合的客源。一种是企业家出资供员工休闲旅行，作为奖励，目的是使员工休息、放松、享受旅行的快乐。另一种是商务旅行加度假旅行，一般度假部分安排在商务旅行的开头或结尾。

团队旅行者

团队旅行不同于商务旅行，因为组成的客源以团队形式出现，比如有组织的旅行团、游览团等。

有关会议的商务旅行通常分为两个市场：一个是社会公共机构市场，另一个是企业、政府市场。社会公共机构的会议通常面向大众开放。例如由各种贸易协会举行的全国性会议。企业、政府安排的会议由于讨论的通常是各自公司或政府事务，通常不对公众开放，企业、政府组织的会议包括管理会议、销售会议、新产品推介会、培训研讨会、专业技术会和股东会。

参加各类大小会议的客源对酒店业至关重要，他们不仅影响客房销售，也影响宴会、会议场地、设备设施的销售。会议能吸引成百上千的人前来参加。但是什么时候开会，在什么地方开会，这种决定是由会议组织者一人决定的。酒店的市场销售部常常把注意力集中到会议组织者身上。有时市场销售部人员能劝说会议组织者在酒店的淡季召开会议，使酒店淡季不淡。

国际旅行者

随着国际旅行业的持续发展，酒店业面临着巨大挑战。国际旅客的需求和期望差别很大。例如，如果某家酒店缺乏翻译服务，那么对于争取当地由日本人开设的工厂的客源就会是个缺陷。多元文化影响的因素还对员工聘用、室内装潢、餐饮服务和娱乐设施等方面产生重大影响。为了应对这种文化的挑战，酒店管理层必须决定他们希望争取的市场在哪里，然后制订相适应的接待计划。

当来自英国的客人愉快地享受他们早餐中的煎蛋、肉肠等熟悉的食品时，想一想日本客人又是多么想念他们的日式早餐，如味噌汤、鱼和米饭。同样，一个国际旅行者也会对酒店员工使用客人的母语对他们说"你好""谢谢"和其他简单的词汇或句子表示赞赏。

当今美国酒店业劳动力队伍中一大部分人都是在美国之外的国家出生，在酒店业就业员工中的许多人来自墨西哥、加勒比海地区、印度、巴基斯坦、日本、中国和非洲地区。他们有些人从事那些非技术工种和半技术工种，还有一些人掌握多种语言并对国际旅行者的习俗和文化有很好的理解。开明的管理者注意到要设法使这些外籍员工驾轻就熟地向国际旅行者提供服务，就需要酒店专门为外籍员工开设培训课程。培训内容可以包括英语以及各国不同风俗习惯，另外，外籍员工也可以为本国员工开设如何更好地为国际旅行者服务的课程。

影响购买的因素

许多因素对旅行者选择住宿地的决定产生影响。这些因素有在某酒店获得的满足感，有某酒店或连锁店的广告，有他人的推荐，有酒店的位置或酒店的品牌，或者酒店所加盟的那个集团的名声。为了吸引客人选择自己的酒店，许多酒店都制订了市场推广计划。其中包括利用广告牌、报纸和电话进行宣传，印制出版物，还进行面对面的销售访问和电话促销，以及举办各种公众活动和直接邮寄促销。直到最近，旅行社还在对顾客选择酒店产生显著影响。顾客经常依靠旅行社选择酒店来满足他们的需求。然而，在过去的几年里，互联网已经扮演了一个更重要的角色，对于个人旅行产生了更直接和更具有吸引力的影响。现如今有数十个互联网旅游网站携各种各样的商业模式和不同手段吸引顾客并为旅游产品定价。这些电子分销渠道已经削弱了传统旅行社的作用并已经成为酒店市场营销机会的主流。

与此同时，更多的商务旅行依赖于旅游管理公司（大的旅游管理公司具有显著的房间议价能力）控制旅行费用。旅游管理公司与客户公司签订合同并从差旅预订中收取佣金；反过来，旅游管理公司利用自身的批量购买议价能力采购酒店客房、机票、租车及其他旅行产品，为客户提供稳定服务的同时降低客户的差旅成本。美国运通、BTI国际商务旅行公司、纳威根和卡尔森铁路旅游公司是最知名的旅游管理公司，都是通过网站或传统的办公室形式提供旅行服务。

一个对潜在宾客购买决定产生影响的因素还包括办理客房预订的方便性（不管是在总台、预订部还是网页上的预订），以及接受预订的员工对酒店总体情况和客房情况的介绍。预订员工接听电话的声音是否显得乐于帮助客人，办理效率是否高，产品知识是否丰富，都会对宾客的选择产生影响。有时客人会给同一目的地的好几家酒店打电话，在对房价、服务和设施等方面进行比较后才做出订房的决定。

对回头客的影响因素有哪些？许多宾客认为促使他们再度返回的最重要因素是

服务质量以及酒店整洁程度。好的服务带来兴旺的生意。前厅员工处在最能被宾客直接看到的酒店第一线。前厅部面临的挑战是通过提供符合甚至超出住客期望的服务以赢得回头客。

商务旅行者最有可能成为酒店的常客。满意而归的商务客以后不但会再次以商务目的来住店，而且还会带其他熟悉的商务客、家庭成员、邀请的客人，甚至前来私人度假。

宾客通常成为某家酒店或某一连锁酒店集团的忠诚顾客。宾客对品牌的忠诚可能来自消费习惯，可能来自价值最大化的想法，以及曾经得到的对酒店提供的产品和服务的满意感。由于事先很难得到可靠服务质量的信息，所以宾客不会轻易变换酒店，他们不知道做出的变更是否会真正提高满意度。为了对服务做到货比三家，宾客会亲自登门进行比较。同时顾客经常觉察到购买服务的风险大于购买工业产品的风险。因此一家酒店如能在提高宾客满意度方面取得成功，宾客对这一品牌的忠诚度也会随之增加。

近来常客和参与电子市场活动的宾客成了酒店、餐馆和航空公司忠诚顾客的大多数，且其数量大有上升之势。比如万豪贵宾、凯悦金护照、假日贵宾俱乐部都专门为宾客制定了各种奖励措施，以此达到留住宾客的目的。这类活动还吸引了航空公司和租车公司的加盟，对专门乘坐某一家航空公司的旅客、选择某一家连锁酒店集团的宾客和乘坐某一家公司汽车的顾客予以奖励。奖励的内容可以是一次免费的航空旅行，免费的住店招待，或享受免费的租车服务，免费试用酒店其他设施，餐馆服务享受打折，客房升级服务，等等。如果宾客赚了大量的消费点数，甚至可以享受整个度假的全免服务。

由于许多酒店公司都给经常旅行的客人提供类似的奖励计划，使得希望通过设立该种计划来提高宾客对品牌忠诚度的作用在某种程度上被弱化了。许多经常旅行的客人现在是冲着常客计划而来，这样也就使这类计划贬值，使之不再有原来的诱惑力。尽管实施常客计划会非常昂贵，大多数酒店、公司出自留住有价值的常客的目的，还是感到其实施的必要，否则这部分客源可能会流失。

另一个能赢得宾客对品牌忠诚度的因素是基于顾客自己的认识，即重复光顾同一品牌酒店会使自己的需要得到越来越大的满足。尤其对处于豪华档次的酒店来说，这可能是一个极为重要的因素。酒店的员工和管理人员会对常客的品位和特征有更深入的了解，因而能提供针对客人需要的服务。如丽兹·卡尔顿公司就建立了一个很广泛的宾客档案系统，下属酒店都能互相交流宾客的习惯和喜好。即使宾客入住不曾住过的某家丽兹·卡尔顿旗下的酒店，也能受到很好的招待。

在酒店业内另一个影响品牌忠诚度的因素是，顾客在某些地方无法找到自己喜欢的品牌酒店。如果找不到自己喜爱的品牌，宾客就可能选择另一家连锁集团的酒店。这是宾客认识处于竞争关系的品牌酒店的机会。如果两个品牌的质量大致相同，或新尝试的酒店质量更高，那么顾客对原有品牌的忠诚度会降低。

最近在所有影响旅行者购买因素中最有意思的是网站设计、网页导航及用于供旅行者参考的一些专门网站。许多酒店品牌花费大量的时间和资金用于设计或重新设计自己的网站来吸引与保留客户。像谷歌、雅虎和阿斯卡这类互联网搜索引擎正显现出对旅行者的显著影响。搜索引擎索引网站基于关键词或事先嵌入网站中的参数与旅行者使用搜索引擎时输入的词语进行匹配，搜索的事项与索引中的项目之间匹配程度越接近，在搜索引擎上反映出的目标网页内容显示度就越高。

最近，经过专门设计的网站能使旅行者写出他们在酒店、餐馆、俱乐部、主题公园及其他旅行机构的消费体验。这样一来，当旅行者决定是否入住某家特定酒店时，他可以仔细浏览这些网站，参考那些在这些酒店住过的客人所写的点评。这些成为在线技术应用一部分的特色技术被称为"博客与社交网络"。

博客与社交网络的影响

web 日志或博客是以一个 Web 页面作为公开记录或个人日记。它在功能上类似于讨论板。博客通常按发布时间顺序记录并显示，读者阅读时顺序则相反，最新的帖子出现在顶部。帖子是由博客书写者编写的一系列专题讨论话题。博客为所有有兴趣的读者提供了一个匿名的平台。博客内容，类似有效的口碑的力量，可以影响采购决策、销售策略甚至企业形象。

一个得到超越其期望的服务的顾客倾向于将他的经历发布在一个公共博客上，此时这个客人就成为一个博主。数量众多的正面评价能有助于提升企业的形象和表现，同样，负面的评价则会有相反的影响。通过搜索博客地址标签可以快速发现需要寻找的博客内容。标签可以通过创建关键词或首字母缩略语的形式建立。网络媒体，例如论坛社区、电子邮件交流都是博客的替代形式。

社交网络服务，也被称为社交网站，通过建立虚拟社交平台实现互动。基于网页的社交网站为个人或团队通过设置分享的概要文件实现与网站上其他人群的交流。该网站提供了多种交流形式，包括即时通信、聊天室、电子邮件、博客和讨论组。许多社交网站允许他们提供隐私创建限制概要文件和维护控制多少信息以展示给其他成员。例如，在一些网站，用户必须在朋友同意之后才可以看到彼此的私人资料。社交网站可以因个人原因（如与家人和朋友沟通），或商业目的（讨论新闻、促销活动、折扣、找工作），或寻找有相似兴趣的个体（如约会或寻找朋友）而创建。两个广泛订阅链接社区成员的社交网站是 MySpace（2003 年发布）和 Facebook（2004 年发布）。

绿色酒店

绿色酒店的含义是什么？虽然"绿色"已经成为一个受欢迎的特定词语，但是相对其在生态友好方面的应用而言还没有一个标准的定义。考虑到许多建筑行业准则和专有系统，许多酒店公司已经发展了这一概念，在酒店经营中推行绿色环保的做法从鼓励客人重复使用毛巾、循环使用废弃物品、利用风力发电、烹饪有机食品、减少碳排放、安置屋顶太阳能板，等等，不一而足。遵从不同的绿色标准的结果是可以从某个组织获得一个绿色标志，比如美国绿色建筑委员会。

相对于那些总是需要通过翻新产品与设施的老建筑而言，一栋新建筑可以更容易通过建立环境友好系统而获得成功，酒店业中正有越来越多的企业寻求这种理念。旅游大众对那些愿意在环境友好上进行投资的建筑、设备、流程和技术表现出日益增长的兴趣。事实上，不管是公司运营的还是在若干地方开展特许经营的酒店，同样的，有些酒店公司已经采用了必须遵守的环境清单。如果酒店和会议中心想要得到来自美国政府机构的业务，他们必须根据政府机构拟定的指导方针提供美国环境保护署要求的环保表现文档数据。另外，美国差旅管理者协会在举办相关会议时也着重于会议举办场所的环保绩效；差旅管理者协会活跃于50多个国家，他们更喜欢将他们的活动安排在那些有着强有力环保计划的场地。事实上，这些团体在考虑他们的业务之前都会要求候选酒店提供包括环保考虑的证明材料以体现酒店的环保实践。

争取减少温室气体排放、碳中和、资源回收利用和有机园艺或许是绿色酒店众多环保目标中的一部分。在与住宿业相关的项目中回收机电设备中的余热、利用再生能源和就环保问题影响对顾客进行的教育同样是开展综合环境保护活动中的重要元素。一些网站列出了绿色或认证酒店的属性，包括旅行与休闲网、美国民间绿色建筑认证和能源之星计划等。绿色酒店的运营会同时带来经济的（节省成本）和环保的（回收与循环使用物资）优势。本章附录为我们呈现了一个扩展的案例研究，从中可以看出一家酒店在落实绿色实践活动中的努力。

绿色倡议是全球性的，而不仅仅是在美国和北美地区。其中最著名的是由查尔斯王子创办的王子建筑环境基金会，总部设在英国伦敦。该基金会的目的是创办一个教育基金会，并通过对包含持续和生态理念的建筑规划、设计和建造的教育和实践活动来提高生活品质。该基金会凭借环境友好理念促进了生态原则在建筑水平提升中的应用。该基金会由建筑师、工程师、生产厂商和其他包括酒店公司在内的主体构成。

美国绿色建筑认证和能源之星计划

酒店业正通过各种行业计划获取越来越多的环保认证以践行对环保责任的承诺。酒店业在生态旅游领域扮演了一个主要的角色。酒店公司支持的众多国内环保认证分级体系中最著名的是美国绿色建筑认证体系和能源之星奖励计划。

绿色建筑认证 绿色建筑认证计划（LEED）由美国绿色建筑委员会创建，旨在证明建筑符合能源使用效率、有利环保和社区响应。绿色建筑认证通过提供普遍可接受的工具及有效表现标准鼓励和促进了可持续绿色建筑和发展实践在全球的应用。绿色建筑认证是在全国范围内公认的设计、建造与运营高绩效绿色建筑的标准。它促使了符合五个重要的、关于环境健康表现的一个独特的建造方法的形成：场地的永续利用、节约用水、能源使用效率、建筑材料选择和室内空气质量。绿色建筑认证计划在美国绿色建筑委员会指导下开展工作，以便在整个建筑生命周期中获得降低运行费用和提高使用效率的建筑物绿色优势评价。绿色建筑认证的四个等级从最高到最低分别是白金级、黄金级、白银级和认证级。美国绿色建筑委员会估计，在不久的将来，接近2/3的顾客会选择与获得绿色建筑认证的公司开展业务。

绿色建筑认证评级体系由各类建筑与建造行业委员会在达成共识的基础上发展而来。包括建筑师、设施经理、工程师、室内设计师、景观建造师和建造经理人均使用绿色建筑认证标准。生态建筑在世界范围内得到普及，同时绿色建筑认证在40多个国家得以推广，包括加拿大、巴西、墨西哥和印度。

能源之星计划 美国环保署（EPA）的能源之星计划专注于各种设备和电气的能源使用效率。酒店物业可以通过提升能源使用效率得到能源之星奖励的荣誉。获得该奖项的评定程序要求酒店经营者在一个自动的能源基准系统中申报能耗指标（如每月的能源费用账单）来确定在节能方面的变化情况。对整个酒店业来说，美国饭店业协会是能源之星计划的良好伙伴及强有力的支持者。能源之星奖项由美国环保署和美国能源部每年颁发一次，以表彰那些通过提升能源使用效率为环境保护做出卓越贡献的机构与组织。

已经有近100家酒店公司得到业内认可，包括雅高酒店集团北美公司（提升能源效率奖）、卡尔森酒店集团（节约消耗奖）、万豪国际集团公司（优秀能源绩效奖）、希尔顿酒店公司（节能建筑奖）、凯悦酒店公司（能源中心设计奖）、丽兹·卡尔顿酒店公司（能源有效运行奖）和喜达屋酒店及度假村集团（能源表现提升奖）。整个酒店业对于能源之星奖项的口号是："让强有力的能源绩效表现成就你的竞争优势！"能源战略管理计划的目标应聚焦在降低成本和提高顾客满意度上面。据能源之星评估，对于全服务类型的酒店而言每降低能耗10%等于平均房价提升了1.35

美元，对于有限服务的酒店而言则是 60 美分。

酒店承诺 酒店行业已经在绿色建筑认证及能源之星评价系统框架下从建筑的、电气的、机械的、生态改进等方面建立起相应的承诺与举措。相关的领域如能源管理、用水管理、生物多样性管理及废品管理正持续受到关注。一个绿色计划的目标是浪费最小化、效率最大化。

能源管理。通过技术改进获得能源效率提升更加容易实现。住宿业可以通过再生能源计划的施行来建立符合绿色建筑认证要求的做法，如使用风力发电、水力发电、太阳能发电、浅色窗户及其他技术设计以实现减少能源消耗及相关开支。一些酒店已经寻求将能源管理系统与物业管理系统连接来减少空置房间能耗以获得收益，能源使用触发装置与房间占用情况形成自然协同工作系统，当客人在总台结账时，所有房间内非重要能耗设备能自动控制或关闭。类似闹钟和冰箱等设备不受影响，而自动温控系统、电视机、可选择照明及相关设备则可以处于关闭状态。

其他相关节能承诺包括用荧光照明替代白炽灯泡，可降低 75% 能耗；使用装有数码恒温装置的高效率洗衣设备；通过采取无烟政策减少空气清新循环设备的使用。酒店还可以更多地替换空气过滤装置来减少能源消耗，阻塞的空气过滤装置导致排气扇无法长期工作，清洁的空气过滤装置意味着更加清新的房间空气。

用水管理。节约用水及水资源的循环利用是高效用水管理计划的关键举措。在酒店业的众多实践中，收集雨水加以利用、在房间内安装水表方便客人随时关注用水量及研磨客房内小香皂作为洗涤剂清洗酒店员工制服均是常见的做法。

生物多样性管理。酒店公司可以通过与野生动植物共享土地资源、设置或保留自然步行道、着手实施生态恢复计划以使遭滥用的土地重新焕发生机等措施加入生态多样性管理的行列。酒店还可以为员工提供植物识别与动物保护等方面的培训，他们还可以通过促进生态养殖与绿色园艺、控制碳排放和推广水生植物种植等为当地社区做出进一步的环保承诺。另外，酒店还可以使用循环纸制品、利用有机生产与有机果蔬来实现上述承诺。

废物处理。酒店业可以通过循环使用来极大地减少浪费。例如，酒店餐厅可以利用废弃食物进行堆肥处理或用于捐赠，未使用的食品可用于慈善。酒店还可以采购单独包装而不是批量包装的物品，同时应尽可能向绿色供应商采购物品。酒店会议场所应使用水罐或杯子为客人提供服务而不是用单独的瓶装水，在食品服务中应使用可重复使用的餐具及餐巾。减少酒店业垃圾的产生、连同实现对社区及学校项目的捐助等均会使酒店在社区中的声誉获得提升。

绿色会议

绿色会议、绿色酒店、绿色会议中心、绿色供应商及各种国际奖项正在对酒店业的绿色进程产生方方面面的影响。正如早先提及的，许多公司及组织在考虑将他们的会议业务放在哪里举办时都会理所当然地向酒店提出绿色诉求。这些组织会通过会议举办要求说明书来与酒店沟通他们的要求，而酒店要想获得这些业务则必须提出他们能满足这些需求的能力。

有环保意识的会议正在成为趋势。伴随着资源紧缺与费用昂贵态势的增加，今天的组织越来越多地支持环境友好型的会议。一个绿色化的会议有着多种实现途径，包括在宴会餐桌上可添加的水杯、会议结束时收集会议名牌和代表证用于重复使用、在展览场地内部提供可重复使用的区域、使用可降解的杯子替代矿泉水瓶。许多会议组织者在考虑预订会议场所前坚持会议场所使用可降解与可循环使用的物品。许多研究也指出超过 60% 的会议组织者会有意避免在一个缺少环保意识记录的目的地或场所举办会议。许多行业观察者不认为绿色理念是一时冲动，相反是一个长期的趋势。

根据定义，一个具有环保意识的绿色会议贯穿了会议举办的所有阶段以使对环境的负面影响降到最小。基本上，一个支持绿色倡议的绿色会议在对环境有所助益的同时也能达到节省会议费用的目的。会议产业委员会的绿色会议报告对于会议策划行业的一个参考，类似于美国环保署出版的 "It's Easy Being Green!" 出版物中为绿色会议规定的强制性标准。"可持续旅行国际"也协同许多酒店行业领导企业如洲际、万豪、领先等世界一流酒店组织开展共同减少碳足迹的活动。最近，弗吉尼亚州、加利福尼亚州、密歇根州、佛罗里达州和佛蒙特州发起了它们自己的绿色酒店认证计划，底线是人们是否有更加环保的意识和基于环境与物流因素考虑他们的商业决策。

2003 年，国际奖励旅游与会展行业协会发布了绿色会议奖项，并于最近与绿色会议产业委员会一起发布了绿色展览奖项和绿色供应商奖项。绿色会议领导者宣称倡导绿色理念不仅对环境有利，它实际上也节省了企业的金钱。

小结

酒店业是旅游业的一个组成部分。旅游业是世界上最大的行业之一，由各类庞大的为旅行者提供必需的产品和服务的行业集团组成。旅游业可以分为五大类：住宿业、交通业、餐饮业、零售业以及相关行业。住宿业可以分为酒店、汽车旅馆、旅馆、全套间酒店、会议中心以及其他住宿企业。虽然上述分类的界限不十分清楚，但对各种企业能从规模、目标市场、服务档次以及产权加盟形式方面加以区分。

对酒店而言可将住客分类。可根据旅行的原因对宾客进行分类：度假、商务活动、参加会议、私人和家庭原因、周末旅行、政府或军方事务、乔迁新居。酒店对住客的信息了解得越深入，就越能理解宾客的需求，提供针对性的服务。

有许多因素影响一个旅行者选择酒店。这些影响因素包括在一家酒店住宿的满意经历、广告宣传的影响、家庭成员或亲朋好友的推荐、一家酒店的地理位置和基于酒店品牌名称或连锁品牌传递出的初始概念。直到最近，旅行代理机构还在对消费者选择酒店产生显著影响，然而，在过去的几年里，互联网已经扮演了一个更重要的角色，对于个人旅行产生了更直接和更具有吸引力的影响。许多酒店品牌花费大量的时间和资金用于设计或重新设计自己的网站来吸引与保留客户。像谷歌、雅虎和阿斯卡这类互联网搜索引擎正显现出对旅行者的显著影响。好几个基于博客的网站影响了酒店业，宾客可以在上面写下他们的住宿经历，这些博客能够提升或毁灭一家酒店的形象与吸引力。商务旅行依赖于旅游管理公司控制旅行费用。旅游管理公司利用自身的批量购买议价能力采购酒店客房、机票、租车及其他旅行产品，在为客户提供稳定服务的同时降低客户的差旅成本。

是什么在影响回头客生意？许多顾客说让他们再次回到一家酒店最重要的因素是服务质量、酒店的整体清洁状况和外观。常客奖励计划和网络营销也有助于创造和保留回头客生意。

公众旅行对于注重环境友好型的酒店建筑、设备、工艺流程和相关技术表现出了越来越浓厚的兴趣。酒店业在绿色建筑认证计划与美国能源之星计划框架下对于建筑、电力、机械与相关工艺流程改进等方面采取了多种举措以实现环保承诺。战略能源管理计划的目标应该是降低成本与提高顾客满意度。绿色会议领导者们倡导酒店业的绿色行动不仅对环境保护是正确的，实际上也节省了商务成本。

虽然一家酒店的建筑样式对于符合酒店的主题定位非常重要，但是前厅部员工却扮演了评判酒店整体形象的重要角色，为满足顾客所需而具有的各种才能与技巧使从事前厅工作充满乐趣与价值。

尾注：

①弗劳德·米勒·斯坦特拉，《美国非凡的酒店从业人员》（纽约，斯坦特拉基金会，1968年版），第36页。

主 要 术 语

连锁酒店（chain hotel）：指产权属于酒店集团，或加盟酒店集团的酒店。

经济等级／有限服务（economy/limited service）酒店：一种服务档次，强调提供清洁、舒适、廉价的客房。这种档次的服务能满足宾客的大部分基本需求。经济等级／有限服务主要针对的是想严格控制预算的旅行者。

特许加盟（franchising）：是指帮助某个酒店建立一种特定的经营模式，特许品牌持有集团给予加盟酒店采用这种经营模式的权利。

绿色酒店（green hotel）：是指致力于减少温室气体排放、物资回收利用、节约能源与用水、支持有机食品普及其他环境友好活动的酒店。

酒店（hotel）：向旅行大众提供住宿设施及各类服务和种种便利的企业，被称为酒店、汽车旅馆、路边客栈、套间酒店、会议中心及其他名称的住宿机构。酒店一词也是这些机构的统称。

独立经营的酒店（independent hotel）：一家拥有自主产权、自主经营而不加盟其他集团的酒店。

管理合同（management contact）：指一家酒店的业主／开发商与一家专业酒店管理公司之间签订的协议。业主／开发商通常保留酒店财务及法律方面的责任，而管理公司负责酒店的运转并收取双方谈妥的费用。

市场细分（market segmentation）：把较大的客源市场分割成较小的客源分支的过程，如"公司商务旅行者"是"商务旅行者"市场的一个细分市场。

中档服务（mid-range service）：指一种针对最大众旅行者的朴实而完备的服务。中档服务的酒店可以提供行李服务、机场专车接送服务、场内用膳服务、供应某种风味菜肴的餐厅、咖啡厅、茶廊酒吧并为某些宾客提供特定的价格。

质量保证（quality assurance）：一种保证服务稳定性的努力。

自由联盟集团（referral group）：一个由独立经营的酒店为了共同目的而结成的统一品牌的集团。集团内的酒店互相介绍离店宾客及无法安置的客源。

目标市场（target markets）：清晰地确定了的潜在购买群体（市场细分）。销售人员锁定"目标"实施努力。

旅行管理公司（travel management company）：一家大规模的旅行代理机构，在洽谈房价方面能享受很大优惠。

国际等级服务（world-class service）：一种服务档次，强调提供面对面的个性化服务，提供国际等级服务的酒店有超级餐厅茶廊酒吧，精致的装潢，管家服务，宽敞的客房和充足的客用品。

复习题

1. 旅游业的共同目的是什么？招待和旅游业之间有什么关系？
2. 酒店有哪四种常用的分类方法？为什么酒店可同时符合一个以上的分类范围？
3. 度假酒店与商务酒店间有哪些区别？
4. 会议中心为何种的特定目的而设计的？它们是如何为目标市场的客源提供服务的？
5. 围绕着"服务"这一概念存在着哪些基本问题？一家酒店如何才能确保其无形产品的质量？
6. 什么是国际等级的服务？什么是国际等级的酒店通常提供的面对面的服务？什么是行政楼层？
7. 独立经营的酒店其独特优势是什么？独立经营的酒店还可能存在哪些方面的劣势？
8. 管理合同是如何介入一家酒店的开发建设过程的？特许加盟与自由联盟两者有什么区别？
9. 根据旅行目的对旅行者的三大分类是什么？酒店如何促使旅行者再度光顾？
10. 为什么国际旅行活动对招待也有如此重要意义？在这一领域里，酒店经理面临的主要挑战是什么？
11. 为什么网络博客和社交网络对于酒店业来说很有意义？
12. 什么是"绿色"酒店？为什么酒店业要致力于绿色化？

网址：

请访问下列网址获得更多信息。网址可能还会有更改。如果网址不存在，请通过搜索引擎自行搜索。

旅行与住宿业协会

1. American Hotel & Lodging Association(AH&LA): www.ahla.com
2. American Hotel & Lodging Educational Institute: www.ahlei.org
3. Hospitality Financial & Technology Professionals: www.http.org
4. Hospitality Sales and Marketing Association International (HSMAI):www.hsmai.org
5. International Council Hotel, Restaurant and Institutional Education (CHRIE):www.chrie.org
6. International Hotel & Restaurant Association (IHRA):www.ih-ra.com
7. Travel and Tourism Research Association (TTRA):www.ttra.com
8. Travel Industry Association of American (TIA):www.tia.org
9. World Tourism Organization (WTO):http://unwto.org/en

酒店和酒店公司

1. Associated Luxury Hotels International (ALHI):www.alhi.com

2. Best Western: www.bestwestern.com

3. Choice Hotels International:www.hotelchoice.com

4. Days Inn of America, Inc.:www.daysinn.com

5. Extended Stay Hotels:www.extendedstayhotels.com

6. Fairmont Hotels & Resorts:www.fairmont.com

7. Gaylord Opryland Resort &Convention Center:www.gaylordhotels.com

8. Hilton :www.hilton.com

9. Homewood Suites by Hilton Hotels:www.homewoodsuites.hilton.com

10. Hotel Del Coronado:www.hoteldel.com

11. Hyatt Hotels Corporation:www.goldpassport.hyatt.com

12. InterContinental Hotels Group:www.ichotelsgroup.com

13. Interstate Hotels & Resorts:www.ihrco.com

14. Knights Inn:www.knightsinn.com

15. Marriott:www.marriott.com

16. Oakwood Corporate Housing:www.oakwood.com

17. Preferred Hotels & Resorts:www.preferredhotels.com

18. Radisson Hotels & Resorts:www.radisson.com

19. The Ritz-Carlton Company:www.ritzcarlton.com

20. Sheraton Hotels & Resorts:www.starwoodhotels.com/sheraton

21. Walt Disney World:www.disneyworld.disney.go.com

22. Westin Hotels and Resorts:www.starwoodhotels.com/westin

共管公寓和分时度假组织

1. American Resort Development Association:www.arda.org

2. Community Associations Institute :www.caionline.org

3. Disney Vacation Club:www.disney.com/

4. Hilton Grand Vacations Company:www.hgvc.com

5. Interval international:www.intervalworld.com

6. Marriott Vacation Club:www.marriott.com/vacationclub

7. Resort Condominiums International Inc.:www.rci.com/

案例分析

案例1：小河里的大鱼闯江海

杰夫·马林从办公室的墙上取下他的招待业管理文凭，把它放在箱子的上层，箱子里装满了书和文件。今天是杰夫在费尔米道酒店当总经理助理的最后一天，酒店在伊利诺伊州苏黎世湖的郊区。明天他将去芝加哥城，走马上任梅里马克酒店前厅经理一职。那是一家有800间客房的大型会议型酒店。

对才出校门三年的他来说，这是个不错的机会。他一边收拾，一边沾沾自喜地思忖：如今没有可难倒自己的问题。确实，总经理助理的岗位已经把他训练成万事通。酒店20位员工中的大部分都是由他招聘而来的，他能叫出所有人的名字。他和客房主管的关系很好；他知道客房主管在接到像即刻准备好一间残疾人用房这样的特殊要求通知时，会做出什么反应。在他任期内，他所在的费尔米道酒店连续保持了他们所属地区所有费尔米道酒店中最高的出租率和最高的平均房价，杰夫为此感到骄傲。

由于没有独立的销售部，杰夫通过当地组团来增加酒店的业绩，相当成功。当地商会每月在酒店举行午餐会，用餐放在街对面的餐厅，还常安排客人入住酒店。夏天垒球赛季，124间客房中有15名至20名附近地区来的苏黎世湖人队的选手入住。在那种忙碌时刻，杰夫很高兴施展他前台工作的能力，帮助宾客顺利办理了入住或离店手续。在其他时刻，前台工作正常，只需两三名员工办理就绰绰有余了。

杰夫知道他完全能应对新的工作。费尔米道酒店新装的电脑系统，他比谁都学得快，他还教前台的其他人使用新的程序。预订、销售、入住酒店、培训、日报表——杰夫想：我真的没任何问题。

第二天早晨8时杰夫走进梅里马克酒店前门，他的信心受到第一次震撼。大约有200人聚集在大堂，4名前厅员工马不停蹄地为他们办理离店手续。这里发生了什么？杰夫迷惑不解。一位行李生过来对杰夫说，如果有需要的话，他可以告诉杰夫总经理办公室在哪里。

杰夫走进总经理办公室，阿尔·格雷林说："欢迎你，杰夫。我想你在前面没遇到什么麻烦吧。""大堂围着的是什么人？"杰夫问，"我从没见过那么多的人。"阿尔大笑："杰夫，慢慢习惯这种情况吧。今天离店的还不是大型团队。大多数日子，你和大家要为400位客人的团队办理离店手续，还要为另外一个有400位客人的团队办理入住手续。"

"当然，"杰夫不好意思地笑了，"我知道这是一家会议酒店。好吧，我从哪里开始？"

阿尔带杰夫到总台，把他介绍给早班的员工——卡罗尔、富兰克林、阿夏里以及迪安。他们简单打了个招呼又继续忙着为宾客办理离店手续。在费尔米道酒店，总台忙的时候杰夫常常主动前去帮忙。从富兰克林的肩头望去，杰夫意识到这里的电脑与他用过的完全不同。办理离店方法不同，效率很高，他作为新人都不熟悉。让他们自己努力干吧，一切待我熟悉后再说，他暗下决心。

电话铃声响了，杰夫想这个我能处理。"梅里马克酒店，我是杰夫，请问有什么事情？"

"杰夫？我是南希·特罗特门，销售总监。你是新来的前厅部经理对吗？阿尔·格雷林告诉我，你今天开始上班。"电话那头传来销售经理的声音，"杰夫，我希望化妆品销售会议的客人抵店时能立即通知我，我马上要和谢拉瓦特金斯谈有关颁奖宴会的事情。我的分机号是805。听清楚了吗？有关信息在总台团队记事本上。再见。"

杰夫去问阿夏里团队记事本在哪里。这种本子在费尔米道酒店是没有的。她还把日报表给了他。他尝试把自己不熟悉的项目——找出来：餐饮、宴会、团队、入住、团队离店、贵宾名单、待修房。杰夫想："我需要一份注解以便阅读这份报告。"

他看完日报表后决定向阿夏里要一份夜审报告。

"这报告在会计部。"她解释说。

"不用给我？"他问道。她摇摇头，然后在员工电话一览表上指给他会计部的电话。

这份电话号码一览表看得杰夫头昏目眩。这么多部门，这么多经理。总机房、预订部、销售部、前厅部——以前他一人就把这些部门的工作统统管起来。而梅里马克酒店则按功能设置了不同的部门。杰夫想以前熟悉的东西在这里不奏效了。

"我以前就像井底之蛙。"他想。

午饭后，杰夫回到总台。与迪安一起，他慢慢了解了梅里马克酒店的客房管理软件，他逐渐重拾了一点自信心。参加化妆品会议的客人还要过几小时才抵店，总台目前不太忙。

有一对夫妇，女的坐在轮椅上，走近柜台。这对名叫阿姆布·鲁斯特的宾客订了一间残疾人房。杰夫查了客房状态一览表，发现这类客房尚未打扫完毕，不能立即出租。他请迪安继续为这对夫妇做入住登记，自己随即与客房部联系解决用房问题。

杰夫查阅电话号码一览表，终于找到了客房部经理多罗斯·曼塔的号码。"多罗斯，我是前厅的杰夫，我现在立即需要一间残疾人用房。请问要多久才能备妥？"

"你是谁？"多罗斯问，"我们这里是要按程序办事的。难道你不知道要一间房不是要一份比萨？没人通知我要提前准备好一间残疾人用房。你为什么到1:30半才告诉我？你不知道客人要来吗？没有记录吗？"

在费尔米道酒店客房主管从来不会这样回答杰夫的要求；他决定不予计较，毕竟眼前有大问题要解决。

"我是新来的前厅经理，今天是我第一天上班，"他解释道，"我不知道他们这时会来。记录卡？那个，我不知道，等一下。我想我不知道。"他仍尝试继续努力，"我对没能按程序办事表示抱歉；但两位客人还在等着进房。你看怎么办？"

"好吧，我们的人正在抢下午4点入住的化妆品销售会议的500位客人的用房。不过我看看能不能抽出人手打扫你的167号房间。"多罗斯说，"不过，杰夫，下次不要再出这样的事。"

化妆品会议推迟抵店，但杰夫还在等，以便客人一到就通知南希·特罗特门。他不希望与南希的关系也像与客房部经理那样出师不利。当他通知南希时，她出乎意料地说："你为什么不把这种事情交给前厅员工？我不是要你亲自告诉我，我当时说的时候就是这个意思。好吧，总之谢谢你。"

第一天工作结束了，对于第二天是否还要继续去做，杰夫自己也吃不准。在事业生涯中，他算是有一次机会晋升，但感觉不太好。他决定给盖尔·阿尔拜可（他的一个在圣路易斯的会议酒店当预订经理的好朋友）打电话，杰夫想，也许他会给我一些有用的建议。

讨论题

1. 梅里马克的总经理应用什么样的方法才能使杰夫比较容易适应新工作?
2. 为了较快适应新工作, 杰夫应采取什么样的步骤?
3. 杰夫的朋友应给他一些什么样的建议, 帮助他胜任新工作?

案例编号: 3321CA

下列行业专家帮助收集信息, 编写了这一案例: 注册酒店管理师、梅里斯塔酒店和度假村集团服务部副总裁查理德·M. 布鲁克斯和注册酒店管理师、斯奈凡里发展公司副总裁 S. 肯尼思·希拉。

案例 2: 选合适的人 做合适的事

阿兰·克里斯多夫将视线从长桌上的报告书移开, 因为他的助手带来了早晨的信件。他把一摞信一封封地查阅, 看到一个清楚印着著名酒店连锁集团徽记的大号信封时, 他停了下来。克里斯多夫正是这家公司发展部的高级副总裁。他正在为酒店管理公司寻找一名担任即将成立的分时度假业主型企业的负责人。工程正在进行当中, 第一期是位于南卡罗来纳海滩的一个有 200 个单位的分时度假楼宇。整个计划要求这个度假酒店在 5 年内分期竣工并完成销售任务。一幢楼的工期为一年, 每年造两幢, 五年完成。整个过程完成后, 度假地的这十幢楼每幢有两卧室套房 20 套, 还有网球场、游泳池和会馆中心。以一周的时段为一个销售单位, 成交每一单位都会有 10 人来看房。这次销售会吸引 100000 名的潜在买主。

克里斯多夫立即想到要为这家分时度假业主型企业物色一位经理。人力资源部经理把她认为最适合此职务的三名候选人的简历寄给了他。克里斯多夫从信封中抽出简历边看边想。

第一份是密卡·汤普森。克里斯多夫认识这个名字, 因为他是酒店连锁集团一颗耀眼的新星, 毕业于康奈尔的酒店专业并获得注册酒店管理师的称号。他的事业从酒店运转开始, 简历上写着他有预订和场地管理的经验, 现在是公司下属的戴托那海滩酒店的总经理。由于汤普森在销售和市场方面富有经验, 所以被公认是管理新开业酒店和将不良企业转型方面的高手。

在信的首页他表明自己有开业的经验, 市场方面的才能, 也有度假地的知识, 同时表示他希望与公司共同成长的愿望。他还写道: "我深信担任这一分时式企业与管理一个酒店不会存在很大差别。"

克里斯多夫放下信, 他想: 汤普森能管理一个正在建设阶段的企业吗? 能够逐一带领上万名潜在的客户前去工地参观吗? 但是汤普森在酒店的业绩很出色, 给其他行政人员留下很深的印象。按照公司内部的晋升做法, 汤普森担任这个职务是十拿九稳的事, 克里斯多夫想。

克里斯多夫拿出第二份简历, 埃列娜·雷密里兹, 目前是一家有 400 个单位的休假共管物业的助理经理, 她以前曾担任另一家共管度假企业的业主关系部经理。雷密里兹有丰富的房产知识和出租出售房产的经验。从她的工作经历看, 与其经验有关的都是共管型企业,而不是分时度假型企业。

在雷密里兹的信中，她写道："我除了具备现场销售和出租共管楼外，我与业主协会建立了很密切的工作关系，我对与业主的交往充满信心，我能识别他们不同的需求。"她还指出她现在的单位在规模上比这里在建的 200 套度假物业要大上一倍。所以她感到有能力胜任新的工作。

让我再考虑一下，克里斯多夫沉思着，400 个单位，400 个业主。我怀疑她是否意识到要管理 10000 名业主？但是与从未在共管企业工作的人相比，她的经验难能可贵。

最后一份简历是厄尔·杰克逊的。他在时段型企业工作了近十年。在这之前，他还在地产业工作了 12 年。克里斯多大看到杰克逊的简历上还有地产经营执照号码。杰克逊对分时度假的企业的经验包括运转、市场和销售。克里斯多夫想再看看他有没有酒店工作的经验，结果没有发现。

"我希望有机会进入一个品牌声望卓著的连锁集团工作。"杰克逊写道，"我相信对休假业主型企业的管理经验能使我和销售部员工一起高效地完成销售任务，并保持与业主和酒店管理公司的沟通。"

讨论题

1. 克里斯多夫在挑选分时假业主型企业负责人时，他的选人标准是什么？
2. 根据问题所得的标准，请列出每位人选的优势和劣势。
3. 克里斯多夫会聘请谁？为什么？

案例编号：604CJ

下列行业专家帮助收集信息，编写了这一案例：科罗拉多州注册酒店管理师、共管企业咨询顾问杰丽·海威；梅里斯塔酒店和度假村副总裁拉里·B.吉尔德斯里夫；注册酒店管理师、亚拉巴马州种植园度假村管理公司执行副总裁佩德鲁·曼多基；得克萨斯州波特罗亚尔海洋度假共管协会的总经理和管理代理人、酒店注册管理师杰克·拉什。

案例 3：两人共用的浴缸

玛丽是博登海滨度假酒店的前台接待员，她来到这家酒店已经 6 个月了，正在尽最大努力试图说服韦德夫妇看看酒店具有十足现代风格的行政套房。玛丽有着南方人特有的热情，她不希望看到她在尽了最大努力之后什么也没做成从而使客人带着失望离开。韦德夫妇为了纪念他们 20 周年结婚纪念日，计划找一家特别的酒店进行一次浪漫的度假。博登酒店的宣传册描绘的浪漫度假套餐包括两晚住宿、香槟酒、马车之旅、两人份观赏落日的晚餐和美妙的特定房间。他们电话进行了预订并确信他们想要的酒店均会提供。

当他们一进入为他们事先分配好的房间，他们看到整瓶的香槟酒和两个精美的水晶酒杯，还有一束精心设计的鲜花已经摆放在咖啡桌上。韦德夫人想到卫生间里看个究竟，当她回到卧室时，她告诉为他们运送行李的行李员说卫生间的浴缸不适合两个人共用。行李员看起来有些困惑，然后他回答说那显然是一个单人尺寸的浴缸，但确实带有冲浪按摩功能。韦德夫人问行李员酒店是否有带两个人共用的浴缸的房间，行李员觉得没有，但他说他们可以去查一下。

玛丽希望行政套房能够打动韦德夫妇从而使他们接受单人尺寸的浴缸并认为两人共用的浴缸是不必要的。他们同意玛丽带他们去看看那个套房。当值班经理看到他们上了楼梯，他认为一般情况下他们很快就会到前台。他脑海中已经决定：即使帮韦德夫妇在该区域再找一家酒店也要让他们满意。他知道韦德夫人其实是在意那个浴缸的！他拿起电话拨打了两个更高级的但是规模较小的度假酒店的预订电话。第二家酒店正好有他所需要的房间，一个带超大尺寸的浴缸的海景套房，可供五个人舒适享用的浴缸！值班经理还核实了主餐厅可提供的餐位以确保韦德夫妇能有一个看得到美好景致的座位。他知道韦德夫妇在博登酒店预订的餐位是晚上7:30，他以同样的时间在新的酒店餐厅里做了预订。

玛丽和韦德夫妇回到前台，玛丽问值班经理是否可以退还韦德夫妇的订金，很显然他们已经决定离开，是否退还订金取决于酒店。韦德夫人坚持认为她已明确告知预订人员她希望有供两人使用的浴缸，否则如果她知道酒店不能做到她是绝不会做这个预订的。另外，韦德夫人希望是一个特别的酒店，而这家酒店只是另外一种类型的酒店，而且酒店也不是她期望的那样离市区近一些。

值班经理告诉玛丽博登酒店很愿意退还客人的订金并为酒店预订中的失误感到万分抱歉。值班经理走上前告诉韦德夫妇，他已经给该区域另一家度假酒店打了电话，用他们的名字为他们预订了他们一定会喜欢的豪华套房，带有按摩功能的超大尺寸的浴缸及海景。另外，新的度假酒店位置靠近市区，比博登海滨度假酒店规模稍小，并在华丽的酒店正餐厅用他们的名字预订了晚上7:30的座位。

韦德夫妇带着满意和一点小小的遗憾离开了酒店。值班经理对玛丽说道："他们看起来因为这点小麻烦有点尴尬，因为他们说他们会在另外合适的时间来入住博登酒店。其实他们真正想要的是两个人共用的浴缸。"

讨论题
1. 韦德夫妇主要的期望是什么？
2. 这些期望是在什么时候及怎样形成的？
3. 如果你是值班经理，你会帮助韦德夫妇解决所有困难吗？
4. 玛丽努力为韦德夫妇在酒店寻找替代房间的做法正确吗？
5. 在这种情况下值班经理应该退还订金吗？

案例编号：608C01

该案例还可见托德·科芒著《前厅部运行管理案例研究》（密歇根，兰辛：美国酒店与住宿业教育学院，2003）。

本章附录：绿色酒店实践案例研究

波士顿机场舒适客栈与套房酒店

酒店名称	波士顿机场舒适客栈与套房酒店 85 American Legion Highway, Revere, Massachusetts 02151
联系信息	http://www.comfortinn.com/hotel-revere-massachusetts
酒店类别	品牌酒店，中档价位 选择国际酒店集团旗下
物业概况	发展商：Old Bayside Partners LLC 业主：Saunders Hotel Group (SHG) 管理公司：Saunders Hotel Group
物业总面积	地上八层，无地下室
客房数量	208 间
建筑样式	新型建筑
完工日期	2000 年 09 月
高效能表现	场地 物料及废弃物管理 能源 水 室内环境质量 教育 绩效评估
获奖与认证	AH&LA Environmental Hotel of the year Boston Green Tourism, Charter Member British Airways Tourism for Tomorrow Prize Choice Hotels Exceptional Environmental Awareness Award. 2002 Ceres Company Climate Neutral accommodations (Cool Room) certified Co-op America, member Energy Star Partner of the Year Green Hotel Association, member Skal International Ecotourism Award
	NWF(National Wildlife Foundation) Corporate Excellence Award

  开业于 2000 年 9 月的波士顿机场舒适客栈与套房酒店位于波士顿洛干机场，由桑德斯酒店集团（SHG）管理。SHG 集团在高效能运营酒店方面是业内先驱，早在 1989 年运营公园广场酒店时就采取了很多创新应用举措。并将这些经验运用到后来在雷诺克斯的酒店，再到运营位于马萨诸塞州利威尔特许经营的舒适客栈与套房酒店。这家位于里维尔的酒店完全是在一个城市垃圾填埋场上建造起来的。酒店巧妙地平衡了高效能运营表现与舒适客栈酒店公司的品牌标准。波士顿机场舒适客栈与套房酒店是一个在高效团队协作、高

效能运营表现、绩效评估、教育及其他方面表现杰出的案例。

本案例摘自 Michele L.Diener, Amisha Parekh, and Jaclyn Pitera 编写的《酒店业高效能表现：可持续发展酒店案例研究》（美国酒店协会教育学院，2008，密歇根州，兰辛）。

背景

正如前面提及，波士顿机场舒适客栈与套房酒店紧挨着波士顿洛干机场，并由 SHG 集团管理。泰德·桑德斯带领 SHG 集团主导了酒店的生态解决方案，由他创立的基于可持续发展理念的咨询实践活动产生了良好的效果。早在他未成年时，他与家人在户外享受露营旅行活动的同时已经培养了对自然世界广阔的兴趣。他的妈妈是"大屠杀"的幸存者并倡导了整个家庭"无浪费"的理念。桑德斯先生的父亲有如蕾切尔·卡逊书中描述的真实的"好奇感"。这对父母的共有经历强烈地影响了桑德斯先生从而使其恪守企业社会责任的承诺。

永续经营的理念成形于波士顿公园广场酒店，这家从 1976 年至 1996 年由 SHG 集团管理的酒店占地 9 万平方米，是当时美国最大的家庭拥有并经营的酒店，公园广场酒店还拥有当时城市中最大的自有洗衣房。泰德·桑德斯评估了他们的运营策略并找到了通过减少能耗、水源浪费及减少废弃物等方法来降低运行成本。SHG 集团已经把从公园广场酒店的成功经验应用到酒店管理公司旗下的其他酒店，包括在雷诺克斯的酒店及马萨诸塞州雷维尔特许经营的舒适客栈与套房酒店。雷维尔这家酒店开业于 2000 年 9 月。

从集团其他酒店得到的经验深深地影响了八层楼高的舒适客栈与套房酒店的建筑施工方法。带有红外传感装置的能源管理系统、冷却塔、臭氧洗衣系统、配有低流量五金配件的卫浴设备和高效能窗户玻璃等均在施工文件中有详细规定。这些是有成本效益的举措，在帮助 SHG 集团减少对环境影响的同时实现了低运行成本支出。另外，SHG 集团在雷维尔的这个酒店完全是在一个废弃的城市垃圾填埋场上建造起来的，这创建了 SHG 集团与当地政府的和谐关系。

波士顿机场舒适客栈与套房酒店同时满足了 SHG 集团的使命和选择国际酒店集团的运行标准。它还满足甚至超越了顾客的期望，在酒店运行期间的每一年获得的选择国际酒店杰出金奖证明了这一切。同时，酒店为顾客提供了一个学习有关环境可持续发展实践的机会，不管是在酒店还是在顾客家中。波士顿机场舒适客栈与套房酒店不仅通过在前述欠发达地区的卓有成效的建设避免了无序扩张，而且还减少了能源与水资源的消耗，并以一个可持续发展教育项目为傲，这个项目惠及员工、顾客、当地社区、各类商务和教育团体等。酒店的绿色团队，一个跨学科并包含了不同员工的团队，通过开展每月一次的座谈来衡量可持续发展进程并发现可以改进的领域。

组织

项目团队

项目团队包括了产权监督委员会的所有成员——发展商、业主和酒店管理公司。在这个案例中，产权监督委员会成员都来自同一家母公司，尽管他们分别代表了不同的利益主体。

联系信息

以下是项目团队的联系信息:

发展商	Old Bayside Partners LLC http://www.old-bayside.com
业主	Saunders Hotel Group (SHG) http://www.saundershotelgroup.net
管理公司 / 总经理	John Mitchell Saunders Hotel Group http://www.saundershotelgroup.net JMitchell@ComfortinnBoston.com
环保可持续解决方案	Tedd Saunders Ecological Solutions http://www.ecological-solutions.net tsaunders@ecological-solution.net

关于发展商:

- 老贝塞德伙伴有限责任公司;杰夫·桑德斯,盖里·桑德斯和史蒂夫·博迪。
- 高绩效资格:老贝塞德公司对于高绩效开发没有什么特别的要求,但却寻求通常被其他开发商忽略的物业开发项目。例如,棕色地块(指城中旧房被清除后可用于盖新房的区域)由于恢复重建不但成本高而且耗费时间通常不在开发商购买的考虑范畴内,尽管如此,在棕色地块上的开发可以减少未被开发土地的数量,同时,这样做也有利于环保。

关于业主:

- 桑德斯酒店集团;隶属于桑德斯家族。
- 高绩效资格:SHG 集团专注于在酒店运行方面高绩效环境表现优先的策略,这也源自其与生态解决方案公司的长期良好关系。

关于酒店管理公司 / 总经理:

- 约翰·米切尔,桑德斯酒店集团地区总经理。
- 高绩效资格:米切尔先生之前没有相关高绩效环境表现的背景。

管理架构

波士顿机场舒适客栈和套房酒店有一个相对扁平化的组织结构和最小幅度的管理层级。桑德斯家族非常注重参与式管理和定期的现场管理方式。这使得直接与高层管理者沟通并促使新点子产生与实施变革变得容易。酒店聚焦于环境可持续发展看似是从上到下的推动,实际上酒店管理团队在所有业务领域都在为绿色团队服务。作为总体方案的一部分,这也为鼓励员工积极参与、显示出士气提升、提高运行质量和减少员工流失率发挥了积极作用。

图 1 显示了波士顿机场舒适客栈和套房酒店行政及管理岗位的设置情况。

绿色团队。酒店有一个积极活跃的绿色团队,他们会在月度讨论会上见面,每次讨

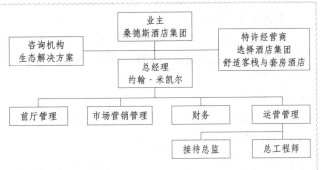

论与可持续发展进程有关的15～20个项目，也会涉及改进的讨论。团队代表了来自酒店各关键领域的人。泰德·桑德斯得到来自生态解决方案公司的帮助并主导了相关会议，根据需要带来了外部知识等。

员工培训与薪酬

当有必要时，波士顿机场舒适客栈与套房酒店需要最起码的可持续性培训，管理层侧重于对客房部员工、销售部员工、预订部员工当然也包括前厅接待员进行必要的培训，这样他们就能对客人的问题和关切积极响应。酒店管理人员也没有改变现有客房员工使用新产品的工作方法，因为经过认证的绿色产品早在酒店开业就已经在使用了。正如运营经理奥马尔·泽农所言："员工并无抵触，主要原因是酒店已经运行了五年。所以，这已经不是一个新的概念，更不是一个问题。相反，对员工来说这更加简单、更加安全和更有利于清洁。"

酒店前台的员工，包括预订员、接待员已就如何回答宾客关于酒店高环境绩效表现的问题进行了培训。如果前台员工不能回答此类问题，他们会将问题去问正确的人并将答案告诉客人。酒店还有一个"生态"告示板放置在后台办公区域来帮助员工学会怎样减少环境足迹，不管是在家里还是在办公室。

在波士顿机场舒适客栈与套房酒店，总经理的薪酬部分地取决于酒店的经营毛利——保持酒店低成本的重要激励因素。注重环境可持续发展的运营帮助此目标的实现同时对激励所有管理层有所裨益。通过选择国际酒店集团的员工赏识计划，顾客也激励了员工在环保方面的积极表现，选择国际酒店集团设有铂金级、黄金级和银级员工奖，根据顾客对员工服务评级而定（60% 以上取决于顾客的评价）。

波士顿机场舒适客栈与套房酒店是一个相对扁平化的组织，员工们也愿意长期留在这家家族企业。例如，许多隶属于客房部的员工就从酒店开业的 2000 年一直工作到现在。其中一个员工这样说道：

"每个在这里的人都愿意努力向上和积极超越，我们都被鼓励积极帮助酒店，因为这是我们第二个家，或许应该说是我们第一个家，毕竟我们花费了那么多时间在这里。"

酒店管理层意识到每个员工的需要并恰当地分配任务以此保持员工在高绩效表现方面的个体努力。大多数表现出环保友好意识的员工会得到年度闪耀之星奖项。另外的褒奖包括月度客房员工奖，奖励那些超越工作职责表现的客房员工。这个奖项意味着一天的带薪休息。桑德斯家族还为波士顿机场舒适客栈与套房酒店员工的子女和孙辈提供获得纽波利学院四年奖学金的机会。

社区服务与教育

波士顿机场舒适客栈与套房酒店鼓励员工在工作之余参与社区绿色环保工作，包括设立内部员工志愿者日。大量管理人员和员工自愿在里维尔海滩和富兰克林公园从事清洁工作。

建设和运营

表1汇总了波士顿机场舒适客栈与套房酒店在建设和运营方面的高绩效表现特征。

表1　建设与运行高绩效表现亮点

1. 选址	• 酒店拥有3辆使用压缩天然气的机场穿梭巴士并加入了碳补偿计划。
2. 物料、资源与废弃物管理	• 酒店建在一个符合环境修复要求的棕色地块上 • 酒店使用可降解的杯子售卖咖啡或茶 • 客房部员工自始至终都使用带有绿色标志认证的客房清洁用品 • 泳池清洁采用电离子手段，显著减少了化学物质的使用 • 在所有客房浴室里配置可添加使用的沐浴用品包装 • 走廊过道铺设可循环材料制成的地毯 • 所有厨房和餐厅实施剩饭菜分类与堆肥处理 • 整个酒店回收纸张、硬质容器、打印机墨盒、电池和手机。
3. 能源	• 酒店在自动售货机上安装自动传感器节约了57%的电能消耗 • 客房内的自动传感器控制恒温装置 • 整个酒店使用了简洁的荧光照明 • 暖通空调冷却塔、风扇、LED照明和隔热玻璃的使用帮助酒店降低了总的能源消耗。
4. 水	• 臭氧洗衣系统使用冷水和环保型消毒剂 • 低流量卫浴设备的使用，包括坐便器、淋浴花洒和各种水龙头。
5. 室内环境质量	• 最近的举措：所有过道走廊刷低挥发性有机化合物墙面漆，使用专门机构认证的地毯和地垫 • 最近的举措：所有过道走廊升级新地毯，墙面涂料均使用低挥发性有机化合物含量的黏合剂。

1. 选址

波士顿机场舒适客栈与套房酒店作为一个机场酒店，位于马萨诸塞州里维尔郊区。进入酒店没有公共交通可供选择而只能选择驾驶私家车或搭乘酒店的穿梭巴士。从环保观点来看，这是一个限制，因为它没有促进大众交通的使用。但是，酒店的三辆穿梭巴士使用了压缩天然气作为动力，而只有一辆货车靠油料运行。另外，桑德斯酒店集团正在考虑通过向特拉帕斯公司购买碳排放额度的方式来减少在酒店和机场之间每次30分钟穿梭巴士服务产生的碳排放。这将使酒店每年花费大约2800美元从而抵消300吨的二氧化碳排放量。

重要的是还应注意到桑德斯酒店集团最初就划定了在棕色地块上建造酒店的专用土地，从而保证了土地的环保使用。这是一个非常重要的可持续发展特征，因为酒店的建造没有占用自然空间，桑德斯酒店集团使这块酒店用地变得有用，否则这块土地将毫无利用价值，因为这曾是一个垃圾填埋场。为了能使这块土地得到开发以适合建造酒店就必须对其进行重新覆土加盖，这确保了先前的有害物质不会对人类和环境造成伤害。

2. 物料、资源与废弃物管理

波士顿机场舒适客栈与套房酒店的室内设计和运营实践帮助酒店最小化使用新资源和物料消耗，同时也减少了从酒店产生的废物量。

室内设计。尽管乙烯树脂墙面涂料的使用遍布整个酒店，但其中黏合剂的甲醛含量很低。另外，由 Shaw 地毯公司生产的成卷的天然材质地毯使用的均是循环利用材料，同样其中黏合剂的甲醛含量很低。整个酒店使用的木料也均是环保的压层板。

最近选择国际酒店集团要求舒适客栈与套房酒店通过升级酒店客房床单支数至 200 支以符合集团标准，酒店发现其实高支数床单可以使用更久的时间。酒店特别将床单每 6 个月到一年进行替换并将替换下来的旧床单在彻底报废前改制成抹布进行循环使用。

运营。从物料使用和资源利用角度看，大多数可持续发展理念的积极实践影响了酒店的日常运营。酒店从自助早餐收集剩饭菜实施堆肥，使用可降解的杯子替代选择国际酒店标准的塑料杯子，利用公平贸易获得的有机咖啡在酒店的使用授权也在选择国际酒店集团的审批进程中。酒店倾向于使用来自地球分享公司的咖啡是由于这家公司从环境因素考虑会从其销售额中捐赠一部分收入。

对于游泳池的清洁酒店已经采用电离子方式替代传统的使用化学氯从水中分离污染物的做法。酒店使用 Rochester Midland 公司的清洁用品和环保产品用于客房的日常清洁。这些清洁用品以桶装方式（每桶 1 ~ 5 升）采购，这些标有绿色认证标志的产品也延长了棉织品的使用寿命和减少了对员工的健康危害。

走廊中有鼓励客人重复使用柳编篮筐的提示标志，酒店还回收来自后台职能部门产生的纸张、硬质容器、打印机墨盒、电池和移动电话。此外，为了减少浪费，酒店通过寻求选择国际酒店集团特许采购大包装的香皂、洗发水、沐浴露和润肤产品，并使用可添加再用的容器以减少不必要的包装材料的浪费。从而使酒店每年少使用了 22 万个卫浴产品的小包装瓶。

为评估酒店环保绩效，波士顿机场舒适客栈与套房酒店诚恳征求客人关于酒店采取的环保措施的意见，用来征求意见的卡片都是由 100% 再生纸制作。酒店员工会及时发布有关顾客在这方面的意见，以证明他们是真正将顾客的建议当回事。酒店每订购一令（纸张计数单位，约相当于 20 包）纸，纸张制作公司就将栽种一棵树。

3. 能源

在波士顿机场舒适客栈与套房酒店，能源使用效率在酒店建造之初和后续的不断改进中通过设备的安装和运行获得了主要的成效。正如前述在本案例背景中提及的，桑德斯酒店集团通过在其他酒店获得的经验教训知道了舒适客栈与套房酒店的建造，作为集团第一家投资建造的酒店，桑德斯集团拥有多年的酒店管理经验并将这些经验运用到了舒适客栈与套房酒店的建设中。

运行。舒适客栈与套房酒店通过在房间中安装传感器帮助客人保持能源的有效利用。

这些传感器根据探测到的客人在房间与否状况来控制房间的温控装置的启动与关闭。每个房间都是独立的温控区域并为客人将房间温度控制在 18 ~ 29℃ 的范围之内，几乎在整个酒店使用的简洁的荧光照明也为节省能源做出了贡献。

桑德斯酒店集团安装了一系列具有节能效率特征的新设施，比如以节能著称的 Vendor Miser 公司的自动饮料售货机，当需要保持饮料冷藏温度时系统就可以通过自动传感器控制展示照明灯的开启。做出使用这些系统的决策并不难，因为只需要两年时间从系统使用过程中节省的能源就可以收回机器的投入，相对于传统机器而言，这种新设备每年节能达到 67%。

尽管舒适客栈与套房酒店没有按照特定的建筑高标准，如美国绿色建筑委员会绿色建筑标准进行建设，但是桑德斯酒店集团通过整合酒店建筑内部和外表的建筑要素来实现酒店的高效节能。在酒店内部，暖通空调系统通过屋顶固有的冷却塔运行从而比使用压缩机冷却空气更加有效；而在酒店外部，高效的绝缘材料制成的窗户，简洁的荧光照明灯、LED 紧急出口指示灯和排气扇的使用减少了能源损耗。屋顶采用的白色反光橡胶膜通过反射阳光直射使建筑得以避免阳光辐射热也对建筑节能产生了不可忽视的作用。总之，洁净浅色的屋顶要求最大化提高了能源效率。

4. 水

酒店采用了有利于节水的设计创新。

建造。桑德斯酒店集团在最初的项目设计阶段就在所有的酒店客房和公共区域的洗手间内安装了低流量卫浴设施。这些设施包括：每分钟出水量 6 升的冲水马桶；每分钟 9 升出水量的淋浴花洒和每分钟出水量 6 升的各式水龙头。

酒店通过使用臭氧洗衣设备和低流量卫浴设备实现了大部分节水目标。桑德斯集团通过使用 Ozotech 公司提供的臭氧洗衣设备实现了节水和节能目的，设备通过使用冷水运行，而臭氧则充当了消毒剂的角色。

结果，桑德斯集团通过使用冷水节省了热能，酒店使用这套系统洗涤客房棉织品和毛巾，而且酒店还提供投币式洗衣设备供客人洗涤个人物品，干洗则通过外送方式提供。

5. 室内空气质量

在酒店建造之初，室内空气质量优化的考量在舒适客栈与套房酒店就得以实践。从那以后，还采取了很多措施在改善室内空气质量，尤其是在最近的一次走道改造项目中。

运行。为了改善走道的空气质量，酒店使用了挥发性有机化合物（甲醛）含量很低的墙面漆和黏合剂，包括在地毯和墙面涂料中的黏合剂。这些革新提升了酒店的室内空气质量并使之成为桑德斯酒店集团很好的市场宣传亮点。

商业实践

市场定位与消费者反响

酒店是舒适客栈与套房酒店的特许经营店，舒适客栈与套房酒店作为选择国际酒店集团的一个品牌，由集团设立统一的品牌定位标准和对外沟通形象标准。由选择国际酒店集团设立标准包括统一的网站内容、客房布局标准、咖啡品牌标准、床垫质量标准和顾客在线满意度调查标准等。选择国际酒店集团通过设置这些标准来树立所有舒适客栈与套房酒店的品牌形象。

波士顿机场舒适客栈与套房酒店吸引了各类客人。一个重要原因是酒店毗邻波士顿洛干国际机场，从而有着巨大的客流量。酒店已经与主要的航空公司签订了协议，吸引过境航班的机组人员及因航班取消的乘客来酒店住宿。酒店为进出波士顿洛干机场的客人提供了一个驻足与起飞的住宿项目，那些到访波士顿且预算有限的团队旅游者和休闲旅游者也倾向于住在该酒店。这个区域的酒店住宿业务有着激烈的竞争，附近就有多家提供全服务的酒店（万怡、汉普顿客栈和希尔顿）。舒适客栈与套房酒店必须维护这些协议客人并确保通过提供优质服务吸引更多的回头客。

现实中鲜有顾客会主动寻求一家注重环保的酒店入住，但是舒适客栈与套房酒店发现来自北欧和英国的顾客及旅行社对环保问题更加在意也更欣赏酒店为之付出的努力。顾客一旦抵达，大多数人并不会意识到酒店对可持续环保理念的举措，而且为了保持选择国际酒店集团的统一标准，集团也不允许在里维尔地区的酒店在其网站上宣传其环保特征。尽管如此，酒店员工却在顾客到店后采取了一系列引导顾客关注环保问题的方法。比如在整个酒店陈列一些宣传环境保护和有教育意义的海报、标志等。再比如，位于一楼的男士洗手间的小便池旁边有提示告知顾客此设备比低流量抽水马桶还要少用水40%，酒店还会在顾客车子上放置环保卡片提示客人在驾驶路上如何节省汽油的小窍门。

一个标有"轻轻落脚"的箱子放置在酒店总台附近鼓励客人回收他们的旧运动鞋，并根据捐赠鞋子尺码的大小获得酒店房费的折扣，这个箱子是由当地艺术学校的学生设计来帮助酒店对外沟通对于环保的承诺，胶底鞋子被耐克公司回收用于铺设运动场的安全跑道。在电梯附件还放置一个意见箱征求客人对于改进酒店能耗绩效表现的环保建议。客房卫生间内放置的大块香皂和沐浴液分配器等具有环保特征的用品同样被大多数客人注意到，而且在顾客征求意见卡上经常被客人赞扬。

酒店的绿色环保努力看起来并没有让酒店获得价值溢价，也没有为酒店带来新的生意。但是，酒店由此获得了大量的公众知晓度；平均每个星期酒店要处理三个来自新闻记者的电话，酒店的努力还获得了诸如能源之星奖、国家物业协会和英国航空公司等颁发的奖项。酒店目前正帮助"领导波士顿绿色旅游"项目，一个由马萨诸塞州住宿协会、市长办公室、会议局等机构倡导的项目，为打造生态城市领导地位从而使波士顿成为全球著名的绿色旅游目的地。

第2章

学习目标

1. 能够解释什么是宗旨，以及如何运用目标、策略、方法来实现酒店的宗旨。
2. 能够描述酒店的各个组织部门，以及酒店内部的不同部门是如何区分的。
3. 能够描述房务部内各部门、各岗位的功能。
4. 能够了解一个提供全方位服务酒店中其他部门的功能。
5. 能够描述前厅的组织机构，包括传统工作班次、班次变化，以及制定岗位职责和任职要求的目的。

酒店组织架构

　　第一次进入酒店大堂的客人可能无法明白酒店日常运营的复杂性。他无法体会到彬彬有礼的门童，友好负责的前台接待或者干净整洁的客房都意味着数个小时的事先规划、大量的沟通协调以及不间断的培训，只有这样才能创造出一个高效运转的组织。一间平稳运转中的酒店，它的部门和工作人员之间的网络联系，对于旁观者来说应该是隐形的。但是顺畅运转的酒店所提供的服务却是有目共睹的，这恰恰显示了酒店所面临挑战的独特性。

　　为了使酒店高效运转，每位员工必须理解酒店的宗旨并在工作中为此身体力行。每位员工都必须确保酒店的设施和服务给宾客留下深刻印象，使宾客人人成为回头客，并能热情地向他人推荐酒店。

　　团队精神是取得成功的关键。因此所有的员工都必须有团队协作精神，这不但要体现在本部门内，也要体现在部门与部门之间。每个部门都应为提高对客服务质量而共同努力。优质服务对前厅这样与客人高度接触的部门尤其重要。前厅部员工在回答问询、协调服务、提供帮助、满足客人要求等方面的能力，对实现酒店的宗旨起着至关重要的作用。

　　这一章将揭示酒店内员工之间和部门之间的相互关系，以及各自如何为实现酒店宗旨而发挥作用。本章附录内还有一些前厅部岗位职责的范例。

组织的宗旨

　　每个组织都有一个存在的理由或目的。这个目的就是组织宗旨的来源。一个组织的宗旨也可以称为使命，是一家酒店或酒店管理公司区别于其他组织的独特目标。它表示了酒店一系列政策的内在哲理和取向。企业宗旨也是帮助员工认识其工作含义的工具，或使员工明白我们在做什么，为了什么在努力。酒店员工可以从一个仔细编写的宗旨中明确工作的目的。如一家酒店的宗旨可能是向市场提供最好的设施和服务，同时为员工提供良好的工作场所及给予股东合理的回报。通过这样的宗旨，员工可以了解酒店对他们的期望（提供先进的设备和优秀的服务帮助企业获得合理的利润），与此同时，宗旨也体现了员工的期望（良好的工作环境）。

酒店的宗旨常常牵涉三个主要群体的利益：宾客、管理人员和员工。首先，一家酒店的宗旨会提出本店宾客的基本需要和期望。不论酒店规模大小和服务档次高低，凡是宾客都会有下列基本期望：

- 安全的住宿环境。
- 清洁、舒适的客房。
- 礼貌、专业、友好的服务。
- 维护良好的设备设施。

酒店的宾客一般希望酒店提供的服务档次能与酒店的类型一致。如果酒店明确界定自己的市场并能提供稳定的服务来满足市场预期，它就能获得宾客的满意，并会有不断增加的回头客和越来越好的口碑。

其次，一家酒店的宗旨也能反映它的管理理念，由于经营风格不同，每家酒店的经营宗旨也常常不同。事实上一家酒店的宗旨也是与其他酒店相区别的标准。这是酒店经理们必须遵循的基本价值观。

最后，使命感还能使酒店的员工达到并超出管理层的期望。宗旨也能起到基本岗位职责和工作标准的作用，并能引领新员工入门。一家酒店的宗旨应写入员工手册和培训教材，并在岗位职责中得以体现。

下面是有关酒店宗旨的一个范例：

本店的宗旨是向宾客提供高质量的住宿设施和服务。我们的目标市场客源是商务散客和旅游者，团体会议也是重要的组成部分。我们在向宾客提供高标准客房和餐饮产品的同时也强调高品质的服务。我们要给业主一个合理的回报，但是我们认识到，如果没有经过良好训练的、有高昂士气的、充满工作热情的员工，我们将无法达到目标。

目标

一旦酒店确定并形成了自己的宗旨，接下来就是确定目标。目标是一个组织为有效实现自己的宗旨而必须成功完成的任务和达到的标准。目标比宗旨更加具体，有可供观测和衡量的成果。量化了的目标既能鼓舞员工高效地工作，又能使管理层具备激励员工的手段。许多组织经常性地评估目标完成情况。通常制定的目标有年度的，有时也将年度目标分解成月度或季度目标。重要的是，目标已成为管理班子评估工作的组成部分。例如，加薪、发放奖金以及其他形式的奖励都会与特定的目标挂钩。对管理人员和员工定期实施评估，也是考察目标实现的程度。管理人员因此可以看到目标是否达到，或是还要采取必要措施，一个准确的目标包括一个准确的动词，一个衡量方法如时间或质量标准，数量或成本。

例如，可量化的目标可以是：

- 在去年基础上把出租率提高 2 个百分点。
- 把回头客的比例提高 10 个百分点。
- 把办理入住与离店手续的平均时间减少到 2 分钟。
- 降低投诉率 20 个百分点。

酒店其他部门如销售部或客房部可以在许多方面帮助前厅部实现目标。例如，为了使前台能够在 2 分钟内完成客人的入住程序，客房部需要保证有足够可出租的干净客房。由于这个原因，一些酒店公布了全店性的目标而不是局限于一个部门的目标。目标的达到通常是部门间紧密合作的结果。共同的目标能导致更紧密地团结。大家认识到一个部门的成功也就是大家的成功。共同的目标培养了部门间的协作精神。

策略和方法

有了全店性的可量化的目标后，酒店管理人员和职工可以将注意力转到为实现目标而制定的策略上来。目标指明了一个部门或一个功能大部门的努力方向，即为完成酒店宗旨而上下一起行动的方向。为了达到目标，部门要制定策略。策略是部门用来达到目标的方法。方法是用来进一步说明如何才能实现目标。每天的运转程序就是在贯彻走向成功的策略。设定在部门这一层次的策略是很重要的，因为这些策略是实现全店宗旨和目标的基石。

下面举例说明前厅部的目标、策略和方法。

- 入住登记——目标：为了使总台服务达到高效和礼貌，须为所有客人在抵店 2 分钟内办理完登记手续。策略：提前从客房部取得可租房房号，为所有保证类订房的、预期抵店宾客做好入住登记准备。方法：为保证类订房的客人预先打印好登记卡片并专门摆放。
- 客账管理——目标：所有账单到达总台 30 分钟之内一定要登记完毕（针对未使用自动系统的酒店）。策略：保证有足够人手以便收到账单便能迅速准确地登入。方法：每周查看客情预测以便调整人员配备。
- 行李服务——目标：要求在 10 分钟之内处理好每件离店行李。策略：用登记本记录接到客人电话要求后分配行李员任务的时间和他们完成任务回来的时间。方法：记录宾客姓名、房号，以及交办行李员的姓名、去回时间。

• 电话总机——目标：无论内外线电话，不超过 3 声铃响，必须接听。策略：定期回顾电话转接业务，熟知电话号码，确保有足够线路可供进出电话使用。方法每日从总机房打印电话流量报告，按时段记录流量。

酒店的组织

一群由酒店业主授权，代表其利益的人称为酒店的管理班子。在小旅馆，管理班子可能只有一人。管理班子掌控着酒店的经营并定期向业主说明酒店总体的财务情况。一家酒店的管理班子，其主要职责是对酒店经营活动和人事安排做计划、组织、协调、调配、指挥、控制和评估等工作。管理班子履行这些职责的目的是完成一些具体的指标。这些职责要涉及酒店内的各个部门。

酒店的最高行政人员通常被称为执行董事、总经理或旅馆经理。为了便于讨论，本教材把最高行政当局统称为总经理。在一家独立经营的酒店，总经理通常直接向业主或业主代表汇报。总经理统一管理所有部门，也可以通过住店经理或助理经理或各部门负责人来进行管理。在连锁酒店集团，总经理通常接受酒店所在区域的行政总裁领导。

当由总经理负责酒店所有部门时，总经理会把其中一些部门的责任分配给住店经理或运营总监。当总经理缺席时，总经理助理、住店经理或运营总监会代替行使总经理的工作。当这四位经理都不在酒店时，被指定的值班经理会担负起整个管理责任。当更多高级管理人员缺席时，前厅部经理常会被指定为值班经理。

从前，住店经理就居住在酒店。事实上住店经理的工作是一天 24 小时，一周七天。时过境迁，许多权利已经授给部门经理，但不少住店经理仍负责管理客房部。现在要求住店经理住在酒店的情形已不多见。

为了胜任部门负责人的工作，他必须透彻了解一个部门的功能、目标和运作，前厅部经理通常被视为部门之首。

组织机构图

一个组织需要一个正式的机构来落实它的宗旨和目标。展示这一架构的常用方法是组织机构图。组织机构图以图表的方式反映出组织内部各岗位之间的关系。这既显示了各个岗位在整体组织中的地位和作用，同时也反映了部门的责任和权限。图中的实线表示直接的上下关系，虚线则反映了需要高度协调和沟通的关系，但不是上下级关系。

一个组织机构是可以变动的。通常每年要做回顾和修改。如果经营状况发生了重大变化，那么修改的次数就会增加。员工的职责也可能变化，会根据员工各自的任职条件和优势分配更多职责。有些组织机构图还在岗位名称标注上相关员工的姓名。酒店组织机构图应收入员工手册，发给每位员工。

没有两家酒店的组织机构完全相同，酒店必须设计出符合自身需要的组织机构。本章将举例说明几种不同酒店的组织机构图：提供全方位服务的酒店；一家把餐饮部分租赁给他人经营的酒店；一家只提供客房设施的酒店。

提供全方位服务的酒店不仅有住宿部分，而且还有餐饮服务部门，所以可能会是一个庞大的组织机构。图 2-1 显示了一张提供全方位服务的大型酒店管理层的组织机构图。所有的线条除了两条虚线外，都是实线。这些实线表明向谁汇报工作。虚线把销售总监、餐饮总监和预订部经理连接起来，表明三者之间有很密切的工作关系。

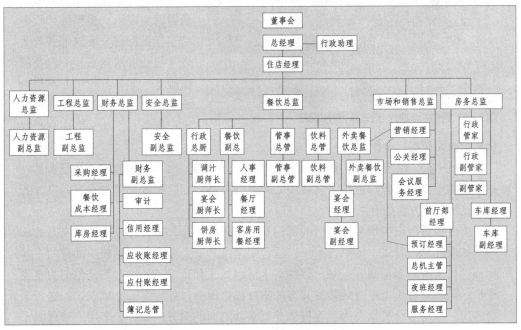

图 2-1　组织机构图：提供全方位服务的大型酒店管理层岗位

一些酒店可能把餐饮部分租赁给另一家公司来经营。这意味着餐饮部和客房运营的所有权和管理权是分开的。当另一家公司来管理餐饮时，两家的沟通就会很频繁，因为它们的目标并不总是一致的。图 2-2 显示了一张典型的出租餐饮部分的酒店组织机构图。在这种酒店，非正式的协商关系在两个企业的经理和业主间都会存在。餐厅经理和酒店的销售部经理也必须维持紧密的工作关系。这些关系用虚线来表示。

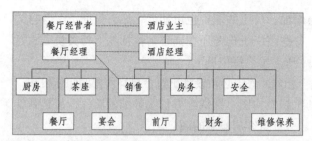

图 2-2　组织机构图：餐饮出租经营的酒店

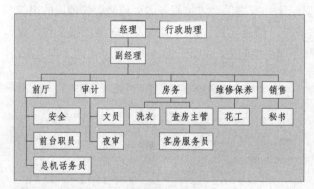

图 2-3　组织机构图：只有客房的酒店

图 2-3 展示的是一张没有设置餐饮设施的酒店组织机构图。这张图说明在住宿企业中存在着许多不同的组织机构形态。

按功能实行分工

一家酒店的部门（功能区域）分类方法有很多种。有一种方法是把各个部门分成营收中心和支援中心。营收中心是通过向宾客出售产品和服务而获得营业收入。典型的营收中心包括前厅部、餐饮部各营业点（包括客房送餐），以及餐饮服务。如果营收中心不是由酒店自己经营（如零售商店、水疗服务），那么酒店会收取出租营业面积的租金作为收入。

支援中心，也叫作成本中心，包括客房部、财务部、工程维修部和人力资源部。这些部门不直接创收，但给予营收中心重要的支持。酒店财务和信息系统的设计者认为这种分类方法很有用。

前台和后台也被用来对酒店的部门和人员进行区分。前台指直接接触宾客的部门，如前厅部、餐饮、酒吧、茶座。后台则是指其员工和宾客接触较少的部门。客房部的员工有时会与宾客接触，但相对于前台员工和行李员，这并不是他们的主要职责。虽然后台员工不直接接受宾客的指令提供服务，如为客人办理登记，送行李到客房，但是后台员工要为宾客提供非直接面对面的服务，如打扫客房，修理漏水的水龙头或修正客人账单中的错误等。

下面将逐一阐述具有代表性的酒店各部门。

房务部

房务部是由向住店客人提供服务的部门和员工组成的。在大多数酒店中，房务部门的收入超过其他部门收入的总和。前厅部是属于房务部的一个部门，其他部门有客房部、行李部和礼宾部。有些酒店，预订、总机或电话服务是房务部内的独立部门。图 2-4 显示的是一张大型酒店的房务部组织机构图。

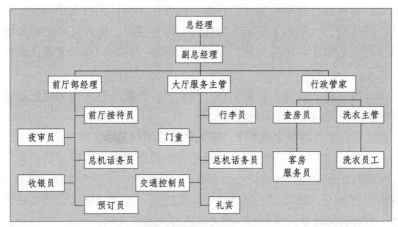

图 2-4 组织机构图：大型酒店的客房部

前厅部 前厅部是酒店中最容易被看到的部门，比起其他部门，前厅员工与宾客的接触机会更多。前台通常是前厅部所有活动的焦点，位于酒店大堂的显眼位置。客人来到前台办理入住登记，接受分配好的客房，询问有关服务、设施、城市和周边情况等各种信息，办理离店结账手续。前台通常作为酒店对客服务的控制中心，解决客房或工程方面的问题。外国宾客在总台兑换外币、寻求翻译或要求某种特殊的服务。此外，如遇火灾或宾客受伤等紧急情况发生时，前厅可以作为一个指挥中心。

前厅的其他功能有接收和分发邮件、留言和传真服务。前厅员工还同时担任收款员。有关收款员登入客账的内容将在后面审计步骤（通常称为夜审）中说明。前台接待员还要分析应收挂账，制作每日报表送交管理层。有些酒店的前厅功能中还增加了礼宾服务的功能。从某种意义上说，礼宾服务是前厅人员对客服务的延伸。

前厅的功能是：

• 销售客房，为客人办理入住登记以及分配客房。

• 在不设预订部的酒店或当预订员工下班后提供订房服务。

• 协调对客服务。

• 为客人提供有关酒店周围社区及其他对宾客可能产生吸引力的地方和活动的信息。

• 保持客房资料的准确性。

• 管理客账，监控信用额度。

• 制作客账和财务报表。

预订 有五成以上的酒店宾客是预订客人。那些宾客通过免费订房电话、直拨电话、酒店销售代表、旅行社、酒店间的订房网络、邮件、电传和传真、电子邮件、网络以及其他沟通方式等途径订房。

每家酒店都有自己控制和管理预订客房的方法。预订部负责接受和处理订房要求。尽管处理订房的一系列工作如受理预订、维护房态、输入订房资料和确认订房要求等每家酒店的做法都不尽相同，但其目的都是一样的，即最大限度地提高出租率和客房收入。

在过去，预订部的日常工作是受理订房资料。当潜在客人与酒店联系订房时，预订部则根据可用房的情况予以接受或拒绝。

预订系统可以给订房员提供某个日期的各类客房信息（包括房价、景观、设施、环境氛围和床的尺寸）。有些计算机系统还可以根据需要提供确切的房号。这种技术把销售客房的职责从前台转移给了预订部门。最新的技术甚至能自动提醒订房员：前来订房的宾客是一位回头客，或是曾经入住过同一连锁酒店。订房系统可以向订房员提供许多酒店的信息，其中的一些可以应客人要求提供。

先进的技术帮助预订员实现了向销售员的转变。事实上，预订部是一个酒店销售的绝佳起步点。预订员不再只是简单地输入宾客的住宿要求，而是能够转达宾客的喜好、特征以及住店期间希望得到的优惠。预订员已不再满足于房价由总台接待员在办理登记时确定这样一种做法。这一转变的意义重大，因为这样做使得管理层不但能准确地预测出租率，而且能准确地预测收入。只要有可能，预订员应该在宾客做预订时就确定房价。事实上大部分宾客如得不到一个确定的房价是不会做出订房决定的。预订系统应增强宾客做出入住酒店的决心，并提供充足的信息以获得住客的满意。

在接受团队预订房方面，预订部的人员必须与酒店市场销售部密切配合，这一点很重要。事实上一些酒店集团现在已把预订房归入销售部而不是作为前厅部的一个下属部门。任何情况下，销售部的人员必须清楚在某个时段可租房的数量。在日常运转中，预订经理必须检查预订系统的报告和可租房的数量以避免出现超额预订的情况发生。超额预订会引起客人的反感，以致影响今后的客源。预订系统将因一些州颁布禁止超额预订的法规而变得更加复杂。

预订部门的另一项工作内容是和连锁品牌或同一集团中其他预订部门进行合作，有时候称为呼叫中心。在大多数情况下，预订中心对于一家酒店入住率十分重要。这是酒店业主乐于加入连锁品牌或协会的原因之一。预订中心不仅仅是为方便潜在客户提供方便廉价的预订方式，更是协调可用房间、航班预订系统价格、网络预订和其他预订方式的沟通枢纽。

电信沟通 就像任何一家大型公司的情况一样，酒店电话总机组或部门，控制着复杂的沟通网络。总机也称为交换机房。话务员的责任是回答和转接电话。话务员还提供叫醒服务，控制各种自动系统（如门铃报警和火灾报警），还负责紧急情况下的沟通工作。话务员还应保护宾客的隐私，执行酒店的安全规定，不泄露宾客的房号。现在有些酒店承诺宾客只要拨通总机或一个指定的对客服务部门就能得到所有的对客服务，如客房服务、客房用餐、甚至行李服务。另一个与住客安全有关的电话系统的管理是所有的市内电话（包括设在酒店公共区域的店内公用电话）都得经过总机转接。这种做法减少了对住客的骚扰。许多酒店也通过公共系统提供向宾客提供寻呼找人服务。

近年来技术方面的发展大大减轻了总机话务员的责任和工作量。酒店的技术装备已使得宾客能自行拨打客房之间的电话以及外线电话。大部分客房电话提供按键服务和来电等候或国际直拨功能。另外语言信箱功能使得留言不需要再由话务员记录，只需打开客房内的留言灯。电话收费系统不但能自动地计算通话费，还能对本地电话和长途电话分别计算出服务费，并加入通话费总数。电话收费系统与前台系统连接能自动地把电话费登入客人的总账单。这样就减少了总台因错收电话费而发生的争论。

一些酒店安装了对外来电应答机。这些自动应答机可以不需要话务员，直接把电话接入客房预订、餐饮预订、团队预订或其他部门。语音信息技术也可以提高呼入电话的效率和效果。此外，语音留言允许呼入者留下自己的声音，受到了客人们的赞赏。

现今的技术实现了对客房按时自动叫醒。当一位总台员工或总机话务员接到要求提供叫醒服务的电话，只要将房号和叫醒时间输入叫醒系统。有些酒店的系统能使客人自己使用电话操作叫醒时间而无须经过酒店员工。系统能按设定的时间打来叫醒电话，一旦接听，系统就会记录留存。这一功能在大型酒店尤其有用，使得酒店能同时提供上百个叫醒电话的服务。在国际等级的酒店叫醒服务由酒店话务员提供，由系统提示话务员，实施在规定时间的人工叫醒。

大厅服务 在酒店大厅服务处工作的员工，他们提供的服务通常是面对面的个性化服务，这个部门对宾客高度关注，以致有些酒店干脆把大厅服务处叫作对客服务部。大厅服务处的主要组成部分有：

- 行李服务员——为宾客提供大厅至客房间的行李服务。
- 迎宾员——控制酒店门前的交通状况，为宾客提供行李装卸和行李车服务的员工。
- 停车员——代为宾客停车。
- 司机——为宾客提供交通服务的员工。
- 礼宾——十分了解本地的人物风情，帮助宾客预订餐馆，安排交通工具，购买戏票、体育比赛门票以及代为安排各类活动的员工。

预订、总台和总机员工的工作表现能影响宾客对酒店服务的感觉，但大厅服务处的员工能使客人留下持久的印象，这一点在国际级酒店或豪华酒店尤为突出。那些酒店的大厅服务处为宾客提供的服务内容极其广泛。大厅服务处的员工通常被称为"有小费收入的员工"，因为他们收入的一部分来自客人的小费。所以在某种程度上，大厅服务处员工的收入可以说源自他们向客人提供的服务的质量和数量。大厅服务处的工作并不复杂，但对酒店的顺利运作却至关重要。大厅服务处员工对宾客需求的准确预知能力以及与宾客有效沟通能力常常是一家酒店高水准服务的突出体现。

大厅服务处经理面临的主要挑战是：确定恰当的服务标准，招聘及培训员工，确保员工顺利地提供符合质量水准的服务。由于大厅服务处的员工通常是酒店内工资级别最低的员工，对他们进行培训和激励不是一件简单的事。毋庸置疑的是，一支工作热情高昂的大厅服务处员工队伍既能使酒店良好的对外形象锦上添花，又能使员工获得更多的小费，从而增加个人收入。

行李服务员。许多宾客抵店时都携带很重的行李或好几个箱子。这时客人就需要得到来自大厅服务处的行李员的帮助。

应仔细地挑选行李员。由于大多数酒店都用行李车运送行李，所以行李员的体力并不是担任此项工作最主要的条件。更重要的条件是行李员应有很强的沟通能力和对宾客的真诚关心。无论酒店规模大小、组织机构复杂还是简单，行李员应负有下列责任：

- 到客房送交或提取行李。
- 向宾客介绍酒店的设施和服务以及用于安全目的的设备。为宾客介绍客房内的设施和用品。
- 为要求寄存行李的宾客提供安全的寄存服务。
- 提供有关酒店服务设施以及团体活动日程的信息。
- 将信件、包裹、留言和其他物品送往客房。
- 收取和送回宾客要求的水洗和干洗的衣服。
- 负责大厅以及大门区域简单的清扫工作。
- 当迎宾员不在时为抵离宾客装卸行李。
- 将宾客要求通知相关部门，如通知客房部增加婴儿床或毛巾。

这些工作看来简单，实际上样样都需要某种程度的专业知识。例如，帮助一位宾客搬运行李，行李员必须懂得如何正确地将行李装车。易碎品一定不能放在重磅行李的下方。车上行李的重量要摆放平衡，否则会导致翻车或行驶困难。

行李员由于和客人直接接触，得到面对面沟通的机会。行李员应利用这个机会使宾客获得自己颇受欢迎的感觉。一位始终如一热情待客的、能清晰地将有用信息传达给宾客的行李员，是一个非常有价值的员工。行李员引领宾客进房的过程就是酒店开拓市场的最好机会。除了熟悉酒店的餐厅、茶座酒吧、娱乐活动、会议设施和安全措施外，还要熟悉店外的营业场所情况，这些都是行李员工作的重要组成部分。通过这些非正式的交谈，行李员成了酒店市场销售方面的关键人物。行李员还要努力记住宾客的姓名。这不但能使宾客有宾至如归的感觉，还能使行李员为宾客提供更好的个性化服务。

迎宾员。迎宾员的工作内容与行李员的类似：他们都对抵店宾客表示欢迎。这些员工常常在提供国际等级或豪华等级服务的酒店才能看到。迎宾员的工作职责有：

- 为客拉门，为抵店的宾客提供帮助。
- 为抵、离店宾客提供行李装卸服务。
- 引领宾客至酒店入住登记处。
- 控制酒店入口处的车流量以及行李安全。
- 为宾客招呼出租车。
- 为宾客提供停车服务。
- 负责大厅及酒店大门处的简单清扫工作。

与行李员一样，迎宾员必须熟悉酒店的设施和当地有关信息。宾客常常会向迎宾员问路，了解企业、政府部门、交通枢纽、餐厅和当地标志性建筑和名胜古迹的方位。迎宾员最具挑战性的一项工作是控制好入口处的车流量，这是一项难度很高的工作，尤其是在酒店的旺季。

有经验的迎宾员能沉着地应对许多任务。一位训练有素的迎宾员能记住宾客的姓名，当客人再次返回酒店时，迎宾员能用姓名称呼宾客，并能把宾客介绍给前厅其他员工。这样的服务不但能使酒店有好的口碑，还能给宾客留下难以忘怀的印象。

停车员。通常在国际等级和提供豪华服务的酒店才有为客停车的服务。经过专门训练的员工将住客和访客的车停到停车库。这种个性化的、安全稳当的停车服务，既体现了酒店的气派又给客人带来方便。宾客不再为寻找停车位而费心，也不必在坏天气步行到酒店，也无须自己到停车库找车。酒店收取的代为停车的费用比客人自己停车的费用要高一些。此外，除了较高的服务费，宾客还要付小费给提供此项服务的员工。

停车员还负责停在酒店的车辆的安全。在从住客和访客那里接过车辆以前，先要把一张像入场券似的单子交给对方。在这张单子上酒店员工要写上车辆已有的损坏情况。车辆的钥匙必须放在安全的地方，只有专人才可取得。交还车辆时，客人必须出示必要的证明，大多数情况下，不见车单不交车钥匙。如车辆钥匙丢失或车辆交给了不相关的人造成车辆不能使用或丢失，那么酒店要承担赔偿责任。

大厅服务处负责所有车辆的管理，每天晚上都要把有关停车服务的信息报告总台，以便把停车费用记入相关客人的账单。当酒店入口出现车辆拥堵的情形时，停车员要帮助疏散、控制车流量以确保畅通。

驾驶员。目前，大部分机场酒店甚至其他各种类型的酒店都有提供交通服务的人员和部门。许多机场酒店提供从机场到酒店的免费班车服务。有时候，客人只需要从机场行李提取处走到免费班车等待区。对有些酒店，宾客必须通过电话与酒店联系后，酒店才派车来接。还有些酒店在机场专门区域安置了与酒店的直线电话供宾客使用。

巴士和面包车驾驶员必须经过很好的训练，取得合格的驾照。由于驾驶员有时是代表酒店与宾客首先接触的员工，所以他们应该是礼貌、高效、熟悉酒店产品的人。习惯上，驾驶员在驾车过程中会向宾客介绍酒店情况，可以自己介绍，也可以使用预先录制的音频资料。驾驶员还要在宾客上下车时提供帮助。有经验的驾驶员能做到很仔细熟练地将客人的行李装上车。有了这项服务，宾客不再为携带笨重的行李而发愁。许多酒店还为接客的班车配备了对讲机。起先是为了安全准点，但驾驶员也可用这一设备把宾客的姓名和有关信息告诉酒店。这就使酒店能在客人抵达前做好准备。

现在许多酒店还增加了一项市内班车服务，即开往市内商业中心、购物、娱乐、运动和餐饮场所。驾驶员可以分成收取小费或不收小费的两类人员。

驾驶员在任何场合必须代表酒店的形象。一定要严格保守客人的隐私，尤其是驾驶豪华轿车的驾驶员。宾客对话的内容应被划入保密的范围，不允许作为与酒店同事、家庭成员或朋友茶余饭后的议题。行车安全是最为重要的，驾驶员的资格必须符合州与国家的法律规定。另外，驾驶员必须懂得如何检查车辆，以保证所有部件处于正常状态。安全设备如灭火弹和灭火器，必须定期检查。驾驶员必须熟知其使用方法。

礼宾员。虽然这一对客服务的岗位已存在很久，但仍是大厅服务处的最少被人了解的岗位。很久以前，大厅服务主管一词的原意是城堡的看门人。他们的工作是确保城堡内的人的夜间安全。王公贵族外出旅行常常带着这位看门人，由他负责保管现金、安排食宿。当酒店在欧洲建得越来越多后，这一职务变成了向宾客提供个性化服务的员工中的一分子。在国际等级或提供豪华服务的酒店都设有这个岗位。

合格的礼宾员可能是著名的金钥匙协会的成员，他们外套的翻领上有交叉的金钥匙的标记。为了取得金钥匙的资格，礼宾员必须经过国际金钥匙协会的认可。这个协会设立了很高的标准。许多酒店聘请有经验的员工来满足宾客的专项服务，而要获得金钥匙头衔必须要成为金钥匙协会的成员。

礼宾员会向宾客提供一些专项服务，包括预订餐座，预订演出门票和体育比赛门票，安排交通工具，提供文化活动和当地名胜景点的信息。礼宾员被认为是万事通，他能买到其他人很难买到的音乐会门票或者在客满的餐厅订到餐位。这类工作都是礼宾员的职责，也是他们的对外招牌。许多成功的礼宾员已经建立起一个包括当地、地区间乃至国家间的紧密联系网络以方便各种服务的联络。更重要的是与当地餐馆、咖啡馆、汽车出租公司、机票售票处等其他企业建立的联系。有些酒店鼓励大厅服务主管拜访一些企业或组织以发展和巩固双方联系。最后，一位成功的礼宾应该会讲几国语言。

礼宾岗位是一个拿薪水的岗位，但是客人出于对出色服务的感激之情常常会给小费。有些酒店的首席礼宾员就是礼宾部的经理。在这样的酒店，首席礼宾服务主管还要担负起管理礼宾服务处所有人员的责任。在大型酒店，首席礼宾服务主管太忙了，根本无法担当起这样的责任，而只能负责管理礼宾员工。

根据本章介绍的内容，我们了解到服务正越来越成为吸引和留住宾客的重要区素。在许多国际等级和中档等级服务的酒店内，作为提供全方位服务的礼宾或宾客服务员工正成为树立酒店良好形象的关键人物。

客房部　客房部可以说是前厅部最重要的支援部门。与前厅部相同，客房部通常是房务部的一个下属部门。在有些酒店，客房部是一个独立的酒店部门。尤其是针对大型酒店或者会议型酒店，客房部员工可能达到数百人之多。客房部与前厅部之间的有效沟通能使前厅正确有效地掌握客房状态，从而提高对客服务的质量。客房部员工打扫住客房和走客房，检查完客房后才能交前厅出租。在大部分酒店，总台接待员在没有接到客房部关于客房已清扫并检查完毕的通知前，是不能把客房安排给住客的。

与其他部门相比，客房部的用工人数较多。通常有一位行政管家负责整个部门的管理。有一位助理行政管家进行协助。在大型酒店会有好几位助理行政管家分别负责所属楼层，在更大型的酒店，会是管理一栋楼。客房部内有检查员、客房清扫员、公共区域清扫管理员和洗衣房的员工。客房清扫员会被指派到酒店的指定楼层。客房清扫员每天能打扫 8 ~ 18 间客房，具体客房数量要视酒店的服务档次、客房的平均面积、打扫的具体要求而定。如果酒店有自己的洗衣房，客房部员工要负责洗涤、熨烫酒店的布草、毛巾、制服和客衣。

客房部（通常是行政管家）　要负责管理两类物资：周转物资和一次性用品。周转物资是那些一次使用时间较短但要反复使用的物资，包括布草、制服、熨斗和吹风机等客用品。一次性用品是指客房部运转过程中要使用的或使用后就失去价值的用品，如清洁剂、小配件、日常用品和个人漱洗用品。客用品和布草属于这两类物资，按宾客的需要提供。

为了快速有效地确保宾客住进经过检查的空房，客房部和前厅两个部门必须正确无误地沟通客房状态和可租房数量。这两个部门之间的团队协作精神是酒店有效运行的基础。两个部门的员工越是相互了解、相互熟悉对方的工作流程，就越能保持顺畅的合作关系。

餐饮部

根据营业收入，一般来说餐饮部仅次于房务部位居第二。许多酒店的餐饮营业点不止一个。酒店内的餐饮种类就像酒店的种类一样多，可能有快餐厅、风味餐厅、咖啡厅、酒吧、茶座和俱乐部。餐饮部还在支持酒店其他功能方面发挥作用，如房内用膳、外卖服务和宴会服务。宴会一般在酒店的多功能厅内举行，这对于餐饮部来说是很可观的销售收入和盈利来源。酒店希望从团队和会议客源中赚取大量的宴会和餐饮收入。有不少酒店将餐饮服务延伸到客房，一些公司租用套间举行聚会。这些活动常常是一些高档聚会，是餐饮部发挥创意的好机会。外出包办宴会活动如结婚喜筵和周年庆典也为餐饮部带来可观的营业收入。

市场销售部

酒店市场销售部的人员编制可以从只有一名兼职员工到超过十多人的全职员工不等。在小型酒店，总经理常常就承担起市场销售的角色。在较大型酒店，市场销售的职责主要是五个方面：销售、收益管理、会议服务、广告和公共关系。这个部门最主要的目标是促销酒店的产品和服务。为了达到这一目标，市场销售部的员工需要与前厅部和酒店其他部门沟通合作，有效地预测宾客需求。

负责市场的员工一直在为吸引客源而努力工作。一方面，他们做市场调查，比较产品，分析宾客需求和潜在要求。然后根据研究结果，制订广告宣传和公关活动计划。另一方面，销售人员通过向散客和团队客源推销酒店产品而获得更多的营业收入。前台员工也同样担当起销售员的角色，尤其是在与门市客洽谈房价和办理入住登记的过程中。在许多酒店，预订部和销售部的关系十分紧密，当宾客打电话预订客房时，接电话的预订员就是销售员。

收益管理　收益管理经理的职责是通过平衡房价和客房占有率来保证酒店的收益最大化。他面对的最大挑战是既要保证尽可能的高房价，又不至于因房价太高而把潜在的客人吓走。收益经理需要和销售部、预订部以及其他部门商讨决定房价的制定策略以达到收益目标。酒店的销售部门在确定团队或本地企业协会的价格时通常会向收益经理询价。此外，收益经理还需要为预订部及其他渠道，如酒店的官网、集团内网、第三方预订网站、航空公司预订系统、旅游局等提供房价。收益管理的内容不仅是房价，还要考虑非客房收入以争取更多的收益机会。在小型酒店，前厅经理、预订经理或者总经理都有可能承担收益经理的工作。通常情况下，同一品牌下的酒店会以地理位置为单位集合起来成立一个单独的收益管理部门，负责多家酒店的工作。

财务部

酒店财务部负责管理酒店财务方面的活动。有些酒店雇用专门的财务公司来补充酒店内财务部的工作。这种情况下，员工们要收集和传送财务方面的资料给上级主管或集团公司。酒店自己完成这些工作则需要聘用较多数量的员工，还要承担较大的责任风险。

会计事务有付款、催收预付款、整理应付款、管理工资账单、记录经营资料、完成财务报告；另外，财务部员工还要负责银行存款，保持现金流量以及完成酒店管理部门的其他需控制和需完成的工作。在许多酒店，夜审和餐饮审计也属于财务部的工作范围。

财务部的工作成功取决于与前厅部的紧密合作。前厅收款和客账管理包括管理现金、支票、信用卡以及其他付款方式。最常见的账务处理工作是前厅员工收取现金或个人支票，处理信用卡，找还余额，记录和管理客账。在小型酒店，前厅员工还负责对入住宾客的信用额度的管理。

工程维修部

酒店工程维修部熟知酒店建筑结构和用地，负责对机械设备和电子设备进行维修及保养。这个部门还可能负责游泳池的清洁卫生，车库的清扫和喷水池的运行。酒店的安全设备也常常属于这个部门的管理范围（有些酒店会将这些工作分给场地管理部或户外娱乐部来负责）。大多数情况下，酒店安全设备的运营也是由工程维修部来管理的。

工程维修部的工作不都是由酒店员工来完成的。通常是将一些问题或工程通过外包合同来解决。例如，遇到需要特殊技术监控大楼、管理灭火器、测试和调整楼宇火警系统时，或是需要特殊的设备来清洁厨房的管道、清除油污及其他垃圾或清除车库积雪时等，都需要外包给店外人干。由于一些工作需要客房部的配合，有些酒店把客房部和工程部合并成运营部。

前厅必须与工程维修部互相有效地交换信息，才能确保宾客满意度。接到宾客关于水龙头漏水、电灯不亮、门锁不能开启的投诉，前厅员工不应有丝毫拖延，而要立即书面通知工程维修部采取维修行动。相反，工程维修部发现客房出现问题需要维修时也应尽快通知前厅暂不出租问题房；当维修工作结束后还应通知总台，以便恢复出租。

安全部

每个员工都应关心酒店宾客、访客和员工的安全，许多酒店有安全部来负责这些工作。安全部的员工可能是本店员工，也可能是由与酒店签订安全合同的另一方派遣的人员，或是不在班或退休的警员等。安全部的职责可以包括巡视酒店、监控设备以及全面负责酒店宾客、访客和员工的安全。安全部的工作极其重要的一点是取得当地执法机构的合作和帮助。

当安全部以外的员工都关心安全问题时，酒店的安全才真正得到保证。例如，在钥匙控制方面，前厅是关键岗位，因为只有他们才能把客房钥匙分发给登记入住的宾客。客房清扫员也负有安全责任，当客人要进入正在打扫的客房时，客房清扫员必须弄清客人持有的钥匙是否是这间客房的钥匙。凡是员工都应对酒店内出现的可疑情况保持警惕，并报告安全部有关人员。安全部的一项重要任务是通过培训和对各项标准的检查来保持酒店全体员工有强烈的安全意识。酒店的管理层需要和当地的执法机构保持良好的关系作为安保项目的一部分。

人力资源部

现今酒店增加了对人力资源部的投资和依赖。随着人力资源部的责任和影响的增加，其规模和预算也随之增加。这反映了人力资源部比人事管理有着更宽广的含义。在那些规模不大、不需要建立一个独立的人力资源办公室或部门的酒店，常常由总经理来兼管人力资源。当一家酒店管理公司在同一地区管理好几家酒店时，他们可能选择将人力资源实行"统管"的办法。就是成立人力资源办公室由一名有经验的经理来管理这个地区所有酒店的人力资源工作。这样的做法不但能节约每家酒店的成本，还能增加对所有酒店的了解。

近来人力资源部的职责范围已转变为对政府颁布的新法规做出回应，精简编制，保持对竞争态势的警觉。虽然操作方法有了改变，但是人力资源部还保留着同样的基本功能：招聘（包括店外聘用和店内重新安排岗位）、培训、员工关系（包括质量控制）、赔偿、奖励、人事管理（包括员工手册）、劳资关系和安全。

其他部门

许多酒店设立了一些其他部门来满足宾客的需求，各个酒店所设立的部门不相同，客观上反映了酒店间存在的差别。

零售商店 酒店常常在大堂或其他公共区域设有礼品店、书报亭或其他零售商店。这些商店或是向酒店上交某个百分比的营业收入，或是上缴固定的场租费。

娱乐 一些酒店，主要是度假酒店，专门设立了一个部门来为宾客提供各种各样的娱乐活动。有些娱乐部门还负责布置美化园林，管理游泳池。高尔夫、网球、保龄球、桌球、帆船、徒步旅行、自行车旅行、骑马、长途徒步旅行以及其他一些活动也由娱乐部的员工组织安排。这个部门还会计划和组织一些艺术品和工艺品的展示或是儿童参加的活动。娱乐部门的员工从组织各项活动中获得收入或把宾客费用记入客人账单。

博彩 博彩酒店有一个专业部门来负责管理博彩的运作，同时确保酒店的利益。负责博彩的部门还要提供多种多样的文艺演出和其他活动来吸引宾客进入酒店使用各种博彩设施。在博彩酒店，博彩收入通常超过酒店其他运转部门收入的总和。所以，博彩活动是博彩酒店的主要活动。

前厅部的运转

传统的前厅功能包括预订、入住登记、排房和确定房价、各种对客服务、维持房态、管理客账和结账以及建立客史档案。前厅部负责建立和保管各种宾客的资料，协调对客服务，以提高宾客的满意度。这些功能是由前厅部内各种不同部分的员工来完成的。

前厅部的岗位设置没有行业的统一标准，前厅部的组织机构用来表明部门中的上下级关系和工作间的联系。一个精心设计的前厅组织机构加上明确的具体目标和策略，以及工作班次安排、岗位职责和任职资格的设计会使员工和宾客获得高度的满足感。

组织机构

酒店的前厅机构按功能把员工安排到不同的岗位执行不同的任务。前厅的职责还会超出对自身部门的控制范围。如果将宾客住宿服务分为不同的内容，那么前厅员工就能够更好地关注自己的职责。下面的那些分工明确的职责可能对一家小型酒店并不适用，那里常常只有一两名员工就担负起前厅所有的工作。

大型酒店的前厅设有许多岗位，各岗位有着不同的职责。以下是这些岗位的主要的职责，但并非是全部的职责。

• 总台接待员：负责为客人办理入住登记和管理可租房信息。

- 收银: 负责保管现金, 记录账单, 为宾客结账。
- 总台: 负责邮件和问讯的员工为客留言, 回答宾客的查询, 管理邮件。
- 总机话务员: 负责交换机的操作以及提供电话叫醒服务。
- 预订员: 接受、回复宾客的订房要求并登入预订资料。
- 大厅礼宾服务员工: 负责搬运宾客行李, 引领宾客进房。

如果酒店已实行计算机化管理, 那么每位员工只能进入与自己功能有关联的那部分计算机资料。

中型酒店的前厅部在功能上与大型酒店的相同, 但员工人数会少一些。员工都经过交叉培训, 可以兼任多项职责。例如, 一位总台接待员可以同时又是一名收银员和问讯员。经过培训后, 还可以在总机话务员和预订员缺席时代替他们的工作。在繁忙时段, 总台会有好几位员工同时上班。当然每位员工的分工会略有区分。例如, 其中一位可能负责为客人办理入住登记并兼管总机服务, 另一位可能担当收银员的职责, 第三位可能负责处理订房和回答宾客的各种问题。

小型酒店可能只有一位员工在没有任何人的帮助下, 独立完成所有的职能。如果出现总台接待员工作负荷过重的情形, 总经理或会计师如果也受过适当训练的话, 就可能上前帮忙。在一家小型酒店, 总经理和会计师常常直接参与前厅的具体运转工作。

工作班次

在大部分酒店, 前厅部的员工每周工作 40 小时。前厅部不但要执行联邦和州有关工资和工作时间的法规, 在有些酒店还要受到工会、合同和规则的限制。作为一名前厅员工可能会被安排在不同班次工作, 这要根据前厅工作的需要和员工人数而定。传统的前厅工作班次安排如下:

- 日班: 上午 7 时~下午 3 时。
- 晚班: 下午 3 时~晚上 11 时。
- 大夜班: 晚上 11 时~上午 7 时。

近来的趋势是深夜期间前厅的对客服务项目减少了, 这样上大夜班的员工人数也就减少了。前厅在这个时段只提供必要的、有限度的服务。在小型酒店, 夜审员同时也是总台接待员。

前厅工作班次的安排与客情的变化有关。一个有弹性的工作时间安排可以使员工调整自己的上下班时间。一个班次中有些时段为繁忙时段, 需要充足的人手。例如, 一位总台接待员可以上清晨 6 时至下午 2 时的班, 这样就能处理叫醒电话, 还能比清晨 7 时上班更有效地处理宾客离店。另外, 安排一位总台接待员上上午 10 时至下午 6 时的班, 这样在员工用餐时间, 有足够的人手为宾客顺利办理抵店手续。

其他班次安排有传统的每周 5 个 8 小时的工作班次；另一种是密集工作型排班：员工每周工作 40 小时，但工作日少于 5 天（如 4 天，每天 10 小时）。还有岗位分担，是由两位或更多的兼职员工共同承担一个全职岗位。做法上可以每人轮流上全天班，也可以同时上班，但分别完成不同的工作。

兼职员工是招待业正在发展中的重要劳动力来源。许多潜在的劳动力，如学生、有小孩的父母和退休者，他们不能担负全天的工作。兼职员工使得前厅在处理宾客需求的波动性方面有更大的灵活性，同时又能节约人工成本。选择非常规的排班方法，事前要仔细计划和评估。

岗位职责

一份岗位职责列明了某个岗位所需完成的所有任务。岗位职责还写明了上下级关系、责任范围、工作环境、所需使用的设备和资料以及其他与工作有关的重要信息。为了使其发挥最大作用，岗位职责应该根据酒店自身定制的程序来制定。岗位职责应以完成任务为导向，应描述某个岗位的工作，而不是某个人的工作。岗位职责会因工作内容的变动而变得陈旧、不切实际。所以至少每年应修订一次。通常来说，岗位职责是由前厅经理编写的；但是员工也应参与编写和修订工作。一份编写恰当的岗位职责能减少员工因对指挥系统和职责范围不清而引起的焦虑和不安。

一份好的岗位职责也可用于：

- 评估工作表现。
- 可以作为对员工进行培训和再培训的资料。
- 防止不必要的职务重叠。
- 帮助确认每项任务的完成。
- 帮助确定合理的用工编制。

应给每位前厅员工发一份所在岗位的职责说明。对进入最后阶段的求职者在发给其聘用通知前，应先把岗位职责交给他。这样做是使他接受聘用前最后考虑一下自己是否适合这个岗位的任职要求。

岗位职责的遣词造句一定要谨慎。在美国，岗位资格以及职责必须要遵守相关的联邦法律。根据《美国残疾人法案》，一位残疾人士如能在合理的设施帮助下，或不需要类似的设施便能行使某个岗位的基本职责，此残疾人士就应该是该岗位的合格人选。在公布某个岗位空缺的消息前，应先拟定该岗位的职责，在公布招聘信息时应列出基本职责。管理人员不应因残疾求职人士不能履行一些非基本的职责而歧视他们。岗位职责编写得好不好，不仅会影响招聘员工的工作，而且还会因歧视而违法。但如某个岗位职责编写恰当，就能对符合美国残疾人组织规定的人士敞开就业大门。

　　岗位职责在一个组织中担任了多重角色。它能帮助应聘该岗位的人理解他应聘的是什么样的工作，它应该出现在促销、转让或其他情况发生时。因此，拥有完整清晰的岗位职责是管理前厅运营以及其他部门不可或缺的一部分（本章在附录中展示了前厅岗位职责的样本）。

任职条件

　　任职条件的内容包括某人的资格、技能以及为能出色完成岗位任务而必须具备的特长。一般来说，前厅的任职条件清楚地说明了前厅管理者对现有的和未来的员工的期望。前厅经理负责对员工任职条件的编写。任职条件通常在岗位职责制定后编写，因为一项特定的工作需要相应的技能和特长。任职条件应考虑的因素有接受正规教育的学历、工作经验、一般知识、曾经接受过的培训、身体条件、沟通能力以及使用设备的技能。任职条件常常用来公布招聘启事和甄别求职者的资格，也可以用来衡量员工的晋升条件。图 2-5 展示了前厅员工任职条件的样本。虽然全行业没有规定任职条件的统一标准，但许多酒店的任职条件中都写明了一些必须具备的特征和技能。由于处在对客服务第一线，前厅岗位常常要求有较好的人际交往技能。评估一位求职者是否有这些特长可能是非常主观的。前厅工作需要具备下列重要特点：

- 专业化的举止。
- 合群的性格。
- 助人为乐的态度。
- 良好的听写、语法能力和嗓音。
- 灵活性。
- 仪表整洁。
- 强烈的学习意识。
- 重视细节。

　　只有通过教育和工作经验的积累，才能取得胜任前厅工作的技能。有价值的员工不仅具备操作技能、文化学识，而且天资聪颖。前厅工作需要的两项专业技能分别是计算技能

任职条件

前厅部 员工

我们酒店认为下列素质对成功履行前厅职责至关重要。

1. **专业化的举止**
   - 准时上班；
   - 对工作、对酒店持积极的态度；
   - 能区分工作中正面的与负面的方面；
   - 成熟的处事态度和方式；
   - 有商业头脑；
   - 遇到难题能镇静应对，控制局面。
2. **合群的性格**
   - 面带笑容；
   - 态度真诚、令人愉快；
   - 有人缘。
3. **助人为乐的态度**
   - 善于识别宾客的需求；

图 2-5　任职条件样本：前厅岗位

（续）

- 有幽默感；
- 反应灵敏，口头表达机智、得体；
- 有创意；
- 有良好的聆听技巧。

4．灵活性
- 遇到工作需要，能愿意接受变动工作班次的安排；
- 能理解他人的不同观点；
- 愿意接受不同的做事方法，富有革新精神；
- 能与宾客和同事和睦相处，有团队协作精神。

5．注重仪表

穿着得体；在着装、佩戴饰物和个人修饰方面能符合酒店标准。

（收款及会计事务）和键盘技能（文字记录和计算机操作）。有些酒店认为前厅员工掌握一门以上的外语能够更好地服务国际客人。

最后，前厅员工必须有团队精神，愿意与人共事，为争取全酒店整体利益而努力。

小结

一家经营成功的酒店，其服务水准定会有目共睹、有口皆碑。宾客在酒店获得的满意感受，不但使他成为回头客，而且还会向他人推荐。为了实现管理的有效性，每位员工必须了解酒店的宗旨，并为之努力工作。酒店的宗旨表达了酒店要遵循的理念，以及酒店的政策含义和目的。酒店的宗旨要涉及各个不同群体的利益：宾客、管理者和员工。一个明了的宗旨应表达宾客的期望，管理者所崇尚的理念以及酒店员工的奋斗目标。

前厅主要的职责是建立复杂的宾客信息、协调对客服务、确保宾客对服务的满意度。大型酒店将前厅按功能分成不同的班组，目的是加强对运转的监管。在一家计算机化管理的酒店，每位员工只能进入与自己工作区块有关联的电子记录档案。

一家酒店的经营部门可以区分为营收中心与支援中心。按字面意思，营收中心是向宾客出售产品和服务从而取得营业收入的部门。支援中心则是非直接创造营业收入的部门，但给予酒店营收中心以重要的支持。酒店前台和后台这两个词语也常常被用来对酒店经营部门进行分类。前台员工是指那些与宾客直接接触的员工，而后台部门的员工与宾客直接接触的机会较少。后台员工可能并不会像点菜服务、办理入住、送行李进房那样面对面地为客人服务，而是提供打扫客房、修理水龙头、记录客账等非直接接触的服务。酒店的运转部门有客房部、预订部、餐饮部、市场销售部、财务部、工程维修部和人力资源部等。

岗位职责罗列了某一岗位需要完成的主要任务，同时表明了上下级关系、职责和任职条件、需使用的设备和资料及酒店所特有的重要信息。为了提高有效性，岗位职责应针对酒店自身的运转程序来制定。任职条件说明了个人的任职资格、技能和为了顺利完成岗位职责必须具备的个人特质。本章的附录部分展示了若干前厅部的岗位职责。

主 要 术 语

后台 (Back of the house)： 指酒店内的某些部门，其员工不与宾客直接接触，如工程、财务和人力资源部。

密集工作型排班 (compressed work schedule)： 一种不同于每天 8 小时的排班方法，员工在不到 5 个工作日完成原规定一周的工作小时。

基本功能 (essential functions)： 美国残疾人协会使用的术语，根据政府规定，某一岗位的基本功能是指任职人能独立地或使用合理设施后履行的职能。

弹性工时 (flextime)： 弹性工作时间安排，员工可自行安排开始和结束工作的时间。

前台 (front of the house)： 酒店的一线职能部门，那些部门的员工频繁地接触宾客，如餐饮部和前厅部。

目标 (goals)： 一个组织为有效实现自己的宗旨而必须成功完成的任务和达到的标准。

岗位职责 (job description)： 一份说明某个岗位的主要职责以及上下级关系、相应的责任、工作条件和必须使用的设备和资料。

工作分担 (job sharing)： 一种由两位以上兼职员工妥善安排、共同承担的全日制岗位的工作。

任职条件 (job specification)： 一份关于完成某一岗位职责所必须具备的个人资格、技能及素质的说明。

国际金钥匙协会 (Les Clef d'Or)： 国际金钥匙协会，要获得礼宾金钥匙头衔，必须申请成为国际金钥匙协会的会员。

宗旨陈述 (mission statement)： 一份陈述酒店独特目标以有别于其他酒店的文件。宗旨陈述表达了酒店所遵循的理念、酒店活动的含义和方向，以及宾客、管理者和员工三者的利益。

组织机构图 (organization chart)： 用图表形式展示某一组织内部各岗位之间的关系，各自在组织中的地位、责任区域和权力范围。

总机 (private branch exchange)： 酒店的总机设备。

合理设施 (reasonable accommodation)： 美国残疾人协会的专用术语。用一种不同寻常的做法，使合格但有残疾的人参与工作。做这种改变可以逐步进行，无须雇主强行履行。

营收中心 (revenue center)：指酒店向宾客销售产品和服务从而直接取得营业收入的部门，如前厅、餐饮部各营业点、房内用膳和零售点等都是酒店的主要营收中心。

收益管理（revenue management)：通过平衡房价和客房占有率来保证酒店的收益最大化。最大挑战是既要保证尽可能的高房价，又不至于因为房价太高而把潜在的客人吓走。

策略 (strategy)：部门为实现其计划目标而制定的方法。

支援中心（support center)：酒店内不直接创造营业收入，但对创收部门给予支持的部门，包括客房部、财务部、工程维修部和人力资源部。

方法 (tactics)：为贯彻策略而制定的每日运转步骤。

门市客（walk-in)：未经预订而进入酒店要求入住的宾客。

复习题

1. 酒店陈述宗旨的目的何在？宗旨的内容要涉及哪三组人群的利益？
2. 酒店的目标和宗旨之间有何关联？与部门目标和策略间又有什么关联？
3. 组织机构图是如何来显示员工间存在的上下级关系以及协作关系的？为什么组织机构图应是灵活可变的？
4. 酒店哪些部门属于最典型的营收中心？为什么？
5. 酒店哪些部门属于最典型的支援中心？为什么？
6. 在一家提供全方位服务的酒店，最主要的部门有哪些？
7. 一家提供有限度服务的酒店和一家提供全方位服务的酒店在组织机构方面有何区别？
8. 在一家提供全方位服务的酒店内，前厅部与房务部的其他部分以及与酒店的其他主要部门有什么相互关联？
9. 为什么有些酒店不能做到按功能区分员工各自的职责？
10. 按传统做法前厅的三个班次是如何安排的？酒店可能会对传统的排班方式做何变动？
11. 如何使用岗位职责？岗位职责与任职条件有何区别？

网址：

若想获得更多信息，可访问下列网址。网址变更恕不通知。若你所访问的网址不存在，可使用搜索引擎查找新网址。

基本的求职网站（对职业生涯、工作搜索、简历、面试技巧及其他问题给出建议）

1. Americans with Disabilities Act (ADA)：www.ada.gov
2. Les Clefs d'Or (USA)：www.lcdusa.org

案例分析

阳光谷酒店的班子能否拨开乌云见太阳

阳光谷度假酒店是一家有 300 间客房的豪华酒店。酒店的一边是一条河，另一边是高尔夫球场、骑马场和网球场。想当年在 20 世纪二三十年代，这里曾是南方最主要的度假地，当时的显贵时尚是到这里度冬假。但是到了 20 世纪 60 年代，这种辉煌历史结束了，营业额也随之下降。1978 年，酒店扩大了 2 万平方米，增加了 350 间套房来吸引团体会议客人，此举起初有过起色，但是在近 5 年，出租率和房价持续下降。最近酒店又丢了一颗星，降格为三星级酒店。

酒店的降格促使汤姆斯 – 雷德格雷夫采取行动。雷德格雷夫先生是酒店的业主。他的酒店的收入应该在 1500 万~1600 万美元，而近两年来每年不到 1200 万美元。他不满意这样的局面。他请酒店那位从 1997 年就任职的总经理吃了一顿告别晚餐，并送了他一块金表。他聘请了肯·理查德，一位在里区蒙德地区有经营会议酒店经验的总经理来掌管酒店，试图扭转局面。

在与肯的见面过程中，雷德格雷夫先生总结了他见到的局面。"我要更新改造阳光谷酒店，让它重拾昔日风采，作为商人花钱是为了挣钱。但我想投入的几百万美元要在能发挥作用的项目上。可是对如何投资才能使阳光谷产生回报我还没有把握。

"前任总经理在这里工作了很多年，自我买下这地方他就在这里了。他不常和我沟通。我尝试放手让他干，给了他很大空间。但是最近几年营业状况转坏，而且愈来愈糟糕，他甚至无力挽回局面。坦率地说，我不懂酒店经营，所以聘请你。我希望你找出原因，把营业额提升至应有的水平。如果我看到阳光谷有返回正确轨道的迹象，我会再投资。当然需要时间。我们要使阳光谷处处重现一流水准。这样不仅我高兴，你的工作也更容易。"

肯根据以往在其他酒店的经验，认为低出租率和低房价并不是酒店症结所在，而是表明症状。他在对酒店的初步查看中就发现不少问题：墙需要重新油漆，淋浴龙头漏水，地毯变薄等。事实上整个酒店，甚至相对较新的套间和会议设施也都显得陈旧落伍。但在工作的第一周，更重要的事是要与酒店所有经理谈话。他特别希望在周一上午首次召开的管理人员会议之前尽可能地向他的部门经理了解情况。

斯基普·基纳是酒店的行销总监，在阳光谷工作了 40 年，对于他，当年的辉煌尚历历在目。"我初到这里，正是酒店开始营业，"他说，"当时一切完美无缺，《南方住宿》杂志每年都有介绍酒店的文章。但是由于落伍一切发生变化，从 20 世纪 70 年代起，我就以会议设施来招徕团体会议，如吸尘器销售会议，肯塔基铝业协会和北卡罗来纳二手车商人协会的客人。正是这些客源维持着我们的日常经营。我告诉你，当年的风采难拾。"

酒店的客房总管露丝·哈里斯，在酒店工作了 30 年，她也很怀念过去的岁月，"那时的节奏要慢得多，"她说，"宾客住店时间比较长：10 天、两周，甚至一个月。你有时间了解客人，客人也了解你。现在大部分客人住两三天就走。一切都显得匆匆忙忙。"肯了解到露丝在保持清洁方面水准不如以前，他听说她曾经是对所有细节都不放过的人，每间客房都清洁无瑕。

但现在的客房经不起检查。肯还了解到露丝12年前就不再出席行政会议，理由是"我没时间"。

鲍勃是酒店的总工程师。由于他在酒店"仅"11个年头，所以斯基普和露丝仍称他为"新手"。"我不知道为什么摆脱不了目前的处境。"他垂头丧气地说。他还告诉肯，由于酒店已陈旧，他每天面对大量的维修问题。"不是管道出现问题就是电出问题，电修好了，空调又出了问题。毛病不断。我才灭了一次'火'，那里又有两处'烧了'起来，我紧赶慢赶也赶不上。"

预订部经理特丽庐·曼斯菲尔德来酒店工作已有3年，但仍被视为"新人"。行政人员中还没人和她特别谈得来。一位其他部门的助理经理告诉肯，"她看起来总是怒气冲冲的，但从不多说一句。"她的怨言是：在酒店她被排斥在决策层之外，她总是处于被动执行的局面。斯基普常常在不与她通气的情况下增加团队房的销售量。她说："我无法掌握确切的客房数，连一两天内有多少可出租的房都不知道。"

最后一位也是来店时间最短的行政管理人员，叫乔恩·扬格的餐饮总监。他是6个月前才到这家度假酒店的。因为前任餐饮总监艾贝·威廉姆斯在这里工作了32年要退休了。恰逢部门这3年表现一路下滑，他就选择了退休。聪明能干、雄心勃勃的乔恩曾试图激励餐饮部员工重振酒店餐饮部的声誉，但机会实在不多。斯基普销售总监在艾贝任职的最后几年收到宾客投诉如此之多，以致他把大部分大型餐饮活动都安排在酒店之外，而酒店的餐饮部只接待免费的小型用餐（如团队抵店当日的免费鸡尾酒会）。乔恩请求斯基普在酒店安排更多的餐饮活动，还请前任总经理支持他，但至今这些要求似乎没有实现。在来酒店工作的头30天，乔恩先是担任部门经理的角色，后来感到工作压力，于是开始消沉，与斯基普等人打交道时也变得不那么爽快。

肯在周末就对酒店的主要症结有了明确的概念。销售部忙忙碌碌地引进客源，却没有与有关部门进行沟通。结果引起混乱，造成服务质量低下、宾客不满。为了使有意见的客人再次光顾，销售部只能不断调低房价。肯设法找到一个能中断这种恶性循环的方法。

周一上午，肯在他第一次行政会上向部门负责人传达了业主要对酒店长期投资使酒店健康发展的承诺。"雷德格雷夫先生将要对酒店投入大量资金，使它重上四星，不过他希望在投资前扭转房价和出租率下滑的趋势，同时一线服务也能得到加强。我已经答应立即采取行动。我知道各位像我一样想把事情做好。"肯拿起一支笔，开始征求围着桌子而坐的经理们的意见。"我已经看过各种报表，"他指指面前的一大摞纸，"不过我想亲耳听听你们的想法。在座的谁能谈谈营业额不断下滑的理由？"

部门经理面面相觑，沉默无言。最后乔恩·扬格开始发言，"我想到的一大原因是我们太多的餐饮业务拿到外面去做了。"随后会议又出现了冷场。

"是的，"肯过了一会儿表示同意这看法，为促使更多发言他说，"我看了财务报表，和我们酒店规模相比，餐饮收入太少了，怎么会造成这种局面的？"

"好吧，我本来不想讲，"斯基普说，"我从客人那里收到如此多的投诉，最后没辙了只好决定在店外安排餐饮活动。我联系了几家餐厅，它们干得很好，就在对马路的山景美食牛排店。我把团队用餐安排在那里，客人吃的牛排比盘子还大。他们以西部牛仔的风格进行服务，用餐时还有小戏剧和枪战表演。客人很喜欢这种安排。"

"问题是，"乔恩进行反驳，"斯基普没有给我机会表现，刚才提到的投诉都是艾贝手上发生的。我们现在被那些免费招待活动害惨了。每个团队抵店当日都有免费鸡尾酒会，这大大影响当晚的餐饮销售，因为所有客人都参加免费酒会，享用了大量冷菜和酒水招待。为什么第一天不举行宴会？那才是有利可图的生意。"

"你有什么看法，斯基普？"肯问道。

"好吧，我想说的是当一位客人站在你面前，看着你对你说'上次我在这里订宴会，结果一塌糊涂：我们订了8人，而安排的餐位少了，使大家很尴尬，不好入座。你们忘了放冰雕，汤是冷的，头盆等了好久才上，大部分菜肴都是冷的。这顿饭从头到尾一直听到抱怨。所以你们要我再来这里请客，必须要有变化。'我们许多客人每年都要来这里一两次，他们对曾经有过的遭遇记忆犹新。"

肯边听边记录，"可是客人反映的这些问题并不是乔恩执掌餐饮部后发生的，对不对？"

"那倒是。"斯基普说，"不过对我们不能提供高质量的菜肴服务这种想法仍挥之不去"。会议出现了沉默，肯问特丽萨："你认为预订有什么问题？"

特丽萨吞吞吐吐，她讲话就是那样。对她来说，在总经理面前把问题谈开是个好机会。"好吧，有件事可以改进。"她说，"我们从来不知道斯基普销售了多少客房。所以有时我担心超额预订而把客人安排在其他酒店，但更多的是预订不足，是因为斯基普控制的客房超过了实际销售量。常常还有机会卖房，但是客房都由销售部控制，团队不需要那么多房，而我却无房可卖，这样的事发生了好几次。"

"此外有些客房不受欢迎，很难推销，"特丽萨接着说，"斯基普总是占用套房和较好的客房，哪怕有时房间已经排给了散客，他还是把这些客房给了团队，结果我们不得不高价推销那些不太受欢迎的房间。团队房价是150美元，但大多数情况下斯基普以120美元卖出。这样我们面临的压力很大。我的房价销售目标是每间170美元，我却要比这更高的价格推销销售部卖剩的房间，就是那些洗衣场隔壁的或景观不雅的房间，实在很困难。"

斯基普双臂交叉在胸前，"团队应该得到优惠，特别是他们在附近酒店也能得这样的优惠。单靠你销售的那些客房是付不起你的工资的。要是你认为一年销售万间客房容易的话，你可以试试！"

肯对斯基普说："你完成的是客房间天销售指标而不是营业额指标，是吗？""对极了。我如果销售不出上万间客房就拿不到奖金。这很不容易，尤其是还遇到这样那样的问题：贵宾也常常因为套间没打扫好而不得不在大堂等候。伯克肖特先生第一次光顾酒店便遇到客房在打扫，只能在大堂等，根本谈不上专人引领他到漂亮的套间使他有宾至如归的感觉了。出了这样的事你下次如何向他们再销售客房？"

"等一下，"露丝插话说，"这是什么时候的事？一般我都会中断客房清扫工的正常清扫顺序，为了让他们先突击打扫套间，提早准备好让贵宾使用。"

"提早准备好？"斯基普嗤之以鼻。"他们从来就没提早准备过！鲜花和水果从来就没有在客人进房前摆好。"

"我声明我们每次都提前送到客房部的。"乔恩又插话说。

"你说得对,乔恩,我忘了告诉你,有时我忙得不可开交,总希望赶快把事情做完,好让员工进入正常清扫次序。"露丝辩解说,"这种事常常打乱全天的安排。"

"清扫到底出了什么问题?"斯基普问露丝,"就在两周前,一位州立协会主席找我,告诉我他太太不敢洗澡,因为发现浴缸出水口一团毛发。这时候我多尴尬。"

"上批客人离店时间中午 12 点,而下批客人抵店也是中午 12 点,你叫我们怎么办?"露丝说,"我们没时间正常作业。"

"这种情况是经常发生的吗?"肯问道,"我是说套间客人前脚走后脚到的情况。"

"经常发生。"露丝说。

"所以你不得不常常突击打扫客房?"肯指指面前的报告说,"我发现客房部的人工成本很高,这么多的突击打扫应该是原因之一。"

"这种情况发生得太多,"露丝回答说,"你说得不错,这会影响成本。因为我的人还有规定的作业,上班时间就比正常的长,这样就增加了加班工资的支出。"

"客人的投诉也随之增加,"特丽萨说,"露丝把人从正常作业中调离去突击打扫套间,其他客房就来不及按时完成,结果给客人造成不便,引起不满。客人的这种不满又会逐渐扩大到对整个酒店的不满。"

"另外,"露丝补充说,"当你只有 10 分钟时间抢一间房,你就很难不漏掉一些细部,因此不断突击打扫对管理人员也会造成不良影响,他们开始变得粗枝大叶,即使不忙也会有类似情况发生。他们有些人认为,贵宾的套间也不过是匆忙打扫一下就成,更何况其他客房。我真的要设法扭转员工的这种态度。"

"我们接下来要研究改进这方面的问题。"肯边说边记录。

"当你对团队入住信息和客人需求不充分了解的话,你无法做计划。"特丽萨话有所指,望着斯基普。

"这也是我措手不及的原因之一,"鲍勃表示赞成,"我也总是对要发生的事情一无所知。我整天接到的电话'113 房间漏水','27 号套间客人想开空调,但是空调启动不了。'我曾提前 5 天要客房部预留房,突然来一个大团,客房全部售完。我的维修计划泡汤,宾客投诉出现了,而我忙得不亦乐乎。"

"我对争取团队回头客只有降价一招,"斯基普说,"我打电话给客人,客人告诉我说上次住店的一批客人都不满意,怎么能再安排住你的店?所以我只好给他降低房价,为会议间隙提供免费咖啡,还提供免费早餐。你希望他们明年再来,你就不得不这样做。即使做了也不见得成功,有时客户还会流失。"

"我的客房主管对报修单项目未能修好很不满意,"露丝说,"他们问怎么会出现这种情况,我也不知如何回答,因为没人告诉我其中的原因。"

"如果你有时间我很愿意告诉你原因,"鲍勃说,"这不是我的过错。我得不到来自任何方面的配合。"

"你每次都需要 5 天吗？"特丽萨问道，"合作是双向的，你知道有时一间客房要连续 5 天'待修房'状态是不可能的。"

"我希望有 5 天，不明白为何这么难。"

"一间房 5 天待修状态，不算大问题，"基斯普说，"但你的单子上远不止一间，这就成了问题。"

肯举起双手，结束了这场讨论。"很明显，会议中很多人有挫折感，之所以有这种感觉，是因为你们还是想把工作做好。不过作为同事，你们不但没能够互相帮助，反而给对方造成困难。这种局面不仅给你们带来挫折感，也给你们的宾客带来挫折感，因为他们没有得到应该得到的服务。"肯停顿了一下，"你们的目的不是给对方出难题吧？"肯笑着说，"我想你们都只是把目光集中在本部门，没有从全店大局出发考虑问题。"

"我从今天听到的问题中得出这样的结论，我们面临的最大问题是相互缺乏交流。我们要学习如何更好地沟通，使大家更好地为对方提供服务，为宾客提供服务更好地沟通能开阔我们的视野，提升判断问题的能力。"

"我希望在 90 天内给雷德格雷夫先生看到酒店的起色，"肯继续说道，"为了达到这一目标，在座各位在下周一的晨会上就如何改善沟通、增强团队精神发表见解。我自己也要好好考虑这问题，在下次会上我会向各位提出我的建议。"

讨论题

1. 由于管理人员之间沟通不畅，导致部门工作中出现什么样的问题？
2. 肯会提出哪些建议来帮助部门经理建立团队合作的工作气氛？
3. 如果经过一段时间，部门经理仍无法建立团队合作氛围，肯会采取什么样的行动？
4. 在接下来的 90 天肯会拿出哪些成绩向阳光谷的业主汇报酒店起色？

案例编号：3322CA

下列行业专家帮助收集信息，编写了这一案例：注册酒店管理师、TWE 集团副总裁理查德·M. 布鲁克斯和注册酒店管理师、俄亥俄州 Beachwood Holiday Inn 总经理 S. 肯尼思·希拉。

本章附录：前厅岗位说明样本

许多酒店对前厅员工实施交叉培训，建立标准化工作程序。在小型酒店，一名员工就能处理预订、入住、总机、结账离店等项业务。随着越来越多的酒店实现档案资料的计算机化，上下级之间的责任关系也不再那样分明，因为信息系统能把大部分前厅所需的资料整合起来，让前厅员工都可使用。

许多酒店把前厅部的员工称作前厅的接待员，对客服务代表或类似的其他名称。即使在按传统方法划分部门职责的酒店，每个岗位的叫法也在不断变化。这些变化反映了对该岗位涉及的职责的重新评估或为了避免某个岗位名称可能出现的消极影响。这本教科书中采用的岗位名称代表了酒店发展趋势。在附录中出现的岗位职责是对一家中型酒店前厅岗位职责的描述。

岗位说明

岗位名称： 前厅部经理

直属上司： 助理总经理或总经理

岗位提要： 直接管理所有前厅部员工并确保正确履行前厅职责。负责对总台、预订、总机各区域和各项对客服务进行指挥协调。

具体职责：

1. 参与挑选前厅员工。

2. 负责对前厅员工进行培训、交叉培训和重复培训。

3. 负责前厅员工的工作班次安排。

4. 监管每个班次的工作负荷。

5. 负责对前厅员工的工作表现作评估。

6. 与所有其他部门进行沟通保持工作联系。

7. 负责控制万能钥匙。

8. 保持客房状态信息的正确性和正常沟通。

9. 迅捷、高效、礼貌地为宾客解决问题。

10. 更新团体客人资料，负责管理团体客源的住宿资料，并将各种信息通知有关人员。

11. 监管宾客信用额度并完成报表的制作。

12. 执行并控制前厅预算。

13. 负责与前一班次值班经理交接班，并将当班的详细资料交与下一班次的值班经理。

14. 负责管理收款员的上下班，并检查每个班次的备用金和预收款。

15. 严格执行所有关于现金处理、支票兑现以及信用方面的政策。

16. 主持前厅部的例会。

17. 上班时着工作服，并要求前厅员工能按要求着装上班。

18. 保持酒店热情待客的服务水准。

任职条件:

学历: 至少大学二年级程度。必须对工作主要常用语言做到会听、会说、会读、会写。

工作经验: 至少担任酒店总台主管一年以上，有处理现金、收款程序和一般管理工作的经验。

体能: 在手指功能、抓握、书写、站立、端坐、行走、反复动作、沟通、观察力等方面有要求。

岗位说明

岗位名称: 前台接待员

直属上司: 前厅部经理

岗位提要: 在宾客住店期间，代表酒店与宾客打交道，确认他们的预订种类和居住天数。帮助宾客填写入住登记表、安排客房。尽可能地落实宾客特殊要求。弄清宾客付款方式、按检查步骤跟踪监管宾客信用，把宾客和客房的有关信息分别记录在前厅栏目中，并将有关信息通知到酒店相关人员。与客房部紧密合作，即时更新房态资料以保持其准确性。协调维修保养工作。保管好客房钥匙和保险箱。必须具备销售意识，为宾客提供多种选择，并帮助宾客做出选择。熟悉可销售房的位置和类型，同时了解酒店内的各种活动和服务内容。

具体职责:

1. 为宾客办理入住登记手续，安排客房。尽可能落实宾客的特殊需求。

2. 做好预订宾客抵店前的准备工作，并把已预订房留存起来。

3. 透彻理解和准确贯彻酒店有关挂账、支票兑现和现金处理的政策和程序。

4. 懂得查看房态和记录房态的方法。

5. 了解客房位置，可出租房的类型和各种房价。

6. 用建议性促销法来销售客房并推销酒店其他服务。

7. 把离店、延期离店、提前进店及各种特殊要求包括白天小时用房信息通知客房部，以便共同合作即时更新房态，保持其准确性。

8. 掌握预订工作知识，必要时能办理预订当日房和他日订房，也要懂得取消预订的程序。

9. 管理好客房钥匙。

10. 懂得如何使用前厅设备。

11. 办理结账和离店手续。

12. 把住店散客、团队客和非住店客发生的账单登入进客账，并管理好客账。

13. 按程序为宾客提供保险箱的启用和结束服务。

14. 使用准确的电话礼仪。

15. 按准确步骤处理邮件包裹和留言。

16. 每天阅读和记录交班记事本以及布告板。了解当天酒店内举办的各种活动和会议消息。

17. 出席部门会议。

18. 就客房维修工作与维修部保持合作。

19. 向经理或副经理汇报任何非正常事件和宾客的特殊要求。

20. 了解有关安全和紧急事故处理程序，懂得预防事故的措施。

21. 保持总台区域的清洁和整齐。

22. 了解因业务量变化而存在调整班次的可能性。

任职条件：

学历： 高中毕业或同等学力。必须能说、读、写和理解工作场所主要用语。必须会说和听懂工作场所宾客使用的主要语种。

工作经验： 必须有酒店工作的经验。

体能： 在手指功能、抓握、书写、站立、端坐、行走、反复动作、沟通、观察力等方面有要求，需要时能举起 18 千克的重物。

岗位说明

岗位名称： 预订员

直属上司： 前厅部经理

岗位提要： 负责用邮件、电话、电传、电报、传真等方式或通过中央预订系统与宾客、旅行商和加盟店网络就预订事宜进行沟通。建立并保管通常以抵店日期和字母程序排列的预订记录。起草确认预订的信函，准确受理各种预订取消、预订变更和更新预订。根据预订记录统计出未来可出租房的数量并帮助制作客房收入和出租率预测。其他职责还有为总台制作预期抵店客人名单，需要时打印即将抵店的宾客登记表以及处理预订宾客所交订金；了解酒店客房类型、位置和布局；了解酒店各种包价产品的内容、价格以及宾客能得到的优惠。

具体职责：

1. 通过邮件、电话、电传、电报、传真等方式或中央预订系统处理订房业务。

2. 负责处理从销售部、其他酒店部门以及旅行商那里获得的订房资料。

3. 了解客房类型、位置和布局。

4. 了解所有包价产品的销售状况、价格和优惠内容。

5. 了解酒店信用政策和如何为每个预订做编号的方法。

6. 以抵店日期和字母顺序建立预订资料库和管理预订资料。

7. 根据饭店制定的销售政策决定房价。

8. 起草确认预订的信函。

9. 与总台沟通订房信息。

10. 受理预订取消和预订变更事宜，并将这些信息正确传递到总台。

11. 了解酒店有关预订担保和取消预订的政策。

12. 受理客人缴纳的订金。

13. 根据预订资料统计可出租房数量。

14. 帮助制作客房营业收入和出租率预测。

15. 制作预期抵店客人名单供前厅使用。

16. 需要时帮助做好客人抵店前的各种准备。

17. 监控预付定金的要求。

18. 处理每日信件，回答问讯，接受预订。

19. 确保及时更新订房资料。

20. 任何时候都要保持工作场所的清洁和整齐。

21. 以友善、礼貌、友好、助人为乐的态度与宾客和同事交往。

任职条件：

学历： 高中毕业或同等学力。必须能说、读、写和理解工作场所主要用语。必须会说和听懂工作场所宾客使用的主要语种。

工作经验： 希望曾有酒店工作的经历。

体能： 在手指功能、抓握、书写、站立、端坐、行走、反复动作、沟通、观察力等方面有要求，有较好的口才。

岗位说明

岗位名称： 前厅收银员

直属上司： 前厅部经理

岗位提要： 将来自各营业点的账单登入到客账。在客人办理离店手续时结账收款。与财务部合作做好信用卡支付和以转账方式支付的结账工作。在每个班次结束前要做好客账平衡表。前厅收款员承担前厅所发生的现金管理责任。为宾客提供支票兑现和外币兑换服务。

具体职责：

1. 操作前厅记账设备。

2. 领取备用金，保持账款平衡。

3. 完成上班前各项准备工作。

4. 开始工作前做好清机工作。

5. 为宾客建立客账。

6. 把发生的费用登入客账。

7. 处理应付款。

8. 按要求把客账转账到其他户头。

9. 在批准的政策范围为宾客兑现支票。

10. 完成宾客结账离店程序。

11. 为宾客办理结账。

12. 按要求正确处理现金、旅行支票、私人支票、信用卡和转账方式的结账。

13. 登入非住店宾客的应付款项。

14. 做好账目调整。

15. 结账时将账单记录交给客人。

16. 把以信用卡支付的账单以不同的信用卡种类汇总。

17. 把非住店客人发生的费用分别登入到各个有关公司的总账单上。

18. 在结束工作时制作本班账目平衡表。

19. 在结束工作时制作资金平衡表。

20. 管理保险箱。

任职条件:

学历: 高中毕业或同等学力。必须会说、读、写和理解工作场所主要语言。

工作经验: 最好有酒店工作的经验。

体能: 在手指功能、抓握、书写、站立、端坐、行走、反复动作、沟通、观察力等方面有要求,必须有基本的计算机操作技能。

岗位说明

岗位名称: 酒店总机话务员

直属上司: 前厅部经理

岗位提要: 用清晰、明确、友好、礼貌的语气说话。使用聆听技巧使来电者能流畅地说出需求以便获得正确、完整的信息。接听电话并通过总机系统转接客房或店内的个人和部门。接受并分发宾客留言,提供对客服务的各种信息,回答有关酒店各种公开活动的询问。为酒店和员工提供寻呼找人服务。为宾客提供叫醒服务。

具体职责:

1. 接听电话。

2. 把进店电话转接到客房、相关员工或部门。

3. 受理出店电话。

4. 负责接受电话公司送来的话费账单。

5. 为宾客接收、分发留言。

6. 记录所有叫醒服务的要求，提供电话叫醒服务。

7. 向宾客提供对客服务信息。

8. 问答酒店内举办各种活动的有关问讯。

9. 懂得电话总机的操作方法。

10. 为酒店宾客和员工提供寻呼服务。

11. 懂得一旦收到报警电话时应采取的相应行动。

12. 在工程维修部下班后，负责监管包括消防报警和电话设备在内的自动操作系统。

任职条件：

学历： 高中毕业或同等学力。必须会说和听懂宾客使用的主要语种。

工作经验： 希望曾有酒店工作的经验。

体能： 在手指功能、抓握、书写、站立、端坐、行走、反复动作、沟通、观察力等方面有要求，有较好的口头表达能力。

岗位说明

岗位名称： 夜审员

直属上司： 前厅部经理或财务部

岗位提要： 每天检查前厅账务记录的准确性，汇总资料，编制酒店财务报表。计算客房收入、出租率和其他前厅经营统计数据。分类统计现金使用、支票和信用卡消费的数量以反映当天酒店的财务状况。把一天的房价和税收以及白天总台收款员未登入的客人消费单记入客人账户。处理宾客缴费凭证和信用卡凭证。审查白班收款员和总台接待员所做的消费凭证登入和平衡表。监管各种票据、折扣使用权和促销活动计划执行情况。能够实施总台接待员的工作，尤其是能够按进店和离店程序为宾客提供服务。

具体职责：

1. 把房费和相应税收记入客账。

2. 整理宾客缴费凭证和使用信用卡消费的凭证。

3. 把白天收款员未入账的客人消费单登入客人账户。

4. 把各种费用和现金汇总统计。

5. 审核所有账单登入和平衡表制作的准确性。

6. 监管各种票据、折扣权和其他促销计划的实施情况。

7. 计算客房收入、出租率和其他各种前厅统计数据。

8. 汇总使用现金、支票和信用卡的消费数量。

9. 为管理层汇总经营成果。

10. 懂得审计、做账及结束账户的原则。

11. 懂得如何操作收款机、打字机和前厅其他设备以及计算机。

12. 懂得如何实施入住和离店程序。

任职条件：

学历：至少大学二年级程度。必须会说和理解工作范围使用的主要用语。必须会听会说来店宾客使用的主要语种。

工作经验：至少有一年酒店工作的经验。

体能：在手指功能、抓握、书写、站立、端坐、行走、反复动作、沟通、观察力等方面有要求。

岗位说明

岗位名称：宾客服务经理

直属上司：总经理／前厅部经理

岗位提要：监管所有对客服务的运作，包括总台、预订、总机、行李、班车以确保服务质量和宾客的满意度。

具体职责：

1. 起草信函回复关于价格和其他方面的问讯。

2. 培训新进部门的员工。

3. 清楚了解客房状态显示架的位置、客房类型以及客房状态显示架的使用、包价产品和折扣规定等方面的知识。

4. 详细了解酒店服务项目、内容以及服务时间。

5. 监管提供保险箱服务的状况和安全。

6. 了解各项安全措施和紧急状况处理程序，知道一旦出现问题应采取的行动。懂得事故预防政策。

7. 了解现金处理程序，把所有费用归档并记入客人总账单和挂账单。

8. 透彻了解信用和支票兑现方面的知识，知道如何操作并能严格遵照执行。

9. 参与解决一切引起宾客不满的事件，争取在酒店政策许可的范围内使宾客重新获得满意感。

10. 建立与保持和酒店预订系统有关的各方面的关系，以最大可能提高酒店赢利能力。

任职条件：

学历：至少大学二年级程度。会说和听懂宾客使用的主要语种。能说、读、写和理解工作场所使用的主要语言。

工作经验：至少有一年以上担任总台主管的工作经历，有处理现金、账务程序和一般管理事务的能力。

体能：在手指功能、抓握、书写、站立、端坐、行走、反复动作、沟通、观察力等方面有要求。

岗位说明

岗位名称: 礼宾员

直属上司: 前厅部经理

岗位提要: 起到宾客与店内外联络的纽带作用,发挥总台功能的延伸作用。为客人提供有关旅游景点、设施、服务、各种活动的信息。懂得如何才能详细、准确的介绍。为宾客代订和购买机票、戏票或其他活动的入场券。组织举小一些专项活动,贵宾的欢迎酒会,安排秘书服务等。

具体职责:

1. 对酒店的设施和服务以及周围社会情况有非常深入的了解。

2. 就某一目的地或酒店内外设施的方位、特点、功能提供信息。

3. 向宾客介绍当地或酒店内热点项目、设施、服务和正举办的各种活动的信息。

4. 代客预订机票以及车船等其他交通票证,并安排行程和取票。

5. 代客预订戏票以及其他各种文娱演出的票子,并代客取票及告诉前去的方向和路线。

6. 根据领导指示,组织一些专项活动。

7. 为宾客安排秘书或其他办公室服务。

8. 就客人提出的一些特殊服务和特殊设施要求与有关部门协调。

9. 定期与住店宾客联系以确认客人还需解决的问题。

10. 在允许的范围内,处理宾客投诉,解决问题。

任职条件:

学历: 至少大学两年以上学历,最好主修过商业、销售或市场方面的科目。必须会听、说、读、写工作场所使用的语言和宾客使用的主要语种。

工作经验: 至少有两年以上从事销售的经历和至少一年以上的管理工作经历。

体能: 要能弯腰、屈伸、攀登、站立、走动、端坐、指法、伸展、抓握、提物、举物、反复动作、视觉敏锐,有倾听、书写和口头表达方面的能力。

第3章

学习目标

1. 总结在宾客周期的四个阶段中的前厅操作。
2. 描述前厅记录存储系统和前厅文档。
3. 描述前台和它的技术支持，并且描述酒店通信区域的服务和装置。
4. 识别和描述用于前厅的酒店管理系统。

前厅部的运转

　　前厅所有的功能、活动及组成部分都是为了支持、促进对客销售和对客服务这一目的。正确地利用前厅工作场所、设备以及各种表格是一家酒店以及一个部门成功的关键因素。当然首要的因素应是精确地计划和掌控前厅的业务活动。

　　对许多宾客而言，前厅就代表了酒店。前厅是宾客与酒店员工接触的首要场所，几乎涉及酒店提供的每项对客服务内容。这一章将回顾在宾客住店期间前厅在每一阶段所发挥的作用，这一过程称为对客服务全过程。讨论将集中在这一过程的每个阶段、各种表格、工作场所设计、设备、相关任务及全自动信息系统使用这些方面。

对客服务全过程

　　一位宾客在一家酒店居住期间所发生的财务交易活动决定了酒店的经营活动流程。传统上这个业务流程可以分成对客服务的四个阶段。图3-1以图解的方式显示了这四个阶段：抵店前、抵店时、住店期间和离店。对每一阶段的对客服务和宾客账户管理相关的重要工作内容都将给予说明和分析。

　　图3-1显示的对客服务全过程并不是一个一成不变的标准模式。因为各个阶段的活动和功能是相互交叉的，有些酒店就把这一传统的过程发生的一切改成销售前、销售中以及销售后。对于应用全自动信息化管理的酒店而言，这一改变会有助于酒店各部门之间的合作。不管划分成几个阶段，传统的"对客服务全过程"的概念为理解酒店与客人之间的互动提供了一个思路。

　　前厅部的员工需要了解宾客居住期间所有阶段发生的对客服务和宾客账目有关的活动，他们如果清楚地了解酒店的这一业务流程，就能根据宾客的需要提供高效的服务。图3-2就是显示了在每一阶段中哪些前厅员工构成提供服务的主要方面。对客服务的全过程也为前厅运行管理提供了一个系统化的思路。

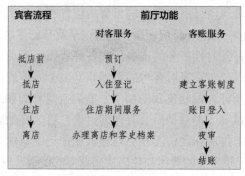

图 3-1　宾客流程和前台的相应功能

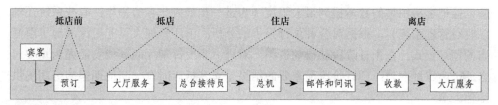

图 3-2　对客服务全过程中的交互活动

抵店前

　　宾客选择酒店的行为发生在对客服务全过程中的抵店前这一阶段。宾客的选择结果反映了许多方面的因素，旅行动机通常是一个重要的因素，商务旅行的客人更多关心方便因素超过价格因素；出于度假或个人原因的旅行更多会考虑成本因素，因为他们需要自己支付账单。这些客人对于去何处旅行和住什么样的酒店有着相当的灵活性，日益流行的互联网预订为那些愿意自由选择旅游目的地和酒店的度假客人提供了大幅折扣使得顾客的这种灵活性表现得更明显。另外，旅行的动机还受到诸如上次住店的感受，广告促销，公司旅行政策，旅行社、朋友和同事的推荐，酒店的位置或口碑，常客计划，以及对酒店或所属连锁品牌的期望。宾客选择酒店还受到诸如办理订房是否容易，预订部或酒店的官方网站如何，酒店设施，房价和对客服务内容等因素的影响。实际上，酒店的预订部就是整个酒店非团队业务的一个销售办公室，预订部的员工必须展示出良好的销售意识和积极的态度，以树立酒店良好的形象。前厅部员工的态度、效率和知识可以影响一个预订宾客是否决定入住某家特定的酒店，同样地，轻松便利地浏览酒店网页也会是影响客人选择一家酒店的因素。

　　预订员必须快速、准确地回答订房要求。正确处理订房信息对一家酒店至关重要。有效的程序能使预订员有较多的时间用于捕捉必需的信息，更好地介绍酒店的服务。

如果一个订房要求与预订系统显示的可售房信息吻合,那么这个订房要求就能接受,预订员就建立起一份电子订房记录。这份记录就开始了酒店对客服务的过程。这份记录能使酒店做好针对性服务的准备,配备好所需的人员和设备。通过对一个预订的确认,酒店可以核实宾客对客房的要求和其他个人信息,并使宾客了解他的要求已被接受。根据预订阶段收集到的信息,酒店信息管理系统(PMS)通常是酒店的主要计算机管理系统(本章稍后会有详细讨论)可以自动完成入住前的一系列工作,包括自动按要求排房和定价,并在办理入住登记前就建立起一份宾客的电子账单。这份账单用于记录发生的费用和住店期间获得的信用授权。

一个自动化的订房系统由于能做到正确地控制可出租房的数量和预测客房收入,所以能把客房销售的数量提到最大限度(为进一步最大化客房销售,有些系统还辅以收益管理系统)。根据对各种预订报表的分析,前厅管理人员能更深入地了解酒店的预订模式。在预订阶段获得的资料,对进一步发挥前厅的其他功能尤为重要。当然毋庸置疑的是,预订阶段最重要的结果是宾客抵店时有一间他期望的房间提供给他。

抵店

对客服务过程中的抵店阶段包括入住登记和安排客房。宾客到达后,他就通过前厅部与酒店建立了商业和法律上的关系,这时前厅员工的责任是:通过验证这种双方关系来监管相互间的财务交易。

许多宾客通过驾驶私家车、乘出租车或穿梭巴士到达酒店门口,酒店大门口通常是客人与酒店员工直接接触的第一个地方,正是由于这个原因,那些世界顶级酒店、高档酒店、会议酒店、博彩酒店和度假酒店会特意安排专职员工在酒店门口迎候客人。酒店的门卫在酒店门口指挥交通、帮助客人卸下行李、为到店或离店客人拉门或为客人提供酒店周边客人感兴趣的地点信息及为客人指路。自动泊车员工通常协助客人停车而不需客人自行停车,行李员通常在酒店大门附近协助客人提拿行李并陪同客人到前台办理入住登记手续。而在那些中档酒店、经济型酒店和提供有限服务的酒店中则会雇用少量服务员提供类似的服务,但大多数这样的酒店并无此类服务。

在办理入住登记前,前台接待员应确认宾客的预订情况。如已经办理了订房的,则宾客登记表已准备好了。如宾客未办订房,是门市客,这对前台接待员来讲是一个推销客房的机会。为了成功地抓住销售机会,前厅员工必须非常熟悉酒店客房的类型、房价和对客服务的内容,并能以一种自信的姿态向宾客介绍。门市客如对你介绍的客房将信将疑,那他是不会办理入住的。当一位宾客办理了入住登记,那么不管他事先有无预订,他就正式成了酒店的宾客。一般来说,通过酒店客房管理系统能迅速确定有无宾客要求的房间和设施。一份电子预订记录，无论在抵店前还是抵店时建立，对前厅的有效运转都是必不可少的。登记表中包含的信息有宾客选择的付款方式、居住天数以及宾客其他方面的需求，如加床和婴儿床。还应包括宾客的转账地址、电子邮件地址和电话号码。

当宾客出示一种证明，这也就表示酒店与宾客关系的正式确定。如登记时出示一张有效的信用卡，就可认为来者希望成为酒店的宾客。这种关系的确立无论对酒店还是对宾客都是有利的。酒店得到了宾客支付酒店提供的客房和服务的法律保证，客人得到了在住店期间个人安全方面的法律保证。

在预订和入住登记时收集到的各种必要的信息，为前厅增强了满足宾客特定需求的能力，预测客房出租率的能力和为宾客正确结账的能力。到了离店结账阶段，宾客的入住登记表可以成为建立客史档案的重要资料。一份客史档案是酒店关于宾客个人习惯和财务资讯的记录，会对酒店的市场和销售发挥作用。当宾客再度住酒店时可以利用它在线预订或入住登记。酒店的客房管理系统按既定程序根据入住登记资料为每个宾客安排一种类型的客房和价格。客房和房价的分配既取决于订房资料（远期可出租房数量），又取决于客房状态资料（近期可出租房数量）。客房部发生的房态变化必须尽早与前台联系，这是为了使客房管理系统有最大数量的可分配房。一些常用的客房状态术语见表 3-1。

表 3-1　客房状态术语

在宾客住店期间，由客房部掌管的客房状态会经常变化。在行业中用一些专门的术语来表示房态的变化。当然并不是每间客房在每次出租时都会发生下列房态变化。

出租房（Occupied）：有宾客现时正入住着此间客房。

免费房（Complimentary）：客房处于出租状态，但住客不需要付租金。

续住房（Stayover）：住客今天不离店，至少还会住一晚。

打扫房（On-change）：住客已离店，但客房处于尚未清扫完毕可供出租的状态。

请勿打扰（Do not disturb）：住客要求不要打扰。

外出过夜房（Sleep-out）：住客开了房，但未使用。

未结账房（Skipper）：住客未作结账安排已离开了酒店。

空置房（Sleeper）：住客已结账离开酒店，但是前厅员工未及时更改客房状态。

待售房（Vacant and ready）：客房已打扫并检查完毕可供出租给来店的宾客。

待修房（Out-of-order）：不能给宾客使用的客房，客房处于待修状态有许多原因，包括需要维护保养、重新装修以及彻底清扫。

双锁房（Lock-out）：客房被加了锁，住客因此不能进入，需要与酒店管理层澄清一些问题后才会恢复租用。

（续）

> **已结账的在租房**（D NCO did not checkout）：住客已对结账做好了安排（所以不是未结账房）但是离店前未通知前厅。
>
> **即将离店房**（Due-out）：住客将于次日退房。
>
> **走客房**（Check-out）：住客已结账，交回了钥匙，离开了酒店。
>
> **延时离店房**（Late check-out）：住客要求在酒店规定的离店时间以后退房，并已得到准许。

　　酒店客房的类型从标准单人间到豪华套间。表 3-2 描述了酒店主要房型的定义。在一家酒店内同样的房型，由于家具配备、用品提供和位置朝向不同，都可能产生价格上的差别。

表 3-2　客房类型的定义

以下是行业中通用的客房类型定义：
单人房（Single）：供一人住的客房。可能有一张床或不止一张床。
双人房（Double）：供两人住的客房。可能有一张床或不止一张床。
三人房（Triple）：供三人住的客房。可能有两张床或不止两张床。
四人房（Quad）：供四人住的客房。可能有两张床或不止两张床。
大号双人床（Queen）：房内有一张大号双人床（Queen size bed），可以住一人或不止一人。
特大号双人床（King）：房内有一张特大号双人床（King size bed），可以住一人或不止一人。
双床间（Twin）：房内有两张相同尺寸的床。可以住一人或不止一人。
两张双人床间（Double-double）：房内有两张双人床。可以住一人或不止一人。
沙发床房（Studio）：房内有一张沙发床——长沙发可当床用。房内也可能还有一张床。
小套间（Mini-suite or junior suite）：在一单人房内，除了床还有起居区域。在有些酒店，卧室与起居室不在同一间房内。
套间（Suite）：一个起居室连带一卧室或不止一个卧室。
连通房（Connecting room）：客房除了分别有单独房门外，客房之间有门连通。宾客可以不经外走廊到达另一房间。
相连房（Adjoining room）：客房之间有公共墙，但无连通门。
相邻房（Adjacent room）：客房与客房靠得很近，也可能隔着走廊。

　　前台接待员必须对于身体残障人士所处的无障碍环境保持敏感。美国残疾人协会现在要求新建酒店都要做到无障碍设计。无障碍的意思就是在设计住宿设施和设备时必须有方便残疾人的理念。一些专门设计的无障碍客房，进门通道更宽，可以方便轮椅进出（客房和浴室门），增大的浴室、马桶边和浴缸内装有把手。轮椅可直接进入淋浴房，降低了的洗脸台，还有不高于膝盖的洗脸盆。房门和浴室门上安装把手而不是旋钮，烟感器通过闪光灯和枕头振动仪来报警（专门为聋人设计）。其他无障碍设计的介绍将在本章后面叙述。

　　登记表填写完后，前厅接待员把注意力转移到确定宾客付款方式上来。酒店客账处理过程在于捕捉信息以弄清宾客会以何种方式来支付所得到的服务。无论宾客是以现金、个人支票、信用卡、借记卡、智能卡或其他方式付款，前厅必须保证宾客会最终付款。最初的信用检查能大大降低结账时可能产生的隐患。如果某位宾客抵店前没有得到管理层对他住店期间赊账的批准，那么在办理入住手续时，酒店可以拒绝宾客赊账消费的要求。

　　在确定宾客付款方式和离店日期后，登记工作已经完成，发给宾客房门钥匙，允许宾客自己进房或由大厅行李员引领进房。当宾客进入客房，那么住店阶段就开始了。

住店期间

　　前厅部员工是酒店形象的代表，因此他们的行为举止在对客服务全过程中有非常重要的意义，尤其是在宾客住店期间。作为酒店业务活动的中心，前厅担负着协调对客服务的责任。在住店期间的对客服务中，前台负责提供信息和满足宾客要求。前厅部应通过及时、正确地回应客人需求，从而使宾客获得最高的满意度。礼宾部也同样时刻准备着为宾客提供各种专项服务。

　　前厅在对客服务全过程中一个主要目标是鼓励客人再次入住。因此建立良好的宾客关系是达成这一目标的最基本因素。好的宾客关系有赖于前厅与酒店其他部门以及和宾客之间进行清晰、建设性的沟通。酒店必须了解客人的不满，才能解决问题。前台接待员应小心地处理宾客的投诉，尝试寻找一种使宾客满意的方法解决问题，而且越快越好。

　　在住店期间，前厅部另一个需要十分关注的问题就是安全，也可以认为这是一个在整个对客服务全过程中都很重要的问题。与前厅员工有关的安全问题包括宾客信息和对资金及贵重物品的保管等。

　　在住店期间，宾客与酒店之间的交易活动会发生各类财务账单。这些财务记录大部分通过酒店管理信息系统的记录和审计功能自动登入营收中心。

　　房费收入通常是宾客账单上最大的一笔费用。如果宾客在前台办理入住时就出示了有关信用保证的证明，那么其他费用也可以记录在客账中。记录进客账的费用可能是在酒店餐厅、酒廊、客房送餐、交通服务、水疗等享用的食品和服务，还有在电话、礼品店或其他营业点的消费。许多酒店给宾客确定了在店消费的挂账额度，因此无须每发生一次消费就要现金付账。这个挂账额度通常被称为酒店挂账上限，由酒店管理系统自动实施监控。对宾客账单必须持续地实施监控才能保证做到宾客消费不突破挂账限额。

前台必须对账务记录资料定期检查其准确性和完整性。这就需要经审计系统的审计，审计系统在任何时候都能自动履行审计职能。计算机化的酒店也能做到，但大多数酒店都是在深夜进行审计，因为深夜至清晨这段时间酒店经营活动数量大大减少。

不管审计在什么时间进行，将房费和税金登入客账是审计例行的一项工作。其他系统审计有：检查登账情况，检查信用额度是否得到监控，客房状态是否正确以及制作经营报表。

离店

对客服务全过程中的对客服务工作和客账管理工作到了第四个阶段——离店时，即行将完成。这最后一部分对客服务工作是为宾客办理离店手续和建立客史档案，最后一部分的宾客账务管理工作则是结账（使宾客账户的借贷双方的余额为零）。

在办理离店手续的过程中宾客退出客房，收到一份准确的账单，交还房间钥匙，离开酒店。宾客一旦办理离店手续，前厅管理信息系统会自动更换可出租房状态。

在办理离店手续的过程中，前厅员工要了解宾客住店期间是否满意，并设法促使宾客下次再次光顾（或选择同一连锁集团的酒店）。酒店了解到的宾客信息越多，就能为宾客提供其所需的更好的服务，还能据此制定出相应的市场策略，提升酒店经营业绩。另外，让宾客带着对酒店的正面印象离开十分重要——这肯定会影响到酒店的口碑，而且还会促使他们决定是否会成为酒店的回头客。

大多数酒店管理系统利用入住登记的记录自动生成一份客史档案，客史档案是宾客住店资料的汇总，里面提供的资料使得酒店能更深入地理解它的目标客源市场，是酒店制定市场策略的坚实基础。客史档案中的信息，包括客人在店消费的详细记录，均会通过与酒店管理系统相连接的集团中央信息系统传输、处理与储存。

结账是为了在宾客离店前收回消费金额。根据宾客各自的信用安排他们以现金、信用卡、智能卡结账或在入住前就办好转账的安排。在宾客离店前，宾客账单上的消费金额必须得到确认，错误必须得到纠正。结账阶段会出现这样或那样的问题，如等宾客离店后才发现有些费用未能及时记入宾客账单，这些费用叫作漏账。即使这些漏账最终得以收回，但是酒店为此增加了成本支出，此外这类事情会激怒客人，他向他的老板报销的是一份不完整的账单。离店宾客用转账的方式结账，通常把账单转到后台系统由财务部处理，但是前台系统的责任是向财务部提供准确、完整的账单信息帮助财务部顺利完成应收账款的回收工作。

宾客离店结账后，前厅部能够对宾客住店期间的资料进行分析。系统生成的报告可以用来回顾经营状况，找出问题所在，确定需要采取何种措施以及业务发展的趋势。系统每天产生的报表主要提供的信息是反映现金和消费的记录以及前厅部经营统计数字。这些经营分析能帮助经理们在评估前厅运转的有效性基础上制定出部门工作标准和规范。

前厅信息管理系统

20 世纪 70 年代以前，信息技术在酒店前厅的应用几乎不存在，手工操作是当时住宿业运行管理的惯例。始于 20 世纪 70 年代早期的半自动操作系统为 20 世纪 80 年代的全自动操作系统的发展奠定了坚实的基础。20 世纪 90 年代之后全自动计算机操作系统得以全方位应用。21 世纪第一个 10 年期间酒店业引进了行业分析指标、收益管理、在线采购计划和电子商务解决方案等技术。信息技术从而变得不再昂贵，使得酒店行业借助便携设备、无线网络、远程访问和自选式服务应用等自动化技术管理酒店的日常运营。

前厅部运行活动

在酒店计算机管理系统中存有的前厅资料大多是前台计算机管理系统工作的结果。起初，计算机系统在酒店行业的应用并不被认为是可行的和负担得起的。这些最初出现的系统价格比较昂贵，只能引起那些最大规模的酒店的兴趣。只有当硬件、软件和网络变得不那么昂贵、结构更加紧凑、操作更加简便时才使计算机系统在酒店业得以普及。用户界面友好的信息系统不需要进行复杂的技术培训，未来若干年，信息系统可以实现酒店各种所需功能与应用。通用的便携式设备和无线网络设备可以使系统供应商满足所有等级的酒店，现在的系统由于成本效益明显从而可以适用于各种规模的酒店。要知道，将无线移动设备放进酒店技术应用组合中在以前是不可想象的，认识到这一点非常重要。

抵店前信息系统的工作 一个酒店管理系统的预订软件可以直接与中心订房系统或者全球订房网络连接，可以做到按事先确定好的价格报价和预留客房。预订软件还可以自动起草预订确认和要求支付定金的信件，还能做好入住前的准备工作，对使用信用卡、借记卡或智能卡消费的宾客在订房时如告知了卡号，计算机系统还能确定信用额度。还能为确认订房的宾客做好电子账单和抵店前的一系列准备工作。预订软件系统还包括能制定出一份预期抵店的宾客名单、出租率和客房收入预报表以及各种相关的提供信息资料的报告。

抵店时信息系统的工作 预订过程中收集的住客信息由计算机预订系统的记录资料直接自动转送至酒店管理系统中的前厅操作系统中。对于门市客的入住资料由前台接待员输入前厅操作系统中。前台接待员会拿出一张由计算机打印的登记表交给宾客检查，然后请客人签名。在线信用卡甄别终端使得前台人员能及时取得预授权的批准。入住登记的资料储存在系统中，需要时可随时调用。因此就不再需要使用客房状态显示架了。电子宾客账单也会由系统的应用软件进行维护和存取。

此外，有些酒店向宾客提供了自助入住 / 离店终端，这些终端有的设在酒店大堂区域，有的设在往来机场和酒店的穿梭巴士上，或借助移动终端设备。另外自动柜员机（ATMS）由于被大多数银行和部分机场采用，在机场的自助入住区域的设计和其他户外类似设备的配置对酒店的住客产生了积极影响，目前他们越来越愿意接受酒店这种自助设备了。

在使用这些终端时，宾客要插入信用卡、借记卡或智能卡。计算机要读取这些卡片的编码资料与酒店管理系统进行沟通。中心系统记录了宾客的订房并把信息传回终端。终端要求宾客提供姓名、离店日期、房价和客房类型。有些系统还允许进行信息的更改，而有些酒店则要求宾客必要时前往前台进行更改。如果输入的信息是准确的，酒店管理系统就会安排一间客房给客人，并把排房单和客房钥匙交给客人。先进的系统能在宾客办理入住时自动产生电子钥匙交给宾客使用。

一些酒店不会使用自助入住 / 离店设备，因为他们希望在酒店员工和宾客之间保留面对面的接触。自助入住中端被大型会议酒店所采用，那里如果出现排长队办理入住和离店的情况会有损客人的入住体验。这些终端能减少排长队的情况，使得住客更快地进房间。其他如经济型酒店以及一些中档酒店并不提供很多面对面的服务，也使用这些设备。对经济型和中档酒店来说，另一个使用这类装置的好处是减少了前台排班人员的规模，因为装置能自动办理入住和离店事务。

有些酒店集团允许客人在抵店前通过互联网提前办理入住登记。客人登录酒店网页的入住登记功能区并确认他们的抵店信息。当他们抵达酒店时，只需在一个方便的提前入住登记柜台作一个简单的停留，出示他们的身份证件就可以拿到客房钥匙，整个过程只需要数秒钟。伴随着无线技术的广泛应用，客人还可以通过笔记本计算机、个人平板计算机和智能手机进行提前入住登记。

住店期间信息系统的工作 在整个酒店设备中，一个典型的酒店计算机管理信息系统包括了若干工作站和相关设备。这些设备包括了销售终端设备（POS）、数据工作站、智能识别标签、手持显示设备、对讲设备和其他设备。一旦当客人在各营业点有消费，消费金额会自动登入到酒店信息管理系统中，相应地，客人的消费账户数额会自动更新。大多数自动设备具有双向接口，因此系统在接受客人消费登入前每个客人的信息已经过验证。例如，如果一个客人在办理了离店结账手续后试图在酒店礼品店购买某些商品并将这笔消费记入其客房账户，此时销售终端设备会提醒礼品店员工该消费不能记入该客房账户，因为该账户已经结账且关闭。即时入账、同步客人账户信息与部门消费账目登入及持续的试算平衡功能使前台员工从不断花时间审计账目的工作中解放出来，从而可以将精力放在数据录入和平衡宾客账目的工作上来。

离店时信息系统的工作 一份整齐打印的电子账单能增强宾客对客账完整性和准确性的信心。根据不同的结账方法，计算机系统可以自动打印出符合要求的账单。一旦宾客办理了结账手续，客账登入工作就完成了。离店宾客的信息可以用来建立一份酒店的电子客史档案资料。

服务外包资源、应用服务提供和云计算网络技术还能使酒店享受到一些不需要酒店自购内部计算机系统也能得到的电子服务。这些服务解决方案要求酒店把需要处理的数据提供给外包商，由他们来帮助处理。一个最常见的利用外部资源的例子就是工资支付处理应用系统，只要把员工的工作时间记录交给服务机构就能转换成支付工资的支票以及为管理层制定出一份工资报告。但是这种外包服务机构的服务大多数针对酒店后台部门的功能，对前厅活动起不了什么作用。但从另一方面来讲，云计算技术也能够支持酒店前厅和后台运行的方方面面。

前厅的文档处理

前厅依靠各种文档资料来对宾客的住店活动进行掌控。这部分讨论涉及的是在传统的对客服务四阶段中前厅所需要的文件。需要注意的是，这些文件最初只能以电子格式提供。

抵店前的文档

由于预订是对客服务过程的开始，获取和保管预订资料对提高前厅的运转效率是至关重要的。不管最初的预订来自何种渠道，所有预订都会自动生成一份电子预订文档。客人会得到一份系统自动生成的预订确认信以表示客人的预订已被接受及明确客人的特别要求。确认流程中允许客人在抵店前修正错误信息，同时查证客人的联络信息的准确性以方便未来的沟通联络。使用电子确认信的优点是酒店既节省了成本又能给予宾客即时的答复。

抵店时的文档

前厅部通常利用前台或礼宾柜台为客人办理入住登记。登记记录显示了客人的个人信息，包括了住店天数和结账方式，还向宾客提供了酒店经营场所、房间设施与酒店政策等方面的相关信息。另外，登记记录还显示了房价信息和住店天数，让客人再次确认这些信息有助于减少客人结账时出现与房价和住宿时长有关的问题。

在店消费信用必须在入住登记时得到确认、查证或批准。大部分信用卡公司要求一份信用卡在电子记录装置压印或要求有复制的凭证以确认赊账的信用。前厅接待员通常会要求得到宾客住店期间的信用额度的批准。如果住客在店期间的赊账数超过了额度，就会向信用卡公司要求批准增加额度。前厅计算机系统会在办理入住时自动地要求批准信用额度，而当这个额度突破时，系统又会自动向信用卡公司申请批准增加额度。

住店期间的文档

一旦宾客办理了入住登记，前厅系统会生成一份电子账单，用来记录住店宾客的消费和赊账情况。由于账单与前厅资料系统有关联，所以账单格式上会有所不同。近来所有的计算机系统都利用宾客登记记录来建立账单。账单是计算机记录的一个流程。一般打印出来的账单一式两份。一份作为前厅保留的住客记录，另一份在结账离店时交给宾客作为账单。也可能增加一份用于宾客离店后的转账以及供部门作为销售报表使用。

电子账单简化了账单登入和账单处理工作。计算机收到了有关信息，系统就会给予一个账单号或一个预订号。一份电子账单是自动生成以即时记录消费发生情况的。电子账单存储在系统内可以随时打印或调用。

一张消费凭证是记录一次交易细节的支持性文件。消费凭证并不能代替营业的原始记录。消费凭证的种类有消费记录、现金支付凭证、转账凭证以及代付款凭证。在系统审计过程中，消费凭证能帮助证实所有需要登入的交易记录已正确完成了。计算机化的酒店只需少量纸质消费凭证，或在某些情况下根本不需要纸质消费凭证。这是因为营业点与前厅系统实现了连接，这样就省却了对上述支持性文件的需求。

全自动前厅管理系统以台式机或终端设施代替了传统的文档归档技术，所以就不再需要问讯架和卡片。这些终端能快速反映住客记录资料，显示出更全面的信息。由于计算机系统能实现连接，所以前厅系统还能与各营业点、电子钥匙系统、电话记账系统和能源管理系统实现连接。

离店时的文档

在宾客住店期间宾客账户应能始终即时地反映账目最新状况，这样就能确保宾客离店结账时宾客反映的数目是准确的。除了账单外，在结账时还需要其他一些文件。例如，使用信用卡进行消费的宾客要有一张信用卡消费凭证。在有些酒店，用现金结账的宾客要有一张现金消费凭证。如客人采取转账的方式结账，那就要一张转账消费的凭证，以使消费款项从前厅住店客人的应收账上转移到后台非住店客人的应收账上。即使对使用计算机管理系统的酒店来说，也需要制作一些文件来证明交易活动的发生情况，并以此作为前厅全面审计工作的基础。

在离店阶段，酒店管理系统会生成一份客史档案。如前面所述，一份客史档案所涵盖的信息能对酒店的市场和销售工作提供帮助，还能在宾客下次光临酒店时在办理入住登记和给予服务方面发挥作用。系统自动生成的客史档案是离店程序中的一部分工作内容。由计算机制作的客史档案资料组成了酒店宝贵的市场信息。

前 台

前厅部的大部分功能是在前台实现的。前台是宾客办理入住登记、要求提供信息和服务、提出投诉和办理离店的地方。

大多数酒店的前台设置在大堂醒目的地方。一个典型的前台是大约 1 米高、0.8 米宽的柜台。柜台的长度则与酒店客房数量以及前台的工作职能有关联，这在酒店大堂设计时就有了考虑。表示前台职能的标志可以设置在前台的柜台台面上或前台的上方，指示宾客去适当的位置办理入住登记、付款、离店、问讯和邮件处理等服务项目。前厅的设计通常会将显示前厅资料的计算机屏幕和其他设施避开来访者的视线，因为许多前厅信息需要保密，为专人所用。

功能组织

前台功能的有效性考量取决于前台工作的组织。前台设计和布局应考虑使前台接待员能很容易地使用各种设备表格和其他用品，以便顺利地完成工作。图 3-3 展示了一个前台设计的样板，理想的前台布局是根据需要实施的功能沿着柜台来布置家具和设施的。由于广泛地开展交叉培训以及使用计算机，前台人员的责任区域已显示重叠的现象。现在更多的前台在设计上都考虑岗位的灵活性。

效率是前台设计中要考虑的重要因素。不管什么原因，如出现前台接待员需要背向宾客，照看不到宾客，或是完成一项工作需要太长时间，这些现象都应该得到纠正。观察研究前台接待员是如何与宾客接触的，如何使用设备的，这会给前台设计的改进提供一些启示。

设计改进的选项

许多酒店管理公司通过对行业需求的调查，对前台区域进行了重新设计，使之更加美观。例如信件、留言和分隔的文件柜等并非一定要放在柜台上这已经形成了共识。信件留言和钥匙可以放在柜台的抽屉或柜台下的箱子里，或可以放置在前台区域以外。这样前台区域看起来会更加简洁合理。而钥匙、邮件放在暗处，会使宾客感觉更安心，违反上述设计原则则是不明智的。

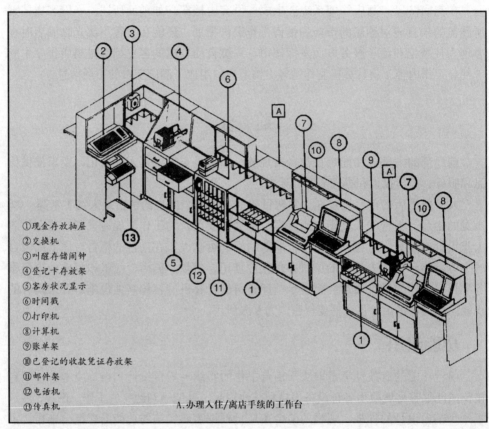

①现金存放抽屉
②交换机
③叫醒存储闹钟
④登记卡存放架
⑤客房状况显示
⑥时间戳
⑦打印机
⑧计算机
⑨账单架
⑩已登记的收款凭证存放架
⑪邮件架
⑫电话机
⑬传真机

A.办理入住/离店手续的工作台

图 3-3 前台布局设计

有些酒店的前台会呈现圆形或半圆形。圆形的前台把员工围在中间。半圆形的前台通常背向墙壁，墙上有一扇门连接前台的后台区域。圆形和半圆形的前台能在同一时间接待更多的宾客，而且与传统的长形前台相比更有现代美和创意。但是这种设计也存在潜在的问题：宾客可以从各个角度接近前台，尽管前台的工作台和设备位置做了特别的安排。在前台的设计和创新方面还需小心周全才能保证成功。

有些酒店在大堂的布局上做过不设前台的尝试。在没有前台台柜的环境里，入住和分房工作在一张位于大堂僻静处的小桌或写字台上完成。而大厅服务主管、前台开房员或其他对客服务员工就像款待宾客的主人。当然作为迎接宾客的主人，可以完成如前台接待员类似的对客服务，这样的服务会显得更加人性化和人情化。宾客无须在前台排队长时间等候办理入住，而是舒适地坐着办理入住登记。还有一些酒店采用自助入住终端，但还会有一个小的前台为那些不习惯使用科技手段的宾客办理入住，或为有问题的宾客提供服务。

无障碍设计 传统、标准的前台设计可能还不能满足所有来店宾客的身体条件。无障碍设计是酒店前台设计中一个需要值得考虑的重要因素。尤其是在前厅区域。美国残疾人协会规定为公众提供服务的公司的公共区域和服务项目必须实现无障碍设计。这意味着大量新建的或重新装修的酒店的公共区域和住宿设施必须没有障碍，包括前厅在内。根据法律，所在企业都要根据自身的规律和财力对建筑和现状做一些改变以便于残疾人通行。这就要求酒店去除如台阶、踏步等障碍物，还要更改门的尺寸和配置。法律还要求前台的某个部分的高度要适合使用轮椅的宾客或者其他需求的宾客。如果前台的设计并不能改变，那么通常的做法是前台接待员前往宾客处为其办理入住。

营业点收银系统 在有些酒店，前台还是住客可以购买旅行必需品的地方。设在前台的一个收款机是用来记录前台销售物品的现金交易和记录前台销售的各类物品，这些物品有报纸、个人洗护用品及其他用品，与对客服务全过程无直接关联。在某些有限服务型酒店，通常会设一个小卖部为客人提供诸如三明治、罐头食品、早餐食品、洗漱用品和小吃等售卖服务。要求客人在购买这些东西时能够在前台付账，要么付现金，要么通过前台收银系统记入客人的电子账户。许多专门的功能可以在与计算机连接的收款机上设置，方便地处理前台的交易。营业点收款机可以与酒店管理系统连接以实现更完整的财务控制和账单管理。

营业点收银系统具备多种功能，如提供交易报告、生成收款凭证和清单，还有价格控制报告。收款机用来记录：

- 交易的数量；
- 交易的内容；
- 涉及的部门；
- 交易的种类；
- 收款员身份认证；
- 已付款合计；
- 付款方式。

收款机的抽屉内分隔成多个放钱的小格，或者内格是活动的，可以取出，以方便不同的收款员用来存放现金。

附属设施 前厅部还有不少其他自动或手动的辅助设施。这些设施可以使麻烦的功能简化，便于信息的处理，增加资料和档案的储存。下面段落叙述的正是这样一些设施：

一个电子支付读卡器用于获取信用卡账户种类、信用卡号码、失效日期等属于该信用卡账户的信息。这些装置可能是单机操作的或是通过远程授权交易系统的在线模式。在许多情况下，这些设备与酒店计算机管理系统连接用以处理各类电子交易数据和账目结算。磁卡阅读机用来辨认信用卡背面的磁条储存的资料，并把这些资料传输到信用卡公司。依据发生交易的资料和持卡人的账面状况，信用卡公司可以批准也可以不批准这笔交易。现今的技术能把磁卡阅读机和前厅计算机系统连接，使得信用卡公司和宾客电子账单记录能交换更多的信息。酒店的常客计划中的塑料会员卡背面的磁条也可以被电子支付读卡器读取，包括诸如奖励积分等会员信息可以在客人办理入住登记时被验证。

除了信用卡与借记卡外，客人还可以使用储值卡或智能卡部分或全部支付消费账户。储值卡可用于支付超出账户平衡部分的费用。智能卡与信用卡及借记卡不同之处在于其中嵌入了硅晶片（而不是磁条）用于存储账户信息，智能卡相对于有磁条的信用卡或借记卡而言可以存储更多的账户信息。

前厅区域还是一个具备安全监控特性的区域，前厅管理人员或保安部人员可以通过闭路电视屏幕从中心区域监控前厅的安全。

电信服务

酒店必须安置足够的设备以支持多种类的电话通信服务，来确保有效的通信服务系统。宾客在店期间会使用许多种类的电话通信：

- 本地电话；
- 直拨长途电话；
- 使用预付费电话卡通话；
- 对方付费电话；
- 第三方付费电话；
- 找人电话；
- 记入客房账单电话；
- 国际电话；
- 免费电话；
- 900 声讯电话；
- 网络电话。

以上所有这些电话都可以不经话务员帮助直接完成通话，住客常常会要求前台接待员帮助安排通话。另外，有时一次通话会涉及不止一个种类的通话方式。例如，一个直拨长途电话可以同时是一个预付费电话卡的通话；一个找人电话也可以是一个对方付费电话；一个本地电话可以是一个网络电话，一个国际电话可能是一个找人的电话等。以上许多种类的通话，酒店都可以向宾客收取服务费，因为酒店提供了电话技术设备。

一家酒店的电话设备通常包括一个呼叫计次账单系统，系统会监测一个电话是以何种方式通话的（是直拨电话还是电话卡通话等），然后通话一旦结束系统会计算客人应付费用。费用会记入酒店计算机管理系统中的宾客账户。自从客人大量使用移动电话以来，酒店收费电话通话量已经明显下降。

国际电话也可直拨或由话务员帮助接通。直拨国际电话，宾客先拨国际通话线号码，然后是国家代号、城市号码和电话号码。酒店可以向客人收取除电话费用之外的一笔服务收费。

免费电话可以在客房直拨，与打本地电话和长途电话的方法一样。住客在接通外线后拨"1"，加上免费电话的号码（如 800，888，877 等）。酒店可能会收取服务费和其他因提供服务而产生的费用。

由通话者付费的某种商业电话（这笔费用不用于电话公司的收费标准），这就是 900 或声讯电话。如果由客房打出此类电话就可能发生问题。宾客在收到此类声讯电话费时会大吃一惊，会错怪酒店。声讯电话由于加入业务收费，话费价格差别很大。一家单位的收费价每分钟 1.5 美元，另一家可能第一分钟 3.5 美元，随后每分钟 2 美元；而第三家则可能是按通话次数计算，每次 9 美元。另一个问题是，酒店总机系统只能跟踪电话公司的计算标准而不能跟踪声讯电话的计费标准。当一位住客付了 2.5 美元的电话账单离店，而酒店过后可能会收到一张 40.5 美元的账单。由于会发生此类问题，一些酒店就选择在客房内封闭声讯电话线路的做法。

通过互联网技术而不是传统的电话线路进行的通话趋向于更加便宜。应用互联网的电话被称为网络语音电话，相对于传统的电话线和交换机设备而言提供了更多的通信选择。

电信设备

为了向宾客提供有效的服务以及准确的计价，酒店需要配备合适的成套电话设备和线路。电话的线路或叫干线有许多类型。每种电话都需要专门的线路来传递。有些线路用来传送进店的电话，有些是传送出店的电话，当然也有双向传送的电话线路。根据酒店对客服务档次，每家酒店必须决定采用什么样的电话线路，以及需

要多少条线。酒店使用的电话设备和系统包括:

- 总机(PBX 系统或 PABX 系统);
- 酒店电话计费系统;
- 客房电话机;
- 寻呼机和手机;
- 相关技术设备。

总机系统 以往,酒店的一个重要的用来控制电话服务的设备,就是总机或叫交换机(PBX),现在的自动设备被称为自动交换机(PABX)。这一设备将所有进店电话都交由总机话务员处理,话务员再把电话送往各个分机,或许是前厅,或许是客房、办公室、厨房或其他对方。这一作业方法可以使酒店用较少的电话线来应对大量的电话分机。打出店的电话通常不需要总机的帮助,尽管都要通过同一设备。有些酒店的总机系统有很先进的功能。不但能通话,而且还能处理其他信息,例如,客房服务员可以在客房内通过拨号来更新客房状态。

作为另外的选择,有些酒店开始通过高速互联网实施网络语音电话而不必借助任何自动电话交互机系统。网络语音通话量经由自动网络设备和线路实施与控制。

酒店电话计费系统 这个系统使酒店可以不需要电话公司话务员或前台接待员的协助就能进行通话、计价和自动入账。一个电话计费系统(CAS)是一整套包括定位,计价和登账的软件程序,可以记录从客人房间或酒店行政管理办公室打出的电话。电话计算系统可以与酒店的计算机管理系统连接,实现自动登入客账的功能或者打印计费单提供前台接待员登账。有些电话计算系统装有最低收费线路的组件,当酒店拨出一个电话时,系统会安排一条最便宜的线路来实施通话。在把话费登入宾客账户前,电话计算系统可能已经加入了服务费或者其他费用。

客房电话机 与其他通信设备一样,客房内的电话机也变得更为复杂、有更多的功能。例如,住客可以把笔记本电脑或手提传真机的插头插入客房电话机的插孔中。许多酒店在客房内布置了两条电话线,使得住客在使用计算机时还可以利用另一条线同时通话。客房电话机还包括其他功能:可以开电话会议、来电显示、快速拨号、来电保持、来电等候、免提、留言、留言灯等。有些电话机还兼有语音数据、邮件、传真和其他技术手段,使宾客能够利用电话机来接听留言,预订房内用餐,接受书面文件以及安排叫醒等。另外,有些酒店在客房中配备了无线电话,无线电话通过无线频率与酒店电话系统连接,尽管客人喜欢无线电话的方便性,但是这些电话性能的可靠性仍不如有线电话。作为选项,计算机化的网络语音电话可供客人选择。

寻呼机和手机 有些酒店在宾客办理入住时就向他们提供寻呼机和手机。如果是手机,酒店就按记录中使用的分钟向宾客收取费用。用手机打电话,需要提供酒店的电话账务系统，是系统外的计价，如有需要用手工方法输入到客账中去。一些酒店已经开始使用内部手提电话，这种手机只能在酒店范围内使用。给住客使用内部手机实际上就是增加一部可移动的房内电话机。

其他技术手段 通常，酒店准备了多种功能的电话系统，这并不单是为了节约成本。这些功能有自动叫醒功能、电话/房态系统、传真机、互联网接口和电话监测装置。

在许多酒店，自动叫醒功能系统局限于提供叫醒服务。话务员把房号和每个叫醒的时间输入计算机。有些系统让宾客自己输入叫醒时间。到了预设的时间，客房电话会自动响铃。住客这时接听电话，计算机会自动发出合成的声音报告时间。气温和天气状况。自动叫醒系统的另一个变化是当发生紧急情况时，酒店可利用该系统通知到客房；此外，活动组织者也可以用它来提醒参与会议或活动的宾客某些相关事项。

电话/房态系统有利于客房管理，以及防止无关人员使用客房内电话。客房部或房内用餐的员工可以使用客房电话输入有关客房消费数额的信息（例如房内小酒吧的消费情况），传达即时信息或者即时房间状况。这种功能特征不仅有助于加强沟通，而且可以降低人工成本，还能帮助客房小酒吧有效补充货品。

酒店的商务旅行者需要传真机的服务。一部传真机能使住客传输和接受整页文件资料。这个过程是两个复印机之间通过电信手段来实现信息交换。

一个正在日益增长并越来越普及的客房服务设施就是网络接口。其方式可能是电话机上的一个插口或提供拨号上网。酒店或按时间收费或收固定费用。近来酒店发现互联网占据酒店的通信干线，影响了其他宾客的使用。这样有些酒店选择了扩大电话系统容量的办法，其他酒店选择的是另外安装不经过酒店的总机或通信干线的系统。这个系统使用的宽带与提供网络服务的单位连接。这样就有一个酒店与网络公司共享收入的协议。

酒店业在使用另一个新的技术设备：电话监测装置。把电话监测软件装入酒店电话账务系统。当一个电话接通时电话监测装置能正确确定实际接通的时间。这个装置在接听电话的对方应答时才开始计费，提高了记账的准确性，减少结账时的问题。

酒店计算机管理系统

有许多酒店计算机管理系统可供应用，尽管前厅的计算机管理系统并不都相同。但是酒店管理系统的一些通用原则可以说明前厅计算机的应用。一个酒店管理系统包含了一整套计算机软件来支持前后台的各种经营活动。前厅最常用的四套软件是用来帮助前厅员工完成如下工作：

- 预订管理;
- 客房管理;
- 宾客账务管理;
- 综合管理。

图 3-4 概述了计算机系统在前厅的应用。

预订管理软件

一个内置的预订管理软件模块可以使酒
店迅速处理订房要求和及时提供精确的可售
房信息，同时出具订房预测报告、客房收
入报告等。最主要的酒店连锁公司均加入了
远程预订网络系统，诸如全球预订分销系统
（GDS）、网络分销系统（IDS）和中央预
订系统（CRS）。全球预订分销系统获取、

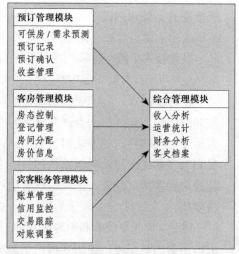

图 3-4　前厅计算机应用软件

处理与传递大部分来自旅行社和航空公司的订房信息，最大最著名的全球预订分销
系统有四个，分别是萨布里（Sabre）、伽利略国际（Galileo International）、阿玛
德斯（Amadeus）和沃德斯班（World Span）。网络分销系统通过与全球预订分销系
统或中央预订系统连接的酒店预订系统获取客人订房数据，作为一个中介机构代表
酒店向消费者提供过夜设施，并收取佣金或在基础房价上加价销售以获得收益。网
络分销系统的代表如 Travelocity.com、Travelweb.com、Priceline.com、Hotels.com 和
Orbitz.com 等。中央预订系统均隶属于各大酒店集团，主要用于传递预订数据、跟踪
客房预订信息、通过房型和房价控制客房预订和监控客房预订进度等。多数预订软
件应用通过无缝连接计算机管理系统自动生成预订报告。

酒店使用的店内订房模块能直接接受由任何远程订房系统输入的资料（如
GDS，IDS 或 CRS 等）。酒店的计算机订房记录、档案和客房收入预测会因接收到
的预订数据而实时更新。数据的实时更新能使计算机系统保持最新的订房状态以及
控制订房业务。有时系统还允许远程订房系统与酒店计算机之间进行同步双向沟通，
能够做到瞬间更新客房和宾客信息。这种方法能够实现系统之间共享正确的房态和
房价信息。

另外，收到的订房数据能自动记录在抵店前准备好的入住登记表上，一系列报
表也能自动生成。很多种预订管理的报表，如预订资料分析、宾客账务状况资料都
能立即生成，同时系统还能为已受理的订房自动生成订房预订确认文件。当前的预
订管理软件还包括客房升级的控制功能、客史档案模型，以及更为详细的酒店信息，

如床的类型、客房的朝向和景色、房内客用品、会议空间、公共区域、康体设施以及其他客房特征。

预订系统管理软件还能追踪定金是否到期，提出应付定金的要求和记录定金收到的资料。这一点对度假酒店非常重要，因为度假酒店只有收到定金后才能确认订房要求。酒店在有些情况下也会提出收取定金的要求，如当地将要举办一个周末特别节事活动时。

客房管理软件

客房管理软件是用来维护即时的客房状态，提供房价信息，在入住阶段便于分房工作，帮助前厅员工协调对客服务。一个客房管理模块还能用来迅速提供预订阶段的可出租房信息。这方面的信息对近期预订确认和客房营收预测很有帮助。由于客房管理模块取代了很多传统的前厅设备，这一点常常成为人们决定建立自动化酒店管理系统的主要考虑因素。

客房管理软件还能向前台接待员提供客房状态的汇总，前台接待员只需输入房号，在计算机屏幕上马上出现现时的客房状态。当客房已经打扫完毕可供出租时，客房的员工只需在自己部门的计算机终端上输入此信息就可以了。有些酒店可以通过客房内的电话与前台沟通房态信息。有了酒店计算机管理系统，房态的变化能瞬间传送至前厅系统。前台的员工还能把宾客的一些特殊要求输入计算机，来寻找一间使宾客满意的客房。例如，前台接待员可以在所有朝向高尔夫球场的客房中找到一张有特大号双人床的房间。有些客房管理系统还具有接受和完成一些专项要求的功能，例如，一间客房的空调有问题或有间客房要增加毛巾，这些要求输入酒店管理系统，然后酒店的工程师或客房管家会去解决这些要求。

客房管理系统还能对预订功能给予帮助。当客房暂时停止出租用于维修或清扫时，那么预订部的可租房数量会自动减少。这一功能有助于控制房间数的总量，保证所有抵店宾客有房可住。

宾客账务管理软件

宾客账务管理软件增加了酒店对客人账目的管理能力，对监控前厅审计工作十分有用。宾客账目由计算机自动管理省却了对账单、账单架和收款机的需求。宾客的账务软件系统监控着预先确定的宾客信用额度，并给予形成多个账单的灵活性。到了结账阶段，以前批准的累计挂账额能自动转变不同形式的应收账单以备转账及收款。账务管理系统的性能显示了酒店计算机系统的主要优点。例如，大型酒店的信用经理能通过计算机系统监控所有住店客人的信用额度，当出现接近或超出额度的情况时能及时报告。

当酒店某个营业点与前厅系统实现了连接，即使营业点相隔较远，营业点的计算机终端也能把宾客消费情况传输到酒店计算机系统。这些消费记录会自动登入到相关的客账上。自动入账的程序提高了效率，减少了诸如宾客已离店账单才到达前厅之类情况的发生。

综合管理软件

综合管理软件不能离开其他管理软件独立运行。它在集中预订管理、客房管理和客账管理系统的资料基础上形成综合性报告。例如，综合管理软件可以形成一个显示当日预期抵店宾客名单和可出租客房数量的报告——这是一份结合预订管理系统和客房管理系统资料的文件。另外，为了形成综合性报告，综合管理软件模块还能起到联系前台和后台系统的作用。

与后台的接口

一个复杂的酒店计算机管理系统一定包括酒店后台系统。虽然前台和后台的软件模块可以相互独立，而一个合成的系统能使酒店对各个区域的经营实现控制。这些区域包括客房销售、电话计费、工资、账务分析等。只要把所有需要的资料集中到一个平台上，一个综合系统就能形成完整的财务报告。许多由后台系统产生的报告都需要由前台系统所收集的资料。后台的主要应用软件包括：

- 综合分类账务软件系统，包括应收账和应付账软件模块。应收账软件与前厅客账系统连接，监管着宾客账户和转账以及资金回收的情况。应付账软件系统跟踪着酒店的采购以及使酒店保持足够的现金流量来满足支付的要求。
- 人力资源软件系统，有工资账务、人事资料记录以及用工一览表。工资账务包括时间和出勤记录、工资发放和应付税金。人事资料记录包括在职和离职的人事资料，用工档案以及工作表现评估记录。用工一览表包括员工技能记录和人力储备与酒店人事安排要求之间的联系。
- 财务报表软件，用来帮助酒店制作财务方面的报告和资产负债表、损益表，以及财务经营分析报告。
- 存货清单控制软件，是用来控制库存水平、订购单、库存周转，还能计算库存用量、库存差异和库存金额等。

系统接口

在使用全自动计算机化管理的酒店，酒店计算机管理系统有许多接口。

非宾客操作的系统接口 这些接口不是连接供宾客使用的设备的，包括：

- 营业点收银系统，使宾客消费记录快速传输到酒店计算机管理系统，自动登入相关客账。
- 电话计费系统，跟踪客房电话使用，计算价格，并传输信息，自动登入客账。
- 电子门锁系统，与客房管理系统连接，提供对客服务的同时增强对宾客的安全防护。
- 能源管理系统（EMS），与客房管理系统连接，自动控制客房和公共区的温度、湿度以及空气流通。

由计算机控制的能源管理系统能实现自动管理酒店内的机械设备运转。能源管理系统与酒店管理系统连接为节省能源提供了许多机会。如一家300间客房的酒店，每天的出租率预测为50%，当天节约能源的最好办法是规定哪些客房可供出租，分析结果是出租底层客房比出租高层客房更能节省能源。由于能源管理系统与客房管理系统实现了连接，就能做到自动控制分房，达到节约能源支出的目的。

宾客操作的系统接口 酒店可以提供由计算机完成的各种便利和服务。除了酒店计算机管理系统外，一些酒店还安装了各种由宾客操作的设备。在一些酒店，住客如想了解酒店内的活动或当地活动可以使用设在公共区域的自动查询装置或是设在客房内的电视机或个人计算机。如果大堂的问讯装置连接着打印机，宾客还可以得到所有活动的一览表。

最新的技术发展使得住客能在自己舒适、私密的客房中查看账单和办理结账离店手续。客房内的电视机或计算机与宾客账务软件模块连接，使得住客能获取账单资料以及按先前约定的付款方法办理结账。客房内的电视机与酒店系统连接同样可以达到这一目的。客房内的计算机与店外计算机信息中心连接使宾客能接收电子邮件、股票市场信息、新闻和最新体育消息、商品介绍和录像节目。

客房内娱乐系统也能与前厅账务系统连接或作为一个独立的运作系统。客房内的娱乐系统使住客利用客房中的电视机选择多种娱乐形式。如果这些服务需要收费，如收费电影、录像节目或上网，那么系统会自动计费并登入客账。因为系统与财务软件实现了连接，当住客使用电视的某个预先设置的收费频道，费用就自动记录到宾客账单上。为了防止无意中转到收费频道，电视机预设的不收费频道可以成为预先放映频道，有了这些频道，宾客中出现的关于收费电视和电影的问题会大大减少。房内收费电影也可以用这样的方法提供，即由住客与酒店电话联系要求在付费频道上播放电影。预先放映频道还给酒店提供了广告宣传的机会，可以在这些频道上播放有关酒店设施如娱乐和会议厅的介绍。酒店也能把在这个频道上做广告的机会出售给当地一些单位，以增加酒店收入。

有两种形式的房内自动售货系统。人工的房内小酒吧系统供应饮料和小吃，食品饮料分别放在冰箱内或其他干燥的地方。酒店员工对照小酒吧的原始记录，每天检查数量并作记录。相关的消费记录就会登入在住客账单上。由于小酒吧可以随时取用，所以会导致一定数量的漏账。自动小酒吧系统用光纤传导来记录放在固定位置的商品。当触发了传感器，冰箱（自动售货机）就把有关信息传输到指定的微处理机上，然后前厅账务软件就开始自动登账。

其他基于技术的宾客服务设施还包括供客人在房间内使用的连接线上信息资源的手持设备，这种设备很受会议客人、参加论坛和商务活动的客人的欢迎，这种设备可以连接其他酒店信息资源，而且能自动计算相关使用费用并及时入账。

智能化顾客服务设备。出色的对客服务在吸引潜在顾客方面能为酒店带来竞争优势。例如，客房娱乐项目开发公司正在设计可以通过客房软件浏览器、卫星电视和收音机、手持地图定位设备和移动设备等获取本地信息的系统。顾客利用这个系统通过登录相关网页、虚拟商店或通过电子邮件就可以定位餐厅、博物馆、商店或其他感兴趣的地点，并浏览相关网络资源或选择某些服务。同样地，酒店可以利用这些技术促销自己的酒店或集团内其他酒店。例如，如果一个客人对某个特定的酒店或餐厅感兴趣，系统能自动连接到该酒店或餐厅的官方网站、利用路径查找应用和预订应用软件找到这家酒店或餐厅并进行预订。

对于大多数酒店而言，高速互联网接入服务已经从原来酒店为客人提供的升级服务项目成为酒店的必备项目。高速互联网接入服务，不管是有线接入还是无线接入，通常在客房和酒店公共区域及会议场地均会提供，在某些度假酒店，无线网络还在酒店的泳池、康乐部和海滩区域提供。在整个酒店区域内，酒店还会在客房电视系统、酒店商务中心和信息查询系统中应用高速互联网接入，提供互联网接入服务通常是免费的，但也有一些酒店品牌会根据市场情况对互联网接入服务收取费用。

互联网服务已经成为酒店会议设施的主要要求，会议室对于互联网服务的要求通常是更快的连接速度和更大的带宽，由此会产生更高的成本需要酒店承担。

许多酒店现在都会在商务中心提供航班值机服务、传真和复印服务、会议电话和上网服务，由此提供的硬件和软件服务都会产生相应的费用。

销售信息系统

酒店计算机管理系统与销售信息系统的功能通常是整合在一起的。销售信息系统曾经仅仅是作为协调与管理团队预订和控制会议场所提供的工具，而如今销售信息系统则作为跟踪酒店团体会议业务从而实现酒店收益最大化的工具。

对于酒店前厅部运行管理而言，认识到上述这点相当重要。通过在系统中录入团队客房配置信息，酒店销售人员可以持续不断地估算可供销售房间的数量。与一个前厅预订软件一样，在一个销售信息系统中团队客房配置根据确定的团队预订数量而减少，当团队用房预订取消，供分配的房间数则增加，或者管理层会将多出房间分配给另外的特定团队客户。

维持团队预订房间的精确数据和连贯性信息对酒店计算机管理系统和销售信息系统都是非常要紧的。如果没有这些准确的信息，就会出现尽管团队客户没有确认这些订房，但是由于酒店预订部人员在销售信息系统中的操作错误从而使酒店实际上有房间可卖但他们却没有意识到的情况。相反地，有时销售人员也会出现超售团队房间的情况，从而导致酒店没有任何保留客房的情况。为避免这两种情况发生的冲突，必须对相关信息进行适当的平衡。大多数酒店计算机管理系统都有和销售信息系统的直接接口，由于有了可以共享的简单数据资源，接口的存在可以为销售经理提供关于计算机管理系统中房间存量的清晰数据。另外，当团队用房预订取消，房间可以立刻显示为可销售状态。

销售信息系统通过收集足够的数据来识别预订趋势，同时也能够跟踪团队预订历史信息。大多数团队跟踪系统存储了真实的团队用房信息（称为团队获取）、房价信息和非客房价格（如餐饮、设施和其他服务等）信息。当团队在酒店或连锁集团中的其他成员酒店进行下一次预订时，系统则能提供有关这个团队的历史信息，从而能更好地为团队用房进行配置。一些连锁酒店集团为成员酒店提供接入集团中央数据库的权限，从而使位于西海岸的一家酒店可以从诸如位于东海岸的某家酒店中得到先前在该酒店入住的某个团队的住店信息。团队历史信息存储了有关这个团队的销售和收入信息以及当时保留房数据及最终确定的用房数据。另外，团队当时的宴会菜单、会议场所使用、重要客人信息、账单信息、会议组织者信息、团队协调员及其他关于团队入住的重要信息均可以在系统中提供。这些信息对前厅部运行管理是如此重要，例如，知晓团队成员入住和离店结账的模式有助于前厅部安排人员班次，知晓团队的预订未到情况、提前离店、套房保留和房间内加床等历史信息同样对前厅运行有很好的帮助。

小　结

前厅所有的功能、活动和区域的设置都是为了对客服务和销售。对于许多宾客而言，前厅就代表了酒店。前厅几乎向每一位宾客提供服务。宾客住店期间所发生的交易记录显示了饭店经营活动的流程。这一流程可以分为四个阶段：抵店前、抵店、住店期间和离店。在每一个阶段中，前厅都担负着重要的对客服务和客账管理的责任。前厅员工应懂得宾客居住期间的这些服务和账务活动内容。

在对客服务全过程的抵店前的阶段，宾客做出选择一家酒店的决定。抵店阶段包括入住登记和分房的功能。在住店阶段，前厅员工为宾客提供各种服务、信息和用品。其他对客服务和客账方面的工作在离店结账阶段完成。由于每个阶段的活动和功能可能出现交叉和重叠，有些酒店把传统的对客服务过程修正为销售前、销售中和销售后这样一个过程。这个经过修正的流程对酒店经营部门的合作有所帮助。

前厅的许多功能都在前台得以完成。前台设在大堂显眼的区域，是宾客入住登记、问讯、投诉、结账离店的地方。前厅工作的有效性依赖于它的设计和布局。前台的设计和布局应使每位员工很方便地使用设备、表格以及完成工作所必需的用品。一个酒店管理系统所包含的软件模块能对酒店前后的各种活动起到支持作用。另外，许多由宾客操作和非宾客操作的系统也能与酒店计算机管理系统连接。

主 要 术 语

电话计费系统（Call accounting system CAS）：一个连接酒店电话系统的装置，可以根据客房打出的电话号码正确地计费以及传输费用。

团队获取（Group Pickup）：团队实际使用的房间数量。

对客服务全过程（guest cycle）：描述酒店经营流程的一种说法，以宾客和员工面对面接触和交易为其特征。

客账（guest filio）：一张记录某个人或某间客房的交易情况的表格（纸质或电子表）。

客史档案（guest history file）：一份汇总酒店与曾经是住店宾客间有关信息的宾客历史资料档案。

酒店信用额度（house limit）：由酒店方面制定的宾客消费信用额度。

延迟入账（late charge）：一笔应该记入客账的交易，但在宾客离店后这笔记录才进入前厅登账系统。

酒店计算机管理系统（property management system PMS）：一个计算机软件模块组合，用于支持酒店多种前后台经营管理活动。

入住登记表（registration card）：一张印刷好的用于记录入住信息的表格。

订房记录（reservation record）：一份电子文件，记录宾客的有关资料，如抵店日期，需要的客房类型，预付的定金，来店人数等。

预订记录（reservation file）：一份订房记录的汇总文件。

收款凭证（voucher）：一份要登入到电子账单上去的记录详细交易内容的文件；在营业点未与前厅系统连接时用来传递交易信息。

复习题

1. 什么是传统对客服务全过程的四个阶段？为什么有些酒店要以三段流程来取代传统的对客服务全过程？
2. 在对客服务全过程的离店阶段包括哪些对客服务和客账结算工作内容？前厅如何使用宾客住店期间的资料？
3. 近年来前厅档案系统有哪些进展？
4. 在前台的设计方面出于功能组织的考虑有哪些？好的前台设计判断标准是什么？
5. 酒店通常使用的通信设备有哪些？它们是如何运作的？
6. 哪四个前厅软件模块最常用？它们是如何简化前厅档案资料的？综合管理模块与其他三个模块有何区别？
7. 酒店如何使用新的技术来提供更多服务？

网址：

若想获得更多信息，可访问下列网址。网址变更恕不通知。若你所访问的网址不存在，可使用搜索引擎查找新网址。

1. Galaxy Hotel Systems: www.galaxyhotelsystems.com
2. MICROS: www.micros.com
3. Orbitz: www.orbitz.com
4. Pegasus Solution : www.pegs.com
5. Priceline: www.priceline.com
6. Sabre Holdings: www.sabre-holdings.com
7. Travelocity: www.travelocity.com
8. Travelport: www.travelport.com
9. Travelweb : www.travelweb.com

案例分析

案例 1：真实的瞬间——由戈登·萨姆纳的用餐经历引起的联想

自由撰稿人戈登·萨姆纳步出酒店电梯，看了看手表。时间是星期四上午 10 点钟。他很高兴昨天夜里 11 点半到达酒店后能睡上一觉。新的一天开始了，他现在想做的事是好好吃一顿早餐。他朝前台走去，想问酒店的餐厅在哪里。

"早上好！"站在柜台后面的男子说，"有什么需要帮忙的吗？"

"酒店有餐厅，对吗？"

"有的，餐厅最近还获得了本市杂志颁发的美食家金奖。"

"那好，今天有机会品尝一下，不知获奖菜肴好不好吃，不过我现在真想吃一顿好早餐。"

"好的，先生，我们为您备了位子。"

戈登从前台接待员处了解了餐厅的方位，过了 2 分钟，他走进明亮的、装潢华丽的餐厅，在餐桌边坐下。回顾四周，他注意到有六七人在早餐台和咖啡桌边徘徊，他望过去，那些食物不太诱人。

过了几分钟还是没有服务员过来，戈登最后叫了正从其他桌子走过来的女服务员。他向她要了份菜单。10 分钟过去了，他再次让她过来。天晓得，他想，这里的菜点一定好得出奇，因为服务那么差，餐厅还能获奖。

"什么事情，先生？"女服务员边说边走近他的餐桌。

"我想点早餐，我想要一个……"

"对不起，先生，我们 9 点 45 分停止供应早餐。"

"好吧，那我想用午餐可以吗？我饿了。"

那女服务员咬咬嘴唇说："说真的我们要到 11 点一刻才开始供应午餐，现在离开午餐还有一个多小时。"

看到别人在用早餐而自己被拒之门外，实在很令人沮丧。

"好吧，"他很不高兴地说，"来杯咖啡行不行？我会到礼品店拿份报纸，然后……"

她摇摇头说："对不起，我们要到午餐开餐时才接受订座，我们也不受理外卖。"

"我明白了。"他边说边想，为什么前台那位男子不把这些事情告诉他呢？"好吧，请告诉我，附近什么地方有东西吃？"

"到马路对面的大卖场，那里有很好的食街。"

20 分钟后戈登从大卖场的食街回来，他已用过了快餐。当他穿过大厅时，前台接待员叫住了他，"您的早餐怎么样，名不虚传吧，先生。"

"不，我觉得名不符实。"戈登边说边回答道。

前台接待员很震惊地看着他，"哦，对不起，不好意思，希望您给我们机会下次再为您服务。"

"不必了。"戈登边说边走进了电梯。

案例 2：弗雷德里·布尔萨拉：参赛者和与会者

预订经理弗雷德里·布尔萨拉想，今天他将面临一个辉煌的星期天。自己订房本领真不错。这个周末做了一个连环套：周六酒店住着 230 名儿童芭蕾舞选手和家长，是来参加星期日本市举行的芭蕾舞比赛的。今天，他们将离店，接下来所有客房都要用来接待 200 位来自沃尔夫博爱会的与会者。

弗雷德里想，他的客房衔接计划完美无缺。参与芭蕾舞比赛的宾客上午 9 点参赛前结账离店，而会议宾客下午 1 点正抵店。这样的安排真是天衣无缝。弗雷德里暗自高兴。

　　但是情况好像不妙，弗雷德里到了前台问，那些芭蕾舞选手怎么了。利安·克里索抬起头对他说："我也说不上，等他们离店时，我告诉你。"弗雷德里感到自己的心跳加快了，"现在已经 11:45 了，你在说什么呀？"

　　"我今天上班时发现有张纸条上面写着芭蕾舞参赛宾客要求推迟离店时间，等比赛结束后再退房。我想他们中的许多人想回房间更换衣服后才离店。他们的领队已经做好了这个安排。"

　　"和谁联系的？"

　　利安耸耸肩说："纸条上没留名，但纸条像是布莱恩写的。昨晚宾客进店时，他正好值班。"

　　布莱恩，一个新手，来店工作不到两周。他的错误允诺把我们的一切努力都毁了，弗雷德里想。"你知道他们确切的离店时间吗？"

　　"比赛 9 点半开始，他们说要 2 小时，我想再过 30 分钟，他们应该回来了。情况就是这样。"

　　这也就是说在会议宾客进店前，客房部没有时间做房。我们要想方设法让客房部清扫后才让会议宾客进房。

　　"哦，我说错了，"利安说，她指着大堂入口处，"好像他们的巴士到了。"

　　"谢天谢地！"弗雷德里说："让他们尽快进房，马上洗完后就退房，然后客房部就可以立即打扫。时间虽然紧，但……"

　　弗雷德里没说完就看到巴士门开了，有人下了车进了旋转门。他希望看到一群穿着粉红色芭蕾舞裙的女孩，然而面前的却是一群戴着沃尔夫耳套的中年人，他们高声呼喊着、用胳膊推搡着进来。

　　"哦，不！"弗雷德里嘀咕着。他看了一下时钟。这时一位戴着会议标志的人向前台走来。

　　站在面前的是一位高大宽肩的人，他取下沃尔夫耳套伸手说："你是弗雷德里，"他笑道："达里尔·德鲁克，我们曾经通过话。"

　　弗雷德里心急如焚，努力从对方热情的握手中抽回自己的手。会议宾客几乎站满了大堂的每一角落。"您好，德鲁克先生，"他说，"我们以为你们要 1 点钟才到。"

　　德鲁克先生向后看了一眼，"什么，现在不正好是 1 点钟吗？"

　　他的脸上掠过一丝疑惑。"我们肯定忘记调整时差了，"他笑着说，"好吧，弗雷德里让我们进房吧，我们不想再打扰您了。"

　　"情况是这样的……"

　　"大家看，"一位会议宾客大声说，边笑着指指大堂入口，几十个不到 10 岁的穿着粉红色芭蕾舞裙的女孩通过大门进入大厅。

　　"她们回来了！"利安吃惊地说，那是 20 世纪 80 年代一部闹鬼屋电影里的话。

　　弗雷德里想，没有回天之力，他是无法使宾客满意的。

案例 3：里格·德怀特：难忘之夜

这是一个安静的周一深夜，直至凌晨 3 时前台接待员里格·德怀特拿起电话机，电话另一头是一位国际航空公司的代表。"大约半小时前，我们飞往伦敦的班机接到一个炸弹恐吓电话，飞机已经加好油，坐满了乘客，正准备起飞。"那位女士说，"为了大家的安全，我们要让那些乘客下飞机，现在有 260 位旅客需要住房，直至我们清理飞机检查完行李。另外再安排出发时间。我们能把旅客送到你们那里去吗？"

虽然里格单独一人上了许多次夜班，但这次面对的情况对他来说是第一次。他深深吸了口气问："需要多少房间？"

"包括所有的家庭和夫妇在内，我们需要 175 间房间。航空公司将支付住宿费和在你们餐厅用一餐的费用。"

里格检查了可用房的数量。旅客将分散在酒店各个楼层，因为剩下的房间很分散。他算了一下，这突如其来的生意能带来很多收入，175 间房，每间门市价 84 美元。那位女士又说："当然这价格应该是'意外旅客过夜价'。"

"哦，"里格想，"那样是每间客房 35 美元。"里格不了解面对这样的情况，酒店有什么相应的政策。但是肯定这是一个赚钱的好机会——实际上一间客房的成本要 40 美元。里格想为这些宾客提供所需的服务意义大于赚钱，他希望主管也能这样想。

他告诉对方可以把宾客送来。他还要求对方一旦决定了重新起飞的时间立即通知酒店。他想宾客到达时一定十分疲劳和焦急，而且会因为深夜下飞机，耽搁旅程而发怒。他希望，经过努力能使他们缓和情绪。

"他们什么时候到达？"他问。

"15 分钟后巴士出发，大约 4 点左右到达。还有一件事，请你通知旅客，他们的手提行李和托运行李检查后会尽快送到酒店。但不会在 6 点以前到。我们也会把大家的鞋子送回来。"

他说："什么鞋子？"

"对不起，我必须挂了。"她说，"有事我会再来电话。谢谢你帮助我们处理了这起紧急事件。"

挂断电话后，里格又拿起电话，他知道现在不像平时的清晨 4 点，他需要额外的人手帮忙，他打电话给在家的主管，把她叫醒，问问她还需要联系哪些人。主管说她将亲自前来。她还建议里格立即通知厨房、餐厅、客房部和前台接待员。她以前也遇到过类似的情况，她还解释了鞋子的问题。

"乘客用滑梯滑下飞机前都要脱鞋。事后把鞋子集中在走廊里。在这种情况下，航空公司把所有的鞋子集中在一起和托运的手提行李一起送来，不会一双双分开。我们可以把所有的行李放在亨利·泰格房间内。鞋子放在卡尔顿房间。不知道罗莱索有没有为中午的会议布置好会场。希望鞋子能准时送到分发，这样可以不耽误团体用房。"

"我负责联系。"

"我尽快赶到，帮你办理入住，看看有什么要帮忙的。刚才只是我的一些想法。但是我希望你要为那些心情不好的宾客提供哪些服务——也就是宾客希望得到的和必需的服务列一张单子给我看看。我们很幸运有足够的客房给他们。"

里格深深吸了口气，"我脑子里想到的可不只是'幸运'。"

案例讨论：

1. 戈登·萨姆纳住的酒店员工应采取哪些步骤来改进他们的服务？

2. 有哪些因素超出了弗雷德里·布尔萨拉的控制范围？他应如何做才能预防问题的发生？

3. 里格·德怀特所列的单子应有哪些内容来反映此时此地这些宾客的需求？

案例编号：3323CA

下列行业专家帮助收集编写了此案例：注册酒店管理师，TWE 集团副总裁，理查德·M. 布鲁克斯；注册酒店管理师，俄亥俄州比奇伍德假日酒店总经理，S. 肯尼斯·席勒。

案例 4：家庭聚会：值得麻烦吗

十年前，约翰逊夫妇发现了博登海滨度假酒店。现在是他们第四次入住这家度假酒店，但是这一次有些特别，他们准备与孩子们及孩子的配偶、还有 5 个 6 岁以下的孙辈在这家酒店举办一个家庭聚会。约翰逊夫妇经过长途驾驶从他们所在的城市首先抵达了酒店，很顺利地办理了入住登记手续并在酒店的正餐厅预订了 13 个人的晚餐。

顾客的价值是什么？10 年前，又是酒店前台的哪位员工预计到约翰逊夫妇将会成为酒店的回头客并将他们今年的家庭聚会安排在这家度假酒店呢？

对于约翰逊夫妇和他们的家人来说，这个星期是一段美好的时光。但对于酒店前台而言，却始终为满足各种顾客的要求忙得不可开交。员工都不知道这个夏天他们能否从那么多选择他们酒店作为家庭聚会举办地的服务需求中从容应对。如此多的家庭顾客使得客房部与餐厅员工疲于奔命，狼狈不堪。老约翰逊夫妇入住之后，这种繁忙看起来达到了井喷状态，约翰逊家庭的其他成员在前一个晚上会合后，经过 6 小时的长途驾驶，分乘各自的汽车抵达了酒店。孩子们看起来精力充沛，而大人们因为与孩子在一辆车上待了太长时间而显得疲惫不堪。

入住登记两个小时之后，服务现场的特殊需求开始显著增加，主要表现在以下几个方面：

- 尽管当时天气温度在较高的 20℃，但预计夜间温度会低至 4℃左右，一个来自佛罗里达的家庭要求在房间里放置一个小型供暖器，因为他们习惯了在 27℃的环境中睡眠。在夏季，供暖设备通常是关闭的，不管酒店的房间热还是不热，酒店都会使用电风扇而不是空调。尽管如此，正如大多数客人赞同的那样，在比较冷的夜晚，当客人一经办理入住登记手续，酒店就会将小型供暖器放置在房间内。

- 约翰逊的一个孩子要求给房间里的儿童床配备一个缓冲垫，因为酒店没有类似的儿童床上用的防撞杆（防撞杆是由一种类似枕头中填充材料制成的用于防止孩子睡觉时撞到婴儿床侧面的护具），服务员为他们增加了额外的枕头，放置枕头的过程一直伴随着孩子们的大喊大叫。

- 晚上 8 点钟，很明显约翰逊一家没有在正餐厅用晚餐，其中的一对夫妇到前台取消了他们的预订，说他们将各自在酒店的休闲酒廊用晚餐。

- 晚上 10 点钟，其中的一个家庭打电话要求客房送餐服务，因为在休闲酒廊用餐时孩子们太兴奋以至于他们没吃多少东西，然而，让他们非常遗憾的是，酒店没有送餐服务，而且晚上 9 点之后不再提供食品服务。

- 另外的一个家庭在休闲酒廊用餐期间在大堂区域来来回回不下 6 次，妈妈一直在提醒孩子们"嘘"，而孩子们则跑来跑去尽情欢乐。

- 还有一个家庭要求将他们的房间换到一个吸烟房，可是他们不接受在底楼的房间。经过长时间查找，这件事最终因为一间房间的更换会对接下来几天抵店的许多客人的体验造成影响而作罢，因为酒店可提供的吸烟房都在底楼。

在酒店前台，新来的前厅部经理塔必兹正在频频摇头。这还仅仅是约翰逊家庭聚会刚开始的 4 小时，接下来的 4 天会怎样呢？吸引家庭聚会市场值不值呢？约翰逊家看起来并不是很想聚在一起，他们都要求房间之间保持一定的距离，约翰逊夫妇会做何感想呢？这样的一个家庭顾客在未来的 4 天里会对员工造成怎样的心理影响呢？

但是，话又说回来，她想，对于酒店来说这样的家庭聚会可以为酒店产生怎样的收入呢？未来的生意影响呢？即使在如此压力环境下员工能否为这样的客人提供超出期望的服务吗？

接下来的几天塔必兹有一个短暂的休假，当她回到酒店时，她问起了约翰逊家庭聚会一事。没有人能回忆起任何不同寻常的事，他们记得这家子客人和少数成员的名字。她于是调集了关于这次家庭聚会的档案，查看是否客人提出过特殊的要求或参与了多少酒店提供的活动。她发现的却是主要用于客房和餐饮的消费账单，共计 8900 美元，她想知道在这 4 天之中是否还有其他家庭顾客产生了接近 10000 美元的消费价值，她关闭了客史档案，对常客的重要性和忠诚度进行了特别标注。当下一批客人第一次入住酒店时，她不确定他们能否在未来某一天成为酒店的常客。

大约一星期之后，她注意到酒店出售了住 3 个晚上共计 6 个房间给一个名为坎伯的家庭。当他们办理入住时，那阵势像是一个小型军队突袭酒店，这个家庭有爷爷和奶奶，他们的 6 个成年子女和 18 个孙子孙女，客人总数共计 26 人！预计这个小型团队平均每天为酒店带来的收入至少 3000 美元。塔必兹和爷爷攀谈时问他们家庭中任何成员以前是否来酒店住过，爷爷告诉她没有，但是他们多年以来一直听朋友说起关于这家酒店的情况。

作为一个前厅部经理，塔必兹想到了她可以做什么以确保更多第一次入住的客人成为酒店的回头客，例如，正如他们在做的，确保拥有 26 个成员的坎伯家族铭记他们此次的入住并确保他们或他们这个大家庭能一次又一次来到酒店。

案例讨论

1. 为了使你的前厅部员工明确一个顾客的价值，在一个相当长的时间内该怎样计算一个常客为酒店带来的收入呢？

2. 家庭团聚是一笔大生意，作为一个前厅部经理，你应该怎样与销售部协同配合来确保对团体业务的服务质量？

案例编号：608C17

该案例还可见托德·科芒著，《前厅部运行管理案例研究》（密歇根，兰辛：美国酒店与住宿业教育学院，2003）

第4章

概 要

预订和销售

  销售部在预订中的作用

  预订过程中的销售计划

预订的种类

  保证类预订

  非保证类预订

预订问讯

  分销渠道（分销商）

  分销渠道收益

团队预订

  团队预订的办法

预订的可供性

  预订系统

预订记录

  团队预订的办法

预订确认和取消

  确认／取消号

  非担保数预订的修改

  预订的取消

预订报告

  预订抵离店名单

  定金受理

预订历史档案

预订的注意事项

  有关法律条文

  等候名单

  包价促销服务

  预订的潜在问题

  电子商务

小结

学习目标

1. 从销售维度方面讨论预订流程，概述不同类型的预订，描述预订要求及分销渠道。

2. 描述受理团队预订流程，讨论团队预订处理事项。

3. 识别用于查询和控制预订可供性的管理工具，讨论预订记录。

4. 描述有关不同种类预订的确认、更改、取消的政策和程序。

5. 解释典型预订报告的功能，概述其他预订注意事项。

预订

  在整个预订环节中，对于顾客来说，最重要的莫过于当顾客抵店时，酒店已经为其准备好客房。这里指的客房不是一般的客房，而是能最好地满足客人在预订时提出的要求的客房。对此，酒店的经理和业主持有不同的看法，他们所希望的是在订房运作过程中最大限度地提高客房出租率和增加酒店客房收益。

  为了实现上述目标，酒店必须建立有效的订房程序。精心指定的订房程序能使预订员识别顾客的要求是什么，以及酒店应该向顾客销售的又是什么，使他们记录和处理订房细节，推销酒店的服务项目，确保订房的准确。预订员必须迅速、准确及令人愉快地回答宾客要求。他们应压缩用于搜索房价、各种包价的时间，并把用于写文案、存档及其他诸如此类的文书工作时间降到最低限度。

  预订处理程序包括：根据订房要求寻找适合的房源、房价；记录、确认以及保管预订信息；制作预订报告。预订信息对完成前厅各种功能尤其重要。例如，前厅员工可以根据预订阶段收集到的信息，利用酒店计算机管理系统完成分配客房的工作，建立客人账户以及设法满足宾客提出的各项特殊要求。

  同时，要能达到高出租率和高营收的目标，就要重视调查、计划和监督等工作。负责这些任务的人通常是预订经理或主管。在过去，预订部经理、前厅部经理、房务总监以及总经理都会担负这些职责。自从酒店将这块职责划归酒店销售部之后，预订工作变得更加重要和复杂，很多酒店因此增设了收益经理这个岗位专门负责此项工作。一名收益经理的工作职责是预测酒店各目标细分市场的需求，包括企业（Corporate Transient）、团队（Group）、休闲（Leisure transient）及其他细分市场，同时在保证足够收益的前提下确认给到不同细分市场的房价及客房份额。收益经理必须协调预订部、前厅部以及销售部的各项工作，确保各部门的运营基于这些信息。

本章将叙述预订过程中的主要任务。这些业务有：

• 受理订房问询。

• 决定可租房及房价。

• 记录订房资料。

• 确定订房资料。

• 保管订房资料。

• 制作预订报告。

• 调查、计划和监管预订信息。

在详细讨论以上这些业务内容前，将会首先研讨预订的性质和种类。

预订和销售

在使用计算机之前，预订员的注意力集中在可出租房的基本信息上，他们没有有效的方法来确定是否有可出租的房型；因此，当一位宾客要求订一间房，预订员仅能确认是否有可出租房，但无法按照宾客提出的特殊要求、房间特色以及房型来确认是否有可出租房。预订员会把客人的特殊要求记录下来，如无烟房或景观房或指定床型等；但是这要求能否实现，取决于前台在办理入住登记手续时的具体情况。在这种情况下，前台首要考虑的是尽可能提高客房出租率和客房收益。因此，前台员工会在客人办理入住登记的环节进行升级销售。

酒店的预订系统提供了准确和实时的客房状态和房价信息。由于客房管理软件模块已把客房按其特征分类，预订员可以查阅指定日期的客房状态和房价信息。在现有的预订流程中，根据房型、位置和特殊要求，系统可以迅速识别和确认是否有出租房。有很多预订系统还可以在客人抵店前根据其特殊要求进行预排房工作，这大大提高了客人抵店入住时的工作效率。

预订部是实施销售功能的一个组成部分，许多有关客房营业收入和营收分析的责任已转移到该部。鉴于此，许多酒店管理公司把预订部视作销售部的一部分，即使它在传统上还是属于房务部功能的组成部分。预订员不是订单接收员，他们要接受销售技巧的培训。许多酒店管理公司给予预订员深入细致的销售培训，并确定他们是否愿意把销售工作作为自己的事业。多数预订部有销售指标，包括销售客房的间天、平均房价以及预订房的营业收入。

预订部在销售客房、提高营业收入、加强客房控制以及提高宾客满意率等方面的能力常常作为评价前厅系统的重要根据。恰当地强调销售和市场，可以使酒店更准确地做好预测，并能对业务流量做出更好的反应。收集预测的销售信息并用来定价或制定客房价格策略，这个做法通常被称为收益管理。

随着越来越多的预订在不占用酒店人力的情况下在线完成，酒店更倾向于设计直观的预订网站来协助顾客完成自助预订。并且，这种基于互联网形式的预订系统可以跟酒店管理系统相连接，从而使顾客的预订请求无缝地连入酒店管理系统中。

销售部在预订中的作用

随着出租率和营业收入方面的责任从总台向预订部门的转移，销售部门在预订方面的作用越来越显现出来。有下列理由可说明这一点。

第一，销售部是酒店首要预订客源的渠道。团队销售经理或销售代表是酒店团队预订的主要来源，这些团队预订往往是公司或商业协会举行的重要会议。并且，销售代表被分配去做 SMERF 市场，即负责去吸引社会团体类、军事类、教育类、宗教类或企业领导人组织等方面的市场。然而团队宾客真正的订房仍是通过电话、中央预订办公室、团队用房单、订房团队预订邮件或酒店网站与预订部联系来完成的。因此，管理层可以以此来评估销售部争取到多少团队订房。资深的酒店经理通常将销售合同中的订房数量与真正实现的团队用房数进行比较。有了这方面的数据资料，管理层就能查证销售部或某一位团队销售代表是否在签订销售合同前已对客源做了彻底了解。

第二，销售部还负责团队市场以外的销售任务。销售部会指派专人去争取公司的商务客人以及旅行社客源。在一个大型综合性酒店，会有好几位经理去开发同一个市场。他们的工作是熟悉当地企业和旅行社的特征以及酒店能给予的优惠条件。如果本地公司企业或旅行社同意提供一定数量的客源，酒店常常会给予折扣。同样，高层管理者也希望确认对方享受折扣是在兑现自己所承诺的市场份额的前提之下。

由于酒店的类型不同，有的酒店也会安排销售经理负责在线旅游批发商等类似的经销商。他们的工作职责是帮助来自经销商的客源熟悉酒店特色及其周围区域，努力使酒店和旅游目的地给人留下良好的印象。通常情况下，经销商会得到有关酒店和目的地的当前信息，也会拿到特殊的房价或包价住宿产品，以便更好地推广酒店，从而吸引顾客。

销售经理如果达到或超过他们的销售指标就会受到经济及其他方面的奖励。在过去，指标通常由销售的间天数来衡量，这就是说根据预订部记录的部门或某销售经理销售的所有客房的间天数来统计。可惜这样做会导致销售经理们为了做成生意而大幅度降低房价。今天销售指标和奖励措施（包括促销）已与营业额挂钩。为了实现总的营收目标，销售经理们要积极设法使客房间天数和房价之间取得最好的平衡。

预订过程中的销售计划

销售部提前许多月甚至一年就做预订。对一家大型的主要招待团队的酒店，甚至提前5年订房也是常事。有些酒店甚至有更远期的订房合同，这因为所涉及的团队规模很大，只有少数酒店才能接待下来。其他酒店的大多数订房在6个月之内，甚至更短。无论长短，销售部都要先制定预订和营业收入管理程序，目的是做好未来的订房安排。

影响酒店出租率和营收的每个决策过程预订经理都要参与。有些酒店，已受理的团队与散客订房会转交给预订经理管理，由他通知销售部准确的可租房情况。无论处于何种情况，预订经理都要时时关注酒店的营业收入指标。对给出的每个团队价格或公司价格都要作评估，都要告知管理部门，提供这样的价格是否会危及酒店的目标。有了这样的参与，酒店经理们可以计划和控制好未来的生意，而不是有什么就卖什么。

决定适合酒店的团队和散客组合比例是计划和控制团队业务的一项工作。这通常在制订年度计划时确定。这个组合比例对酒店很重要，会对营收产生重大影响。由于酒店销售部门常常将注意力倾注在团队销售方面，他们会拿出不少数量的客房用于团队销售。这类客房叫团队用房。销售部在团队用房数量的范围内可以不经批准自行销售。但是团队用房的限量一旦突破，销售部则要向销售总监或总经理提出申请，要求增加团队用房。而预订部经理这个角色则要分析此类要求，分析批准申请后可能出现的潜在影响。

预订的种类

酒店的大部分宾客都通过预订入住。预订有许多方式，但都可以归结为两种类型：保证类预订和非保证类预订。对于酒店经理人来说，熟知当地政府有关保证类和非保证类预订的法律条文非常重要。在美国有些州，法律规定：经酒店确认的保证类预订被认为是受法律约束的。如果酒店没有向顾客提供客房，法律赋予顾客起诉酒店的权利。

保证类预订

所谓保证类预订即是向客人保证酒店将预留房间直至客人计划抵店当天的某个时间为止。这个时间可能是规定的离店时间，或酒店新的一天的起始时间（前厅审计完成之时），或是酒店管理公司自行决定的时间。宾客方面保证支付预订客房的房租，即使最后没使用也同样支付，除非根据酒店政策和取消程序做了预订取消安排。保证类预订确保了酒店的营业收入，即使是"no-show"情况，即订了房的客人没有取消预订或者没有抵店入住。保证类预订可分为下列几种：

预付款　通过支付预付款作保证类预订，即客人在抵店日前就支付了全部费用。从前厅的立场出发这是最受欢迎的保证类预订方式。这种方式通常为度假酒店所采用。

信用卡　主要的信用卡公司也建立这样的体系，即用户发生了订房但未入住的情况时，可以用信用卡向有关酒店支付订房保证金。除非客人在规定的预订取消时间前办理了订房取消手续，否则酒店将向客人的信用卡公司收取宾客一夜的房费以及服务费。信用卡公司事后将账单转给持卡人。用信用卡作保证类预订是最常用的方式。度假酒店会收取不止一晚的房租，因为在度假酒店的逗留时间都比较长，酒店很难立即弥补此类损失。

预付定金　用预付定金作保证类预订（或者预付部分款项）是要求宾客在抵店前给酒店一笔指定的款额。这笔预付定金的数额一般足够支付一晚的房费与税金（在度假型酒店通常情况下宾客的入住时间更长，这就要求顾客支付更多房费和税金作为担保押金）。订房的天数如超过一天，定金会收得更多。如果作了预付定金的保证类订房而宾客没有人住酒店又没有取消预订，那么酒店会没收定金，并取消客人原先订房的整个安排。这种类型的保证类预订在度假型酒店和会议酒店尤为普遍。不同的是有的预付定金数额一直要计算到预期离店的那天。这样做是为了确保度假酒店的营业收入，以防宾客提前离店。

收费凭证或 MCO　另一种形式的旅行社保证金是收费凭证或多项费用汇单（MCO）。多项费用是由航空报表公司（ARC）发出的受旅行社和航空公司条例保护的支付依据。在只能接受收款凭证的情况下，许多度假酒店宁可接受多项费用汇单，因为如出现旅行社拒付的情况，航空报表公司会担保付款的。持旅行社收费凭证和多项费用汇单的客人都是已经预先付钱给旅行社的人。旅行社把收费凭证或多项费用汇单交给酒店作为已付款的证明，并保证一旦收到酒店寄回的收费凭证，就会将预收的钱款付给酒店。通常，旅行社在付给酒店钱款前会先扣除佣金。

公司保证类预订　一家公司可能与酒店签订一个合同，表明由公司付费的订房宾客如出现未能入住又未能办理取消订房的情况，便由公司承担支付责任。公司保证类预订需要有公司和酒店共同签订的合同。这类预订在市中心或商业中心的酒店尤为普遍，因为这些酒店散客居多。公司会在若干天后收到酒店方寄出的注明金额的房费账单，从而简化了支付过程。

非保证类预订

非保证类预订是指酒店同意为来客保留客房至某个规定的时间（通常是下午4点至6点）。这类预订不能保证酒店因住客未抵店又未取消而收取费用。如果宾客在规定时间未能到达，酒店可以把预留房出租，就是说把预留房纳入可租房之列。如果事后宾客到了酒店，酒店可根据可租房情况予以安排。

那些客满或接近客满的酒店，或预计住客人数已达到目标的酒店，都只接受保证类预订。预订程序的有效性和准确性是至关重要的，尤其是在客满或接近客满的时候。这时的政策是尽量减少未抵店的订房客人数量，以期最大可能地增加客房收入。酒店预订过程中的有效性与准确性是酒店在客满或接近客满情况下的基本准则。

预订问讯

酒店通过很多途径接受预订问讯。可能是面对面的，或是通过电话、邮件、电话或传真，也可能通过因特网或通过中心预订系统或全球分销系统（航空公司订房系统），还可能通过多种销售代理商（intersell agency）（表4-1）。酒店连锁集团越来越意识到产品分销对成功经营的重要意义。他们拥有的分销渠道越多，客人问津他们的产品，预订他们的客房的机会就越多。不管是从哪种渠道来的客源，预订员都要了解有关宾客的居住信息，这就是预订问讯。预订员或在线订房表应收集下列信息：宾客姓名、住址、电话号码、公司或旅行社名称（如果可行的话）、抵店日期和离店日期、需要的客房类型和数量。预订员或在线服务还应设法确定房价、偕行人数、付款方式或保证金支付方法等。

表4-1　预订来源

本店直接订房
中心订房系统
连锁酒店集团预订网
非连锁酒店集团预订网
世界一流酒店组织
普雷弗酒店（Preferred Hotel）
卓越酒店（Distinguished Hotel）
全球分销系统
西伯网（Sabre）
伽利略国际网（Galileo International）
阿玛德斯网（Amadeus）
沃德斯潘网（World Span）
多项销售代理想
互联网销售系统
第三方网站

分销渠道（分销商）

连锁酒店集团已经意识到拥有多种分销渠道对于成功宣传其产品和服务至关重要。酒店拥有的分销渠道越多，宾客了解酒店并预订客房的机会就越多。预订问询有可能通过酒店预订部、中央预订系统、地区预订中心、全球分销系统（航空公司和旅行社网络），或互联网分销系统（表4-1）来完成。下面将会详细介绍每种分销渠道。

酒店预订部门 通常情况下酒店预订部门会直接处理预订。鉴于大量的顾客直接联系酒店进行预订，相比其他部门和网络预订而言，酒店设置预订部专职处理顾客的预订请求很有必要。酒店的预订部门直接处理顾客的住宿请求，监测中央预订系统的连接，并负责维护更新可供出租房的信息。可以通过以下几种途径直接联系酒店进行预订：

- 电话：潜在顾客通常会通过电话的形式致电酒店预订客房。对于大多数酒店来说，这是顾客预订客房最常见的一种方式。
- 邮件：通过邮件的形式进行预订非常罕见，这种方式往往是团队、旅游团或者会议商务客人预订客房的常用方式。
- 酒店官网：现如今，通过酒店官方网站进行预订已成为酒店最主要的预订渠道之一。酒店官网的预订系统与酒店日常使用的酒店管理系统（PMS）自动连接，预订信息直接互换共享。
- 连锁酒店：连锁酒店集团的酒店通常会将本酒店集团的酒店作为顾客的下一站目的地推荐给顾客，这些同一集团下的酒店在沟通上非常顺畅。这种互相推荐的预订方式使得酒店的预订量显著增长。
- 传真与发短信：一小部分顾客会通过传真和发短信的方式进行预订。另外一种预订方式是自助电话语音系统，顾客可以通过致电该系统，按照电话系统中事先设置好的程序逐步进行预订。

预订销售的七个步骤。预订部有许多销售酒店客房的方法。大部分连锁集团希望预订员在与订房者的沟通中使用专门制定的程序。大部分程序中都包括下列七个步骤，用来控制预订销售的过程：

第一，问候来电者。一句热情的问候是对话良好的开始。问候语可以是："谢谢你给卡撒·瓦萨酒店来电。我是玛丽，请问有什么事？"这样的开始会比简单的一句"预订部"要好得多。

第二，确定来电者的需要。用恰当的方式询问来电者此类问题，包括抵达、离店的日期、宾客人数、偏好何种类型的床、所属单位、团体以及其他诸如此类的有助宾客需求的问题。如一位来电者说他将和家人一起出游，预订员就要接着问有几个孩子，以及他们的年龄。

第三，根据对方的需求介绍酒店的情况以及能给予宾客的种种便利。预订员在第二步骤中要仔细聆听对方的说话内容。在交谈过程中应根据对方的需求强调酒店的特征及可以提供的便利，如强调全年开放的游泳池，可能是吸引家庭旅游者的亮点；而此时介绍商务中心就有点不得要领。

第四，推荐客房并根据对方的反应作调整。这一步骤紧随宾客在第三步骤中得到的对酒店的整体印象而来，此时的预订员要明示对方他一直在聆听对方的需求。如果对方觉得客房太贵，或者所推荐的客房并非所需，那么就要对所推荐的客房种类作必要的调整。

第五，结束销售。主动提问，不要干等对方作决定。可以这样说："琼斯先生，您是否要我为您预订那个特大号床的房间？"应该复述一遍宾客的要求。

第六，收集客房信息。根据酒店程序记录所有预订信息，一般有宾客姓名、抵店日期、房间类型和价格以及特殊要求，并取得对方的确认。此时也是给予对方预订确认号码的时候。

第七，感谢对方。结束通话的语气与开始时同样热情，让对方相信自己做出了正确的选择。

最重要的一点是，预订是一个销售的过程。预订部成功的标志之一是预订员已被训练成酒店的销售员而不是接受订单的人。他们既营造了酒店的正面形象，又为订房者着想。如果预订员的声音表露出对工作和酒店的热忱，那么这种热情会感染订房者。相反，如果预订员表现不热情，对方就不会对酒店留下好的印象，有可能挪到别处去订房。

在预订问询中收集到的大部分信息被用来创建客史档案，稍后会在本章节中详细阐述其流程。图4-1是酒店预订系统中的一张有关预订界面的样图。

预订客房的人可能是为个人预订，也可能是为团体、团队或会议客人预订。客人作为个人入住而不是作为一个团体的一员，这类客源被称为零星散客。预订的客人作为团体的成员抵达酒店，入住登记程序上与零星散客有所区别。例如，团队客人的资料，先要找到团队名称，然后才能找到某位客人的名字。此外对订房的团队客人抵店前的接待准备也会有不同的做法。

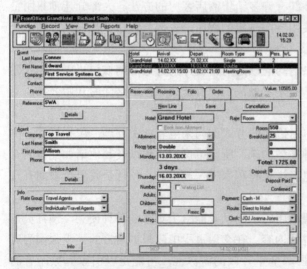

图4-1 由计算机显示的订房记录样本

资料来源：由芬兰图尔库 Hotellinx Systems 有限公司提供。该公司的官方网站为 www.hotellinx.com。

中央预订系统 大多数酒店属于一个或几个中央预订系统。中央预订系统或计算机预订系统负责维护系统中每家酒店的可供出售存量房。订房系统有两种：直属订房系统和非直属订房系统。

直属订房系统是一个酒店连锁集团的订房系统。所有旗下酒店通过契约形式加入。如今每个连锁酒店实际上都在运作自己的订房系统，或将预订功能外托给预订技术供应商。

连锁集团都在追求预订处理程序的合理化以减少成本。另一个解决办法是连锁集团酒店相互介绍客源。在团队预订时，订房信息通过计算机使直属酒店共享。

订房信息常常由连锁集团的一家酒店通过订房网络传递到另一家。如果一家酒店已客满，订房系统会把业务介绍到连锁集团在同一地区的另一家酒店。预订系统也可以把位置会使客人感到更方便、更符合客人需求的酒店介绍给订房者。直属订房系统容许非旗下的酒店加入，这一举措象征着集团有了更大的市场。非连锁的酒店加入直属中心预订系统被称为编外酒店。订房要求在同一地区的连锁集团各酒店都无法接待的情况下才会放到编外酒店。编外酒店则向连锁酒店或订房系统支付业务介绍费。

非直属订房系统是由自主经营的不属于任何连锁集团的酒店自由结合起来的订房系统。非直属订房系统使那些自主经营的酒店也能享受到连锁酒店集团的许多有利条件。与直属订房系统一样，非直属订房系统也承担了为系统酒店做广告宣传的责任。属于非直属预订系统的世界一流酒店组织，普雷弗（Preferred）和卓越（Distinguished）酒店组织都是这方面的例子。大多数非直属订房系统只在某一地区接纳少数成员加盟，这是为了保证加入者都能提供高品质的服务。

订房中心办公室（CRO）依靠免费业务电话和在线网址建立和公众的沟通。大多数大型连锁酒店基团有两个甚至更多的订房中心，可通过电话和直接接触与其中之一联系。订房中心或预订网一天工作24小时，一年中的大部分时间都营业。在旺季，订房中心有大量的员工在同一时间上班。

订房中心主要的工作是与多家酒店交换可租房信息，以及通过与公众沟通接受订房资料。在不少酒店是通过在线沟通完成的。用此方法信息可即刻在中心与酒店间交换。快速传输的订房系统使得酒店和订房中心能够掌握准确的、最新的可租房信息和房价信息。有些订房中心在做完订房记录后直接通过电话或网络将信息传输到酒店。另一个例子，当订房中心办公室处理一个预订时，特定的这家酒店的特殊房价和可供出租房数据均必须被上传到中央预订系统，中央预订系统在完成预订传输流程后又必须将信息下载到这家特定的酒店管理系统中去。

中心订房系统为系统内的酒店提供处理订房资料所必需的沟通设备。设备有制表用的个人计算机，还有计算机网络、传真机和残疾人使用的电话装置。中心订房系统向系统内的酒店收取用于提供订房服务和设备的费用。酒店除了支付使用设备的固定费用外，还要向中心支付订房佣金。有的订房系统收取客房营业收入的一个固定的百分比作为整个中心预订系统的费用。酒店要向中心订房系统提供准确的、最新的可租房信息。没有这方面的信息，中心订房办公室不能有效地处理订房业务。

直属于非直属中心订房系统除了管理预订程序和进行沟通外，还提供其他多种服务。中心订房系统还可以是一个与酒店之间沟通的网络，一个账务传输系统，或是目的地信息中心。连锁集团的各酒店可把报表传输到公司总部。中心订房系统还能作为信息中心的用途，各酒店可把当地的天气、特别的活动、季节性的房价等传输到中心。

区域订房办公室 当连锁酒店集团在同一座城市有几家酒店时，往往会选择设置一个独立的预订部门或区域订房办公室或专门的订房网站。此部门的作用跟酒店集团的中央预订系统相似，只不过它只向该特定城市或区域内的酒店服务，而不是整个酒店集团。所有处理预订的工作均汇集到区域订房办公室或其官方网站，取代了原有的电话预订接线员的职责。当一名顾客直接联系某一家酒店要求订房时，该酒店直接将预订请求转移到区域订房办公室。与此同时，酒店集团的中央预订系统网络与该区域办公室和酒店自身的网络共享这些预订信息。

区域订房办公室的设立有如下几个优势。首先，人力成本降低，区域订房中心所需要的员工远远少于每家酒店均设置独立订房中心所需的员工数。自从酒店的人力成本费用逐年升高，任何能够降低人力成本的措施均受到酒店的欢迎。其次，当预订专员和预订网络专门为特定的几家酒店提供预订服务时，交叉销售成为可能。例如，当酒店 A 因为承接一个大型会议而满房时，区域订房网络会提供一个相邻的姐妹酒店供客户选择。这不仅方便了顾客，同时也提高了其他酒店的客房出租率。最终，酒店集团的中央预订网络和全球分销系统统一协调各酒店的房价和可供出租房数据。这使得酒店的预订效率大幅提高。

区域订房办公室及订房网络可以在远离酒店一线经营的地方独立运转。这种地域上的分离使区域订房网络在为各家酒店提供预订数据共享支持方面显得极其重要。在区域订房办公室设立之前，酒店总经理可以轻易地通过走访预订部办公室来了解预订工作。在区域订房办公室设立之后，通过远程办公室和全自动网络系统协调酒店预订信息也面临挑战。在没有了解酒店房型、会议设施以及其他服务信息的情况下，确保系统程序准确运行以及准确描述酒店的设施设备或许是最重要的事情。因此，当前区域订房办公室及其网络最基本的工作是确保提供给顾客的所有酒店的宴会、设施设备以及服务信息的准确性。

全球分销系统 大部分的中心订房系统，无论是直属或非直属的网络都与一个全球分销系统（GDS）连接。最大和最著名的全球分销系统有 SABRE、GALILEO

INTERNATIONAL、AMADEUS 和 WORLD SPAN。各个全球分销系统分属于某家航空公司或航空协会。全球分销系统提供全世界范围的酒店订房信息并能向全世界销售客房。全球分销系统还订售机票、出租汽车以及其他旅行者的必需。在全球范围内通过网络或私有网络专线直接与酒店、航空公司、租车公司以及旅行社的预订系统相连，全球分销系统在全球范围内提供链接一大批旅行与旅游者存量信息的平台。

酒店客房的销售是通过连接酒店所属预订系统与全球分销系统来完成的。世界各地的大部分旅行社都有一个或几个与许多家机票预订系统连接的终端。整个系统既能办理客房预订，也能办理租车预订，大多数全球分销系统能满足旅行社的大部分要求。在一笔交易中，旅行社就能既销售机票，又销售酒店客房和提供租车服务。

有段时间旅行社通过全球分销系统的客房预订逐渐减少，因为此系统提供的租房情况和房价不总是很准确，而且确认过程也不十分安全。连锁酒店集团把它们的订房系统和全球分销系统实现了连接，使得旅行社直接向酒店预订系统客房，可以获得准确的可租房和房价情况。这种连接叫作"无中转连接"。

多项销售代理机构 多项销售代理机构是一个能受理多种产品预订的中心预订系统，主要为航空公司、汽车出租公司和酒店办理预订业务——是一种"一个电话就办妥整个旅行安排的"作业形式。多项销售代理机构把订房要求直接传给酒店中心预订网，它们也直接与客人要求的那家酒店联系。酒店参加一个多项销售代理机构并不意味着不能加入另一种形式的中心预订系统。

通过互联网预订 许多酒店管理公司、航空公司和汽车出租公司通过互联网销售系统提供在线预订服务。典型的互联网销售公司包括 Expedia, Hotels.com, Orbitz、Hotwire、Priceline 和 Travelocity。互联网分销系统能使来自不同细分市场的旅行者使用计算机或移动设备预订酒店客房、预订机票、租赁车辆。度假客、商务旅客、商业公司、国际访问者都能利用网络来安排自己的行程和食宿。各类潜在的宾客接通互联网选择经提示的旅行社和酒店就能完成简单、愉快的预订程序。

酒店无论大小都可在互联网上建立网页。连锁集团通常有一个网站着重展现它的品牌和企业特征。大部分连锁集团的网站都允许访问者做在线预订。独立经营的酒店也尝试建立网站。但它们的网站不像连锁集团的网站那么复杂，因为那样的网站成本很高。独立经营的酒店的网站通常提供信息和让访问者做预订。

一些潜在顾客出于对隐私和安全的考虑排斥在线金融交易。因此，为了防止欺诈行为的发生，酒店网站采用了基于可靠加密方法的安全程序。当使用在线预订系统时，网页会自动跳转成高级别的安全模式。

除了方便和安全外，在线系统还发挥了重要的市场方面的功能。许多酒店网站的预订功能可以使顾客参加酒店的特殊活动和价格促销活动。还有一些网站可以使顾客进入多媒体演示系统浏览酒店的功能布局和产品优势，与酒店来一次完整的"预先体验"（一次对各种房间和服务的虚拟浏览）。其他的功能还包括能使顾客预订高尔夫球场、水疗护理、当地城市旅游和其他活动预订，同样还可以预订餐厅。

分销渠道收益

由供应商和由旅游批发商供给酒店的收益相差很大，这往往是由分销渠道和代理商的关系决定的。中央预订办公室每间房每晚或者按一定比例收取佣金，无论预订活动成功与否；或者基于成功交易的预订收取费用，又或者两种形式兼有。此部分收益取决于中央预订办公室与供应商签订的财务合同。全球分销系统和网络分销系统通过征收交易费用或通过销售酒店折扣房来获得收益。

通过下面的例子来说明酒店收益是如何被各类分销渠道瓜分的。假设一家连锁酒店销售一间客房的价格的收益是 100 美元，如果这间房是由酒店的预订部门销售出去，则酒店将会收到 100 美元。然而，如果这间房是通过全球分销系统的代理商卖出的，那么酒店收到的钱将会减少。为什么会出现这种情况？酒店收益的减少是由于中间各类手续费用的瓜分。旅游代理商（例如旅行社）将会从中得到 10% 的佣金（在这个例子中即得到 10 美元），全球分销办公室收取每笔 3 美元的交易费用。另外，如果该预订通过连锁酒店的中央预订系统，则其还会收取每笔 5 美元的服务费。在这个例子中，酒店最终的销售收益是 82 美元，其余的 18 美元被用于支付各类佣金和手续费。

当酒店依照上述例子通过各类分销渠道销售客房时，与原计划目标相比，酒店必须提高客房出租率来抵消中间环节产生的佣金费和手续费，从而实现酒店的总体收益目标。

团队预订

团队预订涉及许多种合同：有与宾客的，与会议组织者的，与会务中心的，与参观机构的，与旅行批发商和旅行代理商的。团队预订都会有中间代理商并有特定的要求。通常一个团体选定了一家酒店，它的代理人就会与酒店的销售部打交道。如果能提供足够的客房，那么大家商定的用房数就会保留下来供团队使用。这叫作预留房。团体会得到一个专门的订房卡或订房代码，可在预留的房间范围内为自己预订客房。预订员收到团体成员的订房就会减少预留房的数量。为某一位宾客预留的房间叫作已订房。团体成员预订了客房，客房状态就会从预留房转成已订房。一般来说，酒店会规定由预留房转为已订房的具体期限。过了期限，未被定出的预留房会转为酒店可出租房。这个时限通常叫作团队的预订截止日期。这个截止日期过后，如酒店仍有可出租房的话，酒店也会接受这些团队订房。

团队预订的办法

虽然团体预订程序看似简单，但仍会出现一些问题。以下提供的是解决问题的方法。

做团队预留房 团体客源是酒店非常希望得到的。但在团队做预留房和控制预留房的过程中常常容易出错。在处理过程中，预订经理应该明白可能会出现下列情况：

- 对团队业务需要起草一份合同，写明需要的房间数量及其价格。合同还必须强调大部分成员的抵离日期，以及其他需要注意的如套间数和免费房数、与预订方式、团体及个人的结账方式安排等问题。提前抵达和延期离店的安排也应包括在合同中。合同还应写明团队预订的截止日期。所有信息应进入前厅系统以便预订能被自动跟踪。
- 预订经理应根据团队需要的客房数量搜寻酒店的可出租房。销售部常常在接受团队预订前查看前厅终端，弄清可出租房的总量情况。在与团队负责人确认保留之前预订经理要确定系统显示的可出租房是最新的、最准确的。如果团队把散客的用房拿走了，预订经理应该把可能的影响报告销售部经理或总经理。如果一家酒店住满了团体客人，散客也会感到不自在。如果因为保留了团队房而无法保留散客房，散客就会入住他店。
- 在做预留房前，预订经理应该查看这个团体有无先前的档案资料。例如会出现一个团队要了 50 间房，但一年前显示这个团队预订了 40 间房。那么预订经理会在预留客房前把这一情况告诉销售经理。如团队无历史资料，那么可以查阅最近的这个团体在某家酒店的用房情况。如果一位团体负责人发现酒店未保留合同上规定的客房数量，就会引起很大的纷争。
- 开始办理团队预订时，预订经理必须控制好预留房的数量。重要的一点是预订经理发现预留房用不完或不够用的情况时要及时通知销售部。销售部就会与团体联系，决定是否要调整预留房的数量。如果客房需求很大，并会对团体房安排产生影响，酒店可以选择接受新的预订还是把他们安排到其他酒店。如果需求量小，那么销售部可以抓住时机再接待另一个团体。
- 掌握团体订房状态是预订经理需要注意的一个重要问题。一个确定的团体订房是指已签订了销售合同的团队订房。所有确定的团体订房一旦获知准确的预留房数目后应尽快输入订房系统。一个未确定的团体订房是指合同已送交对方但尚未签字回交。有些酒店把未确定的团体订房也输入订房系统。用这种方法，他们可以保证兑现允诺。但是保持对这些未确定团体的跟踪是必要的。要弄清它们是否已经变成确定的团体订房，还是应当将它们从预订系统中去除。保留未确定团体的时间过长有碍于接受其他确定的团体订房，还可能造成销售部与预订部的混乱状况。

- 团体预订送交方法也是一项重要内容，常常会包含在销售合同之中。可能会允许与会者个人直接向酒店或中心预订系统订房。这个做法在协会举行的会议中很常见。另一种情况是，与会者希望在抵达酒店前收到预订的安排。许多公司要求其商务客人在抵店前能从公司拿到住房安排，旅游团队的客人也希望能从旅行社拿到住宿安排表。他们希望能控制住房安排和结账安排。预订部必须十分小心处理这些安排方面的要求，按规定程序操作，不要答应超出议定范围的订房要求。

会议　如果酒店销售部与团体会议组织者之间没有建立紧密合作的工作关系的话，那么会议期间很容易出现问题。如果事前相互间就有良好的沟通和合作、许多问题就可避免。对酒店接待会议团体，我们提供下列建议：

- 了解会议团体的情况，包括以往的取消订房、订房未抵、预订截止日期等历史资料。
- 回顾酒店制定的关于会议组织者订房的一切有关政策。
- 把会议的计划安排通知预订员，并把各项布置细节纳入订房过程中。
- 定期制作接待安排报告，更新团队预留房的状态。
- 定期制作一份最新的已登记者名册。
- 立即纠正由会议组织者的错误。
- 接到与会者的订房要求应随时予以确认。
- 接到取消订房的通知时，把预订房退回到预留房，并通知会议组织者。
- 把最后的用房安排表交给会议组织者，酒店所有员工投入接待会议的工作。

会议和访客事务局　大型会议要动用好几家酒店来安排与会者的食宿。当会议需要由城市的多家酒店安排与会者食宿的话，就叫作全市性会议。通常会有一个独立的会议和访客事务局来协调多家酒店的用房。有专门的软件来监督和协调用房的工作。每家酒店必须把愿意提供给会议使用的客房类型和数目确定和保留下来。会议和访客事务局的任务是保证各酒店的可出租房能满足与会者的要求。会议和访客事务局通过网络每天或更频繁地把信息传输到参加接待工作的各酒店。同时，各酒店也要把任何订房消息和取消订房的消息通过预订系统告知会议和访客事务局。有了这样的信息交换，会议和访客事务局就能协助各酒店有效地管理会议预留房。

旅游团队　旅游团队是指那些有自己的用餐、交通和活动安排的团队客人。酒店要特别小心地去调查那些团队经营者或旅行社的可靠性和以往的表现。一旦掌握了

团队经营的历史资料,预订经理会放心地做团队预留房。对接待旅游团队有以下建议:

- 确定团队预留房的数量和类型, 包括为驾驶员和导游保留的客房。
- 明确规定预订截止日期, 过了规定的期限, 未办预订的预留房会由酒店另做他用。如果没有分房名单团队经营者就应将某一天的用房数与酒店确认。
- 如果没有规定预订截止日期的, 团队经营者就应明确提供分房名单和日期。
- 注意验收预收款的到账日期和金额。
- 注意订房记录上的团队包价内容中有关酒店提供的服务和客房用品。
- 留下团队经营者和代理人的姓名和电话。
- 注明各项特殊安排和要求, 如提前抵达、行李的处理要求、入住和离店安排等。

参会者管理与会议房间管理系统软件 参会者管理与房间管理系统软件是一个补充的预订控制工具。从历史上看, 团队会议组织者和预订部员工在没有相关自动化系统的帮助下不得不对参会人员预订的相关事项进行协调配合, 团队会议预订一度要用电话或打印的函件进行手工处理, 会议组织者向潜在参会人员分发会议邀请函, 参会者完成表格的填写发还给酒店。这是一个非常耗时的工作, 而且会由于客人书写的模糊、混淆日期和价格或其他参会事项造成信息的不准确。酒店随后将收到的预订信息再反馈给会议组织者, 以便他们能据此掌握团队的预订状况。

这些问题得到缓解得益于酒店公司允许团队预订使用它们的网站或电话订房中心。尽管网站的使用是有帮助的, 但还是需要酒店员工确保网站上的团队预订信息是准确的。通过网站, 只要在预订时提供给酒店的预订信息是可靠的, 团队会议参会人员就会得到合适的会议房间价格。

参会者管理与房间管理系统软件将团队预订和登记程序自动化了。这个软件依靠互联网与现在参会者进行沟通。参会者管理软件只专注于会议注册活动, 而房间管理软件则侧重于处理房间预订和会议登记活动。

借助一个参会者管理与房间登记系统, 团队组织者创办了一个特别的网站用于提供有关团队活动及预订可供性方面的信息, 这些信息会链接到会议的主网站, 因此可以供人们在网页上浏览相关信息。有些系统允许会议组织者下载电子邮箱地址和邮寄地址, 这样他们就可以通过正规的方式发送电子邮件或打印的会议资料给那些预期来参会的人; 预期来参会的人收到包含在信息中的网址链接, 点击链接后就可以注册会议和预订房间, 预期参会者点击打印资料上的网址后就可以进行登录和进行预订。

这些系统获取的顾客信息包括顾客姓名、邮寄地址、电子邮箱、信用卡信息、客房要求等。顾客通常可以在预订时确认他们的特殊要求, 他们可以说明他们计划提前到达的时间, 或者要求一间无烟客房。参会者可以通过系统报名参加特殊展示会、节事活动或娱乐活动（比如他们可以预订高尔夫球场或做一个水疗护理的预订）。

一旦客人在网站上提交了他们的需求信息，这些信息就会转发到系统开始进行处理。简单一些的系统只转发会议组织者的报告给接待会议的酒店进行手工处理；更多复杂的系统，如帕斯基系统，实际上与酒店的预订系统进行了链接。当一个预订通过帕斯基的网站进入"帕斯基专属"酒店名录，预订的处理及给客人的确认均可自动完成。消除了手工操作并输入打印报告到酒店预订系统的工作。系统还可以在团队用房和酒店之间保持房间存量的准确性。对于大型的会议而言，有些系统能整合许多酒店的房间存量，从而给予客人在哪里入住的选择。这对于那些使用同一个城市许多酒店客房存量的会议特别重要。参会者管理与房间管理系统软件非常便利，因为它简化了会议注册和预订处理工作，这对于会议组织者和酒店都非常重要，因为它提高了彼此的沟通效率，减少了手工劳动的工作量。

预订的可供性

酒店收到预订要求时，重要的一点是把订房资料与已经接受的订房记录对照。在处理预订要求时会有几个结果产生。一家酒店可以：

- 按宾客要求接受预订。
- 建议其他类型的房型、日期和价格。
- 建议去另一家酒店。

任何订房系统都有严密监督的订房数以防超额预订。当酒店出现即将客满的情况，受理预订要特别小心。有些州有关于保证类订房宾客抵店时必须得到客房的法律条文。预订系统可以做到严密监督，避免出现超额预订。

将过去的订房数和实际入住数进行比较，可以订出一个防止超额预订的参照系数。根据以往这种预订后不来住的统计，管理层可以允许预订系统做超额预订。超额预订是酒店为对付预订而不来或取消预订或提前离店而影响全额出租的一项措施，历史资料分析加上工作经验丰富的经理，使预订系统能准确地预测取消订房、订了房不来的客人用房数量。这个预测结果必须报告销售部和总经理，他们可能还掌握着预订系统以外的信息，如竞争压力、天气和其他方面的问题。当一家酒店的预订房数量稍稍超过它的可租房总数时，那么预订系统的工作就是想实现尽可能高的出租率。

对超额预订必须小心处理。如果预订系统超额订出太多的房，已确认的宾客就无法安排入住，这就会损坏对客关系，影响酒店今后的客源。为了准确控制超额预订的数量，经理们必须认真地监督接受订房、控制预留房和取消订房的情况，以随时掌握可出租房的数量。

预订系统

酒店内的订房系统可以严密跟踪订房资料。系统可以密切控制可租房的资料，自动生成许多订房报告。表4-2是一份预期抵店、住店和离店的报告。报告显示了1月19日那天，抵店数为19，住店数为83，预期离店数为4。此外，这份报告还根据预订信息估计出那天的营业收入。预订系统还能自动生成预订分析报告，对客房类型、宾客特征和其他特性作统计分析。预订系统的最大优点是提高了可租房和房价信息的准确性。当预订员输入订房或修改订房或取消订房的信息，可租房的库存数就会立即更新。另外，来自总台的订了房未抵店的，提前离店或门市客的信息也会即刻更改计算机中可租房的数量。在有些酒店，销售部的计算机系统也与订房系统连接。在那些酒店，可租房的信息发生的每一个变化同时会传输到销售部。销售经理无须打电话给预订部，便可直接了解到可供团队或散客使用的客房数量。在一些装备更先进的酒店，房价资料也会自动与销售部沟通。做到这一点很重要，销售部因此有了参考依据，了解到按什么价格销售才能达到酒店的总营收目标。

表4-2 抵店、住店、离店报告

递交卡尔劳格中心的抵店、住店和离店客情报告							
第001页							
01/09/×× 15:03							
日期	抵店	住店	离店	客人数	已出租房	未出租房	收入
01/19	19	83	4	135	102	43	5185.00
01/20	34	57	45	131	91	54	4604.00
01/21	37	55	36	130	92	53	4495.50
01/22	15	6	86	29	21	124	1116.00
01/23	12	14	7	36	26	127	1252.00

资料来源：本表由密歇根州州立大学的卡尔劳格中心提供。

图4-2是酒店销售软件所显示的客服控制记录，屏幕显示了一周中每天可出租房的数量，以及为已确定的团体和未确定的团体预留的客房数和为散客销售预留的客房数。当销售代表、预订员和前厅经理需要获取大量及时信息时，计算机能迅速反映出客房的销售情况。

一旦某一类型的客房售完，预订系统会拒绝接受此类客房新的预订申请。当要

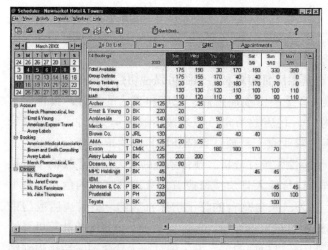

图4-2 客房控制记录

进一步检查此类已售完房的情况时，预订员会看到屏幕上打出的文字提示：此类房已订满。有些预订系统会提出订另一类房或另一种房价甚至到附近酒店订房的建议。系统还能详细列出以后出租房的数量，还能显示以后一段时间的有房可供日、无房可供日以及举行特别活动的日期。有房可供日指仍有客房可供出租的日子，无房可供日指那些根据预测已客满的日子。特别活动日可以用来提示一个会议将在酒店举行或大型团体将抵店的日期，以告知其他订房者。许多预订系统还有管理批准功能，使系统能接受超额订单。运作这个功能要十分小心。

预订系统自动地储存订房记录，由此在旺季还能生成等候名单。这一功能对处理源源不断的订房和实现营收管理策略发挥作用。跟踪未来的订房信息时间的框架称为远期预订。大部分的计算机预订系统的远期预订为2～5年。

预订记录

预订记录是宾客抵店前证实客人及订房要求的资料。根据这些记录酒店能量体裁衣地为客人做好服务安排，能更准确地计划员工的人力安排。预订记录还包含了各种用来制作重要的管理报表的资料。

在与订房者交流并确定可以接受订房要求后预订员或计算机订房表就能建立起一份订房记录。这份电子记录就是对客服务全过程的开端。为了建立一份预订记录，订房系统主要获取以下宾客资料如：

• 宾客姓名（团名）。
• 宾客家庭地址或转账地址。
• 宾客电话号码。
• 宾客单位的名称、地址和电话号码（如果合适的话）。
• 如果不是宾客本人订房，要有订房者姓名和相关信息。

- 偕行人数，如有小孩，要明确小孩年龄。
- 抵店日期和时间。
- 住店天数或预订抵店日期，这要根据系统设计要求。
- 预订种类（保证类、非保证类）。
- 特殊要求（婴儿、残疾人或者要求禁烟房）。
- 其他需要了解的信息（交通工具、延期抵店、航班号、对客房的偏好、电子邮件地址等）。

对一位非保证类预订的客人，如果他计划抵店的时间在酒店规定的预订取消时间以后，那么应该把酒店的政策告诉客人。一旦取得了必要的信息，系统会立即给予一个预订确认号码。这个号码使宾客和预订部都获得了一个关于该订房记录的唯一关联证明。

对保证类预订房，还需要其他的资料。根据作保证类订房的方法，下列信息会有用。

- 信用卡信息。包括信用卡种类、号码、失效期、持卡人姓名。在线订房系统可能会接通信用卡自动验证系统来获取信用卡信息。
- 预付款或定金信息。这个信息来自宾客与酒店之间的合约，规定宾客在一定时间前要向酒店缴纳定金。应确认宾客是否在规定期限如数缴纳定金或预付款：如果不是，那么订房记录应被取消或归入非保证类预订。如果酒店政策是在确认订房前要收定金的话，那么要告诉客人。如果订房时用信用卡付预付款或定金，那就应立即划款给酒店。
- 公司或旅行社账务信息：包括订房公司的名称及地址，订房人姓名，公司或旅行社的账号（曾经过酒店认定）。为了避免失误，酒店会准备一份经核实的公司和旅行社的账号。如果公司或旅行社不用转账的办法，预订系统就要建立账务追踪，以监管这笔生意的收入。如采用这种方法，销售部会与公司洽谈合同。合同内容中包含这些信息。

预订系统应提示一些作保证类预订的要点。宾客应该知道他们的客房会保留至比他们计划抵店时刻以后的某个时间。宾客也必须知道如果他们未能在这一时间前取消订房，他就会丧失已付的定金或酒店会收取保证金。

独立经营的酒店与连锁酒店集团在预订阶段会有不同的报价方法和确认方法。虽然门市公布价的变动无须提前通知但在预订阶段已经报出的房价和已确认的房价必须得到遵守。遇到下列情况，预订系统必须能够对房价做出修正：

- 对增加的服务和客用品的额外收费。
- 如对某一段时期有抵店时间和最低住店天数要求的话，需要注明。

- 如果某个日期有特别的促销活动。
- 对境外宾客的外汇报价，遇汇率变动时。
- 房费的税金比率变动时。
- 服务费变动时。

预订确认和取消

酒店通过预订确认表示承认和核实宾客的订房要求和其个人资料。确认预订的方法可以是电话、电传、传真、邮件和电子邮件。书面的确认信明确了双方的目的，并在姓名、日期、价格、客房类型、房间数、要求支付的或已经收到的定金金额、偕行人数等问题上取得共识。以作确认的预订可以是保证类预订，也可以是非保证类预订。

预订系统一般会在收到预订的当天制作预订确认。有关信息会显示在预订记录上并自动记录在一份特制的表格上。订房确认在格式上各家酒店都不相同，一般包括有：

- 宾客姓名和地址。
- 抵达日期和时间。
- 客房类型和价格。
- 居住天数。
- 偕行人数。
- 预订类型，保证类还是非保证类。
- 预订确认号;
- 其他要求。如有的话。

根据预订的性质，确认信可能还有要求预付定金或预付款的内容，或是对原先订房的再次确认，对预订修改的确认或是对预订取消的确认。

如宾客要求的住宿设施和服务涉及美国残疾人条例，那么确认信件成了双方很重要的沟通渠道。确认信告诉对方，他们的特殊要求已被理解并做好了准备。酒店有专门为残疾人使用的安装了专门设施的客房，而且作分门别类的统计，以便更好地控制。

许多酒店对用信件确认预订做了限制。如果宾客在预订之日起 5 天内抵达，酒店不寄信确认，因为信件在途中停留的时间过长。如果用电子邮件或电传方式传送文件，宾客抵店时就可以出示。

确认 / 取消号

作为预订确认程序的一部分，系统会分配有关预订确认号码。预订确认号帮助识别宾客的预订记录。酒店在收到预订更改或取消时，预订号的作用尤为明显。同样地，预订系统收到一个取消预订的要求后会分配一个预订取消号码。

分配预订取消号的做法起到保护宾客和酒店的双重作用。如以后出现任何误解，预订取消号能证明酒店收到过取消订房的通知。遇到取消保证类订房的情况，预订取消号能免除宾客缴纳保证金的义务。如果没有这个预订取消号，宾客可能会遇到像那些预订而未抵店客人一样被要求付费的麻烦。如果宾客取消订房的通知在酒店规定的时限之后到，计算机系统不会分配给客人预订取消号。取消预订的要求会被归入过时取消一类。如果这时取消的预订不属于保证类预订，那么宾客无须向酒店支付取消费。

每个系统产生预订取消号的方法不尽相同。这些号码会包含宾客预期抵达的日期，预订员的姓名，酒店代码以及其他有关信息。例如，一个计算机系统的取消号为 36014MR563，这个号表示了以下信息：

- 360 = 宾客抵达的日期（一年中连贯的天数）。
- 14 = 酒店代码。
- MR = 发出取消号的预订员姓名缩写。
- 563 = 一年中发出取消号的累计次数。

用三位数表示日期，可以用 001 天到 365 天来表示一年中的任何一天（少数年份为 366 天）。这种表示日期的方法是恺撒制定的历法中的日期表达法。例如号码360 就表示正常年份的 12 月 26 日。

分配预订取消号，可以是酒店与信用卡公司达成的关于收取订房未抵店费用协议的一个内容。取消号和预订号应分别存放，以便快速检索。参照某一天原本预计抵店的宾客的预订取消号对其他工作也有关联作用。例如，取消预订将更新订房记录，帮助管理层调整用工计划和设施安排。

不管订房程序如何顺利，但是仍无法避免预订更改和取消的情况。这种情况的出现，并不是说建立预订记录不重要。一个系统存取预订资料和相关档案的能力是预订工作中极其重要的方面。如有人与酒店联系要对预订作修改，预订员必须能够快速找到准确的原始资料，查明内容，再作修改。系统必须随后重新将订房记录归档并更新预订报告。

非担保类预订的修改

如宾客能在酒店规定的取消时间前抵店，那么他们就会选非保证类预订而不是保证类预订。但会有出乎意料的变化使宾客无法准时到达酒店，如航班延误，出发时间比预期时间推延，天气不好，车速放慢。当延误已成定局，有经验的旅行者常常会与酒店或连锁集团的中心预订网联络，告知延误消息或将非保证类订房改为保证类订房。因为他们知道如维持原先的非保证类订房，酒店会过时不候取消预留房。预订系统必须遵照酒店的政策来操作预订的修改工作。主要做法有：

- 获得非保证类订房资料。
- 获取宾客信用卡种类、号码和失效时期。
- 如酒店政策有规定，应重新分配新的确认号码给客人。
- 根据系统要求的步骤将非保证类预订状态变为保证类预订状态。

预订的取消

宾客花时间将取消订房的消息告诉酒店是帮了酒店的忙，酒店就能将原先保留的房间恢复出租，前厅也就能更有效地控制房间数量。酒店应使取消预订的操作程序快速而有效。与提高其他服务一样，受理取消预订时要求预订员或前厅员工尽可能地做到谦恭礼貌、准确有效。

非保证类 取消非保证类订房时，预订系统需要获得宾客姓名和地址，预订的客房数，计划的抵离日期以及曾经给过的预订确认号码。这些信息将查证已有的预订记录并把它取消。登入了取消资料后，系统会给予一个取消号。

用信用卡作保证类预订 大部分信用卡公司都接受酒店转来的客人订房未住的收费单子，除非客人按规定作了取消预订，酒店给了取消号。用信用卡作保证类预订的取消订房程序如下：

- 进入原先的订房记录。
- 分配一个预订取消号。
- 把预订取消号归入取消预订的档案资料中。
- 更新可出租房数量（把预留客房归到可出租房的存量中）。

预付定金 酒店管理公司的预订系统关于预付定金的预订的取消在政策规定上各有不同。处理这类预订的取消应和一般预订的取消程序相类似。如宾客按规定作了取消预订，那么应把定金退回给客人。同时预订系统必须准确地分配和记录预订取消号，这一点对于预付定金的预订尤为重要。

预订报告

一个有效的预订系统通过准确地控制可出售房的数量和预测客房营业收入，达到最大限度提高客房销售的目的。预订系统提交的管理报告在数量和类型上则根据酒店的需要和系统本身的性能和所设置的内容而定。常见的预订管理报告有：

- 预订业务报告：这份报告分析每天的预订业务情况，统计资料来源，订房记录，订房修改记录和取消记录。其他报告可能有：专项分析报告如取消报告、预留房报告以及订了房既未取消也未抵店的宾客统计报告。
- 代理商佣金报告：签约代理商在酒店订了房，就会得到佣金。这份报告显示了酒店应付给各代理商的佣金数额。
- 未作预订和未接受预订报告：未作预订和未接受预订都属于丢失的生意。未作预订是指宾客选择了不在酒店订房。可能有这样一些原因：房价、现有房型、位置和其他因素。未接受预订是指酒店不能接受一个预订客房的要求。这大都是因为可出租房的原因或有限制接受新的预订的规定。许多酒店都要求把发生的这些情况记录下来，然后交管理层检查。如果酒店因房价原因造成太多的客人另选他处，那么管理层有必要调整房价，以适应竞争情形。未接受订房的统计将有助于管理层做出是否接受团体订房的决定或者是要在酒店中增加某种类型客房的决定。有些酒店把这份报告叫作业务转移或业务丢失报告。
- 营业收入预测报告：这份报告根据预测的客房出租率以及相应的房价估算出即将得到的营业收入。这方面的信息对长期计划和资金管理策略尤为重要。

预期抵离店名单

预期抵离店名单是根据需要制作的显示即将抵店、离店或住店的客人数量和姓名的清单。

预期抵店名单是由预订部或总台制作或打印的。总台员工根据这份名单提供的信息来准备宾客入住工作。同样，预期离店名单还能使总台员工了解到哪些宾客会超过原定离店日期后才离店，而且未把延期离店的消息告诉酒店。掌握这方面的情况是非常重要的，尤其是在酒店出租率很高的时期。因为客房已经为即将抵店的客人预留了。

预订系统还能实施宾客入住前的准备工作以及为一些特殊客人如贵宾或有特殊要求的客人提供服务。根据在预订阶段收集到的宾客的资料，客人有可能在入住阶段只需在登记表上签名或压印一下信用卡就可以完成入住登记程序了。如果预订过程中收集的各种信息是安全可靠的，那么建立一个更加有效的宾客入住登记程序是可行的。

定金受理

受理定金的工作不应由负责预订记录的员工来完成。预订部的员工不应直接处理支票或现金；各司其职会提高安全性。总经理秘书或酒店总出纳可能是酒店处理此类业务的合适人选。收到支付定金的支票后应立即盖上酒店的章，并把下列资料写在定金本上或输入计算机：支票号码，支票金额，收到的日期，宾客的姓名，抵店日期，确认预订号码，如果此号码已经知道。定金登记或计算机记录应传送给预订部。收到定金后，相关的每个订房记录都应及时更新关于定金的信息。预订报告中当日定金到账的总数也应随之改变。

总体来说，处理宾客交付的定金应特别小心。大部分酒店不鼓励宾客在信中夹寄现金，但提倡寄支票，这是出于安全的考虑。

预订历史档案

通过分析预订资料，前厅管理者可以不断了解各种订房的样式。酒店的市场销售部可以利用订房资料和分类报告来确定业务发展趋势，审视酒店的产品和服务，制定能对市场产生影响的策略。预订历史档案包括订房过程中每一方面的统计数字，如宾客人数、出租的客房数、订房方式、订了房既未取消又未抵店的客房数、未办预订而直接上门的客房数，以及延期或提前离店（客人在原定离店的日期以前办理离店手续）的客房数。延期离店和续住是不同的两回事。续住是指一位住客从入住到预期离店期间使用着一间客房。了解延期离店和提前离店的百分比，能帮助管理层制订接待门市客计划和决定能否接受在入住前夜才办理的订房要求。历史档案还有助于跟踪一个团队的踪迹。了解团队的预订样式，知道该团是否会在预留房时段开始前抵店，结束后才离店，对处理此类团队的今后订房有很重要的作用。另外，跟踪那些提前离店的团队客人时要特别注意他们是否会返回酒店，这在酒店客满时尤为重要。

预订的注意事项

这部分的内容并不构成预订的组成部分。但是对预订员来说了解有关预订的法律条文、熟知等候名单、包价服务、团队订房以及受理订房过程中容易发生的差错是很重要的。

有关法律条文

酒店和宾客之间的预订协议起始于酒店与宾客的联络。这个协议可以是口头的或者是书面的。确认一位未来住客的预订，用宾客将在某个指定日期入住酒店这样的话来表述，就是建立了合约，就要求酒店在那段时间向宾客提供住宿。如果预订确认符合未来宾客提出的要求，就要求这未来宾客履行自己的预订。

等候名单

有时酒店的客房已被订满，对新的订房只好婉拒。但若距离宾客实际抵店还有一段时间的话，可以把有意而为的宾客按日期先后排列在等候名单上。通过运用这一技术，酒店可以获得大量订房。准备一份等候名单要注意下列事项：

- 告诉宾客他所要求的时间段目前已无房可租。
- 索取宾客的姓名、电话或电子邮件地址。
- 承诺宾客如原有预订出现取消或更改，会立即告知。
- 如仍无此房可租，帮助宾客选择另个日期或更换住房类型。

能够提供等候名单的服务，又能很好地实施和管理，这无疑是个良好的经营办法，还能创造优良的服务气氛。

包价促销服务

许多酒店和度假村向宾客提供包价促销服务。包价促销服务一般在房价以外加入一些用餐、高尔夫、网球、运动课程、轿车服务、观光游览或其他店内或附近的活动内容。大多数酒店和度假村会给购买包价促销服务的宾客一些折扣。而宾客也通常考虑包价的方便和实惠，无须自己一一劳神去购买这些服务。

预订员必须十分清楚酒店提供包价促销服务的信息。预订网页的内容也要随之及时变动。在购买包价促销服务前，宾客通常会询问预订员或查看网上消息，了解更多的更详细的包价促销服务内容，包括所含的项目和价格。预订员必须了解包价促销服务的特色和所有关联的价格。例如，宾客希望在一个度假地住上 4 天，但度假地只提供 3 晚的包价促销服务，预订员或网上预订必须能报出另一晚住宿所需要的价格。包价促销服务对酒店和度假村的经营非常有帮助，尤其是那种经过很好设计促销又很得法的包价促销服务项目。

预订的潜在问题

预订过程中有些步骤很容易出错。如果预订员对这些环节增加了了解，并且知道如何处理，差错的机会就会减少。下面就来讨论预订中一些常见的问题。

预订记录中的错误　不幸的是预订员或宾客在做网上订房时很有可能出差错。例如：

- 记录的抵店和离店日期是错的，宾客的姓名拼写错了，或把姓和名的位置颠倒了，特罗伊·托马斯写成了托马斯·特罗伊。
- 在预订记录上订房人变成了住房客人。

为了避免出现类似的错误，预订系统或预订员应验证输入的预订信息，要向建立订房记录者重现输入的信息。另外，同时还要提示酒店的预订取消政策以及相关的收费价格。这样做的目的在于避免今后可能出现的预订既不取消又不入住所造成的费用和不退回定金而引起的纠纷。这些沟通对于接待国际旅行者尤为重要。一个错误的预订记录对酒店与客人的关系来说可能是灾难性的。

对行业术语的误解　有时，预订员或预订系统使用的行业术语并未为大众理解。这就可能出错。例如：

- 一家庭旅行团的订房已被确认，但他们在酒店规定的取消预订时刻之后2小时抵店，结果发现无房可租；这个家庭的成员把确认类预订 (confirmed reservation) 等同于保证类预订 (guaranteed reservation)。
- 两位商务旅行者订了一间大床房 (a double room)，在他们想象中应是两张床，当他们知道房内只有一张大床时很不高兴。
- 父母希望他们的孩子被安排在与他们相通的连通房 (connecting room)，但却要了间相邻房（adjacent room）。在办理入住时，父母发现孩子的房间与他们的房间不直接连通而是要走过走廊或在隔壁。

为了避免类似的错误，预订员或预订系统应尽量少用行业术语来解释他们店内各种项目的意思。预订确认后，预订房的用语和条件应符合酒店的政策和系统程序的规定。

与中央订房系统在沟通中出现错误　有些沟通上的错误只会在宾客或预订员和中央预订系统联络时发生。例如：

- 中央预订系统为同一城市的好几家酒店服务，可能会发生宾客订错房的情况；宾客要的是机场酒店而不是市中心的酒店。
- 系统在处理相似店名的订房时可能会在城市名或州名上出差错（例如西弗吉尼亚的夏斯顿变成了南卡罗来纳的夏莱斯顿；加利福尼亚的帕沙旦那变成了得克萨斯的帕沙旦那）。

为了避免出现以上问题，预订员应提供所要求预订的酒店的完整地址。当一订房系统为同一城市的多家酒店服务时，对酒店地址的详细说明是非常有助于宾客的。

计算机系统有一个核对邮编的功能。在操作时预订员输入酒店的邮编，计算机会通过邮编识别城市，可减少由地名导致的错误。

在线预订中的失误 尽管酒店与在线预订系统中的沟通一直进行得不错，但问题还可能发生。例如：

- 酒店可能没及时将最新可租房数和房价变动通知在线预订系统。
- 在线预订系统没有把已受理的订房及时通知酒店。
- 在线预订系统或酒店的沟通设备发生故障。
- 酒店决定在某日暂停在线预订，但通告出晚了。
- 相反的情况也可能发生，酒店因发生了取消预订或提前离店的情况而有多余房可提供，但来不及通知在线预订系统。
- 全球分销系统也会出现类似的问题。预订系统和全球分销系统之间没有很好地连接，只好通过其他渠道来更新消息。这既费时又易出错。

为避免出现以上问题，预订员必须了解维持酒店与在线预订系统间准确、及时的沟通的必要性。需要暂停某天的订房时，酒店必须先弄清在线预订已经确认但尚未通知酒店的订房数。许多公司已经在酒店订房系统和中心订房系统之间安装了自动连接装置，这样就减少了因可出租房和房价变动而引发的问题。沟通双方中任何一方出现的设备故障都会对预订操作造成损害。此类问题必须予以关注，以确保预订系统良好的工作关系。

另外，还要经常反复检查全球预订系统所显示的可出租房和房价准确性。这可以通过定期查看全球预订系统所列的报价表的复印件，也可以与当地有着良好工作关系的旅行社联系，了解全球分销系统显示的内容。还有一个办法是选择一个互联网址进行检查，看看上面提供的酒店可出租房和房价是否正确。

电子商务

电子商务是酒店预订管理的重要组成部分（前面的章节有介绍过电子商务，但这里所涉及的内容将更加具体更加重要）。电子商务与传统的酒店分销渠道商相比，例如预订办公室、电话中心以及全球分销系统，大大扩展了酒店所能触及的领域。通过互联网，酒店可以以多种分销渠道与顾客直接沟通。无须考虑是连锁酒店集团或者单体酒店，通过互联网均可参与到电子商务活动中。通过网联网将酒店与顾客联系起来实际上是电子商务最简单的一部分。更加有挑战的在于通过电子商务渠道能够识别哪个渠道有最优质的客源，哪家酒店最适合这类客源，最合适的房价是什么。

早期，在酒店预订分配中，电子商务被认为是新兴的力量，大多数酒店管理公司寻求的是预订网站的存在。首先，大部分酒店只是简单地将他们印刷好的酒店宣传册搬上线。第一代网页，酒店顾客通过致电显示在网站上的预订办公室电话与酒店联系做预订。第二代酒店网站发展成为可以为顾客提供在线预订服务。为顾客提供交互式的服务能力很快成为行业标准，这包括了提供多种房型、房价的在线选择，以及实时地确认预订服务。

起初，许多潜在的客户通过互联网获取有关酒店的信息来选择酒店，然后直接联系酒店订房中心完成预订工作。但是，久而久之，这些"观望客"变成了"预订者"，这是因为顾客对于网络在线订房的信心不断增强所导致的。

酒店管理公司扩容了它们的网站容量，增加了专门用来提供搜索服务的引擎，团队销售和高级导航功能。网站访问者通过酒店官网可以 360° 全景感受酒店设施设备、浏览餐厅及宴会菜单，甚至可以在线观看有关酒店的视频。搜索条件有以下几种，例如，酒店所在城市，客房数，房型，酒店品牌，多功能厅类型，宴会设置，邻近商业体，还有本地的热点地区等。举例说明，潜在顾客可以通过酒店是否有游泳池，是否邻近机场，是否提供高速上网服务，是否提供 24 小时客房送餐服务等条件来搜索酒店。通过一些敲击键盘的操作，散客或者团队预订就可以完成。通过相同的操作，顾客同样可以预订像高尔夫球场、SPA 水疗、餐厅及接送机服务。

在电子商务变得越来越重要的今天，酒店有必要设置专门的经理岗位负责在线运营业务（例如收益经理）。一些酒店管理公司在地区层面上设立收益经理岗位，通过专业的收益管理系统完成日常的收益管理工作。

那些通过网络订房的潜在顾客在享受便利的同时也同样注重价格因素。许多订房网络通过综合预订系统以包价或者折扣价为潜在顾客提供接送机及租车服务。

互联网为不同类型的旅游者提供许多与旅游相关的服务网站。例如：

• 对品牌忠实的旅游者（例如，hilton.com，marriott.com，choicehotels.com 等）。
• 专业会议旅游者（例如，mpoint.com，starcite.com 等）。
• 专业采购商（priceline.com，site59.com 等）。
• 邮轮旅行者（celebrity.com，cruise.com，cruisesonly.com 等）。
• 酒店（resortvacationstogo.com 等）。

与旅游相关的网站还有很多，有些针对所有旅游者，有些只针对特定目标市场的旅游者。

电子商务有效地拓宽了潜在顾客的预订渠道。然而，电子商务必须以日常运营为基础进行有效的管理，这才可以确保酒店信息及房价可以正确地呈现给顾客。

单张图片存量 为了使电子商务更加有效、准确、及时地运转，酒店的客房存量及房价信息数据必须可以同时在所有的酒店网络分销渠道中共享。达到这个目标的最好办法是单张图片存量技术。简单地说，单一存量标准意味着所有的预订分销渠道的数据来源于同一个数据库，在这个数据库中，酒店的可供出租房、房价、取消政策、服务及酒店的设施设备信息数据可以实时地在所有的分销渠道系统中共享。当使用单张图片存量时，所有的分销商交易数据源于同一个数据库。

电子商务网站种类 电子商务网站可以分为在线中间商模式和批发商网站。此两种模式又可以细分成下列几类。

在线中间商模式。在线中间商模式也称为涨价模式，是一种酒店电子商务在线媒介战略，例如 IDS，它可以与酒店议价。在线零售商要求参与的酒店提供低于对外公布的最低房价 20% 或 30% 的价格，或者由酒店自定的折扣价格。这种折扣价格被称为"净价"，零售商以事先商定的折扣价格，每出租一间房间向酒店支付相应的费用。相应地，商户和在线零售商自行负责销售自己的份额。在销售时商户在净价的基础上提高价格销售客房。这在酒店术语中被称为毛收益价格，即销售价格。

例如，假设酒店对外公布的最低标准房价为 100 美元。为了确定净价，假设在线零售商与酒店协议的折扣为 25%，因此，净价为 75 美元。在线零售商户在此基础价格上通过增加事先设定的金额或增加若干百分比重新设定对外销售价格。在这个例子中，每涨价 25% 则相应的销售价格为 93.75 美元（75 美元加上 25% 的涨价部分 18.75 美元），对顾客来说，与支付 100 美元的门市价相比少付了 6.25 美元，而酒店收到的价格是 75 美元。

商户模式网站对酒店排名的依据是其折扣幅度；酒店提供给商户的折扣幅度越大，酒店在商户网站列表上的位置越靠前。因此，许多酒店经理对提供大幅度的折扣价格给在线商户网站感到压力很大，他们担心如果不这样做在线商户网站不会大力推广自己的酒店反而去推广其竞争对手。在线中间商模式的网站有 Hotels.com(www.hotels.com)，Lowestfare.com(www.lowestfare.com)，Travelocity(www.travelocity.com)。

批发商模式。在批发商模式中，在定价方面酒店倾向于保持更大的权限，这是因为批发商会从酒店获得的净价中拿走一定比例的佣金。简单来说，酒店制定销售价格，批发商根据事先约定好的协议获得一定比例的佣金。例如，假设一家酒店将一间售价 100 美元的客房出售给批发商的价格是 80 美元。相应地，酒店同意销售商增加 10%（8 美元）的佣金。在这个例子中，批发商出售的房价为 88 美元，与酒店门市价格 100 美元相比，客人少支付了 12 美元。一些批发商，例如 Priceline 和 Hotwire，会与酒店协商一个最低利润（例如每间房 5 美元），将最低利润直接加在与酒店签订的协议价上。

采用批发商模式商户的收益与采用中间商模式商户的收益相比，将会越来越少。这就导致批发商们倾向于转变成中间商；酒店，从另一个方面来说，更加喜欢批发商模式，这是因为与中间商模式相比，在定价方面，酒店拥有更大的自主权。批发商网站有 Expedia(www.expedia.com)， Hotwire(www.hotwire.com)， Priceline(www.priceline.com)， Travelweb(www.travelweb.com)， Orbitz（www.orbitz.com）。对于在线预订网站来说同时采用中间商模式和批发商模式不太现实。

不透明网站。在不透明网站上，酒店的客房以价格或排名进行分类。例如，一家酒店可能简单描述成"三星级酒店"，除此之外没有其他任何有关品牌或酒店特色的信息。在不透明网站，酒店客房是一件普通商品，谁出价最高谁就能够预订到该间客房。顾客在选择酒店时没有任何有关服务、设施设备、酒店装潢等的信息。在不透明网站中，直到交易完成顾客才可以看到酒店的品牌及特色信息。在顾客预订时只有服务质量排名及客房所在位置被告知。酒店的名字及品牌直到顾客完成购买操作后才会知晓。酒店和旅游网站会向顾客提供忠诚俱乐部积分或者回头客积分。

不透明网站的做法跟竞拍非常类似。潜在顾客通常会有特定的心理价位，网站要做的是把符合顾客心理价位的酒店以服务质量排名或者价格高低排名展现给顾客，网站会将顾客的出价实时传送给酒店，看酒店是否会接收该价格。这些价格有可能比酒店的门市价低甚至是特别优惠价格，此时酒店的收益就会减少。鉴于此原因，许多酒店对那些通过不透明网站预订客房的顾客，不提供积分及免费升级服务。此类网站有 Priceline(www.priceline.com)， Hotwire(www.hotwire.com)。需要特别强调的是，许多不透明网站会提供网站透明度选项作为一项特色服务。

透明网站。与不透明网站相比，在透明网站酒店客房以房价或星级进行分类。但是，与透明网站不同的是，在顾客购买之前不透明网站只将酒店排名公布给顾客。透明网站提供不同类型的酒店供顾客依据自己的喜好选择。例如 Expedia(www.expedia.com)， Hotels.com(www.hotels.com)， lastminute.com(www.lastminute.com)， Travelocity(www.travelocity.com)。

电子商务发展趋势　在多数酒店依赖多样的电子商务分销渠道的同时，渠道在酒店整体销售战略中也变得越来越复杂。多年来，酒店在不同的渠道以不同的价格销售同样的客房，提供给非官方网站的特别房价比自身官网的房价还要低。这导致了酒店的平均房价以及整体收益遭到侵蚀。酒店在选择电子商务网站时必须吸取教训，针对不同的在线合作网站有不同的战略和方法。大多数酒店官网应该向顾客保证只有在官方网站才会拿到最优房价，如果顾客在其他网站发现了本酒店同一时间同一房型的价格比官网价格低，酒店承诺向顾客提供补偿。保证最优房价体系通常情况下适用于所有的分销渠道，除了不透明网站因为在交易完成前顾客无法获得有关酒店的有效信息外，顾客很难确定两个价格哪个更好。假设某一家酒店向电子商务网站提供低于官网的价格折扣，酒店集团需要对该酒店做出相应的处罚。

在酒店电子商务不断发展的今天，其关注的焦点已经转换到团队客房预订、团队会议流程，包括大型团队预订、餐饮部宴会菜单、展览场地配置、会议室预订、安排视听设备。在一些酒店的网站，团队负责人可以使用在线顾客需求系统（request for proposal, RFP），输入会议日期、房型及面积要求，以及其他会议需求等，查看哪家酒店可以提供相应的服务。宴会统筹与销售部依据顾客的需求，管控会议场地，从而使团队收益最大化，它的存在使酒店宴会获得的收益远远超过其自身接待能力所带来的收益。在线顾客需求系统可以自动完成团队预订流程，这套基于复杂规则的系统包含客房、会议场地面积比例，以及项目收益比例，可以较好地协助团队活动。在线团队搜索和 RFP 引擎搜索的平台有 PlanSoft(www.mpoint.com)， StarCite(www.starcite.com)。

另外一个在线预订的发展趋势包含奖赏计划、忠诚顾客俱乐部积分计划，这些计划包含了与在线预订网站相关的酒店、租车、航空票务、邮轮、火车以及其他交通服务项目。为了将积分奖励给顾客，在线预订系统网站变成了特色产品，不再是预订酒店的专属网站。一些酒店向忠诚顾客提供积分兑换业务。然而，在酒店努力推销自身在线特色业务的同时，这些在线预订系统网站的业务对酒店来说是雪上加霜。

现在较为流行的一种在线产品是动态包价产品。在以前，在线预订网站仅能严格按照事前的约定提供包价产品，例如，"入住五晚，可免费延长一晚，同时租车服务及航空票务服务将会有折扣"。在线预订网站不断发展的今天，网站已经可以提供动态的包价产品供顾客选择，这包括住宿、餐饮、娱乐活动、假期活动、特殊活动等。电子商务技术允许顾客将自己需要的产品服务打包成一个个性化的包价产品，从而获得一个最有利的价格。这个包价产品的多个预订可以同时在顾客包价产品中同时生成。

此外，电子商务可以使在线预订网站通过集合不同类型的酒店创建一个虚拟的酒店集团网站（例如，Expedia's Bargain Hotels）。这使得竞争环境变得更加复杂。

小 结

有效的酒店运转需要一个快捷的预订程序。预订系统必须能快捷、准确、礼貌地回应订房的要求。订房的操作过程包括按订房要求寻找可出租房，记录订房要求，确认订房以及保管订房记录，还要制作管理报表。预订信息对发挥前厅部的其他功能特别有用。

预订部与酒店销售部必须经常协调相互间的工作和共享信息。预订部经理参与销售例会，确保将最准确的订房信息提供给销售部。成功的预订员在销售的同时为酒店的设施和服务确立正面的形象。酒店制定了专门的销售程序来保证宾客收到酒店的准确信息，预订员也收集到了做好订房必须有的宾客资料。预订系统应持有详细的、及时的有关房间类型和房价的信息。由于计算机的使用，销售客房的许多责任已转移到预订部以及所联系的网站。宾客对房型、位置以及其他功能方面的特殊要求也应在订房过程中作为一方面的内容得到确认。

酒店预订主要有两种方式：保证类预订和非保证类预订。在行业范围中酒店可以通过多种方法得到订房来源，包括：中心订房系统、多项销售代理机构以及向酒店直接订房。有两种基本的中心订房系统：直属订房系统和非直属订房系统。全球分销系统将中心订房系统与航空公司的计算机连接，其终端遍布全球。多项销售代理机构的中心预订系统不只是处理预订酒店客房，其内容要广泛得多，酒店直接订房系统受理所有的订房要求，负责与中心预订系统和多种销售代理机构沟通，及时更新酒店可出租房的状况。

受理一个订房要求可能有几种不同的回应：接受预订；建议选择另一种房型；更换日期或选择其他价格的客房；也可建议去另一家酒店。许多酒店预订系统为了防止出现超额预订，认为有必要采取严密控制订房接受量的做法。一个可靠的订房系统能帮助管理层有效地控制可出租房的资料，还能制作许多与预订相关的报表。

预订记录写明了宾客情况以及他们对住宿的要求。使得酒店能在宾客抵店前做好提供针对性服务的准备，以及更合理地安排人力。预订记录是通过与潜在宾客接触的基础上建立的。预订记录是酒店宾客流程的开始。一份预订确认表示酒店已掌握并证实了宾客对客房的要求以及相关的个人资料。一份书面的确认信表达了双方的意图，确认了协议的一些要点，包括房间类型和某一日期的房价。确认的预订可以是保证类的，也可以是非保证类的。预订确认号作为确认预订程序中的一个组成，应在每个预订被接受后发给预订者一个预订确认号证明已对宾客建立了订房记录。这对酒店再次寻找该资料以做更改或做抵店前的入住准备工作尤其有用。酒店也同样会给取消订房的宾客分配一个取消预订的号码。给宾客的预订取消号是保护宾客和酒店的双方利益，特别是在认为宾客既未抵店又未取消预订或其他误会时，有助澄清事实。

一个有效的预订系统通过准确地控制可出租客房和预测客房营收来帮助酒店提高客房销售的业绩。由预订系统制作的营业报表的数量和内容应根据酒店的功能需要以及系统的能力和所含的内容来确定。主要的预订管理报表有：预订业务报告；代理商佣金报告；未做预订和未接受预订报告和营业收入预测报告。

其他预订的注意事项包括与预订有关的法律条文、名单、包价促销服务、潜在问题和电子商务对预订的影响。

主要术语

用支付定金的方法作保证类预订 (advance deposit guaranteed reservation)：一种保证类预订的方法，要求宾客在抵店前付给酒店一笔指定数额的钱款。

直属预订网络 (Affiliate reservation network：一个连锁酒店集团的预订网络，所属酒店都与集团公司签订合同。

预留房 (block)：将一批经双方同意的客房保留起来供团体成员住店时使用。

预订房 (book)：提前用作出租或储备的客房。

取消时刻 (cancellation hour)：过了这一时刻酒店可按自己的政策把不属于保证类预订的预留客房变成可供出租的客房。

取消预订号 (cancellation number)：给准确地办理了取消预订的宾客分发号码，证明这个取消预订房的要求已经收到。

中央预订系统 (central reservation system)：一个沟通订房业务的网站，所有加盟的酒店其资料都能在计算机系统数据库内找到，系统要求各酒店定时向预订中心提供可出租房的情况。

预订确认号 (confirmation number)：给一份预订记录发出的唯一的索引号码，证明宾客确有一份订房记录。

公司保证类预订 (corporate guaranteed reservation)：保证类预订的一种类型，即由公司与酒店签订合约，明确由公司付费的商务旅行者如发生未抵店的情况，公司将承担支付责任。

用信用卡做担保的保证类预订 (credit card guaranteed reservation)：由信用卡公司做担保的保证类预订房，信用卡公司承担向某些有合约的酒店支付未使用的预订房的费用。

预订截止日 (cut–off date)：一个由团体和酒店商定的日期，过此日期所有为该团体保留的客房，如未收到订房要求，将取消保留，归入酒店可出租房总量中。

散客 (free independent traveler) (FIT)：不属于团体旅行的旅行者。

全球分销系统 (global distribution)：一种预订分销渠道，能提供全球范围的酒店订房信息和实现全球范围的订房服务。这个系统通常由酒店连锁集团的预订系统与航空公司预订系统连接而成。

保证类预订 (guaranteed reservation)：一种预订类型，酒店保证为宾客保留客房从入住日直至离店日的规定离店时间，而宾客保证即使未使用客房也同样支付房费，除非该订房已按规定办理了取消手续。

互联网分销系统（Internet distribution system IDS）：一种直接面向顾客的分销系统，为单体酒店、连锁酒店、代表酒店集团的第三方媒介提供预订管理服务。

非直属订房系统 (non–affiliate reservation network)：一个中心订房系统与独立经营的酒店实现连接（非连锁酒店）。

非团队用房 (non–group displacement)：由于接受了团队业务，造成客房短缺，只好回绝散客业务。

非保证类预订 (non–guaranteed reservation)：一种订房合约，酒店允诺为宾客保留客房至抵店日的取消订房时刻，如果宾客出现既未取消订房又未抵店的情况时酒店不会收取费用。

订房未抵 (no–show)：一位宾客在酒店订了房，但到了抵店时间既未登记入住，也未通知取消。

超额预订 (overbooking)：已接受的预订客房数超过了可租房数。

高峰后备 (overflow facility)：中央预订系统选用的在本系统某地区的酒店全部客满的情况下用来接待客人的酒店。

银行卡保证预订（payment card guaranteed reservation）：一种由银行卡公司担保的预订；这些公司保证参与的酒店在顾客未抵店入住时依然可以收取顾客的房费。

预付款保证类预订 (prepayment guaranteed reservation)：保证类预订的一种形式，要求宾客在抵店日之前支付费用。

收益经理（revenue manager）：收益经理的职责是预测酒店目标细分市场的需求，如商务散客、团队客、休闲散客等；制定房价，确保酒店客房收益及入住率最大化，同时负责管理电子商务业务。

预订记录 (reservation record)：一份记录宾客抵店前对酒店住宿要求的资料汇总，这份资料使酒店能向宾客提供个性化服务以及合理安排用工。

订房系统 (reservation system)：指专门设计的用于接受预订、更改预订、确认预订或取消预订记录的系统软件。

无中转连接 (seamless connectivity)：旅行社能够直接连接酒店预订系统做客房预订，能够查找可用房的数量和价格。

挤水分 (wansh down,or wash)：根据先前的团队订房记录，预留的团队客房数少于订房数。

复习题

1. 预订经理或主管在销售部中发挥了什么样的作用？在出租率预测和营业收入预测中他们又发挥了什么作用？
2. 预订的主要形式有哪几种？在每个订房业务中宾客和酒店的责任分别是什么？
3. 要制作一份订房记录，预订员需要获取哪些信息？
4. 非直属订房网络与直属订房网络有什么区别？中心订房系统与多项销售代理机构有什么区别？
5. 可以使用哪些方法做保证类订房？这些方法相互之间有什么区别？
6. 供酒店使用的常见的控制预订设施是什么？它们是如何用于控制可销房数量的？

7. 要做保证类预订，预订员需要获得哪些必需的宾客信息？

8. 预订确认信件和预订确认电话的主要目的是什么？

9. 一个取消订房的通知对酒店有什么正面作用？酒店如何尽量简化取消订房的手续？

10. 给予预订取消号码的目的是什么？一个预订取消号是如何生成的？

11. 哪些管理报表是根据预订资料制作的？预期抵店客人名单和预订客史档案的作用是什么？

12. 如何使会议和团体订房的程序更有效率？预订经理在为团体订房做客房预留时应注意什么？

网址：

若想获得更多信息，可访问下列网址。网址变更恕不通知。若你所访问的网址不存在，可使用搜索引擎查找新网址。

因特网预订网站

1. Business Travel Net:http://www.business-travel-net.com

2. Biztravel.com: http://www.biztravel.com

3. Hotels and Travel on the Net:http://www.hotelstravel.com

4. HotelsOnline:http://www.hotelsonline.nel

5. Internet Travel Network: http://www.itn.net

6. Resorts Online: http://www.resortsonline.com

7. Travelocity: http://www.traveloctity.com

8. Travelweb :http://www.travelweb.com

技术网站

1. CSS Hotel System:http://www.csshotelsystems.com

2. Fidelio Products:http://www.micros.com

3. Hospitality Industry Technology Exposition and Conference:http://www.hitecshow.org

4. Hospitality Industry Technology Intergration Standards:http://www.hitis.org

5. HOST International:http://www.hustgroup.com

6. Hotellinx Systems Lid :http://www.hotellinx.com

7. Lodging Touch International:http://www.lodgingtouch.com

8. Newmarket International,Inc: http://www.newsoft.com

案 例 分 析

案例1：萨拉的重大发现——参观订房中心的体会

萨拉·谢泼德正在参观集团位于中西部爱达荷州的订房中心。她在想为什么总经理要她和其他预订经理一起花上一天时间参观这里的设施。布鲁明顿还有大量工作等着她。她不明白来这里看满屋子的预订员接听订房电话有什么意义。"老实说，我也不知道这样的安排会有什么意义，"她的总经理说，"我只是觉得我们还能利用中心预订系统把工作做得更好。我们现在从这里获得30%的客源，也许我们还有增长的潜力。我希望你们查证我的想法是否正确，并带回一些建议。"

目前我的想法是乘早班飞机回去，萨拉想。此时负责参观的人士正在将参观团队重新划分成几个小组。加布·卡尔伯森是熟人，他是布鲁明顿另一家姐妹酒店的预订部经理，萨拉加入了他所在的组。"至少我还有一位熟人"，萨拉小声地说，她和加布以及格温·苏——集团在圣路易斯的一家酒店的预订经理——三人组成一组。

实地考察开始了，萨拉、加布以及格温看到大约有200位订房员在接听源源不断打来的订房电话。"这里可以说是运转的神经中枢。"导游告诉他们。他为了避免影响正在进行的通话，尽量压低声音。所有潜在客人都通过免费电话与房内的预订员通话。这些预订员利用显示器上呈现的你们提供的信息，回答有关酒店房价、可租房、设备设施、当地名胜等问题。这就是他们从事的工作。他们只能尽他们的最大努力，如此而已。

"你这话是什么意思？"萨拉问。

"我们只有你们这些经理提供的信息，如果系统中的信息不全，我们就无能为力了。"

加布对萨拉说："那是确定无疑的，你想都想不到我们把新建成的儿童博物馆消息告诉这里后所产生的反响。"他笑着说，"我指的是家庭旅游业务随之大量增加，你们那里也一样对不对？"

"你在说什么？"萨拉正要问，但是领队走过来了。

这位领队在一位预订员身后停下来，预订员正在给来电者介绍集团在芝加哥市中心的一家酒店的情况。"这是米歇尔，"领队说，"她是我们这里最热心的销售代表之一。我希望你们听听她是如何通过电话来展现工作魅力的。"

"对的，戴维斯先生，"米歇尔对来电者说，"现在我已经为您订了两间大床间，另有一张加床，一共是5个晚上。您告诉我您和您妻子带着三个小孩旅行，所以我个人建议您考虑改订套房，没错，房价要高一些，但是这会使您家人在不短的居住期内有较大的空间。再说订套房，我可以给您一个家庭特惠价，包括可以免费参观当地自然历史博物馆以及科学工业博物馆和水族馆。这样一来，您在开会期间，您家人的生活安排会丰富多彩。"米歇尔停了一下，看着她面前的显示屏："是的，酒店有班车去这些景点。好，我为您预留了间套房，您放心，我按家庭特惠价收费。您可以在酒店大堂的值班台领取您的博物馆和水族馆的门票。哦，您可以告诉您妻子，酒店离最著名的商业区只有一个街区的距离。谢谢您的来电，戴维斯先生，我希望您和您的家人会有一个愉快的假期。"

真好，萨拉受到很大的震动。米歇尔就像我们自己的销售代表，事实上，她比他们干得更好!

当米歇尔开始接听另一个电话时，参观小组准备离开。突然萨拉听到米歇尔说出自己酒店的店名。

"等一下，"她对领队说，"我想听听这个电话的预订。"

米歇尔查看她的显示器，"对不起，我不知道在布鲁明顿有一家新落成的儿童博物馆，我们这里没有任何有关的信息。其他景点? 有一个一年一度的边境节。根据资料，我们只知道有这么一个旅游项目。"

"什么?"萨拉脱口而出。边境节早在两年前停办了。为什么米歇尔这位优秀推销代表不告诉来电者，他们有著名的水上乐园，离酒店不到 1 公里，去年刚刚建成，还有他们那里新建的购物中心和电影院呢? 为什么她对儿童博物馆竟然一无所知?

"离机场只有 5 分钟车程。对，有班车。请等一下，我再核对一下。对不起，我不知道是否要收费，也不清楚是酒店班车还是机场班车，因为我无法查到资料。也需要收费吧。"

但是这项服务是免费的，萨拉的心里一沉: "这是我们自己的班车，你为什么对此一无所知?""那个房间目前所显示的价格是 105 元，你要我为你预留房间吗，麦克奎因先生?"这时，米歇尔停顿了一下，萨拉似乎感到了情况的变化。"我能理解，好吧，非常感谢您打来的电话，我们希望下一次能有机会为您提供服务。"

真倒霉，萨拉转向她的朋友加布，"她刚丢了一笔原本属于我们的生意。"

加布盯着米歇尔的显示屏看了一会儿，"事实上，萨拉，我想是你们自己弄走了酒店的生意。"他在参观活动的休息时段向萨拉解释了他的想法。

"同我说说你们是如何配合订房中心工作的。"他说。

"我不大肯定你想知道什么。我会告诉他们有多少房间可销售，一般来说他们也销售了。很简单，人家打电话进来，销售代理就接订单。"

"这并不简单，至少不像你想象的那样简单。你刚才听到米歇尔同芝加哥那位男士的对话。她绝对不是在简单地'接订单'。她是在销售。她之所以能这样做，那是因为芝加哥的那家酒店向她提供了销售过程所需的各种信息。我也想在我们酒店这样尝试。我平常告诉店内销售人员的每件事，都要同样通知订房中心。如果游泳池修理停用，如果换了菜单，如果我们增加了设施或者附近增加了景点，如果都要将这些加入到这里的数据库。这样客人打电话进来时，所有这些信息都会在屏幕上显示。"

萨拉茅塞顿开: "你是说因为我没有将信息告诉这里，所以米歇尔就不知道儿童博物馆、边境节、机场班车、新的价格结构等信息。"

加布点点头: "同时我也注意到，一年半前你们重新装修的信息这里一点都没有。"

"加布，你再说说，"萨拉说着笑了起来，"我承认我没有想到信息会这样影响销售人员。"

正说着，格温·苏走过来，"哦，对的，影响很大。要我说的话，那太影响了。我的问题是订房中心还继续着本酒店的超额预订，表面上客人川流不息，还都确认了，可是我一间房间都拿不出来了。"

"这样说，你就把他们弄走了。"

"是呀，我肯定不能把直接向酒店订房的人弄走，他们是我们的常客。订房中心的客人是一次性的，一定是来市里开会的。"

"格温，你们多长时间同订房中心更新客房的配额资料？"萨拉问道。

"你想说什么呀？"

"加布告诉我说订房中心的工作只能依赖我们提供的资料。我只是不清楚你们多长时间改变一次客房的配额或者是通告客房的租售信息。"

"我想通常是早上一次，晚上一次。上午将当天客房配额通告他们，晚上我查看他们的进展和我们自己店内的订出情况。而常常我会得到坏消息。"

"可能问题就在这里，"加布插进来说，"我在自己的系统里一天12次更新信息和调整配额。我们没有过超额预订。"

格温皱皱眉头，听起来工作量很大。她必须评估一下这样做，产生的效益与付出的额外劳动是否在合理的范围。她接着向导游提了一个特别的问题，随后是下半轮的参观。

"问得好，萨拉，"加布说，"你晓得下次再来订房中心看的话，我猜想你酒店对预订系统关注的热情一定会像我一样。"

"加布，我现在是这样想的，等到下次是你们酒店想法要追赶上来。"萨拉说着掠过一丝微笑。

讨论题

1. 要和订房中心的工作配合好，萨拉需要提供自己酒店各个部门的哪些种类的信息？
2. 作为预订经理，萨拉可以通过做哪些工作来提高自己酒店和订房中心的有效合作？

案例编号：3324CA

下列行业专家帮助收集信息，编写了这一案例：注册酒店管理师、梅里斯塔酒店和度假村集团服务部副总裁理查德·M. 布鲁克斯和注册酒店管理师、斯奈凡里发展公司副总裁 S. 肯尼思·希拉。

本案例也收录于《住宿业管理案例汇编》中（美国酒店与住宿业协会教育学院，1998 年版，密歇根州兰辛），国际书号：0-86612-184-6。

案例 2：在线预订

在美丽的春末的一天，大部分当日抵店客人在下午 5 点前都已经办理好入住登记手续，入住 Boden 酒店。他们看起来非常想跳进游泳池开始他们这个季节的第一次游泳，也许在晚餐前去沙滩上漫步。酒店信息系统里显示：仍然有几位当日抵店客人还没有抵店——某个团体的三位客人还有两对夫妇。自从天气越来越好以来，每个阳光明媚的周末都有很多客人在没有提前预订的情况下来酒店入住，但是，由于好季节刚刚开始，度假酒店能够满足他们所有人的入住要求。然而，最后的三个团队几乎使酒店满房，他们会一直待到周末结束。现在还剩余的房型包括一间蜜月套房、两间小套房，还有三间标准双床房。前厅部主管，Sasha，对这个结果非常满意。

当 Sasha 正在检查周六的离店名单时，一对英俊的夫妇还有他们的女儿从门廊下的车里走了出来。在行李员卸下他们行李的这段时间，门童很好地招呼了他们。Sasha 判定他们是预订了 314 房间的那批客人，预订了一间有两组双床的海景房，他们是来度周末的。事实证明了 Sasha 的判断。她首先感谢他们选择 Boden Oceanside 度假酒店。这位客人，名叫 Pardonme 先生，跟 Sasha 打了招呼并且将预订确认号递给 Sasha。Sasha 立刻意识到房间是 Pardonme 先生在网上预订的。

Sasha 在计算机上调出预订信息并详细查看，确定为 Pardonme 家安排的房间是否和预订确认信上的一致。她知道有时客人在网上预订的房型跟客人抵店办理入住手续时的房型往往有些区别。当她看到客房被安排进 314 房间时她意识到自己的顾虑被证实了，因为客人在网上预订的是一间小套房。可是，他们在网上支付的房费是 314 房房型的房价。Sasha 想知道 Pardonme 先生是否意识到这点。

Sasha 为他们办理好了 314 房的入住手续，但没有告诉他们这间房跟他们在网上订的房间是不同的，她希望两个双人床、美丽的景观、宽敞的盥洗室可以使客人满意。事实上，酒店已经没有更多的房间可供他们选择！ Sasha 在心里暗暗地想如果客人不满意，他就把剩下的最后一间小套房给他们，并且告知他们这间小套房平时的房费是每晚 145 美元，远高于他们在网上支付的每晚 85 美元的价格。不一会儿 Pardonmes 先生回来了，质问酒店为什么没有像先前承诺的那样为他们安排套房。Sasha 立刻安排行李员带着 Pardonmes 先生去看那间通常为残障人士预留的套房。

行李员带着 Pardonmes 先生一家去看那间套房是否可以，当他们进入房门的那一刻，Pardonmes 先生心想，这家酒店一定是疯了，"怎么只有一张床？"他问，看上去有些不知所措。

"在这里，墙上。"行李员回答道。"这是一个折叠床！" Pardonme 先生环顾了下房间，又仔细看了看自己手上的预订确认信，摇了摇头。

再次回到前台， Pardonmes 先生心里已经有些不耐烦。他告诉 Sasha 他之前在网上订的房间是他期望可以舒服地睡三晚的房间。在通过网络预订 Boden 酒店之前他还特意打电话询问、预订部是否可以确保给到在网上选的那间房。那天当班的预订员曾经肯定地告诉他不用担心，因为在 Pardonmes 先生订房的那段时间酒店有充足的小套房。那位预订员告诉 Pardonme 先生如果他通过酒店的预订部订房，想要确保该房型，那么他必须支付每晚 145 美元的房费。她不清楚为什么网络上预订的价格会如此地低，但是目前她没有权限降低房价。所以 Pardonmes 先生决定通过网络订房，但是现在他被安排进的房型跟网上订的那间完全不同。他告诉 Sasha

他对于刚刚安排给他的那间房完全不感兴趣，因为他觉得跟第一次安排给他们的双床房相比那个折叠床不能给他和他的妻子带来任何隐私感。

酒店已经没有任何可供出租的房间来满足 Pardonmes 先生的需求。她告诉 Pardonmes 先生他所有能选的就是之前已经展示给他们的两间房。Pardonmes 先生最终无奈地选择了那间带有折叠床的小套房。跟之前的那间比起来这间看上去会稍微舒适点。Sasha 在酒店管理系统上为他们换房，并且将房卡给他们。她希望他们喜欢那间房。事后，Sasha 暗暗地想，刚刚的入住登记过程究竟花了多长时间。他们已经捡了一个大便宜，为什么还要如此地挑剔？

讨论题

1. 客人的期望是什么？
2. 在这个案例中，Sasha 还有没有其他选择？

案例编号：608C02

本案例选自 *Case Studies in Front Offices Management*，Todd Comen，（Lansing, Mich: American Hotel & Lodging Educational Institute,2003）。

案例 3：发生在酒店的超额预订

那是晚上 9:30，在前台，一对夫妇坚持他们在两个月前预订了三晚的房间。前台职员，Rob，却怎么也找不到他们的预订。Rob 在酒店工作已经有两年了，他很清楚自己在前厅部的工作职责。他在之前经历过类似的诡计，他已经没有什么耐心了。按照流程，不管怎样，他检查了预订系统，打了免费预订服务电话，翻阅了经理的文档试图找到任何跟这名客人曾经预订过今晚房间的信息。客人的名字在客史档案系统及中央预订系统中都无法找到。

酒店已经超额预订了，Rob 显然没有心情跟这对顾客周旋下去。他刚刚已经劝走了三批客人，两个有预订的家庭以及一对没有预订的散客。Rob 总是被告知每天要为那些每年在酒店入住至少超过一周的常客预留房间。这些客人是至高无上的，酒店绝对不允许失去这些客人，即使他们整晚没有露面。Rob 礼貌地告诉这对夫妇已经没有任何房间可供出租了，建议他们去其他类似的酒店。这对夫妇非常气愤，坚持要经理出来。

Matt，大堂经理，由于那天酒店满房，自从上班来一直没有停下过。当他慢慢走近前台时，他在想 Rob 为什么没有处理好这件事情。Matt 耐心地聆听所有的细节，意识到客人声称几个月前已经做好了预订。他看了看时间，意识到现在已经很晚了，然后又检查了还有多少客人没有抵店。还有一些预订没有办理入住手续，但这些预订均用信用卡做了担保。他怀疑这些晚到的客人中在稍早时是否有人电话取消了预订，但是由于什么原因取消的信息并没有及时被输入到酒店信息系统中。

　　在沉思了片刻后他整理了下自己的思绪，将这对夫妇安排到了一间还没有被纳入到售房系统中的双床房里。他知道客人也许会因为这间房跟之前预订的房型不同而投诉，但是这最起码是间客房呀。当 Matt 告知这对夫妻今晚有一间房可以给到他们时，他们非常开心，但是由于酒店有一些家庭聚会的团队客人，所以接下来三天所有的房间都满房了。Rob 对于 Matt 的快速决定感到困惑，但是礼貌地将这对夫妇安排到 Matt 为他们准备的客房里。

　　除了一对晚到的夫妇外，那晚格外安静。Rob 有时间去思考晚上发生的事情，他在想自己是否还能继续留在这家酒店工作，还是他应该到隔壁那家新开的 Four Winds 酒店去应聘。

　　第二天 Rob 接到经理打来的电话，给了他一个为期两周的警告处分。

讨论题

　　1. 你可以建议哪一类客人去别家酒店看看？

　　2. 当酒店没有房间给到客人时，礼貌地劝离客人的方法是什么？

　　3. 劝离客人的代价是什么？

　　案例编号：608C05

　　本案例选自 *Case Studies in Front Offices Management*，Todd Comen， （Lansing, Mich: American Hotel & Lodging Educational Institute,2003）。

第5章

学习目标

1. 能够列出办理入住登记的七个步骤，理解预登记的功能，识别预登记工作内容。

2. 了解入住登记资料和入住登记卡片的作用。识别入住登记过程中会影响排房和房价的各种因素。

3. 了解入住登记过程中确定宾客预付款方式的步骤。

4. 阐述核实顾客身份的重要性，描述发放客房钥匙及通行代码时特定流程，阐述前台员工在办理入住登记过程中处理宾客特殊要求方面应起的作用。

5. 讨论入住登记的创新项目，掌握入住登记过程中升格销售的技巧，以及出现难以安排入住时的应对措施。

5

入住登记

从前台接待员向客人由衷表示欢迎的那一刻起，入住登记工作就开始了。当前台接待员确认了客房的预订情况之后，就马上转入为客人办理入住登记工作。入住登记工作在很大程度上依赖宾客预订记录中留存的信息。当预订过程中获得的信息是准确完整时，前厅工作人员就应努力使整个入住登记工作变得简洁顺畅。

本章仔细审视入住登记流程的七个步骤，而且还展示了优化的入住登记操作选项，讨论前厅的销售作用并概述无法接待客人入住时采取的应对策略。

入住登记的流程

从前台接待员的角度来看，入住登记程序可以分成七个步骤：
- 入住登记的准备工作。
- 建立入住登记记录。
- 排房和确定房价。
- 确定付款方式。
- 确认宾客身份。
- 发给宾客钥匙。
- 满足宾客特殊要求。

接下来将分别讨论各步骤。

预登记

预登记（即宾客抵店前的登记工作准备）有助于缩短登记过程。可利用预订阶段收集的宾客信息来完成预登记。做好预登记工作最突出的好处是：宾客只用确认一下登记卡片上的有关信息并在登记卡上签字就结束了登记工作。

预登记通常不仅是指宾客抵店前就制作好的入住登记文件。分配客房、确定房价、建立客人账单和其他的工作都属于预登记阶段的内容。可是，有些前厅经理不愿意在宾客入住前分配好房间，原因是预订有时会被取消或修改。一旦预订资料在最后关头发生了变更，已分配好的客房会被搞乱。另外，如果大量空房在宾客抵店前就做好了预分配，可能会影响未做预登记的宾客的用房数。其后果会使入住登记的过程变长，还会形成对酒店的不良印象。酒店应根据运转经验制定出预登记工作的政策。

有些酒店的前厅只给某些特定的客源或宾客、团队客人做预登记。但是，大多数有经验的前厅经理倾向于给有预订资料的客人做预登记。因为这样的安排能缩短办理入住登记的时间，还能使他们掌握还有什么样的空房可以接待未办预订的门市客人。由于预订过程中获得的资料能在预登记阶段中使用，前厅系统可以将预订记录重新格式化为入住登记记录。图 5-1 显示的是一份由计算机系统生成的预登记表格。虽然最后阶段的预订取消通知会给已完成的预分配客房造成混乱，但是与宾客能顺利入住、节省时间相比，前者少量的预订取消所造成的工作量就显得微不足道。

做好预登记还有助于落实宾客的一些特殊要求，这对酒店是有利的。例如，有些常客喜欢居住酒店的某间客房，有些残疾宾客希望客房的设备能满足他们的特殊要求。为这些宾客做好预登记，前厅员工就能确保提供的设施使他们满意，还能将要求通知客房部，这样在客人抵店前一张婴儿床就能提前安放在客房内。预登记还能使经理们掌握酒店在以后的哪几天会客满。为了精确地利用客房，有必要使预订管理软件只接受住一晚或两晚的客房预订，以便与一两天后的预留房数相吻合。由于事先的这种安排，预留的客房就能保证接待届时抵店的宾客。有些酒店在这一过程中不时地严密监控客房，以确保宾客所订的房间不会落空。

做好预登记还可以使酒店创造新的办理入住的方法。例如酒店班车去机场接一名订房客人。驾驶员已经准备好了必要的资料和表格，他可要求宾客在预先准备好的入住登记表上签字，压印宾客信用卡后就可把预先准备好的钥匙发给宾客——这一切都可在宾客抵店前完成。

在预登记方面另一个变化是在机场接待乘坐飞机的旅行者。一些豪华酒店在机场安排了方便宾客办理入住登记的地方。宾客只需要在指定的柜台——通常是机场的交通值班台——压印信用卡。宾客的信用信息就会通过专门的设施传输到前台。这个方法能使前厅提前证实宾客的信用状况，准备并打印好宾客的入住登记表，并预先准备好房间钥匙，还能为宾客收集打印好留言。当宾客抵达前台时就可省略办理入住手续的过程。

另一种变化不大的预登记做法不是在前台，而在另一处地点专门为 VIP 宾客提供入住登记服务，例如礼宾司，有些酒店安排礼宾司员工引领宾客直接进房办理入住登记手续，这就可以避免在前台业务高峰时刻造成宾客的等候。

　　必须为那些属于酒店常客计划的会员客人、团队客人以及公司协议价客人提供便利，酒店必须做好这类客人的预登记工作。预登记可以确保此类客人根据他们忠诚等级或公司协议获得相应的住宿安排。一些酒店对于那些通过电子商务网站做预订的客人有特殊的安排，此类预订是基于酒店实时更新的可供出租房信息决定的，这意味着客人在办理入住登记手续时酒店根据可供出租情况安排客房，客人对房型没有选择权。通常，此类客人不会享受到预登记服务。

Kellogg Hotel & Conference Center
at Michigan State University

Mike Kasavana
555 IT Lane
East Lansing, MI 48824
US

Arrival Date:	01-24-07	Confirmation #:	1067009
Departure Date:	01-25-07	Room Type:	SQN
No. of Nights:	1	Room:	703
Company:	Kasavana	Guests:	1 /0
Group:		Daily Rate:	$ 129.00
		Deposit:	$

Billing Info:　　　Direct Bill All Charges to MSU Account

Please note that checkout time is 12:00 Noon.

If any of the above information is incorrect or incomplete, please use the section below.

Name: _____ Telephone: _____

Address: _____ City: _____

State/Prov: _____ Zip Code: _____ Country: _____

The Kellogg Hotel & Conference Center is not responsible for, items in the vehicle, loss of property, including money and jewels, unless placed in a safe deposit box at the Front Desk. I agree that I am personally liable if my indicated company or group does not honor any charges billed to me. Such charges will include the cost of repairs to the guest room due to the damage other than normal wear and tear, and expenses incurred due to the extraordinary security measures undertaken due to bad behavior by me or my guests.

DEBIT CARD AUTHORIZATION WILL IMMEDIATELY BE DEDUCTED FROM YOUR CHECKING ACCOUNT

Credit Card: _____　Debit Card: _____　Direct Billing: _____　Cash/Check: _____

VA___　MC___　AX___　DS___　DC___

Signature: _____

55 S. Harrison Road, East Lansing, MI 48824 * Ph: 571-432-4000 * www.kelloggcenter.com

图 5-1　计算机生成的预登记表格

有些酒店管理公司拥有专业的客史档案系统。在该系统中宾客的预订可以通过高级搜索选项被找到并可以与过往入住历史信息相对比。客史档案包含有关宾客过往入住的个人喜好，这些个人喜好可以被酒店再次用于宾客本次入住的预登记工作中。例如，温特豪德酒店有一个"宾客忠诚计划"。酒店可以通过输入宾客个人喜好创建客史档案。客史档案中包含了一些例如宾客对于枕头类型的喜好，宾客是否需要客房内放置的免费瓶装水等。通过预登记手续的办理，前厅部可以较好地识别客人有关客房部或客房送餐部的一些个人喜好。

创建入住登记记录

宾客抵店后，前厅员工就建立起一份入住登记记录，该记录是宾客重要信息的汇总。

入住登记卡使得办理入住登记手续更加流畅。入住登记时要求宾客提供（或确认事先填写在登记卡上的）姓名、地址、电话、邮箱地址、公司信息（如有的话）以及其他个人资料。图5-2展示的就是一张入住登记卡的样本。如入住登记卡所显示的那样，其内容还包括酒店为宾客保管贵重物品方面的政策。州法律可能要求酒店刊登这样的

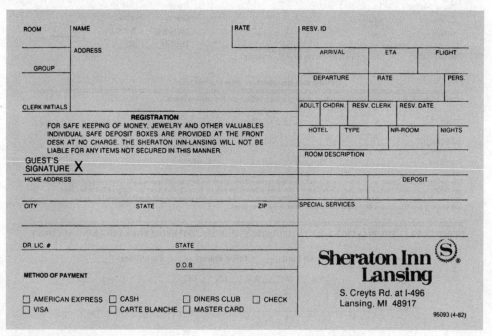

图 5-2　登记表样本

资料来源：由密歇根州兰辛喜来登酒店提供。

声明。登记卡一般还留着让宾客签名的地方，表示宾客接受上述房价和离店日期。在有些州，宾客的签名是表示他和酒店间建立契约关系的先决条件。这个要求在许多州已经被其他规定所替代，比如在入住登记时宾客主动出示信用保证等。

州或市政当局可能会要求一份经签字确认的入住登记卡，电子记录虽然不是入住登记卡，但却是入住登记程序的基础。直接进店入住的客人（门市客）其入住登记过程就很不相同。前台接待员会收集客户的有关资料，接着把资料逐一输入前厅系统，建成一份入住登记记录。所有信息都是在宾客办理入住时收集得到的。

入住登记表需要宾客提供他们的支付方式。另外，前台接待员必须跟宾客确认其离店日期和房价。这些信息对客房销售和收益管理都十分重要。在入住登记阶段确定了房价可以在离店阶段减少宾客可能出现的疑问和账单修改。许多登记卡还包括宾客方面的承诺，即出现信用卡或转账失败的情况下，宾客个人承担付款责任。

图5-3用图表的形式展现了宾客入住登记信息对电子档案以及其他功能和区域的影响关系。宾客的付款方式会决定他在营业点的消费方式。例如，一位宾客在登记时用现金支付了一晚的房费作为押金，那么他在酒店的其他营业点就不能记账消费，也就是说，这位客人在酒店各营业点消费时不享有挂账权利。如果宾客在入住登记时用信用卡做押金，那么该宾客拥有在营业点赊账的权利。所以是否给予宾客挂账权利，一般是在入住阶段根据宾客的付款方式决定的。

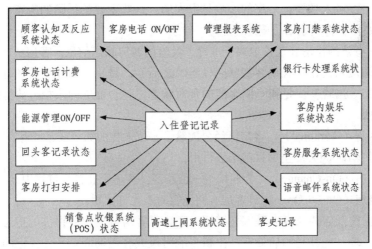

图5-3 宾客入住登记信息流动状况

在离店阶段，宾客入住登记表上的资料可能被用来建立客史档案。这份档案会成为酒店市场营销部今后开展促销的一部分资料来源。客史档案所提供的信息可供管理层用来进行分析，从而制定出市场策略、客户名单以及制作出各类详细的报表。

排房及房价

排房是入住登记过程中一个重要的组成部分。排房包括向宾客确认并为他安排一种特定类型的可出租房。一旦宾客要求有了变化或宾客所要求的客房已经售完，前台接待员可以通过酒店管理信息系统为宾客安排一间类似的或更高等级的客房。

根据宾客预订时的房型和房价等有效信息进行排房（通常在宾客抵达前一晚进行）。预先排房工作一是根据可租房状态的预测，二是选择适当的客房来满足宾客的需求。这要求预订系统能与前厅系统中的客房管理模块相互作用。排房工作经过入住登记过程验证才算最终完成。

仅仅靠客房类型就来满足宾客的需求是远远不够的。酒店对相似类型的客房会有不同的价格。如果客房内床的配备完全相同，那么客房面积、家具的档次、客房的位置、客用品的选择和其他因素都会对房价产生影响。前台接待员必须熟悉客房类型间的差别，并能通过计算机系统查找每间客房的房价类型、最新的出租率状况、家具设施、客房位置以及客用品种类，以求最大限度地满足宾客的要求。对尚未抵店的预订客人已做出承诺也必须在排房时一并考虑，只有这样才不至于在日后不久的排房中出现冲突。

前台接待员对酒店的认知程度以及使用计算机系统来确定客房状态和选择合适房价的能力，对入住登记效率的影响是很大的。这些重要的话题如房态、房价、客房位置以及留房将分别给予阐述。

房态 有效的排房和定价取决于准确、及时的客房状态信息。客房状态信息通常分两个时间段来讨论。长期客房状态（当晚之后），是指一间住房的预订状态。短期客房状态（当晚），是指一间客房的现时状态，是否能立即出租。典型的现时客房状态包括：

- 住客房（Occupied）：客房已经分配给了一位入住的宾客或已经有宾客居住。
- 空房（Vacant）：空房目前未被租用。
- 打扫房（On-Change）：为迎接下一位宾客，客房正在打扫过程中。
- 待修房（On-Of-Order）：客房有问题暂时不允许出租。

在为提前抵店的宾客办理入住登记时要依靠客房部向前台提供的房态信息，这是重要的一环。尤其是酒店处在高出租率的时段或客满期间。入住登记的过程越有效，给客人留下的印象也就越深刻，宾客会把"酒店有效经营"的良好印象惦记在心。在大多数酒店，前台接待员在客房未被清扫、检查直至收到客房可以出租的通知前，是无权把客房安排给宾客的。即使出现一位宾客抵店等候进房的情况，客人亦能理解客房正在准备，需要等候。这样做要好过客人拿到客房的钥匙但发现客房并没有清扫好。

客房状态的差异。酒店前台系统中客房状态差异的产生有几种原因。第一种是由于记录的不完整或不准确造成的房态实际差异。例如，一个客人在他当初预订客房时确定的住宿间夜会产生变化，实际可能要求再多住一个晚上，当前台接待员在系统账户中设定这个房态时可能不慎将这个房间设定为离店状态，由于前台显示的是离店状态，而客房部则显示这个房间是住客状态，由此就产生了一个房态矛盾（这种情况下，该客人称为延住客）。第二种房态差异产生的原因是当一个客人没有结账就离开了酒店时，前台系统里显示这个房间仍被占用，而客房部则显示这个房间是一个空房（这种情况下，该客人称为逃账客）。第三种房间状态的差异是可能源自客房部未能就房态变化情况及时与前台沟通。

在许多酒店，前台接待员负责制作每日的前厅报表即客房住客一览表。这份日报表表明当晚租用的客房状态，还注明了第二天预期离店的那些客房。客房部管家在一早收到这份报告的副本，依次布置打扫那些住客客房。而预期离店的走客房，通常会被安排在稍后打扫，因为宾客离店前仍会继续使用客房。如果这类客房先打扫的话，客人走后可能还会重新打扫。而且走客房的打扫内容要多于住客房（也称为续客房）。如果一位宾客在原先的离店日期前办理，前台必须通知客房部这间房不再是一间续住房，需调整客房状态。为了协调一早离店的客房的清扫与检查，客房部与前台之间进行例行的沟通是必需的。

在下班前，客房部要准备一份客房部房态报告（贝表 5-1）。这份报告是按实地检查客房的结果制定的。报告说明了每间客房的现时状态。这份报告可以用来与前台的客房住客情况表核对，发现任何不一致之处报告给前厅部经理。这一程序确保前台接待员掌握最准确的即时房态信息，并以此开展工作，这对接待此后入住的宾客尤为重要。

许多前台计算机系统把房态分得更细，不仅仅限于安排出租或打扫。这些系统的典型房态表述有：

- V/O —— 空房，待打扫。
- V/C —— 空房，已打扫，但尚未检查完毕。
- V/I —— 空房，且已检查完毕。
- O/C —— 出租房，已打扫。

房价 房价就是酒店对使用住宿设施的收费。成本的构成决定了房价的最低水平，而且竞争态势决定了房价的最高水平。一家酒店常常会为每间客房制定一个标准价格。这个价格就称为门市价。以往这个标准价格是写在前台的一个叫作客房状态显示架上面的。门市价也可称为客房零售价。在大多数情况下，酒店提供的折扣价是

表 5-1　客房部房态报告

客房报告

日期＿＿＿＿＿＿ , 20＿＿＿＿＿＿

房号	状态	房号	状态	房号	状态	房号	状态
101		101		151		176	
102		102		152		177	
103		103		153		178	
104		104		154		179	
105		105		155		180	
106		106		156		181	
107		107		157		182	
108		108		158		183	
120		120		170		195	
121		121		171		196	
122		122		172		197	
123		123		173		198	
124		124		174		199	
125		125		175		200	

备注：
＿＿＿＿＿＿＿＿＿＿＿＿＿＿＿＿
＿＿＿＿＿＿＿＿＿＿＿＿＿＿＿＿
＿＿＿＿＿＿＿＿＿＿＿＿＿＿＿＿
＿＿＿＿＿＿＿＿＿＿＿＿＿＿＿＿

图例：
✔ － 出租房
000 － 待修房
— － 空房
B － 保留房
　　（行李仍在房内）
X － 出租房
　　（无行李）
C.O. － 在办理离店手续的保留房
　　上午较早时
E.A. － 提早抵店

客房管家签字

在门市价的基础上打折。

总之，房价是某一特定客房在特定的一晚实际收取的费用。门市价是某一房型（例如双床房、大床房，套房等）的标准价或者没有折扣的房价。没有拿到折扣价的顾客，酒店通常收取门市价作为房价。如果客人拿到了折扣价，例如，由于是某团队的会员享受门市价 10% 的折扣，酒店收取的实际房费是门市价的 90%。因此，当房价没有折扣时，门市价也是房价，但是当房价有折扣时，房价即为门市价的某一百分比。

房价通常在预订过程中已经确认。这种做法已被大多数商务旅行者和旅行代理商所接受。对于门市客，前台接待员则根据酒店的政策和销售准则来确定房价。前台接待员可能会给予一个比门市价低的房价。通常这种情况只会在管理层认为有必要时才这样做。例如，酒店管理层认为出租率不高，为了尽可能地吸引更多的客源，可能会给未经订房的宾客一个低于门市价的房价，以鼓励他们住店。有些酒店还公布季节性价格来适应业务出现的波动。这样做的目的是企图在需求降低时能获得较大的收益，以及在需求增加时能最大限度地实现客房营收目标（营业收入管理的一种方法）。

其他影响房价的因素有客房的数量、服务的水准和客房的位置。例如，房价内可能含有餐费。按美式报价（AP），房费还含有一日三餐。按修正美式报价（MAP），住宿外还包含一日两餐（大多是早餐和晚餐）。有时全包（full pension）是指美式报价，而半包（semi-pension）是指修正美式报价。有些度假酒店使用一揽子报价（All Inclusive），是指每日房价内包括所有的用餐、饮料和活动费用。按欧式报价（EP），餐费和房费是分开计算的。度假酒店常常使用美式报价或修正美式报价。美国大多数非度假酒店都按欧式报价来定价。

房价与宾客的种类也有很大关系。在办理入住登记过程中前台接待员应懂得如何以及何时实施各种房价。不同的房价有：

- 针对常客的商务价。
- 针对业务促销的免费房。
- 针对达到规定人数的团队价。
- 针对孩子与父母共居一室的家庭价。
- 针对不过夜住客的白天房价（通常是在同一天内办理入住和离店）。
- 针对房价内还包括各种活动安排的小包价。
- 针对通过酒店常客活动而赢得折扣的常客特价。

是否符合各种特价规定，通常既取决于管理层的决策，又取决于宾客的特征。

客房位置 分配客房时，前台接待员必须了解各种房型的特征。在大多数近 50 年内建造的酒店，每种类型的客房大致面积相同。而早期建成的酒店由于当时的建筑技术和材料的原因，客房的面积和构造差别很大。现代酒店客房的差别主要在于所配备的家具、客用品和所处的位置。前台接待员应该熟悉各种客房的构造，也要熟悉酒店的客房位置图。这是满足宾客需求所必需的。图 5-4 就是一份酒店楼层客房位置显示图。注意其中有一连通房和残疾人用房。

前厅部计算机管理信息系统内储存了每间客房的有关资料，如房型、房价、所在楼层、景观、床上物品以及其他相关的信息。编制好的前厅系统还能以图表方式一目了然地提供各种客房信息，比如客房特色、配备物品等，很方便参考使用。

散客或团队客可能在预订过程中提出要某个位置的客房要求。团队客人也可能已由接受预订的部门（通常是市场销售部或餐饮部）承诺给予某个位置的客房。但接受预订的部门在处理此类问题时要谨慎，应事先与预订部核实是否有可能提供此类客房给入住的团队。虽然预订部可以事先做好预留房的安排，但是把预留房在入住登记时安排给宾客是前台职责范围的事。

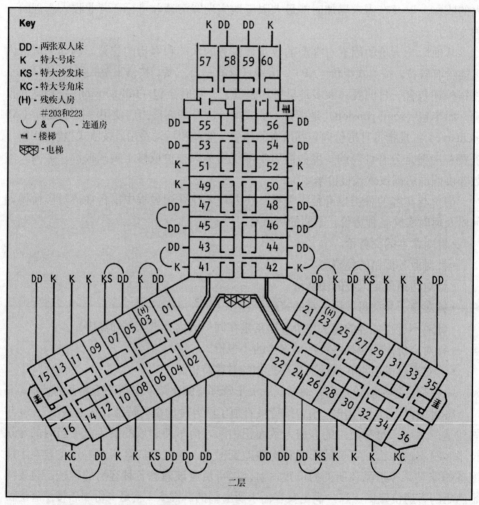

图 5-4　酒店楼层客房位置显示图

　　资料来源：由密歇根州兰辛喜来登酒店提供。

　　预留房　在入住登记阶段的排房工作中首先要注意的问题是要了解哪些客房是做了预留的，准备用来接待不久将抵店的宾客的。通常预订员或前厅主管在计算机上做预留房的处理。如果由于某种原因预留的房间不准确或不小心没做预留，信息就会出现偏差或产生用房冲突。

例如，前台给一位门市客安排了一间客房，住两晚。但是偏偏这间客房是为次日抵店的宾客预留的，而这位前台接待员并不知晓，当次日宾客入住时就会出现排房的问题。酒店管理信息系统有助于减少类似的订房错误，因为计算机系统可以设定禁止前台接待员把已做预留处理的客房安排给其他抵店的宾客。

宾客一旦住进了某间客房，酒店就不应该再让他们换房，这是大多数宾客的想法。要求一位入住宾客换房的建议常常会遭到抵制；即使客人同意了换房，也会使他产生不快的感觉。换个角度，一位抵店客人，已经得到给他所要房间的许诺，也会因预留房没有控制好而带来不便和担心。前厅人员应该懂得这些道理，懂得兑现预留房承诺的重要性。

付款方式

无论宾客打算采用现金还是支票，信用卡或其他可以接受的某种方式付款，酒店都应该采取防范措施以确保付款的最终实现。结账的效率取决于入住登记阶段确定的宾客付款方式。在入住登记时，确定的结账方法和核准的信用额度会大大减少结账时出现未经认可的结账授权以及随后发生的欠款收回等问题。

酒店的规模、建筑结构和组织机构各不相同，酒店制定的付款方式的准则也同样有所区别。但入住登记过程是前厅客人账务工作中的关键一环，因为前台接待员在入住登记时负责收集有关宾客将要采用的付款方式的信息。常见的支付房费的方式包括现金、私人支票、信用卡、转账和其他方法。

现金 有些宾客愿意在入住前，在办理登记时就付房费。如前面提到的宾客在入住登记阶段就用现金付了房款，那么他就不能在店内享受记账消费。各营业点都会收到要求现收的宾客名单，不允许这部分宾客把消费额记入他们的客房账内。

在大部分酒店，现收名单由前厅的计算机系统制成并由前台传输到酒店的营业点。系统不允许营业点的员工把客人的账单输入客房账内。宾客由于没有赊账的批准，必须在营业点现付消费金额。在办理入住时，前台接待员可能会要求用现金支付的宾客压印一张信用卡以方便他在店赊账消费。

银行把现金支票、旅行支票和汇票视同现金。酒店在接收这些合法的支付形式时应要求宾客出示必要的身份证明。前台接待员应把上述凭证上的签字与证件上的照片和签字进行对照。如出现疑点，上述支付凭证应交发证的银行和机构证实。

私人支票 有些酒店允许以私人支票付款，而另一些酒店则制定了严格的政策规定拒收私人支票。虽然酒店没有义务接受私人支票，但却不能以性别、种族或其他原因拒收私人支票，那会导致因歧视而违法。酒店在是否接受私人支票问题上必须制定政策。酒店需要注意的还有支票的种类，如薪金支票、在别州签署的私人支票、外国银行支票、政府支票和第二方及第三方支票。

有些酒店允许宾客用私人支票支付，因为它们历来要求宾客以信用卡作为其支付担保，而且要求支付的现金金额不超过信用卡公司给予的信用额度。届时，前台接待员会将信用卡号记在宾客的私人支票背面或登记表的背面。有些酒店只在银行的营业时间段内接受私人支票，这个规定是为了必要时前厅有查验支票的机会。有些酒店仅仅允许宾客用私人支票支付房费以及税金，而其他消费要以现金或信用卡支付。

酒店接受私人支票时应该要求宾客提供相关的证件。驾驶执照号码、地址和电话都应记录在私人支票的背面作为背书的资料。银行章和票据交换所的印记也应盖在支票的背面。有些酒店把金额和支票付现的日期记录在宾客的入住登记表上，这一步骤帮助确认宾客并没有超出酒店预先规定的付现金额。如果前厅收款员被授权接受私人支票，那么当宾客要开一张私人支票时，他们必须掌握如何应对的方法。

酒店防止由于接受了虚假或伪造的私人支票而造成的损失，必须注意以下几点：

- 对于用私人支票结账，不要找给现金。只要有可能，归还私人支票，要求以其他方式支付。有些酒店不开退款支票，即使需要退款，也要在得到宾客所在银行对其有效性的证实之后。
- 不要接受不写日期或写当日之后日期的私人支票，即没有日期，或所写日期不是当日日期而是未来的某个日期的私人支票。
- 要求私人支票上写上支付酒店的账单，不能写"现金"。应当允许宾客在私人支票上写取现金，而不是付账，这张支票就会以现金方式提取。这样做是为了防止一旦出现逃账，事后会申辩那张兑现了现金的支票是用来支付酒店账款的。
- 不要接受国外银行的支票，除非酒店财务部已经提前授权前台可以接受此类支票。

表5-2展示了一些信用卡公司的小经验。

第二方和第三方支票。总的来说，酒店不接受第二方或第三方的支票。第二方支票就是在宾客出示支票本之前开出的支票。第三方支票就是某人开给另一个人的支票，而那个人又转签给了宾客。酒店如接受此类支票可能会造成资金回笼难的问题，尤其当开票人"停止支付"支票的情况出现时。如酒店接受了一张第二方支票，前台接待员应该要求宾客在前台担保，即使在之前已经有过担保。前台接待员可以核对宾客两次担保的笔迹（前一次担保和刚刚做的担保）。

用支票做担保。有些酒店提供支票担保服务以此来确保客人出示的支票是有效的。酒店提供支票担保服务依靠的是支票上的防伪标记，前台接待员可以通过将支票上的信息输入验证终端或在磁性墨水阅读器下面验证支票的真伪。反过来，支票担保服务也决定着签署人的信用水平。如果在宾客入住后发现支票是无效的，支票签署人应对发生的费用负责，而不是由酒店承担。

另外，有些酒店使用实施计算机转账系统，与银行转账业务类似。该设备与内部验证系统相连，功能跟信用卡读卡器很像。有效的支票有特定的银行验证编码，支票的金额被印在支票上。支票读卡器可以识别支票上的信息并通过验证系统实时跟银行进行核对以确定其真伪。通常情况下，将支票通过读卡器，支票所属银行及其金额会被立刻传送至系统。如果信息是有效的，支票上的资金通过相同的系统进入酒店账户。如果支票是无效的，或余额不足，酒店会立即识别并退还支票。

由于在使用支票结算时要支付一定的交易费，酒店仅接受用于支付房费的个人支票。特别需要强调的是境外银行的私人支票通常不能用来担保。

银行卡。宾客可以使用两种类型（信用卡和借记卡）的银行卡结账：信用卡依据通过刷取信用卡磁条结账，借记卡依据无线转账协议结账。信用卡和借记卡是由

接受支票时需遵循的步骤

1 警惕新开账户
90%被拒收的支票是从新开户不到一年的账户中签出的。第一本支票本第一张支票的起始编号为101号，印在右上角。在接受支票时，你应特别关注编号较小的支票。了解账户的新老问题已变得越来越重要，不少银行现已把账户开户年份印在支票上（如0278意即1978年2月）。

2 在支票正面记录所有相关信息
在支票正面记录所有相关信息。根据当局规定，你应将开票人的信息写在支票正上方：

驾照号	信用卡号
收票职员姓名	其他身份证件或经理批准

3 仔细检查对方驾照
当开票顾客将他的驾照递给你时，迅速问自己以下问题：驾照上的照片与本人相貌是否相符？驾照何时过期？去年，60%的伪造支票是通过检查驾照的方式被识别的。法庭规定，过期驾照不能用于身份证明。小心检查驾照，受益无穷。

4 关注其他发票机构识别码
由储蓄、贷款机构或合作社发出的汇票代码通常以2或3开头。信贷社的汇票通常写明由某家银行担保。国际旅行支票的代码以8000打头。美国政府支票包含000000518的代码数字。

5 识别旅行支票
VISA旅行支票一举支票高于视平线，可见正面左方一地球图案，右上方有一鸽子图案。
万事达及托马斯·库克旅行支票一举支票高于视平线，可见右方出现一圆圈图案，里面是一黑短发女子。
花旗银行旅行支票一没有特别水印。
美国运通旅行支票一翻转支票背面，用沾湿的手指摩擦左面的名称会使字迹模糊，右面则不会。

6 要"凭票识人"，切记"凭人识票"
不要因为顾客外表看上去体面就忽略以上步骤。一个名叫法兰克·艾巴内特的著名伪造犯在退休后曾经面对隐藏的摄像机，用一张餐巾纸写成支票，成功兑换了50美元现金，这完全是因为银行职员为他体面的外表所打动，根本没有仔细查看支票。当你因为急于完成一项交易或打算破例时，想想万一退票你将如何解释自己的失误。要"凭票识人"，切记"凭人识票"。

由法兰克·W.阿贝聂尔撰写

Frank W Abagnale & Associates/PO Box 701290, Tulsa, Oklahoma 74170/Telephone 918-492-6590

图 5-5 受理支票的建议步骤

资料来源：由法兰克·W.阿贝聂尔事务所提供（俄克拉荷马州图尔萨）。

银行发放的带有磁条信息的塑料卡。当宾客刷卡消费时，金额必须在持卡者的信用额度以内。账单每月寄送给持卡者。一些银行卡，还为持卡者提供旅行或娱乐预订服务，这类卡只需每月将所消费额度还清即可。美国运通卡（American Express）就是这类银行卡。银行卡的持卡者通常情况下可以提前消费。当使用银行卡消费时，必须按照相应的消费额度消费。借记卡不同于信用卡，借记卡跟某一个银行账户相连，当使用借记卡消费时，账户里的金额会立即被扣掉；没有透支额度。借记卡内余额不足时，将无法进行消费。

与处理其他付款方法必须小心一样，在前厅账务流程中仔细验证信用卡的授权和真伪是很重要的。前厅部通常都有专门制定的受理信用卡的一整套步骤。另外，信用卡公司也常常有明确的有关交易结算的要求。如表5-2显示的是信用卡公司提供的一些防止接收到伪造信用卡的方法以及受理的程序。酒店应请律师检查一下他们制定的信用卡受理程序是否符合州和联邦法律，是否涵盖了信用卡公司的合同内容。当地银行也会提供操作指引。酒店在制定前厅处理信用卡的政策方面要考虑到下列几个方面。

失效期和有效使用地。宾客出示信用卡，前台接待员应立即检查信用卡的失效期。如果过期了，前台应向宾客指出，并要求另换一种付款方法。因为信用卡公司是不会为持过期信用卡的客人偿付账款的。接受一张过期的信用卡会使酒店处于百般无奈的境地。酒店不小心接受了一张失效的信用卡，就可能收不回宾客的消费款。另外，有些银行的信用卡只能在指定国家内使用。外国旅行者所持有的信用卡有的可能只能在他们所在国家内才能使用。

在线授权。检查了信用卡的失效期后，前台接待员要确认信用卡不在失窃或其他原因造成的失效名单上。许多酒店是通过一个与电话线连接的在线计算机装置来查证信用卡的有效性。一旦连线完成，信用卡的资料可以通过口述或键盘或信用卡自动分辨器传输出去。资料输入后，查证机构会给予这次交易一个授权号或一个拒绝授权号。

无效信用卡。一旦发现无效信用卡，前台接待员应按照前厅和信用卡公司的程序办事。无效信用卡的原因可能是签名已被篡改或信用卡上的签名笔迹与入住登记卡上的签名不一致。通常的应对方法是礼貌地请宾客换一种付款方式。前台接待员不应引起宾客的注意或以任何方式使宾客感到难堪。如果宾客没有其他可以代替的付款方式，前台接待员可以请前厅的信用经理或酒店的总经理来解决这一问题。

如果宾客出示的是一张失窃的信用卡，前台接待员应通知酒店的保安部。虽然联邦政府将伪造信用卡作为刑事犯罪，酒店在怀疑宾客盗窃或伪造行为时还应十分小心。如果弄错，酒店会被起诉。酒店的律师应该在如何处理失效信用卡的方法方

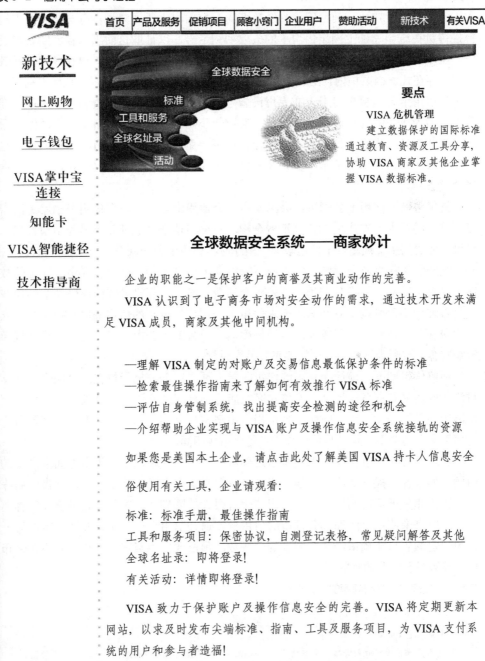

表 5-2　信用卡公司小经验

VISA

| 首页 | 产品及服务 | 促销项目 | 顾客小窍门 | 企业用户 | 赞助活动 | 新技术 | 有关VISA |

新技术

网上购物

电子钱包

VISA掌中宝
连接

知能卡

VISA智能捷径

技术指导商

全球数据安全

标准

工具和服务

全球名址录

活动

要点

VISA 危机管理
　建立数据保护的国际标准
通过教育、资源及工具分享，
协助 VISA 商家及其他企业掌
握 VISA 数据标准。

全球数据安全系统——商家妙计

　　企业的职能之一是保护客户的商誉及其商业动作的完善。

　　VISA 认识到了电子商务市场对安全动作的需求，通过技术开发来满足 VISA 成员，商家及其他中间机构。

　　—理解 VISA 制定的对账户及交易信息最低保护条件的标准

　　—检索最佳操作指南来了解如何有效推行 VISA 标准

　　—评估自身管制系统，找出提高安全检测的途径和机会

　　—介绍帮助企业实现与 VISA 账户及操作信息安全系统接轨的资源

　　如果您是美国本土企业，请点击此处了解美国 VISA 持卡人信息安全

俗使用有关工具，企业请观看：

标准：标准手册，最佳操作指南

工具和服务项目：保密协议，自测登记表格，常见疑问解答及其他

全球名址录：即将登录！

有关活动：详情即将登录！

　　VISA 致力于保护账户及操作信息安全的完善。VISA 将定期更新本网站，以求及时发布尖端标准、指南、工具及服务项目，为 VISA 支付系统的用户和参与者造福！

面提供建议，以防引起法律纠纷。

压印信用卡凭证。前台应该为经核准的有效信用卡压印凭证。有些酒店要求前台接待员在压印凭证上圈出信用卡的失效期和卡号，以证明这两项内容已经获得查证。压印好的信用卡凭证一般附在宾客入住登记卡上，与宾客账单放在一起，或者集中保存在凭证档案柜内。在结账之前或离店之前一般不会要求宾客在凭证上签字。近来，信用卡公司要求持卡人在专用设施上划卡，以获得信用卡资料。这样就更准确了，因为压印的凭证可能很难辨认。信用卡公司要求用专用设备来划卡的做法很受酒店的欢迎，因为这样做节省了因受理信用卡而发生的费用。有了这样的设备也就无须再压印信用卡凭证了。但是在入住登记卡背面记上信用卡的资料还是一个恰当的做法。

信用限额。信用卡公司可能会给酒店一个信用卡限额。一个信用限额就是酒店可以接受的持卡人在店内的最高消费金额。不突破这个金额就无须另外申请授权。如果宾客的消费金额超过了信用限额，前厅应与信用卡公司联系，要求获得批准。

有些酒店在没有获得准许的情况下就突破了这个限额，就会付罚金，罚金的数额不是超出限额的那部分费用，而是整个消费金额。计算机系统能监管宾客的消费额是否临近信用额度。有些酒店要求信用卡公司授权较高的信用额度，使宾客能支付房费和其他消费。获得较高的信用额度后，前台就不会由于经常性地要求授权而影响宾客，或者为了酒店安全而要宾客另换付款方式。

预留信用额度。前厅在宾客的信用账单上预先留下一笔经授权的金额来保证支付酒店的商品和服务，比如，有位宾客抵店后预计居住几天，估计他的房费将会超出酒店的信用额度，为了防止出现信用卡申请授权问题，前厅就会要求宾客预留一笔信用卡上的费用，至少与估计会产生的费用额相同。

管理层必须了解法律关于预留信用额可能产生的问题以及信用卡方面会产生的问题。如果客人提前离店，而他接着又去消费时发现自己的信用卡上的钱被酒店冻结了。法律关于这类问题的处理，州与州有很大的区别。一些州规定酒店在宾客离店时，应将未使用完的那部分预留的信用额度通知信用卡公司予以归还宾客。另一些州规定酒店只能预留经宾客同意的金额数，预留要取得宾客的准许。酒店在公布这类政策时要听取律师的意见。

表5-3 处理宾客信用问题的一些建议

当信用卡公司拒绝赊账授权时：
• 与宾客私下讨论此事。 • 向客人描述授权未被批准时要当心用词（例如，不能说客人的信用卡是"无用的""无价值"一类的话）。

（续）

- 提供电话使客人能与信用卡公司商讨此事。
- 允许宾客用一种可以接受的方式支付账款。

当宾客的私人支票遭到拒收时：

- 解释酒店的支票付取政策。
- 保持友好合作的态度。
- 与宾客商讨换一种支付方法。
- 如在当地银行的营业时间内，指引客人去附近的营业点，或让宾客使用酒店的电话。

当宾客抵店办理入住时，前台接待员在查看计算机中的入住资料前先要让宾客出示信用卡。员工把信用卡放入与前台计算机相连接的信用卡识别仪。计算机就能识别信用卡并将有关信息展示在入住登记卡上，或者把资料归入专门的名单中。当前台接待员证明了客人的身份，计算机会自动计算出需预留的信用额度并通知信用卡公司，这一切无须人工操作，都是自动完成的。此时入住登记程序已经完成，酒店已在宾客的记录上有了个批准号或一个拒绝号。许多信用卡公司不要求在入住时压印信用卡凭证，所以入住登记的过程大大加快了。

拒绝赊账要求。如果前台接待员发现某位宾客的信用评级很差，可以拒绝给予宾客赊账消费的要求，但在处理时要十分小心。一个人的信用程度比金钱更重要，这常常涉及人的自尊。在讨论由信用引发的问题时，前台接待员必须尽量做到不动声色。不管宾客变得如何激动，员工的说话声音都应尽量保持友好和镇静。酒店有权检查和评估宾客的信用信息，宾客也有权了解为何前厅不接受他的私人支票、信用卡或转账的要求。表 5-3 展示的是一些处理信用问题的建议。这些建议要根据具体的问题，不同的客人以及酒店的具体情况加以灵活运用。

转账 有些酒店同意给宾客或其所在公司事后转账。转账的安排通常在宾客抵店前由宾客或其所在公司与酒店前厅通过文件往来确定。宾客或同意支付的公司代表方要获得酒店的同意。前厅经理一般会检查宾客方的信用情况并负责做出决定。批准转账的宾客名单通常会存放在前厅部供办理入住时查阅。在离店时，允许转账的宾客只需看一下自己的账单，确认账单上的内容，签上名就可以了。账单上的金额会直接通过转账来收回。对于转账的安排，酒店既不靠信用卡公司，也不靠其他第三方，能否收回的责任全部由酒店承担。

特别安排 在入住登记时，宾客可能出示收款凭证、票据或其他企业、航空公司或代理商给予的奖励券。前台接待员必须了解酒店在承兑这些凭证方面的协议并懂得如何准确受理。前台接待员还必须十分小心地处理这些凭证，因为这些东西的价值各异。而且条件、内容也各不相同。由于凭证代表了一种支付方法，这也是前台向发证的公司收取钱款的凭证，必须小心处理，确保资金回收成功。由于凭证和票据对酒店来说都是有价证券，员工在接受这些东西时都要再查看一下所存放的样本。样本识别应列入前厅培训的内容，并能随时备查。

团队结账 前台接待员在为团队宾客办理入住时，必须仔细查看他们的特殊要求是否得到落实。为属于团体的客人办理入住与为散客办理入住是不同的。抵店参加商务会议的宾客，常常事先就做好了结账方法的安排。有些客人的房费和由此产生的税金是直接记入团体总账单的。其他如电话费、餐费和洗衣费则由个人负责支付。遇到这种情况必须为每位宾客安排结账方法。但是，当遇到团队组织者同意为宾客支付所有费用，就不需要为每一位宾客做结账安排了。例如，宾客或邀请前来为会议做演讲的客人只需在入住登记卡上签字，并核对一下离店日期，发给客房钥匙就行了。遇到这种情况，可能还不应把房价打印在入住登记单上。

识别宾客身份

许多酒店要求前台接待员在办理入住登记手续之前要绝对核实所有抵店宾客的身份信息。前台接待员要求客人出示身份证、驾驶证、护照等带有照片的身份证件核实其姓名、住址、签名及照片是很正常的。自从 2001 年 9 月的"9·11"恐怖袭击事件以来，准确核实宾客身份成为几乎所有酒店的通行标准。对于国内客人来说，驾驶证或者其他带有照片的证件被认为是有效的。对于外国客人来说出示护照是必需的。宾客的证件类型和证件号码必须记录在宾客档案中。为了进一步确保安全，如果宾客不讲本地语言，这一条也需要被记录在宾客档案中，在紧急情况下，它可以帮助确认讲外语客人的身份。

发放客房钥匙及通行代码

发放了客房钥匙，前台接待员就完成了入住登记的过程。在一些酒店，一位新入住的客人拿到客房钥匙后由前台接待员带领进房。在大型酒店，宾客会拿到一张地图，上面标着客房的位置，还有餐厅、酒吧、游泳池、健身房、会议设施和停车场等酒店其他设施的位置。出于对宾客和酒店的安全考虑，客房钥匙必须得到妥善管理。客房钥匙被盗、丢失和失控都会对酒店的安全构成威胁。

酒店应有制定好的书面程序来管理、控制客房钥匙。程序的内容应包括谁有权发放客房钥匙，钥匙交给谁，客房钥匙应存放在前台何处、如何存放等。

出于安全的原因，前台接待员在把客房钥匙交给宾客时不应报房间号码。前台接待员可以把宾客的注意力吸引到地图上标出的房号或者钥匙上的房号上来。前台接待员也可在钥匙上写一个代码来代替房号，不过他要向宾客介绍如何理解这个代码或把房号写给宾客。许多酒店将客房钥匙装在信封内交给宾客，这样前台接待员可以写上房号。

酒店如提供行李服务，前台接待员应询问宾客是否需要行李员帮忙。回答是肯定的话，应把行李员介绍给宾客，把客房钥匙交给行李员，叮嘱行李员把客人送到房间。在去客房的途中，行李员可以介绍酒店的一些情况，如餐厅的位置、零售店的营业时间、制冰机和自动售货机以及紧急出口的位置，还有发生紧急情况和其他事项时的应付方法等。到了客房，行李员应介绍客房的设置，如空调控制器和电视设备，尽量使宾客感到舒适，回答宾客提出的问题，然后把钥匙交给宾客。宾客如对客房不满意，或是没有按宾客的要求准备好，行李员应注意听取宾客的意见，并转告前台及时采取纠正措施。如家庭旅游客抵店时要求在房内加床给孩子睡，那么行李员应立即帮助落实此事，使加床尽早安置进房。

满足宾客特殊要求

识别宾客的特殊要求并予以落实，是入住登记工作的一个组成部分。例如，在预订过程中，宾客可能提出连通房的要求。那么应预留好这些客房，保证宾客抵店时能提供。如果宾客的订房要求没有得到很好的处理，那么前台接待员应尽可能在入住登记阶段想方设法满足宾客的需求。其他特殊要求可能会有下列几方面的内容：

- 位置。
- 景色。
- 床型。
- 吸烟或禁烟方面的要求。
- 设备设施。
- 供残疾客人使用的设施。
- 高速上网服务。
- 娱乐系统，例如视频点播系统和视频游戏系统。

宾客可能要求自己的客房靠近电梯，也可能要求远离电梯；有些客人希望看到海景、游泳池或城市景色；有些客人希望得到特大号双人床；有些客人希望有健身房或会客室；有些宾客还会提出对房内设施和布置提出特殊要求。携领孩子出游的宾客可能会提出加儿童床的要求。如果客人抵店前没有在房内做好安排，那么前台接待员应与客房部联系，找个合适机会把床安置进客房内。当然这些要求最好在入住登记前就完成。有些宾客还会提出一些其他的特殊要求，如加床板或烫衣板。残疾宾客的客房会有专门设计的设施，如卫生间的把手或连接烟感器和防火报警装置上的专门灯光。《美国残疾人法案》要求绝大多数的酒店要有专门的设备供残疾人士使用。这类客房应尽可能地保留，不要轻易出租给非残疾人士使用，除非处于客满阶段。

有时会出现由其他人提出的给予宾客的某些特殊要求。例如，总经理想在宾客的房内放水果篮以表示对常客的欢迎。旅行社会预订一瓶香槟要求送到他们的顾客房内。对度蜜月的夫妇，会提出在他们抵店前在房内摆放香槟和鲜花。

在预登记阶段对许多特殊要求要做细节上的处理，前台接待员要跟踪落实每一项要求，这非常重要。如果宾客进了客房，发现他们的要求没有兑现就会感到失望。在办理入住时，前台接待员应复述宾客的特殊要求以确认酒店的安排无误。用这种方法可以使宾客更好地感受到他们的要求得到重视。

入住登记的创新选项

本章描述的入住登记过程是针对绝大多数酒店的。有些酒店还尝试使用一些其他方法和技术手段，使入住登记过程更有效率。这些技术手段试行过程中获得不同程度的成功。

- 不设前台。取而代之的是前台接待员拿着预期抵店的宾客名单和预先做好的分房资料在大厅等候。接待员在弄清客人身份后很快办好了入住登记，有时还带领宾客进房。有些酒店连锁集团现在就选择旗下的一些酒店用此方法接待宾客。宾客的信用情况已在订房阶段通过中央预订系统的计算机与信用卡公司的连接获得查证。由于需了解的事都已了解，酒店要做的只是为宾客做好入住登记准备，把客房钥匙和入住登记卡放在一起。当宾客抵达时，只需简单地证实有关宾客在入住登记卡上的信息有无变动就可结束这一入住过程。有时这种服务还与酒店常住客计划配套。酒店可用常住客已记录在案的信用卡号码来做预登记的工作。
- 在大堂专设一个区域迎接酒店的入住宾客。将原先的前台遮掩，只用来整理资料和存放资料，但在离店结账高峰时刻可暂时移动遮掩物，用于办理结账。
- 为宾客特设一单独办理入住登记的地方。这种做法与前面的相同，但只限于为宾客提供此项服务。
- 在大楼的一个专用区域内与会议报到处一起联合办公，为会议客人办理入住。把团体客人与非团体客人区分并办理入住登记，能使酒店提供更有针对性的服务。
- 在酒店大楼以外的地方如机场、会议中心等地为宾客办理入住登记手续。

入住登记的任何创新都要使宾客得到方便和关爱，这便是挑战之处。

对于商务聚会、旅行团队和大型会议的客人的入住分房程序可以进一步简化。团队联络员或前厅计算机可以向前台接待员提供预期抵达的团队的客人名单。房号可在团队抵达前分配好，客房钥匙可装在信封里，内有总经理签名的欢迎信。在大厅的一角而不是在前台设一张桌子，专门用来为抵店的团队宾客发放钥匙。前台接待员仍处理入住事宜，团队联络员负责欢迎抵店的团队宾客，向他们提供会议信息或发放会议资料。

有些酒店的前厅服务还包括为在离店高峰时刻抵达的宾客暂时保管行李。前台接待员还可能为等候的宾客提供饮料和实物，那些宾客可能会因为等候而感到不舒服。也可以把这些宾客直接带到酒店的茶廊或餐厅，使他们在一个更休闲更放松的环境中等候，直至客房准备妥当。

自助式入住登记

一个相对来说较新的入住登记概念是自助式入住登记。自助式入住登记的装置一般设在全自动化酒店的大堂内。这些终端装置被设计成不同的形式：有些类似于银行的自动取款机（ATM），而有些有视觉和语音沟通功能。图 5-6 是一种自助式入住登记终端的照片。最近技术的发展使得酒店可以把自助式入住登记的终端安置在酒店以外的地方如机场和汽车出租点。不管宾客使用何种形式的装置，自助式入住终端装置将会大大减少前厅和宾客的入住登记时间。

图 5-6　自助式入住登记终端

使用自助式入住登记装置的宾客一般来说都做过预订，计算机内存有宾客的订房记录。在办理入住时，宾客需要输入一个预订确认号或在机器中插入有效的信用卡。终端机识别了信用卡背面的磁条，把宾客的姓名和信用卡号码输送到酒店的计算机，调出储存的订房资料。然后宾客可以利用终端机的键盘输入必须增加的入住资料。大多数终端机与计算机的客房管理系统相连接，这样就可以实现自动分房和订房价。有些终端机会打印出入住登记表，并要求宾客签名后投入箱子。向宾客表示欢迎的致辞或关于酒店特别活动和促销信息会出现在由系统生成的表格上或显示于终端机的屏幕上。有些终端装置还会指示宾客到一个专门的地方领取钥匙。有些酒店的终端机由于与客房电子门锁系统连接，可以制成钥匙发给宾客。

销售客房

如果宾客对酒店客房的价值缺乏信心，那么前台接待员就没有机会向宾客展示高效的入住登记服务程序以及创新的登记手段。前台接待员的工作任务的组成部分是提高宾客对酒店产品如客房、设施和服务的接受程度。前台接待员可以有好几种不同方法来鼓励宾客住店。

前台接待员应在工作中使用销售技巧。例如在入住过程中，必须简化几个步骤以求实现快速的入住服务和体现对宾客的关心。而在这几个步骤中，常常是前台向宾客进行面对面销售的好机会。经过良好训练的前台接待员能通过运用前厅销售技术尤其是各种推销手段大幅度提升客房收入。

升级销售是指预订员和前台接待员设法使宾客租用高于标准房价的设施。酒店客房通常由于装修、面积、位置、景色和家具配置的不同，有几种不同类别的价格。有时两间类似的客房门市价相差很大。

为了做好推销工作，前厅和预订员工必须接受训练使自己不再只是个接受订单的人。他们必须被训练成专业的销售员。他们必须认识到比起推销一个开胃菜或甜品来说，在客房推销方面他们有更多的办法可以运用。预订员和前台接待员应当学习向宾客进行建议性销售的一些技巧。这其中包括如何以及何时进行推销可以使宾客不感受到压力，还应懂得如何从宾客的期望出发来进行推销。

提供不同种类的客房供宾客选择是预订和入住登记过程中进行推销的关键，这需要精心计划和实施。虽然促销高价房的重点是在预订过程，以及在前台接待门市客的机会之中。有些酒店制定了这样的政策，对登记入住的宾客提供多个类型的客房，以供选择，并根据宾客意见确定房型。为了能使宾客接受，前台接待员必须懂得如何以积极、自信的方式介绍酒店的设施和服务。

宾客可能会提供一些自己对居住环境的偏好；有些信息可能已经记录在预订资料上面。前台接待员应有针对性地介绍客房特征以及可能对宾客带来的利益和便利。客人听了介绍可能会立即拍板，也可能会等前台接待员介绍完所有的客房类型后才做定夺。表 5-4 展示的就是关于促销高价房的一些建议。有时酒店恰好只有高价客房可供使用。成功的预订员和前台接待员会向宾客介绍高价客房的价值所在。可是当一位宾客已经预订了一间较低价的客房，而且他不想再多付费用时，酒店必须提供按预订时的房价提供客房。

在宾客选定客房后，前台接待员一般会要求他填写一张入住登记表。当客人填

表 5-4 升格销售的建议

- 始终以友好的声音和笑容迎接每一位宾客。保持令人愉悦的、有条不紊的工作态度。记住：你在销售酒店设施和服务的同时也在销售你自己。
- 与顾客保持眼神接触。
- 立即询问宾客姓名，在对话过程中至少三次用姓名称呼宾客。始终礼貌地称呼宾客，如"XX 先生"或"XX 小姐"。不要直呼其名。
- 尝试识别在预订过程中未能明确的顾客真实需求。根据顾客需求来介绍客房的设施设备。度蜜月或度

（续）

假的顾客可能更愿为景观好的房间多付钱。

- 时刻准备销售产品。在介绍高价客房时，先介绍特征和好处，然后再报价。如果顾客已经订房，则介绍高价房和预订房之间的差别；接待门市客是销售的最佳时机，如有两种不同的房型，那么两种房型的特色和价格均要介绍。不要冒险只介绍高价房而导致丢失生意的局面。
- 完成入住登记程序。
- 感谢宾客并预祝住店愉快。

写完登记表后，前台接待员要扼要重复有关客房的特征，以使宾客确认自己的选择。入住过程即将结束，前台接待员应介绍酒店的一些营业点的名称、服务内容和设施设备。许多宾客对此类信息颇感兴趣。

在宾客离开柜台前，员工应对住客选择本店表示感谢，并表达自己非常愿意随时为他提供服务，会尽一切可能使他居住期间愉快顺利。有些酒店在宾客入住登记后会给客房打个电话，以证实宾客对一切是否感到满意。

无法安排宾客入住

一般来说，酒店若有客房可供出租，就有义务安排宾客入住。法律禁止公共住宿机构因种族、性别、宗教或国籍原因对某些人采取歧视的态度。合法拒绝宾客入住的理由有：无房可租，或事先联系中出现差错或者客人不愿意支付房费或服务费。另外各州的法律还有拒绝接受客人入住的其他理由。前台接待员不应该是一位可以决定让谁入住不让谁入住的人物。这是前厅管理者的责任。管理者是通知宾客另找住处的责任人。酒店管理层应根据法律有关条文和州酒店协会的规定，指导属下员工如何执行有关接纳或拒绝宾客入住的相关政策和程序。

有时酒店可能出现可租房短缺的现象，无法安排宾客入住。所以制定处理这种情况的政策和程序是十分紧迫的任务。在极个别情况下酒店会出现无法安排预订客入住的个别情况，尤其也会出现无法安排做了保证类预订的客人入住。这时大多数酒店会为这位宾客在其他酒店安排住处。对于做了担保类预订的客人，提供全方位服务的酒店不但会为他安排好住处还会支付客房费用。但酒店对非担保类预订的宾客则无须承担这样的责任，记住这一点很重要。总的来说，在规定的取消订房的时间之前抵店的预订客人，酒店应安排入住。

门市客

对于门市客来说最不堪忍受的事是经过长途跋涉后发现酒店客满。已客满的酒店没有责任向门市客提供住宿。遇到这种情况，前台接待员可以建议宾客入住附近另一家酒店，甚至为了帮助客人可以事先代为电话联系。

在大部分情况下，酒店无法接纳宾客入住，可以代为安排在一家类似的酒店。酒店应有一份当地相同档次酒店的电话号码簿。酒店间相互介绍客源不但有可观的利益收获，还能树立信誉。例如，通过介绍客源可以使酒店将其他酒店的做法与自身进行对照。其他原本为竞争关系的酒店也会介绍客源。相互介绍客源最重要的出发点是可以看作为建立酒店对客关系的组成部分。对未能安排入住的宾客给予额外的关心有助于营造住宿业良好的风气。

当一位门市客认为自己是做了订房时，情况会变得复杂起来。酒店可以采取以下步骤弄清事实：

- 如果宾客出示确认信，那么要查看日期和店名；宾客有可能记错了日期和搞错了酒店。大多数确认信都有确认号，这可以帮助前台接待员找出预订资料。
- 询问宾客是否由别人代为订房；可能是在另一家酒店订的房，也可能是以订房者的姓名而不是宾客的姓名做了预订。
- 重新检查订房资料或计算机系统内的宾客资料，也许存储出现错误或其他处理过程出错。用客人姓名的另一种拼写方法再次检查订房资料。因为在通话时 B、P 和 T 经常会弄混淆。还有要查一查宾客的姓和名有没有在无意中颠倒。
- 如果订房是通过旅行社或其他代理商的，允许宾客打电话与他们联系，弄清问题所在。
- 询问宾客他们确切的抵店日期，可能宾客应在另外的日子抵店，比如晚了一天抵店。许多酒店保留着前一天未抵店的宾客入住登记表，就是为了这些客人有可能晚一天抵店时可以备查。

如果以上步骤都不能解决，那么前厅经理而不是前台接待员应请客人到一私密的办公室向客人解释情况。在他人在场的情况下，告诉客人无法安排入住会使客人感到难堪。

非担保预订的宾客

有时宾客因情况变化无法在预订时间抵达酒店。此时宾客往往没有时间在规定的取消时间前将非保证类预订改为担保类预订，结果酒店没有预留客房。宾客抵店时酒店已经客满。此时前厅部经理在通知客人时必须十分注意技巧。出现这种情况既不是宾客的错，也不是酒店的错，所以双方都不应责怪对方。

担保预订的宾客

如果订房程序和预测程序都得到谨慎处理，那么酒店就不会无法安排一位担保类预订的宾客入住。然而酒店还是应该备有处理此种情况的政策供前台接待员遵照执行。

前厅部经理应对酒店无法安排担保类预订的宾客入住一事负责，并做一系列必需的决定。这位经理可能会：

- 再次检查酒店是否真的客满。
- 再次检查住客房数，检查所有方面的资料。
- 将客房状态显示与客房部的查房报告和客人账单资料进行比较，看看有无不一致的情况出现。
- 与预期离店的但尚未办理离店手续的宾客通话，确认他们的离店时间，如无人接听电话，客房部应实地查看客房状态。住客也许未去前台但已经离店或此时正在办理离店手续。未去前台的可能是那些用转账方式结账的客人，或是已经预先付清了费用或是真的忘了去前台结账。对于忘了去前台结账而离店的情况，由于酒店的及早发现，使客房能尽早出租给另一位宾客。
- 亲自检查待修房，也许会找出一间可租房。如果宾客愿意住在一间待修房里，那么房价应作调整。这些决定都应由前厅部管理层做出。
- 找出为明、后天抵店宾客做的预留房，以及从已做好预登记的预订今日抵达但会在预留房宾客抵达前离店的宾客。

前台接待员在与抵店宾客讲述无房时必须口径一致。以下建议将有助于他们的工作：

- 鼓励宾客一旦有客房立即回本店住。届时将宾客放入贵宾名单。客房免费升级，或在客房内放礼品作为对客人造成不便的补偿。
- 管理层应向未能安排入住的预留客写致歉信。对造成的不便再次表示歉意，并鼓励客人再次光顾酒店（当然要有某些相应的奖励措施）。
- 如果无法安排一位前来参加会议的客人入住，那么应通知会议组织者。会议组织者也许可以采取调整其他与会者的住房安排来解决这一问题。遇到这种情况，很重要的一点是前厅接待员应与会议组织者有紧密的工作合作关系。

小 结

在订房过程中，宾客几乎提供了完成入住登记所需的全部信息。获知抵店宾客的预订情况后，预订状态转入入住登记状态。前厅接待员会有这样的感觉，当宾客的订房记录正确完整时，入住登记的过程会顺利而又快捷。入住登记过程可以分为七个步骤：预登记入住登记的准备；入住登记记录；排房；确定房价；确定付款方式；发给客房钥匙；满足宾客特殊要求。

入住登记的准备在宾客抵达前进行，目的是加快入住登记过程。当预订员收集到必要的信息后，宾客的预登记工作就可以进行。做好预登记的宾客只需确认一下登记表上的信息，签了名就完成了整个入住登记的过程。当然排房和确定房价、建立客人账单，以及其他有关方面工作也可能是酒店入住预登记的组成部分。

入住登记资料是重要的宾客资料汇总，是在进店入住时形成的。入住登记表或由计算机制成的入住登记资料应包括征询宾客的付款方式以及计划离店的日期。前台接待员应再次确认宾客的离店日期以及预先定好的房价。

排房包括为宾客确定并安排好一间特定种类的可租房。有了预订信息，就能做到在宾客抵达前排好房，定好房价。提前排房时，既要预测客房可用状态又要考虑宾客对客房的要求。排房工作在入住登记程序中最后完成。有效的排房和确定房价取决于正确及时的客房状态信息（既包括长期客房状态信息或叫预订客房状态信息，又包括短期客房状态信息，又叫住客房状态信息）。

对客结账服务的效率取决于入住登记阶段确定的付款方式。在入住登记时准确确定结账方式和信用授权将会大大减少以后可能发生的资金回收问题。如同酒店与酒店之间在规模建筑形态和组织机构各不相同一样，各酒店制定的有关宾客付款方式的规定也各不相同。由于付款方式在入住登记阶段确定，所以这一过程的工作在客人账务处理中起着重要作用。

许多酒店需要客人积极配合完成入住登记手续，在欧洲这是由来已久的做法，自从美国发生"9·11"事件以来，美国的酒店也通常要求客人这么做。酒店经理需要确切知道是谁住进他们的酒店，对于国内旅行的宾客而言，出示驾驶执照或其他贴有照片的证件就可以了，对于国际旅行者则被要求出示他们的护照。

发给宾客客房钥匙后，前台接待员就完成了入住登记的过程。酒店应有控制客房钥匙的书面的政策规定。如果酒店提供行李服务，前台接待员应询问宾客是否需要行李服务，随后把有关信息告知行李员。

入住登记程序的另一个组成部分是宾客提出的特殊要求是否得到了安排。关于宾客提出特殊要求的许多细节是在预订登记阶段进行通知的，但在入住阶段要注意落实结果，这一点很重要。如果宾客进房后发现酒店并未按自己的要求做好准备，会立即感到失望。前台接待员应在入住登记阶段提及宾客的特殊要求以确保酒店的服务能满足宾客的需求。

一项较新的有关前厅入住登记的概念是自助式入住登记。自助式入住登记的终端装置通常设在全自动化酒店的大堂内。这些装置设计成不同的外形，有点像银行的自动取款机。

前台的促销高价房是酒店增加营业收入的常见的做法。前台接待员应寻找向宾客提供更好的客房的机会，并通过向宾客介绍客房的价值来达成销售。例如，对于经常旅行的客人，他们可能宁愿多付一些房费，但希望客房内有便于办公的一些设备设施。许多酒店设立了奖励措施来推动员工最大限度地发现这些机会。

在建议宾客（或未能入住客）另择住处时，言行必须十分慎重。宾客如认为酒店并没尽最大努力安排他们的话，会感到非常不快。他们也许会在酒店吵闹，也许今后再也不会光顾。他们还可能把对酒店的种种不满告诉朋友和同事，造成对酒店的广泛的负面印象。为宾客另择住处应由经理出面来办，而不应由前台接待员做。宾客在其他酒店的房费都应由酒店来支付，酒店一旦有空房就应立即把客人接回酒店。高星级酒店还负责支付来回的交通费用以及通知总机把宾客的电话和传真转到另一家酒店。

主要术语

一揽子包价（All inclusive）：一种计价方式，其包价内容包含宾客的房费、餐费、饮料费和活动费用。

美式包价（American Plan AP）：一种计价方式，其内容包含房费和三餐费用，也可称为全包报价。

授权号（Authorization code）：由在线信用卡查证机构给予的一个号码，表示批准信用授权。

拒绝授权号（denial code）：由在线信用卡查证机构给予的一个号码，表示不批准信用授权。

转账（direct billing）：通常由宾客或公司与酒店之间通过文件来往商定的一种信用安排，即酒店同意把宾客或公司在本店的消费金额事后转账。

预期离店客人（due out）：指预订那天离店但尚未办理离店手续的客人。

欧式报价 EP（European Plan）：一种计价方式，只含房费，不含三餐费用。

信用额度（Floor Limit）：指信用卡公司允许酒店接受持卡人在酒店的最高消费金额，不超过这一限额无须申请授权。

客房部房态报告（housekeeping status reports）：由客房部制作的每间客房即时状态的报告，资料来源于实地查看。

杂费（incidental charges）：不同于房费和服务费的费用。

修正美式报价（Modified American Plan, MAP）：一种计价方式，每天的房价中还含两餐的费用，大多数情况是早餐和晚餐。

客房住客情况表（occupancy report）：由前台接待员每晚制作的报表，上面注明了当晚的住客客房以及次日预期退房的客房。

预付款（Paid –in-advance, PIA）：指宾客在入住登记时用现金支付了房费；预付款的客人常常被拒绝在店赊账消费。

门市价（rack rate）：酒店制定的特定类型的客房标准价格。

入住登记表（registration form）：一份打印好的用于记录入住登记材料的表格；在美国，许多州的法律规定入住登记卡上要有宾客签名。

入住登记资料（restistration record）：在宾客抵店时由前台接待员收集的有关宾客的重要信息，有宾客姓名、地址、电话、所属公司、付款方式以及离店日期。

预订房状态（reservation status）：指明了较长时期内可租房的状态。

房价（room rate）：酒店收取过夜住宿的费用价格。

客房状态差异（room status discrepancies）：指客房部发现的某个客房状态与前厅部的正用于排房的客房状态不一致，有差异。

跑房（run of the house）：可用于排房的客房是基于办理 Check-in 瞬间可供出租的情况决定。

自助式入住登记（self - registration）：一种计算机系统装置能自动为宾客办理入住登记，发给钥匙；实现自助式入住登记系统先要获得宾客的预订资料和信用卡资料。

逃账（skipper）：一位宾客已离店但未付账。

空置房（sleeper）：客房处于可出租状态，但前厅的客房状态为住客房。

升格销售（upselling）：一种销售技巧，向宾客推荐意见比他原订的客房更贵的房间，然后通过对该房的特征和价值的介绍以及对宾客需求的迎合，促使宾客接纳。

门市客（walk - in）：一位未办订房手续、抵店要求住宿的客人。

未能入住客（walking）：一位宾客已办订房手续，但酒店无房安排，只得为他另择住处。

复习题

1. 办理入住登记的七个步骤是什么？
2. 提前为宾客做好入住登记的准备有什么好处？哪些因素会妨碍前厅完成此项工作？
3. 一张宾客入住登记卡通常需要哪些信息？这些信息对前厅有什么用处？
4. 为什么说即时客房状态信息对有效的宾客入住工作是不可缺少的？
5. 用计算机显示客房状态有什么好处？
6. 举几个例子说明房价的不同种类。
7. 宾客结账的几种主要方法是什么？有哪些方式支付可视同用现金支付？
8. 在入住登记阶段，对选择用信用卡付账的宾客，前台接待员的工作程序应包括哪几个步骤？

9. 办理入住登记的创新选项有哪些?

10. 何谓升级销售? 何时适宜进行? 对宾客进行升级销售时, 酒店应做些什么?

11. 当一位宾客不能被安排入住时, 前厅部应考虑做哪些工作?

网址:

若想获得更多信息, 可访问下列网址。网址变更恕不通知。若你所访问的网址不存在, 可使用搜索引擎查找新网址。

信用卡公司

1.American Express Company:http: //www.americanexpress.com

2.Diners Club International:http: //www.dinersclub.com

3.Discover card:http: //www.discovercard.com

4. Master Card International: http: //www.mastercard.com

5. VISA International: http: //www.visa.com

案 例 分 析

案例 1: 在 Boden 酒店办理入住手续

虽然前台近在咫尺, 但在 Boden 酒店办理入住登记手续还是花了 John 5 分钟的时间。因为, 整个前台只有一个前台员工在接待客人, 那个正在办理入住手续的客人看起来满脸疑惑。前台接待员看上去陷入了困境, 不知道什么原因一些客人的房卡无法正常使用了, 在对客服务的过程中, 这名前台接待员还需要试图接起电话。

当终于轮到 John 的时候, 前台接待员和他没有任何眼神接触。John 的名字在预订表上可以轻松被找到, 他所有的要求均已安排妥当。前台接待员给了 John 一份破损的酒店宣传小册子, 并且没有做任何特别介绍。里面有一张本地的地图, 当地特色活动的介绍, 以及该区域不同类型特色餐厅的介绍。由于这张地图太小了以至于根本无法找到酒店在上面的确切位置。

在整个办理入住登记的过程中, 最让人开心的地方是酒店给了他一份周六的早午餐优惠券, 可以享受 20% 的折扣。

John 拿起自己的行李, 他环顾一圈想要找个行李员来帮忙。他并不清楚房间在哪里, 但是知道大概的方向。前台接待员头也不抬地告诉他房间所在的位置。John 希望当他走出大堂时有明确的标识指引他去房间。

等到在房间安顿好后, John 发现有墙的后面有什么东西不断发出嗡嗡的声音。听起来像是风扇的声音。John 最讨厌房间里有噪声, 他立刻致电前台希望他们找出是什么声音。

为 John 办理入住登记手续的前台接待员此刻正在休息, 另一位员工通知他声音的确来自风扇, 是隔壁厨房里的风扇, 每天从早上 8 点一直运转到晚上 11 点, 一般情况下这间房间是不对外出租的，除非是酒店满房的情况。John 要求换房，因为他要在这家酒店待 5 天。那位前台接待员告诉他没有任何问题，但是需要麻烦他到前台来拿另外一间房的房卡。紧接着她又问 John 是否需要行李员去帮他拿行李，并请他暂时不要挂电话。

John 拿着电话等了大概三四分钟的样子，那位前台接待员才回来。她向 John 抱歉没有找到行李员，John 说他自己会搞定自己的行李。

大概过了 10 分钟后，John 终于把行李整理好放在房间，回到了前台。那位帮他换房的接待员正在接受一个电话预订，她的一个助手问 John 能否为他做点什么。John 告诉他自己想要换房的要求。这位助手俯下身子想要跟这位正在电话上的接待员说话，但是立刻被示意稍等会儿。他告知 John 自己并不知道同事帮他换了哪间房，让他待自己同事忙完这通电话回来帮他。

大约 20 分钟后，John 被换到了一间海景房。他决定出去走走，首先他来到了前台询问是否有人可以把他的行李拿到新换的房间来。"哦，恐怕不行！"前台接待员说，"我忘记把您换房的事告诉行李员了，现在他已经下班回家了。"

John 再次回到之前的那间房间，拿起自己的行李，拿到新的房间。

John 打算躺在床上休息一会儿不再去散步，他不经意间看到房顶角落里的一些蜘蛛网、破裂的墙纸以及天花板上整齐的灰尘。

经过片刻的休息，John 不得不再次打电话给前台，因为卫生间里没有厕纸了。他的电话被转接到了客房部，行政管家非常亲切地接起了电话。她向 John 致歉，并告诉 John 由于预算不足她这里人手严重不足，但是还是会派人把东西立刻送去。

那天下午，当 John 从外面散步回来，在门厅里他差一点撞到一位背着好多衣服的矮个子女人。她支支吾吾地说了一些不知道是西班牙语还是英语的话，急急忙忙走了。

事实上，John 是受雇于这家酒店业主的"神秘调查员"。他开始记下一些细节，用来完成需要呈交给业主的暗访报告。

讨论题

1. 对于这家酒店的前台经理，你有什么建议？
2. 在 John 抵店办理入住的这段时间，他一共跟多少个部门有过接触？
3. 为什么酒店的业主会雇用 John 暗访自己的酒店？

案例编号：608C04

本案例选自 *Case Studies in Front Offices Management*，Todd Comen，（Lansing, Mich: American Hotel & Lodging Educational Institute,2003）。

案例 2：全员销售：使前台接待员成为销售员

"进来，进来！"

本，一位身材瘦长、头发灰白、穿着深色三件套西装的男士从一张巨大的橡木办公桌后的皮椅上站起来，向走进办公室的基思挥手，示意他在办公桌前的椅子上坐下。基思说："谢谢您"。一边环视一下总经理办公室四周。这时本已在他对面坐下。基思以前也来过好几次，但是他还是感到办公桌后的落地书橱和墙上挂着的老酒店相片、各种熠熠发光奖牌十分显眼。

"我今天想和你谈谈如何提高我们的平均房价，"本开始说，"你在酒店工作有好几个星期了，我想你对情况已有所了解。"

"是的，先生。"

本眨眨眼睛："我对你说过，即使我头发已经白了，在酒店工作时间也很长了，你也不必叫我先生，还是叫我'本'好了。"

基思笑了，他差一点又要说"是的，先生"，好在忍住了。

"我得到来自公司方面的信息，希望我们在本季度将平均房价提高 10%，而完成此项任务的担子落在了前厅。"他接着又以一位长者的慈祥口吻提醒基思。"我不是小看你，但毕竟当前厅经理是你第一份工作——你才出校门不久对不对？"

"是的，没几年，"基思说，"可以说我是初出茅庐。"

"好吧，你不嫌烦的话，我想说说以往预订部和前厅部相互联系的事例，相信会帮你了解我们是如何发展至今的。然后我们再来讨论如何达到 10% 的增幅。"

"好的。"基思准备好好听听。

"我的第一份酒店工作是在预订办公室。那时没有计算机，只有电话，你现在都会感到奇怪。"本和基思都笑了。"宾客来电要一间房，我们就用打字机打出一张预订卡片。来电话的客人也不会提出'请给我一张写字台或一张特大号双人床'之类的特殊要求。我们也不问他其他信息，因为我们也不能确定还有什么样的房间可以提供，在那时，所有可用房都由前台控制。卡片只是记录来电人在某天到达，要为他留间客房而已。下班时，把卡片集中后交给前台，由前台将卡片按预期抵达日期排列存放。"

"等客人到了酒店，前台接待员找出卡片'是的 ×× 先生，我们已经为您准备了一间房'，然后开始了销售过程，根据当时的可提供的房间来进行销售。'您喜欢大床间？我们有几间朝向公园的客房，您是否要挑一间？'如此等等。换句话说，前台接待员才是酒店的销售员，因为他们掌握并控制了可租房信息。只有他们知道哪些房可租，哪些已经租用。"

"但是有了计算机后，瞬间，销售的角色由前台转移到了预订。为什么？因为计算机使预订部能及时了解可租房的状态。现在当宾客来电订房，预订员看着计算机屏幕能准确地告诉对方，抵达那天酒店有何种类型的酒店可供出租。所有预订员的工作起了变化 从订一间房——受老系统的限制，到订哪种房。预订员也可以询问宾客那些前台接待员常问的问题，比如：您喜欢什么样的床？您是否喜欢景观房？您再多付 5 美元我为您保留间游泳池边上的房间好吗？

您是否喜欢这样的客房？等等。所以一旦使用了计算机预订系统后，控制可租房的责任就由前台转到了预订部，同时销售的功能和销售的培训重点也从前台转移到了预订部。"

本摊开双手做了个遗憾的手势。"于是前台不再强调销售技巧。现在，许多接待员觉得宾客大都在预订时就明确知道自己所要的房型，所以无须再对他们进行销售。许多人想如果再向宾客推销一间不同于预订时输入计算机的那间房，那无疑是打搅宾客。"

"但是，这恰恰是你的前任没有觉察或没有采取行动的地方，"本皱皱眉头，"前台接待员仍可以通过各种推销措施，发挥作用，提高酒店营收。比如看见一位宾客揩太太抵店，而前台接待员发现他订的是间标准间，那么他可以说：先生我这儿有间空房比您预订的房间更舒适，是一间角房，有很好的景观，还有按摩浴池和沙发区，床是特大号双人床——这比您原先订的两张双人床更舒服——而这需您加付 15 美元。您是否想要这间房？

"再有，一位接待员看到客人带着三只样品箱进店，他可以猜测到那是位商人，可能会需要足够的地方放置他的文件和样品。那位接待员可以接着这样说：'您的东西真不少，您订的是一间标准间，但是我这里正好有一间大一些的房间，桌子也大得多，可以放很多东西，只需多加 10 美元，这真是很合算的。'您觉得这样做妥当吗？"

本停下来，看看基思的反应。

"这有什么不妥当呢？"基思大胆地表示。

"这就对了，根本没什么不妥！"本兴高采烈地说，"接待员的做法不仅使宾客住起来更舒适，还能为酒店增加收入。这就是销售技巧的作用。但只是少数接待员受过这样的训练。就如我所说计算机改变了一切。过去预订员是'订单接受员'，而前台接待员是销售员；现在两者的角色颠倒了，这是不对的。前台接待员还应担负起销售员的角色。"

本接着说，"谢谢你听我唠叨陈芝麻烂谷子。你可能觉得奇怪'这事与我有什么关系？'好吧，我告诉你，希望你把接待员再培养成销售员。我们教会了他们如何销售，再给他们销售的工具，他们会建立销售信心的。"

"我希望您不会认为我的话太幼稚，"基思说，"您讲的推销真能起这么大的作用？我的意思是 5 美元或 10 美元，但不是每位客人都愿意接受的"，基思停顿了一下。"我很难想象这样做会对增加营收产生大的作用。"

"这正是推销的作用所在，"本回答，"推销的每一元都将直接影响利润。我们为了促使宾客光顾酒店投入了很多钱做广告，安排预订员接听电话，等等。在此基础上能促使宾客多花一元钱都将是利润。"

本笑着说："不过不要领会错了，我不是说要强迫客人接受，推销如果能投其所好，那就不是引诱客人买他不需要的东西。前台接待员在任何时候都不能给客人压力。但可以告诉客人他只需多付几元钱就可以住得更舒适，这绝不是一件坏事。通常宾客并不知道酒店还有别的更适合他需要的客房。也可能他碰到的是一位不擅长推销的预订员。所以前台接待员的推销不是让宾客上当，而是给宾客更多的选择，而有些宾客未曾想到。这些选择会使客人住得更愉快，这就是你要展示给接待员的推销指导。"

"我很想试试，"基思说，"但我不能确定从何处下手。"

"好吧，我想第一件要做的事是测试你的员工现有的销售技巧。"本说，"是否有人做得很好？你来了只有几个星期，我想你对员工还不太了解，所以要花些时间观察员工的工作状况。这同样也能了解到接待员未能抓住的那些推销机会。你一旦发现了问题的症结，你就会有提高平均房价的针对性计划了。"

"我还有些建议供你参考。"本继续说，"如果前台接待员开始开展推销活动，但我们还没有相应的奖励措施，我们有许多事可做，如在店培训，也可以送他们去参加店外的研讨，如有必要还可以请专家来店培训。当然我们还可以设立一个鼓励前台接待员推销的奖励计划。"

本站了起来，表示谈话行将结束，他把手放在基思肩上："不要担心，我相信你一定能做到。你不是孤军奋战。我们希望从前台这一块增加 5 个百分点；预订部和销售部也各有指标，我们一起努力——我们会使大家和公司满意的。你如果有什么困难，请不要犹豫，请随时来找我。"

"谢谢您，本。"

在以后的几周，基思观察了前台接待员是如何为宾客办理入住手续的。正如本所说，他们在推销方面没下任何功夫。他们彬彬有礼，业务能力也不错，但是几乎毫无例外地将宾客送入早先与预订的客房。甚至对门市客也不做任何的推销。前台接待员总是将酒店的标准房——最低价的客房推荐给门市客——而客人也都接受了总台的推荐。基思发现只有一位门市客问有没有更好一些的客房，接待员说有的，酒店当时还有一些豪华房，甚至一间贵宾房可供出租（这家酒店有三种基本的客房类型：标准房、豪华房和贵宾房。标准房有两张双人床或两张大号双人床，或一张特大号双人床；豪华房的床型与标准间相同，但面积更大，配备的家具也更好；贵宾房其实就是小套房，有特大号双人床，有沙发区，客用品也与前两种类型的客房不一样，如加厚的毛巾、高档梳洗用品，还有做夜床服务等）。当宾客要求前台接待员介绍客房特点时，基思对他们拙劣的介绍大吃一惊。事后基思问了其他几位前台接待员，他们中的许多人甚至没有实地看过酒店的任何一间客房，基思又一次被震惊了。

几个星期过去了，有一个问题引起了基思的关注：大部分的贵宾房都被用于商务客人的升等。这些原本是酒店最值钱的客房，其房价远远高于标准房和豪华房。但是目前明摆着的问题是这些客房很少真正用于出租。酒店给商务客人的房价中有规定，当酒店的贵宾房有空余时，商务客可以免费升等到此类客房。而贵宾房总是有空余的，因为前台接待员从不销售此类客房。基思决心扭转这种情况，让前台接待员推销更多的贵宾房，而不是白白送给已享受商务价折扣的客人。这一举动必将对提高平均房价产生巨大作用。

到了周末，基思在前台接待员上班前，召集他们开会介绍目前的状况。"酒店的目标是将平均房价提升 10%；我们部门的目标是提升 5%。我们可以向所有客人推销来实现这个目标，我们尤其要把重点放在门市客人方面。根据统计，大概有 12% 的客人是门市客。由于这些客人事先并未订房，所以酒店不必像对待预订客那样特别准备，这种情况会使推销更易做成。如果我们首先向这部分客人推销贵宾房而不是标准房，如果客人不接受，退一步推销豪华房，如果这件事能做成，即使不把预订客人的推销成果统计在内，我们也能完成部门的指标。"

"让我来给你们算一笔账看看推销方面的努力会产生多大的成果。" 基思接着说，"上个月我们向门市客出租了1000间客房。这些客人中只有14人是主动要求住55美元的标准房的。我们卖出的如果是贵宾房，那么每间就能增加40美元，只要200间，即20%的门市客接受我们的推荐，那么我们每月就能增加8800美元的收入。以12个月计算，我们就能为酒店增加100000美元的收入。如果还能将200位门市客从标准房转入75美元的豪华房的话，那么每月就能增加4400美元，而这些增加的收入将直接影响盈利。"

"如果我们能售出贵宾房——实现我们的每天推销目标——这些客房就不再免费提供给商务客人升等，这样既节省了开支，又给了我们推销的机会：'对不起，商务客小姐，我们的贵宾房今天客满，我们可以安排您入住您预订的标准房，也可以将您安排到豪华房，那里的面积要大得多，而且还有特大号双人床，您只需多付20美元。'不要把贵宾房看作用于升等的客房，你们的着眼点是把贵宾房推销出去，而不是白白地送走。"

"这样做是否对商务客不公平？"一位接待员问道。

"完全不是，"基思回答说，"我们接待商务客的原则是，如果有空着的贵宾房就可以为他们升等——但是我们并没有因为要升等而停止销售贵宾房的责任。以前的做法不是一个好的经营之道，商务客人也不会希望我们这样做。酒店在建造贵宾房方面投了大量的钱，肯定要设法收回的。"

"我明白销售对你们大多数人来说是一个新课题，"基思最后说，"但是并不难，再说我也不会让你们不做准备就仓促上场。我会对大家进行培训，我还会制订一个奖励计划，使大家在为酒店创收的过程中也能得到相应的奖励。"

"推销工作如进行得当，很有意思。让我们做好准备，创造佳绩！我希望大家从现在起记住这句话'全员销售！'"

讨论题

1. 基思可以采用哪些方法将他的前台接待员训练成销售员？
2. 基思可能采用什么样的奖励计划来激励员工的销售热情？

案例编号：3325CA

下列行业专家帮助收集信息，编写了这一案例：注册酒店管理师、梅里斯塔酒店和度假村集团服务部副总裁理查德·M.布鲁克斯和注册酒店管理师、斯奈凡里发展公司副总裁 S.肯尼思·希拉。

本案例也收录在《住宿业案例管理汇编》中（美国酒店与住宿业协会教育学院，1998年版，密歇根州兰辛），国际书号：0-86612-184-6。

案例 3： 免费升级客房的风险

事情发生在一个周五下午的前厅部。参加 Glameder 婚礼的客人都已经入住酒店，这场婚礼将持续两天，他们一共预订了 20 间客房。这场婚礼是当前这家度假酒店最重要的活动，销售部非常开心。每年的这个时间段是这家酒店的淡季，如此规模的大型活动对于酒店来说太受欢迎了。这场婚礼所占用的房间，几乎让这家酒店满房。

在晚上 7:30，两位男士来到前台办理入住登记手续，他们也是来参加婚礼的，但是有点晚了。前台接待员 Clarice 亲切地问候他们，并询问他们的名字。一位男士介绍自己是 John Jones。Clarice 仔细查看顾客记录表，查看 John Jones 是否是婚礼团队的客人，确认他们住几天，每间房住几位。Clarice 发现他们在订房时承诺只有一位客人入住，她问客人是否是一个人。John 解释道他的朋友到最后时刻才决定参加这个婚礼，所以他们一起从俄勒冈州开车前来。

Clarice 再次查看了宾客记录表，仔细查看排房信息及房价。Mr.John 被安排到一间房价为 120 美元的小房间，这间房不是很贵，在度假酒店的南楼。这间房内只有一张单人床和一个折叠沙发。她打量了一下眼前超过 183 厘米高的两位男士，猜测今晚谁会睡那张折叠沙发。

经过片刻的思考，Clarice 问两位客人之前是否来过这家酒店。Mr.Jones 告诉她自己和妻子及两个孩子八个月前刚刚来过，他们非常喜欢这里。他们本来计划去欧洲旅行，受金融危机影响，去的地方只能离家近点了。他们上次住的是一间非常棒的套房，他们在这里过得非常愉快。他的朋友从来没有来过这里。

Clarice 接着问他们住在只有一张单人床和折叠沙发的房间里他们是否会住得舒适。Mr. Jones 开玩笑地说房费是他付的所以要睡单人床。另外一位男士没有反驳，但是看起来有点失落。Clarice 想了一会儿，紧接着问他们是否愿意升级到更加舒适的房间。她不能保证一定有，但是如果能够给她一些时间让她查看下，可能他们都会睡得很舒服。她建议两位到大堂酒吧去喝点饮料，她查看下酒店的可出租房。

两位男士已经来晚了，他们决定索性再晚几分钟也无所谓，他们去大堂酒吧喝东西去了。10 分钟后，其间还有一位客人办理入住登记，他们其中一个人来前台问是否还有房间。Clarice 告诉他们她唯一能找到的是一间小套房，有两张单人床。这间房很舒适，如果他们两位入住的话其他参加婚礼的客人会羡慕死。她紧接着说，这间房需要每晚额外付 100 美元。鉴于婚礼持续两天，所以他们一共需要额外支付 200 美元。Mr. Jones 立刻对 Clarice 的建议做出回应，说如果酒店能够打个对折他会非常开心，也就意味着他们只需每晚额外支出 50 美元。

Clarice 想了一会儿客人的要求。她有些担心，她不确定如果主管知道她把客人从一间普通房间升级到一间酒店豪华房间，每晚仅多收 50 美元会说什么。她的主管一直告诫他们在升级销售套房时，一定要尽可能多地卖高价。

从另一个方面，Clarice 发现这类套房从没有卖给过散客的历史。她心里想，现在已经是晚上的这个时间了，这间房恐怕卖不出去了。而在没有提前预订的情况下，今晚这间房卖出的概率还有多少？Clarice 在思考是多赚 50 美元把这间房卖掉呢，还是让这两位先生就住在那间普通的房间，她知道自己以低于门市价的价格把这件套房卖出主管一定不高兴。她思索了一会儿，然后决定继续把房间给这两位先生。当那两位先生穿过大堂去参加彩排晚宴时看得出来他们兴奋极了。他们打电话给他们的妻子，告诉他们这家酒店前台的接待简直棒极了，他们计划过段时间再来这家酒店度假。

第二天，由于 Clarice 头一天下午擅自主张以较低的价格为客人升级客房，前厅部副经理找她谈话。在 Clarice 接完电话后她跟经理进行了简短讨论。正如她之前所想的，前厅部副经理对于她的决定感到不开心。即使 Clarice 尝试着去解释自己这样做的原因，但经理没有去理会她的解释，只是要求她以后再也不许做类似的事情。

讨论题

1. Clarice 在做这个决定时有没有考虑酒店的收益？还是她只是出于好心？
2. 她在做这个决定的时候是否应该请示下经理？

案例编码：608C07

本案例选自 *Case Studies in Front Offices Management*，Todd Comen（Lansing, Mich: American Hotel & Lodging Educational Institute,2003）。

第6章

学习目标

1. 描述前厅部员工与客人、酒店其他部门沟通的程序。
2. 识别宾客在前台提出的服务要求有哪几项？掌握处理宾客投诉的一般方法。

沟通技巧与对客服务

沟通对前厅的运转至关重要。因为发生在酒店的每件事几乎都对前厅产生影响；反之亦然。前厅每项功能的发挥都有赖于清晰的沟通。前厅员工必须能与他人、非本部门的人员以及宾客进行有效的沟通。有效沟通是有效前厅管理的先决条件。本章将讨论沟通的重要性以及前厅肩负的其他几项责任。

前厅部的沟通

沟通不仅包括备忘录的往来、面对面的对话以及通过计算机发送信息。有效的前厅沟通还包括使用工作日志、问讯资料和正确地实施邮件和电话处理程序。前厅沟通方面的复杂程度直接与酒店的客房数目和公共区域面积、功能设置和设施设备有关系。酒店越大，人数越多，沟通网络就越复杂。即使小型酒店，其中的沟通也非简单容易。

与宾客的沟通

在酒店有许多方式的沟通，但是没有一种比酒店员工与宾客之间的沟通来得更重要了。对客沟通过程必须体现酒店专业化及积极主动的形象，无论这种沟通是面对面地进行，还是通过电话进行，无一例外。正确的问候语、待客态度、语气语调以及跟踪落实的能力都会影响宾客对酒店的评价。

例如，当接听电话时，就需要既热情又恰到好处地提供信息。比如这样的应答语："谢谢您的来电，卡撒·瓦萨酒店。我是特蕾西，请问找谁？"这样的应对语给了来电者热烈的欢迎。反之，仅仅回应"卡撒·瓦萨酒店"就无法产生殷勤、好客的印象而使人留下冰冷、生硬的感觉。酒店内部间的通话也存在同样的道理。一句热情的问候，如："谢谢您致电卡撒·瓦萨酒店预订部，我是查尔斯，请问有什么事？"这胜于仅仅回答"预订部"，前者既热情又体现了专业水准。

当需要打电话给宾客时，重要的一点是记得介绍你自己以及说明打电话的原因。

如："您好！威尔逊先生。我是前台的鲍勃。我打电话是想了解您早上要求维修的空调是否修好了。您对维修结果满意吗？"这样宾客就明白是谁来的电话以及为何来电。宾客就不会有被打扰的感觉，因为这个电话是回应他本人早些时候提出的要求。

面对面的沟通也同样重要。电话沟通时措辞和语气决定信息的接受程度，面对面的沟通与之不同的是还包括肢体语言和目光交流。当员工的目光不注视宾客时，宾客就不会给予积极的回应。前台接待员看着计算机屏幕与宾客说话，会引起宾客的不快。酒店员工用自信、诚实的态度与宾客沟通，会赢得对方的好感，成功的沟通取决于使用正确的措辞、专业的举止和好客的态度。

工作日志

前台接待员需要管理全自动交接班系统或者工作日志本，目的是使前厅部的员工了解上个班次发生的重要事情和做出的重要决定。常见的前厅工作日志就像一本笔记本，记录着不寻常的事、宾客的投诉和要求，以及其他有关信息。前台接待员在值班过程中记录以上有关内容。记录的资料要按预先约定的格式，书写要清晰，这样才能使下一班次的员工有效地使用这些资料。

在开始工作前，前台主管和接待员应阅读工作日志并签名。要关注有哪些事情，要继续跟踪落实或要留意哪些潜在问题。比如说，上早班的前台接待员可能接到住客的报修电话或要求房内用餐的电话。接待员也可能记录了他采取的解决问题的方法。诸如此类的记录使下一班次的员工了解上一班次发生的事情，建立了两个班次间的沟通。前厅的工作日志记录的内容要详细，包括发生了什么，为什么，什么时候等方面的内容。查阅了这些资料，当值接待员就能得心应手地回答宾客的查询。

对记录在工作日志上的宾客要求，如有可能最好由经手人亲自跟踪处理。例如一宾客打电话要求增加一条毛巾，接听电话的员工过后最好亲自检查此事是否落实。如果接听电话的员工无法落实，那只好转交下一班次的员工。有些事当天无法给宾客答复，那么应该告诉宾客何时才会有结果。如果不提供相关的信息就会使宾客感到心神不定，引起不快。一旦满足了宾客的要求，应在工作日志上记录是否给宾客打过电话以及反馈如何等。有两点非常重要，一是记下采取的有关客人需求处理的最后措施；二是与酒店其他部门沟通的处理客人需求的后续行动的部分措施。这是跟踪与管控此类情况最有效的做法。

前厅工作日志对管理人员也很重要。它能使管理人员了解前台发生的事情以及存在的问题，例如，与客房部或工程部的衔接问题，最容易在工作日志上发现。如果有宾客投诉、表扬和其他异乎寻常的事也会出现在工作日志上。所以工作日志帮助管理人员了解正在发生的一切以及相应的处理方法。

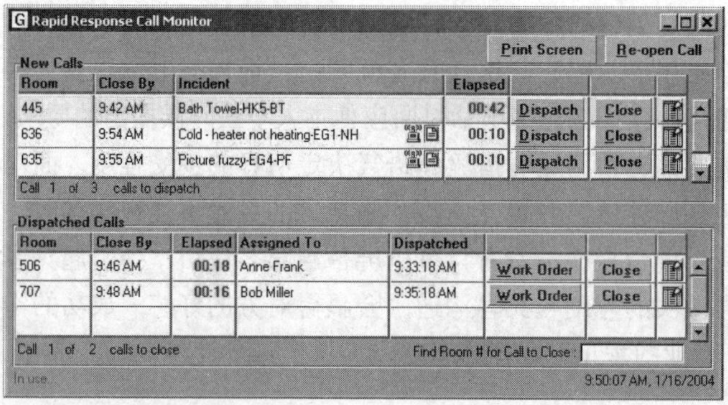

图6-1　快速反应软件

酒店全自动交接班系统是一款快速反应软件，可以在上面进行记录，完成对客服务（见图6-1）。可供酒店员工使用的服务软件系统有很多种，它们通过计算机站点或移动终端记录顾客的请求。系统收到来自顾客的请求后将它们自动分配到相应的服务部门，提醒相关部门的员工进行后续服务。例如，一位宾客发现客房内的灯泡烧坏了，需要更换，他打电话给前台告知了这个问题。前台接待员将顾客的请求输入对客服务系统。酒店的工程部和客房部均可负责更换客房内的灯泡，这两个部门的系统同时受到系统的提醒，他们会安排相应的员工前往该客房更换灯泡。一旦任务完成，相应的员工将服务信息输入系统。前厅部经理和酒店其他部门经理就可以使用这个系统来确认顾客的需求是否及时被满足，这有助于提高顾客入住满意度。

工作日志或宾客服务系统的使用与传统的顾客满意度调查相比要好得多，它可以在客人住店期间就将宾客提出的要求解决。

问讯手册

前厅部员工必须掌握面广量大的信息以便向宾客提供问讯服务。常见的问题有：
- 值得推荐的当地餐馆。
- 出租汽车公司。
- 本地公司介绍。
- 附近购物中心、药房和加油站的介绍。
- 附近宗教场所的介绍。
- 附近银行或自动取款机的介绍。
- 本地剧院、体育场或售票处的介绍。
- 大学、图书馆、博物馆或其他当地名胜景点的介绍。
- 国家和政府办公楼、国会大厦、法院或市政府办公楼的介绍。
- 酒店有关政策（如离店退房时间、有关宠物的规定）。
- 有关店内娱乐设施或附近娱乐设施的介绍。

前台接待员还需要掌握一些非常用信息以备宾客查询。有些酒店将此类信息收集成册取名《问讯资料手册》。前厅的问讯资料手册可以包含本地的简明地图，出租车和航空公司的电话号码，银行、剧院、教堂和商店的地址，以及各项重大活动的日期。前台接待员应熟悉问讯资料手册的内容和排列方式。

有些酒店在公共区域包括大堂安置了计算机终端。这些装置与前厅问讯资料手册的作用相同。用计算机终端来查阅信息使得宾客可以不用依靠前厅员工的帮助，自己就可以轻松获得所需的信息。这一方法使得前台接待员可以空出时间来从事其他的对客服务。

告示牌

此外，许多酒店用书面的日程告示或闭路电视系统来显示每日活动内容。展示每日活动内容的布告栏称为告示牌。告示牌的信息通常有团体名称、会议厅的名称、各项活动的时间和活动内容。告示牌可以放在前台附近、电梯内或大廊和大楼的会议厅。用闭路电视提供信息可以减少在前台的问讯数量。电视机可以放在宾客容易到达的地方，这样可以使他们从滚动的屏幕上查看到每天的活动安排。客房的电视机也能提供同样的信息。最近一个创新的措施是将电子告示牌系统与酒店的销售部和宴会部的计算机系统连接。这样使得电子告示牌能自动地更新信息而不再需要手工操作。

团队摘要书／文档

在会议型酒店，对于前厅部员工来说使用团队摘要文档或团队客史档案系统是很常见的做法。每一个在酒店入住的团队都有一个与其相关的文档，包含团队活动安排、转账规则、重要宾客、娱乐活动安排、抵店和离店方式，以及其他重要的信息，这些信息均被输入到系统中。有些酒店通常以团队的名字分类储存在团队历史文档中。许多酒店要求前台在每个班次开始前当众宣读团队文档的信息。这样做是为了让前台的每一名员工不但清楚地知道以往曾入住过酒店的团队信息，还要清楚正在酒店入住的团队信息。此外，前台员工还需清楚知道团队文档储存在哪里，当团队客人有问题时，可以在最短的时间内正确回答顾客的请求。在团队办理入住登记前，酒店通常会安排一场团队预热会，称为"pre-on"。酒店宴会统筹销售部或宴会服务经理通常是预热会的负责人。团队摘要文档通常会在预热会上再次分享和强调。团队负责人与酒店关键部门经理一同参加这个会议。团队的付款规则和其他重要的事项会在团队入住前被解决。接下来部门经理要做的就是使每一个员工熟悉掌握团队文档信息。

最常见的是有关团队账目规则的问题。大多数酒店管理系统能够追踪和收取团队房费和其他费用，然后将费用转入事先设定好的团队账户中。例如，常见的有公司团队组织者说要求酒店将每一个参会者的房费转到团队总账户中由公司统一结算，其他额外的费用（例如网络费、干洗费、酒水费、客房送餐费、娱乐费等）由客人自己支付。酒店管理信息系统（PMS）根据团队负责人事先的设置自动将账目进行分类，并转到相应的账户中。然而，宾客对于这些安排可能并不清楚。团队文档的使用，可以帮助前台接待员快速确认账目安排，并指导宾客跟其团队负责人联络以确认付款细则——如果需要的话。

包含团队背景信息的团队记录文档通常在团队抵店前就已创建，保留直到团队离店后数周。假如团队在不久后还要入住该酒店，前厅部经理会依据保存的团队记录档案进行相关的安排。例如，假设一个团队要求提前抵店，另一个团队的大部分客人要求延迟退房，这些因素均会被记录在文档中供前厅部经理统筹安排。保存离店团队的文档可以帮助前厅部经理在遇到团队客人退房时有关账目的问题时能够得到及时处理。

邮件和包裹的处理

入住的宾客需要前厅能快速、高效地递送他们的邮件和包裹，前厅部门经理通常在美国邮政总局的政策和规定的原则指导下制定酒店处理邮件和包裹的政策。

一般来说宾客邮件到达酒店时，前厅会在邮件上打上时间戳印，标明抵店日期和时间，目的是防止出现对邮件确切抵店时间的疑问，以及宾客怀疑邮件迟送时起到证实的作用。收到邮件和包裹后，应立即核对收件人的状况，是住店还是即将抵店或者是已经离店。要有应对各种不同状况的邮件处理程序。

宾客的邮件通常存放在留言架或邮件架相应客房的邮件格内，也可以按宾客的姓氏的字母顺序排列存放。历来钥匙和邮件都放在前台某个宾客和其他访客看不到的地方，那是出于安全的考虑。钥匙和邮件的这种存放办法保留至今没有改变。这样做可以防止他人看到某个客房的邮件从而判断客房内是否住人。前台应将收到邮件的信息迅速通知宾客。有些酒店通知宾客的做法是开启客房内电话机上的留言灯，还有些酒店是打印一份通知送到客房。如果收件人是尚未抵店的宾客，那么应在该客人的入住登记表上注明，并将邮件保留到宾客抵店之日。如果宾客一直未取走邮件或邮件到店时收件人已离店，那么要将邮件再次打上时间戳印，然后退回给寄件人或按宾客留下的地址转寄。

邮件中也会有挂号信、特快专递或其他需要收件人签收的邮件。有些酒店允许前台接待员代客签收。然后逐一将邮件登记在前厅邮件签收本上，转交宾客时再由宾客在本上签字。图 6-2 展示的是邮件签收本的样本。如果寄件人对收件人的签名有明确的限定，那么前厅人员就不能代为签收，而应通过寻呼寻找宾客或递送通知到客房的方法告知宾客。

日期	房号	登记号	姓名	从何处来	签名	经办人	日期	转发	地址	备注

图 6-2 邮件签收本样本

资料来源：由田纳西州孟菲斯市奥利加米公司提供。

包裹的处理方法和邮件相同。如果包裹的体积大，不便在前台存放，那么应另择安全之处存放。包裹及存放地都应记录在前厅的邮件签收本上。

电话服务

许多酒店提供 24 小时的国内国际电话服务。无论前台接待员还是总机话务员甚至其他员工，在接听电话时都应做到彬彬有礼、乐于助人。外界通过电话与酒店第一次接触，如何接听电话，会在很大程度上影响酒店的对外形象。前厅管理层可能会出自保护住店宾客的隐私和安全的考虑，而限制前厅人员将客人有关信息告诉来电者。

前厅人员书写的电话留言单上应加盖时间戳印，存放在邮件留言架上。如果客房的电话机上有留言装置，则应开启留言灯，以提示住客有留言在前台。有些酒店总机话务员或前台接待员可用计算机直接输入留言。电话总机系统在收到前厅计算机系统的留言后会自动开启客房内的留言灯。当住客回到客房，电话机上闪烁的灯光会使他知道自己在前台有留言。住客可以向总机话务员或前厅留言中心询问留言内容或要求递送留言。在有些酒店，宾客可以在客房电视屏上查看留言内容。

许多酒店增加了语音留言系统。语音信箱是可以储存留言内容的设施。来电者希望为某位住客留言，只需直接通过电话就可将留言收录在相关宾客的语音信箱里。语音留言的好处是能亲耳听到来电者的声音，这对境外来电者尤其适宜，因为他可能不会熟练使用当地语言，难以笔录。语音留言还提高了留言内容的保密程度，还省去了酒店员工的翻译笔录工作。

语音留言的另一个常用功能是团体的广播通知。这一特殊功能使得同属一个团体的宾客能自动地接收到留言。如领队可利用语音留言通知每位团队成员晚餐用餐时间的更改。前厅计算机系统可通过该团的编号识别它的每个成员。把成员房号输入语音留言系统后，所有成员都可以获得领队的留言，了解这一信息。

传真 传真留言的处理方式如同邮件，只是要格外地小心。宾客常常在等候这类文件的到来。接收到的传真在递送方面有诸如立即送到某某会议室之类的特殊要求的话，前台应立即派遣一位行李员送交。如没有特殊要求，酒店会将传真存放在邮件架上，然后开启房内的留言灯。有些酒店会将传真放在信封内送往客房。传真与邮件不同，无须打上时间戳印（传真本身也没有封套）。传真纸上通常有日期和传送的时间。对于传真的内容要予以保密，这是最基本的要点。前台接待员不应阅读传真内容，递送传真是他们唯一的责任。

有些酒店备有传真登记本，或将传真和邮件等其他收件登记在同一记录本上。传真登记本包含的内容有收件人、寄件人、收到的时间以及传真件的页数。前台接待员也可写上什么时候通知到宾客，什么时候宾客取走传真。如果酒店提供发送传真服务，那么发出的传真也要有类似的记录，绝大多数酒店对发送传真要收取费用，因为其中有电话费的成本。有些酒店对收到的传真也实行收费。无论是否收费，总台接待员都应快速处理及递送传真。应尽快让宾客知道有传真的消息。

唤醒服务 住客可能会由于睡过头而错失了一个重要约会、一次航班或耽误了一次外出度假的出发时间，所以前台接待员必须十分小心地处理宾客唤醒的要求。前厅的机械装置或前厅的计算机系统可以用来提醒前台接待员，及时地提供唤醒服务，计算机系统可以自动实施唤醒，播出已录制好的唤醒语。尽管有了先进的技术手段，许多酒店仍倾向于让前台接待员或总机话务员来实施唤醒服务。主要原因是宾客最喜欢的是私人服务。

总机房有用于唤醒服务的时钟。这一做法很常见。这个时钟也叫酒店时钟。时钟指示的是酒店所在地的时间。每天要校对时钟，以保证它的准确性。酒店的其他计时器如时间戳印等都应与酒店时钟保持一致，以确保部门间工作和服务的准确性。

当然，技术的发展使得在这方面又有了新的服务手段。不再需要酒店总机或其他服务部门来提供唤醒服务，宾客可以用电话拨一个分机号码，然后按系统指示输入唤醒的时间。这样酒店可以选择是采用自动唤醒服务设备呢，还是由酒店总机话务员来提供个性化的唤醒服务。酒店也可以将唤醒服务与提供房内用膳服务两者结合，使得宾客在接受唤醒服务时可以下早餐订单。

电子邮件 酒店的很多商务客人在工作中使用电子邮件。目前愈来愈多的宾客希望在酒店收发电子邮件。计算机的使用者通过电子邮件制作和交换电子信息和文件。携带笔记本电脑的宾客可在客房接驳网络接口（在电话机或墙面上）就能通过公司网络或公共网络与公司办公室、家里、其他公司或其他正在上网的宾客沟通。许多酒店都已实现客房高速上网，以向宾客提供更好的电子邮件服务。再则，由于高速上网服务无须通过酒店总机，所以不用增加外线。高速上网可以通过加设专门的线路到客房或者无线连接或者利用客房的电视系统来实现。

聋哑人电话机　酒店提供的特殊服务中有向听说有困难的宾客提供专用的电话设备。聋哑人电话机是专为此设计的。它看上去像一部小型打字机，键盘上方有一个连接电话听筒的装置。美国残疾人条例要求酒店备有此类设备供客人使用。同样前台也应有聋哑人电话机，以便接听听说有困难的客人从店外打来的电话。使用时，将电话话筒放在连接器上，拨电话号码，当对方拿起电话话筒时就可以开始打字。键盘上方的小显示屏会使对方看到输入的内容。

拓展阅读

提高通话技能

无论你与谁通话，必须注意给对方留下良好的印象。接听电话是为你本人也是为酒店树立良好的专业形象的好机会。

在所有的业务通话中，你应该:

1. **让对方感到你在微笑**

你的微笑会自然而然地改善你的通话质量。你的声音应该是愉快的、好客的。

2. **坐直或站直**

坐直或站直时，你才能更加注意地倾听到对方的声音。

3. **不要用高强度的声音说话**

较低强度的声音更能显示你的成熟与可信度。

4. **说话速度与来电者对应**

让来电者定下对话的语速。比如，对方有急事时，你也应快速提供信息。

5. **控制音量**

说话声音太响，会显得粗鲁或盛气凌人，太低了又会显得胆怯和犹豫不决。

6. **避免使用"uh-huh"以及"yeah"之类的应答声**

这类用语会使你显得呆板、毫无特色或不热情好客。前厅员工常常为宾客和其他员工接听留言。许多前厅部都备有标准的留言单。在接听此类电话时，十分重要的是仔细聆听对方的说话，并做准确的笔记。作电话留言时，确认一下信息:

- 日期
- 来电时间
- 受话人姓名全称
- 来电者姓名全称
- 来电者所属部门（如是店内电话）
- 来电者的单位（如有必要）

（续）

- 来电者所处时区（如不在本州）
- 来电者的电话号码（包括地区号码）
- 留言内容（不能简略，而是完整的内容）

如果留言很紧急，应予以标明。复述回电号码以保证准确无误，是很好的做法。有些酒店的前厅要求复述留言的内容。最后还签上经办人的姓名，按前厅工作程序予以存放或递送。

按照上述简单的准则，将提高你在接听电话时的通话技能。记住对所有来电者，无论是宾客还是员工部都应以礼相待。

部门间的沟通

酒店的许多服务需要前厅部与其他部门合作提供。其中前厅与客房部和工程维修部间的人员信息沟通最为频繁。前台接待员应该认识到他们的建议会对宾客以及酒店收益中心产生的影响。

客房部

客房部与前厅部之间必须互相通知房态变更情况，以确保实现高效地为宾客安排客房，避免出现混乱。两个部门的员工越熟悉对方的工作程序，就越能使两个部门间的工作关系顺畅。客房部员工必须对每个房间的状况了如指掌，跟踪顾客的任何要求。在大多数情况下，酒店管理信息系统支持智能终端和移动设备供客房员工随时掌握宾客抵离店信息，这些设备通常还可以使前厅员工应客人之需呼叫客房管理人员，为客房提供额外的毛巾甚至清洁整理大堂等。

前厅部经理与客房经理应经常沟通即将到来的重大接待活动。例如，如果在同一天酒店将迎来大批的入住和离店结账业务，前厅部经理和客房部经理就应讨论按怎样的优先顺序安排抵店及预期离店客人。类似于"为重要客人安排房间"之类的特别需要是非常重要的，因为酒店不想为重要客人带来不便或给他们造成不良的印象。

工程维修部

在许多酒店，工程维修部的员工在每班次开始工作前要阅读前厅工作日志，明确需要维修的项目。前台接待员在工作日志上记录由宾客或员工提出的需要维修的项目，如冷暖空调失灵，管道出了问题，设备有噪声，家具破损。前厅的工作日志对酒店工程维修部员工来说是很好的工作任务参考本子。

许多酒店用一式数联的报修单来填写需要维修的项目。维修工作结束后，维修人员通知部门将报修单存档。如维修需要时间长影响客房出租，那就应通知客房部，当维修结束，客房部应立即将客房转换成可租状态。及时地交换房态信息，可以减少对营业收入的负面影响。为了提高酒店运转质量，有些酒店安排工程维修人员 24 小时值班。

收益中心

虽然酒店最大的营收来自客房销售，其他服务项目也会对整体盈利水平产生支持和增强的作用。除了客房部以外，酒店的收益中心还包括：

- 全天经营的餐厅、快餐厅和特色餐厅。
- 酒吧、茶座的夜总会。
- 房内用膳。
- 洗衣、干洗服务。
- 自动售货机。
- 礼品店、理发店和书报店。
- 宴会、会议以及餐饮外送服务。
- 国内与国际电话服务。
- 健身俱乐部、高尔夫球场和健身房。
- 出租汽车、豪华轿车和旅游服务。
- 博彩和游戏机设施。
- 收费电视节目。
- 房间内娱乐项目（电视游戏、网络电视）。
- 代客停车和收费停车场。

从客房服务指南等印刷品或客房电视广告，住客可以了解到酒店的这些服务和设施。前台接待员也必须熟悉这些设施和服务内容，从而能胸有成竹地回答宾客询问。客人在酒店餐厅、礼品店和其他营业点的消费单据必须及时地传送到前台以确保最后的收款。

市场公关部

前厅的员工是首先了解酒店宣传活动内容的人群之一。酒店市场公关部的工作有效性在很大程度上需要前厅员工的支持和参与。例如对宾客的接待，为宾客组织的各种健身活动、家庭活动，甚至在酒店大堂的咖啡招待活动都提供了了解宾客、吸引回头客的机会。前厅员工还能在业务通信、客史档案和提供专门的入住登记和离店服务过程中发挥作用。这都将极大地提升酒店的个性化的对客服务水准。

对客服务

作为前厅部的中心，前台负责协调各项对客服务。典型的对客服务包括信息提供以及设备和用品的提供。对客服务还包括按一定的程序来安排客人入住。宾客的满意度取决于前台对他们提出的要求的反应程度。如果某项要求超出了前台的权限，就应转交有关部门或个人。

越来越多的酒店设立礼宾部员工或其他专人来处理宾客的要求。在礼宾部员工身上应展现酒店的热情和好客。许多酒店由于其许多功能实现了自动化，礼宾部员工在加强酒店对宾客面对面服务方面更起着重要的作用。

有些酒店连锁公司设立了对客服务中心。宾客只需拨一个电话（或只需在客房电话机上按一个键）就可以得到任何或者说所有项目的服务。服务可以是代客停车、代订房内用膳、洗衣熨烫或是回答会议时间，说明去当地某家公司的路线或其他方面的服务。服务中心的员工都是经过专门训练的，能处理宾客的要求和根据需求分配落实相关服务。

设备和用品

宾客在预订、入住登记或住店期间会提出需要某些用品和设备。预订员应负责记录这些要求以确保落实宾客的需求。入住登记以后，如宾客还需要一些专门的设备和用品，他们就会与前台接待员联络。前台接待员随后就会与服务中心或酒店相应的职能部门联系。宾客通常需要的设备和用品包括：

- 加床或婴儿床。
- 增加布草、枕头。
- 熨斗和烫衣板。
- 增加衣架。
- 视听和办公设备。
- 为有视力、听力障碍和有其他生理障碍的宾客提供专用设备。

当宾客要求的设备或服务因相关部门下班而不能满足时，前台接待员应设法予以解决。比如宾客的许多要求涉及客房部，但客房部可能不是 24 小时都配备人员。有些酒店允许前厅员工在夜间进入棉织品仓库。另一种做法是客房部把备用的布草存放在一壁橱里，钥匙交给前厅员工。这样一旦客房部员工下班，前厅员工仍能满足宾客提出的布草方面的要求。

其他服务内容

宾客在预订客房、办理入住、结账离店的任何时间都有可能提出一些额外的要求。有时这些要求超出了前厅的一般作业程序。预订员应认真记录这些要求并转达给有关前厅员工。前台接待员也应该记录他们收到的或受理的这类要求。此外前台接待员还应评估宾客的要求是否得到了满足。有些要求超出了一般作业的范围，但又是客人需要的。那么前台接待员应该获得授权来处理这些要求，尽量设法使客人满意。满足作业程序方面的附加要求通常要比满足设备用品方面的要求花上更多的时间。这类要求包括：

- 分立账单。
- 建立总账单。
- 唤醒电话。
- 交通工具安排。
- 预订娱乐节目入场券。
- 递送报纸。
- 秘书服务，包括翻译和复印服务等。
- 托婴服务。

一位熟练的前台接待员通常能够完成上述客人要求包括住客在账单方面的安排。分立账单支付常由商务客人提出来。一般要求将账单分为两份或两份以上。一份账单专门记录房费和税金，这份账单会转到住客所属的公司或进入团体的总账单中去。另一份账单记录其他费用，如电话费、餐饮费，这部分费用直接由客人自付。

一个在酒店内举行会议的团体可能会要求建立一份总账单。只有经核准的团体发生的费用才能记入总账单。会议结束后这份账单将由会议发起人支付。每位与会者可能要负责支付个人账单上的费用。建立总账单的目的是用来汇总那些经事先认定不适合记入其他账单的费用。总账单是最重要的团队文档，它能被酒店员工用来在会前与会后分析团队信息。

大厅服务主管可以负责处理各种其他服务方面的问题。如酒店不设这个岗位，可以由前台接待员来负责更新前厅问讯资料手册，并利用这一资料来提供各项服务。

有些酒店设有服务中心。宾客可能会感到迷惑。当他们有疑问或要求时不知道谁可以来帮助解决。他们常常会致电前台接待员。前台接待员必须采取相应的行动或转交给其他部门。其实服务中心能使问题解决得更快。比如在有些酒店住客只需拨一个分机号或在电话机上按一个专用键就可进入服务中心。服务中心员工接受过处理各种情况的专门训练——从接受房内用餐的订单到代客从停车处取回车子等。

服务中心员工掌握大量的知识和具有高度的责任心，使得对客服务过程得以简化。例如，宾客来电要求派去行李员帮助取下行李，服务中心的员工肯定"会"问有多少件行李，因为行李员推什么样的车取决于行李的多少。

对客关系

不管前厅员工对客服务如何高效、殷勤，宾客有时还会发现差错或对酒店的某些事或某些人表示失望。前厅部应倾听宾客的投诉并制定出帮助员工处理这些状况的有效策略。

前厅部处在最易看到的位置，这就意味着前台接待员成为首先了解宾客投诉的人。处理投诉应十分小心，并寻求一个及时的、能使客人满意的解决方法。没有什么事情比忽视、怀疑宾客的投诉更能激起他们的恼怒了。当然大多数前厅部的员工都不喜欢听到投诉，但是他们也应该明白大多数宾客也一样不希望投诉。如果宾客没有机会将投诉告诉前厅员工，他们就会告诉亲朋好友或同事。

宾客有表达自己意见的畅通渠道，这对酒店和宾客都是好事。酒店了解了潜在的或业已存在的问题，获得了纠正的机会。对于客人对住店期间的满意度也会增加。当问题获得了快速解决，宾客会感到酒店对他们的需求十分关心。从这一角度出发，任何投诉都应受到欢迎，都应被视为增进对客关系的机会。一位不满意的宾客离店后再也不会成为回头客。酒店行业的一个普遍定律是吸引一位新客人需要花10美元，但使住客变为常客只需花1美元。主动积极地增进对客关系将受惠无穷。

投诉

宾客投诉可以分成四个类别的问题：设备、态度、服务以及异常事件。

大多数宾客投诉与酒店设备故障有关。此类投诉包括温度控制、灯光、电力、客房设备、制冰机、自动售货机、门锁、管道、电视机、电梯等。即使酒店已制订了一个极其完善的预防性维修计划也不能完全杜绝此类问题的发生。有效地使用前厅日志和报修单可以减少此类投诉的发生。有时投诉并不是针对设备问题，而是针对酒店处理问题的速度。所以很重要的一点是要尽快派遣有关人员带着必需的设备去妥善解决问题。为了保证服务的时效性必须有相应的跟踪方法。

宾客有时因酒店服务人员的粗鲁或不得体的接待而发怒，于是就发生了有关态度方面的投诉。宾客有时偶尔听到员工间的对话或来自员工的抱怨也会对酒店提出态度这类的投诉。不应让宾客听到员工间的争论或员工们对问题的议论。经理和主管们（不是宾客）应该听取并关心来自员工的投诉和发生的问题。这对建立牢固的对客关系是十分重要的。

宾客发现酒店服务方面的问题，有时会投诉。这类投诉涉及面很广，如等候服务时间过长，没人帮助搬运行李，客房不整洁，通话过程遇到困难，没接到唤醒电话，食物不热或味道不对，增加客用品的要求未得到重视等。前厅在酒店客满或高出租率时期，此类投诉常常会增加。

宾客有时还会对没有游泳池，缺少公共交通工具，天气不好等提出投诉。此类投诉称为异常事件投诉，酒店对所处的周遭环境几乎没有控制能力。但是宾客希望前厅能解决或至少听取这类意见。前厅管理层提醒前台接待员，他们有时会受理自己根本无能为力的投诉。有了这样的思想准备，员工们会使用相应的预先准备的对客关系技巧来处理这类投诉，避免事态恶化。

识别投诉 所有的宾客投诉都应予关注。一位激动的宾客在前台大声地投诉需要立即予以关注。这并不是说对宾客谨慎的投诉可以不那么关注，当然采取行动的速度可以不如前者那样急迫。

前厅部能系统地识别宾客最易发生投诉的区域，这将有助改善酒店的队客关系。通过查阅得到有效维护的前厅工作日志，管理层常常能识别并找出重复发生的投诉和问题。

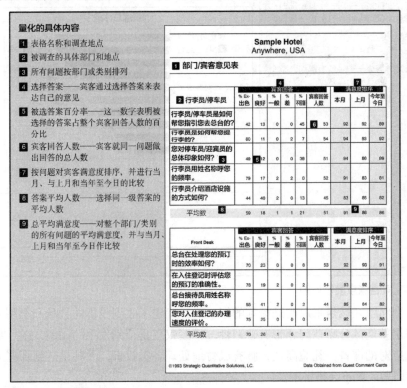

图6-3　宾客意见表图

另一个识别投诉的方法是评价宾客意见卡和宾客问卷。图 6-3 至图 6-5 展示的就是用各种不同的详细程度和不同方法对精心设计的宾客意见卡的分析统计。图 6-3 的"宾客意见表"，逐一列出了酒店有关部门的一连串问题（图上所列的是行李 / 为客停车服务以及前台两个部门）。不同的部门，所涉及的问题也不相同，各个问题的调查结果用图表示出来。图中还列出了本月、上月和本年度至今的宾客好评率，这些统计数字都是用于对比的目的。图 6-4 的"宾客满意度示意图"展示了全酒店各个部门的宾客满意率，由高至低进行排列。酒店平均好评率（宾客综合感受）也在图表上显示出来。位于平均线以下的部门就是需要改进的部门。图 6-5 的"满意度趋势图"展示了某一部门所有问卷的综合百分比的发展趋势。这张图表不仅起到帮助识别投诉区域，便于改进的作用，而且还能衡量已做的努力对目前的和今后的表现会产生何种作用。

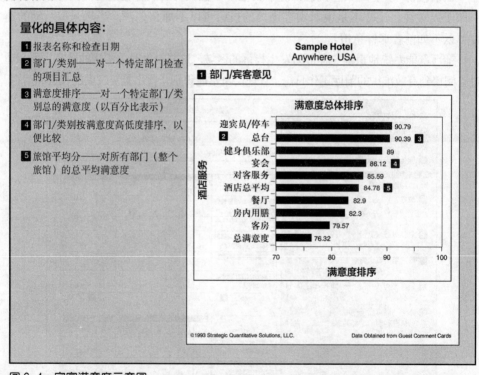

图 6-4　宾客满意度示意图

识别问题区域是采取改进措施的第一步。确定了收到投诉的数量和类型后，前厅管理层就能区分哪些问题带有普遍性，哪些仅仅是个别发生的问题。前厅部员工也就有应对的准备，礼貌高效、胸有成竹地处理各类投诉，尤其是遇到那些立即可更正的问题，更不会措手不及。

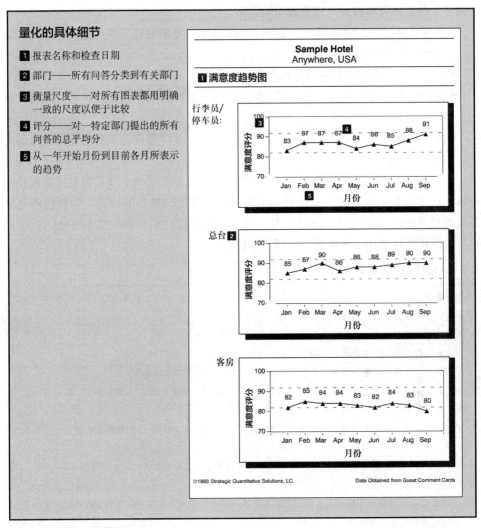

量化的具体细节

1 报表名称和检查日期

2 部门——所有问答分类到有关部门

3 衡量尺度——对所有图表都用明确一致的尺度以便于比较

4 评分——对一特定部门提出的所有问答的总平均分

5 从一年开始月份到目前各月所表示的趋势

图 6-5 满意度趋势图

处理投诉 忽略宾客的投诉通常是不可取的做法。许多酒店要求前台接待员接到投诉后交由主管或经理处理。但是，前台接待员有时无法这样做，特别是遇到需立即回应的投诉更是如此。前厅部应该有一个处理意外事故的计划并给予相应的授权，以便应对类似情况。前厅部可能会收到有关店内餐饮的投诉，不管这些营业点是否由酒店直接管理，前厅部还是要和餐饮部的负责人员共同制定处理投诉的程序，否则宾客不可能满意，前厅部也还会不断接到此类投诉。酒店经理与各收益中心的经理应维持紧密的沟通，制定出处理并可使投诉宾客满意的工作程序。前厅部的管理层和员工在处理宾客投诉时应遵循下列原则：

- 宾客在陈述投诉时可能十分恼怒。前厅员工不要单独随同客人进房调查，以防可能发生的危险。
- 前厅员工不能做出超越自已权利范围的承诺。
- 如果问题不可能得到解决，前厅员工应及早通知客人。在处理宾客投诉时，诚实是最好的应对方法。
- 前台接待员应当了解有些宾客就是喜欢投诉。前厅部应设法制定专门应对此类客人的方法。

表6-1列出了处理宾客投诉的一些专业指南。想要有效地受理宾客投诉需要经验积累。前厅部员工应当参与如何处理酒店一些最常见的投诉的讨论。角色扮演是掌握此类技巧的最好的方法。通过参与，可以了解计划、实施和跟踪的方法，前厅部的员工将能更好地在工作实践中处理宾客投诉。

表6-1 处理宾客投诉指南

1. 专心聆听。
2. 尽可能在其他宾客听不到的地方受理投诉。
3. 保持冷静，避免消极态度，避免形成敌对状态，不与宾客争论。
4. 表示对问题的关切。多次用姓名称呼顾客，用严肃认真的态度受理投诉。
5. 在受理投诉过程中要全神贯注。关注问题本身，不推诿责任，不得侮辱客人。
6. 做笔记，记录要点。这样可使对方放慢语速，因为要记录。更重要的是让宾客放心，因为前厅部员工正在聚精会神地听取他的投诉。
7. 可告诉客人你将采取的行动，可让客人抉择。不要承诺无法办到的事，也不要承诺超出你权利范围的事。
8. 留有充裕的时间以便完成补救工作。要有明确的时间承诺，但是不要低估解决问题需要的时间。
9. 监控补救工作的过程。
10. 追踪检查，及时投诉已交他人处理。与宾客联络，确保宾客的满意度。记录整个时间，记录所采用的行动和所获得的结果。

跟踪检查步骤 前厅部管理人员可以从工作日志上了解到采取的补救措施是什么，检查宾客的投诉是否已经得到解决，以及识别这类问题有无再次发生的可能。这本包罗万象的记录本还可以使管理层与那些对酒店某些方面不满意的宾客联系。宾客离店后，一封由前厅部经理起草的给客人的致歉信，可以表达酒店对客人满意度的关注。还有一个可取的做法是由前厅经理给已经离店的宾客打电话，以求了解整个投诉更详细的情况。连锁集团的酒店也会从总部获得宾客投诉的内容。总部会把对各个酒店的投诉汇总，然后分发给每位经理。这一跟踪的方法使得连锁集团总

部可以对各家酒店的对客关系状况作比较和评估。酒店一本完整的宾客意见记录也是总部管理人员来店巡视检查时的必备资料。

小 结

有效的沟通对成功的前厅管理是必不可少的。前厅部员工必须能与本部门的员工、其他部门的人员以及宾客很好地沟通。与宾客在业务方面的沟通从预订阶段就已开始，并一直贯穿整个住店过程。无论是用电话还是面对面的沟通，所有与宾客接触的员工都应该得到正确的训练，都应该知道说什么，如何说。

前厅部沟通的复杂程度直接与酒店的宾客数量、规模、公共区域范围和配备的设备设施有关。酒店规模越大，沟通的频率和复杂程度也就越高。前台应该有一本前厅工作日志（一本记录不寻常事件、宾客投诉和要求以及其他有关信息的日记本），前厅部员工可以从中获知上一班次发生的重要事情和做出的重要决定。一本团队记录本同样可以在处理前台团队安排事项中发挥作用。

此外，前台接待员还可能需要接触到一些店外的信息（如地图、银行、剧院、教堂和商场位置以及各项活动日程安排），便于回答宾客的问讯。有些酒店的前厅部把这些信息汇总装订成册，做成一本前厅问讯资料手册。告示牌摆放在宾客和访客容易到达的地方，用来展示酒店每日的活动内容。酒店还备有一个酒店时钟，作为协调各部门各项活动的标准时间的依据。

住店客人需要得到前厅提供的快速邮件和留言递送服务。前厅部员工应该在所有到店的邮件上打上时间戳印。这样做是为了证明邮件的抵达时间以及确保及时递送。未被宾客取走的邮件应第二次打上时间戳印，然后退回给寄件人。

前厅部管理层可能在回答宾客查询方面设立一些限制性规定，这是为了保护隐私权和出自安全的需要。语言信箱使得来电者能给住客留下自己的语音留言。

酒店的许多服务需要前厅和其他部门的共同协作来提供。前厅部与客房部和工程维修部之间需要交换的信息量最大。例如，客房部和前厅部必须互换房态信息以确保排房效率和避免差错。许多酒店要求工程维修部员工在每班工作开始前先阅读前厅工作日志，看看有哪些需要维修的项目。

前台接待员可以通过对市场和公关技能的运用来影响酒店营业点的表现。他们必须熟悉各营业点的设施和服务，以便回答宾客的询问。酒店餐厅、礼品店和其他分散在酒店各处的营业场所，必须将客人的消费结果立即与前厅沟通以保证最后的收款。

前台作为前厅部一切活动的中心，承担着协调对客服务的责任。前台主要的对客服务包括提供信息、各种专项设备和服务。对客服务也包括为宾客提供各项特别的作业项目。如果宾客的要求超过了前台接待员的职责范围，那么就应转交专人或有关部门处理。

尽管员工提供高效的无微不至的服务，但有时宾客还可能会对某些事、某些人表示不满。前厅部应预见宾客的投诉并制定出帮助员工处理投诉的策略。宾客投诉的内容可以划分为四大类问题：设备问题、态度问题、服务相关问题以及异常事件。

主 要 术 语

团队记录本（group resume）：用于记录每个团队所有的活动安排、结账方法、主要成员情况、娱乐活动安排、抵离方式和其他各种重要信息的本子，通常放在总台。

酒店时钟（hotel clock）：酒店总机的时钟用于校对酒店的办公时间。

问讯资料手册（information directory）：一本汇总了各种信息的册子，放在前台供前台接待员回答宾客问讯之用，内容有本地区的简明地图、出租汽车公司和航空公司的电话号码、银行、剧院和商场的位置以及各项大型活动的日程安排等。

工作日志（log book）：一本记录前厅发生的重要事件和做出的重要决定的日记本，用于两个班次的交接。

告示牌（reader board）：通知酒店当日活动的牌子，也可通过客房闭路电视予以告示。

分账单（split folio）：把一位客人的账单按要求分开成两份或两份以上的账单。

语音留言（voice mailbox）：通过电话总机为宾客储存、记录和播放留言的设施。

主账单（master folio）：用于在一个账户中反映超过一个人或一个房间的交易的账户，通常用作团队账户。记录在其他账户中不方便登录的消费。

快速反应软件（rapid response software）：维修保养日志簿的电子形式。

前厅交班记录（transaction file）：一份按时间顺序记录前厅运行事务与决策的记录本，用于为后续班次提供参考。

复习题

1. 前厅应有什么样的程序来保证宾客邮件、包裹、留言和传真的正确递送？
2. 如何进行前厅部和工程维修部之间的沟通？前厅工作日志以及报修单的作用是什么？
3. 宾客通常会向前台提出哪三方面的要求？
4. 建立团队记录本的目的是什么？团队记录本应包含哪些信息？前台如何使用这些信息？
5. 前台为什么要备有问讯资料手册？手册应包含哪些信息内容？
6. 为什么前厅部的员工要对宾客投诉持欢迎态度？分析投诉对企业有何益处？
7. 投诉可分为哪四种类型？最常见的是哪一种？描述处理投诉的一般方法。

网址：

若想获得更多信息，可访问下列网址。网址变更恕不通知。若你所访问的网址不存在，可使用搜索引擎查找新网址。

住宿业出版物（包括在线和印刷刊物）

1.Hospitality Net:http: //www.hospitalitynet.org

2.Hotel & Motel Management:http://www.innvest.com/hmm

3.Lodging Hospitality: http://www.lhonline.com

4.Lodging News: http://www.lodgingnews.com

技术网站

1.CSS Hotel Systems:http://www.csshotelsysterms.com

2.Fidelio Products:http://www.micros.com

3.First Resort Software:http://www.firstres.com

4.Hospitality Industry Technology Exposition and Conference :http://www.hitecshow.org

5.Hospitality Industry Technology Integration Standards: http://www.hitis.org

6.HOST Group International: http://www.hostgroup.com

7.Hotelinx Systems, Ltd.: http://www.hotellinx.com

8.Newmarket International, Inc.: http://www.newsoft.com

顾客与员工满意

1.Market Metrix:www.marketmetrix.com

2.UniFocus: www.unifocus.com

案例分析

案例 1：辛普森酒店的服务补救措施

"卡里，你在做什么？快到出发时间了。"

"我正在找一本新书。妈妈，你有没有看见过？"

亚伯拉罕·尼科尔斯的声音回旋在楼梯上空："你们准备好了没有？"

"我们还有几分钟时间，艾贝。"他的妻子安吉拉回答道。

"好的，不过当心，我们已经比原定时间晚了，我先去车里把小孩安置好。"

两周前，艾贝被邀请出席一个为期两天的会议，会议地点是在离他家 5 个小时车程的一座城市。他和安吉拉决定将出席会议和全家外出度周末两者结合起来。在与辛普森酒店订房时艾贝告诉预订员所有的要求：周四晚上 11 点抵达，需要一间干净的禁烟房，房内要有两张双人床，另加一张婴儿床给才 6 个月的贾森用，还希望为他们 8 岁大的女儿提供膳食服务；希望酒店有游泳池和健身中心；周四和周五按团队价收费。

周四晚离家前，尼科尔斯的晚餐吃得很快。卡里吃得不多，她的父母早料到她在度假前一定会很兴奋。后来他们一家上路了。

尼科尔斯一家抵店后，除了卡里外，其他人都希望尽快进房就寝。卡里觉得父母为她准备的点心不够吃，"我还饿，爸爸，酒店有自动售货机吗？"

"好吧，别担心，我先前问过酒店的人，他们说即使夜里也有送餐服务。你会喜欢这里的。这里有个大游泳池，你可以游泳。好了，我们到了。"艾贝推开了酒店大门。

安吉拉把婴儿从车上抱起来，艾贝费力地拖着两个大箱子和小孩的行李。卡里也拿着自己的行李。"有个行李员帮忙就好了。"艾贝对安吉拉抱怨道。

"我知道，最好还有停车服务，"她回答说，"你去停车吧，我们把行李拿进去。"安吉拉一手抱着贾森，另一只手拖着一件行李，还用脚来移动另一件行李。

卡里在打着哈欠。"你能帮我把其他箱子拿进来吗？"她妈妈问道。

他们进门后，前台接待员抬起头看见这一切，说："哦，对不起，让我来帮助你们。平常有行李员值班，但是不巧他生病了，又没有人代班。欢迎光临辛普森酒店。等我把行李拿到前台后，马上为你们办理入住手续。"

几分钟后艾贝回来了，一家人办好了入住手续。他们在楼上看到了自动售货机，但卡里不喜欢里面的东西。当他们进入客房后，发觉房间干净，空气清新。房内有两张双人床，但是没有婴儿床。艾贝马上与前台联系："我订房时在电话里对那位预订员说过要为我们准备好一张婴儿床的。"他对前台值班人员说。

"哦，太对不起了，先生，我马上找人为您送来。"那位接待员说。

"你能不能给我们一份房内用膳菜单？"艾贝问。

"先生您可以从房间内的服务指南中找到这份菜单。在书桌的蓝色本子内。"接待员回答说。

"好吧，谢谢你"。艾贝回答道。

卡里和母亲一起看了菜单，未发觉喜欢的食品。"只有两种色拉和一些做好的冷三明治，"她对父母亲说。安吉拉设法安慰卡里。卡里现在是又兴奋又饿，看来她是不想睡了。最后安吉拉为她点了一大袋炸土豆条，接受房内用膳订单的服务员说，这次是为他们破了例，平时炸土豆条要与三明治一起点才行。

婴儿床是由一位气喘吁吁的先生送上来的，炸土豆条几乎同时送到。他用了 5 分钟时间解释为什么才送来。艾贝很礼貌地向他致谢，然后安顿贾森入睡。

"会议要到明天上午 10 点才举行，我们可以好好睡上一觉。"艾贝对安吉拉说。

"是呀，但要看贾森的表现，他不知道我们正在度假。"她回答道。

第二天早上，全家 8 点 30 分被一阵吵声惊醒。这声音并不是贾森的哭闹声，而是敲门声。"客房部。"声音从门外传来。艾贝打开房门看到客房管家。这时贾森开始哭。

"非常抱歉，先生，我并不是有意吵醒您，"客房管家说，"您没发现……没关系，我过会儿再来。对不起。"客房管家想这并不是我的错，他们根本没有用请勿打扰的标志。

全家吃了早饭，艾贝去开会了。卡里急着要去游泳池。但是安吉拉要问前台游泳池在哪里。"非常对不起，女士，"那位接待员说："没人告诉您吗？游泳池正在维修之中。"卡里听了很不高兴。安吉拉试想情况也许会变化，"是否很快会修好？星期天行吗？"

"我想不能，夫人。"接待员回答说。

"好吧，我从杂志上获知有一家博物馆离平克顿自然历史博物院很近的？"

那位前台接待员知道那家博物馆，但是没有现成的介绍资料。她在一只信封的背面画了一张示意图，告诉他们如何步行去那家博物馆。那位接待员记不清每条街的街名，也不知道博物馆的开放时间和门票价格。尽管这样，安吉拉和孩子们还是去了，并在博物馆度过了快乐时光。回酒店后，卡里非常兴奋地把她在那里的所见所闻告诉前台的接待员。安吉拉对接待员表示了谢意。

周五下午，艾贝参加的会议结束了。他意识到他应该挂上"请勿打扰"的牌子，但他环顾四周，找不到那块牌子。

艾贝刚刚有了空闲的时间，安吉拉把孩子托付给他看管，这样她就可以去健身中心。她用了一下脚踏车后又去使用划船器，发觉其中一个把手已经松动。回房间时，她把发现的情况告诉了前台接待员。她还询问了附近有没有适合家庭用餐的餐厅。那位接待员拿出电话号码本，翻开黄页，说："所有适合家庭用餐的餐厅都不在城里，但是有一家高档餐厅就在附近。"安吉拉对他表示感谢，结果那天全家的晚餐是吃外卖送来的比萨。

那天夜里，全家感觉到他们的房间正好在茶座的上方。到了深夜 12 点都能听到传来的音乐声，但还不算太糟，因为歌手唱的都是他们熟悉而喜欢的歌。周六夜里的情况就不同了，强劲的声音使房间颤动起来。尽管有这样的噪声，孩子们还是入睡了；艾贝和安吉拉无法入睡，直至凌晨 2 点才睡着。他们谈起次日何时离开酒店，结果他们决定比原计划出发时间提前离店。经过这一夜折腾，他们感到度假的心情大大地打了折扣。艾贝开始填写宾客意见表。

次日，在办理离店结账手续时，酒店的记账又出现了错误，把三天的房费都按门市价计算了。"我们马上为您重新制作一份账单，尼克尔斯先生。"前台接待员对他说。

艾贝在等候期间把宾客意见表投入了专用箱内。这时酒店的总经理汤姆·吉拉德走来，他做了自我介绍。"我今天正在做非正式的宾客调查，您在这儿的居住情况如何？"

艾贝把整个情况告诉了他，包括好的和不好的方面。汤姆听得很仔细，并做了笔记。他对艾贝表示了感谢，并对他一家所遇到的不便之处表示了歉意。然后他请尼科尔斯全家在餐厅免费用了午餐，并告诉艾贝如果他们全家下次再来这里，请他们与他的办公室联系，他会为他们免一天的房费。

三个星期后，尼科尔斯收到了一封由汤姆·吉拉德发来的有关投诉处理的后续信件。信中介绍他们全家离店后，他和酒店全体员工是如何针对发生的问题来研究纠正措施的。但是艾贝告诉安吉拉，信用卡公司转来的账单比酒店结账的账单多出了 14 美元。打电话去辛普森酒店查询后才知道，酒店在他们离店后发现有小酒吧的消费，当时漏记了。

讨论题

1. 回顾尼科尔斯一家的住店经历，酒店哪些方面做得不错？哪些方面做得不好？尼科尔斯全家对酒店的整体印象是好还是坏？

2. 总经理是如何回应尼科尔斯先生的投诉的？

3. 对尼科尔斯一家反映的住店情况，总经理应如何向部门经理和员工传达？酒店能否承诺实现宾客百分之百的满意率？如果能的话，那么如何贯彻？

4. 辛普森酒店的员工在改进沟通、质量控制以及最终在服务改进方面应做什么样的努力？

案例编号: 3326CA

下列行业专家帮助收集信息，编写了这一案例：注册酒店管理师、梅里斯塔酒店和度假村集团服务部副总裁理查德·M. 布鲁克斯和注册酒店管理师、斯奈凡里发展公司副总裁 S. 肯尼斯·希拉。

本案例也收录在《住宿业管理案例汇编》中（美国酒店与住宿业协会教育学院，1998 年版，密歇根州兰辛），国际书号: 0-86612-184-6。

案例 2: 服务还是不服务

那是一个特别热的盛夏午后，入住登记手续办理得非常快。这是今夏第一个周末，前厅部的员工都在抱怨怎么会有那么多抵店客人。此时，有一辆大巴停了下来，德鲁，一名行李员，发出一声叹气声。

"我希望这批客人给的小费比我刚刚服务的那两批客人要好一些。"克里斯嘴里嘀咕抱怨着，前台接待员，菲利普，以及值班经理都听到了。德鲁依旧依靠在前台边休息，此时一对夫妇刚从车上下来，没有找到行李员，于是自行来到前台。在前台接待员为他们办好入住登记手续后，她询问是否可以安排人帮他们把行李拿到房间。稍作停顿后，前台人员说"好的"，然后他们像其他客人一样，开始到处找行李员。

德鲁从刚刚他倚靠的前台区域躲到了一个人们不容易看到的大堂角落，希望客人们不要叫他来搬运行李。他没有心情去为一个很抠的客人服务，即使客人的房费中包含了 15% 的费用作为给行李员搬运行李的费用。这意味着无论行李员搬还是不搬行李钱都会付给他们。同样，当客人提出让行李员帮助搬运行李，他们是不需要再额外付小费给行李员的，因为他们的账单上已经包含了这部分费用。

当前台接待员接到客人要求搬运行李的请求，他们就会用通话机通知德鲁。当德鲁听到呼叫，他将径直走到后区存放行李车的地方。菲利普给德鲁使了个眼色，用手指着刚刚办理好入住登记手续需要帮忙的客人的方向。德鲁竟然完全无视大堂经理的指示。

几分钟后，菲利普发现客人自己将行李从车上搬了下来放置在过道上。他在想德鲁是怎么搞的。菲利普在服务通道里找到了正在和吉米聊天的德鲁，吉米也是一名行李员。"我想你应该直接走出去帮助那些客人，"菲利普用不耐烦的语调说，"你们两个在干什么？难道不知道客人们在等着你们帮忙吗？"

德鲁背对着菲利普，略带不满地说："我的肩膀受伤了，正进来找吉米出去帮我呢。吉米正在吃晚餐，在不当班的时间段让他去帮忙他显得很不开心。吉米正打算下班呢。"

菲利普说，"如果你们俩没有时间或者太累了而不去服务客人那么我去。""如果你的肩膀受伤不能服务客人，那么你应该回家。"值班经理建议说。

"嗨，"德鲁说道，"这么热的天，我一直都在努力地工作，下周我就去看医生。我的辛苦你根本不知道！"

最终，吉米推着行李车走到入口处去帮助客人。此时，客人们正在到处找行李员帮忙。下午，菲利普在数着有多少客人需要服务，而德鲁和其他行李员根本不在他们的岗位上。"这难道不是他们的工作吗？"他自言自语道，"在看到客人自己搬运行李时他们在想些什么？如果不帮客人帮运行李我们为什么要收客人15%的搬运费？"

菲利普思索了好久。现在，由于德鲁那么难沟通，他要考虑如何跟前厅部经理讨论下德鲁的问题了。

讨论题

1. 德鲁的所作所为给抵店客人传达出什么信号？

2. 当吉米去帮助那些等了好久的客人搬运行李时，他跟客人间沟通的最大挑战是什么？

3. 在宾客抵店服务环节中，对于德鲁和其他行李员的行为你有什么建议？

4. 值班经理在处理行李员的问题上是否妥当？在沟通上他还应该做些什么让问题得到解决？

案例编号：608C06

本案例选自 Case Studies in Front Offices Management，Todd Comen，（Lansing, Mich: American Hotel & Lodging Educational Institute,2003）。

第 7 章

概　要

一个正在引起关注的问题

制订安全方案

对门、锁、钥匙的控制和对出入口的控制

客房的安全

店内人群的控制

周边与户外的控制

对财产的保护

应急程序

通信系统

安全记录

员工安全程序

管理者在安全方面的作用

容易受到攻击的区域

安全的需求

实施安全方案

与执法机构联系的重要性

安全部的员工配置

安全培训

安全与法律

合法的定义

小结

学习目标

1. 了解在安全方面的制定和管理方面有哪些主要问题。

2. 了解经理人员在酒店安全中的作用。

3. 了解制订安全方案的重要性，包括安全部人员的配备和与当地执法机构联系的重要性。

4. 确定安全培训课程内应包含哪些对有效的安全方案至关重要的内容。

5. 列出并掌握与安全有关的法律概念以及社会对安全问题的关注点。

安全与住宿业

这一章是根据《安全与预防损失管理》的第1章提供的资料改写而成。该书的作者是雷蒙德·埃里斯和戴维·斯迪帕纳克。

从事住宿业的经理们肩负着许多责任，其中之一就是安全。行业最早期的客栈，其店主的最重要的工作内容之一就是保护住客，不使他们在住店期间受到伤害。虽然对保护住客的解释每个州都不一样，但是每个州的法规都认定酒店负有安全的责任。这一安全的责任还规定酒店业主不仅对住店宾客的安全负有责任，对酒店员工和其他不是住店宾客的店内客人也负有安全责任。所以酒店内的安全保卫是一项以住店宾客、员工和其他在店人士及其财产为对象的面广量大的工作。对于酒店而言，涉及因财产的盗窃造成的损失常常比涉及因对人的伤害造成的损失更大；但是对人的伤害会极大地影响公共关系（从而影响出租率），还可能使酒店支付更多的诉讼费用。

酒店在安全方面需关注的区域包括客服安全、钥匙控制、门锁、出入口控制、周边控制、报警系统、通信系统、灯光系统、闭路电视系统、贵重物品保险箱、存货控制、信用和账务程序、计算机安全、员工配置、员工聘用前的审查、员工培训、提供含酒精饮料的责任、应急程序、安全规程、资料保存等。

一个正在引起关注的问题

酒店行业对于安全问题的关注自2001年9月11日美国恐怖袭击发生后有了显著增加。由于酒店业向公众开放的特性，使其成为恐怖活动的潜在目标。例如，紧随"9·11"恐怖袭击悲剧发生后，纽约和华盛顿特区的酒店就接到了几十起炸弹威胁，包括使用毒气攻击和其他各种类型毁灭性装置的威胁。另外，在2008年，印度孟买的两家著名酒店也曾成为恐怖袭击的目标。

当然，酒店面对的不仅仅是恐怖袭击行动，同时针对顾客和酒店财产的犯罪率也在持续增加，此外，急速增加的对酒店业主及员工个人的法律诉讼事件，都是因为未能提供足够的安全措施而引发的，从而引起全行业对安全问题的关注。报纸和电视的报道也使许多酒店安全事件广为人知。

许多州规定，酒店业主对宾客及其访客的安全提供"合理的关心"是义不容辞的法律义务。如果员工伤害了宾客，责任仍可能由酒店业主来承担。酒店业主因未能向受伤害或受骗人士提供合理的关心，而每年损失几百万美元用来支付法院的判决和庭外和解。

即使经济方面的考虑并不是关注安全方面的唯一原因（肯定不是），改进尚不完善的安全条件之紧迫性也是毋庸置疑的。必须指出的是，不管怎样，每家酒店都是不同的，对安全的需要也各不相同。因此，本章所写内容不应该成为任何的行业标准，以下章节仅探讨通常的与安全有关的话题。

制订安全方案

一个安全方案应该着重强调预防事故的发生。防止产生安全方面的事故，比一旦发生犯罪后设法抓住罪犯来说，对酒店更有利。一些做法和程序可能对预防和降低事故有帮助。尽管如此，我们必须承认并不是所有的罪行都是可以预防的。

酒店都还应该不断检讨安全程序并不断予以更新以及应对不断变化着的安全方面的需求。以下列出的是酒店安全方案中应包含的基本内容：

- 对门、锁、钥匙的控制和对出入口的控制。
- 客房的安全。
- 店内人群的控制。
- 周边与户外的控制。
- 对财产的保护（现金、宾客财产、设备、仓库）。
- 应急程序。
- 通信系统。
- 安全记录。
- 员工安全程序。

下面将对以上各部分做详细介绍。

对门、锁、钥匙的控制和对出入口的控制

正式开业后，酒店通常就可以抛弃大门的钥匙。这意味着酒店行业欢迎每一位来客。但这并不意味着就可以放弃对建筑物各部分以及对整个地面的出入口控制。

大多数人想到出入口控制，首先想到的就是对客房的控制，然而，还有许多地方需要安全控制，包括办公区域、游泳池、健身房、会议、仓库、更衣间和其他区域。例如，将食品仓库或棉织品及其他物品仓库上锁，可防止酒店员工未经批准进入和偷盗酒店财产。对健身中心和游泳池上锁可防止在没有恰当的监管措施下宾客来访者和员工去使用这些设施。

对出入客房的控制是安全最需要关注的问题。电子客房门锁系统取代了机械门锁。电子门锁系统有很大的灵活性，可以给宾客和酒店员工分配不同类型的钥匙。这个系统还能记录每次授权进入和每次未授权的进入。如果有住客报告失窃，酒店安全方面的人员可以查看 10 次、20 次或 50 次进入客房的记录资料。对于宾客而言，每次拿到的钥匙都是不同的，每位宾客在办理入住时拿到的钥匙都有新的编号。钥匙在办理入住时发给客人。这把钥匙通常有一个有效期。比如这把钥匙在客人预期离店的那天中午以前是应该可以正常使用的，如果客人要延长住店时间，那么钥匙必须重做。如果宾客提前一天离店了，那么随着另一位新客人的入住，原来的钥匙就会失效。

对于员工而言，拿到的客房钥匙都做了部门编号，而且还可能受时间的限制。例如，一位工程维修人员可能会拿到一把临时钥匙去客房进行维修。这把钥匙可能在一段时间有效，比如说在上午 10 时至 11 时，如需更长的时间，这把钥匙必须重做。此外，客房门锁朝客房里的一面应有门链或其他保护装置，这样当宾客进入客房内部，就可以控制外人进入。

客房门锁还包括安全链和门背后的反锁装置，这样宾客一旦进入房间就可以控制房门入口，大多数客房门锁有一个机械的插销，只需扭转插销，一块厚实的金属就会插入门框内，这就为客人提供了额外的安全保障。

客房门锁系统还包括了连通房的门锁、阳台或露台的门锁，这些门锁通常不是电子门锁，因此需要额外关注这些门锁是否为客人提供良好的安全保障。阳台或露台门不仅要重视门上的锁，而且要注意在房间里面可以控制的锁门装置。连通房分开出租时，很重要的一点是将连通房内的连通门关闭并锁好。只有酒店的员工才有可以开启这些门的钥匙。

许多酒店都将钥匙分成不同的安全等级。最低一级时开启单个客房、办公室、仓库或会议室的钥匙。往上一级的称为分段总钥匙。用分段总钥匙来开启这一组房间就代替了许多把钥匙。楼层总钥匙又高了一个级别，这是用来开启整个楼层的客房。楼层总钥匙可能会有好几把不同样的。其中一把楼层总钥匙可以开启所有楼宇的客房还包括其中的库房。另一把楼宇总钥匙涵盖了所有的公共区域，比如餐厅和会议室。一把全楼宇总钥匙可以开启楼宇内所有的门。紧急钥匙又称为 E 钥匙，可以开启所有的门，包括从里面锁上的门。

所有钥匙不管属于哪一个等级都应得到控制。对每一位新入住的宾客，或对他们离店日期的变动，客房电子钥匙都会存有记录。其他种类的钥匙不需要经常重做，但仍需得到控制。例如，紧急钥匙只有得到酒店总经理或安全部经理的许可才能领取。领取 E 钥匙时应在安全日志上记录领取人的姓名、日期、时间、批准人、用途、领取钥匙的原因。使用 E 钥匙必须有一个限定的时间段。分段总钥匙和楼层总钥匙应在每天规定的时间发放。每个班次结束工作时应把原钥匙归还给安全检查点。如发现钥匙遗失或被偷，必须立即报告，以便采取相应措施使钥匙失效。

客房的安全

我们已经讨论了客房门的控制，但是客房安全还要延伸至客房的门外。最要引起关注的是客房门上的窥视孔。这是一个透镜，可以使客人从里面看到外面的两侧。窥视孔的高度一般应适合宾客的平均身高，以方便观察。为了符合《美国残疾人法案》的要求，有些客房还设有第二个窥视孔，方便坐轮椅的客人使用。走廊的光线必须足够明亮，这样客人才能看到走廊的整个区域。

电话机也是客房安全的重要组成部分，因为它是客人用来求助的主要工具。电话机上或电话机边应设有明显的标记，如"遇紧急情况请拨打 0"。

店内人群的控制

这是安全保卫中最困难的问题。酒店的特性以及传统的一贯的做法就是对公众的开放。然而事实上并不是每位来店者都是真正受欢迎的。酒店是私有企业，所以可以拒绝没有某种特定的人进店。对员工进行此类观点的培训是很重要的。培训的内容应该包括如何来是识别可疑人物，以及如何处置这些人物。在许多酒店，监视系统就起到了这方面的作用，因为员工不可能随时看到酒店的每个角落。监视系统通过摄像头、行动探测器和其他方法来识别在店人群。摄像头通常与安全部办公室、前台、总机等地方的显示器连接，都有专人监视。移动探测器和其他一些触发式安全装置能发出警报。有些酒店张贴布告声明酒店是私人企业。这一公开的声明可以使酒店从地方法律关于未经许可不得进入私人企业的条款中受益。

周边与户外的控制

可以有许多方法对周边和户外进行控制。监视系统对掌控停车场、游泳池、网球场等周边和户外安全非常有用。与此同时，明亮的灯光、门、栅栏和其他设施也是保障安全所必需的。停车场必须有充足的照明。停车场或建筑物内的明亮光线会使宾客和员工感到更加安全。停车场应设有门栏以便控制出入。这些门栏也会增加保护的作用。栅栏也很重要，尤其在危险区域。例如，大部分州要求室外游泳池四周必须有建筑物包围，否则就要建围栏和门。酒店和相邻的建筑物也应建围栏。酒店管理层必须训练代客停车员、园丁、维修员和其他员工警惕酒店范围内出现的可疑人物。

对财产的保护

　　酒店的有形资产和无形资产必须受到保护。这种保护措施包括安置保险箱这样的设备设施，也包括运转程序。对宾客而言两个最重要的安全性设施是酒店的贵重物品保险箱和客房内的保险箱。各州都要求酒店免费向宾客提供贵重物品的存放设施。宾客必须知道酒店有这方面的设施。通常酒店是通过客房内的告示来让客人了解的。有些州还要求酒店在前台这样的公共区域张贴类似的告示。贵重物品保险箱通常设在前台或前台附近。高档次的以及国际性酒店通常有一间独立的房间作为贵重物品的存放之用，这样客人寄存物品时可以避开他人视线。贵重物品存放间的门，若没有酒店工作人员的协助，外人是无法从大堂进入的。在有些酒店，贵重物品保险箱就放在前台，宾客在大堂开启或关闭保险箱。客人使用贵重物品保险箱必须签字，员工核对签字后才允许客人使用。此外贵重物品保险箱的钥匙必须得到妥善保管以免遭到偷窃或遗失。对每个贵重物品保险箱酒店只有一把钥匙。如果宾客遗失了钥匙或者钥匙被盗，保险箱的锁芯必须更换，重新安装。如果酒店不止一把钥匙，客人发现保险箱内东西缺少，就可以声称是酒店员工用其他钥匙打开保险箱的。

　　在客房内安置保险箱已变得越来越普遍了，这样做方便了住客。但是一些州现在还没有明确的法律规定房内保险箱可以取代酒店的贵重物品寄存服务。有些房内保险箱使用专用的钥匙，有些是数码锁，客人要输入密码，还有的是客人使用自己的信用卡来开启保险箱。

　　另一个在前台的重要装置是防盗报警器。这一类报警器一般不发声，只是把信息传输到当地的警察部门。这类装置常常安装在隐蔽处，比如员工的脚边，从柜台外是看不到的。防盗报警器也可以与酒店的监视系统联动，因此当防盗报警器启动时，摄像头就会自动记录报警区域的情况。

　　酒店自己使用的保险箱不止一个。酒店会有一个主要的保险箱用来保护现金和重要的资料。此外，由于计算机软件变得越来越重要，也需要存放在保险箱内，但通常不放在存放现金的保险箱内，而是存放在另一个如计算机房这样的安全地方。酒店可能还会有一个投入式保险箱。需要保管的物品可以投入到这种保险箱内，但是想取出来则必须开启保险箱。投入式保险箱是专门用来暂时寄存前台和酒店各个营业点收到的账款。当投入需要保管的账款时，经办人应在日志上填写金额、日期、时间、营业点名称以及经办人姓名。许多酒店还要求有人在旁见证，并在日志上联合签名。开箱后的第一个工作步骤是把箱内实际的账款封套数与日志上的记录进行核对，以查证与记录的一致性。酒店的总保险箱和投入式保险箱都是按防火标准来设计制造的。

一个保护出纳备用金的重要程序是查账。查账可以是按计划进行，也可以事先不通知地突击抽查。大多数酒店采用事先不通知的突击抽查。这样的话，员工就不会有时间来改变备用金数额。其目的是确保备用金的安全，防止现金遗失，防止员工"挪用"现金。

酒店也必须保护员工的财产。员工更衣室必须是安全的。许多酒店为员工配备了更衣柜。需要穿工作服上班的员工，上班前换上工作服，把自己的物品锁进更衣柜。当他们下班离店时工作服就存放在更衣柜内。有些酒店采用更灵活的系统，用一个可以上锁的包来存放员工的衣物。然后将存放了衣物的包交给一个安全的库房寄存。员工下班时可以去领取这个包。

大多数部门都有安全的地方供女职工存放拎包和其他必需品。好的设计会考虑在前台或附近安置带锁的抽屉。每位员工在上班时都有一个抽屉可以使用。

应急程序

凡是酒店都会发生紧急情况。这些可能是被伤害、被抢劫、财产受损、火灾或其他需要酒店的部分员工采取额外行动的情况。酒店对估计到的各种紧急情况都应制定完备的应对程序。这些程序必须包含在员工的入职培训和以后的强化培训课程中。像有些酒店邀请当地消防部门来店培训员工掌握正确使用灭火器材。救生员必须经过正规的救护溺水者和心肺复苏等技能培训后才能上岗。前台员工必须懂得在遭到抢劫或宾客要求医疗救助时应该采取的行动。酒店也要懂得遇到飓风或水灾时的应对程序。

一旦接到发生火灾的报告，所有员工都应知道如何反应。有些员工可能被指派负责将宾客疏散到户外，而另一些员工可能被指派带领消防队去火灾现场。

应急程序中最重要的内容之一是如何帮助残疾客人。许多酒店为每位残疾宾客做了特别标志。如酒店需要疏散宾客时，必须有员工前去残疾客人住房帮助实施疏散。又如，酒店遇到火灾，不能使用电梯。坐轮椅或行动不便的宾客就需要得到特别帮助才能撤离火灾现场。

所有的州都要求酒店必须把紧急出口和应急程序告诉宾客。大多数提供全方位服务的酒店的行李员，在引领宾客去客房的同时会简单介绍应急程序。在客房主要的房门背后会张贴紧急撤离路线图。

通信系统

通信手段是任何成功计划的支柱，安全也不例外。通信的方式可以采用移动装置，如给主要员工配备无线对讲机和传呼机。另一种沟通方式是张贴安全信息以提高大家对安全的警惕性。安全应该是部门会议和员工会议上一个经常提及的话题。此外，酒店应定期公布安全信息，如酒店最近出现一次虚假报警。员工还应掌握识别伪钞的方法，以及识别可疑人物的特征。这些能力在对付贩毒或盗窃集团时也同样有用。员工还必须得到非常明确的指示，知道在遇见可疑情况时应采取的行动。

当宾客需要医疗救护时，员工应通知前台和安全部。酒店必须有一份医疗救护处置程序放在适当的地方。应将宾客转交医生或医院。当病情真正危急时，应与当地救护中心联系。但是对于什么时候打电话去救护中心，员工应该事先得到明确的指示。

另一点同样重要的是培训员工在紧急情况下与宾客和其他人群的交流。比如遇到大楼撤离的通知时，员工必须表现得冷静和自信，同时举止也要镇定自若。如果员工显得惊慌失措，就会波及宾客身上。如何与大众打交道也是十分重要的。当媒体得知紧急情况后，他们会设法与酒店联系，了解酒店方面的反应。员工应知道酒店制定的有关如何与媒体打交道的规定，并知道遵守规定的重要性。

安全记录

任何与安全有关的事项都应记录备查。例如，每次发放紧急钥匙都要在安全记录中登记。清点收款员的备用金箱不能只安排一个人，所有涉及的员工在清点后都应在安全记录上签名。宾客或员工遭到抢劫、攻击或伤害，单位遭受破坏或盗窃，车辆维修保养记录，所有这一切都必须登入在安全记录本上。

重视安全记录的原因有这样几个：首先酒店管理层可以对记录的问题进行跟踪。比如酒店可以认定某间客房门锁存在问题，因为根据记录做好的钥匙卡不能正常开启，经常需要安全部进行查看。车辆的维修记录可以使酒店跟踪保养检查的结果，如轮胎的磨损情况。大多数地方当局都要求酒店定期对消防报警系统做测试，并将结果记录在案。

另一个重要原因是安全记录可以保护酒店免受法律纠纷。酒店应该把所有有关安全方面问题的报告填写在一张标准格式的记录单上，详细记录案发时的情况和酒店获知后所采取的行动。这些记录属于保密资料，必须严加保管，除非总经理批准，不得外传。表 7-1 展示的是一张样表。

表 7-1 事故／遗失报告

<table>
<tr><td colspan="2">

事故/遗失报告

（请用正楷填写）

事故/遗失的种类（火灾、盗窃、骚扰等）
_____

事故/遗失报告人（受害方）

姓名 _____ 电话 _____

地址 _____

城市/州/邮编 _____

工作单位 _____ 电话 _____

事发日期和时间　　　　日期_____ 时间_____

通知饭店的日期和时间　　日期_____ 时间_____

事故概述（谁，什么，何处，为什么） _____

_____

_____

_____

_____

被盗车辆 ___|_____|_____|_____|_____|_____

　　　　　　年份　　制造商　　型号　　颜色　　编号　　证件号

见证人 _____ 电话 _____

价值 _____

是否通知了警察 _____ 由谁 _____

警员姓名和警号_____ 报告序号_____

</td></tr>
</table>

采取的措施		
已通知总经理	☐是	☐否
已通知安全部	☐是	☐否
_____ 已通知	☐是	☐否
报告人		
职位/部门 _____		
家庭电话 _____		

时间 _____
宾客 _____ 房号 _____
员工 _____ 部门 _____
其他 _____

　　　最后安全记录还会帮助酒店获得保险赔偿。无论是针对酒店的赔偿还是针对宾客的赔偿，安全记录都可以提供酒店方面对所发事件的观点。事发数月后如需酒店员工陈述事发经过和酒店曾采取的行动，安全记录就尤其有用。

员工安全程序

不管酒店在技术和设备各方面做出了多大的投资，训练有素的员工仍是保障酒店安全的重要因素。虽然每家酒店情况各有不同，一些常见的安全措施还是共通的。其中的内容有：

- 不在前台大声说出宾客房号。如果有人要问宾客住在哪间房，应带领他到酒店的内线电话处。总机话务员会接通该宾客的客房电话，但不会说出客房号码。同样，在给一位新抵店的宾客发放钥匙时不要在前台说出房号。房间号码应当手写或事先打印，书面告知宾客。

- 前台接待员对任何来领取钥匙的人都要求其出示证件。如果证件上没有照片，那么领取钥匙的人还需提供一些酒店计算机系统中已存储的资料，如家庭地址、电话号码、单位名称等。

- 客房服务员不应让无钥匙的人员进入客房。有人要求打开客房门时应带领此人去前台或打电话给酒店安全部。

- 代客停车时应用三联单来控制车辆。第一联交宾客作为收据，第二联和第三联与车钥匙放在一起。当客人要取车时，第二联作为部门留存，第三联放在车上，在将车归还客人时，必须将客人手里的第一联和车上的第三联进行核对。有些酒店使用的是四联单。

- 酒店应在客房内摆放"宾客安全须知"。美国饭店业协会印刷了"旅行者安全提示卡"，阐述了宾客应注意的安全事项(表7-2)。

- 当宾客要求将消费付款转到客房

表7-2　旅行者安全提示卡

旅行者安全提示 美国酒店业协会

1. 在饭店或汽车旅馆居住时，在未证实外人身份前，不要开门。如来者声称自己为员工，请与总台联系以证实来者身份与进房目的。

2. 在深夜返回饭店或汽车旅馆时，请走正门。在进入停车库前要先注意观察四周。

3. 进入客房要仔细地关好门，充分使用所有的门锁安全设施。

4. 不要无意中把客房钥匙暴露在公众视线下，或者放在餐桌上、游泳池边和其他容易遭到盗窃的地方。

5. 携带大额现金或贵重首饰要避开公众视线。

6. 不要邀请陌生人进入房间。

7. 把所有贵重物品放入饭店或汽车旅馆的保险箱内。

8. 不要把贵重物品放在汽车内。

9. 检查所有玻璃拉门、窗户以及连通房门是否都已关好。

10. 如发现可疑情况，请向管理层报告。

We Support the National
Citizens' Crime Prevention Campaign.
TAKE A BITE OUT OF
CRIME

Printed on recycled paper
Copyright 1993 by
The American Hotel
& Motel Association
1201 New York Avenue, N.W.
Washington, D.C. 20005-3931

资料来源：美国饭店业协会（华盛顿 D.C.）

账单时，应要求他们出示客房钥匙或其他住店证明。

- 对于可能涉及安全的问题，员工应立即报告。比如，客房走廊上的灯泡坏了应立即更换。紧急通道的门应保持开启状态，任何时候都不应上锁。任何安全问题应作为最先考虑解决的问题来处理。

对于使用信用卡进行支付及有关顾客敏感信息的问题，安保程序是非常重要的，在某些糟糕的情况下，安保程序还可以帮助识别信用卡盗刷现象。[①]

纵观整个宾客住店周期，酒店经常接受客人使用各类信用卡支付各式各样的店内消费。由于信用卡中存储了客户的敏感信息，酒店必须格外小心以保证信用卡数据的安全。关于这些问题，许多国家都有相关的法律需要遵守，但是没有哪一部法律或一致性的法律适用于每一个人。在解决有关信用卡数据安全的努力中，信用卡行业均普遍实施了它们自己的一整套要求。所有接受使用卡支付（包括信用卡和借记卡）的企业，包括酒店，都被要求必须遵守《卡支付行业数据安全标准》（*Payment Card Industry Data Security Standard,* 简称 PCI 或 DSS）。该项标准是由主要的信用卡公司建立用于减少信用卡支付风险，防止滥用持卡人数据信息的问题。

《卡支付行业数据安全标准》中规定，所有接受以信用卡方式支付的商户必须采取一系列安全措施保障顾客信用卡或借记卡的账户敏感信息。大多数商户接到通知给予它们一段时间组织准备和升级它们的安全系统，设定宽限期，然后在这个时点上开始强制执行相关安全标准。凡是接受信用卡或借记卡支付的任何商户，不论其规模大小和类型，如果不能符合标准规定将面临潜在的严厉经济处罚并有失去接受信用卡或借记卡支付消费的风险。

《卡支付行业数据安全标准》影响了全球的商户，无论这些接受信用卡或借记卡支付的商户规模大小、行业类型、地理位置或业务种类，它们接受的卡片都涵盖了嵌入卡片中所有有关顾客使用及账户信息数据的收集、存储和传输。《卡支付行业数据安全标准》由 6 项主要规定和 12 个关键细则构成（表 7-3）。有关《卡支付行业数据安全标准》的广泛细节程序超出了我们在此列示的范围，它们不仅涉及接受支付的程序，而且还包括有关储存与传输电子信息方面的计算机安全协议。想获得关于《卡支付行业数据安全标准》的完整介绍，可参考由美国饭店与住宿业协会教育学院出版的《住宿业机构卡支付行业承诺规定》，内容完整详尽。[②]

还有一些关于卡支付隐私问题需要考虑并处理，诸如支付卡诈骗、身份盗用和数据滥用。美国联邦贸易委员会估计每年多达 900 万的美国人有过身份被盗用的经历。身份被盗用时，小偷往往自称是某人，然后使用受害人的社会安全账号或支付卡账户，在没有得到受害人许可的情况下进行消费，由此犯下诈骗罪或其他形式的罪行。身份盗用有多重方式，包括用别人的名字租一套公寓、获得一张支付卡、签署一份合同或建立一个电话账户等。不幸的是，身份盗用的受害者直到意识到一笔无法说明的交易记录，或收到令人生疑的信用报告或无效的支付账户声明，甚至是被讨债公司找上门时他们还没发现这种盗窃行为。

最常见的获取未经授权顾客信息的技术包括但不限于如下所列：

- 垃圾搜寻：这种方法是指窃贼通过翻找酒店垃圾桶或大型垃圾收集车搜寻包含顾客个人信息的收据、账册、账单、记录或其他文件的行为。

- 非法读取：该术语描述了一种行为，是指窃贼在正常交易进行过程中通过使用非法数据捕捉装置盗取信用卡或借记卡账号（如正在刷卡消费时的数据获取过程）。

表 7-3　支付卡行业数据安全标准概要

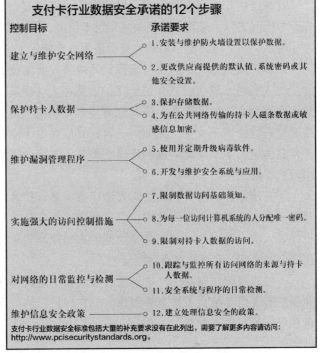

资料来源：信息技术标准机构。（2007 年 6 月 22 日）洞察标准：《支付行业数据安全标准的挑战与机遇》第三页。

- 更改地址：前厅员工要提防任何联系前台或财务部门试图改变或转移顾客账单或交易记录寄送地址的人，尤其是这样的改变未经授权。

酒店对于信用卡免于诈骗的隐私义务是确保信用卡号码不被盗用。最有效的保证信用卡号码安全的方式包括：

- 使用"掩码"或在账单、收银条、确认函、屏幕显示及报告上部分显示信用卡号码的方式。

- 销毁可能包含卡号等信息的交易记录，正如《卡支付行业数据安全标准》规定的那样。

- 确保本地或线上包含信用卡号等信息的数据库（前台计算机管理系统、收银机、中央预订系统、预订引擎）安全以防未经授权的访问。

- 防止后台备份数据被未经授权地移除。

• 如果可能，使用系统加密支付。

身份盗用诈骗有多种形式，但通常在一定程度上都是使用受害人的名字或社会保险号码或支付卡号码获取信用（支付卡信用、银行贷款信用甚至是抵押信用等）。酒店可以使用上述方法帮助避免身份盗用欺诈确保支付卡安全。

许多感知到的、针对支付卡隐私的威胁主要围绕某些人可以滥用隐私数据触犯到受害人利益。酒店应该有关于保护敏感客人（或员工）信息的清晰的政策，同时酒店应有为合法的调查人员或其他有传讯证明的人员公开相关数据的准备。但是也会碰到尴尬的情况发生，比如，当警察或侦探由于没有时间获得传票而需要得到相关信息的情况下，由此造成的延误会将某人置于危险境地，从而使在酒店经营场所出现犯罪情况。

还有其他非常现实的威胁需要酒店有义务保护客人支付卡隐私。例如，账单细节应该仅包含识别交易的够用信息。酒店必须保证要求的账单副本是合法的并实际上是客人本人许可的，而不是说由他的离婚律师代理许可的。确认提供账单副本的程序必须清楚、有存档和有随附证明。

一般的经验法则是："这是酒店客人而不是其他任何人所提供的，因此酒店必须保护有关隐私信息不被意外泄露。"在保护敏感信息方面所有员工明确他们的角色和责任是非常重要的。

管理者在安全方面的作用

酒店所有的经理和主管都应当参与制定安全守则的工作。在编写守则过程中要注意结合酒店自身的特点。法律机构也会审查这方面的内容。安全守则获得批准后，管理团队应把守则内容完整地传达给所有员工。如果守则是按不同部门的情况来编制的，那么就应根据工作岗位做分别传达。如果守则内容是规定各岗位应做的工作而不是涉及处理整个酒店的安全，那么在这里一定要强调岗位责任的相互影响和作用。员工在工作调换和交接时必须进行例行的安全守则学习，以便使所有员工都明白自己的安全责任。

宾客和员工也可能由于偷盗酒店的财产和服务设施而由此引发安全问题。安全应得到重视并作为管理的工具。无论是拥有一个庞大安全部的大型酒店还是只有一两名安全人员的小型酒店，都应该明确安全部的责任并认真履行其职责。为了确保宾客、员工和财产的安全，经理人员（实际上是所有员工）都应坚持不懈地对可能出现的安全问题保持警惕。

容易受到攻击的区域

在一个世界范围内流动加快的社会，因毒品而引发的犯罪以及不断上升的犯罪率所产生的安全威胁，是酒店要正视的事实。在以前，安全问题主要集中在入室偷窃，而袭击或抢夺几乎闻所未闻。不久前有一个新的诉讼案例，陪审团裁定 1960 年度艺人康妮弗朗西斯因在住酒店期间遭受袭击而获赔 250 万美元。这一结果不仅对酒店本身产生影响，并且在相当程度上也提出了公众对酒店安全问题的关注。酒店也会因遭遇袭击、纵火、武装抢劫等犯罪事件而遭到曝光。伤害宾客的犯罪活动虽然在数量上很少，但产生的社会影响则很大，会严重地损害酒店的声誉，酒店还会在由此引起的诉讼中支付高昂的费用。

在考虑酒店的安全方案时，就有一个如何在对付犯罪活动的同时采取措施来维护酒店形象的问题。住宿业说到底是个服务行业，殷勤好客的形象是酒店的重要产品。安全措施如果给人以戒备森严的感觉，虽然对安全会有好处但对殷勤好客的形象会有损害。考虑不周的安全措施可能会冒犯宾客或使他们感到不便，从而会迫使客人离开。

另一个容易遭受损失的地方是由于对宾客信用授权检查不够而引起的财产损失。由于疏漏而接受未经认可的或伪造的信用卡、个人支票以及旅行支票，从而造成损失。这类事故比起人为的犯罪事件来说，不会引起很多人的关注，因此也不会对公共关系形成压力。不过为了防止酒店出现坏账而受到财产损失仍需制定信用政策，只是必须注意实施时应避免冒犯宾客。

酒店的物资是一个面广、量大、易受损失的地方。酒店常常忽略这方面的开支，以为是经营成本。在如何控制餐具、烟缸、布草、毛巾等的损耗方面酒店做出的努力不够。这些用品遭受盗窃也会造成酒店财产的损失。从物品单件价格来看，成本不高，但是如果酒店遭到一个有组织的犯罪团伙的盗窃，那么组织的管理者都有责任采取保护行动。

另一个值得关注的问题是员工的偷窃行为。美国小型企业协会的调查报告指出，企业经营的失败，常常与员工偷窃直接有关。这类现象也可能在酒店内以多种方式出现，应当引起高度重视。

安全的需求

由于全美住宿行业各类企业数目在近十年不断增加，要提供足够的安全防范措施已经变得越来越困难。各种度假酒店、度假公管公寓、会议中心、全套间酒店和机场酒店都在不断涌现。每一种新概念或者说是新的成功方式为旅行者提供的服务，既增加了住宿业的多样性，也增加了企业所在社区的多样性。这种变化是住宿业的优势所在，也是使酒店面临巨大挑战的一面。这在安全方面也许尤为现实和明显。

比如在有些长住酒店，夜间只有少数员工或根本无人值班。酒店只提供少数员工驻店执行安全保卫任务，这种做法可能会引起极大的安全问题。

酒店对安全的需求每家都不相同。对这样一个包罗万象的行业运用国家统一标准是不可能的。而且一个不断增长的形形色色的住宿企业，其布置、布局、用工、功能以及面对的宾客群都不同，所以很难制定出一个合理的行业共同遵守的标准。由于企业之间存在差别，对一家酒店有用的安全方案对另一家酒店就没有使用价值。

实施安全方案

住宿业的管理层必须评估企业特殊的安全要求是否得到了重视。如果回答是肯定的，那么管理层必须知道如何使这种要求与日常经营很好地结合起来。一个管理班子对安全的责任承诺，最终体现在将安全工作与日常的经营和管理工作结合在一起。

实施这样一个相互融入的安全体系包括了许多因素。其中可能包括与当地执法部门的工作联系，包括选择哪一个方法来负责企业的安全，是设立自己的安全部还是与专业保安公司签约，包括为全体员工制定一个切合实际、行之有效的安全培训课程。

与执法机构联系的重要性

酒店是一个更大的社区的一部分，许多酒店经理积极参与一些社区组织，如扶轮社、吉瓦尼斯俱乐部及其他组织，这些参与对酒店业务有利，而且通过这些机构许多重要的关系也就建立起来了。

对于许多酒店经理人来讲，与来自各种政府机构的人员建立良好关系非常重要，比如警察局、消防机构、卫生医疗机构和应急管理机构等。这在纽约"9·11"事件发生之后表现非常明显，当曼哈顿岛上的悲剧发生时，通往城市的道路被人为阻断。为了回家，曼哈顿岛上的人们不得不步行离开，有时要走好几公里，因为地铁、火车、一些桥梁和汽车通行的隧道均被关闭，允许人们步行通过大桥，别无他法。人们转向酒店寻求庇护或得到保护。尽管当地酒店没有被列入纽约市主要应急管理计划中，在这次危机中酒店经理们还是很好地应对了这次紧急事件并接待了许多客人，不管他们是否付费。这个例子证明了市民应急方案应该将酒店纳入其中，将其从社区应急计划中撤开是不恰当的，同时强调在社区中意识到酒店经理人在应急机构中发挥聪明才智的重要性。

酒店经理通过与当地与地区法律、执法及其他机构协调安全计划的落实来洞察潜在的安全与紧急情况。要想使酒店的安全与应急计划有效，设置与当地警察局、消防部门、卫生健康部门和应急管理机构的联络人是必不可少的，仅仅关注酒店及周边社区过去的犯罪率是远远不够的。

每个相关的应急机构都需要特别关注，因为每一个的作用都是独一无二的。例如，警察局主要处理和预防犯罪；消防部门专注于防火、保护财产和灭火；某些卫生健康机构重点在于保持环境卫生，而另一些则应对紧急情况。应急管理机构协调当地和地区资源部门的各类活动包括与酒店业的联系也很重要。在国家层面上，类似的职责隶属于联邦应急管理机构，如著名的FEMA。酒店经理应该协调酒店在这些机构的参与程度并积极参与到他们的计划工作中。例如，1993年的伊尼基飓风横扫了夏威夷的考爱岛，飓风经过的沿海岸的度假酒店直接倒掉，还有几家受到了损毁。度假酒店的经理们参与应急计划的努力使他们确保顾客们在飓风路径之外的指定地点建立起了安全庇护所，没有参与应急计划的酒店经理发现他们自己无法保证客人们得到类似水平的安全保障。

设有防损部的酒店应使该部门与当地相关机构建立官方联系，没有此类部门的酒店，这个角色应由酒店总经理或前厅部经理担当。因此，对于前厅部经理而言，理解每个应急机构扮演的角色是至关重要的。

作为酒店安全计划的一部分，酒店经理应该培养与当地执法机构及其他机构的合作关系。经理们应邀请这些机构合适的人选来酒店参观，让他们对酒店有所熟悉。有些酒店在特殊情况下雇用不当班的警察作为额外的安保力量。如果可能，与当地执法机构一起审核酒店的安全计划，确保在预防犯罪方面得到警察的指导。与当地执法机构建立起来的良好关系，常常使酒店在遇到安全方面的事件时获得及时的帮助，并且也能得到更多的警力巡逻。警察的出现会对某些犯罪活动起到震慑的作用。

对于许多酒店而言，提到紧急情况就会让酒店经理们想到消防局，对于大多数酒店来说，消防部门是最明显的政府机构，因为来酒店经常检查的人就是消防局局长。尽管消防部门会培训酒店经理和员工如何使用灭火器材、帮助酒店计划火灾逃生路线、制订紧急疏散方案，但是与消防部门合作开展工作超过了辨别火灾风险。对于紧急灭火设备的不当处置可以导致对酒店员工、客人与酒店财产的危险从而燃起大火。在许多社区，消防部门还负责紧急医疗队来应对紧急医疗求助。紧急医疗队也很乐意培训酒店员工的急救技能和其他应急操作步骤。

协调与卫生医疗机构的关系有助于在酒店需要时提供医疗服务。与一家当地医院建立起关系应该是酒店应急计划中的一部分。客人可能会需要或要求医疗救助，当有人打电话需要医疗帮助或识别那些需要采取急诊治疗而转送至医院的病人时，与当地医院建立联系有助于使事情变得简单。

在特定地理范围内应对恶劣天气或自然灾害，从而建立起与当地或地区应急管理机构的协调机制的需要对于酒店来说是非常重要的。由于"9·11"恐怖袭击的发生，不管怎样，协调与应急管理机构的机制显得尤为重要，因为恐怖袭击可以攻击任何地方。酒店经理要全身心关注社区紧急通告计划，以使酒店客人和员工知晓何时需要紧急疏散。在一些特定情况下，医院场地有限可能不足以应对紧急情况的发生，因此他们会要求酒店作为一个紧急医疗救护中心。另一个原因是在紧急情况下，确保酒店成为社区或地区应急计划理所当然的一员，这样的参与可以使酒店成为应对紧急情况时作为优先的建筑选项，因为酒店有着电力、电话、交通、医疗及其他重要服务的维护与修复能力。

一个潜在的问题　执法机构和酒店安全人员并不总是能默契地配合工作。警方觉得酒店聘用的都是没有受过良好训练的老年（或退休）人员，大都效率低下，甚至感觉迟钝。时过境迁，这种观点已变得陈旧，也对酒店的安全部门不公平。现在，地方上的安全机构也变得更加规范、更加有经验。良好的沟通能使当地执法部门改变对酒店所制订的大范围安全计划以及对不断提高专业化水平的人员素质的原有的观念。

只有警方和酒店安全部门相互了解对方的需求后才能产生最好的合作局面。警方应充分了解酒店以及它既有的安全方案的作用。一方面，酒店应预先告知警方它所要举行的重要活动和有重要宾客（例如政要或明星）会抵店。因为届时酒店可能会有安全方面的风险存在。另一方面，酒店员工应对警方的工作程序有一个基本的了解，这样就能在警方到达后给予最大的帮助。当地执法机构会向酒店介绍他们最希望得到什么样的帮助。这方面的信息应作为酒店今后安全培训的内容之一。

安全部的员工配置

酒店在安全部员工配置方面必须做出如下的选择，是聘用全职员工，还是与一家当地的保安公司签约，或者聘请不在班的警员做兼职保卫人员，或者是一个综合以上这些方法的方案。

根据酒店的规模和组织结构，会把安全的责任指定给某位管理人员，可能是驻店经理或经理，总工程师或人力资源总监。大多数大型酒店有全职安全部员工，每班不少于一人。小型酒店可能无法承担聘请全职安全人员的费用，采取兼职保安员和经过培训的全职酒店员工混编的办法可能是合适的选择。如果管理层决定酒店需要设立安全部，那么必须同时决定是配备自己的员工，还是由当地一家声誉良好的、有资质的保安公司来负责日常安全工作。还有一些做法是聘用一些不在班的警员负责某些时间段的安全工作，而酒店员工只负责白天的安全责任。

一旦决定成立安全部，落实了安全责任，就要考虑其他一些问题，包括员工是否要着工作服，是部分员工还是全部员工配备武器，如果保安部门的职能已经融合到酒店产业中，那么以下有关方面就不需要分开考虑了：保安人员是否要穿制服，是否要携带武器，是否可以缺席某些工作班次（除非由当地或州当局负责管辖，否则酒店安全部门的管理人员一直认为安全部员工不携带枪支为好。安全部员工携带武器是为了应对紧急情况，但为此需要支付保险费，同时携带武器可能出现事故，或者误射他人致死，这一切远远超过携带武器的价值）。

事关安全的事宜均需仔细考虑，并要和律师讨论。每种选择都会得到赞成或者反对。

安全外包合同 那些赞成与保安公司签订合同的人说保安公司经验丰富，酒店还可以节省开支。此外，信誉好的公司还能提供经严格挑选考核并且训练有素的员工。它还可以提供多方面的建议，包括对酒店安全设置的调查意见，电子监视的范围（一个调试方案），资料安全方案以及帮助制订应对炸弹威胁和自然灾害的方案。最后一点，他们还认为自己酒店的安全部员工会与其他员工出现过于熟悉和亲密的关系，如果警卫抓到偷窃的人又是他的朋友，可能会碍于情面压下不报。而从外公司派来的安全人员就很少会出现这种情况。

在选择保安公司时，要弄清保安员是否接受过有关各项能力的专项强化训练。要与法律顾问一起检查合同内容和有关保险的要求（比如说作为投保证明材料的投保项目和条件）。了解保安公司管理层和保安员对酒店保安已拥有的经验，以及他们与宾客、员工和其他人打交道方面的专门训练。如果酒店所在的州或社区要求保安公司必须出示资质证明，那么要确证你选择的公司符合这一法规的要求。对签约的保安公司所提供的服务内容必须清晰明确。要求保安公司无论白天还是夜晚都要履行突击检查、严格管理所派出的员工，以保证该公司的员工遵守公司的规定。确认对方在面对突发的安全大事故时能否提供足够的人手。要求保安人员持之以恒地填写每日报告和非正常事件报告。查看保安公司每年有多少家酒店与之签约，酒店客源占该家公司总客源的百分比，这个百分比是衡量该公司服务水准的极好指标。

当酒店管理层给签约保安公司的员工下达指令时，就会形成一种不寻常的关系。签约公司的员工会对自己的行动由谁负责感到含混不清，有些情况下签约公司的员工的伤赔责任应由酒店来承担而不是由自己所属的保安公司。如果员工接受了酒店管理层的指示而使自己受到了伤害，保安公司会要求酒店给予劳动赔偿并会胜诉。在另一些案子中，员工要求自己所属公司负责劳动赔偿，但是也要求酒店负责连带责任，这样员工得到的赔偿金额就会比一般劳动赔偿多得多。

如果酒店自身没有实施过安全调查，也没有请其他公司进行过调查的话，签约的保安公司总是愿意为酒店做深入的安全调查。但是要记住一点，保安公司是为了销售自己的服务，有时他们会夸大酒店在安全方面的需求，从而使酒店业主面对一些棘手的问题。假如酒店按保安公司的建议去落实（即使大部分都落实了），尽管做了这些努力，当酒店发生安全事故时，原告仍可在法庭上利用保安公司书写的建议材料作为酒店方"缺乏安全措施"的证据。即使这份建议材料已高估了酒店安全的需要，由于酒店并未能按要求落实每一项建议，陪审团可能更倾向于判决酒店为过失方。

设立酒店安全部 赞成设立酒店安全部的人指出，建立这样的系统有好几方面的长处。他们强调这样的事实，即酒店对安全部管理人员和员工的控制加强了，不再有外面监管的阻隔。他们还认为对直属安全部员工的培训能更直接地针对酒店的特点。他们相信与签约保安公司相比，自己的安全部更能凸显酒店行业的特征和特殊需要。此外，他们还指出人员的素质方面由酒店直接控制远比由保安公司控制要好，而且酒店安全部的管理干部及员工与其他部门的员工的配合也会更加有效。如果安全部员工是酒店的职工，那么安全部主任就可以是酒店安全委员会的成员，采取行动时就无须签约员工和签约管理方的参与。他们还指出酒店自己员工的忠诚程度要远远高于签约方员工，因为他们自身事业的发展与企业的前景连接在一起，他们可能从安全岗位转移到酒店的其他岗位。最后很重要的一点是签约保安公司员工的持续的高流动率。

不在班的警员 有些酒店聘用下了班的警察当安全员。这样的做法肯定有不少好处。这些人员都接受过对付罪犯和处理其他紧急事件的全面培训，他们都了解法律，有与人打交道的经验，他们更能识别罪犯，比平常人更有权威（可以对犯罪者实施拘捕）。还可以起到加强与警方联系的作用，可以获得警方的及时反应。

但是同时也有些不利之处。首先，警员的着眼点在于处理发生的事件，而不是在预防方面。其次，有些警员在下班时也被要求携带武器，而这不是酒店所需要的（如果他们的武器误伤了他人，酒店要对此负责）。此外在有些地方，下了班的警员不允许穿工作服。最后，警员结束了自己一整天的工作，再来酒店上班会感到疲劳。

人力布置 在挑选和聘用所有员工时都要注意安全问题。当然在聘用安全部员工时，这个问题就尤其重要，因为他要担负起保护酒店人员和财产的责任。如经律师批准，酒店可使用授权声明和宣誓书的方法，让求职者在声明书上签字，这样酒店可以很容易地对求职者的背景进行调查。通过与保险公司签约（防员工偷盗险），可以更有理由对求职者进行审查甄别，因为安全部员工由于工作上的需要可以进入酒店的大部分区域。这就好比招聘驾驶员时要接受警方对其是否违反过交通条例做背景调查一样，这个背景调查应在决定聘用前进行，以后每年至少进行一次。这种调查不仅是对一些特殊岗位的员工，如机场班车驾驶员，而且对那些可能会驾驶酒店车辆员工如工程部员工也要进行。

酒店还要决定安全人员的排班。在白天，所有员工都可以成为酒店的耳目，因为有可能减少一些人手，只留一些关键人手处理与安全有关的电话。在排班时，每个班次中一些特定的项目和活动内容会对安全人员的数量产生影响，应把这一点考虑进去，在许多酒店，夜间需要增派安全人员。

安全培训

不管酒店是否有全职安全人员，都不可能同时在各处都安排安全人员。所以每位酒店员工都需要接受安全方面的培训，明白发现问题时应如何办。培训的内容可能是酒店提供的安全训练课程，也同时可以通过当地警方组织参观活动。

每位员工必须懂得当地法规有关安全负责人的权限是什么，自行拘捕应遵循的程序，作为安全人员的拘捕权力，以及对不在班的警员的权力限制都是这类培训班的内容。

另外，由于酒店的每位员工都可以成为安全方案的一个组成部分，所以员工在受聘时都要接受全面的安全知识的培训，并且在整个供职期间都要定期接受强化训练。这类连续进行的安全教育课程可以按部门展开，也可以以员工会议的形式进行。管理层把出现情况和会议记录留作档案以备后用。

综合的培训课程应当包括对宾客、公众、员工的人身安全的保护以及对宾客、员工和酒店财产等方面的保护。根据各酒店设备设施的特殊要求，培训的内容还可以扩大到对紧急情况的管理和与酒店各部门的联系。

这方面的要点是要根据各家酒店的不同要求来设计自己的安全系统和安全培训课程。当然，这不是说两家酒店在安全的考虑方面就毫无相同之处了。虽有区别，但在安全的需求方面，酒店间还有相似的地方。这些相似点会引发出酒店业面临的共同的潜在问题。

保安人员通过阅读行业的各种出版物，获得行业最新的发展信息，这也会对训练的效果产生很大影响。因为新的保安设备会在这类期刊上定期刊登，不断加强的保安方法也会定期介绍，期刊提供的这些信息可以使管理层各自的安全方案不断得到更新。表 7-4 列出的是这些出版物的名称。

图 7-4 安全和法律强化读物精选

招待业法规	饭店 / 汽车旅馆的安全管理
Hospitality Law	Hotel/Motel Security and Safety
747 Dresher Road	Management
P.O. Box 980	Rusting Publications
Horsham, PA 19044-0980	402 Main Street
（215）784-0860	Port Washington, NY 11050
	（516）883-1440

（续）

警长
The Police Chief
International Association of Chiefs of Police
515 N.Washington Street
Alexandria, VA 22314-2357
（703）836-6767

调研简要
Research in Brief
National Institute of Justice
Office of Justice Programs
810 7ht Street, NW
Washington, DC 20531
（202）307-2942

安全信函
Security Letter
166 East 96th Street
New York, NY 10128
（212）348-1553

安全管理
Security Management
American Society for Industrial Security
1655 North Fort Meyer Drive
Arlington, VA 22209
（703）522-5800

安全技术与设计
Security Technology & Design
Locksmith Publishing Corp
850 Busse Highway
Park Ridge, IL 60068
（847）692-5940

安全世界
Security World
Cahners Publishing Company
Cahners Plaza
1350 East Touhy Avenue
Des Plaines, IL 60018
（847）635-8800

　　酒店经理如果对实施精心安排的培训课程的重要性认识不足的话，那是很糟糕的。实施一个安全方案并有很完善的记录资料，包括培训员工的记录资料，这在酒店面临诉讼案时能起到部分的保护作用。记录资料证明员工经过安全培训，会对陪审团的判决发生作用。在涉及酒店的许多案件中，如酒店介绍自己有一个精心组织的、确能发挥作用的安全方案，这对陪审团和法官都能起到很大的说服作用。

　　自然，制作一个高质量的安全培训课程既要花时间又要花钱。管理层需要仔细研究自己的经营特点和酒店建筑的特点以确定潜在的安全需要。然后必须决定，如何才能最好地使用各种资源（系统、程序和人力）来应对这些问题。管理计划的每一方面都依赖于人的表现，这就需要通过培训来影响人。

　　作为准备安全培训课程的一个重要部分，不光是决定需要学什么，还应该决定谁应该学。培训教员应着重向受训员工提供那些能使他们更有效率地开展工作的有关信息。

　　每家酒店都应起草自己的安全运转手册，其中包括安全的标准和程序。这本手册将在培训员工方面起到帮助的作用。一本精心制作的手册能保证员工培训和员工工作表现的质量。编写手册的过程能使管理者斟酌自己的想法，并把这些有关安全的想法进行很好的组织。受训员工常常只靠记忆，所以仅仅用口头指令的方法是起不到好的效果的。安全运转手册的格式有许多种，不管用何种格式，其内容必须涵盖对自身安全的广泛考虑。

此外，在许多酒店安全部管理人员的共同努力下，美国酒店与住宿业协会制作了一个很有效的培训安全部管理人员的课程。顺利地完成"住宿业安全管理人员培训"课程的人士将获得结业证书。

谁是责任人 当一家酒店使用了属于自己的安全人员，那么很明显酒店要对自己员工的行为负责。酒店同样也不能拐弯抹角地称自己使用的是不在班的警员或者是一个合约安全服务人员，而因此推卸责任，因为安全人员通常也被认为是酒店的代表。如果安全人员在工作中粗心大意，犯了错，酒店可能要负责任。使用此类人员并不能减轻酒店应提供必要的照管方面的法律责任。

使用不在班的警员也可能引发某些潜在的法律问题。如果一位不在班的警员使用权力拘捕了某人，结果证明这次拘捕是不适当的，是毫无根据的，那么为警员负责的人是谁？是地方政府还是酒店？在有些案件的审理中认为警员是酒店的代表。这意味着酒店可能要为抓错人和关错人负责任。同样如警员误伤了其他人，酒店同样要为此负责。

安全部人员的权力 穿着工作服的安全部员工其外表使有些人感到他们是执法人员。事实上也有些安全部人员一旦穿上了工作服，佩戴了肩章，有时还携带了一些武器便错误地认为自己拥有与执法人员同样的权力。这一观念必须转变，无论是警员，还是公众，或是安全部人员都应懂得并接受这一观点，即某一单位的安全人员的角色和责任是防止犯罪。作为酒店业主方的权力是保护自己的企业，那么作为酒店代表的安全部员工应遵循的最高原则也是这一点。

一位酒店的安全人员如没有得到特别的委托授权或当地法规的批准，那么他的权限与任何其他公民的权限相同。但是，由于安全人员的工作涉及保护的功能，所以他们在岗时有些权力会比大部分公民大一些。这些权力的使用仅限于制止某些不当的行为，或者可能会发生扣留某个人的情况。在所有涉及妨碍他人权利的行动中，安全人员应当努力取得另一方的同意与合作。

大部分安全人员在事业生涯中会面临几次不得不做的决定：是否采取必要的法律行动，如通知警方，盘问可疑者或扣留某人。为了防止出现由于行为不当引起对本人或雇主的法律诉讼，安全人员必须懂得刑法中关于构成犯罪的要素，这样他们就可以在与公共执法机构的合作中，在提供信息方面更加专业化。

枪支和安全人员

虽然其他行业的安全人员有携带枪支或其他武器的情况，但酒店业类似的情况几乎没有。酒店业的安全负责人对此叙述了许多理由，其主要原因如下：

- 携带武器可能使安全人员自身受到更多的伤害。如果罪犯发现武装的安全人员，如果他们自己也有武器就会更倾向于使用武器。再者安全人员可能发生误伤自己的事故。例如安全人员在休息时，保险栓没上快速拔枪时就会伤到自己。
- 武器可以使酒店负上法律责任，当法庭判决为不恰当地使用武力后，酒店要支付损害赔偿金。安全人员抓捕了闯入者，用枪对准他的头部，把他押解到经理办公室。在到达办公室前，枪走了火，闯入者被杀害了。
- 酒店是人员集中的场所，可能会发生误伤旁人的情况。伤及了清白无辜的旁观者对安全人员本人、受伤害者和酒店都是一场灾难。

法令（民事侵犯法令）对酒店安全人员的行为作了限定。超出这些限制的行为可能会导致受到攻击他人、殴打、杀人或其他类型犯罪的刑事指控。《托德法》允许行为受害方为自我利益提出赔偿，这同样也对保安人员的行动做出了限制。民事侵权行为法使受伤害的一方可以对安全人员，同时也对雇主提起诉讼，理由可以是错捕、错关、恶意诬陷、诽谤中伤或其他非法行为。肩负着安全保卫责任的人士应该熟悉国家和地方有关对私人企业安全保卫的法规条例，尤其是那些有关拘留的条例。

公民自行对犯罪者的逮捕。许多州，通过立法或司法公告或习惯法允许公民在某些指定环境自行逮捕罪犯。各州在这个问题上的授权和管束有很大区别。

公民自行逮捕罪犯只有当某人法定自由被剥夺时才能发生。一般情况下逮捕罪犯的人应是警察。即使当地法律允许保安人员可以自行扣押犯罪人，他也只有当警察未能及时赶到，以及在酒店范围内根据正确判断必须立即采取行动时才能发生。非保安人员不应尝试执行逮捕罪犯的任务。

安全部的管理人员都必须熟悉他工作的酒店所在地关于自行逮捕罪犯的法令。例如在纽约只有当疑犯有犯罪勾当的事实时才能将重罪者扣押，仅仅有对犯罪者合理、可信的根据是不足以构成扣押的依据的。在其他州，必须在犯罪行为出现的当口才能扣押犯人。有些州不允许扣押任何犯有轻罪的人，而另一些州，如纽约，对犯有轻罪的人实行扣押也是被允许的，只要提供犯罪的事实就可以对犯罪者实施扣押。在任何情况下，任何一个州的酒店在制定酒店拘押程序前，都应听取当地律师的意见。此外，安全部人员不能借行使合法的拘留权力而达到其他的目的，只能将被扣留的人员移交正式权力机构。

没有正当法律授权的扣押可以构成错捕和错关，发生这样的情况后，会导致安全部人员负上民事和刑事责任，而酒店要负上民事责任。除非州法律允许对犯有重罪的和有轻度犯罪的人实施扣押，或者有些州法令规定在非常特殊的入店行窃案发生的情况下可以实施扣押，一般情况下不允许非自愿的扣留或扣押。任何自愿接受扣押的人应该清楚地了解他随时都可以自主地离开。

即使有正式警察身份的人基于酒店方的投诉而去扣押人，也可能使酒店面临潜在的危险。如果在酒店方的鼓励下去扣押了一位宾客，而拿不出证据，那么酒店可能面临恶意检举的起诉。

搜查。当保安人员对一名重犯或有轻微犯罪的人士执行合法的扣押时，在某些州，认为在一些特定情况下，根据自己的权利对扣押者进行是否携带攻击性武器的搜查是可行的。作为酒店，应征询当地的律师，弄清什么情况下搜查是可行的，目的是弄清伴随着合法的扣押而进行的搜查是否也是合理的。如果被扣押者自愿接受搜查，那么保安人员应尽量设法让对方以书面的方式表示自己的意愿，同时至少应有一两名证人在场。

使用武力。一般来说，一个普通公民只有在合法的理由下扣押罪犯或防止在押的罪犯逃脱时才能使用武力。如果过分地或不恰当地使用武力，保安人员将遭受刑事诉讼，而他本人和酒店可能对遭受武力者进行民事赔偿。

任何员工都不能企图使用置人于死地的武力或对人造成严重伤害的武力，除非对方威胁到他本人或者其他人的人身安全。绝对不要使用置人于死地的方式来保护酒店的安全。

整体观念 培训课程的一个重要目的是把全体员工组成一支保障酒店安全的队伍。树立整体的观念将对保护酒店的宾客、员工和企业本身起到有益的作用。这种团队精神的确立，使所有部门的经理和主管都把安全看作自己工作的一个组成部分。虽然他们通常不直接参与日常安全工作，但是他们能在维持酒店的安全环境方面发挥巨大的作用。同样，每一位员工在维护安全方面都负有责任。例如，当客房服务人员在客房区域或后台服务区域发现可疑人员时，应立即通知安全部人员或酒店管理人员。员工有了这样的警惕性，就可以在防止酒店发生事故和抓获罪犯中发挥作用。无论安全的责任人在小型酒店中是由副经理或驻店经理还是酒店业主兼任，还是在大型酒店中由专职安全部经理负责，这一团队安全观念都是有效的。员工无论在哪种规模的酒店中工作都应懂得：

- 在酒店内的任何地方发现可疑的人或事都应该保持警惕并报告有关方面。
- 避免与可疑人物发生冲突。而应走进一个安全的地方（客房、能反锁的棉织品仓库或者其他有电话的地方），锁上房门，打电话报告专门负责处理此类紧急情况的人士。

- 在客房工作时如发现有携带毒品或其他可疑物品的情况时，要予以报告（绝对不要搜查宾客的行李或物品）。有一个案例，客房服务员发现放珠宝的箱子打开着，结果抓获了一个住这一家偷另一家的、专门从事盗窃珠宝的窃贼。还有一个案子的破获是由于发现了盗贼用来专门入室行窃的工具的箱子开启着。
- 在安排客人入住时，对那些携带大而空的箱子的宾客要保持警惕。
- 检查有关酒店业主的法律条文是否张贴在恰当的地方。因为酒店所在地的司法管辖部门可能有这方面的要求。
- 向宾客提供安全信息的各种告示或立式卡是否安放在合适的地方。

以上建议只是节选于内容广泛的、实施员工培训课程的指导性书籍。每家酒店都应该制定能应对自身安全需要的注意事项。

在1993年，美国饭店业协会就推行了"旅行者安全运动"，提示旅行者注意安全问题，鼓励他们成为保护酒店安全力量的一个组成部分。这个运动的发起人是：

- 美国汽车协会。
- 美国退休人士协会。
- 全国防止犯罪委员会以及它的吉祥物，反犯罪警犬麦克格拉夫。

这个运动分发了几百万份"旅行者安全提示卡"（见表7-2)，并以各种形式摆放在客房内。有些酒店连锁集团在给宾客的钥匙折叠卡中刊登了10条安全方面的建议，在每间客房的电视机信息频道中还播放制作好的有关录像带。有些犯罪案件能得以防止，就是因为宾客按照安全提示的要求去做，将发现的可疑人物及时报告前台的缘故。

安全与法律

每个州都有自己有关酒店业主的立法和法庭裁决案例。这些法规规定了酒店业主的权利和责任，其涵盖面相当地广泛。虽然这些法规所涉及的主要方面是相同的，但在具体内容上州与州之间的差别很大。酒店管理层和安全保卫人员应当阅读自己所在州的有关酒店业主的法律文件。从中获得的信息会对制订更有效的安全方案起到作用。

另外，在制订安全方案的要素时，回顾最近法庭和陪审团有关酒店安全方面的案件的审判结果，不失为一个明智的方法。许多最近发生的案子会涉及下列的一个或多个问题：门锁系统、钥匙系统、酒店内的安全人员、灯光、房门上的窥视镜、与警方的联络、预知性或预先通知、社区犯罪、酒店的安全需求与采取的安全措施，以及员工作为酒店的"耳目"在安全方面发挥的作用。内行的原告证人常常在做证时会强调以上各个方面。

　　各种类型的诉讼案每年都呈上升趋势，而对酒店、汽车旅馆、乡村客栈、俱乐部、餐馆和度假酒店构成的危险也不见减少。管理层可能无法负担由于疏忽而造成的必须支付的昂贵的和解费用。由于招待业特别强调人对人的服务、面对面的服务，所以遭受诉讼的可能性是很大的。

合法的定义

　　一般来说，在一个过失案件中，原告必须指出作为被告一方的酒店应该事先采取必要的、适当的照管以保护原告或受害一方，如果被告未能履行这一责任，或者由这方面的原因导致事故产生，使原告方事实上遭受了损失或伤害。

　　问题的实质是酒店业主负有保护在店所有人员的责任。未能履行这一职责的就会导致承担安全方面的责任。在大多数州，酒店业主的职责或者说照管的标准法定定义是对一些能预见的行为采取适当的照管。对住宿业影响最大的一点莫过于对适当照管这一词的解释。但不幸的是，在有关案子中法庭和陪审团对酒店业主应做出的"适当照管"并没有简明、清晰的定义。酒店到底有没有施行适当照管，这要视每件案子的事实和情况而定。

　　与适当照管类似，可预见性也是一个含义模糊的词。法庭和陪审团可能对某些酒店的某些案子的发生认为是可以预见的，而对另一些案子则不这样认为。对一家酒店来说，决定可预见性的因素包括已发生的同类型案子的影响程度，或者酒店是否有过同类型的案子，酒店内已经发生过的所有案子的影响程度，以及周边社区的犯罪率（案件呈上升趋势）。在许多法庭和陪审团已做出的判决中，关于可预见性这方面对酒店业主的要求已延伸到对酒店内外的犯罪活动的了解。比如，一个案件是发生在社区，法庭和陪审团可以裁定为酒店业主有理由应该预见到此类案子也可能在酒店内发生；如果酒店内真的也发生了类似的案子，受害者声称酒店方因疏忽而未能采取适当的措施来防止犯罪案件的发生，那么酒店方就很难以不知情为理由来为自己成功辩护。

　　仅仅未能尽到责任并不因此要负上疏忽的责任。必须证明未能尽到适当照管是发生事故的直接原因。直接原因有时也称为法律原因，是主要的原动性原因，由此使伤害成为自然的、直接的、即刻的结果，没有这些原因，伤害不会发生。如仅仅证明被告方是造成原告方的伤害的原因之一是不够的，必须是直接原因，也就是说被告的所作所为是造成事故的重要的决定性原因，而应当负上法律的责任，直接原因不一定是唯一的原因。

可预见性又是另一个因素。疏忽包含了一种可预见的风险，一种可能造成伤害的危险以及未能采取合理的保护措施而造成的可预见的危险。比如有人不注意把一罐汽油放在明火旁，结果引发了爆炸，造成了伤害。陪审团会发现这是一起可预见的风险所造成的伤害，这个伤害事故是因为未能预先做好适当保护而引起的。

以疏忽理由提出的诉讼会要求被告支付伤害赔偿金。有两种伤害赔偿金：补偿性伤害赔偿金和处罚性伤害赔偿金。补偿性赔偿金是为了对原告所遭受的疼痛、损害以及因不能工作而遭受的经济损失、医疗和住院、康复设施租用和家庭护理花费给予的补偿。补偿性赔偿金有时可能由个人或公司所投保的保险公司负责支付。近年来有这样一种趋势，陪审团裁定除了支付补偿性赔偿金外还要支付处罚性赔偿金。处罚性赔偿金是对引发错误行为者实施的惩罚。其主要目的是通过施行惩罚杜绝类

拓展阅读

法律网站 Findlaw

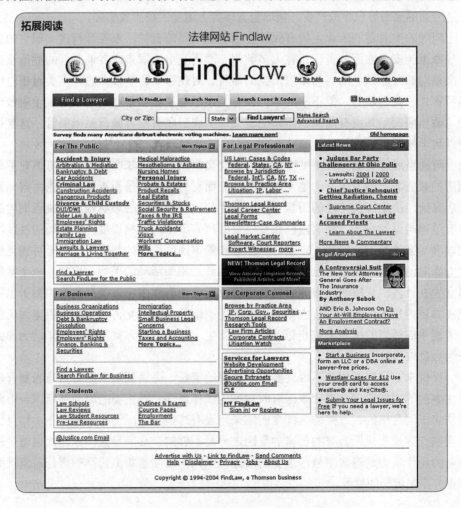

似的行为再度发生。有些法庭允许在某种特定的情况下由保险公司支付处罚性赔偿金，而另一些法庭则不允许由保险公司来支付这笔费用，并且将这一规定作为一种妇孺皆知的政策。处罚性赔偿金是一笔很可观的费用，有时总数会达到几百万美元。

接受诉讼案件并进行初审的法庭叫作审理庭。诉讼由原告方向被告方提出。诉讼案的开始阶段被告方可以要求驳回指控。如果原告做出的指控没有有效的合法依据，或者被告方有相当肯定的驳回理由，那么指控应被撤诉。经过双方对实施真相的陈述，在审判前，原告或被告的任何一方都可以要求进行即刻判决。如原告方的申诉因缺乏事实和不合法律要求而难以成立时，被告方就会在法庭陈述后接受即刻判决；如原告方提供的事实有正当合法的依据，无可辩驳，被告方的责任无可推卸，原告方就会在法庭陈述后接受即刻判决。

举证阶段结束事实清楚后，原告或被告任何一方都可以要求作直接裁决。如原告不能对指控的原因提供证据，被告方就会要求作直接裁决。如果被告方不能提供直接举证，原告方就会要求作直接裁决。直接裁决是由初审法官做出的而不是由陪审团做出的。

如果裁决由陪审团负责做出，陪审团交回裁定结果时败诉方可以要求初审法官实施不顾陪审团裁决的判决。初审法官可做出全部推翻或部分推翻陪审团裁定结果的判决。法官也可以给予重新审理的机会。

无论哪一方败诉都可以对判决结果进行上诉。上诉的一方为上诉方，而另一方则为被告方或应诉方。

小　结

在酒店业发展的早期，一家旅馆老板最重要的职责之一就是保护宾客的人身和财产安全。尽管每个州对于保护的解释各不相同，但是以各种形式尽到对酒店的安全义务是法定的权利义务。当然，酒店业对于安全问题的极大关心的增长来自"9·11"恐怖袭击发生以后。

一家酒店的安全方案应着重于预防安全问题的发生，预防事故的发生比犯罪行为发生后抓住罪犯要有意义得多。断然措施和程序的采用有助于预防事件发生。尽管如此，必须认识到并不是所有的犯罪都是能够阻止的。

在一家酒店里有许多区域需要实施安全防控，包括办公区、游泳池与健身中心、会议室、仓库与储藏室及其他区域。无论如何，客房入口的安全都是最常见的安全需要，在许多酒店电子客房门锁已经取代了机械门锁，不同种类的钥匙发给宾客和员工，从而使电子门锁系统有着极大的灵活性。尤其是电子门锁系统可以记录每一次经授权的开门或非经授权进入房间的企图。客房门锁还包括安全链和门背后可在房间内上锁的装置，从而使客人一进入房间就可以在房内控制房门入口。大多数客房门有多种类型的门闩。

从自然和历史属性上看，酒店都是对公众开放的住宿设施。然而，酒店又是具有私人财产性质的物业，因此任何人未经许可将会被拒绝接待。员工应接受相关培训以辨别那些不被酒店接纳的人。对许多酒店而言，安全监控系统包括监控视频、动态探测器和其他安全监控装置来帮助酒店实现安全的努力。许多酒店有针对公众的标志牌声明酒店作为私产的性质，这符合某些地方非法入侵法律的要求。

酒店周边及户外场地安全控制可以采取多种形式。对于诸如停车场、游泳池、网球场和其他类似的户外区域的安全控制方面，监控系统非常有用。停车场要求光线良好，设置专用入口控制交通，有时会雇用额外人员实施管理。周边围栏与相邻酒店区隔。酒店管理方应培训代客泊车服务人员、停车场地员工、维护人员及其他相关人员学会观察进入此区域的非法人员。

在酒店中保护客人财产的重要设备是贵重物品保管箱和那些放置在客房内的保险箱。所有的州都要求酒店为客人提供类似贵重物品保险箱，并不收取任何费用。酒店还必须保证员工的财产安全，员工更衣室和休息室需保证安全。许多酒店为员工提供更衣柜的锁具，大多数部门有供女士存放贵重物品及其他物品的日间安全存放区，好的总台设计会考虑设置带锁的抽屉或在附近区域有类似设施供员工使用。

当客人使用信用卡结算消费时，一系列安全问题随之而来，因为这些信用卡包含了客人的敏感信息。员工必须经过安全处理交易信息的恰当程序的培训。信用卡公司制定了关于信用卡使用的强制性硬件与软件协议来存储或处理信用卡数据信息。酒店员工必须对客人的真实信息保持相当的敏感性，否则，就可能会导致顾客身份信息被盗用，由于这个原因，酒店必须保护文件和交易记录。

每个酒店都会遇到紧急情况，这些紧急情况可能包括伤害事件、抢劫、破坏财产、火灾或其他紧急事件，这就要求酒店员工采取特别的应对措施，这成为他们日常工作的一部分。酒店应该针对预期可能出现的紧急情况有详细的预案，紧急情况处理预案中最重要的部分之一就是在紧急情况发生期间协助残疾人疏散。

必要时，酒店还要有为客人提供适当的医疗援助计划。当紧急情况发生时，酒店必须与当地急救医疗服务机构取得联系，将客人交付医生或医院。不管怎样，员工都应清楚何时需要呼叫急救医疗服务机构援助的程序。

所有酒店住宿机构都应保持良好的安全记录，安全记录如此重要有以下几个原因：第一，它可以使酒店管理层掌握安全事务的状况；第二，它有助于在法律诉讼中保护酒店；第三，它能帮助酒店处理保险索赔，不管是酒店方的保险公司还是客人的。安全记录能从酒店角度展现到底发生了什么，尤其有助于需要员工向当局描述几个月前发生的安全事件的时候。

不管酒店是否雇用全职安保人员，没有人能立刻出现在任何可能发生安全事件的地方，因此，每一位酒店员工都需要培训识别安全问题的能力以及当发现安全隐患时知道如何去做。培训可以是公司提供的安全培训计划，也可以是走访当地警察局。所有员工在最初聘用时都要接受完整的安全入职培训，而且在他们整个工作期间都要接受定期的不间断的安全培训和教育。全面的培训应涵盖宾客保护的所有方面，公众、员工和客人财产安全，酒店的财产安全等。

当一家酒店使用一个自己内部的安全保卫人员，那就说明酒店对其员工的行为是负完全责任的。酒店无法通过雇用非当班的警察或签署安保外包服务公司来逃避安全责任，因为这些非当班的警察会被认为是酒店的代理而不会尽到完全的责任。如果这些人玩忽职守，酒店将会承担责任。聘用一家安保服务公司也无法解除酒店法律上理应担负的责任。

不当班警察的使用也会带来一些潜在的法律问题。如果一个不当班的警察使用他的法定权力逮捕某人，事后证明逮捕是不当的，此时，该警察是谁的代理呢？是社区还是酒店？在某些情况下，警察会被认为是酒店的代理，这就意味着酒店将会承担不当逮捕或不当拘禁的责任。类似的责任就像一个武装人员非法伤害他人。

一个穿制服的安保人员的出现会使某些人产生执法机构人员的形象的联想。但是，没有任何特别机构、国家法律、法规规定一个酒店的安保人员比任何个体公民拥有更大的权利。然而，由于安保人员日常工作中能够处理各类安全保护问题，他又处于比任何个体公民使用更多相应安保权利的位置，这些权利的行使不过是简单地制止不当行为或涉及公民被捕事件。对于所有干涉他人权利的行动，安保人员应努力征得相关当事人的同意和自愿配合。刑事法规为住宿业安保人员设定了一些限制，超越这些限制的行为会导致刑事诉讼，殴打、电击、过失杀人或其他违法行为会被起诉。

每个州都有他们自己的关于旅馆业主的立法和法庭裁决的法律。这些法律对于旅馆业主的权利和责任有相当广泛的规定。虽然这些法律处理总是一些相同的话题，州和州之间还是不一样。住宿业管理者和安保人员应仔细审读各自州政府的相关法律，从中得到的理解和认识将有助于更加有效的安全计划的完善和发展。

尾注：

① 如要获取以上有关内容更为详细的资料，请与美国酒店与住宿业协会的教育学院联系 (2113N . Hight street, Lansing, MI 48906, 800-349-0299)，或者参考住宿业安全部负责人训练课程（East Lansing, Mich: Educational Institute of the American Hotel & Association, 1995)。

②如要获得更多信息，请联系美国酒店与住宿业协会教育学院（2113N.High Street, Lansing, MI 48906,800-349-0299 或 407-999-8100）。

③如要获得该计划更多的信息，请联系美国酒店与住宿业协会教育学院（2113N.High Street, Lansing, MI 48906,800-349-0299 或 407-999-8100）或参见住宿业安全人员培训计划（Lansing, Mich: American Hotel & Lodging Educational Institute,1995）。

 主 要 术 语

上诉人 (appellant)：对法庭做出的裁决提出上诉的一方。

被上诉人 (appellee)：被上诉的一方，也称为被告方。

公民自行逮捕 (citizen's arrest)：根据大部分州的习惯法，公民自行对犯罪人实施逮捕是指由普通公民自主合法地剥夺他人自由。这只能在正式警察未能及时赶到，而根据正确判断，必须采取及时行动时才能发生。

补偿性赔偿金 (compensatory damages)：对原告所遭受的疼痛、损害以及因不能工作而遭受的经济损失、医疗和住院的费用、使用康复设施和家庭服务方面的开支予以赔偿。

赔偿金 (damages)：由被告方支付的、对原告进行补偿为目的的钱款。

被告 (defendant)：诉讼被指控的一方。

直接裁决 (direct verdict)：由于其中一方不能成功地举证，在举证阶段结束后由法官做出的即时决定。

可预见性 (foreseebility)：基于对以往在酒店或周边社区发生的类似事故的知识，有适当理由可以预见可能发生的事故，从而采取预防措施。

不顾陪审团裁决的判决 (judgment n.o.v)：由法官做出的全部推翻或部分推翻陪审团裁定结果的判决。

法律原因 (legal cause)：是主要的原动性原因，由此使伤害成为自然的、直接的、即刻的结果，没有这些直接原因，伤害不会发生。

疏忽 (negligence)：作为行为谨慎的人未能在此类或类似情形下合乎情理地实施适当照管。

原告 (plaintiff)：是提出诉讼的一方。

直接原因 (proximate cause)：是主要的原动性原因，由此使伤害成为自然的、直接的、即刻的结果，没有这些原因，伤害不会发生，也叫法律原因。

惩罚性赔偿金 (punitive damage)：对引发错误行为者实施的罚款惩罚，也是通过施行惩罚对类似的行为起到威慑作用。

适当照管 (reasonable care)：对一个可预见的事件采取一般的保护性行动。法律关注的重点是酒店业主担负着照管在店所有人士的责任。未能履行此项责任。可能导致安全方面的连带责任。

应诉方 (respondent)：被状告的一方，也称为被告。

安全 (security)：对人和财产给予保护。安全需要关注以下区域，例如：客房、钥匙门锁、通道与周边、报警和通信系统、灯光系统、闭路电视系统、贵重物品保险箱、存货使用控制、账务程序、计算机安全、员工配置、员工聘用前的审查、员工培训、对含酒精饮料的服务管理、应急程序和安全章程以及资料保管。

即刻判决 (summary judgement)：接受即刻判决是（1）由被告方提出，因为原告方的申诉缺乏事实和不合法律要求，难以成立；（2）由原告方提出，因为被告方应承担的法律责任无可推卸。

托德法 (Tort law)：基于允许受害方为自我利益提出索赔，受伤害的一方可以对安全人员及其雇主提出诉讼，理由如错捕、错关、恶意诬陷、诽谤中伤。

审理庭 (trial court)：对诉讼进行初审的法庭。

复习题

1. 在酒店的安全方案中哪些主要领域应考虑在内？
2. 对酒店来说哪些主要区域容易发生安全问题？
3. 为什么说加强与执法机构的联系是很重要的？
4. 安全部在人员配置方面有哪几种做法？各有哪些利弊？
5. 为什么说对酒店员工进行安全培训是一项重要的工作？为什么说安全资料的保管也是一项重要的工作？
6. 为什么说安全培训是使安全方案发挥作用的关键一环？培训课程中应包括哪些特定的内容？在培训的认识方面存在哪些误区？
7. 安全部的保安是否要携带武器？请说明要和不要的理由。
8. 安全人员的权利范围是什么？什么样的行为是合法的？什么样的行为会导致负上民事责任和刑事责任？
9. 什么是安全培训课程中要强调的"整体观念"？应教会员工注意哪些方面的事情？
10. 为什么位于不同州的法庭对一个类似案件的审理会得出不同的结果？

网址：

若想获得更多信息，可访问下列网址。网址变更恕不通知。若你所访问的网址不存在，可使用搜索引擎查找新网址。

1. American Hotel&Lodging Association(AH&LA) http://www.ahla. Com
2. American Society of Travel Agents(ASTA):http://www.astanet .com/
3. CISA Security Products,Inc.:http://www .emgassoc.com
4. Findlaw:Internet Legal Resources:http ://www.findlaw.com
5. International Association of Chiefs of Police:http://www.theiacp.org
6. International Association of Professional Security Consultants: http://www.iapsc.org
7. International Foundation for Protection Officers:http: //www.ifpo.com
8. National Crime Prevention Council :http://www. ncpc.org
9. National Fire Protection Association (NFPA):http://www.nfpa.org/
10. National Institute of Justice:http://www.ojp.usdoj.gov/nij/

案 例 分 析

案例 1：史蒂夫在王宫酒店遇到的问题

史蒂夫·特里斯奇沉醉在当总经理一个月、工作得心应手的喜悦之中。之前，他在费城一家位于市中心的大型酒店供职，他在那里的工作也很偷快。后来，那家酒店的总经理写了一份很有价值的推荐信，为他争得现在的这份新工作。虽然如此，史蒂夫对能脱离以前的总经理出来工作感到很兴奋。尽管他现在任职的王宫酒店规模较小，只有 198 间房间。这是一家提供全方位服务的酒店，有不少优势：位于高速公路出口处的最佳位置，酒店的品牌在全国也有一定的知名度，有一支优秀的、经过良好训练的员工队伍。存在的真正问题是财务问题。然而前任总经理未能利用这些优势来吸引更多的订房。史蒂夫的工作是控制好支出，尽量提高营业收入，使酒店扭亏为盈。经过 30 天的努力，他在实现目标的路上取得了进展。

不久，来了封亚历山大和菲斯克律师事务所的信，说 3 个月前也就是 6 月 4 日一位女宾客的钱包在酒店的停车场被抢了。现在她的律师声称要提出诉讼，除非王宫酒店负责赔偿。来信要求酒店支付的赔偿金高达 25000 美元，其中包括财产损失、多处受伤以及遭受的痛苦。

史蒂夫倒吸了一口气。他知道 25000 美元对他正在争取扭亏为盈的酒店意味着什么：25000 美元代表了一笔可观的客房销售数额，尤其是如果没有这笔赔偿，他的保险公司的扣交数可以是该数的双倍。但是，他又想那封信可能仅仅是恐吓而已。他要弄清事实。

首先，他查阅了前任总经理的档案，看看有关这个事故的记录材料。结果他找到了一个标着"酒店内部安全"的卷宗，里面只有一份解除员工聘用合同的样本。这是 6 个月前的 3 月传送给酒店安全部全体员工的。他还查看了前任总经理的工作计划表，也没有发现有关 6 月 4 日那起事故的记录。无奈之中，他打电话给酒店的客房管家，那是一位有 15 年丰富工作经验、记性很好的人。"吉妮，是否还记得今年前些时候发生的皮包被抢的事情？"史蒂夫问道。"您要讲得详细些，史蒂夫，"她说，"一次是发生在楼梯间，那是冬天快要结束的时候，另一起是在 6 月，地点在停车场。"

"这么说真有此事，"史蒂夫说，"一位宾客在我们酒店皮包被抢，还受了伤？"

"是有人受伤，"吉妮开始回忆道，"我记得那好像不是我们真正的客人，我要再想一下。"

"谢谢你，我很想知道这件事的真相。"史蒂夫最后说。

史蒂夫拿起信向总台走去。玛利亚·埃托斯，另一位长期在酒店任职的员工那天正好在班。"嗨，玛利亚，我想查一个情况，"他看了一下信，"有位叫劳雷·海迪杰的客人曾在 6 月 3 日或 4 日住在酒店。"

玛利亚在计算机终端查阅了有关信息。"在那两天我找不到叫劳雷·海迪杰的客人或任何姓海迪杰的客人。但是那个姓名使我回忆起一些事情。"

"她声称自己是 6 月 4 日皮包被抢事件的受害者。"史蒂夫提示她。

"哦，我想起来了，"玛利亚点点头说，"想起来都使人后怕。她跑过来时膝盖流着血，衣服也破了。很快许多其他女士都知道了这个消息，当即一片混乱。"

"很多其他女士？"史蒂夫问道。

"海迪杰夫人正在这里以一个什么名义举办妇女午餐会。我记不清所有的细节了。但当时消息传开后，女士们都涌出宴会厅到大厅想了解事情的过程，还要我们通知警方。"

"当时你们是怎么做的？"史蒂夫以一种设法弄清事实的口气问道。

玛利亚停顿了一下，"是的，那一次我确信我们是报告了警方。"

"那一次？这么说，你们还发生过不向警方报告事故的事？"史蒂夫问道。

玛利亚骨碌着眼珠，点了点头。"不是我要这样做。但是有人向我解释，如果通知了警方，事情就会见报，您的前任并不希望那类事情被广而告之。"

史蒂夫回到办公室，坐在椅子上，不能肯定下一步该怎么办。有一点是肯定的，只要在王宫酒店发生的事故就一定有目击证人。但是，海迪杰夫人根本就不是一位住店客人，可能酒店不存在负责的问题。那位前任总经理甚至感到那件事不值得作任何书面记录。在史蒂夫以前任职的酒店，因规模大，足以负担得起全职安全保卫人员，他那时对这方面的工作没有加以太多的关注。现在看来，安全方面的责任毫无疑问地落在了他的肩上，他感到困难重重。"也许卡尔森可以给我一些建议，"史蒂夫想，给以前的上司打电话，拜他为师，他拿起了电话。

"那真是一件棘手的事，"卡尔森也这么说，"但是我相信你能处理好的。"

"好吧，"史蒂夫稍微恢复了一些信心，"我应该从何处下手呢？"

"让我来替你想一下，"卡尔森回答道，"首先与集团公司负责法律事务的部门联系。让他知道有这样一封信以及你正在调查这件事。他们可能会问你一连串的问题，你现在还答不上来，但是随着调查的深入你会获得答案。"

"对我来说真正面对的一个问题是我们接受和解呢，还是上法庭？"史蒂夫礼貌地提醒他。

卡尔森平静地回答道，"但是只有你真正了解自己的处境后才能回答这个问题。你必须了解酒店在服务中是否提供了'适当照管'，在这方面并没有严格的规定——每个地区对这个问题的看法都不同。你要设法弄清楚你所在区域对适当照管的含义是什么。

"首先与警方联系，取得一份由计算机打印出来的酒店打开的电话记录。只要你等一会儿他们就会给你。这份单子并不是酒店所有事故的记录——有时可能是在街上，或是在车子发生了故障，驾车者借用你酒店的电话，诸如此类的事情都包括在内。你要查看单子，找出哪些是与事故的发生有关的电话记录。

"然后，我会与当地报社联系，请他们查一下有关酒店所发生的事件的留存资料。任何惊动警方的问题都会见报。但是也有一些未报告警方的消息会在报上发现。给报社的资料室一些时间，让他们查找一下你要的信息。

"在等消息的时候，我建议你与当地的其他几位总经理聊一下。请教他们曾经碰到过什么样的刑事问题。有些人可能不愿意深入地谈及自己酒店的这方面问题——你知道没人希望给人家留下自己酒店不安全的印象——但是你能对自己的邻居是何种酒店留下很正确的感觉。

"你已经开始与员工交谈，这很好，希望你在这方面更深入一些，走到他们中间去，问题是他们能否记得曾经发生过什么样的事故，他们对酒店安全和发生的犯罪事件有何印象。"

"卡尔森，"史蒂夫打断他的话说，"我们俩都知道感觉并不都是正确的，感觉是主观的。"

"不错，"卡尔森回答道，"你说得很对，但是你不会希望一大群员工作为证人对陪审团说他们感到王宫酒店并不安全。我不希望这样的事发生。现在发觉比以后发觉要好得多。"

"我懂了。"史蒂夫叹了口气。

"我还有一件事，"卡尔森补充道，"开车出去转转，尽量从原告律师的角度看问题，看看有没有被认为是疏忽的地方。是不是只有你的酒店没做护栏？有没有配置安全用途的灯光？换句话说能不能显示你对安全的关注度？"

接下来的几天既发现了有价值的线索，又有令人焦虑的东西。

警察局提供的电话单上有6月皮包被抢的记录，一起是发生在一个婚礼宴会上（新郎新娘的婚礼礼物和度蜜月的行李被盗了），一些自动售货机也遭到了人为的破坏，还有两个电话是关于在客房内聚会时的盗窃，结果造成了物品的损坏。所有这一切都发生在过去的一年中。

史蒂夫在与当地一家酒店总经理首次通话中谈到了他的前任。"如果不是他辞退了那三位保安的话，"她说，"我还不得不继续寻找合适的人选呢。"她接着解释了各家酒店实际上都在增加安全保卫人手，因为当地的犯罪活动在上升。据她所知，王宫酒店是唯一一家裁减保安人手的酒店——他立即雇用了被裁减的其中两名。另一家在同一条路上的酒店将这三名也聘用了。"我们很多人都认为他是搬起石头砸自己的脚。"她说，"当然，表面上看，他节约了些开支——但结果却适得其反。"他没有把话说完。史蒂夫已经理解了她心里的意思。

其他事故是在史蒂夫与员工交谈过程中浮出水面的。有故意破坏的，有在酒吧斗殴的。玛利亚还提起最近外面有这样的谣传，说王宫酒店近来是流窜在各州从事毒品交易的人最喜欢光顾的地方。街对面的卡桥酒店开始给值夜班的警察提供面包圈和咖啡后，现在这类活动已经不像以前那么多了。频繁出现的巡逻车把那些毒品买卖人群吓跑了——至少在深夜不敢出现了。但是这一切并不能使王宫酒店的员工恢复信心。有些员工继续提出不愿意上大夜班的要求，而其他人则在他人陪护下才敢进出酒店。对报社的调查结果只是肯定了史蒂夫已了解的一些事件。王宫酒店存在的安全问题还不止这些。他很庆幸在他上任的30天里没有发生什么新的案件。他认识到幸运之神不会永远眷顾他。他仅仅向总部主管法律事务的部门汇报所调查的事实是不够的，他还要立即实施一个行之有效的安全方案。准备好了面前的笔记，史蒂夫拿起了电话，他要给总部打电话。

讨论题

1. 无论是选择支付25000美元的调解费还是选择法庭裁决，史蒂夫都应向总部主管法律的部门提供哪些证据？

2. 在严格控制费用的前提下，史蒂夫和他的员工们应采取哪些有效步骤来减少王宫酒店发生的安全方面的事件？

案例编号: 3871CA

下列行业专家帮助收集信息，编写了这一案例：巴斯酒店和度假村集团风险管理部技术服务处主任、注册酒店管理师温德尔·寇其；休斯敦大学康雷德·N. 希尔顿学院教授、罗斯预防管理研究所主任雷蒙·埃利斯。

案例 2: 甜饼圈和两难题

菲尔·沃森，蓝宝石酒店的总经理刚处理完早晨的一些文件，内线电话就响了。他按下通话键："什么事，吉恩？""有位名叫道格拉斯·科尼瓦尔的人在二线。他想知道您打球是否仍然'稳操胜券'，他说您会明白他在说什么。"

菲尔笑出了声。"把电话接进来，"他抓起话筒说，"道尔！"

"菲尔，你还在用那根旧球杆在办公室练球吗？嗨！你不记得我在俱乐部用那旧杆子把你打得落花流水？你怎么了？好久都没听到你的声音了。"

"我最近真的很忙，"道尔说，"你是否知道我已经到韦林顿了？"

韦林顿是一家位于本州北部的独立经营的酒店，"不，我不知道。"

"几个月前我担任了韦林顿酒店的总经理。"

"那是你作为总经理的第一份工作，太好了！情况怎么样？"

"我正要打电话告诉你呢。到目前为止还都相当顺利，这里的员工不错，我想对有些方面做些改进。但是昨天发生了一件事，促使我考虑酒店安全方面的问题。不是什么了不起的大事。有位客人大声喧闹，我们要求他轻声些，他却吵闹起来。这件事对我有些触动，使我意识到我们与当地警察部门并没有建立什么联系。我真不知道如何开展这方面的工作。你在蓝宝石酒店干了好多年，我知道你们与警方的关系非常好。我想向你取经，知道怎样才能与当地警方建立起一个良好的关系。"

菲尔大笑说："我不知道有什么秘诀可以告诉你，但是有些总经理都使用的基本做法可以供你参考。"

"我正需要知道这些做法。"

"好吧，"菲尔开始说，"首先要安排一次机会与警方负责人一起用餐。我不记得韦林顿是否有餐饮设施了。"

"有，我们有一个很好的小餐厅。"

"我会邀请他到餐厅，顺便问一下，那位警方负责人是'男士'还是'女士'？"

"是一位先生，"道尔回答，"他叫马尔科姆·拉姆齐。我从未见过他，但听说是个不错的人。"

"把马尔科姆请到餐厅，好好请他吃顿饭，把自己介绍给他，同时也认识认识他。如果他有时间，饭后带他看一下酒店，让他知道你哪些方面容易出现安全问题，需要特别当心。"

"好主意！我甚至可以要求他以书面形式告诉我那些注意事项，这样我……"

"打住,打住!"菲尔插话说,"你不要让马尔科姆以书面形式通知你。"

"为什么?他可能会给我一些极好的建议,对酒店安全会很有用的呢。"

"是的,有这样的可能性。但是他的那些建议可能你永远也无法负担得起。如果你有了一份有关安全方面的书面建议,而你又没有采取行动,一旦酒店真的出了问题……"菲尔耸耸肩。"如果法庭又掌握了这份报告,你的麻烦就大了。"

"这个提醒很重要,好吧,不能以书面的形式。我还能做什么?"

"好吧,让马尔科姆了解你非常希望与他的部门建立起良好的关系,你可以提出一些为他的部下提供方便的建议。比如警员巡逻时,欢迎他们来使用酒店的洗手间。比如警员在夹板上写字很不方便,可以使用员工休息室的桌子。他们也可以停下来喝杯咖啡,用点点心。"

"对,可以提供炸面包圈。"道尔笑了。

"不错,"菲尔很赞同,"平时给予一些小帮助,一旦酒店出了事,就会受惠不浅。三周前,在我们酒店的客房里发生了家庭争吵纠纷。总台在深夜接到电话——'隔壁房间的吵声使我无法入睡'——在总台值班的西尔维娅说:'好的,我来管这事。'她给 410 客房打了电话,请他们安静下来。她当时得到的回答是'好的,没问题,对不起'如此之类的话。过了几分钟,电话又响了——'喂,410 房的问题没解决,现在能听到女人的哭声'——西尔维娅当时就与值班的保安和值班经理布莱特拉塞尔取得了联系。两人到客房的门口,敲了门。'出了什么事,你们都好吗?''是呀,是呀,'里面的男士说,'我们刚才发生了一点小小的争吵。''请把门打开。'门开了,男士穿着内衣站着,打开台灯后,发现女士穿着睡衣站在床的另一侧,一只手捂着一只眼睛。'夫人,您好吗?''我没事,我们刚才稍有争吵,现在没事了。''您确定没事吗?''是的,我们很好。''弄坏的东西我们会付钱赔的,'那位男士说。于是,布莱特说:'那好,我们走,不过不要再大声争吵了,好吗?''一定一定,对不起。'那位男士说。这样布莱特就和那位保安离开了。他们还未来到电梯间,那位男士又大声叫喊起来,又传来灯被打碎的声音。布莱特说:'我们报告警方吧。'"

"警察署不错,5 分钟就派来了两辆警车,10 分钟后那位丈夫就被押走监禁了起来。另一位警员看着那妻子收拾行李,到总台结账,然后把她送到被殴打妇女避难所。整个事件解决共花了 20 分钟,做得干净利落,一点也没有惊动他人。其他住客根本不知道有警察来过。"

"这真是我想建立的合作关系,"道尔说,"聘用不在班的警员来酒店安全工作是不是一个好主意?"

"记住一点,"菲尔回答说,"不要带枪。"

"不要带枪?"

"聘用不在班的警察加入你的职工队伍是好事,但要告诉他们在店期间不得携带枪支。这是个责任问题。虽然这些警察在当地任职,但你聘用了他们,他们就是在为你工作。如果他们在店里误伤了一名无辜的旁观者,责任是在酒店而不是市政府。"

"你告诉我这一点很重要,"道尔说,"我是否直接与警察本人谈这个问题?"

"我建议你在用餐时征求警署负责人的意见。把你的想法告诉他们,问问他有关这方面的政策是如何说的。有些警署不允许警员做兼职保安，而另一些警署专门有一位警官负责在警员中分配类似的工作，还有些警署让警员们自行决定。"

"你真的为我想得很周到，"道尔说（用的就像要谈话结束，准备挂电话时的那种语气），"我真的希望与马尔科姆有个良好合作的开端。建立与警方的合作真是一件很重要的事。"

道尔总结了一下谈话的内容："好吧，第一要办的事是与马尔科姆一起用餐，让他知道我希望与他们的部门建立一种积极的合作关系。"

"谢谢你，菲尔，我不得不挂电话。我非常感谢你给我的建议，我会把这方面的进展告诉你的。"

"干吧，道尔，祝你好运，我知道你能干好。"

菲尔刚挂断电话就听到内线电话铃声又响了。"什么事，吉恩？"

"福特斯上尉来看您。"

说曹操，曹操就到，菲尔想。"请他进来。"

办公室门开了，吉恩带来了一位当地警署的警官。菲尔从办公桌旁边走出来，与他热情握手。

"嗨，格伦，很高兴再次见到你。是什么风把你吹来的？"

"早上好，菲尔。"格伦在办公桌前的两张椅子中选了一张坐了下来。菲尔没有坐原来的椅子，而在格伦旁的椅子上坐了下来。

"我遇到了一个问题，也许你能帮我，"格伦接着说，"几分钟前联邦调查局打来电话，寻找……"格伦停下来从他的运动上衣的口袋里取出笔记本，"找一个叫鲁宾·特鲁沙的人，我想那家伙不是好东西。我们需要了解他是否在酒店，打了哪些电话，以及他们的信用卡号码。他们希望了解他的行踪。你知道怎么查。"

菲尔显得不安起来。"你有没有带传票，格伦？如果没有的话，我能合法告诉你的唯一信息是他是否住在酒店。"

格伦不屑一顾地说，"现实一点，菲尔，今天是星期六。所有的法官都坐船外出钓鱼了。而偏偏这个时候联邦调查局打电话找到了我。我希望你能看在多年的交情上私下帮帮忙。"

菲尔摇摇头。"对不起，格伦，我真的不能。我只能告诉你他在还是不在，即使你想跟他讲话，我可以帮你把电话接到他房内，在法庭没有下传票前，我只能这样做。"

"我很遗憾你坚持你的意见，"格伦站起来，显示讨论已接近尾声。菲尔也站了起来，"我的上司会感到失望的。他想你是一位很好的合作伙伴，"格伦平静地说，"但是我想你能做的事总应该告诉我吧。让我们去查一下订房资料，看看特鲁沙是否在此地。虽然不完全，但至少我们没有空手去联邦调查局。"

讨论题

1. 除了菲尔提醒道尔要注意的事项外，道尔在加强与当地警方联系方面还能做些什么？

2. 发生在菲尔酒店里的"家庭争吵"有可能引发更坏的结果。如果酒店员工不及时采取有效措施，那么将会导致什么样的不良后果？

3. 尽管菲尔给了道尔有关与警方建立良好关系的建议，尽管菲尔希望维护与当地警方的合作关系，菲尔还是拒绝了福斯特上尉向联邦调查局提供有关信息的要求，为什么菲尔拒绝了警方要求提供的信息呢？

案例编号：3871CB

下列行业专家帮助收集信息，编写了这一案例：巴斯酒店和度假村集团风险管理部技术服务处主任、注册酒店管理师温德尔·寇其；休斯敦大学康雷德·N.希尔顿学院教授、罗斯预防管理研究所主任雷蒙·埃利斯。

案例 3：丢失的首饰

那是下午 3:40，我刚刚当班不超过 1 小时就听到一名客人在跟经理大声地说着什么。那位有着浓重口音的女士看起来非常不安。我并不能确定她是否会讲英文，但是我能断定的是正在讲话的女士非常心烦。

过了一会儿，前台接待员来到我身边告诉我有一位只能讲一点点英文的意大利女士要找经理。她并不清楚那位女士有什么问题，但她告诉我那位女士非常焦躁。一转身我看到一位衣着优雅的女士正在看着我。我立即意识到她是婚礼团队的客人，从洛杉矶来。新娘在几个月前就预订了酒店，今天就是他们举办婚礼的日子。然而，到目前为止，许多前来参加婚礼的客人对于我们度假酒店的入住体验不太满意。他们认为他们应该被安排到一家五星级酒店而不是一家海边的度假酒店。

当我走近客人时，面带微笑地注视着她。我按照惯例问候了她，"我能为您做点什么吗？"我努力尝试着去理解她那夹杂着意大利语的英文，事情搞清楚了，她的首饰丢了。她强调首饰价值 2000 美元以上，而且是被酒店的客房服务员偷走的。

客人住在较旧的南楼，那里客房的门锁不是很好用，想要完全把房间锁上基本不可能。另外，房间内没有保险箱。然而，酒店在前台提供保险箱服务。我们之前从没有遇到过盗窃事件，但是当我听完整个故事我意识到我应该做些改变。

我耐心听着客人对客房服务员的指控，她的声音越来越大，她要求酒店赔偿她的损失。我告诉她我们需要报警，这是一次偷盗事件。我问她有没有其他导致首饰丢失的原因，因为我们的客房服务员非常忠实可靠。她坚称首饰是在客房内丢的，她已经做好报警的准备了。她还要求酒店立即赔偿她的损失。

我打电话报了警。

客人回房间了，但看起来还是很烦躁。

我在想酒店是否需要对她的首饰负责，因为在客人办理入住登记手续的时候，入住登记卡上明确告知客人酒店对于失窃的物品不负责任。

警察在半小时内到了酒店。由于客人蹩脚的英文，完成报警报告可能还需要一段时间。

这时候婚礼马上就要开始了，所以这位女士必须去参加婚礼，她看起来仍旧非常不满。她让我们所有人意识到我们没有预见到她对于服务和住宿的高标准要求。我知道在婚礼结束后她会回来要求酒店进行赔偿的。

那天下午稍晚些的时候，我回到办公室思考接下来如何办。我在想这真的是一起安全事故吗？我知道如果在关上门的情况下把门后的防盗条扣在门上是很安全的。况且保安从晚上9点到早上8点期间在不间断地巡逻，直到前厅部经理上班为止。我们有失窃保险，但那需要支付一笔很高的保险费。我在想那天为这名女士办理入住登记手续的前厅接待员有没有提醒客人在需要的时候可以使用酒店提供的保险箱服务。

那天晚上较晚的时候，当我正在巡防的时候，新娘的父亲把我叫到一边。他告诉我那件首饰被她女儿带着参加婚礼去了，她的阿姨一定是忘记在彩排晚宴那天答应把首饰借给她的事了。我回到办公室，心想我应该如何跟警察说这又是另外一个错误呢。

讨论题

1. 对于值班经理来说如何安抚发怒的客人？
2. 假设让你收集有关客人的信息，你打算怎么做？
3. 你会打电话报警吗？
4. 酒店是否在保存和保护宾客贵重物品的流程上有一个较好的安排？

案例编码：608C11

本案例选自 *Case Studies in Front Offices Management*，Todd Comen，（Lansing, Mich: American Hotel & Lodging Educational Institute,2003）。

第 8 章

学习目标

1. 总结前厅会计基本原理，包括账户、总账单、凭单、销售点及分类账的相关问题。

2. 掌握前厅账户的建立和维护过程。

3. 掌握典型前厅会计业务的处理程序和过程。

4. 了解前厅运转的内部控制程序，并阐述典型的账户结算程序。

前厅会计

首先不要被前厅会计这个概念所吓倒，实际上这里只是以简单的逻辑和基本的数学技能为基础。前厅会计系统监督和反映住店客人、公司、旅行社以及其他非住店客人使用酒店的服务和设施而产生的交易。前厅人员在执行会计的准确性和完整性职能方面的能力将直接影响到酒店收回欠款的能力。

本章将论述前厅会计的基础知识，包括建立和维持账户，跟踪交易，以及内部控制程序和结账。

会计基本原理

一个有效的客人会计系统要在客人服务循环体系的各个环节发挥作用。在客人预计到达酒店阶段，客人会计系统要掌握有关预订保证的类型，跟踪预付款和预付定金。当客人到达前厅，客人会计系统要在客人入住登记时为客人制作一份记录客房房价和税收的账单。在客房出租期间，客人会计系统要跟踪授权客人的消费。最后，客人会计系统要保证客人结账离店时支付所有的应收账款。

非住店客人的财务交易也可由前厅会计系统处理。允许经批准的非住店客人交易，酒店能够向当地客人推销酒店的服务和设施，以及跟踪有关会议业务。非住店客人账户也包括已离店客人而没有结清的账项。收取非住店客人账款的责任将由前厅转给后台会计部门。

前厅会计系统通常包括:

- 为每位住店和非住店客人建立和维护准确的会计记录;
- 在整个客人循环过程中跟踪每一项财务交易;
- 保证内部控制覆盖到所有现金和非现金交易;
- 记录所有已实现消费的结算情况。

酒店行业有一般公认会计准则。酒店前厅会计程序通常只适合于某个酒店经营方面。各不同酒店集团的会计术语和报表格式都不相同。以下几个方面仅介绍前厅会计的一些基本概念。

账户

账户是用于累计及汇总财务数据的表式。可以将账户想象成一种用来存放各种交易结果的容器或箱子。账户用于计算交易的增加、减少，以货币表现的最终结果为账户余额。酒店中任何财务交易可能影响到几个账户，而前厅账户只用于记录并存储有关住店客人和非住店客人的财务交易。

账户最简单的书面形式像字母 T：

账户名称

计费   支付

这种记录形式称为 T 形账户。前厅计算机的日益使用削弱了对 T 形账户的普遍使用。但是 T 形账户仍然是讲授会计原理的有用工具。对于前厅账户，计费表示增加账户的余额，记录在 T 形账户的左边。支付表示账户余额的减少，记录在 T 形账户的右边。账户余额为 T 形账户的左边总额减去右边总额的差额。

前厅会计主要使用日记账格式。在手工或半手工会计系统中，日记账格式主要包括以下信息：

账户描述	计费	支付	余额

与 T 形账户相类似，账户余额的增加记录在计费栏，账户余额的减少记录在支付栏。在全自动化的系统中，计费和支付也许列示在一个栏目，支付金额用括号或减号表示其对账户余额（减少）的影响。

用会计术语表述，账户的左边称为借方（简写为 DR），右边称为贷方（简写为 CR）。尽管它们在酒店会计的其他领域作用突出，借和贷在前厅会计中起了相对小的作用。在账户中借和贷只是个记账符号，而没有任何好与坏的含义。借方和贷方的数额来自复式记账法的使用，它是现代企业中财务记账的基础。在复式记账中，每笔交易至少影响两个账户。一笔业务的借方总额必须等于这笔业务的贷方总额。它构成了夜审会计程序的基础。

住客账户 住客账户是用于记录住客和酒店之间发生的财务交易。住客账户在客人做保证类预订或在前厅登记时建立。在客人住店期间，总台的责任是记录所有对住客账户余额有影响的交易。总台通常寻求客人在结账阶段结清所有应付的住客账项。当然在某些情况下，酒店也要求住客在结账阶段前的任何阶段支付部分或全部款项。例如，如果前厅实行酒店的住客信用限额制度，超过限额的住客可能被要求支付部分或全部应收未收款项。当实行信用限额政策时，在住客账户余额一旦超过预先确定的限额就应开始采取措施，而不是在最后结账时。

非住客账户 酒店也会扩展店内挂账权利给当地的公司或旅行社，作为推销的手段或吸引其在酒店主办会议。总台建立非住客账户跟踪这些交易。针对本地公司或旅行社业务的非住店账户通常称为本地账户或城市账户，为团队设立账户则称为团队总账。非住客账户也用于记录离店客人在离店时没有能够结算的账款。当客人的状态由住店客人转变为非住店客人，账户的结算责任将从前厅转给后台的部门。与住客账户需要每日编制不同，非住客账户通常是由酒店会计部门按月进行结算。

总账单

前厅交易主要反映在叫作总账单的账户上。一个总账单是用于记录影响到该账户余额的所有交易（借方和贷方）的账页。当一个账户建立时，即设立一个起始金额为零的总账单。所有增加（借记）或减少（贷记）账户余额的交易均被记录在总账单上。当客人用现金支付，或转到已授权的信用卡账户，以及直接邮寄账户结账后，客人总账单的余额应归为零。

在总账单上记录交易的过程叫作过账。当一项交易已经被记录在总账单的适当位置上，一个新的余额就被确定。当登录交易时，前厅可以使用手工总账单（如使用的是非自动系统），机器过账总账单（如半自动系统），或者基于计算机的电子总账单（使用酒店物业管理系统的客账会计模块）。不管使用何种过账技术，记录在总账单上的基本会计信息是一样的。

有五种类型的总账单被用在前厅会计操作中。它们是：

- 住客账单：账户分配给单个的客人或房间。
- 总账单：账户分配给不止一个客人或房间的情况下，通常用于团队账户。
- 非住客账单或非永久性账单：账户分配给酒店授权挂账的非住客公司或旅行社。
- 员工账单：账户分配给酒店已授权的员工。
- 永久性账单：账户分配给与酒店有持续关系的公司或旅行社（例如贷记与借记卡公司）。

另外一种类型的总账单通常是由前厅经理为满足特殊情况或要求而建立的。如一个商务客人要求将他的收费和支付分为两个个人账单：一个账单记录由公司支付的费用，另一个记录由该客人支付的个人费用。在这种情况下，一个客人需要建立两个账单。如果客房和税收部分是与其他费用分开的，客房和税收应记入客房账单，这个账单有时叫作 A 账单。食品、酒水、电话和其他费用记录到杂项账单或 B 账单。

每一份总账单应有一个唯一的序列编号。总账单要连续编号有很多原因：首先，它们作为确认号码有助于保证所有前厅业务的账单在夜审时被核查。其次，总账单号码可以用作自动系统的索引信息。自动系统通常在预订完成后建立总账单号码，预订号码将提交前厅作为账单号码。最后，总账单号码能够提供一个完整的凭证链。

大多数酒店严格规定员工账单只用于那些保证因公司原因而使用的权利。例如，一个销售经理有权利在酒店餐厅招待客户。

凭单

凭单详细反映记录到前厅账户的交易。这个凭单列示了产生于餐厅或礼品店等所发生交易的详细交易信息。然后这些凭单被送到前厅过账，例如，酒店销售点使用凭单通知前厅，客人所发生的账务需要过账。在前厅会计中有以下几种类型的凭单，包括现金凭单、收费凭单、转账凭单、折让凭单和付款凭单。大多数计算机系统几乎不需要凭单，这是由于各销售点的终端直接与前厅计算机接口，能够直接将电子交易信息转到电子总账单上。结果是，凭单的使用被大大减少了。

销售点

销售点是提供商品和服务的地点。在酒店任何一个对其商品和服务收取营收的部门被认为是一个收益中心，也就是销售点。大型酒店通常有很多销售点，如餐厅、酒吧、茶座、房内用餐、洗衣和干洗服务、泊车服务、停车场、电话服务、健身中心、运动设施、水疗和商场。前厅会计系统必须保证所有在各销售点发生的账项应记录到相关住客或非住客账户上。

一些酒店提供客人自助设备和项目，这些项目与营业点功能类似，也被称为销售点，这些销售点发生的销售活动也应记录到客人总账单中。三项自助项目是房内电影、高速互联网服务和房内售卖服务系统。

在分散的销售点发生的大量的商品和服务项目需要有一个复杂的内部会计系统来保证销售业务被正确记录和有相应凭证证明。图 8 - 1 展示了客人在餐厅消费的账目记入其客人账户的信息流动过程。一个计算机化的销售点系统（POS）也许可以使用遥控的销售点终端装置直接与前厅计算机系统连接。全自动的销售点系统（POS）极大地降低了将消费凭单记入客人账单的时间，减少了每一项业务的处理次数，几乎杜绝了迟到凭单的发生情况。总之，全自动化有助于前厅员工建立凭证齐全的、清晰整洁的总账单，而且极大地减少了差错。

无论何处，在通过遥控终端或提交凭单将消费信息记入总台总账单，销售点必须提供一些基本的信息。这些信息包括凭单或交易的号码、消费金额、销售点名称、房间号码和客人姓名、消费项目等。如果消费是通过凭单传递的，凭单上必须有客人的签名和服务员的身份确认。如果消费是通过遥控终端传递的，服务员工的身份将由计算机终端进行识别并随同消费数据的传输记入到客人总账单中。即使通过全自动终端进行记账，仍然需要客人在销售凭单上签字，一方面这是审计的需要，另一方面是为了防止客人对消费项目和消费数额产生任何争议。一些销售点系统还允许使用客房门卡对记入客人总账单的收费项目进行确认授权。

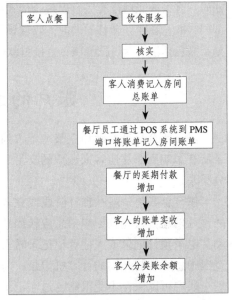

图 8-1 餐厅账单记入房间总账单的流程

分类账

分类账是一组账户。前厅分类账是前厅总账单的集合。前厅总账单是前厅账户——应收款分类账的一部分。应收账款表示欠酒店的款项。前厅会计操作通常将应收账款分成两组：住客分类账（应收住客账）和应收公司账（应收非住客账）。

应收住客账 应收住客账是有关客人已经登记住宿或已经支付预付定金而设立的客人账户。客人在住宿登记时作了适当的信用安排后，可以取得在住宿期间将其消费记入他个人总账单的权利。客人也可以在住宿期间的任何时候支付他们的应收未收账款余额。为了便于跟踪客人账户的余额，客人的财务交易也被记入住客分类账。在实际的前厅运转过程中，住客分类账也叫作暂住客分类账、前厅分类账或房账。当收到预付定金后，它被记入住客分类账作为贷方余额。当客人入住后，贷方余额将由其住宿期间发生的消费来冲抵。在支付较多定金的酒店（例如度假型酒店），住客分类账又被进一步分为预付定金分类账和住客分类账。在只收取很少定金的酒店，将定金记入住客分类账通常能起到有效的财务控制。对于手工或半自动化系统的酒店，贷方金额（预付定金）应立即记入住客总账单或预付定金分类账。客人入住时，住客总账单中的预付定金就能冲抵记入客人账单中的费用。

公司分类账 公司分类账也称为非住客分类账，是非住客账目的汇总。如果在结账时，客人的账项没有完全以现金形式结清，客人账单的余额部分将从前厅转至财务部门收取。在账务转移的同时，收取该账款的责任由前厅转至财务部（后台）。公司分类账包括信用卡付款账项、直接付款账目和由酒店负责收取的以前住客的账款。

账户的建立和维护

保证所有交易准确和完整地记入到住客分类账上是前厅的责任。前厅同时也记录所有影响到非住店客人账户的交易。后台会计部门最终负责收集所有非住店客人分类账。

住客总账单一般在预订阶段或在入住登记阶段建立。为了准备好总账单，客人的预订信息或入住登记单信息应转到总账单上。在使用全自动系统时，住客信息自动从电子预订记录或入住登记记录转入电子总账单。计算机将自动在前厅系统中检查电子总账单与其他的计算机记录。与手工和半自动系统不同，在全自动系统中每一个账户可以保存不受限制的过账记录。在有些计算机系统中，最初的电子总账单是与预订记录同时建立的，这样在客人登记前就能够记账到客人账户。这样就能通过电子记录对预付款和预付定金等账目准确地控制。电子系统还能为每位客人在登记前自动建立账单编号，根据预订过程的事先设置，将费用直接转到每一个住客总账单。

在入住登记时，经复核的预订资料将与客房房价信息和客人的房间号码一起合并，建立住客电子总账单。对于门市客人，相关的信息只在登记时获得并输入前厅计算机终端。在前厅计算机系统中建立电子总账单能够极大地减少输入交易项目的差错。电子数据处理的一个主要优势是需要的资料只要输入一次。由于资料只要输入一次，自动计算机系统能够极大地减少多次重复处理数据造成的差错。

全自动记录系统

销售点的业务可以将消费自动记录到电子总账单中。总账单可按需要打印，账单中的借方（收费）和贷方（支付）出现在同一个栏目，付款额使用括号或减号以示区别。打印的总账单也可以使用传统的多栏式账户格式。由于基于计算机的系统保存了所有账户的当前余额，因此在全自动系统中就不需要手工输入账户的上笔余额。表8-1是一个使用全自动记录系统的住客总账单格式。

表8-1 机器记录总账单样本

类型	应收	余额	实收
上期余额			$0.00
餐厅	$14.25		$14.25
客房	$60.00		$74.25
长途电话	$6.38		$80.63
折扣		$18.38	$62.25
现金付款		$62.25	$0.00

挂账权利

为了建立客人在酒店内的信用限额，客人需要在登记时提供一张可被接受的信用卡或转账的授权。使用全自动系统的酒店也允许在预订时建立信用，通常是获得客人信用卡的号码和失效日期，并将这些信息传给信用卡公司申请一定金额的授权。一旦信用限额被批准，客人将获得挂账消费的权利。这些交易可以通过遥控电子设备将销售点的消费信息记录到前厅的相应账户。

客人在入住登记时用现金支付食宿费用是不给予挂账权利的典型情况。这些客人被叫作即时付账客人（PIA 客人）。在全自动前厅会计系统中，即时付账客人被设定为不可挂账状态。由于酒店各销售点终端直接连通存储的账户信息，不可挂账状态就不能接受挂账交易。这就是说收益中心的收款员将不能记账到不可挂账状态客人的账上。在使用非自动和半自动系统的酒店，一份即时付账客人清单将手工分发给所有收入中心。

当地公司和居民可以向酒店申请获得挂账账户或非住客账户，挂账账户类似于住客账户，客人的挂账将从酒店的收入中心转到前厅记入其账户。由于所有销售点的交易凭单每天汇集到前厅，通常是由前厅审计住客账户和非住客账户。

信用监督

前厅必须监督住客和非住客账户以保证它们没有超过可以接受的信用限额。典型的情况是设定信用限额，客人在入住预订或登记时获得挂账权利。当客人在入住登记时提供了一张可以接受的信用卡，其信用限额将达到信用卡公司授权的最低限额。这意味着只要消费不超过信用卡公司设定的限额，前厅可以直接记账而不需要再授权。住客和非住客账户在获得其他经批准的信用安排情况下，也不得超过前厅建立的信用限额。这些内部信用限制称为酒店信用限额。

当前厅账户接近其信用限额，需要通告前厅管理层。这些账户叫作高风险账户或超限额账户。前厅经理或夜审员对确认账户是否达到或超过预先设定的信用限额负主要责任。前厅在超限额账户问题解决前，可能拒绝新的消费记入客人总账单。大多数酒店的前厅经理每天要定期检查客人分类账，以保证客账没有超过批准的信用限额。使用全自动系统的前厅部可以根据需要由计算机打印一份客人清单，主要列出账户接近或超过批准的信用限额的客人姓名。前厅管理层可以向信用卡公司申请增加信用授权或要求客人来支付部分账款以减少应收未收款余额。

在大型酒店，也许有一个全职的信用经理检查超限额账户。对于接近或超过批准的信用限额的客账，信用经理也可以向信用卡公司申请增加信用授权。另外，信用经理还负责向现在的和过去的住客收取没有结清的账款。

账户维护

总账单用于记录影响住客账户或非住客账户余额的交易。客人总账单必须准确、完整且以便于客人查询账户余额的方式存档，以备客人随时结账。交易记录同样遵循基本前厅会计公式。会计公式为：

期初余额 ＋ 借方金额－贷方金额 ＝ 净应收未收余额

$$PB + DR - CR = NOB$$

即借方增加账户余额，贷方减少账户余额。

这个公式能被应用于表 8-1 的总账单。客人在 7 月 27 日登记住宿，第一笔借方金额 14.25 美元消费发生在当晚酒店的餐厅。由于前厅没有收到现金付款或贷方金额，账户上第一笔应收未收款余额为 14.25 美元。

$$PB + DR - CR = NOB$$
$$\$0.00 + \$14.25 - \$0.00 = \$14.25$$

或者，另一种方式表示为：

期初余额：　　　　$0.00

＋借方金额：　　　＋ 14.25

－贷方金额：　　　－ 0.00

＝净应收未收余额　＝ $14.25

当日夜间，夜审员将客人房费和房间税（$160）记录到账户上。这项交易出现在总账单的第二行，导致一个新的应收未收金额。

$$PB + DR + CR = NOB$$
$$\$14.25 + \$60.00 - \$0.00 = \$74.25$$

接着，记录了客人的长途电话费，导致借方增加 6.38 美元。后来前厅记录了一笔杂项贷方金额（折扣）18.38 美元。在客人结账时收到一笔现金付款 62.25 美元。当每一笔交易都记录后，前厅会计公式产生一个余额为零的净应收未收账户。

$$PB + DR - CR = NOB$$
$$\$74.25 + \$6.38 - \$0.00 = \$80.63$$
$$\$80.63 + \$0.00 - \$18.38 = \$62.25$$
$$\$62.25 + \$0.00 - \$62.25 = \$0.00$$

此时，客人结账离店，其账户余额归为零，结账完毕。

跟踪交易

消费交易必须有正确的凭证，以便前厅可适当地维护账户。前厅员工依赖会计凭证提供的可信凭据将费用记入住客或非住客账户。即使在使用全自动系统的酒店，销售点（POS）终端直接与前厅系统连接，客人在检查总账单时仍然会询问有关消费项目。前厅会计程序最主要关注的是交易信息从销售点传递到前厅。夜审试图核查交易数据以保证酒店提供的所有商品和服务与前厅获得的应收账款一致。

交易在前厅会计系统中产生账目活动。从财务观点来看，在交易产生前没有发生任何事情。由于这个原因，前厅会计系统被描述为交易会计系统。合适的记账程序依赖于交易的性质和其货币价值。交易分为以下几类：

- 现金支付。
- 收费产生（应收账款）。
- 账项纠正。
- 账项折让。
- 账项转移。
- 预付现金。

每种交易类型在前厅会计系统中有不同的影响。每种交易类型可通过使用不同的电子凭单与前厅沟通，这将有助于简化前厅的审计程序。

现金支付

在前厅客人用现金付款，减少其净应收未收款余额，应记入住客或非住客账户的贷方，因此减少账户余额。由于大多数客人在入住登记时使用信用卡设定信用限额，前厅可以使用现金凭单来证明这项交易。只有在前厅发生现金支付交易时，才能将其记录在前厅总账单上。在结账或预付食宿费用时，现金支付也影响到前厅账户余额。

当现金用于支付除了前厅消费项目以外的商品和服务时，将没有记录出现在总账单上。这笔交易的"账户"只在销售点进行建立、增加、结账和关闭，因此减少了前厅的凭证和记账工作。例如，客人用现金支付在酒店餐厅用的午餐，就不需要出现在客人的总账单上。另外，一些酒店在前厅销售一些项目如报纸，当客人用现金支付这些项目，可以简化到不作任何记录。

个人支票和旅行支票是可转让票据，可被前厅员工视为现金。然而它们只有被验证通过后，才能被接收用于支付账款或兑换为现金。大多数酒店对于接收支票有专门的程序，通常要求将客人的姓名、地址和电话号码重新写在支票上，银行名称和支行标志与支票号码也应重新写在支票上。另外，银行账号和银行流程号码必须清楚地写在支票的票脚。收款员应核查客人的签字与原签字样本（最好附有客人照片）是否一致。然后，应在支票的背书栏中盖上只支付到酒店的图章。最后，客人的身份证明也应记录在支票上，如驾驶证号码。酒店收款员在收到旅行支票时应核对原始的签字与客人的签字，以保证其有效性。

在接收个人支票和旅行支票时，另外一个注意事项是关于使用的实际货币。收款员应确认以当地货币支付，而不是外币。如果支票是以外币签发的，收款员在接收时应首先将外币折算成当地货币，再行支付。大多数当地的报纸登载当日外币与当地货币的兑换率。汇率信息也可以从当地银行获得。酒店通常向客人收取小额的货币兑换费用。

很多酒店使用支票保证服务来保证他们所收到的支票是好的。当使用支票保证服务时，银行账号、银行工作号码、支票号码和金额要提供给服务中心。如果支票是可接收的，服务中心担保付款给酒店。当然酒店要向保证服务中心支付保证费用，在多数情况下此项费用作为酒店开展业务的成本开支。

收费产生

收费产生表示延迟的付款交易。在延迟付款交易中，客人（购买者）从酒店得到商品和服务，但是并不在得到时付款。一项收费产生的交易增加（借记）客人总账单的应收未收款余额。

如果交易是发生在前厅以外的地方，必须将消费信息传递到前厅并恰当地记录到总账单中。在非自动和半自动系统的酒店，通常是使用收费凭单或应收款凭单来沟通。当收入中心的收费是使用表式记录销售时（如餐厅的客人账单），这个表式通常被认为是原始凭证。为了沟通这类已经存在的交易，支持凭证（凭单）被填写并送到前厅过账。许多使用非自动和半自动系统的酒店使用一张多项目的食品和酒水账单。当客人将消费签至他的房间时，一份账单副本代替凭单传至前厅过账。

很多酒店的商店并不由自己所拥有和经营，它被出租给商店经营商。酒店和商店经营商通常有一份商业协议允许客人将其商店消费记入到他们的酒店账户上。在这种情况下，酒店和商店经营者必须制定安全可靠的程序来准确跟踪和记录客人的消费交易。当客人收费产生时，酒店需要与商店经营者合作将消费交易记录到住客和非住客账户。并且酒店通常都有责任记录所有有效的延迟消费交易，还必须能够清楚地说明销售凭证流程，以及在客人对消费有争议时解决机制。

在通常情况下，客人在商店购物时要求他们出示他们的房间钥匙或者其他的身份证明。如果商店的销售系统未能与酒店的前厅计算机系统连接，商店经营者需向前厅系统查询验证客人账户。当前厅验证客人身份之后，商店经营者要求客人在消费凭单上签字作为记录到他们酒店账户的证据，以此避免日后的消费纠纷。

有时商店的销售系统直接与酒店的前厅计算机系统连接，商店经营者可以使用该系统查询客人姓名，以及相关联经授权的客房账户（即该客人已在入住时设定了信用额度）。如果客人账户未经授权接受收费产生（即客人不被允许挂账），则系统不会接收该笔消费。

酒店通常不会接收客人离店后所产生的商店消费过账。

账款纠正

账款纠正交易解决在总账单上的过账错误。按照定义，账款纠正是在业务结束前，也就是在夜审前对当日产生的错误进行改正。账款纠正根据差错的不同，可以是增加账户余额或减少账户余额。例如，如果前厅接待员不留神将错误的消费记入某个客房账户，这个账户就需要进行调整。纠正凭单被用于证明账款纠正的交易。通常进行账款改正的前厅接待员需签写纠正凭单，呈交给前厅当班经理或领班以批复。

账款折让

账款折让包含两类交易：一类账款折让是减少总账单余额的折让，是对服务质量问题的补偿和优惠券的折扣。另一类账款折让是在营业结束后（夜审后）对发现的记账错误的更正，这类错误要另外输入相关收入中心的会计账户，因此需要调整他们的账户记录。

账款折让使用折让凭单作为凭证。折让凭单一般需要管理层的批准。图8-2是一份用于半自动化酒店的账款纠正和账款折让凭单格式。与处理纠正凭单相同，前厅接待员在登

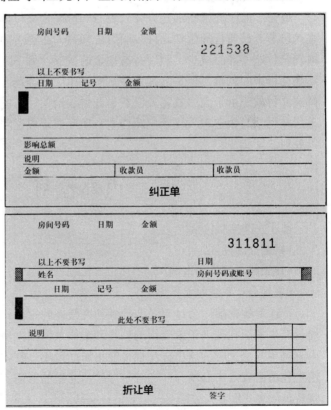

图8-2 账户纠正和账户折让凭单格式

记折让之前需要得到前厅经理或领班对折让凭单的批准。

账款转移

账款转移影响到两个账户，一个账户余额变动将抵消另外一个账户余额变动的影响。例如，当一位客人为另一位客人付账，代付的账款应从被付账户转到代付客人账户。转账凭单是减少被付客人总账单余额，增加代付客人总账单余额的票据。

现金预支

预支现金和其他类型的交易的不同点是：无论现金预支是直接支付还是代表客人支付，它都导致了现金流出了酒店。由于现金预支交易增加了住客账单上的应收未收款余额，被认为是借方交易。现金预支使用现金预支凭单。前厅代替客人支付的现金，作为现金预支记入客人账户是典型的现金支付。在有些前厅运作中，用现金支付凭单代替现金预支凭单。

过去，前厅员工经常允许客人签写一份现金支付单从其住客账户提取现金，现在这已不再是通行的做法。许多酒店告知客人在酒店内或附近的银行自动取款机提取现金。这一方面减少了酒店持有现金的数额，另一方面减少了酒店因客人离店不结账而带来的风险。但是，客人经常向鲜花店订鲜花，要求总台接待员接收送来的鲜花并付款。由于大多数客人没有为此付钱给前厅，前厅仍然需要代表客人付款，前厅在付款时假定客人将承担此费用。前厅政策应说明现金支付在多少美元以内可以处理。

内部控制

前厅内部控制包括:
- 跟踪交易凭证。
- 核查账户记录和余额。
- 发现会计系统的差异。

审计是核查前厅会计记录准确性和完整性的过程。每一笔相互影响的财务事项通过产生书面凭证来记录交易的性质和金额。例如，当发生将客人的餐费记入其个人总账单的交易时，这项交易很可能由餐厅账单、收款机记录和消费凭单所证实。消费凭单由收入中心填写并送给前厅作为交易的通知。在半自动系统的前厅，总台接待员依次找出客人总账单，记录消费交易，将客人总账单和消费凭证存档。当晚，前厅审计员要保证所有送到前厅的凭单已经适当地记录到正确的账户。在此情况下，审计员将检查从餐厅转来的消费总额与餐厅计算的总额是否一致。在账户记录都有完整的凭据作为有效证明时，相互账款的差异是容易解决的。

备用金

前厅会计控制程序的一个主要部分是前厅收款员备用金的使用。备用金是分配给收款员的一定金额的现金，以便他处理在各班次所发生的不同交易。酒店通常发给收款员一定金额的备用金。这些钱用于为客人结账、现金预支，以及提供其他有关现金的服务时进行找零。备用金限额是每班开始前收款员应领取的备用金数额。典型的控制程序要求收款员在上班前签字证明开始使用备用金，同时也只有签字的收款员在当班期间才有权使用备用金。在班次结束时，每个前厅收款员的唯一责任是将当班所有收到的现金、支票和其他可转让票据上缴。上缴的备用金应在前厅办公室的现金缴款袋上逐条列明。上缴之后的备用金应当恢复至先前的数额。

在没有安排每人每份备用金的酒店，收款员通常将备用金交给下一班。在这种情况下，已经使用备用金的收款员需要在当班结束时核查备用金余额，将超过备用金限额的长款投入酒店的保险箱。接受备用金的收款员也必须核查备用金的金额是否正确，因为他将承担接受责任。在当班结束，收款员通常先分出期初的备用金，然后将剩下的现金、支票和其他可转换款项（如现金预支凭单）放在一个专用的现金凭证或前厅现金缴款袋中。收款员再将现金缴款袋投入前厅总保险箱之前，通常要在前厅现金缴款袋的袋面上详细列明和记录放入的内容。从内部控制角度，至少应有一位另外的员工目击这个现金上缴过程，两名员工应在登记本上签字证实投放确实完成，并写出投放时间。

前厅现金缴款袋中的现金和收款员的净现金收入的现金差额应在收款员缴款袋上写明，作为长款、短款或应补回现金。净现金收入是收款员抽屉里的现金、支票和其他可转换款项的总额，减去期初的备用金，加上现金支付。

例如，假设前厅收款员开始上班的备用金为175美元，当班期间，收款员做了49美元的现金支付。当班结束，所有现金、支票、可转换票据的总额为952美元。

为了确定净现金收入总额，前厅收款员首先加总在收款员抽屉中的现金，支票和可转换票据的总额（$952），然后减去期初的备用金（$175），再加上现金支付额（$49），前厅收款员将得到净现金收入额（$826）：

$952 − $175 − $49 = $826

长款发生在拿出期初的备用金后，收款员抽屉里的现金、支票、可转换票据和现金支付额的总和大于净现金收入额的时候。长款可发生在当前厅接待员从客人处收到的现金支付大于客人账户的应付余额并少退还了现金给客人。例如，客人可以使用已经预先支付现金给酒店的礼品券，酒店收款员将此券视同为现金。短款发生在抽屉里的总价值小于净现金收入额的时候。短款可发生在当前厅接待员从客人处收到的现金支付大于客人账户的应付余额并多退还了现金给客人。前厅经理在评估前厅收款工作表现时，长款和短款两者都不被认为是"好"。长款和短款是通过将收款员的记录与实际现金、支票和可转换票据比较后得到的。好的记录系统，无论是非自动、半自动还是全自动的，都将提供适当的现金记录凭证。由于收款员是处理现金业务的，因此重要的是在前厅应有适当的程序以保证财务的完整性。

应补回现金发生在收款员付出的现金大于他收到的现金的时候，也就是说抽屉中没有足够的现金还回期初的备用金。在前厅应补回现金并不经常发生。一个特殊的应补回现金的情况是收款员在一个班次中收到很多大额现钞，如果不包含支票和大额现钞，期初的备用金将难以补回。由于支票和大额现钞在交易处理过程中不是非常有用，它们通常被作为其他收入上缴。因此，前厅上缴款项也许大于收款员的净现金收入，这个超额应补回到前厅收款员的备用金中。在收款员的下一个班次前，前厅应补回现金通常以小额现钞和硬币补回，因此备用金被补足。应补回备用金对收款员的工作表现并不产生正面的或负面的影响，因为它在净现金收入与实际现金相等或不等时都会发生。

审计控制

大量前厅审计控制保证前厅员工正当处理现金、住客账户和非住客账户。公开上市的酒店公司要求由独立注册公共会计师每年对其前厅和后台会计记录进行审计。另外，在有几家酒店的公司通常雇用内部审计师对各个酒店进行神秘访问以审计其会计记录。在上述两个例子中，应撰写审计报告交管理层和业主审阅。表 8-2 是一个公司的内部控制检查清单的格式。这个清单包括有关标准的前厅程序，审计是为了保证前厅运转的完整性。

表 8-2　内部控制检查表样本

(A)　顾客账户	
1. 应收账款 / 审计：	
a._____ 已结账商店的客人账户	$ _____
b._____ 离房后账单	_____
c._____ 预付费账目和消费	_____
d._____ 有争议的账户	_____
e._____ 拖欠账款（超过 60 天）	_____

（续）

f. _____ 逃账　　　　　　　　　　　　　　　　　 _____

g. _____ 旅行团凭单　　　　　　　　　　　　　　 _____

h. _____ 员工账户　　　　　　　　　　　　　　　 _____

i. _____ 公司内部账户　　　　　　　　　　　　　 _____

j. _____　　　　　　　　　　　　 _____

k. _____　　　　　　　　　　　　 _____

l. _____

　　　　　　　　　　　　　　　　　 小计 $ _____

m. 其他直接结算账户　　　　　　　　　　　　　　 _____

　　　　　　　　　　　　　 总直接计费 $ _____

n. 总客人账户　　　　　　　　　 应收账款总额 $ _____

o. 减去预付押金　　　　　　　　 应收账款余额 $ _____

p. 差异
　　　　 _____ 直接结算账户　　　　　　　　 _____
　　　　 _____ 账户的确认信　　　　　　　 $ _____
　　　　 重置控制编号 / 报告
　　　　 每台机器复位控制的数量　　　　　　　 _____

　　　　　　　　　　　　　　　　　　　　　 Sat.　　Unsat.

2. 直接计费账户由客人签名。　　　　　　　　　 _____　_____

3. 按合公司政策跟踪应收账款。　　　　　　　　 _____　_____

4. 只有经过授权的个人许可才能记入直接计费账户。 _____　_____

5. 直接计费账户应该有签注的副本以支持有关的费用。 _____　_____

6. 及时检查押金。　　　　　　　　　　　　　　 _____　_____

7. 准备每月的应收账款清单。　　　　　　　　　 _____　_____

8. 分监督直接支付账单、记账和寄账。　　　　　 _____　_____

9. 企业信贷授权文件可直接计费。　　　　　　　 _____　_____

（B）　预付定金

　　1. 账单完整（到达日期显示在账单上等）。　　 _____　_____

　　2. 预付定金的账单是安全的。　　　　　　　　 _____　_____

　　3. 及时处理陈旧过时的贷方余额账户。　　　　 _____　_____

　　4. 及时检查定金。　　　　　　　　　　　　　 _____　_____

（C）　信用卡的程序

　　1. 信用卡压印日期正确。　　　　　　　　　　 _____　_____

　　2. 测试信用卡凭证显示完整：

　　　　a. 要求的批准。　　　　　　　　　　　　 _____　_____

　　　　b. 所有当前的卡（未到期）。　　　　　　 _____　_____

（续）

    c.所有压印都清晰。　　　　　　　　　　　　　　＿＿＿　＿＿＿

    d.服务人员的签字和账单号码。　　　　　　　　　＿＿＿　＿＿＿

  3.信用卡机完好正确（总数正确，没有当地的信用卡费用会计，　＿＿＿　＿＿＿

    增加机器内的卷纸）。

（D）　支票

  1.服务人员的签字，账单编号，票据签字，收款人部分要正确

    完整。　　　　　　　　　　　　　　　　　　＿＿＿　＿＿＿

  2.每日存款入银行。　　　　　　　　　　　　　＿＿＿　＿＿＿

  3.有效且正确的支票兑现政策。　　　　　　　　＿＿＿　＿＿＿

  4.正确维持支票登记。　　　　　　　　　　　　＿＿＿　＿＿＿

（E）　前厅

  1.正确地重置控制号码。

  2.收入与账单一致（检查3天）

    a.客房　　　　　　　　　　　　　　　　　　＿＿＿　＿＿＿

    b.餐厅　　　　　　　　　　　　　　　　　　＿＿＿　＿＿＿

    c.长途电话　　　　　　　　　　　　　　　　＿＿＿　＿＿＿

    d.洗衣　　　　　　　　　　　　　　　　　　＿＿＿　＿＿＿

    e.其他　　　　　　　　　　　　　　　　　　＿＿＿　＿＿＿

  3.支付款和折让款由经理完成批准。　　　　　　＿＿＿　＿＿＿

  4.控制和平衡纠正款版。　　　　　　　　　　　＿＿＿　＿＿＿

  5.一切记账凭证的副本保存完好。　　　　　　　＿＿＿　＿＿＿

  6.长途电话正常征税。　　　　　　　　　　　　＿＿＿　＿＿＿

  7.只允许按照法律规定收取长途电话服务费用。　＿＿＿　＿＿＿

  8.正确计算房税。　　　　　　　　　　　　　　＿＿＿　＿＿＿

（F）　客人账单和登记卡

  1.账单和登记卡填写完整。　　　　　　　　　　＿＿＿　＿＿＿

  2.账单和登记卡要定期盖章。　　　　　　　　　＿＿＿　＿＿＿

  3.账单的标记与延续。　　　　　　　　　　　　＿＿＿　＿＿＿

  4.字母和数字按顺序填写并且条理清晰。　　　　＿＿＿　＿＿＿

  5.整理好未使用的数值序列的账单。　　　　　　＿＿＿　＿＿＿

  6.无效的账单要正确处理。　　　　　　　　　　＿＿＿　＿＿＿

（G）　安全

  1.适当地终止在建设施。　　　　　　　　　　　＿＿＿　＿＿＿

  2.正确使用存款见证日志。　　　　　　　　　　＿＿＿　＿＿＿

  3.备用金不使用的时候将其正确存储进开户银行。＿＿＿　＿＿＿

  4.夜审检查钥匙案例。　　　　　　　　　　　　＿＿＿　＿＿＿

（续）

5.保险箱:
  a.正确保管日志。 ＿＿＿＿ ＿＿＿＿
  b.未使用箱子的钥匙正确保管好。 ＿＿＿＿ ＿＿＿＿
6.汽车司机应具有执照。 ＿＿＿＿ ＿＿＿＿
7.在不使用的时候锁上现金抽屉。 ＿＿＿＿ ＿＿＿＿
8.酒店安全:
  A.最后一次更改的保险箱密码: ＿＿＿＿＿＿ ＿＿＿＿ ＿＿＿＿
  B.没有离职的员工拥有保险箱密码。 ＿＿＿＿ ＿＿＿＿
9.钥匙不使用的时候有适当的安全措施。 ＿＿＿＿ ＿＿＿＿
10.储藏室足够安全。 ＿＿＿＿ ＿＿＿＿
11.监控记录经常更新。 ＿＿＿＿ ＿＿＿＿
12.充足的布草存货控制。 ＿＿＿＿ ＿＿＿＿

(H) **账单问责**
  1.未使用的账单（未打开的箱子）:
    总共拥有的 ＿＿＿＿ 从编号 ＿＿＿＿ 到编号 ＿＿＿＿
    未使用的账单存储在: ＿＿＿＿＿＿＿＿＿＿＿＿
    可使用多久: ＿＿＿＿＿＿＿＿＿＿＿＿
    根据所附检查表,下面的内容不包括在内: ＿＿＿＿＿＿＿＿＿＿
    检查总账单: ＿＿＿＿ 日期从 ＿＿＿＿ 至 ＿＿＿＿
    丢失账单的总数: ＿＿＿＿

说明: ＿＿＿＿＿＿＿＿＿＿＿＿＿＿＿＿＿＿＿＿＿＿＿＿＿＿＿＿＿＿＿＿
我确认并接受这次的检查结果,给予我的财产是真实和准确的额定值（以上任何列表例外）。
经理: ＿＿＿＿ 日期: ＿＿＿＿ 经理也同意最后的审核吗? 是 ＿＿ 否 ＿＿
本人证明本人在上述日期执行了对上述财产的审计。
现场审计,审计服务部门: ＿＿＿＿＿＿＿＿＿＿＿＿＿＿＿＿＿＿

账户结算

应收未收账款的付款收取称作账户结算,结算包含将账户余额归为零。在全部使用现金付款,或转账到批准的直接邮寄账户以及信用卡账户时,账户可以归为零。所有住客账户应在离店时结完。应收未收款当要转为被批准的延期付款时,应从住客分类账转到公司账上。

虽然客人账户的结算通常发生在离店时,客人也可以在任何时候支付应收未收账户余额。非住客总账单最早可以在交易发生当天发出。根据前厅的政策,结算期也许为 15 ～ 30 天。例如，客人已经做了保证类预订，但是没有出现在酒店的情况，通常称为未抵店的客人。由于客人从来没有登记，其账户就不能在结账时结清。作为替代，前厅将发给客人一份担保金额的账单，希望在 15 ～ 30 天收到账款。如果客人是用信用卡担保的，酒店可以与信用卡公司制定协议用于收取未抵店客人的账款。然后担保金额将转入应收款分类账——信用卡部分进行收款。

当一个账户已经全部支付，大多数酒店记录最终的付款在客人的账单上。例外的情况是当客人结账离店后，又有消费记入，这叫作迟到账项。客人可能对迟到账项有争议或拒绝支付，而结果往往是酒店调账。一个典型的迟到账项是房间小冰箱消费在客人离店后才送到前厅。

小　结

前厅会计系统监督和反映了住店客人、公司、旅行社和其他非住客使用酒店服务和设施的交易。前厅在执行会计的准确性和完整性方面的能力直接关系到酒店收取应未收收款的能力。

每个前厅会计系统只适用于本酒店的运转。每个酒店的会计系统的术语和报告格式都不相同。总体上讲，账户是用于累计和汇总财务数据的格式。计算账户的增加和减少并得出账户余额的货币金额。酒店发生的所有财务交易都影响到账户。前厅账户用于记录与保存住店客人和非住店客人财务交易信息。在前厅会计中，消费增加账户余额，应记入 T 形账户的左边。支付减少账户余额，应记入 T 形账户的右边。前厅会计凭证主要使用日记账形式。

客人账户是用于记录客人与酒店之间的财务交易的。客人账户的建立是在客人做保证类预订或在前厅入住登记时。酒店也扩展店内挂账权利给当地的公司或旅行社，作为推销的手段或吸引其在酒店主办会议。前厅建立非住客账户（也叫作公司账户）来跟踪这些交易。

前厅账户主要通过叫作总账单的账户来反映，一个总账单反映影响一个账户余额的所有交易（借项和贷项）。所有增加（借记）和减少（贷记）账户余额的交易将记录在总账单上。在结账时，客人总账单在用现金支付，或用批准的信用卡支付以及转入直接收款账户时应转为零余额。在总账单上记录交易的过程叫作过账。当交易记录在适当的总账单的适当位置时，过账完成并产生一个新的余额。

前厅总账单有四种类型：住客账单、总账单、非住客或非永久性账单和员工账单。另外一种类型的总账单通常是由前厅经理为满足特殊情况或要求而建立的。

凭单详细反映记录到前厅账户的交易。这个凭证详细反映了交易源产生的交易信息。凭单之后会被送到前厅。审计是核查前厅会计记录的准确性和完整性的过程。

销售点是提供销售商品和服务的场所。酒店任何一个对其商品和服务获取收入的部门被认为是收入中心，即销售点。一个计算机销售点（POS）终端允许用遥控终端直接与前厅计算机系统连接。自动的销售点（POS）终端极大地减少了记录消费到总账单的时间，处理每一笔数据的时间，以及大量的记录错误和离店后账款（迟到账单）。

分类账是一组账户。前厅分类账是前厅总账单的集合。前厅使用的总账单是前厅应收款分类账的一部分。应收账款表示欠酒店的款项。前厅会计通常将应收账款分为两组：客人分类账（应收客人账）和公司分类账（应收非住客分类账）。客人分类账是登记住店客人的客账。客人在住宿登记时作了适当的信用安排后，可以取得在住宿期间将其消费记入他个人总账单的权利。公司分类账也叫作非住客分类账，是非住客账户的集合。如果一个客人账户在结账时没有用现金付完，客人的总账单余额将从前厅客人分类账转到会计部门的公司分类账让其收款。酒店的商店也许安排允许客人将消费记入到他们的房账上。在这种情况下，酒店将消费记入客人账户，向客人收取其应付的数额，付出应付给商店经营者的数额。

前厅政策要求有完整的现金凭单作为支持前厅账户现金交易的凭证。

在大型酒店中，建立和监督客人的信用通常是信用经理的责任。在小型酒店中，这项任务也许是前厅经理职责的一部分。信用经理协助客人建立信用以及检查住客、非住客分类账，以保证账户没有超过建立的信用限额。

主 要 术 语

账户（account）：是用于累计及汇总财务数据的表式。

账户余额（account balance）：以货币表现的账目总额，也就是一个账户总的借方额与总的贷方额两者的差额。

应收账款（account receivable）：欠酒店的款项。

应收账款分类账（accounts receivable ledger）：一组应收账款，包括住客分类账和公司分类账。

折让凭单（allowance voucher）：用于证明账户折让的凭单。

备用金限额（bank limit）：在班次期初发给收款员作备用金的现金数额。

现金预支凭单（cash advance voucher）：用于证明直接支付或代表客人支付的现金流出酒店的凭单。

备用金（cash bank）：是在每班开始前分配给收款员，以便他处理所发生的不同交易；收款员对这笔备用金以及当班收到的所有现金、支票和其他可转换账款负责。

现金凭单（cash voucher）：用于证明前厅现金付款交易的凭单。

收费凭单（charge voucher）：用于证明除了前厅以外的任何地点发生的消费凭单也作为应收账款凭单。

公司分类账（city ledger）：所有非住客账户的集合，包括在店应收账户和未结账离店客人账户。

纠正凭单（correction voucher）：用于证明对当日营业结束前发现的当日发生的过账错误进行纠正的凭单。

借方（credit，cr）：T形账户左边的记录。

贷方（debit，dr）：T形账户右边的记录。

应补回账款（due back）：在收款员发生付款超过他的收款的情况下，其差额是应补回收款员备用金的账款。在前厅，应补回账款通常发生在收款员当班收到很多支票和大额现钞，在下班时如果不包括支票和大额现钞，他不能补回期初的备用金。

员工账单（employee folio）：用于记录允许某位有记账消费权利的员工的消费交易的账单。

最低限额（floor limit）：信用卡公司给予酒店的限额，表示不需要对某张信用卡取得特别授权，可用信用卡在酒店消费的最大限额。

总账单（folio）：反映影响某个账户余额的所有交易的账单。

前厅会计公式（front office accounting formula）：用于前厅会计记账的公式为：期初余额＋借方金额－贷方金额＝应收未收款净额。

客人账户（guest account）：用于记录客人和酒店之间的财务交易的账户。

客人账单（guest folio）：用于反映各个客人或房间账户的交易的表格（纸张或电子形式）。

客人分类账（guest ledger）：一组所有现在登记住店客人的账户，也叫作前厅分类账、暂住客分类账或客人分类账。

超限额账户（high-balance account）：一个账户已经达到或超过预先确定的信用限额；主要由夜审进行确认；也叫作高风险账户。

酒店信用限额（house limit）：由酒店建立的信用限额。

迟到账项（late charge）：在客人已经结账和离店后记录到客人账户的消费。

分类账（ledger）：一组账户。

总账单（master folio）：用于在一个账户中反映超过一个人或一个房间的交易的账单，通常用作团队账户。记录在其他账户不合适记录的消费。

净现金收入（net cash receipts）：收款员抽屉中的现金和支票数额，减去期初的现金数额。

非住客账户（non-guest account）：用于跟踪以下财务交易而建立的账户：（1）在酒店有签字消费权的当地公司或旅行社。（2）在酒店主办会议的团体。（3）有应收未收账款的离店客人。

非住客 / 非永久性账单（non-guest/semi-permanent folio）：用于记录以下账户交易记录的账单：（1）在酒店有签字消费权的当地公司或旅行社。（2）在酒店主办会议的团体。（3）有应收未收账款的离店客人。

应收未收余额（outstanding balance）：客人欠酒店的款项。在结账时如为贷方余额，为酒店欠客人的款项。

长款（overage）：当收款机抽屉中的现金和支票总额超过期初的备用金和净现金收入所发生的差额。

即时付款（paid in advance，PIA）：在登记时用现金预付其房费的客人，即时付款客人通常得不到店内信用。

现金预支（paid-out）：酒店代表客人支付现金并作为预付现金记录到客人账户。

销售点（point-of-sales）：POS 系统让酒店的销售点电子收款机直接与前厅客人会计模块连接的计算机网络。

过账（posting）：在客人账单上记录交易的过程。

短款（shortage）：当收款机抽屉中的现金和支票总额，少于期初的备用金和净现金收入所发生的差额。

转账凭单（transfer voucher）：用于证明在一个总账单余额减少时，另一个总账单余额增加同等金额的凭单；用于客人账户之间的相互转账以及在采用信用卡结账时客人账户与非客人账户之间的转账。

凭单（voucher）：详细说明记录到前厅账户交易的凭证。用于销售点与前厅的信息沟通。

复习题

1. 前厅会计系统的特殊功能是什么？对客服务循环的每个阶段执行的任务是什么？
2. 账户的目的是什么？怎样在账户上记录交易？客人账户和非住客账户有哪些不同？
3. 在前厅会计中通常使用的总账单的四种类型是什么？总账单与账户之间有哪些联系？
4. 什么是销售点？全自动销售点系统和客人自助设备怎样将会计信息高效率地传输到前厅？
5. 建立总账单需要什么信息？在非自动、半自动和全自动前厅记录系统中的流程有哪些不同？
6. 基本的前厅会计公式是什么？它在记录交易中是怎样使用的？
7. 在前厅现金支付的会计处理和预付现金的会计处理有哪些不同？
8. 什么是备用金？好的备用金控制程序是什么？
9. 什么是长款、短款和应补回款项？他们对于前厅收款员的工作表现有哪些影响？
10. 账户纠正和账户折让有哪些不同？为什么对两者加以区别是重要的？

网址：

若想获得更多信息，可访问下列网址。网址变更恕不通知。若你所访问的网址不存在，可使用搜索引擎查找新网址。

1.CSS Hotel Systems:www.csshotelsystems.com
2.Execu/Tech Hospitality Solutions:www.execu-tech.com
3.Hotelllinx Systems Ltd.:www.hotellinx.com
4.Innfinity Hospitality Systems:www.innfinity.com
5.Prologic First:www.prologicfirst.com

案例分析

Magic Crest 酒店的前厅会计

Magic Crest 酒店前厅会计的一个主要问题是监控住客和非住客账户。出于某些原因，管理者总是给予当地公司和政府人员挂账的权利，意图是通过给予延迟付款的方便，希望当地主顾更愿意在酒店用餐或招待客人。这个计划已经被证明是非常成功的。这些非住店客人的消费金额现在已经接近登记住宿客人的消费金额。因不能确定这种情况是好是坏，前厅经理艾瑞尔先生要求前厅会计人员去研究这个问题并在下周会议上报告他们的调查结果。

在每周的前厅会议上，酒店会计莱特西小姐报告，至少有三个问题有关酒店非住客消费政策：它影响每日的酒店审计，收取账款的收账程序，大量额外的非住客账户申请。

当询问更具体的内容时，她开始回顾了每日的酒店审计。她说由于前厅从收入中心收到消费凭单，分别住客和非住客账户成为总台接待员的责任。由于住店客人的消费是按照房间号码来记录的，人们认为它是容易从其他消费中分出来的。不幸的是，酒店客房号码和非住客账户的号码两者都是三位数字，因此分拣工作花了大量时间。艾瑞尔先生问是否真正需要去分开消费凭单，莱特西小姐解释为是的，这是由于酒店必须维持正确的客人总账单余额。她进一步说明非住客凭单是每周六下午累计和记录，此时酒店的业务不多。

收取非住客账户余额的收账程序是复杂的。由于酒店每月的最后一天收取非住客账款，在个别的月份，一些消费也许没有被记录和反映在当月的账单上。另外，非住客账户通常不能及时支付，事实上47%的上月非住客账户余额没有被支付，而第二天就是下个收账循环日。艾瑞尔先生解释当地客人对酒店是非常重要的，并认为也许莱特西小姐对收账问题过于敏感。

最后，莱特西小姐说明了至少有10个新的与非住客账户有关的申请表。她指示她的员工没有她的批准不可批准任何新的账户。她进一步说明她乐意批准任何额外的非住客账户，并希望达到艾瑞尔先生的要求。由于这些业务确实有正面作用，艾瑞尔先生直接要求她批准客人的要求并在下月的第一天分配账号。莱特西小姐要求给她的员工发布指令。

讨论题

1. 你对提高处理住客和非住客消费凭单效率有什么建议？这些建议对每日审计可能有怎样的帮助？非住客账户累积记录工作是一个有效的工作计划吗？

2. 为了改进非住客账户的账单，需要做什么？为了改进应收未收账款余额的收取，需要做什么？

3. 拥有大量非住客账户的优点和缺点是什么？处理和收取应收未收款余额的成本是什么？这些交易对酒店现金流量可能有怎样的影响？

案例编号：3327A

下列行业专家帮助收集信息，编写了这一案例：注册酒店管理师、TWE 集团副总裁，理查德·M.布鲁克斯，和注册酒店管理师、俄亥俄州 Beachwood 市假日酒店总经理，S.肯尼思·希拉。

第 9 章

学习目标

1. 能分辨结账离店的功能和程序，包含结账方式与延迟结账离店。

2. 能描述快速结账与自助结账的过程。

3. 解释酒店如何处理未结清账户余额并描述收账程序。

4. 解释经理如何使用客史档案，总结前厅员工如何通过结账流程进行酒店市场营销，并能描述前厅数据保密碰到的问题。

结账离店

结账离店是对客服务全过程最后阶段的一部分。客人离店阶段的服务和活动主要由前厅接待员来执行。在酒店计算机化时代以前，中型和大型酒店的前厅接待员的工作负荷较大，因此接待和收款岗位是分开设立的。客人是由前厅接待员办理登记入住，而由前厅收款员办理结账离店。员工的交叉培训是非常少的。只有在小型酒店由同一个人做以上两样工作。当今，由于前厅的自动化系统的运用，大多数酒店培训他们的前厅人员掌握登记入住和结账离店两种程序。这增加了工作的多样性，允许有更高弹性的员工排班计划，为客人提供更好的服务。这也包括会计部门的人员。在离店前，客人通常在前厅停留检查他的账单，结清任何应付未付账款，收取账款发票，归还房间钥匙。然而，自助结账已越来越通行，它让客人不必在前厅，而在他们自己房间的电视或移动终端上进行结账。自助结账后，可在前厅领到住客账户的总结账单，也可通过邮寄或电子邮件的方式送达客人。

对于客人来讲在酒店中两个最紧张的时段是登记入住和结账离店。如果结账时不能达到完美、准确、友好和快捷，客人将忘记酒店员工之前所有的礼貌服务和辛勤工作。本章通过检查结账阶段的各种不同的活动来阐述对客服务全过程的最后阶段。

结账离店

在结账阶段，前厅至少执行三个重要的功能：
- 解决应收未收客账余额。
- 更新客房状态信息。
- 建立客史记录。

客账结算依赖于一个有效率的前厅会计系统，也就是要维持准确的客人总账单。核查和批准结算的方式，解决账户余额的争议。总之，在客人仍在酒店时前厅要寻求最有效的手段去结清客人的账款。客人可以使用现金结账，用信用卡结账，将被批准的款项直接转账，使用一张礼品卡或使用混合的结账方式结账。

大多数酒店在入住登记时要求客人指定最后的结算方式。这个程序能使前厅在客人来到前厅结账前就能证实和确认客人的信用卡和转账的信息。预先结算核查活动有助于最大限度地减少客人的结账时间，极大地改进前厅收取应收未收账款余额的能力。客人也许后来改变他们的想法用其他方式结账。但是预先结算核查活动能保证酒店收取客人住店期间的食宿和服务费用。

有效的前厅运转依赖于准确的房间状态信息。当客人结账时，前厅接待员需要完成几项重要的任务。首先，服务员在房间状态报告中将客房的状态从出租房改为正在打扫的状态。打扫房是一个客房术语，它表示客人已经结账离店，需要对其租用的房间进行清扫以供下一位客人使用的客房状态。在改变了客房的状态后，前厅系统会通知客房部门客人已经离店。一些前厅系统还会通知客房部门将一些设施移出该客房，如婴儿床或加床。

过去，前厅与客房部门沟通信息的方式是使用电话，或者电子房间状态显示板或远程状态书写装置。现在，当前厅接待员完成结账程序后，信息通常自动传给客房部门。当客房部门一收到信息，就安排客房服务员去清扫，准备好客房供检查和再出售。为了实现客房销售收入的最大化，前厅必须维持所有房间最新的出租和清扫状态，并根据客房部门的信息快捷和准确地改变客房状态。

结账离店也包括建立客史记录工作，它将成为客史档案的一部分。由于酒店能够通过正确的客史资料分析在酒店业市场上获得有价值的竞争优势，客史资料能够提供市场策略的有力数据。

离店程序

当前厅得到很好的准备和组织时，结账将是很有效率的。对客服务全过程的离店阶段包括一些已简化结账工作的程序。这些程序包括：

- 询问有关新近的额外消费。
- 记录应收未收款项。
- 核对账户信息。
- 展示客人总账单。
- 核实付款方式。
- 处理付款。
- 检查未送交邮件、留言和文件传真。
- 保证客房钥匙安全。

- 更新房间状态。
- 询问客人对酒店的感受。
- 寻求客人完整填写顾客满意度调查问卷。
- 更新客史档案。

由于酒店的服务水准和自动化程度不同，各酒店前厅结账程序差异很大。由于大多数提供自动和快速结账服务，客人和前厅接待员的接触次数也有很大差异。

结账提供前厅给客人留下好印象的又一个机会。当客人接近前厅时应迅速并礼貌地向客人问候。前厅接待员应检查等待客人拿取的任何留言、传真或邮件。前厅接待员也应核实客人是否已经清理贵重物品保险箱或房内保险箱并退还钥匙。在许多系统中，可以有标注客人的记录以便前厅接待员能够注意到客人未拿取的留言、邮件和传真。它不但简化了记录，也减少了在客人离店前丢失这些信息的可能性。

为了保证客人总账单是准确和完整的，前厅接待员需要及时输入任何应收未收账款。另外，前厅接待员应询问客人是否又发生了新近的消费，并在客人总账单上作必要的记录。客人期望在他们到前厅结账时，他们的总账单是准确的并已准备好。无论酒店的自动化程度多高，在客人准备离店时要是账单不准确也没有及时更新，这个酒店将给客人留下很差的印象。

传统上，在结账时向客人展示一份最后的总账单副本供其检查和结账。在这个时候，前厅接待员应确认客人怎样进行结账，不管客人在入住登记时确定了哪一种结算方式。这个询问是需要的，因为许多前厅操作要求客人在登记时建立信用，而不管客人最终怎样去结账。客人也许在登记时出示一张信用卡来建立信用，而后决定使用现金或支票结清账款。如果是非常重要的客人（VIP）或一个团体的特殊人物或公司付账客人，他们的账款标记为所有费用直接转账收取，因此就不应直接要求客人结账。

在确定客人将怎样付费后，前厅接待员应将客人账款余额转为零。通常称为账款的零余额。客人账户余额必须全部被结算才被认为是零余额账户。只要酒店已经收到全部付款或担保全部付款，账户将结为零余额。例如，如果客人支付现金，账户转为零余额。如果客人使用信用卡结账，酒店将就客人应付款部分获得信用卡公司的批准，所以账户也可以转为零。酒店通常在结账交易的一两天内获得信用卡公司的付款。由于这项担保，酒店假定付款是全额的而予以结清总账单。如果账款是通过酒店直接转账支付，由于账款必须转为应收公司分类账通过应收款系统进行收账，所以账户余额不能转为零。

结账的方式

客人账户能够通过多种付款方式将账户转为零余额。结账的方式包括现金或借记卡支付，信用卡或直接转账，或混合方式结账。

现金或借记卡支付 现金支付在结账时直接全额现金支付将客账余额转为零。前厅接待员应标记总账单已付讫。如前所述，前厅有时要求客人在登记入住时出示一张信用卡或借记卡以获得挂账消费权利。客人在入住登记时可能已经压印了一张信用卡，即使如此他也会使用现金结账。当客人用现金支付全部款项时，前厅接待员应销毁客人在登记时压印的信用卡凭单。当客人在入住登记时，前厅接待员通过获得信用卡授权获得信用限额，则信用卡公司即承诺所授信的额度将用于在酒店所有支出。这样也就减少了信用卡持有人用于其他消费的额度。如果客人要用另一种方式支付结账，则酒店必须在结账时撤销之前由信用卡公司提供的授信额度。否则信用卡公司可能会冻结之前的限额长达 30 天之久。这对客人来说是个麻烦，也会造成客人离店后与酒店发生纠纷。

借记卡支付与现金支付相似，因为资金是由客人的个人活期或储蓄账户直接转付过来。银行签发的借记卡不会在账户内余额不足的情况处理转付操作。尽管客人结账时的账单余额为零，但酒店清账则是在收到最后钱款后由客人分类账转账至公司分类账。

客人用外币支付时首先应将他们的货币兑换为当地货币。习惯上只使用当地货币结算。由于银行会向酒店收取货币兑换手续费，酒店通常也对兑换货币加收一笔费用。大多数酒店的前厅显示主要国家的货币兑换率，或者通过互联网金融信息获得。

宾客结账时使用现金付款是最容易被前台员工使用欺诈手段的，因此，酒店采取适当的方式记录现金交易流程是非常重要的。许多酒店要求前厅主管处理所有现金交易，用来确保宾客支付的现金被投入了酒店前台的现金收银箱内。另外，前台员工还会接受识别假币的培训，尤其是对 20 美元面额及以上更大面额账单支付时的假币进行甄别，因为这些是最容易出现伪造的面额。

信用卡转账 即使使用信用卡结账将客账归为零时，也必须跟踪这笔消费额直到从信用卡公司实际收到该款。因此，信用卡结账在客人总账单上建立了一个贷项转移，将账户余额从住客分类账转移到应收公司账（非住客分类账）的信用卡账户。在前厅接待员将信用卡在读卡机上划过后，读卡机将打印出一份适当金额的支付水单。然后将完成后的信用卡支付单据交给客人签字。客人签字后这笔交易完成。在许多酒店，现在不再需要打印的单据，这是因为酒店计算机系统将结账交易直接发送到信用卡公司。在这种情况下，客人仅仅需要在结账时在前厅打印的凭单上签字。当外国客人使用信用卡结账时，信用卡公司总是用当地货币结算。酒店不用担心货币的汇率或费用问题。

直接转账账款 与信用卡结账相同的是，直接转账账款也将客人账户余额从客人分类账转到公司分类账。与信用卡结账不同的是，转账和收取直接转账账款的责任是酒店而不是外部代理公司。酒店通常不接受直接转账账款的结算方式，除非在客人事先或登记住宿时酒店的信用部门安排并批准了直接转账收账方式。为完成直接转账账款的结账，前厅接待员应让客人在总账单上签字以确认内容是正确的，客人接受支付账单上的所有付款的责任，以防直接转账账户不支付其账单。一份最终客账复印件会通知直接转账代理公司支付相应钱款。

混合结账方式　客人可能使用超过一种结算方式将账户结为零。例如，客人可能使用现金支付一部分账款，其余账款使用可接受的信用卡结算。前厅接待员必须准确记录混合的结账方式，并应注意做适当的书面记录。这些记录有助于有效的前厅审计。

一旦客人结完账，前厅接待员应提供一份总账单副本给客人。结账是前厅最后一次展现殷勤好客的机会。例如，接待员应询问客人酒店各方面是否达到他的期望，特别是客房、酒店设施和服务。

结账是接待员让客人了解酒店关心他们在住店期间所接受的服务质量的最好时机。许多酒店前厅在结账时发给客人征求意见卡，希望客人对酒店进行评估。前厅接待员应始终感谢客人住店并祝客人旅途安全。前厅接待员也应邀请客人在下次到本地时再次入住本店。

有时客人可能提前结账但并不立即离开酒店。例如，客人在上午 8 点即完成了结账，但需要在酒店参加商务会议直到中午。由于账户已经结清，客人就不能再将其余的消费记入他们的住客账户。客人会感到不便或尴尬。由此，前厅接待员需要在客人结账时核实客人是否立即离店，如果不是，则要告知客人不能继续将其余消费挂账到原有账户中。

延迟结账离店

客人并不总是按照酒店公布的结账时间结账。为了减少延迟结账离店，前厅应在显眼的地方公布结账时间，比如所有客房门的背后和前厅突出的位置。结账时间的提醒也应包括在各种发给预计当日离店客人的材料中。延迟结账对一些会议酒店和度假村是一个问题，客人希望待一整天并使用会议和娱乐设施，包括他们的房间。为了给入店客人准备房间，重要的是要与即将离店客人适当地沟通和妥善地处理离店时间问题。

一些酒店授权前厅收取延迟结账离店费用。客人可能非常惊讶地在账单上发现这笔费用，特别是他不熟悉酒店的结账离店政策时。客人在任何时候询问前厅延迟结账问题时，前厅接待员应告诉客人酒店关于延迟结账费用的政策。

一些客人可能对加收额外的费用非常不满并拒付。前厅接待员应平静地处理这种情况，一个很好的解释理由是酒店制定的延误结账费用政策。前厅经理可能被召唤来与客人讨论这件事。

前厅员工不应对延迟结账费用进行道歉。酒店的结账时间是认真选择的而不是任意设置的。这并不仅仅是为了方便客人。管理层建立结账时间为的是客房部门能有足够的时间为新到的客人准备房间。在客房员工下班前，应为入店客人清扫并准备好客房。前厅同意延迟结账可能导致酒店的额外成本，特别是在客房部门，客房清扫员可能要加班完成分给他们清扫客房的任务。另外，也必须考虑给入店客人带来的不方便和潜在的不满。由于这些原因，证明酒店征收延迟结账费用是正当的。

结账选择

技术的变化以及客人的需要，促使前厅在标准的结账程序以外发展另外的快速结账程序。这些选择将先进的技术与特殊对客服务相结合加快离店过程。

快速结账

大多数酒店，在主要的结账时段，客人到前厅结账时可能要在前厅排长队。为了减缓前厅的工作量，有些前厅在客人实际准备离店之前就开始结账操作了。通常的离店准备工作包括打印和分发客人总账单给预计结账的客人。前厅员工，客房服务员，甚至酒店安全部员工可以在早上 6:00 前将预计结账客人的总账单轻轻地从房门下面推进去，并要保证在门外看不到或拿不到客人的总账单。

通常，前厅将快速结账表格和预期离店客人的总账单一起分发给客人。快速结账表格包含一个通告，要求客人在改变离店计划时通知前厅。除此以外，前厅假设客人是在酒店公布的结账时间离店。这个程序通常提醒和鼓励客人应用各种快速结账服务。

快速结账表格的式样见图 9 - 1。通过填写这张表格，客人授权前厅将他的应收未收总账单余额转入到在入住登记时建立的信用卡凭单上。如果没有信用卡信息，或者在登记时没有建立信用，前厅通常不提供快速结账服务。一旦填好这个表格，客人将在离店前到前厅投递快速结账表。在客人离开后，前厅通过将应收未收客账余额转为事先批准的结账方式来完成客人的结账工作。客人离开酒店前发生的任何额外的费用（例如电话费），前厅接待员在将账户转账归为零以前加到他的总账单上。由于可能发生迟到费用，快速结账总账单的客人副本中的应付额可能与客人的信用

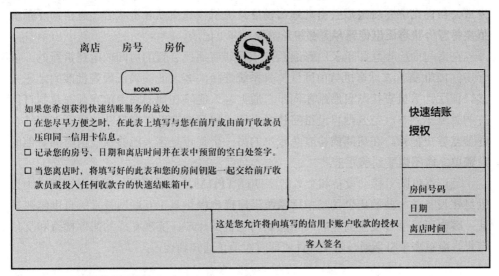

图 9-1 快速结账表格样本

资料来源：承蒙喜来登——波士顿酒店的允许，波士顿，马萨诸塞。

卡账户不等。这种情况应清楚地表述在快速结账表上以减少将来的争议。当迟到费用增加到账户上，一份更新的总账单副本应邮寄给客人以便他有一个准确的记录。通过这种方式，客人在收到信用卡账单发现金额有差异时就不会惊讶。

对于预付现金的客人则不适用快速结账，因为客人的应付款与预付款基本不会相同，且前厅没有预付现金客人的信用卡信息，所以酒店无法收取多出的欠款。一旦收到快速结账表格，前厅接待员必须保证及时传递客房状态信息给客房部门，以便清扫客房。

自助结账

在一些酒店，客人能够通过自助结账终端自己结账离店，这些终端设置在大厅或会议区域，或者使用房间内的终端系统。自助结账终端或房间内系统是与前厅计算机系统接口的，目的是减少结账时间以及前厅的客人流量。自助结账终端设计的形式多样。有些类似自动银行语音系统及其他具有影视和声音功能的装置。自助服务设备通常设置在酒店的非前厅区域，如会议团队登记区或酒店停车场。

在使用自助结账终端时，客人进入相应的总账单检查账单内容。系统也许要求客人通过键盘或者在附带的信用卡磁条读卡机上划卡来输入信用卡号码。这时账款就能够自动地转到一个可接收的信用卡上。

当客账余额转到信用卡账上，打印出列明项目的账单并交给客人时，结账工作完成。自助结账系统之后会自动地与前厅计算机沟通更新客房状态信息。前厅系统依次将客房状态信息传到客房部并开始建立客史记录。

在房间内检查总账单及结账通常是依靠装有遥控装置的房间内电视进行的。由于房间内电视通过计算机与前厅计算机系统连接，客人能够确认预先批准的结账方式。前厅计算机直接与自助结账同步，通常客人能够在他们临走前在前厅拿到打印好的总账单副本。与其他自助结账技术一样，房间内自助结账自动地更新客房状态并建立客史记录。在房间内检查总账单的另一个优点是客人能够在任何时间看他的总账单，而不需要到前厅去。

笔记本电脑、移动设备和个人数字助理（PDAs）已经能取代客房电视机成为自助结账设备。一些酒店公司与前厅系统供应商也提供基于互联网技术的自助结账功能。客人可以通过安全的互联网站点访问他们的账户，实现在线的账单检查和支付审批。而总账单将会通过电子邮件或即时短消息通知到客人。

未结清账户余额

无论前厅如何仔细地监督入住的客人，总是有可能客人不结账就离店。一些客人离开酒店而真的忘记结账，而另一些客人无意识结账就离开了酒店。这些客人通常称为逃账者。另外前厅也可能发现已经结账离店客人的迟到费用。不管什么原因，客人离店后的费用和应收未收余额表示未结清账户余额。

迟到费用是在客人结账时主要关注的一件事。迟到费用是一项应记入客人账户的账项由于账单在客人结账时没有到达前厅的交易。餐厅、电话和房内用餐消费是潜在的迟到费用的事例。如果客人在离店之前应该支付这些费用而没有支付，酒店将很难在客人离店后对其进行收费。

即使迟到费用最后支付了，酒店也会发生额外成本，包括离店后收账费用。有时，额外的人工成本、邮寄费用、文具费用和特殊证明等可能花费比迟到费用更多的费用。许多酒店在他们将账单寄给离店客人前设定了 8 美元或 15 美元的限额。如果迟到费用少于这个限额，酒店将注销这笔费用并在账上将余额转为零。个别酒店可能很容易发生较大的迟到费用，因此减少迟到费用对于提高盈利是十分重要的。

与各收益中心相连的前厅自动化系统往往能有效地减少或杜绝迟到费用。例如，餐厅内与前厅系统连接的销售点系统能实时地核实客房账户状态，确认信用限额，并将费用过账到客人账户，这一切都可在客人离开餐厅前完成。同样，与前厅系统连接的通话计费系统可杜绝电话迟到费用。客人们在客房内打完电话，随后直接来到前厅结账时会发现所有的电话费用，甚至刚才最后打的电话也会列在账单上。

在前厅系统未能和销售点系统连接的酒店中，前厅接待员就要根据各种规章步骤来减少迟到费用的发生。前厅员工能：

- 在交易凭单一到达前厅时就记录。这个程序将减少在结账离店前的未过账费用的数量。
- 在结账之前检查前厅设备和凭单及总账单架上未过账的费用。例如房内收费电影系统也许有交易信息没有过账到前厅系统中。
- 询问离店客人他们是否发生了任何费用和打了长途电话而没有出现在他们的最终总账单上。

大多数客人会诚实地直接回答问题，一些客人可能觉得没有责任自愿提供未过账费用的信息。这些客人只支付应付未付的总账单余额，而不顾未过账的费用。一些客人可能不知道他们有责任支付没有过账的费用。

在没有和销售点系统连接的酒店前厅管理层可以建立一个系统来保证销售点的账款被快速地移交给前厅进行过账。在结账高峰时间这点特别重要。为了努力减少迟到费用，前厅可以雇用跑单员去拿销售点的凭单，或者通过电话交换信息。

客人在入住登记时出示信用卡即被认为所有消费将自动通过随后的记账转到他们的信用卡账户。根据酒店与信用卡公司的法律协议，酒店可以订立在信用卡凭单的签字栏简单地写上"在文件上签字"，即可收取客人的应付未付款余额。"在文件上签字"意味着客人在登记时已经在酒店的登记卡上签字，据此，他已经同意在他离店时支付所有账单。有些信用卡公司允许在客人已签字的信用卡凭单上增加离店后的账款。在客人已签字的凭单上增加账款前，前厅接待员必须确认信用卡公司是否接受增加额外账款。将离店后费用记录到总账单并增加到信用卡凭单上时，酒店应发一份更新的客人总账单给客人，以便客人理解为什么在账户上出现额外的费用。

收 账

向离店客人收取的迟到账款不应归为不可收取账款，直到前厅或会计部门实施了所有收账程序。一份填写完整的入住登记卡应包含客人的签名、家庭和公司地址及电话号码。对于用现金结账的客人和用信用卡结账的客人，收取迟到账款的程序可能不同。对于使用信用卡结账的客人，将根据信用卡公司规定的迟到账款收款的政策和程序进行收款。客人账款没有全部用现金结完账时，将从前厅控制转为酒店会计部门控制。

典型的非住客（公司）分类账账户包括：

- 信用卡账单用于记录向经授权的信用卡公司收取的账款。

- 直接邮寄账单给公司、旅行社和其他组织。
- 旅行社账户用于记录向经授权的旅游者和团队组织者收取的账款。
- 退票账户用于记录被退回的离店客人的个人支票。
- 逃账账户用于记录客人离开酒店而没有结账的账款。
- 有争议账单用于客人因争议而拒绝结算的账款（部分或全部）。
- 确认类预订账户用于记录和跟踪未入住客人。
- 迟到账单账户用于记录在客人结账前有些费用没有记录到他们账户的款项。
- 公司账户用于记录非住客业务和推销活动的账款。

为了提高效率，前厅和会计部门必须一起制定收取离店客人过期账款的程序。收取应收账款的内容包括：

- 什么时候收回应收未收款余额。
- 收账间隔天数。
- 怎样联系账款过期的离店客人。

收账过程越早启动，酒店越可能收到未付款账户的支付。在准备向离店客人和非住店客人账户收账时，及时通常是成功的关键。每个酒店应制订他们自己的收账计划。收账计划根据酒店的财务要求、顾客形象、历史的收账模式等方面考虑，可以是紧迫的（短循环）到宽大的（长循环）。在大酒店，通常是前厅信用经理负责收账。在小酒店，前厅经理或负责应收款的员工负此责任。表 9-1 是收账计划表，用于制定或规划收账的方法和时间循环。有时客人由于记不得发生的费用而对费用产生争议。这个问题对迟到费用尤其如此。

表 9-1　收账计划表

明细表	方法	定时
第一份账单	＿＿＿＿后备发票结算单	在客人的账户转移到城市分类账后，不迟于＿＿＿＿小时邮寄
第二份账单	＿＿＿＿结算单	＿＿＿＿天后
	＿＿＿＿电话	
	＿＿＿＿信件	
第三份账单	＿＿＿＿结算单	＿＿＿＿天后
	＿＿＿＿电话	
	＿＿＿＿信件	
第四份账单	＿＿＿＿结算单	＿＿＿＿天后
	＿＿＿＿电话	
	＿＿＿＿信件	

（续）

明细表	方法	定时
第五份账单	＿＿＿＿＿ 结算单 ＿＿＿＿＿ 电话 ＿＿＿＿＿ 信件 其他	＿＿＿＿＿ 天后

在所有的收账案例中，重要的是在任何情况下员工应礼貌并坚定地解决延期支付账户。侵犯消费者权益的收账活动也许需支付比原债务还高的花费。联邦公平收债法和公平信用收账法清楚地表述了那些包含在收账活动中的责任和权利。

无论如何遵循收账程序，应收账款收账的问题还会产生。酒店应有过期账款的书面收账程序，也可以任免一个信用委员会来检查过期账款并决定一种收账选择。

正如单个客人账户必须仔细看管一样，会议及旅行团总账户也必须仔细照管。旅行团和会议的信用应在他们到达前建立好。有时，酒店要求至少支付部分账款作为一笔定金。许多酒店在团队离店前预先准备一份总账户账单，并与团队领队一起检查并解答他的问题以加快结账过程。由于团队一般只承担专项费用，如房费、税金和指定的餐费，酒店的通常做法是要求每位旅行团客人在入住登记时建立信用。

对于会议，总账户可能非常复杂。因此付款管理往往会清楚地写进团队会议合同中，并由组团领队在抵达酒店前核实确认。如有变动，必须及时通知前厅经理与相应部门的管理者。习惯上是前厅经理与组团领队或代表审核每天的费用。每日会议的目的是检查当天和前一天的所有费用。这样做可以允许前厅经理在团队离店之前有时间解决任何账单问题。除了告知领队账单余额之外，每日汇总还可加速收账流程。根据酒店规定，获取消费授权是前厅经理、信用经理以及会议服务经理的职责。特别应关注宴会费用，它通常是以客人人数为基础来计算的。另外，记录到总账户的客房与会议室费用也应经常检查以保证团队的费用已经按规定记录。在度假村，通常把发生在某一天特定的费用记录到总账户上。例如，也许某一天有高尔夫或者网球比赛，所有费用都会记录到总账户。一些特别事件更会增加收款流程的复杂性。当总账单送给会计进行最后收账时，所有签字的账单、凭单和其他凭证应一并附上发出，作为费用已经经组团领队检查和批准的证明。

从会计的观点来看，一些酒店把有问题的未收账款返回给产生这些账款的部门。例如，如果费用被错误地收取，前厅要对这笔未收账款交易进行核实。酒店信用委员会、信用经理或总经理应当分析事发部门的程序，并建议采取正确的行动。收账问题也表明需要对员工进行再培训或进一步的督导。

账龄

信用卡账单的支付通常是根据酒店与信用卡公司订立的协议进行。酒店会计部门可能会立即收到款项或等待数天甚至更长时间。影响收账时间长度的因素包括交易数量、向信用卡公司邮寄凭单的频率、交易和资金的电子转账方式、外国信用卡交易,以及信用卡公司征收的交易费用。大多数公司分类账账户通常能在30天内结账。而另一些公司分类账账户要超过30天才能收取。酒店应建立在消费一发生后就对应收账款进行跟踪的措施。这种预订收账的做法通常称为账龄。

账龄分析各家酒店都不同, 这取决于酒店实际执行的信用条件的不同。在一些酒店, 会计部门监督账龄。另一些酒店, 由夜审员承担此责任。账龄分析表将账款区分为30天、60天、90天或更长时间的欠款。表9-2是一份简化的应收款账龄报告表。账款少于30天的欠款被认为是本期欠款。账款超过30天的欠款被认为是过期账款。在一些情况下, 账款超过90天的欠款被认为是拖欠账款。前厅员工与会计部门应保留一份欠款清单。在过期账款清单上的客人将不允许使用信用卡, 直到其所欠账款转为本期欠款。

过期账款对酒店来说是一项费用。酒店管理层无法使用过期账款所带来的收益,因为这些收益并未入账。而且, 账款拖延时间越长越难收取。因此, 许多会计部门都有一份未收账款账龄分析报告。酒店业主与高层管理者通过这份报告来确保账款得以适时处理。

表 9-2 应收款账龄报告表

应收款账龄						
截至 _____ , 20 ____						
姓名	应收	已收	未完成的			
			30 ~ 60	60 ~ 90	90 ~ 120	120+
Elizabeth Penny	$ 125					$ 125
Mimi Hendricks	$ 235			$ 235		
M/M Phil Damon	$ 486	$ 100	$ 386			
Harrison Taylor	$ 999			$ 999		
总计	$ 1845	$ 100	$ 386	$ 1234		$ 125

前厅记录

在结账时，客人档案以电子方式进行储存，并可对客人姓名、档案号、客人历史记录号，或抵店 / 离店日期加以检索。前厅员工还能使用电子记录来登记原始账单并建立结账后的客史档案。

客史档案

前厅管理层通过建立和保持客史档案能更好地理解顾客并预测客人的趋势。自动化客史档案收集了客人住店（或连锁酒店集团的其他酒店）期间的个人和财务资料。客史档案中的各个客史记录通常包括客人住店期间的有关个人和交易信息（客史记录是保密的和专有的，前厅的责任是保护客人的个人权利不受侵犯）。

建立客史记录是结账离店过程的最后一步。很多前厅通过收集过期的登记卡进行存档来建立他们的客史。前厅系统会自动重新格式化客人信息以形成客史数据库。有些前厅使用预先设置好的模板来自动生成电子客史记录。图 9–2 显示了一份客史记录样本。

酒店忠诚计划会通过特别的表格或在线调查询问有关客人的信息，如配偶和子女的名字、生日、喜爱的房间类型、睡床及靠枕的偏好，以及喜爱的食物。拥有这些信息可以帮助酒店为客人未来的入住提供更好更全面的服务。许多酒店集团邀请常旅客计划中的会员们通过专属的网站设定这些信息。

酒店的营销部门可将客史记录作为邮寄宣传单的数据库，以及确定客人的特征对于制定营销策略是至关重要的。这些信息有助于酒店针对希望吸引的顾客类型来开发投放广告和网络营销。客史记录也有利于发现新的、辅助的或增强的服务内容。

使用特殊软件的计算机客史系统，可以让酒店获得市场营销需要的客史资料，并衡量过去市场营销的效果。例如，计算机客史资料能让酒店确定其客人的家庭和公司地址的地理分布。根据这类数据，酒店投放的广告可以更有效率。一些酒店连锁集团集中他们拥有

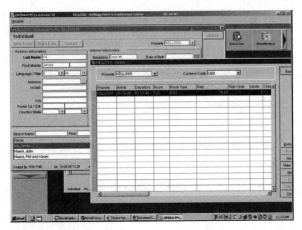

图 9–2　客史记录样本

的全部客史资料，以便所有使用其品牌的酒店能够知道他们的客人喜好。客人很高兴发现在一家酒店入住后在连锁的其他酒店提供同样额外的殷勤服务。这构建了对该品牌及集团内其他品牌的强烈忠诚度。

图 9-3 显示了卡尔顿酒店集团的计算机化客史系统。这个系统能让员工使用在线客人喜好的信息来为回头客提供独特的个性化服务。许多酒店保留详细的团队及公司账户历史记录，与组团领队保持良好的关系，这些有助于未来的团队预订。例如，一个团队在 6 月做了一个住三晚每晚 100 间客房的预订，但是只有 70 间客房被使用。这一实际使用客房数与原本预订客房数的比值称为兑现率。酒店的营销系统将跟踪团队的兑现率，将来该团队再次预订时，销售员工就可与会议策划者协商设定合适的客房量。通常酒店销售员工要求团队至某一日前必须达到最少的客房预订量，否则将会向该团队的总账户收取流失费用。这笔费用是用来帮助酒店弥补因预留团队客房而导致无法出售可售卖房的损失。流失费用对团队来说是一笔开支费用，所以如果酒店的销售员工能够帮助团队设定准确的客房需求量，团队就能节省这笔开支。

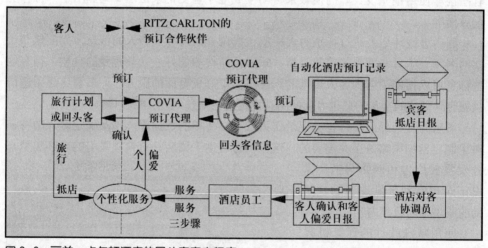

图 9-3　丽兹·卡尔顿酒店的回头客客史程序

资料来源：丽兹·卡尔顿酒店公司。

团队领队和会议协调员常常与酒店销售人员商谈特殊折扣的团队或公司协议价。这些协议价通常是基于团队或公司客户在一定时间内（一般是一年）能够确保的一定量客房需求。在对团队或公司客房的使用历史情况进行分析后，酒店销售人员就能更加灵活地商榷协议价格。

营销跟踪

正像酒店营销部门依赖客史档案来开发新的营销战略一样，酒店营销计划也依赖前厅执行的服务和结账时的跟踪。许多酒店公司已经开始实施常旅客奖励计划来构筑品牌忠诚度。常旅客计划是客户关系管理体系的一个重要组成部分。这些奖励计划通常在客人离店之后，对其在本酒店或集团内其他品牌酒店入住的天数及花费给予一定的信用积分。在完成结账流程前，前厅接待员可以核实客人的会员身份，并可邀请非会员客人成为会员。

例如，如果营销部门建立了一个常住客在付费入住一定次数后的奖励计划，前厅就有责任跟踪客人在酒店入住的次数。这样，常旅客记录也就与账户相连，并成为客史记录。如未与常旅客奖励计划系统相连，则前厅接待员还需核实和记录奖励凭单，或应用一些其他类型的记录系统。

酒店公司通常集约化处理常旅客计划的数据库来更有效地处理应用积分奖励。此外，常旅客计划还是与品牌忠诚顾客的一个良好的直接沟通渠道。由于客人俱乐部的会员提供了邮寄地址和电子邮箱，酒店还可以将促销通知到会员，如度假、晚餐、戏剧、高尔夫及其他休闲娱乐包价促销。有些酒店的经常旅行者计划也与航空公司、出租汽车公司、邮轮公司或独立的营销公司共同联盟。

许多酒店将客人意见卡片或反馈台置于酒店的各个位置。一些酒店还通过客房电视、大堂自助机或网站等电子渠道让客人反馈意见。然而，事实是前厅接待员在客人结账离店时的反馈意见收集最为有效。如果客人的入住体验不好，此时是最好的补救时机，并且能让客人在离开酒店时留一个积极的印象。一旦客人离开酒店，就很难处理留给客人的负面印象。有时一句简单的道歉是十分必要的，有时对客人账户余额做礼节性调整也是十分合理的。如果问题真的十分严重，那就需要在前厅日志文档中做记录，时间允许的话，前厅经理则必须会见客人。如果客人没有时间与前厅经理详细地探讨发生的问题，那么经理还需稍后与客人取得联系，了解问题的症结，采取相应的措施。

如果客人需要为下一站旅行进行预订，前厅可以帮助客人按照他的要求预订一家酒店。前厅也可以为客人计划下次返回酒店办理预订。前厅接待员应牢记结账是提供酒店服务的最后机会。无论客人当时是否办理预订，为客人旅程提供预订或为客人将来返回酒店提供预订能赢得回头业务。客人容易记住一家酒店区别于另一个酒店的友善的、方便的和特殊的服务。

数据保密

前厅计算机系统中储藏有客人喜好、住店交易、支付方式与行为的大量数据，前厅经理与员工应责无旁贷地保护这些重要数据。保护隐私成为客人与酒店，雇员与雇主间关系的基本组成部分。历史上，由于旅店主人不可将客人与酒店方面不计其数的交易数据公开，数据保密被写入了成文法和判例法中。酒店管理者必须满足客人与员工对数据保密的要求。如果酒店公司非常草率地实施数据收集与保护，那么很有可能导致数据安全问题。不受欢迎的宣传、诉讼或欺诈都迫使酒店公司采取健全的隐私保护措施。构建并实施强大的隐私保护措施可以增强和巩固客人及员工与酒店公司的关系。

PCI 支付卡行业标准 支付卡行业（PCI）已开发了一整套数据安全标准（DSS），所有接受支付卡的零售商户，包括酒店经营者，都必须遵守这一标准。由于许多商户不恰当地处理持卡人数据而导致的身份盗用和相关支付卡欺诈案正在大量增加，致使支付卡行业数据安全标准的各项要求也不断得到完善。支付卡行业数据安全标准中的安全策略旨在防止盗用交易数据以获得客人的财务授权，从而进行未经允许的消费及伪造支付卡账户行为。

支付卡行业标准是通过强化数据安全手段来帮助商户保护顾客信息。支付卡行业标准建立流程的目的就是通过保护交易数据的记录与传输，从而减少或消除因处理持卡人数据不当而导致的风险。所有接受支付卡的企业经营者都必须遵照流程来保护客人敏感的支付信息。酒店管理者也要充分意识到支付卡行业标准不仅是强制性的，它还能加强客人对前厅数据处理流程的信心。

有意思的是，每年支付卡交易量在 100 万笔以下商户的数据处理问题占到了总量的 80%。美国饭店业协会指出：在过去几年中，美国一半以上的支付卡欺诈案发生在酒店行业。可见，酒店行业需要采用支付卡行业标准来保护客人敏感的支付账户信息。

酒店可以通过在物业管理系统和销售点系统上安装支付应用软件，评估审核认证数据安全标准来达到支付卡行业标准。如果一个商店经营者没有执行支付卡行业数据安全标准，且有数据泄露情况发生，那么支付卡行业委员会会对该经营者进行处罚，这将严重影响到企业的声誉。处罚的办法包括支付司法调查费用、巨额的罚款、增加的交易处理费用，甚至还可能丢失电子支付交易的权利。

为了获取支付卡行业标准认证，酒店经营者必须通过一项安全评估，并且还要周期性地重新进行认证。以下是由支付卡行业安全标准委员会制定的计划规章流程：

• 安装维护防火墙设置，保护持卡人数据。

- 不使用供应商提供的默认系统密码及其他安全参数。
- 运用最新的加密或解密手段保护数据库中的持卡人数据。
- 对在公共网络中的持卡人数据进行加密。
- 使用防病毒软件，并定期更新。
- 开发维护安全的系统和应用软件。
- 未经允许不得获取持卡人数据。
- 为每一个使用计算机的员工设置唯一的身份账号。
- 限制物理访问持卡人数据。
- 跟踪监视网络资源和持卡人数据访问的情况。
- 定期测试安全系统与流程。
- 制定信息安全规章制度。

遵守支付卡行业标准是酒店管理层的责任和义务，而非酒店软件供应商的责任和义务。前厅经理可参照以下问题来评估衡量其所在部门的支付卡行业标准的遵守情况：

- 前厅系统用户是否在 10 ~ 15 分钟静止期后被自动注销？
- 持卡人数据(账户、交易凭证、部门报告)是否被遮掩只留有 4 ~ 6 位可见字符？
- 持卡人数据是否在所有的系统数据库中被加密或遮蔽？

小 结

结账离店是客人在前厅经历的最后交易阶段。在离店前，客人通常到前厅检查他的总账单，支付应付未付账款余额，获得账单副本，结束他的保险箱寄存服务及退回房间钥匙。在结账离店期间，前厅完成几项重要的功能，包括调节客人账户余额，更新客房状态信息，创建客史档案。通过实行预先结账审核活动，前厅可以缩短客人的结账时间，提高前厅收取应收未收账款余额的能力。

有效的前厅运转也包括一旦客人结账后的再次销售。这需要与客房部门快速地沟通客房状态信息。

除了收取所有未付款余额和更新客房状态信息外，前厅接待员也检查邮件、留言、传真、登入应收未收账款，核查账户信息；查询其他最近的账款，呈交最后的客人总账单；核查付款方法；处理结账；保证房间钥匙安全；建立客史资料。客账可以通过几种方式结算为零。结账方法包括现金支付、信用卡或直接邮寄转账，以及混合的结账方式。

为了最大限度地减少延迟结账，前厅应将结账时间贴在显眼的地方。结账时间的提醒也应包含在发给当天预计离店客人的所有材料中。

技术的变化要求前厅在标准的结账程序以外发展另外的快速结账程序。这些结账选择有助于减少完成离店活动所需要的时间。快速结账是一个普遍采用的预先结账离店活动，它包含打印并分发当日早晨预计结账的客人总账单。最早的总账单是在早晨 6:00 左右轻轻地从客房门下推进去。这个过程可帮助匆忙离店没有时间到前厅的客人。另一个结账选择包括自助结账。在一些酒店，客人可以通过设置在大厅的自助结账终端或房间内的系统自己结账。自助结账终端和房间内系统是直接与前厅计算机系统接口，目的是减少结账时间和前厅的客人流量。

无论怎样仔细地监督客人的住店情况，总会发生客人没有结账就离店了的情况。有些客人是真正忘记结账，另一些是故意不付他们的账款。前厅还会发现在客人结账离店后，还有迟到费用产生。不管什么原因，在结账离店后发生的费用（迟到费用）或应收未收账款余额叫作未支付账款。客人没有全部用现金结清的账款，无论在登记时是否建立信用或预付，都从客人分类账转到公司（非住客）分类账上供收款。在转账之时，账款结算责任从由前厅控制转为酒店会计部门负责。酒店仔细监督公司分类账上的账款以保证迅速支付。账款根据上次收账的日期计算账龄。酒店将努力减少超过 30 天的账款。

在酒店举行会议或展览时会设置总账单。相关经理需要同组团领队一起回顾团队的费用交易，并获取授权签字。每日例会还将在团队离店之前解决相应的账单纠纷，并且告知组团领队该团队的费用总计。

许多酒店公司已经开设了常旅客俱乐部。这些会员俱乐部计划对客人在本酒店或集团其他品牌酒店的入住天数和花费进行积分奖励。酒店营销部门需要前厅接待员去核实客人的会员状态，并邀请非会员客人加入到常旅客会员计划中。

酒店管理层与员工是客人隐私数据的守护者，因为酒店的物业管理系统储存着关于客人喜好、支付交易与行为的信息数据。酒店必须小心谨慎地收集和保护客人与员工的隐私数据，并采取方法确保按照支付卡行业标准的规章制度来处理支付卡交易。

主 要 术 语

账龄（account aging）：根据账款产生的日期跟踪过期应付账款的一种方法。

本期账款（current account）：在本期收账期限以内的公司分类账账款。

拖欠账款（delinquent account）：在合理的收账期（通常为 90 天）以内没有收取的公司分类账账款。

快速结账（express check - out）：一种预先结账离店活动，它包含打印并分发当日早晨预计结账的客人的总账单。

客史档案（guest history file）：客人历史记录的汇集，它根据过期的登记卡建立或通过复杂的计算机系统直接将离店客人的信息自动转到客史数据库而建立。

客史记录（guest history record）：有关酒店营销方面的客人个人和财务信息的记录，有助于酒店为回头客的服务。

迟到费用（late charge）：直到客人已结账或关闭账户时，应登入到客人账户的交易都没有到达前厅过账的账款。

延迟结账（late check-out）：一个客房状态术语，表示允许客人在酒店标准的结账时间之后结账。

延迟结账费用（late check-out fee）：一些酒店对在规定的结账时间之内没有结账的客人征收的费用。

过期应付账（overdue account）：在本期付款期以内未付的公司分类账，账龄通常是在30 ~ 90 天。

自助结账终端（self check-out terminal）：一个计算机化系统，通常位于酒店的大厅，允许客人来检查他的总账单并用在登记时出示的信用卡进行结账。

逃账者（skipper）：已经离开酒店并故意不结算他们账款的客人。

未支付账款余额（unpaid account balance）：在客人已经离开酒店仍旧留在客人账户上的费用。

零余额（zero out）：在客人结账时总账单账户余额全部结清。

复习题

1. 结账过程的三个功能是什么？为什么对酒店会计、客房或营销功能来讲，这些功能是必需的？

2. 零余额的定义是什么？在离店时没有结账，对客账来讲会发生什么？

3. 离店的四种结账方法是什么？它们之间有什么不同？每种方法对客人分类账和公司分类账各有什么影响？

4. 借记卡结账与信用卡结账有什么区别？

5. 延迟结账产生什么困难？收取延迟结账费用能否减少这些问题？

6. 典型的快速结账离店程序是什么样的？典型的自助结账终端怎样工作？它们各有什么优缺点？

7. 什么是迟到费用？前厅采取哪些步骤来减少迟到费用？

8. 在收取迟到账项和未付账款余额时哪些客人信息是有用的？

9. 有效收账程序的几个要素是什么？怎样才能从跟踪未收取账款的部门责任来改进内部控制？

10. 什么是账龄？为什么是重要的？谁是账龄分析的责任人？

11. 客史档案用途是什么？前厅怎样建立客史档案？

网址：

若想获得更多信息，可访问下列网址。网址变更恕不通知。若你所访问的网址不存在，可使用搜索引擎查找新网址。

1.American Express Company:www.americanexpress.com

2.Asian Information Management Systems Ltd.:www.aimshk.com

3.Diners Club International Ltd.:www.dinersclub.com

4.Discover Card:www.discovercard.com

5.Fair Credit Billing Act (PDF):www.ftc.gov/os/statmes/fcb/fcb.pdf

6.Fair Debt Collection Practices Act:www.ftc.gov/bcp/edu/pubs/consumer/credit/cre18.shtm

7.InnQuest Software:www.innquest.com

8.MasterCard Worldwide:www.mastercard.com

9.On Command Corporation:www.spectravision.com

10.Visa: www.visa.com

案例分析

案例 1：Montrose 酒店的应收账款

两个月前，Montrose 酒店的总经理凯西·可尔女士，已经发现应收款分类账上的一个问题。即使在出租率最近改进的情况下，它也超过了应有的增长。总的应收账款的增加超过了50%，而且增加的部分账龄在 30 天以上。凯西·可尔不能让这种状况继续延续，所以她向酒店财务总监格里拉·丹克斯提出这个问题。格里拉·丹克斯告诉凯西·可尔，他们在从前厅收取账款时遇到了麻烦。

前厅经理，罗斯·弗来明先生在本岗做了 3 个月。罗斯·弗来明先生是从连锁的另一家酒店来到 Montrose 酒店的，他原担任前厅助理经理。罗斯·弗来明先生以前的酒店使用前厅计算机系统，但是 Montrose 酒店在下一年才会安装计算机。凯西·可尔要求罗斯和格里拉·丹克斯一起研究这个问题的答案。经过研究，罗斯·弗来明和格里拉·丹克斯发现以下原因：

• 入住登记卡没有让客人填写正确的可寄送或可读的地址。客人有时留下空白栏。

• 信用卡凭单难以辨认。

• 许多信用卡凭单上有离店后费用。

• 团队支付他们的总账单比通常的慢。

• 宾客意见卡显示很多有关不准确的账单和结账时间的投诉。

凯西·可尔、格里拉·丹克斯和罗斯·弗来明必须快速行动使得应收账款回到通常的较少余额的状态。

讨论题

1. 确认哪些部门必须包括在解决实际问题过程中。

2. 拟订行动计划，明确每个部门在解决这个问题的过程中应做什么。应包括员工培训，更新部门程序，以及明确责任以保证正确完成工作任务。

3. 由于前厅计算机系统在将来的一段时间内不会安装，现在酒店管理层应做些什么？他们现在应利用哪些方面条件做些什么来解决宾客意见卡的投诉？

案例号：3328 CA

下列行业专家帮助收集信息，编写了这一案例：注册酒店管理师、TWE 集团副总裁理查德·M．布鲁克斯和密歇根州州立大学旅馆学院旅馆专业 NAMA 教授迈克尔·L．卡萨瓦纳。

案例 2：这是你的问题

"这是你的问题。"泊车员马特从他的领班那儿听到这句话。马特深深地吸了口气，恢复过后他意识到应当由自己去解决这一离店客人的问题。

今天是马特经历了两周强化训练后在泊车服务站的第一天。该培训包含两天的入职培训，阐述了公司的愿景与使命，对客服务价值以及总章程与流程。接着是五天的前厅实习培训，包含了所有的规范化服务流程，如行李员、泊车服务、礼宾部与前台。马特觉得这有些过多了。他认为只要自己在岗位上边学习边工作，就可以掌握这些技巧。但是，这家度假村酒店要求所有人，包括场地管理员及客房清扫员，都要接受完整的入职培训计划。所以两周过后，马特觉得他自己已经准备好了。

诺曼先生是 Boden 度假村酒店的多年常旅客。他的妻子与女儿常常陪伴他，但这次他是公务出差，所以决定顺路来酒店放松一下。现在他已在返城路上，为了参加一个重要的商务会议，但是马特此时却找不到诺曼先生租赁的汽车。诺曼先生是位耐心但讲求高效的人。他常入住丽兹·卡尔顿商务酒店，并已习惯了高品质的服务。马特知道诺曼先生是位十分重要的客人，他必须不惜一切代价解决这一问题。值得庆幸的是，该度假酒店是马特坚实的后盾，即便要花费很多金钱和时间去解决这一问题。Boden 度假村酒店的服务宗旨就是让所有客人满意。

马特想了想，将他认为是诺曼先生的林肯城市车开了过来。但是，诺曼先生说他没能在车里找到他先前留在车内的皮夹与公文包，他确定这车不是他租赁的车。马特觉得如果之前有开林肯城市车的客人离店的话很有开走了错误的同型号车。这可是糟透了！他马上检查了泊车服务台并确定一位名叫鲍曼先生在稍早时候结账离店，开的是同一颜色的林肯城市车。

鲍曼先生已经赶往机场，很难再联系到了。马特想鲍曼先生会不会环顾车内四周时发现自己开错了车。马特觉得鲍曼先生应该在抵达机场后，将租赁的车归还给租车公司。

与此同时，诺曼先生正在等待结果。他是看行动的人，马特知道在诺曼先生变得焦虑之前自己没有很多时间来做决定。他必须快速思考，从当时的入职培训他知道要关注客人。马特考虑到诺曼先生的商务会议，所以一定要尽快赶到目的地。他也知道还要想办法从另一辆车内找回诺曼先生的贵重物品。

因为马特必须驾车前往 80 公里外的机场租车公司，同时他还要安排一辆车将诺曼先生送往相反方向的会务地点。诺曼先生计划还要回来住一晚，所以马特应该可以将诺曼先生的贵重物品和车一起还给他。马特有想过将他自己的车借给诺曼先生，但他很快打消了这个念头，因为他自己的车状况不是很好。他决定问一下 Boden 度假酒店的总经理，是否可以将酒店的轿车借给诺曼先生去参会，同时他自己开另一辆租赁的林肯城市车去机场归还。总经理认为这是个新奇的想法，但也许是唯一能解决问题的想法。

5 分钟后，气愤的诺曼先生正在前往他会议的目的地，马特给机场的租赁公司打电话。他们会关注即将在半小时后抵达机场的鲍曼先生。马特钻进林肯城市车向机场疾驰而去。他不知道这是不是个好办法，他的领班会不会支持他这么做。总经理已经同意了，所以领班应该也不会不同意。但他离开的这段时间，谁来代他的班呢？此时正是结账离店的高峰时刻，所有泊车员都必须满足客人的需求。当他驶入高速路后，他在想这件事是不是第一次发生。

讨论题

1. 两周的培训之后，马特是否已经准备好了担负相应职责？
2. 马特的领班该如何支持他为解决这一问题而采取的行动？
3. 马特还能做什么来解决这个问题？

案例号：608C18
该案例也出现在托德·科曼编写的《前厅管理案例集》中（美国饭店业协会，2003 年）。

第 10 章

概　要

学习目标

1. 描述客房部在酒店运转中的作用。

2. 了解客房部和工程维修部之间的关系和掌握客房部的主要清扫责任。

3. 了解客房行政管家是如何使用清扫区域目录、计划卫生表、质量标准、数量标准等手段来制订本部门的工作计划的。

4. 讨论设备和供应库存问题，区分一次性用品和周转使用的物品种类。

5. 总结许多酒店所面临的困境——是否减少或取消客房主管。

10

客房部在住宿业运营中的作用

因为房务部对前厅的有效操作具有重要性，在这一章我们将详细介绍下房务部。在房务部内，客房部与前厅的沟通很频繁，尤其是前厅部分。在大多数酒店，如客房没有完成打扫、检查工作，前厅接待员在没有接到客房部可以出租的通知前，是不能够出租客房的。

在许多酒店，客房部是房务部的一个组成部分，客房行政管家与前厅部经理之间的工作联系很密切。在本章内，我们将观察这两个部门之间沟通的重要性，客房部与工程维修部之间的相互关系，客房部的计划以及对客房管理者产生影响的一些变化。

沟通客房状态

每天深夜由总台接待员或酒店计算机系统制作一份客房租用一览表，报表列出了当夜租用客房以及次日将退房的客房。第二天清晨，行政管家根据这份报告来计划安排清扫客房的工作。总台把即将离店客人的用房情况通知客房部，为了使这些房间首先得到清扫以便用来接待即将抵店的宾客。

行政管家还会查看前厅部制作的提前10天和提前3天的客房出租预测报告。根据这些预测报告，他会了解到多少客房会被出租，就能做好相应的员工排班，决定每天有多少客房服务员上班。

在结束工作前，客房部会准备一份客房状态报告（图10-1）。这份报告是在对客房做了实地检查的基础上制作的。报告表明了每间客房现时的实际状态。这份报告将与前厅制作的客房租用情况一览表进行比较，任何不一致的地方将会提交前厅部经理处理。客房状态差异是指客房部描述的某一客房的状态与总台用于排房的客房状态信息出现了不一致的状况。发生客房状态差异会对酒店宾客的满意度和客房收入产生严重的不良影响。

把客房部检查的客房状态及时通知前厅台，对安排提前到达的宾客入住有极大的作用，尤其是在旺季或客满的时期。要做到客房状态信息的准确及时，需要总台和客房部之间的密切合作与协调。

报告内容

日期 _____ , 19 _____

房号	客房状态	房号	客房状态	房号	客房状态	房号	客房状态
101		126		151		176	
102		127		152		177	
103		128		153		178	
104		129		154		179	
105		130		155		180	
106		131		156		181	
107		132		157		182	
108		133		158		183	
120		145		170		195	
121		146		171		196	
122		147		172		197	
123		148		173		198	
124		149		174		199	
125		150		175		200	

备注:

_____

_____

_____

_____

检查人签字

图例:

✔ - 出租房
000 - 待修房
——— - 空房
B - 保留房
　　　（行李仍在房内）
X - 出租房，没有行李
C.O. - 出租房，但上午已离店

E.A. - 提前入住

图 10-1　客房部客房状态报告样表

利用计算机的客房状态系统，客房部和总台能获得及时的客房状态信息。当一位宾客办理了离店手续，总台接待员就把有关离店信息输入计算机。客房部通过安置在本部门的终端就会得到此房间需要打扫的信息。然后，客房服务员打扫完客房后就会通知客房部此客房可以接受检查。客房检查完毕，客房部通过部门计算机输入信息。前厅计算机就获得了此客房可供出租的通知。

计算机反映的客房状态中，前厅的客房租用状态能得到及时的反映，而客房部报告的每间客房的状态消息可能会滞后。例如，客房部主管可以连续检查好几间房间，但要等客房检查完毕后才会去更新计算机客房状态。在一些大型酒店，打电话去客房部询问客房是否检查完毕是一件很没有效率的事情。不断地接听电话妨碍了正常工作的推进。虽然客房部已经完成了一批客房的清扫检查工作，但由于未能立即输入计算机，造成延误，这类情况还时有发生。

当计算机系统实现了与客房电话系统的连接，就能解决客房部不能迅速向前厅报告客房状态的问题了。有了这么一个网络连接，客房部主管在检查客房，证实可以出租时就会利用客房电话机输入一个代码来改变酒店计算机系统的客房状态。由于计算机自动收到信息，就无须人工处理，这样做差错极少发生。在几秒钟内，更新的客房状态就会显示在总台的计算机屏幕上。这一程序的改进不但大大减少了等候分房的宾客人数，也大大缩短了他们的等候时间。

在酒店每日的运转活动中，客房部与前厅部的紧密合作是必不可少的。两个部门的员工越是熟悉对方的工作程序，双方的合作关系就越顺畅。

先进的客房和前台沟通系统依赖于无线连接每位客房服务员手持终端设备。这个终端可能是一个个人数字化助理（PDA）或者是类似，像人们随身携带的记录预约、电话号码和个人笔记的移动设备。然而，客房部PDA是专为客房部设计并通过无线连接实现客房服务员和其他客房部员工之间双向沟通。通过PDA，在工作轮班开始之前，客房服务员的工作表可以提前导入到他们的终端。当工作完成后，客房服务员记录信息到终端并传送到前台系统，从而实现系统的房间状态数据更新。如果客房部经理紧急要求打扫特定客房，他可以使用终端将此信息传递给在此房间区域的客房管家。此外，如果客房管家需要额外的供应或确认维修问题，他也可以使用PDA将这些要求通知客房部或维修部门。PDA也可用来调度客房工作人员满足客人的特殊请求，如更多的毛巾或婴儿床。当客人要求得到解决时，负责此事服务员同样可以使用PDA汇报工作。在拥有多个建筑物的大型酒店或一个非常大的客房部，基于提升顾客服务质量考虑，PDA设备的成本支出是可行的。

客房部和工程部

大部分非商业性出租的楼宇，客房部与工程部通常属于同一部门经理领导。这个做法揭示了这样一个道理，这两个部门的管理目的和管理方法类似而且相互之间的关系很密切。在大多数中型和大型酒店，客房部属房务部管辖，而工程维修部是一个独立的部门。虽然在酒店经营中发挥着同样重要的支持作用，但是由于两个部门处在不同的责任层面，还是可能会在工作中出现一些障碍。

很不幸的是，同属后台部分的部门都存在着一些使工作关系不协调的因素。例如，当客房部员工不得不去清扫因各种各样的维修造成的垃圾时就会抱怨，而工程维修部人员也会对客房部员工由于不恰当地使用化学剂和设备而导致损坏需要维修时也会产生不愉快的情绪。为了使双方部门的工作都能得以顺利进行，客房部和工程部经理都需要对改进部门间的关系方面加以关注，做出努力。

有关维修工作方面的沟通

客房服务员是处在第一线最直接地为客人提供服务的人员。他们在打扫客房过程中能首先发现那些能导致住客不满的问题。

假如，一位客房服务员未能发现灯泡已烧坏，这会产生什么样的结果？其结果是宾客在开灯时发现灯泡坏了，会造成不满，打电话通知总台。这是一件对酒店产生不良影响的事件。建立起一个预先检查制度，由员工发现需要维修的地方，然后报告维修部，在客房出租前完成修理工作，这样酒店就可以避免引起宾客不满。下面所列出的一些要点，可以作为培训客房服务员认识自己作为第一线员工的职责之用。

- 卧具：如果床垫下陷，宾客会感觉不舒服。客房服务员在撤床单时如发现床垫下陷应报告。定期翻转床垫，并根据情况需要予以更新。大多数酒店的床垫都有一个便捷的标签注明床垫翻转计划，虽然客房部经理通常会创建自己的时间表。无论使用哪种计划，目标都是确保每一个床垫都能按照制造商的建议进行正确翻转。

- 暖气、空调：当客房服务员在清扫客房时发现客房内温度有问题，就应联想到客人有可能感觉不舒服，在弄清问题后应向主管暖气或空调的部门报告。

- 电视机、收音机、电话 客房服务员在清扫过程中要检查收音机和电视机的状态。拿起电话，确定有无问题。

- 床单：宾客会首先注意褪色的床罩。由于第一印象如此之重要，客房服务员发现床单已显陈旧时要报告以便更换。

- 灯光：如果客房服务员感到客房光线不足，客人也会有同感。他们应检查每个灯具的位置，灯光的亮度以及开关和有关装置是否已损坏。

- 门：门的五金配件发生了问题会给所有使用者造成麻烦，而且还可能引发潜在的安全问题。如果服务员在进房打扫时已发现开门有困难，他们就应该记下这方面的故障并向有关方面汇报，在门被修好之前不应将此房作为"打扫完毕的可租房"。

- 抽水马桶：如果一次冲水不能冲干净或漏水不止，客房服务员应立即报告工程维修部。

- 梳妆台和浴缸：光洁的表面能使客人感到客房非常干净，尤其是水龙头擦得锃亮时给人的感觉更好。客房服务员必须把水迹水垢或水锈等清除干净。

- 毛巾："松软"是许多人用来形容他们所喜欢的毛巾的用词。一条松软、无任何斑迹的毛巾会使人感到这是一块崭新的、不曾被人用过的毛巾。如果棉织品不够松软、干净，客房服务员要予以更换。

- 浴室四壁：墙面涂料很容易陈旧。当出现剥落或破损时，宾客会产生酒店已不够档次的感觉。对许多宾客来说保护隐私是很重要的事；客房服务员要确保浴室的门开关自如，如发生任何问题要报告维修部门。
- 水温：出于安全的目的，客房服务员要检查水的温度。多久温水才会流出水龙头，多久水会变烫？水温过低或水温过高都要汇报。
- 通风换气：在打扫浴室时如发现镜子有雾气，应联想到这会使住客感到不快。客房服务员应检查换气扇并使之保持干净。

维修的种类

客房部会涉及许多酒店的维修活动，当发现严重的维护问题时，还需要及时通知工程部。有三种不同类别的维修任务：日常性维修、预防性维修和计划性维修。

日常性维修保养任务是有规律进行的（每日或每周）全酒店范围的工作，所需的培训或技能相对较少。这类保养无须报修单，也不用保存专门的记录（时间或材料）。例如有清洁地毯、擦洗地面、擦拭不太危险的玻璃、修建草坪、打扫客房、铲雪、更换烧坏的灯泡等。客房部承担着许许多多诸如此类的日常维修保养任务。由客房部员工对酒店的各种设施和家具的不同表面材质进行的保养是整个维修保养工作的第一步。

预防性维修保养由三部分组成：检查、小修理和执行报修单上的任务。酒店许多方面都是客房部人员日常工作中实施检查的对象。例如，客房服务员和主管会定期检查客房的水龙头是否漏水、浴室的设备是否有裂缝以及是否需要工程部派人员进行维修。关心水龙头的漏水和脸盆、浴缸的裂缝可以预防出现如浴缸下层天花板或墙面的损坏等更大的问题，起到控制维修保养费用的目的。这类维修保养不仅起到保护设备投资的作用，而且还保证了宾客的满意度。

客房部与工程部之间的沟通应该是高效率的，只有做到这一点，大部分小修理才能在客房服务员打扫客房时得到解决。在有些酒店，一名全职工程维修人员会被派到客房区域完成各种修理、调整或更换零件的任务。

在预防性维修保养中，有时会发现一些超出小修理范围的问题。这些问题会通过递交报修单来通知工程部。工程部的工程师会将此纳入计划。这类修理常常归类为计划性维修保养。

计划性维修保养通常是根据正式的报修单和类似的书面通知来定的。报修单是客房部与工程部之间的主要沟通内容。图10-2显示的是一份报修单的样本。在许多酒店使用的报修单是编号的，一式三联，每联的颜色不同，发给不同的对象。

当客房部填写一份编了号的报修单后，其中一份送给行政管家处，其余两份送往工程部。工程部的总工程师拿了其中的一份，另一份给了被派去执行维修任务的员工。那位员工完成了工作后，填写了维修工作花去的时间、所用的配件以及其他相关信息。维修工作结束后，维修工填写的报修单被送往行政管家处。如果在一段时间后，这份单子未能送往行政管家处，客房部会另发一份报修单，要求工程部对已报修项目的状况做出说明。

工程部常对由客房部人员操作的设备保留着资料卡和历史记录。资料卡的内容是关于设备的数量方面的统计，还有技术资料、制造商的资料、价格、特别注意事项、质量保证书以及其他有关信息（如使用手册和图纸的存放点等）。历史档案（见图 10-3）是用来记录对相关设备的检查和保养情况的。历史档案可以独立建卡，也可以与设备资料卡合二为一。二者的目的都是对相关设备所进行的所有维修保养工作留下文字记录。许

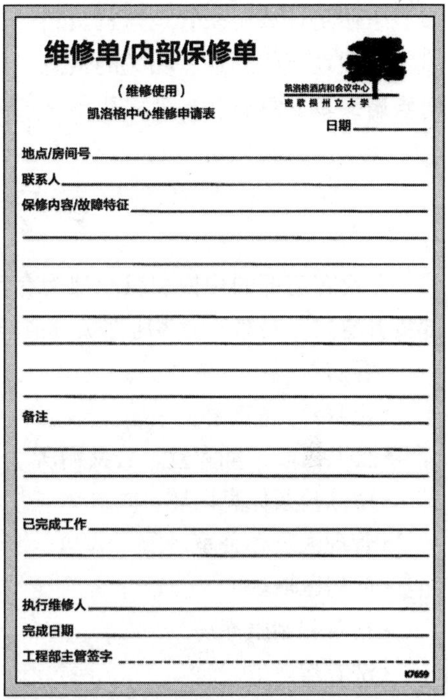

维修单/内部保修单
（维修使用）
凯洛格中心维修申请表
凯洛格酒店和会议中心
密歇根州立大学
日期
地点/房间号
联系人
保修内容/故障特征
备注
已完成工作
执行维修人
完成日期
工程部主管签字
K7659

图 10–2 报修单样表

资料来源：由密歇根州东兰辛的密歇根州州立大学凯洛格酒店和会议中心提供。

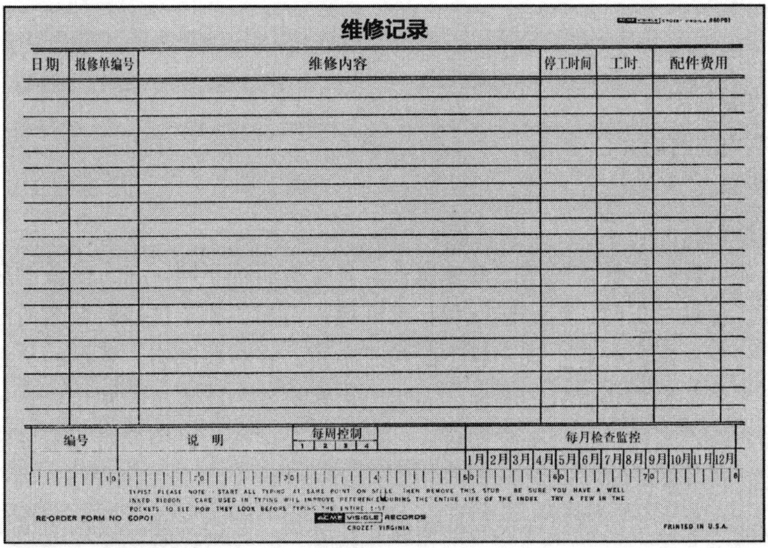

维修记录

日期	报修单编号	维修内容	停工时间	工时	配件费用

编号 说 明 每周控制 1 2 3 4 每月检查监控 1月 2月 3月 4月 5月 6月 7月 8月 9月 10月 11月 12月

TYPIST PLEASE NOTE · START ALL TYPING AT SAME POINT ON SCALE. THEN REMOVE THIS STUB. BE SURE YOU HAVE A WELL INKED RIBBON. CARE USED IN TYPING WILL IMPROVE REFERENCE DURING THE ENTIRE LIFE OF THE INDEX. TRY A FEW IN THE POCKETS TO SEE HOW THEY LOOK BEFORE TYPING THE ENTIRE LIST.

RE-ORDER FORM NO 60P01

ACME VISIBLE RECORDS
CROZET VIRGINIA

PRINTED IN U.S.A.

图 10–3 设备档案卡

资料来源：由 Acm Visible Records 提供。

多酒店使用计算机来管理这些资料，这使得行政管家在决定是否需要更换设备时可以很方便地寻找到这些相关的信息。历史档案也可以帮助总工程师决定应该在什么时候购买多少件备用配件。

客房部的职责

无论客房部的规模和组织架构有何不同，酒店总经理都会划定一些区域让客房部负责清扫。大部分由客房部负责清扫的区域有：
- 客房。
- 走廊。
- 公共区域，如大堂、公共厕所。
- 游泳池及休息区域。
- 管理人员办公室。
- 库房区域。
- 布草和制服库房。
- 洗衣房。
- 后台区域，如员工更衣室。

提供中等档次以及国际水准服务的酒店的客房部还会增加下列区域：
- 会议室。
- 餐厅。
- 宴会厅。
- 会议展览厅。
- 酒店内的商店。
- 游戏间。
- 健身房。

客房部负责打扫餐饮区域的具体做法，各家酒店都不同。在大多数酒店，客房部很少负责食品加工间、厨房区域和仓库区域的清扫工作。这些区域的清洁保养与卫生保洁任务常常由餐务主管领导下的员工负责。在有些酒店，餐厅的员工要在早餐结束至午餐开始前负责打扫餐厅的卫生；而客房部的夜班员工则负责晚餐后至早餐前的彻底清扫工作。行政管家和餐厅经理必须紧密合作以确保对客服务区域和服务准备区域的质量标准。

客房部和宴会部或会议部也同样需要合作共事。宴会部或会议部的员工常常负责宴会和会议场地的布置工作以及结束后的一般清扫任务。最后的全面清扫工作则由客房部的员工来担任。这意味着这些场地的清洁程度和整体环境状况的最终责任人是客房部的员工。

如上所述，总经理会指定哪些区域归客房部负责清扫。但是如果出现了由跨部门共同负责的情况，那么这些部门的经理们应共同商讨，明确各自的清洁责任。协商形成的决议要向总经理汇报，并获得他的准许。一位好的客房部经理能与其他部门的经理一起有效地解决问题减轻总经理的日常运转的负担。

行政管家制作一份酒店楼层的平面图并在由客房部负责的区域标上颜色，这是一个不错的主意。用不同的颜色来显示由不同部门负责的区域清扫责任。这种方法可以确保所有的区块都有了责任部门，避免出现遗漏的问题。这份着色图的副本应交送总经理和所有的部门经理。所有的人一眼就能分辨出酒店内任何一个区块归谁负责清扫。

一旦客房部的责任区域明确以后，工作计划的重心则是对所需清洁和保养的工作任务进行分析。

计划客房部的工作

计划可能是行政管家需要履行的最重要的管理职能。没有好的计划，每天就有可能出现一个又一个的乱象。持续出现混乱局面会降低员工的士气，影响生产率，增加部门营运成本。同时，没有计划的指引，行政管家很容易偏离工作重心，陷入一些与酒店目标无关、不太重要的事务中去。

由于客房部负责酒店许多区域的清扫和保养，部门计划也就显得十分繁重。没有系统的、详细的计划，行政管家很快会被大量的看似琐碎的但却十分重要的工作弄得焦头烂额。这些面广量大的任务不仅件件要完成，而且要以准确、高效、及时和用最节省的方式完成。

清扫区域目录

客房部计划工作是从制定一份需要负责清扫区域的明细目录开始的。一份正确的清扫区域目录是计划工作的第一步，它为以后部门对每一块区域要实施的工作计划打下基础。清扫区域涉及的范围很广，目录单内容很详细。由于大部分酒店有不同类型的客房，酒店需要为每一种类型的客房制定清扫区域目录。

当制定一份客房区域清扫目录时，一个好的主意是顺着客房服务员清扫工作次序来排列，当然这个次序也是管理员执行检查时的次序。这一做法使得行政管家可以利用目录作为制定清扫程序、培训计划和检查记录表的基础。例如，客房的清扫目录上所列的内容可以是从客房的右侧至左侧，也可以是从上方到下方逐一排列。

其他一些排序的方法也可能被采用，但重点是方法要统一——就是说客房服务员和检查员在每日工作中所采用的排序方法是同一种。

计划卫生表

某一区域的计划卫生安排（见图 10-4）是客房部深层清洁计划的一个部分，应能转换成日历计划表的形式，注明每项清扫工作的安排时段。这份日历计划表就是行政管家安排指定的员工去执行必须完成的任务的依据，行政管家在计划安排对客房或某些区域做深层卫生时必须要考虑一些因素。例如，对客房做深层清扫必须安排在低出租率的日子里。同样对其他部门的深层清扫工作计划也应随着该部门活动

公共区域 #2——照明设施			
位置	类型	数量	清扫频率
入口 #1	掩蔽灯	2	1 次 / 周
大厅	装饰灯	3	1 次 / 月
入口 #2	冠状掩蔽灯	2	1 次 / 月
喷水池内	掩蔽灯	3	1 次 / 月
通道	聚光灯	32	1 次 / 月
地下层	聚光灯	16	1 次 / 月
喷水池周围	聚光灯	5	1 次 / 月
餐厅外围花园	聚光灯	10	1 次 / 月
餐厅外围花园	壁灯	5	1 次 / 月
户外餐厅	半聚光灯	16	1 次 / 月
餐厅入口处	白色圆形聚光灯	6	1 次 / 月
露台	白色圆形聚光灯	8	1 次 / 月
二层楼梯至通道	白色圆形聚光灯	2	1 次 / 月
喷水池	白色圆形聚光灯	4	1 次 / 月
露天插座	壁灯	4	1 次 / 月
餐厅入口处	装饰灯	1	1 次 / 月

图 10-4　计划卫生样表

安排日程而做灵活的调整。例如，工程部想对有些客房进行维修，行政管家应想方设法使本部门的深层清扫计划的安排能配合这些客房的维修工程时间表。精心制作的计划既能做到对宾客和其他部门的干扰最小，又能产生最好的结果。

质量标准

行政管家在开始制定质量标准时必须回答这么一个问题，为了使这一区域的主要设施处于干净完好的状态，必须做什么工作。标准就是应该达到的质量水准。质量标准不但要说明必须做什么，还必须描述如何做的细节。

客房部计划工作的首要目标是，确保所有员工能持之以恒地完成自己的清扫任务，能持续维持质量标准的关键在于行政管家如何制定标准，如何进行沟通和管理。虽然客房部的标准各家都有不同，但是行政管家要确保自己部门能持续地百分之百地完成既定的清扫标准。如出现标准制定得不恰当，又缺乏有效的沟通和持之以恒的管理的情况，客房部的工作表现会由于操作水准不能达标而受到损害。

制定质量标准最重要的一点是如何在清扫和完成其他任务方面取得共识。共识意味着每位员工执行的质量标准能与部门制定的标准相衔接。

质量标准是通过不断地开设培训课程来达到沟通的目的的。许多酒店把制定好的标准增加到客房部的工作手册中去，也有许多酒店把工作手册放在行政管家的办公室束之高阁。标准写得再好也无济于事，只有得到实施才能发挥作用。在工作中实施标准的唯一途径就是通过有效的培训。

质量标准通过持续培训活动得到沟通后，行政管家必须对这些标准实施管理。对标准的管理就是确保工作结果经得起检查。有经验的客房管理人员懂得这一信条，"只有通过检查才能造就出信得过的产品。"每日检查的结果和阶段性的工作表现评估的结论应作为日常工作指导和再培训的依据。这是为了保证所有的员工都能持续地以最高效的状态完成工作。行政管家每年至少一次重新检讨质量标准，并对之作适当的修正，因为新的方法被采用了。

数量标准

质量标准是公布了希望达到的质量，数量标准（见表 10-1）是定出了部门员工应达到的任务数量。一位行政管家在开会制定数量标准时要回答这么一个问题，"根据部门的质量标准，客房部的员工完成这件工作需要多长时间？"数量标准还必须评估酒店经营成本预算对部门员工人手的配备的限制。

由于质量标准会因每家酒店的特殊需求和要求不同而不同，确立能全面应用于所有客房部的数量标准是不可能的。客房服务员在经济型酒店、中档酒店和豪华酒店中的工作职责相差很大，因此对于客房服务员的数量标准也将有所不同。

在制定切合实际的数置标准时，行政管家不一定要拿着钢卷

表 10—1 数量标准样表

> **步骤 1**
>
> 根据部门质量标准制定打扫一间客房所需的时间。
>
> 大约 27 分钟 *
>
> **步骤 2**
>
> 计算出一个班次的分钟数
>
> 8.5（小时）× 60 分 = 510 分
>
> **步骤 3**
>
> 计算出可用于清扫客房的额时间。
>
> 总分钟数⋯⋯⋯⋯⋯⋯510 分钟
>
> **减去：**
>
> 接班时间⋯⋯⋯⋯⋯20 分钟
>
> 班会时间⋯⋯⋯⋯⋯15 分钟
>
> 午餐时间⋯⋯⋯⋯⋯30 分钟
>
> 休息时间⋯⋯⋯⋯⋯15 分钟
>
> 交班时间⋯⋯⋯⋯⋯20 分钟
>
> 可用于清扫客房的时间 410 分钟
>
> **步骤四**
>
> 将步骤 3 的分钟数除以步骤 1 的分钟数得出产出标准。
>
> $\dfrac{410 \text{ 分钟}}{27 \text{ 分钟}}$ = 15.2 间客房（每 8 小时的工作班次）
>
> * 由于每家酒店的质量标准不一，这里的数据只用于计算的目的，并不作为打扫客房所需时间的建议。

尺、秒表和记事本到清扫和保养区域实地丈量和计时。行政管家和其他管理人员的

工作时间也同样十分宝贵、但是客房部经理必须了解客房服务员在完成一项主要项目的计划卫生，比如打扫一间客房时，应该花多少时间。一旦有了这些信息，数量标准就可以制定出来。

质量和数量可以看作一个钱币的两面。一面是对质量的期待过高（质量标准），工作的数量会有影响，可能会低于可接受的标准。这方面造成的压力会使行政管家不断地增加人手，以保证工作量如期完成。但是不久后（可能比预想的要快），总经理会削减客房部的高额人力成本开支。这一举措会使行政管家再一次权衡质量与数量的关系，重新决定质量标准以使它更能与实际所需的数量标准契合。

而另一方面，如果质量标准定得过低，数量标准超出了预期。起初，总经理会感到高兴。然而随着宾客和员工的投诉的增加，而且酒店也不再光亮照人时，总经理会再次着手解决问题。这时，总经理就可能选择更换行政管家的举措，使新来的管家既能制定出更高的质量标准，也能更严密地监控部门的费用。

实际的数量标准应在酒店运营一段时间后评估完成。准确财产的数量标准对房间清洁有重要帮助，客房服务经理必须把客房的大小、家具、床上用品安排、浴室设计、房间配置纳入考虑。如果客房服务员不得不在各楼层之间或者各楼房之间移动，移动时间必须考虑，因为移动时间占用其打扫房间时间。另外在一间套房中房间的数量必须考虑在内。例如，一间只有三间房和一个精致的客厅、小酒吧和露台的套房，鉴于其复杂性可以被看作有四个房间需要打扫。因此，清洁套房的管家应该被分配较少的房间。

面临的挑战就是使质量标准与数量标准得到平衡。质量和数量都能牵制和影响对方，对数量的要求并不一定要降低质量标准——它可以通过改进目前的工作方法和工作步骤来解决。如果客房服务员在清扫客房、补充用品时需要不断地在服务区域跑动，这说明他们工作车的装置方法和物品配备数量不正确。不必要的动作就意味着浪费时间，而浪费时间就是消耗了客房服务员最为重要和昂贵的资源：人力。行政管家必须持续地注意发现高效的工作方法，并对本部门的工作方法予以更新。

记住，行政管家很少能获得他想得到的完成任务所必需的所有资源。所以必须仔细地安排人力，在达到可以接受的质量标准的同时，又能达到切实可行的数量标准。

设备和用品的配备

制订了必须做什么和如何去做的计划后，行政管家必须确保员工已配备了完成工作必需的设备和用品。行政管家在计划配备量的时候要回答下列问题：员工为了达到部门的质量标准和数量标准必须配备多少设备和用品？这个答案能保证客房部运转的顺利进行，还能作为制订有效采购计划的依据。一个采购系统必须具备能保

持运转必需的稳定的库存量

大致来说，行政管家负责两类物资的库存量。一类是在酒店运转中可以周转使用的；另一类则是不可周转使用的。不可周转的物资就是那些被消耗掉或在客房部的日常工作中被使用完的物资。为了减少库房设施，同时也为了不出现过多的库存造成现金的积压，行政管家必须为周转物资和非周转物资制定出合理的库存量。

可周转物资 可周转物资包括布草、大部分设备以及一部分客用品。可周转使用的设备有客房服务员的工作车、吸尘器、洗地毯机、地板磨光机以及其他设备。可周转使用的客用品有电熨斗、烫衣板、婴儿床和电冰箱等宾客在居住过程中必需的东西。客房要负责储存和保管这类用品以便在客人需要时提供。

为了保证正常运转，必须配备的可周转一次的物资的数量简称为 par。par 是指客房部每日运转必须要使用的物品数目。例如一个 par 的布草就是酒店需供所有客房使用一次的数量；2 个 par 的布草就是可供酒店所有客房使用两次的数量，以此类推。

不可周转的物资 不可周转的物资包括清洁用品、一般客用品（如浴皂），以及特殊客人用品（可以包括牙刷、洗发液、护发素甚至芳香浴盐和花露水）。由于非周转物资在运转过程中不断被消耗，考虑库存时还应紧密配合酒店的采购周期。决定对非周转性物资的库存量时要考虑两方面数字——最低库存量和最高库存量。

最低库存量是在任何时候必须采购到的储存量。采购的数量以一般规格的容器计量，如箱、桶等。库存的物资绝对不应低于最低库存量。当非周转物资接近最低库存量时，必须及时申购。

必须申购的物资实际数量由最高库存量决定。最高库存量是指在任何时候采购来供储存的最高数量。这一最高库存量必须考虑到仓库的容量和防止过量库存而导致酒店资金积压。物品的时效期也会对最高库存量构成影响。

主管面临的问题

随着经济的发展，出现了一种新的趋势，即不设中层管理人员。在住宿业，这一趋势使得是否保留客房部主管这一岗位提上议事日程。总经理们总是在寻找更能盈利的方法，也许雇用更多的计时工是一条出路。那么为了使酒店既清洁又盈利，缺了客房部主管的查房行不行？

最初在大型酒店中，客房部主管这一岗位的设置是行政管家的管理职能的延伸。在过去的 20 年中，这一岗位的工作重心是检查客房。那么现在这个角色的任务是否还是保持不变？酒店是否值得保留这一职位？

酒店必须考虑以下这些关键问题：

- 酒店是否已聘用了合格的人员担任主管？
- 酒店的运行体系是否对主管的职责构成支持作用？
- 酒店的宗旨是否对这一职位有直接的支持作用？
- 如何引入"无主管"观念以及之后应怎样实施？
- 如果需要查房时由谁去执行？
- 谁来主持培训？
- 岗位职责的描述要做哪些变动？
- 质量标准如何得以保持或提高？
- 采用何种方法来确保客房状态能得到及时更新？

《房务记事》杂志就客房部主管这一话题对读者进行了调查。有些经理认为不设主管以后唯一不满意的是客房状况逐渐变差。其他一些人认为，这一变化提高了宾客的评价和员工的士气。

被调查的一家酒店在 6 个月后 100% 地恢复了查房，还有一家酒店过了一年之后也恢复了查房。而有些酒店一直成功地坚持 50% ~ 75% 的客房部员工可以独立地完成任务。

这一做法的起因是什么？大多数酒店做出不设主管岗位的原因是出于节省工资支出，当然也有许多是受到全员质量管理这一理念的促动。南方有家酒店，他们不设主管的理由是为了加快把打扫好的客房报告给总台的速度。

那些在不设客房部主管的努力中已取得成功的酒店，它们已经把这种先进的细心的工作态度在酒店内广泛传播，员工已融入制订计划的工作中。有些客房服务员已经在考虑这样的问题：如何对自己所做的每一项工作负责？当听到一些不满的意见时，他们开始探索用另一种方法来代替。采取客房服务员的意见，让他们独立工作。

还要查房吗？有一家被调查的酒店取消了查房。管理层基于这样的理念，他们的客房服务员有能力对自己管辖的客房状况负责。大多数酒店坚持对每位服务员每周查 1 ~ 5 间客房。有一位中西部地区的豪华酒店的行政管家说："我们实行抽查的方法，这就像测定游泳池水中的含氯量一样，只需采一点水样就了解了整个儿的情况。"

如果不设主管，那由谁来查房？大多数酒店由部门一级管理人员从事抽查客房，这一做法根据酒店的不同规模也有区别。较大型酒店为此还保留着几名主管。佛罗里达的一家度假酒店的总经理要求所有的酒店员工都投身这一工作。"是否设主管不一定要一个全部设或全部不设的答案，"一位中西部的度假酒店的总经理说，"我们只在夏季设主管，让他们与夏季工一起工作。其余季节，我们的客房服务员都独立工作。这种方法采用了一年多，我们征求意见卡的评分还是很高，达到了94%。"

岗位职责要变动吗？ 客房服务员的岗位描述通常要更改的部分包括每间客房的清扫、准备就绪以及更新客房状态的最后责任归属问题。客房服务员必须检查房内设备以确保客人不会发现未经维修的项目。有些酒店还把客房周边的走道也划归客房服务员。还注明一旦发现床罩或其他用品需要更换时由谁来做，客房部的搬运工或行李员的岗位职责也会增加这部分的工作以适应新的工作架构。

支付工资的方法有什么变化？ 支付客房服务员的工资方法有时会起变化，大部分酒店是根据工作质量来评定工资等级或者给高标准工作表现的人发放奖金。有一家酒店给每小时至少打扫 1.9 间客房和检查合格达 90% 或以上的服务员每两周 35 美元的奖励。有一家套间酒店的总经理制订了这样的一个计划：客房服务员不需主管检查能在清扫质量、照料和关心客人的整体表现上保持高分，则每小时工资提高 25 美分。

由谁来主持培训？ 由于大多数酒店是由主管来对新员工进行培训的，不设主管以后，由谁来负责培训呢？客房部的经理们可以担当此任，但是现今流动率这么高，培训是一项全职工作。有一种选择是指定一名至几名客房服务员作为在岗培训员。在其他一些酒店，至少保留一名主管，他的工作重点是主持培训和再培训课程。一位行政管家这样说："如果我们聘用到了合适的人能持续地进行培训，我们的员工就能够达到标准。"

客房状态由谁来管？ 早晨检查空房通常是客房服务员岗位职责之一，客房服务员分到的是一个区块的清扫任务，而不是一份需要打扫的客房房号单子。所有的客房、走道、自动售货机周围、电梯间都含在指定的区块内。在宾客抵达或返回客房区域前，客房服务员是最后一位检查客房和周围区域的人，所以必须特别细心检查以保证总台能保持正确的房态，无论客房是处于出租、空置、打扫完毕或尚未打扫等不同状态。

许多酒店的计算机管理系统是与电话系统衔接的。所以只需从客房的电话机输入代码即可改变客房状态。而其他的酒店客房服务员必须电话通知客房部或者总台来改变客房状态。当总台对客房状态有疑问时，还必须派人前去再次检查。

不设主管后，会在核对客房状态的差异方面花更多的时间。当客房服务员清扫一间客房时，他想这间应是续住房，但他进入另一间客房时，上一间客房的住客结账离店了。如果酒店对这些问题的准备不足，不设主管省下的工资很容易被由于客房状态失真而造成的损失抵消。

取得成功的提示 一个精心策划的计划会顾及每一间客房的清洁、保养和状态。留意贵宾房的准备工作，关照延迟离店的客人，处理突击打扫客房，帮助核对可出租房, 帮助不会讲英语的客房服务员翻译, 当客房服务员人手不足时帮助打扫客房等, 这些工作以前都是主管承担的, 现在必须将这一切写入工作计划。

如果酒店想要减少或取消它的客房部主管人员, 就必须把客房服务员纳入新计划的制订过程中来, 帮助他们树立主人翁的意识。这一计划必须能达到一个双赢的结果, 因为员工对管理层希望增加他们的工作量来达到节省工资支出的做法会很敏感。计划实施以前要反复推敲, 因为付薪方法或奖励方法的改变弄不好会起相反的作用。

如果这一概念的计划推行能符合酒店的需要, 并能得到细心贯彻的话, 员工和酒店都将受益。

小　结

客房部与前厅部的沟通比较频繁, 特别是在前台区域。通常, 只有当房间已被客房部打扫干净、检查、发布之后, 前台人员才能够分配客房。在大多数酒店, 客房部隶属于房务部, 行政管家与前厅部经理应紧密合作。

每晚, 前台人员或酒店管理系统发布客房入住报告, 列出当晚客房出租情况和第二天将要结账离开的顾客。行政管家在第二天早上查阅这个报表并以此安排走客房的清洁工作。在安排员工工作时间表的时候, 行政管家也会使用前台系统提供的未来 10 天和 3 天预测报告。

在客房部每个班次结束时, 客房部员工都会准备一份客房状态报告, 这份报告是通过实地检查每间客房后做出的。用这份报告与前厅部的报告进行对比会发现房态差异, 造成房态差异的状况是由于客房部出具的房间状态信息与总台提供的客房状态信息不符。保持客房状态的准确与即时更新需要客房部与前厅部之间保持紧密的协调与配合。

通过房间状态自动更新系统, 客房服务员和前台人员可立即得知房态信息。当一位顾客退房时, 前台工作人员通过前厅部终端输入客人离开信息。客房部之后会被自动提醒房间已空出, 需要清扫。然后, 客房服务员打扫房间并通知客房主管检查已准备完备的客房。一旦客房被检查完毕, 主管会将这个信息输入房间状态系统。客房状态更新之后被传送到前台系统。先进的客房和前台通信系统依赖于无线连接的每位客房管家的手持终端或者其他移动设备。

客房服务人员不仅清洁客房, 还需要识别出会导致客人不满的客房维修需求。有三种维护活动: 日常维修保养、预防性维修保养和计划性维修保养。日常性维护保养是有规律进行的全酒店范围的工作, 不需要正式的工作指令。预防性维护包括三个部分：检查、小修理和执行保修单上的任务。在预防性维护保养中，有时会发现一些超出小修理范围的问题。这些问题会通常递交报修单来通知工程部。这种类型的工作通常被称为计划性维护。保修单通常是客房部和工程部之间沟通的主要内容。

大多数的客房部门负责清理以下区域：客房、走廊、大厅等公共区域和公共厕所；游泳池及休息区；管理人员办公室；库房区域；布草和制服库房；洗衣房；后台区域，如员工更衣室。提供中等档次以及国际水准服务的酒店客房还会增加一些区域，如会议室、餐厅、宴会厅、会议展览厅、酒店内部商店、游戏间和健身房。客房部负责打扫餐饮区域的具体做法，每家酒店都不同。在大多数酒店，客房部很少负责食品加工间、厨房区域和仓库区域的清扫工作。

客房部计划工作是从制定一份负责清扫的区域明细目录开始的。清扫区域目录确保以后对每一块区域要实施的计划工作打下基础。当制定一份客房区域清扫目录时，一个好的主意是顺着客房服务员清扫工作次序来排列，当然这个次序也是管理员执行检查时的次序。这一做法使得行政管家可以利用目录作为制定清扫程序、培训计划和检查记录表的基础。

行政管家在开始制定质量标准时必须回答这么一个问题：为了使这一区域的主要设施处于干净完好的状态，必须做什么工作。标准就是应达到的质量水准。质量标准不但要说明必须做什么，还必须描述如何做的细节。质量标准公布了希望达到的质量，而数量标准则是定出了部门员工应达到的任务数量。一位行政管家在开始制定数量标准时要回答这么一个问题："根据部门定的质量标准，客房部的员工完成这件工作需要多长时间？"为确定酒店客房清洁的标准，客房部经理必须考虑房间大小、家具、床具摆放、浴室设计、房间配置等因素。如果客房服务员在工作时需要不断地在各楼层或各建筑之间来回移动，移动时间必须考虑在内。此外，套房中的房间数量也必须考虑。挑战是有效地平衡质量标准和数量标准。

制订了必须做什么和如何去做的计划后，行政管家必须确保员工已配备了完成工作必需的设备和用品。大致来讲，行政管家负责两类物资的库存量：可周转物资与不可周转的物资。可周转物资包括布草、大部分设备以及一部分客用品。可周转使用的设备有客房服务员的工作车、吸尘器、洗地毯机、地板磨光机以及其他设备。可周转使用的客用品有电熨斗、烫衣板、婴儿床和电冰箱等宾客在居住过程中必须使用的东西。客房部负责存储和维护这类用品以便在客人需要时提供。不可周转的物资包括清洁用品、一般客用品（如浴皂），以及特殊客人用品（可能包括牙刷、洗发液、护发素甚至芳香浴盐和花露水）。

随着经济的发展，出现了一种新的趋势，即不设中层管理人员，包括客房部主管在内。有些酒店经理认为不设主管以后唯一不满意的是客房状态逐渐变差。另外一部分人则认为，这一变化提高了宾客的评价和员工的士气。由于酒店之间的差别很大，所以每家酒店必须依据其自身需要和客人的预期来决定是否取消中层管理人员。

主 要 术 语

清扫区域目录（area inventory list）：一份清单，列明在某一区域客房服务员需要清扫和关注的项目。

深层清扫（deep cleaning）：对客房或公共区域进行细致或专门的清扫常常根据专门的计划日程安排或特殊活动的要求而实施。

计划卫生表（frequency schedule）：一份清单上面列明清扫区域目录内，每一项目的内容，需隔多久实施一次清扫或维护保养。

客房部客房状态报告（housekeeping status report）：由客房部制作的显示每间客房即时状态的报告，其依据来自实地检查。

最高库存量（maximum quantity）：在任何一个时段应采购供库存的最高数量。

最低库存量（minimum quantity）：在任何一个时段应采购供库存的最低数量。

客房租用一览表（occupancy report）：一份由夜班总接待员制作的报告。上面标明了当晚租用的客房以及第二天预期离店的客人。

一次量倍数（par number）：指客房部每天运作必须配备的周转一次的物资数量的倍数。

质量标准（performance standards）：工作必须达到的质量水准。

预防性维修保养（preventive maintenance）：系统定期地对设施进行维修保养以便及时发现问题、解决问题达到控制成本和防止出现大的问题。

数量标准（productivity standards）：在一个指定时段，按照质量标准必须完成的工作量。

客房状况差异（room status discrepancy）：指发生了以下情况：客房部对某一客房状态的描述与总台掌握的情况不一致。

日常性维修保养（routine maintenance）：指在全酒店范围内定期开展的维修保养工作，所需的培训和技能相对较少。

计划性维修保养（scheduled maintenance）：需要通过正式报修单或类似文件而在酒店内进行的维修工作。

复习题

1．为什么总台和客房部之间的双向沟通是必不可少的？

2．总台和客房部利用什么系统来跟踪实时的客房状态？

3．比较三种不同类型的维修保养工作。

4．客房部与工程维修部之间最理想的关系是什么？在有些酒店中，现实情况又是怎么样的呢？

5．在酒店中，哪些主要区域由客房部负责清扫？

6．根据酒店的范围档次，还有哪些区域也可能由客房部负责清扫？

7．制作清扫区域目录的目的是什么？这样的目录的理想排列顺序是什么？

8．什么是计划卫生表？它如何与酒店的深层清扫计划相衔接？

9．质量标准和数量标准有何区别？

网址：

若想获得更多信息，可访问下列网址。网址变更恕不通知。若你所访问的网址不存在，可使用搜索引擎查找新网址。

1.Hotel Maintenance Management Software: www.attr.com

2.The Rooms Chronicle online:www.roomschronicle.com

3.The Rooms Chronicle online:www.roomschronicle.com

案 例 分 析

案例 1：ABC 酒店是如何丢失掉到手的生意的

星期一 【上午 8:00】

周一上午 8 时的销售会议比大多数其他日子要开得长一些，销售员萨拉小姐在她去办公室的路上边走边想。她倒了一杯咖啡，然后坐在计算机前开始起草一份备忘录。销售总监今晨特别强调的话题是：销售的秘诀是"不发下旋球"。"我想她说得有道理。"萨拉边想边开始打字；对一个有 600 间房间的酒店来说，"打下旋球"搞降价销售肯定是很容易的事情。根据晨会的安排，她想把关于别克巴克先生的事情留一张备忘录给前厅经理雷·史密斯。别克巴克先生是 XYZ 公司的董事，这是一家跨国公司，如果能说服别克巴克先生把他旗下公司的一些会议或其他生意安排到本酒店的话，在今后两年会给酒店带来 50 万美元甚至更多的生意。他计划今天下午 1:30 抵达酒店，萨拉希望对他的接待工作能做得天衣无缝。

亲爱的雷：

我只是想提醒你 XYZ 公司的别克巴克先生将于今天下午 1:30 抵店，他住一夜。请你确认按全套贵宾程序接待他。我曾与他通过几次电话，并将于下月与他见面讨论在我店的一些活动的预订事宜，但此次我不能接待他了，今天上午我要飞到达拉斯。

不必担心，我已经填好了贵宾接待单，有关方面都已收到了通知！

萨拉

【上午 10:00】

为了让雷了解此次接待别克巴克先生的重要性，萨拉亲自到前厅部递送了她的备忘录，但是雷不在办公室，"哦，他大概还会回来。"她想。她把备忘录放在雷的椅子上，以便他能一眼看到。

【上午 11:10】

在总经理召开的晨会上，雷中途离场了几分钟，他直接去办公室看看有没有留言。他读了萨拉的备忘录并决定在返回会议室时交给前厅部处理。

【上午 11:20】

在总台，尹夫特尽量保持着镇定、友好的态度，尽管大厅挤满了人。作为总台接待员他上岗才刚满 3 周，当他看到团队大巴停靠在酒店门口时，他会感到紧张。当天有两个团队（一个是美国诗人社团，另一个是平板玻璃制造商）要入住酒店。下午全美药学会也将抵店，在此举行一个为期 4 天的会议。尹夫特没有看到雷走过来，直到雷拍了拍他的肩膀："不要忘记把这个消息通知客房部。"雷说，并把萨拉的纸条放在尹夫特的计算机键盘旁。尹夫特边点头边继续为客人办理入住手续。

【上午 11:45】

尹夫特利用了个空当，读了雷留下的纸条内容。他迅速拿起无线电话与盖尔通话。盖尔是行政管家。"嗨，盖尔，我是前厅部的尹夫特。我们有一位贵宾别克巴克先生，将于下午 1:30 抵店，我现在把 816 号房的房态由'可租房'改为'待修房'，直至你们做好贵宾布置，好吗？谢谢。"

【上午 11:50】

"为什么我总是在最后的紧要关头接到这样的电话？"盖尔边想边快步走向员工餐厅、为什么总是在我们员工用餐或休息时才突击把任务通知我？她要求玛丽和特蕾莎两位最优秀的员工中断用餐，跟她去 816 房间。她们三人去了布草间拿出了新的床罩和毛毯。她又打电话给罗杰——工程维修部经理，要求他派人去 816 房间。然后她又给厨房的乔治打电话，"乔治，我是盖尔。816 房的贵宾礼品准备好了吗？"乔治说他刚刚弄好，马上让人送来。

【下午 1:20】

盖尔站在门口，用挑剔的眼光最后环视了 816 房。现在呈现在她面前的是一片宁静有序的景象，与刚过去的一个半小时的繁忙和嘈杂形成强烈的对照。这是因为这支小型精悍的队伍在这间套房里完成了所有的工作，使一间客房由"优秀" 变成"完美无缺"。就如酒店总经理汤姆森先生不止一次地对她说，"你的责任是把每间贵宾房布置到令人叹为观止的水平。当客人首次打开房门时，我希望听到他们'哇'的一声情不自禁地欢呼。"

盖尔的脑海里树立了"哇"的标准。现在使用干净的床上用品。毛毯、床罩要更换为新的更高档的床罩，刚刚熨烫好的被单、崭新的毛毯，玛丽沿着地毯边清扫了每一处灰尘和斑点，家具擦得锃亮，地毯经过仔细吸尘，连椅子和椅面都被吸干净了。卧室和卫生间所有的抽屉内壁都擦得干干净净，确保里面没有灰尘和头发。浴帘被取下换上了新的。工程维修部的克里斯·琼斯来到客房检查了所有的设备。当他在浴室检查时，发现坐便器上有一个小锈斑。特蕾莎无法去除，克里斯又去找了一个新的来换上。所有木制品都抹得一干二净。大约在下午 1:00，杰西从餐厅送来了酒店最高级的贵宾礼品：一个小型的柳条篮内放着 0.6 米的奶酪、苏打饼干、一瓶酒、水果、干果以及酒店自制的面包和糖果。火柴盒上印着别克巴克先生的姓名缩写，一瓶新插的鲜花以及由汤姆森先生亲笔签名的烫金边的致意卡。锃亮的抽水马桶是 19 分钟前才新安装的。

盖尔注视着地毯接缝处，让特蕾莎最后吸了一遍，她想这下是万无一失了。"816 房准备完毕。"她通过电话告诉了前厅部，然后去看看能否吃点东西当作午餐。

[下午 4:35]

别克巴克先生经过长途飞行抵达酒店。他看上去衣冠不整，他是和其他 4 人一起坐出租车过来的。大厅挤满了在会议桌前等待办理入住的药剂师和晚到的诗人。他走到前台僻静的一侧等候，直到有位前台接待员忙完了团队入住。

"下午好，欢迎来到 ABC 酒店，我是琼，请问我能为您做什么？"

"嗨，我是别克巴克，我订了今晚的房间。"

"让我找一下，"计算机在飞快地搜索，"是的，您只住一晚。要不要帮您拿行李？"

"不必，我只有一小件行李。"

琼完成了入住登记程序。微笑着并记得要保持与宾客的目光接触，给了别克巴克先生 616 房间的钥匙。

[下午 4:40]

当别克巴克先生打开 616 房门，他发现房间没有任何布置，有点失望。客房是干净的，空气也是新鲜的，但在大多数酒店他能看到鲜花、巧克力，也许还有一封欢迎信。这里 一无所有。也许是因为我只住一晚的缘故，他想。由于飞机晚点，他到达酒店比原定的时间晚多了，不过他还来得及整理行李，冲一下澡，然后前去主持 XYZ 公司的晚宴。

[下午 5:15]

罗基医生，一位来自奥马哈的牙医，双手提着箱子走向总台。他是来参加一个在附近的城市会议中心召开的为期 3 天的会议。"我要间套间。"他说。

总台接待员利用计算机找房时，罗基医生放下了行李。"我们 8 楼有一间套房。"行李员上来开始把罗基医生的行李装上行李车，但是被罗基医生谢绝了。他这次因公出差，希望尽可能节约开支。他拿了钥匙，乘电梯到了 8 楼，顺着指示牌到了 816 房。他放下行李，开启了电子门锁，扭转门把，开了房门。他弯腰去提行李，抬头看见套间的全景，慢慢伸腰，行李忘了提，不由自主地脱口而出："哇！"

[下午 5:35]

看到如此精心保养、一尘不染的地毯。罗基医生迟疑了一下才走进套房。他停顿下来细细看了一圈：家具明亮如镜，鲜花散发出阵阵清香，还有这一柳条篮的东西（像把小椅子）。他把箱子拿进了房间。开了酒瓶。他从来没有住过像 ABC 这样好的酒店，他决定这次要好好享受一下，我以后要常来，我不知道这间漂亮的酒店会如此厚待新客人。他高兴地一边吃着奶酪和苏打饼干，一边好奇地打量着他以前从未见过的那包糖果，他看到了化妆台上有一张便条：

亲爱的别克巴克先生：

我们希望您在 ABC 酒店快乐顺心。如有什么事需要我们帮助，请随时通知我们。

总经理吉姆·汤姆森

罗基医生停止了咀嚼，哦，不，他想，我已经把半篮东西吃下了肚子，会不会要我付费？

【下午 5:40】

别克巴克先生走进电梯，按钮去大厅。在三楼电梯停了下来，酒店的销售总监走了进来。他们俩同乘一部电梯，未打招呼。到了大厅，大家都下了电梯，朝不同方向走去。

【下午 6:00】

罗基医生换上便装，打算利用晚上的时间去熟悉一下去会议中心的路，另外到酒店周围走一走。他想明天早晨再打电话去总台问清楚这些礼品的来龙去脉。

星期二　【上午 8:00】

罗基医生下楼去餐厅用早餐。他在离店去会议中心之前还想返回房间，所以想再晚一些与前台联系有关酒、鲜花和其他礼品的事。在餐厅，他碰到了一位熟悉的牙医生。他们一起用了早餐，还一起坐车去了会议中心。罗基医生决定回来时直接去前台把事情搞清楚。

【上午 8:30】

别克巴克先生提起行李，开启 616 的房门，离开了客房。他没睡好，他希望一整天的总部会议能早一点结束，以便他能把原定 7 点的航班再提早一些飞回去。在前台，接待员的服务格外地友好和高效。在向自己的汽车走去时，别克巴克先生从雷·史密斯面前经过。雷正急匆匆前去出席总经理召开的一个改进服务质量的会议。

讨论题

1. ABC 酒店在哪些方面做错了？

2. 在别克巴克先生住店期间有什么方法可以发现错误，有什么方法可以弥补损失？现在可以做些什么来弥补损失呢？

3. 酒店应制定什么样的程序来防止将来再次出现类似的一连串错误？

下列行业专家帮助收集信息，编写了这一案例：盖尔·爱德华兹，里吉弗伦特酒店房务部总监（密苏里州圣路易斯）玛丽·弗雷德曼，南雷迪森酒店房务部总监（明尼苏达州布罗明顿）；亚历塔·奈兹切克，《房务记事》的发行和出版商（新罕布什尔州斯特拉斯曼）。

案例 2：客房部中的紧张关系

这将是博登海滨度假酒店忙碌的一天。今天是星期五，早上 160 位客人退房。在这样一个美丽的周末，今天傍晚将有超过 200 间客房被入住。前厅部经理玛丽亚复查了到达客人名单，想让她在客房部的助手确认一下是不是所有的房间都可以在下午 3 点之前准备完毕。

人员问题仍是这个度假酒店中几乎所有部门所面临的问题。在本州，一些较大的度假酒店在旺季几乎都遇到员工招聘问题。前厅部经理和客房部总监面临的挑战是在当地处于低失业率的状态下找到合格的员工。行政管家弗兰很高兴，因为她刚刚聘请了一位新的客房服务员——阿黛尔。弗兰在客房部已经工作了 20 多年，担任博登的行政管家，已经有 10 年了。

今天早上她的问题集中在一个经验丰富的老员工莫娜身上，她已经在酒店工作超过了 7 年。她从未从客房服务员的职位上升职过，主要是因为她的同事们发现很难和她一同合作。她的职业生涯的下一步是主管，主要工作是检查房间，下达指令。然而她可以非常出色地独自完成一项工作，却不是一个有团队精神的人。最近她已经第三次伤到她的背部，医生叮嘱她工作中不要做重复性的动作。这个限制意味着她需要与另一个房间服务员共同完成工作。

昨天，阿黛尔被安排与莫娜合作。由于部门培训人员休假一周，行政管家认为莫娜可以教阿黛尔工作要点和技巧。似乎两个房间服务员在一起很顺利，所以她将她们在今早再次分配在一起工作。由于度假酒店已经进入预期繁忙的入住登记阶段，弗兰给了她们最大数量的客房清洁工作。弗兰希望她们两位也可以很好地作为一个团队工作，以便能及时完成工作。

在早上 10 点，弗兰接到玛丽亚的电话。主要是关于弗兰的两位客房服务员之间的问题。客人打电话到前台说两位客房服务员在一间她们正在打扫的客房内大声地相互指责对方。弗兰立即去了度假酒店的南区。她发现莫娜和阿黛尔仍然为 309 房间的小费在争吵。

客人在入住四晚之后，已经在早上 8:30 结账离店，并留下 15 美元小费给客房服务员。莫娜将 10 美元收入口袋，留下 5 美元给阿黛尔。尽管阿黛尔只工作了一天，但她知道小费应该与客人入住期间打扫房间的服务员一起分配。在这种情况下，不仅是莫娜有权享有两天的小费，阿黛尔也期待获得小费的一部分。

弗兰很愤怒，因为客人不应该受到闹情绪的客房服务员负面能量的影响。她平息了阿黛尔和莫娜之间的争吵，坚定地要求她们去她的办公室报告。她要先去安抚打电话到前台的客人，10 分钟后会回到办公室。弗兰通过无线电呼叫前厅经理，询问其是否能够陪她去客人房间，以确保客人知道他的投诉是被接受的。弗兰在与客人的沟通中从来没有感觉到舒适。她仍然认为客房部是酒店的后勤，没想过她的客房服务员或主管脱离自己的工作方式，使得她在这种情况下去与客人沟通。

回到办公室，弗兰开始处理两个客房服务员之间的问题。莫娜认为，既然她是教练，她有权分配到小费的大部分。她认为，由于阿黛尔才刚刚学习，她应该准备在必要时提供帮助。阿黛尔说，莫娜让她清理所有的浴室，莫娜甚至没有帮助擦洗地板和马桶。弗兰与她们沟通时十分坚定地告诉她们客房服务员在公共场合争吵很容易引起客人不安。"如果有问题，"她说，"来见我！"

"气氛太紧张以至于你可以用小刀就可以把它割断。" 弗兰之后对总经理说，总经理停下来听了事情的经过。"我必须做点什么！"

当天，弗兰让阿黛尔和莫娜各自回家冷静。第二天，莫娜和其他客房服务员合作，阿黛尔也是一样。弗兰认为问题出在莫娜身上，而阿黛尔只需要以不同的态度与某人合作即可。

前厅部经理玛丽亚，第二天下午在员工餐厅遇到弗兰并询问了事情的进展。弗兰说事情看起来已经平息，但她不知道新客房服务员工作得如何。

讨论题

1. 阿黛尔在培训中获得了哪些优势和劣势？
2. 弗兰是如何制止两位客房服务员之间的紧张关系的？

案例编号：608C12

本案例也收录在 Todd Comen 的《前厅管理案例汇编》中（美国饭店业协会教育学院，2003年，密歇根州兰辛）。

案例 3：接替资深行政管家职位

迈克不是客房部的新人。他最近在佛罗里达州的那不勒斯酒店担任客房部经理助理。现在他在博登海滨度假酒店担任资深客房部管家工作。迈克被雇来取代弗兰，她刚从工作多年的博登退休。他发现弗兰凭自己的头脑将其部门管理得几乎完美无瑕，而不是根据书面的规则和指导方针。

在博登酒店的第一周里迈克已经遇见到了许多不可思议的事情。最近，客房部已经收到客人低评级的评论卡片。前厅部将很多客人投诉转向客房部——主要是关于毛巾短缺，床单污渍，需要新的肥皂和洗发水。迈克知道，有时前台人员会曲解一些投诉，迈克不会因为前台人员可能会有夸大其词的行为而直接去与前台部经理发生冲突。不久前他已经学会了将抱怨作为一个改进的机会。

今天早上，迈克到来后不久，客房服务员便找到他并告诉他浴室清洁液已经用光了。他想知道怎么会发生这种情况，就在上周，他要了一份关于所有的客房用品和布草的存货清单。他这样做了之后注意到布草出现短缺。特别是由于高质量的毛巾供应短缺，导致破损的手巾被放置在浴室。

他认为在查看库存后，客房部经理助理已经通知增补短缺的物品。迈克知道由于酒店业主和总经理经研究制定的削减成本措施引起的部门员工短缺问题已经有一段时间了。他也知道，没有预算去购置新布草，即使旺季将依赖这些物品，高入住率会导致供应不足。

自从他接受快速培训后，这是第一次进入这个储藏处（他总是依赖他的助手来处理库存），迈克意识到他应该尽快探讨采购流程。

迈克上任后的策略是让员工继续像往常一样工作，观察和了解他的员工、客人和其他部门经理。他现在仅仅是了解博登酒店管理的文化，酒店对他的预期以及其他管理人员如何努力实现度假酒店全面的工作等事务就已经让他忙得不可开交。

他现在凝视的储藏室是他所见到和工作过的比较典型的。供给物品被分类储存，尽管货架上没有标签。布草被干净整齐地叠好，所有的物品都可以一眼看到。看起来像大多数的物资都被很好地储存，所以迈克想知道为什么今天早上浴室清洁剂短缺了。迈克环顾四周寻找库存表或任何能告诉他清洗剂本应该被储存的地方。

就在这时基特，他的经理助理，来到了走廊。看到迈克，她问他是否需要什么。迈克告诉她，前厅部经理收到客人关于破损毛巾和浴巾的投诉。然而今天，房间服务员又告诉他浴室清洁剂用光了。基特也惊讶于清洁剂都不见了，因为她总是每隔一周订购一套。她说也许有人偷了一些。

迈克问她的订购程序是什么。基特告诉他，她每周浏览储藏室而且每隔一周订购一批客房清洁用品。她已经做了很长时间，因此非常熟悉如何订购。她还告诉迈克，酒店很少出现物资短缺现象，虽然有时可能会用到只剩最后一件。在这些情况下，如果这几天订购的物品还未送达，她会跑到折扣商店先买一些临时使用。

在派基特去折扣商店购买浴室清洁剂之后，迈克坐下来去思考如何改进客房物品供应的采购体系。他还不得不解决如何确保在旺季客人能够有足够的布草使用。他知道他不能命令全部换成新的床单和毛巾，所以他不得不制定一个新的体系来帮助他将新的布草整合在内，从而度过接下来的几个月。

在将笔放在纸上之前，迈克联系了博登酒店的采购主管，让他去组织一个会议来讨论他的需求。

讨论题

1. 如果你是迈克，你会采取什么样的库存采购政策和程序?

2. 迈克的难题会如何影响客人满意度?

3. 迈克应该使用什么策略来说服总经理将更多的资源分配给客房部去满足他对布草的需求?

案件号码：608C13

本案例也收录在 Todd Comen《前厅管理案例汇编》中（美国饭店业协会教育学院，2003 年，密歇根州兰辛）。

第11章

概　要

前厅的审计功能

前厅审计员

建立每日关账时点

交叉审核

账目的完整性

客人信用的监督

审计过账公式

每日控制表和附加控制表

前厅自动化审计

前厅审计流程

完成待处理账项的输入

调节客房状态差异

审核房价

平衡所有营业部门账项

审核未入住预订

记录房费和税金

编制报告

上缴现金

清理和备份系统

分发报告

系统更新

集中化前厅审计

小结

学习目标

1. 了解前厅审计的职能。

2. 了解前厅审计流程的步骤。

3. 解释系统更新的作用和集中化前厅审计。

前厅审计

由于酒店每周运行 7 天，每天运行 24 小时，前厅必须定时检查和审核住店客人和非住店客人账户记录的准确性和完整性。前厅审计流程需要有意识地满足这些要求。

审计工作是每日检查在前台记录的客账交易是否与收入中心的交易一致。这种日常工作确保前厅账务工作的准确性、完整性和可靠性。前厅审计还包括正在发生的非住店客人账户。一个成功的审计体现在住店客人和非住店客人的账目平衡，账单准确，适当的账户信用监督，以及及时向管理层提供报告。高效率的审计工作也可增加正确结算账户的可能性。

前厅审计，有时也称为夜间审计。通常是在深夜执行。在前厅自动化系统实行前，大多数方便进行审计的时间是深夜和凌晨时段，此时前厅审计员可以尽可能不受打扰地工作。大部分（即使不是全部）酒店的营业点已经关门，允许夜间审计审查所有部门的收入。并且大多数酒店有一个每日会计期间和每日酒店经营期间，以确定酒店每日的消费发生期间。前厅审计结束一个营业日，开启下一个营业日。

在使用酒店管理系统时，审计也称为系统更新，这是由于酒店管理系统文件的电子化更新是常规审计工作的一部分。曾经由夜审承担的大部分手工工作，现在通过技术手段来执行。酒店管理系统可以自动记录客房收入并自动执行审计流程。除了需要提交当日的报告外，审计工作已经没有理由必须在夜间进行。大多数前厅审计工作实际上是建立和分发系统的报告，而这些工作可以在管理者希望的任何时间内完成。

前厅的审计功能

前厅审计的主要目的是核实住客和非住客账户的记录与收入中心的交易报告的准确性和完整性。前厅审计尤其应当关注以下功能:

- 核查过账到住客和非住客账户的记录。
- 结清所有前厅账户。
- 解决客房状态和房价的差异。
- 根据已建立的信用额度,检查客人的信用记录。
- 生成经营和管理报告。

重要的一点是前厅部审计只关注前台活动。对食品、饮料、客房内茶点、宴会和其他收入的审计通常是酒店会计部门的责任,其可能发生在日收入中心关闭后。酒店管理可能需要对食品、饮料,以及其他收益部门进行广泛的审计。在一些小型酒店,可能由于其收入渠道较少,前厅部审计师除了前台审计外,还需要执行一个完整审计的若干部分。

前厅审计员

执行前厅审计时,要关注账户的明细、流程的控制,以及客人信用的限制。前厅审计人员还应当熟悉影响到前厅账务系统的现金交易的性质。前厅审计人员注重于客房收入、客房出租率和其他标准的营业统计。此外审计人员利用酒店管理系统编制每日的现金、支票、信用卡、借记卡以及其他在前厅发生的活动的汇总报告。这些数据反映当日的财务结果。前厅审计员汇总和编制这些经营结果,提交给前厅管理层。酒店的会计部门(其主要职责是后台审计)也依靠前厅审计数据来进一步做统计分析。

建立每日关账时点

前厅审计员收集、结算和检查一整天内登入住客分类账上交易。每个酒店必须决定什么时间被认为是当日会计期间(或酒店营业期间)的结束。每日关账时点简单地说就是营业活动任意停止的点。前厅部必须建立一个每日关账时点,这样通过一个特定的始终如一的时点,表示当日的审计工作已经完成。通常,酒店营业点的结束时间决定了它的每日关账时间。对于拥有 24 小时服务的房内用餐、餐厅或商店的酒店,正式的每日关账时间就是酒店主要营业点结束或不再有持续营业活动的时点。对于拥有持续经营的博彩酒店,每日关账时间是由管理层决定最佳的关账时点,通常大约在凌晨 4 点或更迟的时间。

典型的情况是前厅审计工作开始于当日营业结束之时，也许是在夜半班开始以后。例如，如果前厅审计在凌晨1:30开始，酒店的营业日应在1:30结束。从凌晨1:30直到审计结束的时间段称为审计工作时间。通常，需要前厅会计注意的是，那些在审计工作期间收到的交易凭证在当日关账审计工作完成前不应被过账。这些交易被认为是下个营业日交易的一部分。

交叉审核

酒店各部门生成书面记录作为交易的凭证。对于每个收益中心的交易，产生收入的营业点分类、记录交易的类型（现金、挂账或支付）和货币价值。前厅人员可以在线检查过账交易，以确保其已适当记录到相应的住客或非住客总账单上。另外，收益中心也可以使用凭单向前厅传递交易信息。

前厅会计系统依靠系统的接口和交易凭证来建立准确的记录，维护有效的操作控制。交易凭证（电子的或纸张的）可证明交易的性质和金额，也是记录到前厅会计系统的数据基础。这种凭证由消费凭证和其他证明文件组成。

出于内部控制的目的，会计系统应提供独立的支持凭证来核查每笔交易。在非自动化的酒店，不同的部门（如咖啡厅客人账单和前厅客人总账单）提供的支持凭证提供了交叉核查的信息。虽然前厅审计员从前厅系统收到有关客房收入的信息，审计人员还应当根据客房部房间出租情况报告和前厅客人登记卡资料对客人总账单上记录的房费进行检查；这通常被叫作"桶量检查"，这种程序确保所有的已出租房的房费被准确记录，同时减少因为前厅人员没有准确完成客人的入住登记和结账离店程序而造成的出租错误。同样，记录到住客和非住客账户的餐饮收入是基于传送到前厅的营业点的凭证和客人账单。餐厅收款机纸卷或销售日记账可以被作为前厅过账的交叉检查证明。

前厅审计员依靠交易凭证来证实前厅执行了正确的会计程序。审计员的每日过账检查是通过核对前厅账户记录的销售点收入和消费发生部门的记录是否一致来进行的。

账目的完整性

良好的内部控制技术能确保前厅会计程序的正确性和完整性。内部控制技术包括现金控制和职责分开。职责分开确保没有单独一个人对一项交易的所有核算阶段全部负责。

健全的内部控制技术要求由不同的前厅人员在前厅对销售交易进行登入、核查和收集。如果允许一个总台接待员既销售客房，又记录该房的费用，并核查记录，以及收取现金，那么没有人可以发现错误或可能的挪用。替代的办法是，职责应当分给不同的员工，前厅员工可以负责过账，前厅审计员负责核查账目，前厅收款员负责收款结账。在很多酒店，只有前厅审计员被授权启动自动系统将房费和房间税记录到客人的电子总账单上。

前厅审计员帮助确保前厅收到出售的商品和服务的付款。前厅审计员通过将客账过账与相应部门的原始凭证的交叉检查来建立住客和非住客账户的完整性。当住客、非住客账户的总数与部门账目总数平衡时（即证明是正确的），审计程序就完成了。只要审计过程还有不平衡的情况，审计工作就被认为没有完成。实质上，不平衡的状态存在于整天记录到住客和非住客账户的消费额和贷方数与部门收入原始凭证的消费和贷方数不匹配。出现不平衡的状况需要对所有账户交易、凭证凭单、支持凭证和部门原始凭证进行彻底检查。现在不平衡的情况比较少。过去，在采用手工和半自动系统的酒店，有许多不同的记录表格需要检查、汇总和合并，而这只是平账过程的一部分。现在，这些工作几乎全部由前厅计算机系统来完成。

客人信用的监督

监督住客和非住客账户的信用限额的软件能帮助维持前厅会计系统的完整性。建立信用和信用限额的标准取决于很多因素，如信用卡公司规定的最低限额，酒店规定的限额，以及客人的状况和声誉都是潜在的信用风险。前厅审计员应熟悉这些限额，以及他们与住客和非住客账户是怎样的关系。作为应用软件的一部分是自动产生超限额账户余额报告。在每个营业日结束时，前厅审计员要确认哪些住客和非住客账户已经达到或超过授权的信用限额。这些账户通常称为超限额账户。将超限额账户编成报告称为超限额报告，编制这份报告是为了让前厅管理层采取适当的行动。

审计过账公式

不管何时进行前厅审计，都运用如下基本的账户过账公式（运算规则）：

$$期初额 + 借方额 - 贷方额 = 净应收未收额$$
$$PB + DR - CR = NOB$$

下面的例子说明了这个公式以及它在前厅审计中的作用。假设一个住客账户的期初余额是 280 美元，部门销售（借方）60 美元，收到付款（贷方）12.8 美元。在审计过程中，系统登入应收未收的部门销售交易如房费和税金，并登入贷方数（现金支付、支票和信用卡支付），产生一个净应收未收款余额 327.2 美元。这个数字作为下笔交易的期初余额。使用过账公式，这些交易反映为：

PB + DR － CR = NOB
$280 + $60 － $12.8 = $327.2

每日控制表和附加控制表

每日控制表一般是作为每日住客账户的明细报告。每日控制表汇总和更新当日发生交易活动的住客账户。附加控制表可用于跟踪当天非住客账户的交易活动。合在一起，每日控制表和附加控制表详细反映当天发生的所有交易。由于客人任何时间都可结账离店，每日控制表必须仔细处理。

出现在系统生成的每日控制表上的数据，通常详细反映收入中心、交易类型和交易总额。每日控制表和附加控制表形成了前厅会计交易的合并报告的基础，通过它可以检查收入中心的总收入。例如，餐厅报表反映的销售总额应与记录到住客和非住客账户的餐厅销售总额一致。这些总额的平衡是前厅审计关注的重点。

每日控制表和附加控制表是一些用于消除过账差异的简单电子表式。每日控制表和附加控制表在详细检查之前通过确认不平衡的数字来简化审计工作。例如，在非住客账户出现不平衡的状况时，可以帮助前厅审计员找出和改正错误而不需要检查当日发生的所有交易。

前厅自动化审计

酒店管理系统的前厅模块可以和销售点终端、电话计费系统、室内娱乐设备和其他收益中心的装置连接，以便快速、准确并自动地将消费信息记录到住客和非住客账户的电子总账单上。几项审计功能可以在整个客人服务循环系统中连续执行。与先前的非自动化系统相比，自动化系统能让前厅审计员获得更多的时间审计交易和分析前厅业务活动，而花费较少的时间执行过账和簿记工作。监督账户余额和审核账户过账需要一个简单的程序来对住客和非住客分类账审计数据与前厅每日余额报告比较。当这些凭证不能达到平衡，通常是发生了内部计算问题或出现了不正常的数据处理错误。例如，与销售点终端的接口当天断开了一会儿。销售点终端显示当日的挂账总数和总金额已经转到前厅系统，但是在前厅系统中，由于系统曾出问题也许出现的总额与此总额有差异。夜审员必须找出差异数额，并将调整分录记入住客分类账使两个系统保持平衡。

自动化前厅会计系统将住客和非住客账户的期初余额信息，与相应的交易明细信息一起保存在电子数据库内。然而在手工和半自动系统中必须有期初余额；自动化前厅系统可迅速计算出当前余额，在开始登入每笔增加的交易时就不再需要期初余额。前台接待员根据一系列程序指导工作，按照前厅审计程序就系统生成的指令和命令输入各种数据资料。

前厅系统执行大量数字运算来确保过账是正确的，例如，辨认登入的账单中是否数额不正常，如 15 美元输成 1500 美元。既然大多数前厅会计系统能够根据时间、班次、员工、账单编号以及收益中心来追踪每笔过账，他们能够维持一个详细的交易活动的审计痕迹。

酒店管理系统可以比手工系统更快地组织、编制和打印记录。在审计过程中，前厅系统能处理大量的数据，执行大量的运算，并产生准确的账户总额。前厅系统更新通常执行这些自动功能。系统更新每天进行，以建立当天审计的终结点，开始生成报告，归档文件以及系统维护。

前厅会计系统也可以提供快捷的信息，使得前厅管理人员更了解经营管理情况。详细反映收入数据、出租统计、预付定金、到店情况、未入住情况、客房状态，以及其他经营信息的报告可以根据需要随时产生，或者作为固定的系统更新工作的一部分。表 11-1 提供了一份收入中心报告的样本。

前厅审计流程

前厅审计关注两个方面：发

表 11-1　收入中心报告样本

试算平衡		
每日交易量		
平衡前余额		16413.67
收入		
1000	客房收入	9556.20
1055	客房收入免税调整	− 9.43
2009	餐厅早餐打包	20.00
2010	餐厅早餐	629.45
2030	餐厅午餐	783.81
2040	餐厅晚餐	2920.02
2050	餐厅烈酒	181.25
2060	餐厅啤酒	44.75
2070	餐厅葡萄酒	661.75
2110	酒廊早餐	36.25
2120	酒廊午餐	17.00
2130	酒廊晚餐	436.20
2140	酒廊烈酒	251.50
2150	酒廊啤酒	211.00
2160	酒廊葡萄酒	246.00
2210	客房送早餐服务	61.20
2230	客房送晚餐服务	142.95
2250	客房送啤酒服务	3.75
2260	客房送葡萄酒服务	8.75
2310	宴会早餐	625.00
2320	宴会午餐	4035.75
2340	宴会茶歇	2440.00
2350	宴会接待	6058.75
2380	宴会葡萄酒	245.00
2390	宴会场地租金	1650.00
2400	宴会试听设备	820.00
2410	宴会部其他收入	153.25

（续）

试算平衡		
3010	长途电话	16.75
3015	长途电话费调整	− 8.15
3020	室内电影及游戏	51.96
3035	电影及网络费调整	− 11.99
4000	停车费	190.50
4010	特殊事件或活动收费	4,000.00
4020	停车协调组	590.00
4060	复印	6.37
4200	礼品	574.46
6000	餐厅小费	972.08
6001	酒廊小费	137.44
6002	客房送餐服务小费	68.73
6010	宴会服务费	2,534.65
6020	客房送餐服务费	32.00
总营业收入		41384.95
非税款收入		
7000	房间销售税	326.11
7020	县税	408.47
7039	餐饮打包销售税	1.20
7041	餐厅食品销售税	207.60

资料来源：由密歇根州东兰辛的密歇根州立大学凯洛格酒店和会议中心惠允使用。

现并纠正前厅会计中的差错，以及制作会计与管理报告。从会计观点来看，前厅审计通过交叉核对流程来确保前厅账目的完整性。对于住客和非住客账户是通过将输入的数据与收入中心提供的原始凭证比较来证实每笔交易记录和账户总额。在前厅审计中发现的差异必须加以纠正，以便前厅会计系统保持平衡。从管理报告的观点来看，前厅审计工作提供非常重要的经营信息，如平均房价、客房出租率、房间包价的使用和其他营销计划、团队房间数以及免费房间数。

几乎所有的前厅会计系统都可以按照事先设定的时间以及在需要之时执行连续的系统审计流程并提供汇总报告。在审计工作中细致的程度取决于出错的频率以及被检查的交易量。这些因素中首要影响因素是数据输入工作的质量，其次是与酒店的规模及复杂程度相关联。大型和复杂的酒店由于记录了大量的交易，通常需要对账户进行仔细审查。

以下是前厅审计通常采用的步骤：

- 完成待处理账项的输入。
- 调节客房状态差异。
- 审核房价。
- 平衡所有营业点的账目。
- 审核未入住预订。
- 记录房费和税金。

- 编制报告。
- 上缴现金。
- 清理和备份系统。
- 分发报表。

在最新的计算机系统中，其中的一些步骤可能被压缩和合并。以下从操作的观点来审视这些前厅审计程序。

完成待处理账项的输入

前厅审计的一项最基本的职能是确保所有影响到住客和非住客账户的交易都被记录到相应的总账单上。重要的是系统对发生的交易进行准确的登入和核算。输入错误是很成问题的，并可导致差异的存在而最终影响客人的结账。这些是很费时间的，因为有争议的费用需要做进一步调查、解释。

而良好的前厅操作确保把发生的交易记录到相应的账户，前厅审计员在启动审计程序前必须确认所有的交易已经被记录。这意味着必须等到所有餐厅包括宴会厅全都停止营业。不完全的过账将导致账户余额和汇总报告的差错。

为了完成过账功能，前厅审计员需要审核所有收入中心的交易凭证都过账了。如果酒店没有自动电话计费系统的接口，应收未收电话费用需要手工过账。如果酒店各销售点或电话计费系统与前厅会计系统直接接口，那么应审核先前的过账总额以确保所有销售点的费用已经被过账。这可通过从接口系统中生成打印过账报告并将其与前厅会计系统总额报告进行比较来完成。如果数字是一致的，即系统是平衡的。如果它们不同，前厅审计员应对比两个系统的数字，来鉴别出遗漏或错误输入了哪些交易。

调节客房状态差异

客房状态差异必须及时解决，因为不平衡的情况可能导致业务损失和前厅运转的混乱。客房状态差错会导致损失和无法收到客房收入，以及账目过账上的缺漏。前厅系统必须维持当前的、准确的客房状态信息，以便有效地确定可出租房间的种类和数量。例如，如果一个客人结账了，总台接待员没有正确执行结账程序，那么这间客房在系统中显示为已出租房，而实际上是空房。程序上的这种差错会中断客房的出售直到差错被发现和解决。

为了减少差错，客房部门尤其需要员工来记录他们觉察的所有房间状态。客房部门和前厅部门的客房状态预先核对通常是在夜审开始以前，前厅审计员必须审核客房部门和前厅部门的报告来最终确定当晚所有客房出租的状态。如果客房部报告显示一个房间是空房，而前厅认为它是已出租房间，审计员应当寻找系统中的电子总账单和住宿登记卡。如果总账单存在并有当前的应收未收款余额，可能有以下几种情况：

- 客人已经离店但是忘记了结账。
- 客人是一个故意逃账者。
- 总台接待员或收款员在客人结账时没有正确地结清总账单。
- 客人可能使用自助退房，但系统链接失败了。

在证实客人已经离开酒店，前厅审计员应处理此结账并将总账单放在一边，以便前厅管理层审核和采取后续行动。如果总账单已经结清，前厅的客房状态系统应进行纠正以显示该房间为空房。前厅审计员应将客人总账单与客房部门及前厅客房状态报告核对来确保三方是一致的和平衡的。结账过程是一个典型的客房管理职能，可以自动监督和更新客房状态。在自动化的前厅系统中极少会出现客房状态差异。

审核房价

审核房间价格通常是在协调核对客房状态的同时做的工作，因为这是数量检查的一部分，可以更有效地同时完成。前厅审计人员将需要由审查系统生成的客房状态报告。该报告是分析客房收入的一种手段，因为它显示了每间客房的门市价和实际销售房价。如果客房的门市价与其实际的出租价格不符，前厅审计员应该考虑以下因素：

- 如果房间是由团队客户或由公司客户使用，其折扣率是否正确？
- 如果房间是由客人通过包价折扣预订或通过酒店的预订分销渠道提供的促销折扣预订客房，其折扣率是否正确？
- 如果房间里只有一位客人，实际销售房价仅收取约门市价的一半，这位客人是否为共享预订的一部分？如果是这样，第二位入住客人是否登记？有没有被正常收取房费？
- 如果房间是免费的，是否有房价免费的支持性材料（如免费客房授权表）？

房价审核通常是对比入住登记记录和前厅系统记录。入住登记记录可以提供客人的信息快照，包括在办理入住登记时的实际房价。在客人入住期间或者入住后的房价变化，将会导致原始记录的变化。正确使用客房收入和房间数量信息是客房收入分析的基础。由于入住登记报告提供了用于测量客房的潜在收益与实际客房收入的方法，前厅管理复审工作通常需要前厅部审计师提供该报告。房间的实际收入与客房门市价的比较可以表示为百分比或金额。

平衡所有营业部门账项

当发现错误时，前厅审计过程将变得很复杂。一般认为比较有效率的做法是先对所有营业部门账户进行平衡，然后在不平衡的部门中查找具体的过账差错。

前厅审计通常使用由收益中心产生的原始凭证来进行平衡。前厅审计员将所有前厅账户与营业部门的交易信息进行平衡，通过比较前厅收到的凭单和其他凭证的汇总与收益中心的总额进行对比。原始凭证能帮助解决发生的差异。

当前厅会计系统出现不平衡时，必须调查账户登入的正确性和完整性。在纠正前厅账务差错前应进行详细的部门审计（按班次或按收款员），或逐项检查每笔过账。

平衡收益中心的程序通常称为试算平衡。前厅系统在开始最终实际报告前可以先进行试算平衡。试算平衡通常修复了在审计过程中需要做的纠正和调整。前厅审计员倾向于在登入当日的房费和税金之前执行试算平衡。这样做可以简化最终审计程序。如果试算是正确的，而决算是错误的，审计员会推断出错误一定与房费和税金过账有关。

特别要指出的是住客和非住客账户与营业部门的总额在数字上的平衡并不意味就是选择了正确的账户进行过账，将同样的金额登入不正确的账户，总额同样保持平衡。这类错误通常不易发现，直到客人发现他的账户上记录了错误的账款。

表 11-2 展示了一份关于营业部门账务平衡的前厅审计程序的次序。

表 11-2 营业部门账务平衡次序

1. 根据发生的部门分类凭证。
2. 重视每个部门的凭证。
   (1) 根据部门归类纠正凭证，并核对。
   (2) 汇总每个部门的纠正总额。
3. 在审核影响部门的每张纠正凭证及加总每个部门的纠正凭证后。纠正总额必须与前厅班次报告中的纠正数一致。
4. 再一次重视凭证。
   (1) 汇总其余未过账凭证。
   (2) 将每笔交易凭证上的合计额与营业部门详细报告的数字进行核对。
5. 凭证应与部门的纠正数额一致，如果两者数额不一致，差错必须在过账前解决。
   (1) 核实凭证上的日期与当天日期。
   (2) 根据支持凭证检查每一笔过账记录，直到发现差错。如果前厅有很多错误，这是一项使人厌烦的工作。但是，如果前厅使用有效的打印机，彻底检查支持凭证的有效性，可以帮助查出差错。
   (3) 登入任何其他的纠正和调整。
6. 在使用计算机系统时，单独班次报告应在纠正和调整项目修改后打印。在任何操作模块中，所有的备份数据应打包给会计部门检查。

审核未入住预订

前厅审计员也负责清理预订文件或登记单，并输入费用到未入住客人账户。当开始未入住费用的电子过账时，前厅审计必须仔细核查预订是否属于保证类订房，以及客人是否从未在酒店登记。有时会为同一个客人做了重复的预订，或客人的名字出现拼写错误，以及前厅员工或系统偶然产生的其他记录。在前厅或预订员工未察觉的情况下，客人可能实际已经入店，而第二份预订仍然显示为未入住客人。

未入住的账单必须格外仔细地处理。总台接待员如果没有正确处理取消信息，可导致向客人收取不正确的账款。不正确的收账会导致信用卡公司重新评估与酒店的法律协议和关系。不正确的收账也会导致酒店丢失将来客源业务和旅行社的业务（如果适用的话），或影响到已确认预订的客人。前厅员工在受理预订取消或修改程序时必须坚持建立的未入住客人程序。

记录房费和税金

客人总账单上的房费和税金的自动记录通常是在营业日结束时进行。一旦房费或税金记录后，将生成房费和税金报告给前厅管理层审阅。根据指令自动记录房费和税金的能力是自动化前厅系统最令人兴奋的优点之一。一旦前厅开始房费的登入，系统能够在极短的时间内将房费和税金自动记录到相应的电子总账单上。系统记录是极为可靠的，因为自动记录收费是保证正确的，没有被窃取的机会，以及税金计算或过账错误。这些特征特别有助于位于城市的酒店，它除了销售税外还有床位或出租税。一些酒店预先设置前厅系统来记录每天经常发生的费用，如代客停车或小费。自动记录这些费用可以节省前厅审计时间和提高准确性。

编制报告

前厅审计员主要编制反映前厅经营和运转状况的报告。编制提交管理层审阅的报告有最终部门收入明细和汇总报告、每日经营报告、超限额报告，以及酒店专用的其他报告。

最终部门收入明细和汇总报告编制后应与其原始凭证一起交会计部门审阅。这些报告有助于证明所有交易已经被正确记录和核算。

每日经营报告汇总了当日的经营业务，并可洞察与前厅有关的销售收入、应收账款、经营统计和现金交易。这个报告通常认为是前厅审计最重要的成果。超限额报告反映客人的消费接近酒店设定的信用限额的情况。

除了定期报告外，在前厅系统中，软件程序可以根据需要生成多种管理报告。

例如，为了对客人的交易和账户余额进行检查，需要在当天任何时间生成最新的超限额报告。另一个重要的报告是每日汇总报告，也被称为快报。每日汇总报告提供以每日、每周或每月为基准的重要运营数据指南。酒店管理者通常会觉得这个总结报告内容信息丰富并在一个工作班开始时审查它的内容。每天汇总报告也可能预示着下一个营业日的入住率及客房实际销售价格，提醒管理者注意，一切变化都可能在一夜之间发生。

此外，前厅系统可以生成专门的分类报告。例如，团队销售报告可以按在店的每个团队生成，显示每个团队使用的房间数，每个团队的客人数，以及每个团队产生的收入。系统生成的报告可以帮助酒店销售部门跟踪团队客史。对于包价计划的客人，或特别促销计划及广告计划的客人，也可以生成同类报告。其他报告可以列示经常住店客人及 VIP（重要宾客）客人。这类营销信息可以被自动地跟踪、分类和报告。

上缴现金

前厅审计员经常编制一份现金上缴凭证作为审计流程的一部分。如果前厅现金收入还没有送交银行，前厅审计员将对现金结算款和代付款（净现金收入）的记录与手头实际现金进行比较。前厅收款员当班报告副本也放在现金缴款袋中作为长款、短款或取回款的证明。由于账户及部门余额通常涉及现金交易，正确的现金缴款依赖于有效的审计过程。

一些酒店让前厅收款员在当班结束时不知道系统记录的现金收入是多少的情况下上缴现金。这叫作盲目投放，因为收款员不知道根据系统应该上缴多少现金。盲目投放用于酒店管理层认为员工可能没有上缴所有收到现金的情况下。当采取盲目投放时，夜审员将每个收款员的系统总额与实际收款员投入凭证相比较。差异将汇报给酒店总出纳、前厅经理或财务总监。

表 11-3　客人分类账报告

	Lodgistix 度假村和会议中心（9003）						
	预先审计报告—7 月 12 日—客人分类账余额						
状态	起始余额	房费／税金	杂项	食品	酒水	付款	余额
取消－保留	0.00	0.00	0.00	0.00	0.00	220.00-	220.00-
取消－返回	0.00	0.00	0.00	0.00	0.00	165.00-	165.00-
未入住	480.00-	0.00	0.00	0.00	0.00	0.00	480.00-
结账离店	312.31+	104.55+	0.00	0.00	0.00	104.55-	312.31+
登记入住	5485.36+	2441.23+	58.36+	311.31+	21.62+	1440.00-	6877.88+
酒店招待账	0.00	0.00	8.40+	0.00	0.00	0.00	8.40+
团队总账单	0.00	0.00	15.00+	14.00+	21.00+	0.00	50.00+
总计客人分类账	5317.67+	2545.78+	81.76+	325.31+	42.62+	1929.55-	6383.59+

资料来源：由亚利桑那州凤凰城 Sulcus 公司惠允使用。

清理和备份系统

由于自动化系统消除了对客房状况显示格、预订卡以及其他各种传统的前厅表格和装置的需要。前厅会计系统依赖于系统的连续功能。前厅审计程序中的系统备份对于前厅系统是很独特的。备份报告必须及时去做，并定时用各种介质复制下来，以便前厅工作能连续平稳地运行。

通常至少要打印两份客人清单做备份或紧急情况之用：一份给前厅，另一份给电话总机。一份打印的客房状态报告能让总台接待员在计算机不能使用时用来核实是空房还是可供出租房。客人分类账报告能被生成出来，如表11-3所示。这个报告包含所有入住客人账户余额的期初余额和期末余额。前厅运营报告也可以生成出来，这份报告包含几天内预计入店、续住和离店信息。运营报告样本见表11-4。在一些前厅系统中，预先打印出第二天的登记卡作为前厅运营报告的一部分。根据《美国残疾人法案》的要求，酒店必须留意残疾客人。这样做的一个原因是在紧急情况下所有残疾客人都被关照。通常这时生成这份报告，并分发给所需要的部门。

表 11-4 运营报告

LODGISTIX 度假村和会议中心 (90003)												第 1 页

7 月 12 日
13:14:23

入住 / 续住 / 离店运营报告

			……入住……				……续住……			……离店……			备注		
日期	入住日	销售	人数	6/4	shr	人数	6/4	shr	人数	6/4	shr	bik	成人	小孩
7 月 12 日	24	49 散客	28	5	0	12	0	1	14	0	0		71	16
		67.1% 团队	2	0	0	0	0	0	0	0	0	3	2	0
7 月 13 日	36	37 散客	1	0	0	31	5	1	8	0	0		61	14
		50.6% 团队	0	0	0	0	0	0	2	0	0		0	0
7 月 14 日	48	25 散客	1	0	0	19	5	0	13	0	1		41	8
		34.2% 团队	0	0	0	0	0	0	0	0	0		0	0
7 月 15 日	59	14 散客	3	0	0	11	0	0	9	5	0		21	4
		19.1% 团队	0	0	0	0	0	0	0	0	0		0	0
7 月 16 日	68	5 散客	1	0	0	4	0	0	10	0	0		7	2
		6.8% 团队	0	0	0	0	0	0	0	0	0		0	0
7 月 17 日	68	5 散客	1	1	0	3	0	0	3	0	0		9	2
		6.8% 团队	0	0	0	0	0	0	0	0	0		0	0
7 月 18 日	71	2 散客	1	0	0	1	0	0	3	1	0		3	0
		2.7% 团队	0	0	0	0	0	0	0	0	0		0	0

（续）

	总计	散客	团队	Rem BLK
间数	511			
待售	372			
销售	137	132	2	3
出租率 %	26.8%	96.3%	1.4%	2.1%
报告结束				

资料来源：由亚利桑那州凤凰城 Sulcus 公司惠允使用。

系统生成的前厅信息也应根据系统设置复制到 DVD 光盘或其他介质上。系统备份应在每次审计完成后生成并存放到保险柜中。许多前厅系统有两种类型的系统备份：每日备份（前厅电子文件的复制）和系统备份（删除无价值的账户和交易信息。如结账至少已有 3 天以上，而且一直没有再出现任何费用的账户可以从当前数据文件中删除）。执行这种程序可以减少需要备份的存储量。如果将来需要查找任何账户，可以在以前打印的报告或每周备份的电子文件中找到。

分发报告

由于前厅信息具有敏感和保密性质，前厅审计员必须迅速将有关报告交给授权人员。前厅报告的分发是前厅审计工作的最后一步，它对于前厅高效运作是十分重要的。如果所有前厅审计报告能按时准确完成和分发出去，有助于做出管理决策。

系统更新

前厅会计系统的系统更新可以完成很多审计工作的职能。系统更新是每日进行的，可以重新整理系统文件，进行系统维护，产生报告，以及提供每日营业的关账时点。

由于前厅系统在交易发生时持续不断地对交易的过账进行审核，就不太需要审计员执行账户的过账工作。前厅系统也许使用遥控技术与收入中心连接进行自动化过账。前厅系统也许支持销售点、电话计费技术、房内闭路电视、房内自动售货机等接口。它的接口能力可以让系统来控制和监督酒店内所有远距离的收益中心发生的费用。管理政策决定了系统接口应用的范围。审计员应按既定方式审核接口程序，以保证销售点交易的自动记录系统进行了正确处理。

在确认类预订未入住的情况下，账目会按程序自动登入账单文件。如果一笔交易需要单独记录，客人的电子总账单可出现在终端上供过账。一旦完成，总账单可以存回电子数据库中或在需要时打印出来。

客房状态差异很少会发生在自动化的前厅环境中。登记和结账与客房状态功能相连，减少了潜在的差异。客房服务员通常可以通过房间内的电话或其他输入装置在客人离开酒店前报告当前客房的出租状况。在前厅计算机系统中可以自动更新客房的状态；如果合适的话，客房差异报告可按程序自动打印。即使对于逃账客人，系统可以迅速找出问题所在，以便酒店将该房间重新出售以尽可能减少房费收入的损失。

在一些系统中，前厅和营业部门账款的平衡是通过在线会计系统进行连续的监督。例如，发生的消费可以通过遥控销售终端进行输入。这笔费用将同时记录到客人电子总账单和部门电子控制账单。控制账单是一个在线的内部会计文件，它用来证明所记录的账款来自的部门。

为了平衡部门账务，前厅系统将所有非控制账单的记录与每项控制账单交易进行比较测试。不平衡的话可核查自动记账技术中的问题，用于发现前厅会计程序的缺陷。详细的部门营业报告能在当天任何时间被生成，并与账户过账进行检查来证明账户记录的正确性。

前厅系统可以设计生成各种长度和内容的报告。由于系统更新包含文件的重新整理以及明细的账目，它的输出具有很高的可靠性。作为自动更新的结果，预订确认、收益中心汇总、预计入住和离店清单、预计离店客人的总账单、每日营业报告，以及非住客账户的收账账单都可以生成出来。

前厅系统也可生成一些其他文件的备份，作为系统瘫痪的安全保障。业务活动报告、客人清单、客房状态报告、账目结算单，以及类似报告都可打印和保存起来以防止系统瘫痪。

集中化前厅审计

前厅审计系统的自动化大大简化了前厅审计的审核过程，并允许多个同时进行的审计测试。多重审计工作的集中化减少了需要工作人员参与的特性，并提供了综合报告的基础。集中式前厅审计工作通常在有限服务和收入渠道较少的酒店里发挥更好的作用，因为此类酒店的业务部门在审计工作开始前已经关闭。在集中审计过程中，审计师可以通过参与活动的酒店之间的安全的数据线路获取所有必要的信息来完成审计程序。

前厅部审计师能够在纠正条目后备份系统，并产生用于分配到各酒店的报告。数量检查必须由参与审计酒店的夜班员工进行，因为总部的前厅审计师无法获取源文件。对于连锁酒店，能够产生一组酒店的综合报告是有益的。一位负责多家酒店资产的酒店经理无须等待个别前厅经理提交报告，便可以直接从总部获取不同酒店的审计数据。

小 结

酒店每周运行 7 天，每天运行 24 小时，前厅必须定时检查和审核会计记录的准确性和完整性。前厅审计流程就是为了满足这种需要。审计试图对每日住客和非住客账户交易与收入中心的交易进行平衡。一个成功的审计体现在账目平衡、账单准确，以及适当的账户信用监督，定时向管理层提供报告，以及增加账户结算的可能性。习惯上，前厅审计叫作夜间审计，是因为它通常在深夜或凌晨进行。由于审计工作的一部分是电子文件的更新和备份，通常审计又被称为系统更新。

前厅审计的主要目的是核实住客和非住客账户的记录与营业部门交易报告的准确性和完整性，并提供管理报告。前厅审计员必须熟悉交易的性质和数额，并关注账户的明细、流程的控制，以及客人的信用限制。前厅审计通常负责跟踪客房收入，出租率和其他标准的营业统计。另外，审计员应编制每日的现金、支票和信用卡业务的汇总报告。这些数据反映当日前厅的财务成果。为了审计的一致性，前厅必须建立关账时间。最后前厅审计需要向酒店各个部门提供各种不同的专门报告。简单地说当日结束就是当日业务的结束。

前厅会计系统依赖交易凭证建立正确的记录并维持有效的运营控制。出于内部控制的目的，会计系统必须提供独立的支持凭证来核查每笔交易。前厅审计员应将电子总账单上记录的房价与客房部门的房间出租报告进行核查。这种程序有助于确保所有已出租房间的房费已经记录，同时减少由于总台接待员因没有正确完成客人的入住和结账程序而造成的出租差错。

审计流程在某种程度上是从每日控制报告的基础上发展而来的。它包括客人账户的汇总信息。在一些前厅运作中，附加控制表可用来监督非住客账户的交易活动。合在一起，每日控制表和附加控制表详细反映当天发生的所有交易。

在进行前厅审计时，通常应执行十个步骤。这些步骤包括完成待处理账项的输入、调节客房状态差异、平衡所有营业部门账项、审核房价、审核未入住客人的预订、记录房费和税金、编制报告、上缴现金、清理和备份系统，以及分发报告。

主要术语

桶量检查（bucket check）：夜审员根据客房部房间出租情况报告和前厅客人登记卡资料对客人总账单上记录的房费进行检查。这种程序确保所有的已出租房的房费已被准确记录，同时减少因为前厅人员没有准确完成客人的入住登记和结账离店程序而造成的出租错误。

控制账单（control folio）：前厅计算机系统使用一种内部会计文件，用来证明在系统更新工作中所有记录的账款来自的部门。

每日控制表（daily transcript）：一个所有客人账户的明细报告，反映当日影响客人账户的每笔交易，用来发现可能的记账错误的工作表。

每日关账时点（end-of-day）：营业活动任意停止的点。

前厅审计员（front office auditor）：一位负责检查前厅会计记录准确性以及作为审计的一部分对酒店财务数据进行每日汇总的员工。在许多酒店，前厅审计员实际上是会计部门的员工。

超限额报告（high balance report）：鉴别客人是否接近账户信用限额的报告。通常由夜审员编制。

平衡（in balance）：一个用来表示借方和贷方金额相等的账户状态术语。

夜审（前厅审计）（night audit〈front office audit〉）：住客账户（及非住客账户）与收益中心的交易信息的每日比较的工作。

不平衡（out-of-balance）：用来表示借方和贷方金额不相等的账户状态术语。

客房状态报告（room status report）：让总台接待员来核查是空房还是可供出租房的报告。通常编制此报告是前厅审计工作的一部分。

客房房态差异报告（room variance report）：一份列示前厅和客房部之间房间状态的任何差异的报告。

附加控制表（supplemental transcript）：一份非住客账户的详细报告，反映当日影响非住客账户的每项费用交易，作为发现记账差错的工作表。

系统更新（system update）一个全自动的审计流程，可以完成非自动前厅审计的大多数功能每日系统更新能重新整理系统文件，进行系统维护，产生报告，以及提供每日营业的关账时点。

试算平衡（trial balance）：在确定最终余额及关账前，对前厅账户与部门交易信息平衡过程。

复习题

1. 前厅审计的两个基本目的是什么？为什么它通常在夜间进行？每日关账时点的定义是什么？

2. 前厅审计流程的五项职能是什么？它们对前厅会计系统的有效性有哪些作用？

3. 交叉核查和账目完整的概念怎样规范前厅审计流程？客账交易的常用原始凭证是什么？

4. 什么信息反映在每日备份报告上? 额外备份的目的是什么?

5. 前厅审计员是怎样审核客房状态差异的? 为什么说这些审核、调整尽可能早地进行是重要的?

6. 为什么前厅审计员在输入房费和税金前要审核房费和未入住记录? 为什么说这个过账尽可能迟地进行是重要的?

7. 在前厅审计过程中通常生成哪些会计、管理和营销报告?

8. 计算机化前厅系统的系统备份的目的是什么?

网址:

若想获得更多信息, 可访问下列网址。网址变更恕不通知。若你所访问的网址不存在, 可使用搜索引擎查找新网址。

技术网址

1.CSS Hotel System:www. csshotelsystems.com

2.Galaxy Hotel Systems:www.galaxyhotelsystems.com

3.First resort Software:www.firstres.com

4.MICROS:www.micros.com

5.Execu/Tech Hospitality Solutions:www.execu-tech.com

6.HOST Group:www.hostgroup.com

7.Newmarket International:www.newsoft.com

8.Resort Data Processing, Inc:www. resortdata.com

案 例 分 析

提升为 Macassa deVille 度假村的前厅审计员

Macassa deVille 是一座坐落在 Rodeo 县中心的豪华酒店。该酒店以前一直是参与全国预订系统网络的, 但是它最近不再参与, 开始独立运作。Macassa deVille 酒店有 110 间客房, 1 个正式餐厅, 2 个茶座, 1 个健身中心和 1 个骑马场。Macassa deVille 酒店由于靠近乔治湖可以进行探险和垂钓而闻名。峡谷的美景给 Macassa deVille 酒店的客人提供了一个良好的举行公司研讨、管理会议以及培训的场所。

Macassa deVille 酒店年平均客房出租率在 90%。最近, 总经理戴里先生和前厅经理莱格先生对两个重要问题有分歧。一是对待客房打折, 二是莱格先生的部门提交给戴里先生审阅的每日营运报告的内容。直到前厅审计员布来德里先生让戴里先生注意这两个问题之前, 戴里先生没有意识到已出租的房价的波动, 以及每日详细报告的缺损程度。

莱格觉得房费应在登记时根据客人的民族背景和修养灵活掌握。每一个前台接待员均被告知在进行入住登记时征询莱格先生对给予房价的意见，而不管在预订时是否商定了房价。另外，莱格先生认为戴里先生只应该每天得到客房出租统计和平均房价信息。戴里先生不喜欢这样做并要求莱格辞职。在前厅经理拒绝时，戴里解雇了他。

戴里面临着挑战，他不得不招聘一名前厅经理。他决定寻找莱格的替代者，他准备寻找具有前厅审计经验的人。他认为前厅审计员限制的信息会对每日报告的形成有帮助。此外，他认为能够向新的前厅经理灌输不同的房价理念而不会遇到麻烦。

戴里先生了解招聘一名新的前厅经理的紧迫性。他邀请布来德里先生申请此职位，并在莱格离店两天后聘用了他。许多前厅员工很失望，认为布来德里先生为了获得莱格先生的职位而暗伤他。布来德里不得不更加努力工作以向员工证明比前任审计员能够管理好部门，并可更好地使用前厅信息。

讨论题

1. 布来德里先生和戴里先生关于房价随意变动以及酒店每日报告的缺点的讨论是正确的吗？

2. 你认为什么信息使前厅审计员最可能用来决定房价的差异？每天营业报告中会遗漏掉什么关键信息？

3. 前厅经理应该有前厅审计的经验吗？前厅经理拥有这个经验的优点和缺点是什么？

4. 为 Macassa deVille 酒店设计一份每日报表格式，反映戴里先生应收到的所有信息。

5. 简短讨论前厅审计员在提供有关酒店的每日财务信息和全面信息方面的作用。什么使得他对管理者如此重要？

案例号：3329 CA

下列行业专家帮助收集信息，编写了这一案例：注册酒店管理师、梅里斯塔酒店和度假村集团服务部副总裁理德·M. 布鲁克斯和密歇根大学服务业学院服务专业教授迈克尔·L. 卡萨瓦纳 (NAMA)。

本案例也收录在《住宿业管理案例汇编》中（美国酒店与住宿业协会教育学院，1998 年，密歇根州兰辛），国际书号：0-86612-184-6。

本章附录：夜审问题

这个问题既是实践经验，又是理解性的思考。让你一步一步地接触到实际的前厅问题。附件中包括解决这些问题所需的表格。读完介绍，理解问题，并根据以下交易填写表式。

介　绍

1. 在交易发生时记录到客人总账单。
2. 在客人入住时建立总账单。根据下表按房间类型和人数建立房价。

房间类型	单人房价（美元）	双人房价（美元）
内庭房	24	30
树林房	32	38
湖景房	34	40
泳池景房	40	48
豪华房	48	56
套间	60	70
额外增加每人：		6

3. 在当天所有交易记录后，为那些仍然住店的客人记录房费和税金（税率为4%）。
4. 平衡总账单
5. 编制控制表
   （1）从已结账的房间开始：
   - 依次列出房号。
   - 从总账单中转入房间统计。
   - 记入承前余额。
   - 输入各种销售和贷项款项。
   - 结转每个客人总账单过次页余额。
   （2）对于所有仍然出租的房间输入同样的信息。按房号排列这些房间。
   （3）在控制表的总计栏汇总所有重要的栏目。
   （4）输入应收公司账控制表的承前余额，各种销售和贷项款项，以及过次余额。
   （5）在预付款控制账户中输入同样的信息。
   （6）加总住客，应收公司账，以及预付款控制账目的重要栏目。
   （7）平衡和检查控制表。

背 景

在 4 月 1 日，酒店一楼的所有房间被一个叫作"阳光"的团队包下。房费和房间销售税由团队总承担，所有其他费用由各人自己支付。其余的 5 间被该团队以外的客人租用。4月 1 日早晨期初的房费和余额为：

房号	姓名	房费（美元）	余额（美元）
101	阳光团队（总账单）	1330	(600.00)
245	布朗和艾得威夫妇	48	208.04
302	杰克逊·莱里	70	72.80
324	格里伍德·莱尔森	24	49.92
440	福斯特·杰克夫妇	56	58.24
522	斯基特·汤姆夫妇	56	97.34

没有影响团队客人的其他总账单有余额。应收公司账总账单有 50000 美元余额，预付款控制账的贷方余额为 2930 美元。

注：洗衣虽然由外部公司负责，应被视为部门费用。

交 易

1. 理查德·拉塞尔先生入住登记，他要了树林房，房号 206。

2. 查尔斯·麦克格鲁先生和全家共 4 人入住，他们有一笔 52 美元预付定金的预订。他们选了湖景房，房号 409。

3. 杰克逊先生，房号 302，结账。所有费用用他的运通卡结算。

4. 卡尔·安德森夫妇到店，没有预订，入住 455 号套间。在入住时，卡尔·安德森先生支付 100 美元。

5. 格里伍德先生，住 324 房间，打了两个长途电话 一个到得克萨斯州的休斯敦，费用 7.28 美元。一个到佐治亚州的亚特兰大，费用 6.24 美元。

6. 客房服务员报告，522 房间的所有行李都已被搬走，斯基特夫妇不见了。

7. 440 房间的福斯特夫妇结账。福斯特先生将他的账款转入 Allied Builders 公司的应收公司账。

8. Flash cleaners 洗衣店送来布朗先生的衣物。总台接待员将 12 美元的费用记入布朗的总账单。

9. Flash cleaners 洗衣店也送来 100 房间的戴维斯先生和科顿先生的衣物。戴维斯先生是阳光团队的成员，总台接待员将 9 美元费用记入他的账户。科顿先生 3 月 27 日离店时将衣物留下，预计在 4 月 3 日返回，费用为 6 美元。

10. 信用经理通知 245 房间的布朗先生，他已经超过了 200 美元的信用限额。布朗先生支付给收款员 350 美元。他也投诉 3 月 29 日的午餐他被要求支付现金，前厅经理同意给他

2.80 美元的折扣。

11. 哈里·戈德曼夫妇和他们的儿子入住。他们被安排在 331 房间，湖景房。在入住后，他们在餐厅用了午餐，费用 15.60 美元记入房账。

12. 鲍勃·穆斯先生入住 401 套房。入住后，他整个下午在酒吧，费用 18.72 美元记入他的房账。

13. 戈德曼先生向餐厅经理投诉他和家人在餐厅用的午餐。经理同意给予免收餐费。

14. 卡尔·安德森夫妇在 455 房间要了房内用餐，发生的消费 8.32 美元和 1.50 美元的小费一起记入他们的房账。房内用餐服务员从前厅收款员处领取了小费。

15. 前厅收到福斯特先生的餐厅账单，费用 4.76 美元。

16. 324 房间的格里伍德先生结账，他拒付 6.24 美元的长途电话费用，得到允许（即消去或作为贷方折扣）。他付清了账单余额。

17. 206 房间的拉塞尔先生，打了三个电话到芝加哥，费用分别为 17.25 美元、14.25 美元和 6.98 美元。

18. 宴会部门送给前厅由 Westside 医院举办的晚宴账单两份，250 美元食品和 120 美元酒水记入应收公司账。

19. 收款员收到安德森先生的 60 美元支票和布鲁先生的 70 美元支票，作为 4 月 9 日预订定金。

20. 布朗夫妇一起喝酒和用餐。布朗先生将 43.68 美元的餐费账单和 15.60 美元的酒水账单挂入房账。

21. 在 101 房间阳光团队总账单中记入以下费用：

宴会食品	$152.64
宴会酒水	$61.68
预付现金	$43.50
房间折扣	$30.36

22. 收回应收公司账的现金收入 1140 美元。

当你完成这个练习，无论是使用计算器、机器记录还是使用酒店计算机，你最少也有了夜审经历。某个酒店也许在处理一些交易的程序上略有不同，但这个实践说明了一个小酒店典型的夜审工作。

《夜审问题》（1984 年版）。这个问题由 Delaware 大学、酒店餐馆和机构管理副教授、注册酒店管理师乔治理·康拉德设计和编写。

概　要

学习目标

1. 根据前厅部经理在达到酒店目标过程中所起的作用，了解管理的过程。

2. 了解房价体系，解释经理如何制定房价。

3. 讨论经理运用比例和公式预测可销售房数量时遇到的问题。

4. 解释在制作营业预算时，前厅部经理如何预测客房营收和估计支出。

5. 了解经理们如何运用各种不同的报告和比例来评估前厅部的运转。

6. 解释前厅经理可以如何做好灾害规划。

12

计划和评估工作

大多数前厅部经理都承认他们很少能得到需要的全部资源去观察对客服务全过程。经理们能得到的资源包括人力、金钱、时间、物资、精力和设备。所有这些资源的供给都是有限的。前厅部经理的一项重要工作就是要计划如何运用这些有限的资源去达到部门的目标。前厅部经理的另一项同等重要的工作是对照部门的目标评价前厅部的各项工作。

管理功能

前厅部的管理过程可以分为各种特别的管理功能，图 12-1 说明了这些管理功能是怎样形成一个整体管理过程的。虽然，各个酒店的前厅部特别管理任务会有所不同，但是基本管理功能的范畴是一样的。

计划

在所有的行业中，计划要算得上最重要的管理工作了，然而经理们常常对此不

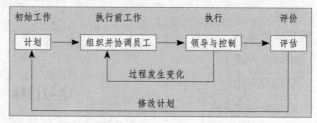

图 12-1 管理过程概述

重视，甚至会完全忽略。没有足够的计划，前厅部就会一片混乱；没有计划来指明方向和重点，前厅部经理会沉浸于与达到部门目标无关的或不协调的忙碌之中。在计划前厅部要完成什么样的工作中，前厅部经理的第一步工作就是要确定部门的目标。

经理们应该分清短期目标和长期目标，并制订能达到这些目标的计划。短期目标可以是把下一个月的出租率由 82% 提高到 85%；而长期目标可以是扩大客人的满意程度。前厅部经理应该运用这些总的目标来指导规划更专门的可以衡量的目标。计划工作还包括为达到目标确定需要采用的战略。

计划的一个重要组成部分是沟通，这对成功很关键。一个高效的前厅经理会将筹划中的计划与领班沟通，来确保本部门的活动能与酒店的整体计划相一致。与此同时，与部门员工分享一些由计划而导致的初步变化，并征求他们的意见与建议。

沟通的过程最好被记录下来，这样查阅的员工就可以清楚地知道大家的想法。沟通与分享有以下几个好处。第一，部门员工能为计划制订出一份力，取得一定的主动权。参与到计划流程中的员工也更愿意接受与支持整体计划。第二，参与到计划流程中的员工有机会在部门经理做最终决定之前发表建设性的意见。如果员工对计划有异议，部门经理可以在计划前期考虑这些问题。第三，一旦计划形成，所有人要对目标和方向有一个全面的理解。如果在计划初期产生了相互牵制的问题，那么就要有所调整了。只有当员工参与到计划制订中，他们才能更好地理解调整的必要意义。

组织

前厅部经理以计划好的目标为指南，通过分配员工工作来组织整个部门。经理分配工作，让每位员工公平地分到任务，并要让所有工作都能按时完成。组织工作包括确定执行任务的顺序，建立各项任务完成的最后期限。

协调

协调工作包括把能得到的资源集中到一起，并且利用这些资源去达到计划中的目标。前厅部经理必须能够协调许多人的努力，让他们能有效、高效并按时进行工作。协调工作还可能包括与其他部门一起工作，如销售部、客房部、餐饮部和财务部。前厅部的许多目标需要其他部门的帮助才能达到，例如，提高客人满意度的目标就需要客房部的帮助，要客房部员工把打扫好的空房立即通知前厅，以便安排正在等候进房的客人。一位经理的协调能力与他的计划和组织能力及其他管理技能是密切相关的。

员工配备

配备员工的工作包括招聘并挑选那些最适合岗位要求的申请人。为了能招聘到合适的员工，必须制定工作职责说明，完整描述工作职位，明确胜任工作的技能和条件。前厅经理还要同人力资源部一起制定前厅岗位的职责说明。在多数酒店，人力资源部门是首先审核和面试应聘者的部门。人力资源部的员工还需对工作职责说明是否明确表明岗位的需要，并解决相应的问题进行判断。员工配备流程还牵涉员工排班。多数前厅部经理制定了员工配备指南，这些指南通常都是以特定条件下满足客人和运转需要而计算员工人数的公式为基础的。

领导

领导是一项复杂的管理技能，在各种各样的情况下都要用到，它与组织、协调和员工配备等其他管理技能密切相关。作为前厅部经理，领导工作包括督促检查、激励促进、纪律约束，以及为前厅部员工树立榜样。例如，要指导其他人的工作，前厅部经理首先分析要做的工作，以合乎逻辑的次序组织工作；其次还要考虑执行该项任务的环境。此外，如果部门的工作落后了，前厅部经理还要亲自介入协助工作，直到工作重新回到控制之中。

领导工作还常常超出前厅部的范围。酒店有这么多的业务活动要经过前厅，其他部门的经理们希望前厅部经理能起带头人的领导作用。酒店的高级经理们常常需要前厅部经理强有力的领导来确保他们胜利完成任务。

最好的领导方式是树立榜样。部门经理必须参加部门每日的运营，并展示出工作职能和技巧。例如，前台工作需要常与客人打招呼，帮助客人登记入住和结账离店，保留房间，与客房部员工协调工作，记录房态等。如果经理能够有效地领导，就能让部门员工知道工作的标准和要求是什么。经理必须时刻帮助部门员工，并树立榜样以赢得尊重。这也意味着在必要时领导应能帮助员工顶职不同的班次，而不只是白日班。

控制

每一位前厅部经理都有一个内部控制系统，保护酒店的资产。例如，收款员上缴备用金时要有见证人签字，就是内部控制的一种形式。只有当经理们相信系统的重要性并且遵循建立的使用程序时，内部控制系统才能起作用。控制过程能保证实际营运结果与计划目标的一致性。为了保持前厅部的营运沿着通向目标的轨道运行，前厅部经理也要执行控制工作。

评估

评估工作确定计划目标的实际达到程度。在许多前厅部的运作中，这项工作时常被忽视，或许只是偶然才搞一次。评估还包括工作考查，必要时还要修改或协助修改前厅部的目标。

本章主要讨论前厅部的两项管理工作：计划和评估前厅部的运作。将从检查三项重要前厅部计划工作开始：
• 建立房价体系；
• 预测可出租房；
• 营运预算。
本章将最后讨论前厅部经理在评估部门运作绩效时可能采用的各种方法。

建立房价体系

对于每间客房，前厅的收益管理系统几乎都会有不止一种房价。一般来说，房价类别与房型（套间、双床间、单人间等）的可比较面积和家具陈设相对应。区分的标准在于房间的大小、位置、景观、家具以及舒适程度。

门市价是前厅部管理层根据不同的房间或房型，对每间制定的价格。门市价通常列在房价栏内，用以提醒前厅接待员酒店每种房型的标准销售价格。除非客人能够符合特定的房价折扣，否则只能销售标准房价。"门市价"这一名称要追溯到前厅使用计算机之前，员工从一个叫作"客房状况显示架"的前厅手工存档系统上识别零售房价，因此而得名"显示架价格"，即"门市价"。前厅系统自动化后，电子文档替代了显示架。前厅部及预订部员工在进行预订和登记时，使用计算机系统查询门市价的资料。门市价还要按照规定经常向地方和国家政府部门报告，并在酒店公共场所或客房内显示。因此，它们必须是能准确反映各类房型的恰当收费。

房价通常根据房型来进行设置。例如，一间标准房内有两张单人床且无其他服务项目，可以定为酒店的最低门市价。稍大的、带有不同的卧床选择和其他服务项目的房间可以设定成稍高的门市价。行政楼层带有更多的服务项目且拥有更好的室外景观定价可以更高。套房通常价格最高，因其房间面积大、床型大、家具设施高档、服务项目全面。

度假型酒店的房价中包含有膳食服务（如住宿加早餐、修正美式或全套美式），其门市价通常根据房间特色及入住人数而异。因此，度假型酒店的单人间价格可能会比双人间平均每人承担价格要高，因为无论多少人住一间房都只会产生一定的固定成本。

前厅部员工应以门市价销售客房，除非客人符合享受折扣房价的条件。门市价虽然很重要，但客人寻求符合的条件来享受折扣房价的情况却时有发生。例如，到了淡季，常常为了促销而向团队客人和某些散客提供特别房价。特别房价的种类有：

- 公司或商务价。这种价格给那些经常为酒店或其连锁集团提供客源的公司。
- 团队价。这种价格给团队、会议和入住酒店的大型会议参会者。
- 促销价。这种价格给予那些属于有吸引力的团体中的个人，以激励他们的惠顾，这种团体有美国汽车联合会或美国退休人员协会等。在特殊的淡季期间，也会把这种价格给予任何一位客人，以提高出租率。
- 奖励价。为了争取潜在业务，这种价格给予那些有业务交往的机构客人，如旅行社和航空公司的客人。还常常会为激励将来的业务，而向领队、会议策划人、旅游安排人以及其他能给酒店增加客房销售的人员提供这类价格。

- 家庭房价。为携带儿童的家庭保留的房价。
- 小包价。一间客房与其他活动如早餐、高尔夫球、网球或停车结合在一起的价格。
- 网络价。酒店公司在互联网上售卖的特殊折扣价。网络价又名"最优房价"，供客人在网络上自行预订。许多酒店公司保证在其公司网站上的房价是最优房价，如果有客人在其他渠道发现更低的房价，酒店公司将给予补偿。在淡季，网络价会是折扣价，因为酒店公司在自己网站上的销售花费低，所以价格也就更低一些。相比较而言，全球分销系统、旅行社网站、公司呼叫中心和其他分销渠道上的房价会稍高一些。
- 淡季价。酒店如果预计要迎来淡季时会销售特殊折扣房价。该房价通常会在门市价的基础上打上很大的折扣，来帮助提升出租率。淡季价的初衷是通过提供低价来吸引顾客。网站上的淡季价是根据目标价格而提供某一酒店客房，而非根据特定的酒店。实际上，在线购物者需要默认在支付房费之前不能被告知究竟是哪家酒店或品牌。大多数酒店只有在出租率十分低的情况下才会使用淡季价。
- 赠送价。给特殊客人或重要行业巨头的房价，或是酒店管理层补偿曾经住店发生问题客人的一种形式。赠送价通常指客人住店期间免收房费，但客人用餐、互联网等其他消费仍然需要付款。

前厅部经理要确保严格控制特价房的销售。特价是门市价打折扣，因而会给平均房价和房间收入带来负面影响。前厅部经理应检查给予特价的情况，确保前厅部员工遵守预订的政策。应向前厅部员工解释清楚所有的政策，他们在使用特殊房价的时候应得到相应的批准。例如，一间免费房（假设不收费）不会增加客房收入。但根据前厅部不同的财务体系，它可能会也可能不会降低平均房价。大多数酒店的赠送价要在客人抵达之前经总经理或管理层其他高层人员的批准。

为各类房型制定门市价，确定折扣种类和特价是酒店收益经理的重大管理决策。收益经理需要分析预期出租率与市场商业情况来向酒店高层管理人员提供门市价建议。门市价往往一年制定一次（多次评估），是酒店每年制定预算的重要决定因素。折扣的制定是战术性的，收益经理或收益团队需要做出相关决定。要制定酒店的门市价和折扣价，管理层应认真考虑各种因素，如营运成本、通货膨胀，以及竞争状况。

由于房价直接反映对酒店目标市场的服务期望，它们常常成为酒店的市场定位声明。房价的定位对酒店成功与否至关重要。例如，一家提供经济型设施和有限对客服务的酒店，如果它的价格定位在中档或高档水平，则多半不会成功。

以下部分将阐述确定房价的三种常用的方法：市场条件法、拇指规则法和哈伯特公式。

市场条件法

这是一种普通感觉的方法。管理层观察同一地理市场中的可比照酒店，看他们如何制定房价。这些酒店通常被称为"竞争组合"。一个竞争组合一般由 6 ~ 10 家酒店组成，他们是一个酒店在某个市场中最重要的竞争者。可以是地理位置上的竞争，也可以是酒店定价、酒店种类、品牌效应或其他方面的竞争。并非某一特定地点的每一家酒店都是直接竞争者。寻求价钱公道的客人就会把目光集中在中低档定价的酒店。

这种方法背后的思想是酒店只能向客人收取市场接受的价格，而这一点又常常是由竞争来支配的。可以通过各种不同的主要公开渠道获得这方面的信息，包括定期给竞争酒店打隐蔽电话。隐蔽电话不说明打电话的酒店，只是询问某些日子有没有房间，房价多少。竞争分析人士一般注意这些问题：

- 我们的房价与竞争酒店相比结果如何？
- 我们的价格比竞争酒店的高了还是低了？我们的价格会怎样影响营收？怎样影响市场份额？
- 我们的出租率是多少？竞争酒店的出租率又是多少？如果我们增长或降低价格，总收入会增长吗？
- 在过去的 6 个月里出现过什么趋势吗？

这些问题的答案并不能从简单的电话访问和竞争者网站所获得。有三份知名的中立的商业报告可提供这些信息，管理科学协会（TIMS）、费塞尔（Phaser）报告和 RateVIEW 报告。将来的出租率和价格趋势可以通过记录竞争酒店的报价和可销售房来判定。管理科学协会的报告会列出一家酒店和 5 个当地竞争者 1 个月的价格信息，这些价格细分到日，其包含的信息还有满房日、低价格、低价格变化范围、低商务价、低商务价的变化范围、有无特殊价格、高低价比较，以及在此期间的一份房型及房价索引。表 12 - 1 显示了管理科学协会的一份抽样报告。费塞尔报告是房价比较分析，包含有酒店本身及竞争者的内部分销渠道（中央预订系统）和外部分销渠道（全球预订系统）信息。RateVIEW 系列报告提供了本酒店与竞争者在各分销渠道的未来价格比较信息。

确定历史市场状况的另一个更可靠的办法是订阅行业报告，它载有由中立渠道提供的这类信息。最著名的历史报告要数"史密斯旅行住宿研究报告"（STAR）了。STAR 报告提供的历史信息有出租率、平均房价、平均可售房收益，以及市场份额。表 12-2 给出了一份 STAR 趋势报告样本，表 12-3 给出了一份 STAR 总结报告。与面向未来的隐蔽电话不同，历史报告说明的是过去发生了什么。然而，通过追踪数月

表 12-1　管理科学协会（TIMS）样本报告

管理科学协会抽样报告
价格对比分析报告

管理科学协会代码：抽样	报告期：2000年11月10至2000年12月7日	抽样日期：2000年11月8月

高低价格对比

		星期五 11/10	星期六 11/11	星期日 11/12	星期一 11/13	星期二 11/14	星期三 11/15	星期四 11/16	星期五 11/17	星期六 11/18	星期日 11/19	星期一 11/20	星期二 11/21	星期三 11/22	星期四 11/23	星期五 11/24	星期六 11/25	星期日 11/26	星期一 11/27	星期二 11/28	星期三 11/29	星期四 11/30	星期五 12/01	星期六 12/02	星期日 12/03	星期一 12/04	星期二 12/05	星期三 12/06	12/07
喜来登	高价	209	209	209	209	209	MLS	209	209	209	209	209	209	209	209	209	209	209	209	209	209	209	209	209	209	209	MLS	209	209
	低价	135	135	135	169	169	MLS	155	89	125	89	125	125	125	79	79	79	89	129	129	129	89	89	89	89	129	MLS	129	89
	差价	74	74	84	40	40		54	120	84	120	84	84	130	130	130	120	80	80	80	120	120	120	80		80		80	120
大使套间酒店	高价	129	129	169	169	XXX	169	169	169	XXX	169	169	169	99	99	129	129	149	149	149	149	149	129	129	149	149	149	149	XXX
	低价	89	89	89	169	XXX	169	169	169	XXX	169	169	169	99	99	89	89	149	149	149	149	149	89	89	149	149	149	149	XXX
	差价	40	40	80	0		0	0	0		0	0	0	0	0	40	40	60	0	0	0	0	40	40	60	0	0	0	
希尔顿	高价	104	104	184	184	194	XXX	184	164	214	184	184	184	184	184	104	164	184	184	184	184	184	164	224	184	194	194	194	194
	低价	69	69	69	139	139	XXX	139	79	189	59	69	69	59	59	139	139	139	139	89	184	139	139	139	139	139	139	139	139
	差价	35	35	115	45	55		45	85	25	125	115	115	125	125	45	105	125	45	45	45	45	75	40	45	55	55	55	55
万豪	高价	172	172	172	XXX	XXX	172	172	172	172	172	172	172	172	172	172	172	172	172	172	172	172	172	172	172	172	172	172	172
	低价	84	84	159	XXX	XXX	172	169	84	159	159	159	159	69	69	69	159	159	129	84	84	129	129	129	129	129	129	129	129
	差价	88	88	13		0	3	88	13	13	13	13	103	103	103	13	13	43	43	43	88	88	43	43	43	43	43	43	43
雷迪森	高价	139	139	139	139	139	139	139	XXX	XXX	XXX	139	139	139	139	139	139	139	139	139	139	139	139	139	139	139	139	139	139
	低价	89	89	89	99	99	99	99	XXX	XXX	XXX	99	99	99	89	89	89	99	99	99	89	89	89	99	99	99	99	99	99
	差价	50	50	50	40	40	40					40	40	40	50	50	50	40	40	40	50	50	50	40	40	40	40	40	40
威斯汀	高价	XXX	XXX	255	255	255	XXX	XXX	255	255	255	255	255	255	255	255	255	255	255	255	255	255	255	255	255	255	255	255	255
	低价	XXX	XXX	169	189	179	XXX	XXX	119	159	129	169	169	119	79	79	79	79	169	169	169	169	85	85	179	179	230	179	179
	差价			86	66	76			136	96	126	86	86	136	176	176	176	176	86	86	170	170	76	76	25	76	76		

表 12-2　STAR 趋势报告样本

样本——10月份STAR趋势报告

	出租率（%）						平均房价（美元）						收入（美元）		
	本酒店	增减%	竞争组合	增减%	比较%	增减%	本酒店	增减%	竞争组合	增减%	比较%	增减%	本酒店	增减%	竞争组合
20X1 May	62.4	2.0	60.2	8.5	103.7	11.5	90.89	18.3	104.40	4.6	87.1	14.4	56.74	16.6	62.87
20X1 June	72.5	20.4	68.2	8.3	106.3	11.2	94.69	3.3	105.97	4.4	89.4	1.0	68.67	24.4	72.24
20X1 July	71.7	5.4	64.9	3.6	110.5	9.4	93.82	0.3	96.50	7.2	97.2	7.0	67.27	5.1	62.67
20X1 August	65.8	1.5	60.3	2.6	109.1	4.2	92.34	0.8	94.52	3.7	97.7	2.8	60.80	2.4	56.99
20X1 September	68.2	4.4	64.9	5.7	105.1	10.7	110.07	1.6	116.46	5.6	94.5	6.8	75.07	2.8	75.57
20X1 October	83.3	4.9	80.7	6.0	103.2	1.1	128.09	22.3	131.06	20.6	97.7	1.5	106.69	28.4	105.71
20X1 November	67.6	3.0	64.6	2.4	1 4.6	0.7	116.17	7.6	116.95	9.1	99.3	1.4	78.52	4.3	75.58
20X1 December	44.6	2.0	43.1	6.1	103.5	4.4	95.48	9.8	96.04	6.7	99.4	2.9	42.59	7.7	41.35
20X2 January	70.7	3.5	68.5	2.0	103.2	1.6	114.20	9.8	112.13	7.3	101.8	2.2	80.71	5.9	76.83
20X2 February	84.1	14.1	83.1	10.9	101.2	2.8	129.90	21.0	134.90	25.2	96.3	3.4	109.22	38.1	112.09
20X2 March	81.1	4.7	74.9	3.1	108.3	1.6	118.20	5.6	126.53	13.7	93.4	7.1	95.90	0.7	94.75
20X2 April	67.7	1.6	65.1	0.6	104.0	2.1	106.50	7.2	117.00	0.8	91.0	7.9	72.11	8.7	76.12
20X2 May	69.5	11.4	64.3	6.8	108.1	4.2	106.07	16.7	118.23	13.2	89.7	3.0	73.68	29.9	76.06
20X2 June	73.6	1.5	59.8	12.3	123.1	15.8	111.34	17.6	112.26	5.9	99.2	11.0	81.93	19.3	67.19

或数年的这种信息，就能合理地确定竞争酒店的房价和出租率了。

虽然很常用，但这种方法也存在许多问题。第一，如果是一家新酒店，它的建造成本很可能比竞争酒店的高，因此，酒店在开始时就不能像竞争酒店那样获利。第二，这种方法没有考虑酒店的价值。对于一家新酒店或者一家有更新式服务项目的酒店，其对客人的价值就会更大些。市场条件法是一种让地方市场确定房价的营销方法。它也许不会全面考虑一次强大的销售活动会带来什么，但事实上它可以让竞争酒店确定房价，而这可能会给酒店经营的盈利能力带来重大影响。第三，一个强烈的不同寻常的商业衰退期（21 世纪初期的经济大萧条）也会使许多对房价的评价显得不那么有用。

酒店管理层不一定要通过与竞争对手的直接讨论来确定其他酒店的价格，这种讨论会被认为违反了《美国反信任法》。这就是上面所述给竞争酒店打隐蔽电话的原因。还可以从许多公开渠道找到价格，如全球订房系统、发行的价格小册子、美国汽车联合会发布的名录、互联网，以及其他许多渠道。

拇指规则法

拇指规则法把客房的每 1000 美元建筑和装修成本设定为 1 美元房价，假设出租率为 70%。例如，假设一家酒店客房的平均建造成本是 80000 美元，使用每 1000 美元成本定价 1 美元的方法，得出平均销售价为每间房 80 美元。双人房、套房和其他种类的房间可以有不同的定价，但最低平均房价应该为 80 美元。

注重酒店的建设成本没能考虑通货膨胀的影响，例如，一家保养很好的酒店今天每间房值 100000 美元，而在 40 年前每间房只花 20000 美元建造。每 1000 美元造价售 1 美元的方法会建议每间房平均售价 20 美元，然而，适合的房价却似乎要高得多。建议的每间房 20 美元售价没有考虑通货膨胀，也没有考虑劳动力、家具和补给方面增加的成本。这种情况下，管理层可以考虑用酒店现在的替换成本作为应用拇指规则的依据，而不是原来的建筑和装饰成本。测算通胀的另一种方法是对照原始成本指明当前的成本。例如，一家酒店建造于 5 年之前，每年的通货膨胀率是 3%，那么 5 年前的每 1000 美元造价售 1 美元，今天则应该为每 1000 美元售 1.16 美元。

用拇指规则法给客房定价还没有考虑其他设施和服务对酒店盈利的贡献。在许多酒店里，客人都要为服务付费，例如食品、饮料、电话以及洗衣服务。如果这些服务能有助于盈利，那么酒店收取高房价的压力就减小了。

拇指规则法还应该考虑一个酒店的出租率水平。正如我们指出的，拇指规则法在决定平均客房价格的时候假设出租率为 70%，然而，如果可预见的出租率较低，酒店就要用较高的平均房价去获得相同的客房收入。酒店都有高额固定经费（特别是折旧费和借款利息）。例如，不管酒店的出租率如何，每个月的利息付款都是相同的。前厅部经理必须懂得房价和出租率对客房收入的影响，以确保酒店能达到其收入目标和财政责任。

表 12-3　STAR 抽样总结报告

7月份旅馆和套间饭店抽样汇总												
抽样旅馆和套间酒店经营业绩												
7月份												
出租率(%)			平均房价（美元）			客房收入（美元）		可销售房(间)	出租客房（间）			出租率（%）
1996	1995	增减%	1996	1995	增减%	增减%	增减%	增减%	1996	1995	增减%	增减%
美国地区　81.8	83.3	1.8	69.53	63.9	8.8	16.0	8.5	6.6	73.9	74.3	0.5	70
新英格兰　82.7	84.3	1.9	69.79	67.86	2.8	14.3	13.3	11.1	75.1	74,3	1.1	83
亚特兰大中部　84.4	85.0	0.7	69.23	64.82	6.8	7.3	1.2	0.4	75.7	74.3	1.9	87
亚特兰大南部　82.1	84.3	2.6	69.17	58.88	17.5	25.9	10.1	7.2	73.1	73.2	0.1	70
东北中　85.1	85.2	0.1	62.39	58.80	6.1	9.3	3.1	3.0	73.4	75.1	2.3	67
东南中　84.8	87.3	2.9	60.76	55.20	10.1	16.4	8.9	5.7	74.4	75.2	1.1	57
西北中　83.4	83.9	0.6	64.84	61.85	4.8	3.9	0.4	0.9	73.5	76.2	3.5	57
西南中　75.0	81.7	8.2	64.79	61.80	4.8	34.0	39.1	27.6	69.9	71.3	2.0	59
山区　81.5	81.2	0.4	76.19	71.37	6.8	14.6	6.9	7.3	75.0	76.1	1.4	61
太平洋区　79.6	79.5	0.1	79.35	74.44	6.6	13.0	5.9	6.0	75.9	75.1	1.1	80
价格												
豪华等　81.0	80.5	0.6	97.65	84.71	15.3	21.2	4.4	5.1	75.2	74.9	0.4	117
高等级　81.7	83.3	1.9	80.09	74.67	7.3	14.5	8.8	6.8	76.0	76.8	1.0	87

哈伯特公式法

另一种决定平均房价的方法是哈伯特公式。这种方法在决定每间房的平均销售价时考虑了经营成本、利润目标以及客房预期销售数。换句话说，这种方法从利润目标起步，加上所得税，再加上固定费用和管理费，一般经营费用和直接经营费用。哈伯特公式又称为给房间定价的颠倒法，因为它最初的项目——净收入（利润）出现在收入报表的底部，第二项——所得税是财务报表的倒数第二项，如此等等。哈伯特公式法有以下 8 个步骤：

- 用有希望的回报率乘以业主的投资，从而计算出酒店想要的利润。
- 用想要的利润（第 1 步）除以用 1 减去酒店的税率，计算税前利润。
- 计算固定费用和管理费。此项计算包括估算折旧、利息支出、财产税、保险、分期偿还债务、建筑抵押、土地、租金以及管理费。

- 计算没有分摊的营业费用。这项计算要估算后勤和综合费用、资料处理费、人力资源费、运输费、市场营销费、酒店经营和保养费以及能源费。
- 估算非客房经营部门的收入和损耗，即餐饮部的收入和损耗、电话部的收入和损耗等。
- 计算客房部要获得的收入。税前利润（第2步）、固定费用和管理费（第3步）、未经分摊的营业费用（第4步），以及其他经营部门的损耗减去其收入（第5步），这几项的总和等于客房部要获得的收入。从根本上看，哈伯特公式是把酒店的全部财务负担都放了客房部。
- 决定客房部的营收。客房部要获得的收入（第6步）加上客房部的工资等相关的直接开支，再加上其他直接经营支出，就等于要获得的客房部营收。
- 用客房部营收（第7步）除以预期的客房销售额，计算出平均房价。

哈伯特公式的说明 卡萨·维拉是一家有 200 间客房的小酒店，包括土地、建筑、设备和家具在内规划耗资 9900000 美元。另外还需要 100000 美元周转资金，建设和开业总费用为 10000000 美元。酒店的资金来源有两项：一是年息 12% 的贷款 7500000 美元；二是业主提供的 2500000 美元现金。业主要求每年 15% 的投资回报率。估计出租率为 75%，这样一来，一年将售出 54750 个房间（200 × 0.75 × 365）。所得税税率是 40%。外加费用估算如下：

酒店税款	250000 美元
保险费	50000 美元
折旧费	300000 美元
后勤管理和综合费用	300000 美元
资料处理费	120000 美元
人力资源费	80000 美元
运输费	40000 美元
市场营销费	200000 美元
酒店经营和保养费	200000 美元
能源及相关费用	300000 美元

其他经营部门的收入（损耗）估算如下：

餐饮部	150000 美元
电话部	（50000）美元
租赁财产及其他部门	100000 美元

客房部的直接经营费用估计为每间出租客房 10 美元。

表 12-4 显示了用哈伯特公式进行的计算，并揭示了平均房价为 67.81 美元。

表 12-4　计算平均房价：哈伯特公式

项目	计算	总计
目标净收入	物主投资回报率	
	$2500000 × 0.15=$375000	
	税前收入 $= \dfrac{\text{净收入}}{1-t}$	
	税前收入 $= \dfrac{\$375000}{1-4}$	
	税前收入 =	$625000
加：利息	本金 × 利息率=利息	
	$7500000 × .12 =	+900000
扣除利息及税金所需收入		1525000
加：估计贬值、财产税及保险		+600000
扣除固定费用的收入		2125000
加：未分配运营费用		1240000
需求运营部门收入		$3365000
不含客房外的部门收入		
减：餐饮部门收入		(150000)
租金和其他部门收入		(100000)
加：联络部门损失		50000
客房部门收入：		3165000
加：客房部直接收入		547500
客房收入	54750 × $10 = $547500	3712500
客房销售量		÷ 54750
平均客房需求率		$67.81

表 12-5 显示了单人房（x）和双人房（x+y）房价计算的公式，其中单、双人居住房价的差价用可变量 y 代表。假设卡萨·维拉酒店双人住宿率为 40%（即每 5 间售出的客房中有两间是以双人间的价格售出的），而且房间差价是 10 美元。应用表 12-5 给出的公式，单人间和双人房的房价应计算如下：

表 12-5　从平均房价计算出单人间和双人房的房价

单人间销售量（x）+双人房销售量（x+y）=（平均率）（房间销售量）
　　即：　　x= 单人间价格
　　　　　　y= 单人间与双人房的差价
　　　　　　x+y= 双人房价格

每日售出的双人房 = 双人住宿率 × 客房总数 × 出租率

$$= 0.4 \times 200 \times 0.75$$

$$= \underline{60}$$

每日售出的单人间 = 每日售出的客房 - 每日售出的双人房

$$= (200 \times 0.175) - 60$$

$$= \underline{90}$$

使用表12-4中算出需要的平均价为67.81美元，即可用以下方式决定要求的单人间和双人房的价格：

售出的单人房（x）+[售出的双人房 ×（x+价格差）]= 平均房价 × 每日售出房间数

$$90x+60(x+10 \text{ 美元}) = (67.81 \text{ 美元})(150)$$

$$90x+60x+600 \text{ 美元} = 10171.50 \text{ 美元}$$

$$150x = 9571.50 \text{ 美元}$$

$$x = \frac{9571.50}{150}$$

$$x = \underline{63.81 \text{ 美元}}$$

$$单人房价格 = 63.81 \text{ 美元}$$

$$双人房价格 = 63.81 \text{ 美元} +10 \text{ 美元}$$

$$= \underline{73.81 \text{ 美元}}$$

另外，还可以用单人间房价的百分比来设定双人房房价。这种情况下，公式要稍作改动：

差价百分比就是双人房房价高出单人间房价的差价百分比。为了说明这种方法，我们要再用一次卡萨·维拉酒店的例子。假设双人房出租率是40%，差价为15%。

售出单人间（x）[售出双人房价（x）×（计差价百分比）] = 平均房价 × 每日售出客房数

$$90x+60x \times 1.15 = 67.81 \text{ 美元}(150)$$

$$90x+69x = 10171.50 \text{ 美元}$$

$$159x = 10171.50 \text{ 美元}$$

$$x = \frac{10171.50}{159}$$

$$x = 63.97 \text{ 美元}$$

$$单人间房价 = 63.97 \text{ 美元}$$

$$双人房房价 = 63.97 \text{ 美元}(1.15)$$

$$= \underline{73.57 \text{ 美元}}$$

在设定与实际平均价格相对的目标平均价格时，哈伯特公式是最有用的。重要的是要注意到哈伯特公式算出的平均房价是酒店盈利点的目标价格，它依赖于管理层对总出租率和单人间／双人房混合出租率的最佳估计来决定目标价格。如果这些估计有误，那么目标价格也就不会正确。

假设一家酒店公司规划建造一家新酒店。运用哈伯特公式，管理层计算出一个75 美元的平均目标房价。了解到本地区竞争酒店现在的平均房价只有 50 美元，管理层就考虑在两年内开业的这家新酒店的目标房价是否太高了。

为了评价它的潜在影响，管理层假设竞争者的平均价格将以每年 5% 的比例增加到 55.13 美元（即 50 美元 × 1.05 × 1.05）。由于所说的酒店会是崭新的，管理层推断溢价是可以接受的。然而，近 20 美元的差额显得太大了，更合理的平均房价可能是 65 美元，每年成功涨价就会增加到略高于 75 美元，计算如下：

	年增长 5%	销售价
初始房价（新酒店）		65 美元
第一年年底	3.25 美元	68.25 美元
第二年年底	3.41 美元	71.66 美元
第三年年底	3.58 美元	75.24 美元

考虑到这种情况，酒店开发商将不得不为第一年额外的赤字提供资金（目标平均房价 75 美元，而酒店开业时的预期平均房价为 65 美元）。为了经营，酒店要找出一些办法来为亏空筹措资金。如前所述，在营业的最初几年里，大多数酒店都不盈利。从这个角度看，酒店的财务计划应该包含这种经营性亏损。

价格计划的变化

根据市场因素，门市价在一年中也可以有所变化。价格可能由于季节变化或本地的重大活动而发生改变。了解了这一点，酒店会公布一个门市价范围，而不是一个特别的门市价。例如，一年中度假村会有几个不同的门市价，反映出旺季、平季和淡季。同样的房间在不同季节，门市价的变化很大。重大的赛事活动也会对房价产生很大的影响。例如，全美橄榄球联赛超级杯在美国各地区举行对价格计划的影响，如果预期到会有相当强烈的观赛需求时，当地的酒店会制定特别（高）的房价。

预测可销售房

前厅部经理们要做的最重要的短期计划工作当数预测将来任意一天的可销售房间数。可销售房预测能有助于预订过程顺利通畅，还能指导前厅员工有效管理客房。

在可能客满（100%出租率）的夜晚，预测工作会变得更加重要。

可销售房预测也可以用作出租率预测。因为酒店的房间数是固定的，预计了可销售的房间数以及预期住客的房间数就得到了某一天的预计出租率。预测的可销售房和住客房的数目对酒店的日常营运是很重要的。出租率预测是做出定价决策的奠基石。没有准确的预测，房间可能会留着没卖，也可能卖的价格不合适。出租率预测还有助于前厅部经理按预期的业务量安排需要的员工。同样，这些预测还会有助于酒店的其他部门经理。例如，客房部就需要了解有多少间房会住客，以便适当安排客房服务员；餐饮部经理需要了解同样的信息，以便更好地安排服务员；厨师长需要这个数字，以便确定餐厅订购多少食品。

显然，预测的可靠性是在信息的可靠性的基础上产生的。由于预测可以作为决定营业成本的指南，因而应尽一切努力来保证预测的准确性。

预测是一种不易掌握的技能，通过经验积累，积累有效的记录以及准确的计算方法才能获得这项技能。有经验的前厅部经理们发现，有几种信息对可销售房预测很有帮助：

- 对酒店及其周围地区的彻底了解。
- 酒店服务对象的市场档案。
- 前几个月和去年同期的出租率资料。
- 预订趋势和预订提前时间（提前多久进行预订）的历史。
- 在周边地区将举办的特殊活动的一览表。
- 预测日期中特别的商务活动的资料。
- 保证类和非保证类预订的数量，以及对可能不抵店人数的估计。
- 预测日期中已预订房的百分比，以及团队保留房的截止日期。
- 预测日期中最重要竞争对手的可销售房情况（如通过隐蔽电话调查出来）。
- 来自全市范围或酒店集团方面影响，以及他们对预测日期的潜在的影响。
- 由计划重新装修或更新改造的酒店所引起的可售房数量的变化。
- 由建设或更新酒店引起当地竞争趋势的变化。

预测资料

预测可销售房的过程中一般都依赖历史的出租率资料，就如书上介绍的那样。历史资料能排除预测中的猜测。为了促进预测工作，应收集以下日常出租率资料：

- 预期的抵达用房数：根据现有的预订和新预订的历史趋势，还根据抵达日期前的取消。
- 预期门市客人用房数：根据历史记录。

- 预期续住房间数（前一晚住客的房间，将在所述的一晚继续居住）：根据现有的预订。
- 预期订了房但不抵达客人的房间数，根据历史记录。
- 预期提前退房数（在预计离店日期前提早离店）：根据历史资料。
- 预期离店退房数：根据现有的预订。
- 预计延期房间数（在原订离店日期以后才退房离店）：根据历史资料。

一些双人居住比例很高的酒店不仅要关注客人计数，也要关注房间计数。例如，一家有大量度假夫妇业务的全包度假村就要在预测客人数量的同时预测用房数。会议酒店也常常会有相同的问题。

酒店管理层能在报告、文件和各个计算机系统中找到许多预测用的资料。例如，日常报告则是预测工作的无价之宝。一些专业的报告也能从互联网中得到总结和储存。

由于它们可以用来计算各种能有助于确定可销售房间数的日常营业比率，这些资料对可销售房预测十分重要。比率是一种数学表达方式，它用一个数字除以另一个数字，表示出两个数字之间的关系。前厅部运作中使用的大多数统计比率都用百分数表示。下面要谈到的比率有不抵店客人、门市客人、提前退房和延期退房的百分比。表 12-6 显示了一家乡村酒店（豪利酒店）的出租率历史资料，用来说明前厅

表 12-6　豪利酒店出租率历史

3月份第一周的出租率历史

星期	日期	顾客人数	抵店数量	散客数量	预订数量	不抵店客人房间数量
星期一	3/1	118	70	13	63	6
星期二	3/2	145	55	15	48	8
星期三	3/3	176	68	16	56	4
星期四	3/4	117	53	22	48	17
星期五	3/5	75	35	8	35	8
星期六	3/6	86	28	6	26	4
星期日	3/7	49	17	10	12	5
总计		766	326	90	288	52

房间使用数	超时房数	使用房数	已结账房数
90	6	0	30
115	10	3	30
120	12	6	63
95	3	18	78
50	7	0	80
58	6	3	20
30	3	3	45
558	47	33	346

部各种比率的计算方法。经理们应寻找这些比率的连贯性，连贯性可以是简单的雷同，也能够看出模式。没有连贯性，比率预测和营业操作会变得很困难。

不抵店客人百分数 不抵店客人百分数指的是没能在预期的抵达日期到店的客人所预订房间的比例。这一比率有助于前厅部决定在什么时候（以及是否）把房间售给门市客人。

不抵店客人百分数是用一定时期（日、周、月或年）不抵店客人房间数除以同一时期房间总数得出。运用表 12- 6 中的数字，豪利酒店 3 月份第一周不抵店百分比可计算如下：

$$不抵店百分比 = \frac{不抵店客人房间数}{预订房间数}$$

$$= \frac{52}{288}$$

$$= 0.1806 \text{ 或预订房的} \underline{18.06\%}$$

有的酒店还分保证类预订和非保证类预订追踪不抵店的统计数。因为要来的客人如果没有登记入住，他或她都没有付费的义务，所以非保证类预订的不抵店比例一般都要比保证类预订的高。适当的不抵店预测还取决于酒店的业务类型，例如，与其他团体及散客相比较，公司团队的不抵店比例一般要低得多。拥有大公司会议市场的酒店的不抵店比例就可能很低；相反，做小团体业务的酒店的总体不抵店比例就会高些（除非有大公司团体住在酒店的时候）。酒店和度假村可以通过一系列政策与程序控制不抵店现象，例如要求收取定金，以及在抵达日期前打电话给客人确认各项安排。

门市客人比例 用一定时期门市客人的用房数除以同期抵店客人总用房数，就得出门市客人的百分比。用表 12-6 中的数字，豪利酒店 3 月份第一周门市客人的比例可以计算如下：

$$= \frac{90}{326}$$

$$= 0.2761 \text{ 或抵店客人用房数的} \underline{27.61\%}$$

$$门市客人比例 = \frac{门市客人用房数}{抵店客人总用房数}$$

门市客人住的是那些并非为预订客人保留的可销售房。酒店常常能以较高的房价把房间卖给门市客人，因为这些客人没有机会去考虑换一家酒店。有时，前厅接待员还要领门市客人参观客房——这是一种比用电话销售客房更加有效的方法。门市销售有助于提高出租率，还有助于增加客房收入。但是，从计划的角度考虑，人们总认为靠预订比依靠门市交易更好。

还应当指出，其他比率会对门市客人比率发生戏剧性影响。例如，如果酒店有10位订房客人未抵店，就会比平时接受更多的门市客人，以弥补失去的业务。出于历史原因，追溯这一信息时，也要追踪其他的比率，看它们是如何相互影响的。预测门市客人的一个有效办法是了解市场，如果附近的酒店很忙，有门市客人（接受较高房价）的机遇就大些。

延期房百分比 延期房是那些比原定离店日期推迟离店的客人居住的房间。延期客人来店时可以有保证类预订或非保证类预订，也可以是门市客人。延期房不应与续住房相混淆。续住房是指那些在统计日之前进店，在统计日的次日之后离店的客人居住的房间。

计算延期房的比例是用一定时期内延期房的数量除以同期预计退房总数。预计退房数就是前厅部计算机或人工计算显示的预计离店退出的房间数。换句话说，预计退房数量等于记录在案的实际退房数减去提前退房数，再加上延期退房数。在这里，提前退房数指的是客人在统计日之前一天离店，而非其原定的离店日期。为了预测可销售房，提前退房客人即指在原定离店日期之前离店的客人。

延期房与提前退房统计的是在一段周期内每日实际超过一天延期与提前退房数总和。使用表12-6中的数据，豪利酒店3月份第一周延期房的比例计算如下：

$$延期房比例 = \frac{延期房的数量}{预计退房数}$$

$$= \frac{47}{346 - 33 + 47}$$

$$= 0.1306 \text{ 或预计退房数的} \underline{13.06\%}$$

为了帮助控制延期房的数量，要培训前厅接待员在客人入店登记时核实抵店客人的离店日期。这项核实工作可能会很重要，特别是在酒店客满或接近客满，无法安排延期客人住房的时候。当为即将抵店客人锁定某些客房时，延期房也会成为难题。对于套房或其他对即将来店客人有特殊重要性的房间来说，这一点尤其重要。

提前退房百分比 提前退房是指在预订离店日期之前退房的客人居住的房间。提前退房的客人抵店时可以有保证类或非保证类预订，也可以是门市客人。

计算提前退房百分比，用提前退房数除以同一时期的预计退房总数。用与之前延期房百分比的相同方法，提前退房数指的是仅在提前离店当天所统计数量，且在一段期间内计算每日实际提前退房数总和。使用表11-7中的数据，豪利酒店3月份第一周提前退房百分比计算如下：

$$提前退房百分比 = \frac{提前退房数量}{预期退房数}$$

$$= \frac{33}{346 - 33 + 37}$$

$$= 0.0917 \text{ 或预计退房数的 } \underline{9.17\%}$$

客人在声明的离店日期之前离店所产生的空房一般很难全部售出，因此，提前退出的房间可能成为房间收入的永久损失。另外，延期房是居住到超过他们所述的离店日期，不会损害客房收入，在酒店并不客满的时候，延期房会带来额外的出乎意料的客房营收。在试图调节提前退房和延期住房的努力中，前厅部员工应该：

- 在入住登记时确认或再确认客人的离店日期。有的客人也许已经知道计划有变，或者知道原来的预订过程中出了差错。错误资料纠正得越早，改善计划的机会就越大。
- 给已登记的客人一张候补卡，解释清楚一位即将抵店的客人持有他这间房的预订。卡可以在住店客人计划离店日的前一天或当天早晨放在客人房间里。
- 检查团队史。许多团队在会议的最后一天举行大型的全团活动。客人的预订会包括参加这项活动，然而计划的变化或其他重要事项会要求客人早点离开，此时酒店很难要客人住满预订的天数，根据团队的历史，经理可以安排团队提早离店。
- 与可能延期的客人联系，说明他们的原定离店日期，确认他们的退房意图。应每天检查住房情况，应标出预计离店客人的住房。应与没按时离店的客人联系，询问他们的离店意图。这一程序能及早修改延期房计数，允许足够的时间去修改需要改动的前厅部原先的规划。

预测公式

一旦取得了相关的出租率统计数据，就可以用下面的公式确定任意给定的日期的可销售房的数量：

客房总数

− 待修房间数

− 续住房间数

− 预订房间数

+ 预订房间数 × 不抵店百分比

+ 提前退房间数

− 延期房间数

　　可销售房间数

请注意，上述的计算公式不包括门市客人，因为一家酒店可以接受的门市客人的数量取决于可销售房的数量。如果一家酒店由于预订、续住和其他因素已经客满，它就不能再接受门市客人了。

仍以豪利酒店为例，一家有 120 间客房的酒店，4 月 1 日有 3 间待修房，55 间续住房。这一天，42 位有预订的客人将要抵店。由于最近计算的不抵店客人百分比是 18.06%，前厅部经理计算出会有 8 位有预订的客人不抵店（42×0.1806=7.59，进位为 8）。根据历史资料，还会有 6 间提前退房，15 间延期房。4 月 1 日可销售房的数量用以下方法确定：

客房总数	120
－ 待修房数量	－ 3
－ 续住房数量	－ 55
－ 预订房数量	－ 42
＋ 预订房数量 × 不抵店百分比	＋ 8
＋ 提前退房数量	＋ 6
－ 延期房数量	－ 15
可销售房数量	19

因此，豪利酒店 4 月 1 日可销售房为 19 间。一旦确定了这个数字，前厅部经理就能决定是否接受更多的预订，能决定员工配备的水准。前厅部的计划决策必须保持一定的灵活性，前厅部接到预订的取消和修改通知时，它们也要作相应变更。还应指出的是，可销售房预测是以假设为基础的，在不同的日期，它们的正确度是会有变化的。

预测表样本

根据需要，前厅部可能要准备几种不同的预测。出租率预测一般每月制作一份，并交餐饮部和房务部管理层审阅，以便预测收入，计划开支，并安排好员工班次。一份 10 天的预测，例如，可以用来更新劳动力安排和成本预测，随后会有一份更近期的 3 天预测来补充。合在一起，这些预测能帮助酒店许多部门保持适当的人员配备去迎接预计的业务量，因而也就帮助了成本控制。

10 天预测　多数酒店里的 10 天预测由前厅部经理和预订部经理联合制作，可能的话还要预测委员会联合。许多酒店将 10 天预测作为年预测的补充。一份 10 天预测的内容通常包括：

- 每日出租率的预测数字，包括抵达房间、离店房间、租出房间以及客人人数。
- 团队业务数量，包括各团队的名单、抵离日期、预订房间数、客人人数，也许还有报出的房价。

- 前期预测与实际用房和出租率的对比。

可能还需要为餐饮、宴会和娱乐活动制作专门的 10 天预测。这种预测一般包括预计客人人数，常常称为"住店客人"。有时会把住店客人分为团体和非团体类，让酒店的餐厅经理们能更好地理解他们的客源组成，从而决定员工配备的需要量。

为了帮助酒店各部门为即将来临的时期计划好人员配备和工资水平，10 天预测应在一周的中期完成并分发给各部门办公室，这种预测对客房部会特别有帮助。如表 12-7 所示，一份 10 天预测表通常用前厅部的几个渠道收集到的资料制成（第 10

表 12-7　10 天预测表样本

<h2>10 天出租率预测</h2>

位置：_____　#：_____　周终止日：_____

准备日期：_____　准备者：_____

在列出第一天预测数据之前要提交给所有部门经理

1.日期时间（像工资清单一样的一周始末）	星期五	星期六	星期日	星期一	星期二	星期三	星期四	星期五	星期六	星期日
2.估计离店人数										
3.预订到达人数——团队（摘自日志表）										
4.预订到达人数——个人（摘自日志表）										
5.未来预订人数（在预测完成之后收到的估计订单）										
6.预期散客人数（基于收到的订单和过去两周的实际出租率的散客百分比）										
7.总到达人数										
8.超时房客数量										
9.总预测房间数										
10.出租率的增加量（基于过去三周同日平均每间出租房的房客数量）										
11.房客预测量										
12.实际房间出租率（从前台总监完成的实际日期的日报）										
13.预测差异（预测与日报客房出租率的不同）										
14.说明（由前台总监完成并提交给总经理，并且必要时附上备注）										

批准：_____　批准日期：_____

　　　总经理的签名

章中提到过的出租率增加值将在本章后面部分讨论）。类似的报表也能在酒店管理系统中自动获得。

首先，审核现有住客房的数目，注明确认的延期房和预计离店房数目。其次，按照抵店日期、住店期限，以及离店日期对每间房（及客人）的相关预订信息进行了评估。这些数字随后将与预订控制的资料相吻合。再次，将调整数字，反映出不抵店、预计提前离店和门市客人的预测百分比。这种预测以酒店最近的历史情况、业务的季节性，以及预计抵店的专业团体的已知历史情况为基础。最后，预测还列出会议和其他团队，以提醒各部门经理注意可能的繁忙期或轻松期，进店客人和离店客人。表上还应注出每天分配给各个团体的住房数目。

大多数计算机系统能在一份报告表里提供记录在册的资料，供前厅部经理使用。但是，大多数计算机系统不能"预测"业务。以往进行的分析历史趋势和市场状况的编程成功的极少，因此，尽管计算机系统能够帮助预测，但还是由前厅部经理的知识和技能来决定预测的准确性。表12-8 包含了一份营收部门经理们修改预测时用的对照表。

表12-8 提高预测的精确度

> 一份年度预测表能够为短期发展提供一个好的起始点以及更多的精确预测数据。经理们能够通过审核现有订单和预订趋势确定更多的商业价值。这份预测表越新，其数据也更精确。
>
> 以下为修改预测表的检查清单：
>
> • 列出所有团队预订和订单中的临时订单；
>
> • 检查该时段的抵店、离店和团队信息；
>
> • 为改善高 / 低需求量，做一个曲线图；
>
> • 拥有中间渠道参与竞争来定价并调整酒店的房价涨幅；
>
> • 在每一时期做出决定使收益最大化。

3 天预测 3 天预测是经过更新的报告，反映出对可销售房的更近期估计。它详细说明 10 天预测中发生的一切实质性变化。3 天预测的目的是用来帮助管理层进一步调整员工排班并调整可销售房信息。表 12-9 给出了一份 3 天预测表的样本。在有的酒店里，每天召开一个简短的营收会议，集中讨论将来几天的出租率和价格变化问题。这种会议的讨论结果常常包括在 3 天预测之中。

房间计数的方方面面 在短期和长期的房间计数计划中，控制记录本、图标、计算机应用、预测、比率和公式都是基本要素。每天，对于住客房、空房、预订房及离店房，前厅部都要进行数次人工计数，以完成当日的出租率统计。计算机化的系统可以减轻大多数最终计数的需要，因为能给计算机编制连续更新可销售房信息的程序。

前厅接待员准确了解有多少可销售房十分重要，特别是在酒店出租率可望接近100%的时候更为如此。收集房间计数信息的程序建立以后，计划程序就能延长到更

表 12-9　3 天预测表样本

3天预测表

预测日期: _____　　　填表人: _____

酒店总房间数: _____

	今天	明天	后天
星期			
日期			

前一晚房间使用数①			
－ 预期离店			
－ 提前离店			
＋ 未预期超时客②			
＋ 空房			
＝ 可售房			
＋ 预期抵店			
＋ 散客&当天订单			
－ No-Shows			
＝ 出租房			
＝ 出租率%			
＝ 预期房间计数③			

①前一晚住客房数可以从昨晚实际住客房的数目或前一晚的预测用房数中得出。

②未住客的房间数等去饭店的房间总数减去住客房。

③预计住客人数于等于预测客房乘以当日多人住客房百分比（在报告中可见）。

分送: 总经理、总台、客房部、餐饮部、财务部、销售部、宴会部、安全部。

表 12-10　准确统计客房计数每日对照表样本

- 完成客房显示架上和预订房计数。在住房紧张的日子里，应在上午 7 点、中午、下午 3 点和下午 6 点各进行一次计数；一般日子里早上 7 点和下午 6 点各计数一次即可。
- 对照账单夹检查客房显示架，以找出已结账离店的空房和未结账的走客房。
- 对照客房显示架核对客房部报告，以找出已结账离店的空房和未结账的走客房。
- 找出预计离店但仍未结账的房间，特别是以信用卡付款的那些客房。
- 找出重复的预订。
- 给预订系统打电话，确认所有的取消通知都已告知有关部门了。
- 检查总机、电话问询架或按字母顺序排列的客人状况显示架，确认尚未登记入住的客人。

（续）

> - 给当地机场打电话，获取取消航班的报告。
> - 检查较大数量抵店客人的出发城市的天气报告。
> - 对照会议预留房检查预订资料，找出重复的订房。
> - 如果住房安排或会议部门说明此地预订是第二选择，则要与其他饭店核对，找出重复的预订。
> - 检查所有预订单上的抵达日期，确认没有一份放错位置。
> - 核查客房取消名单。
> - 如果是通过预订经理、销售经理或行政办公室某个人进行的预订，而饭店又接近客满，则应给那位员工打电话。这类客人经常是私人朋友，愿意住在其他地方而帮助饭店。
> - 接近饭店的预订抵达截止时间的时候，考虑直接打电话给那种持非保证类预订而又尚未抵达饭店的客人。如果客人接电话，则确认他那一晚是否仍会抵达。
> - 过了饭店预订抵达截止时间以后，如果需要，就抽出非保证类或没有预付款的预订。
> - 如果有房间待修或目前未在使用，就要检查看它们能否准备妥当，让客房部了解客房哪一天会紧张，以便准备好一切可能准备好的房间。
> - 下班以前，给来接班的员工书面写下相关的信息，保持良好的沟通是很重的。

长久的时期，形成收入、支出和劳动力预测的更可靠的基础。表 12-10 中的内容可以应用于非自动化和半自动化酒店。

营 业 预 算

前厅部经理所要做的最重要的长期计划工作是进行前厅部营业预算。酒店的年度营业预算是一个盈利计划，涉及所有营收渠道和支出项目。年度预算一般要分成月度计划，月度计划又要分成周（有时分成每天）计划。这些计划都将成为标准，管理层可以对照它们评价实际经营结果。在多数酒店中，客房收入要大于食品、饮料或其他任何渠道的收入。此外，房务部门的利润一般也要大于其他任何部门的利润。因此，准确的房间预算在酒店总预算的制作中就显得至关重要了。

在制作预算计划过程中，需要全体管理人员的密切配合和协调。前厅部经理负责房间营收预测，而酒店财务部门则应向部门经理们提供预算过程中需要的基本统计信息。酒店财务部门还有责任协调各个部门经理的预算计划，综合成一份全酒店的经营预算，供最高管理层审阅。酒店总经理和会计主任一要审阅各部门的预算计划，并且准备一份预算报告请酒店业主们批准。如果预算不能令人满意，需要改变的项目会退回给相应的部门经理，请他们审阅、修改。

在编制预算计划过程中，前厅部经理的首要责任是预测客房收入并估计相关的支出。客房收入用预订经理提供的信息进行预测，而支出则用房务部分各部门经理提供的信息来进行估计。

预测客房收入

历史上的财务信息常常会成为前厅部经理制定客房收入预测的基础。客房营收预测的一个方法就是分析以往的营收、支出金额和百分比上的差异，预告预算年度的客房营收额。

例如，表 12-11 给出了爱米尼酒店客房净营收的年度增长。从 20X1 年到 20X4 年，客房营收额从 1000000 美元增加到 1331000 美元，反映出一个 10% 的年增长。如果将来的情况与以往的相同，那么 20X5 年的客房营收预算将为 1464100 美元——在 20X4 年的基础上增加 10%。

表 12-11 爱米尼酒店客房营收小结

年度	客房收入	收入的增加	年增收的百分比
20X1	$1000000	—	—
20X2	1100000	$100000	10%
20X3	1210000	110000	10%
20X4	1331000	121000	10%

另一种预测客房营收的方法把营收预测建立在以往的客房销售和每日平均房价的基础上。表 12-12 代表的是布拉德内酒店的 120 间客房从 20X1 年至 20X4 年的客房营收统计。统计数字分析表明，从 20X1 年至 20X2 年出租率增长率为 3%，从 20X2 年至 20X3 年为 1%，从 20X3 年至 20X4 年为 1%。同期每日平均房价的增长分别为 2 美元、2 美元和 3 美元。如果假设将来的情况与以往相同，那么 20X5 年的客房营收预测就可以以出租率增长 1%（达 76%），每日平均房价增加 3 美元（达 60 美元）为基础。有了这些预测，就可以用下面的公式预测布拉德内酒店 20X5 年的客房营收：

预测的客房营收 = 可销售房 × 住客率 × 每日平均房价

= 43800 × 7.6 × 60 美元

= 1997280 美元

表 12-12 布拉德内酒店客房营收统计资料

年度	已出售客房（间）	平均每日房价（美元）	净客房利润（美元）	出租率（%）
20X1	30660	50	1533000	70
20X2	31974	52	1662648	73
20X3	32412	54	1750248	74
20X4	32850	57 ·	1872450	75

可销售房的数量是用布拉德内酒店的 120 间客房乘以一年的 365 天。这一计算假定所有客房一年中的每一天都可以销售，也许有些不大实际，但这是一个合理的预测起点。需要注意的是，出租率达到一定程度后就不会继续上升，反而会下落。例如，有新竞争者进入市场，夺取了酒店的部分市场份额。管理层需要预见到这种变化，在做预测时将这种情况考虑进去。在房价的增长上也要运用同样的逻辑。在新竞争者进入市场后，可能需要保持或降低房价来控制出租率。

这种简化了的预测客房营收的方法是要说明趋势资料在预测中的应用。更加仔细的方法应考虑到相应房型的不同房价的变化、客人的种类、星期几的变化，以及业务季节的不同。这些都是一些会影响客房营收预测的因素。

估计支出

多数前厅部营业费用是变动费用，它们的变化与客房营收成正比。可以用历史数据来计算每一项支出可能代表的客房营收近似百分比，然后可以把这些百分比数字应用到预测的客房营收总额上，从而算出预算年度各类费用的估计美元金额。

常见的房务部分费用有人工工资和相关的支出；客房洗涤（棉织品和亚麻制品）；客人补给品（洗浴用品、厕纸、火柴）；酒店促销品（房内客人指南和酒店宣传册）；旅行社回佣和预订费用；以及其他支出。把这些费用全部加起来，总数除以住客房的数量，就得出了每间住客房的成本。常以美元和百分比来表示每间住客房的成本，表 12-13 代表了布拉德内酒店自 20X1 年至 20X4 年的支出分类统计，用占每年客房营收的百分比来表示。以这个历史信息和管理层当前对 20X5 年预算年度的目标为基础，就能用以下方法预测各类支出占客房营收的百分比：人工工资和相关费用——17.6%；洗涤亚麻制品、棉织品和客人补给品——3.2%；回佣和预订费用——2.8%；其他费用——4.7%。

表 12-13　布拉德内酒店客房支出占客房营收的百分比（%）

年度	工资及相关费用	洗衣房、布草及顾客消费	佣金和预订费用	其他费用
20X1	16.5	2.6	2.3	4.2
20X2	16.9	2.8	2.5	4.5
20X3	17.2	3.0	2.6	4.5
20X4	17.4	3.1	2.7	4.6

使用这些百分比数据和前面计算的预期客房营收，布拉德内酒店房务部分预算年度的支出估算如下：

- 人工工资和相关费用

1997280 美元 × 0.176=351521.28 美元

- 洗涤亚麻制品、棉织品和客人补给品
1997280 美元 × 0.032=63912.96 美元
- 回佣和预订费用
1997280 美元 × 0.028=55923.84 美元
- 其他费用
1997280 美元 × 0.047=93872.16 美元

在这个例子里，管理层应探究为什么成本会按与营收相比的百分比连续上升。如果成本继续上升（按一个百分比，而不是按金额），势必会降低盈利能力。因此，预算过程的产物之一应该是找出成本百分比上升的地方。然后，管理层就能分析为什么这些成本会不相应地增长，并制订控制成本的计划。

由于前厅部的多数费用随客房营收（以及随后的出租率）会有相应的变化，估算这些费用的另一种方法是估算每间销售客房的可变成本，然后乘以预期销售的房间数。

推敲预算计划

部门预算一般都由准备过程中收集的详细资料所支持，这些资料要记录在工作单和总结文件中。应保管好这些文件，以便为制作部门预算计划时所作决定背后的推理提供适当的解释。这些记录能帮助解决预算审查中产生的问题。这些文件还能为将来制订预算计划提供宝贵的帮助。

如果制作预算没有历史资料可参考，可以用其他信息渠道帮助预算。例如，公司总部经常能为其连锁酒店提供可比照的预算信息。另外，国内的财务咨询公司也常为部门预算提供辅助资料。

许多酒店在度过预算年度的过程中不断推敲预期的经营成果，修改经营预算。当实际经营业绩与经营预算开始产生重大差异时，建议重作预测。这种差异可能说明自预算制定以来情况已发生了变化，需要修改预算，使其与实际情况保持一致。

评估前厅部的运作

评估前厅部的经营业绩是管理层的一项重要工作。不对经营业绩进行透彻的评估，经理们就不会知道前厅部是否在向计划的目标前进。成功的前厅部经理们在每日、每月、每季度和年度基础上评估部门工作的业绩。以下几个部分讨论的内容是前厅部经理们可以用来评估前厅部营运业绩的重要工具。这些工具包括：

- 营业日报表。
- 出租房比例。
- 客房营收分析。
- 酒店收入财务报表。
- 客房部收入财务报表。
- 客房部预算报告。
- 经营比例。
- 比例标准。

营业日报表

营业日报表，又称为经理 24 小时内的财务活动小结。营业日报表提供一种调节方法，使现金、银行账户、营收和应收账款相互协调。该报告还是各种财务日志的录账参考，能提供必须输入前后台计算机系统的重要数据。营业日报表的独特结构特别能满足独立酒店的需要。

表 12-14 给出了一个有餐饮服务的酒店的营业日报表。在一天的营业收入中有完整的客房数统计和出租率统计。加上财务部员工的意见和观察之后，营业日报表上的统计数字会有更多的含义。例如，当数字显示出租率上升而代客泊车量却下降了的时候，这时关于使用酒店代客泊车服务的客人数量统计就有了附加的意义，前厅部经理就可能想到前厅部员工没有在推销酒店的代客泊车服务方面做恰当的努力。

营业日报表提供的信息不仅仅局限于让前厅部经理或酒店总经理知道，报表的副本一般都分发给所有部门经理。

出租房比例

出租房比例衡量前厅部与预订部在销售酒店主打产品——客房，这项工作中的成绩。计算基本出租比例要收集以下客房统计资料：

- 可销售房数量。
- 已销售房数量。
- 客人数量。
- 每间客房客人数量。
- 净客房收入。

一般情况下，经营日报表上载有这些数据资料。用这些数据资料可以计算出的出租比例有出租率百分比、多人（或双人）住客比例、日平均房价、每间可销售房收入（RevPAR）、每位住店客人产生的效益（RevPAC），以及每位客人的平均价格。

表 12-14　经营日报表样本

每日营收报告　　　　　　　___年___月___日

饭店　　　　　　　　第_____周　星期_____　　　　　　　制表人_____

住客率小结

	今日	本月至今日累计	营收小结	今日	本月至
单人房出租率			客房净营收		
双人房出租率			食品		
免费房			饮料		
出租率合计			宴会及其他		
待修房			长途		
空房			本市		
可销售房合计	100%	100%	洗涤服务员		
店内用房			停车场		
饭店客房总数			礼品店		
店内均价(包括免费房和长住房)	$	$	健身房		
平均房价(不包括免费房和长住房)	$	$	专营店(商品)		
客人总数			高尔夫球场费		
另行安排			网球场费		
客房销售率					
合计住客房					
预测					
预算			饭店合计		

客房营收分析

种类	房间类	%	平均房价	收入	房间数	%	平均房价	收入
门市								
公司								
保证类公司								
优先的								
周末价								
包价								
政府/军队								
其他								
非团队合计								
团队								
散客合计								
长住房								
免费房								
合计		100%				100%		
俱乐部楼层								
俱乐部房								
请批示								
变化								

免费房

客人姓名	房号	公司名称	进店日期	离店日期	批准人

计算出的出租率百分比和每日平均房价也可能出现在酒店的经营日报表上。这些比例一般以日、周、月和年度为基础进行计算。

一般由前厅系统统计（事先设置好程序）住客房资料，并计算出租比例，由前厅部经理分析信息，识别出趋势、特点或问题。在分析信息时，前厅部经理必须考虑一种条件怎样会对出租率产生不同的影响。例如，随着多人居住情况的增加，平均每日房价就会上升，这是因为当一个房间出售给一位以上客人时，房价经常比出售给一位客人的房价高。然而，由于两人居住的房价一般不会是一人居住时的双倍，每位客人的平均房价就降低了。

以下部分讨论格雷戈里酒店的每日出租比例是怎样计算的，计算所需要的房务部分的资料如下：

- 格雷戈里酒店有 120 间客房，门市房价为 98 美元（为了简单起见，我们假设在这个例子中此门市价既适用于单人房，也适用于双人房）。
- 在不同的价格已售出 83 间客房。
- 客人居住了 85 间客房（售出客房不等于客人居住的客房数，因为在这一天，有单身客人占用两间房是免费房，因而不产生客房收入。请注意，酒店处理免费房的方法会各有不同）。
- 有两位客人占用了 10 间房，所以一共有 95 位客人住店。
- 产生客房收入 6960 美元。
- 客房、食品、饮料、电话及其他一共产生收入 7363.75 美元。

出租率百分比　前厅部最常用的经营比例是出租率百分比。出租率指的是一段时间内无论是售出或占用的房间数与可销售房间数之比。必须指出的是，有的酒店用销售出的房间数计算这个百分比，而另一些酒店用占用的房间数计算此数。计算中包括免费房会改变一些营业统计数，例如平均房价。使用售出房、占用房或两者都行，要取决于酒店的需要和传统。出于讨论的目的，我们将用占用房数来说明出租率百分比的计算。

有的时候，待修房会算在可销售房里。在以出租率为评价管理工作的组成部分的酒店，把待修房算在可销售房的数字里会鼓励经理尽快修好这些房间，投入到再循环中去。包含酒店全部客房也能为测量出租率提供统一稳定的基数。相反，不包括待修房时，经理们只要不恰当地把未售出房归入待修房，就能轻易地人为增加算出的出租率。有的酒店计算时不包括待修房，是因为那些房间实际上无法销售。同样，出租率也用于评价前厅部员工的工作，而员工无法控制待修房，包括这些房间会对员工不公。无论使用哪一种选择，都应该始终如一。

格雷戈里酒店的出租率计算如下：

$$出租率 = \frac{占用的客房数}{可销售房间数}$$

$$= \frac{85}{120}$$

$$= 0.708 \text{ 或 } 70.8\%$$

多人居住比例　多人居住比例（经常被称作双人居住比例，尽管这种说法并不总是准确）用于预测餐饮收入，说明布草清洗要求，并用于分析每日平均房价。通过确定售出房或占用房每间平均人数，或确定多人居住百分比就可以计算多人居住比例（也叫作住客乘数或扩大住客因素）。

格雷戈里酒店多人居住百分比计算如下：

$$多人居住百分比 = \frac{一人以上居住的客房数}{占用客房数}$$

$$= \frac{10}{85}$$

$$= 0.118 \text{ 或 } 11.8\%$$

格雷戈里酒店售出房平均每间住客人数计算如下：

$$每间售出房平均客人数 = \frac{客人人数}{售出房间数}$$

$$= \frac{95}{83}$$

$$= 1.14$$

日平均房价　即使在同一家酒店里，单人房和套间、散客与团队和会议、周日与周末，以及旺季与淡季之间房价的变化也会很大。大多数前厅部经理还要计算一个日平均房价（ADR）。

格雷戈里酒店的日平均房价计算如下：

$$日平均房价 = \frac{客房收入}{售出客房数}$$

$$= \frac{6960 \text{ 美元}}{83}$$

$$= 83.86 \text{ 美元}$$

有的酒店把免费房的间数含在分母里，以显示免费房对日平均房价的真实影响。有时把它称作平均店内价。

每间可销售房收入（RevPAR）　近年来，每间可销售房收入已逐渐成为最重要的统计数字之一。用酒店客房收入总额除以可销售房数，就得出每间可销售房收入。事实上，它衡量的是酒店的创收能力。食品、饮料、宴会，以及娱乐设施好的酒店中，其每间可销售房收入会大大高于日平均房价。营收渠道少的酒店中，其每间可销售房收入会更接近日平均房价。

格雷戈里酒店每间可销售房收入计算如下：

$$每间可销售房收入 = \frac{实际客房收入}{可销售房间数}$$

$$= \frac{6960\ 美元}{120}$$

$$= \underline{\underline{58\ 美元}}$$

每位住店客人产生的效益（RevPAC） 每位住店客人产生的效益也成了重要的行业统计数。RevPAC 是用酒店的营收总额除以住店客人的总数。它能衡量每位客人带来的平均效益。对于多人居住率高的酒店来说，这个数字更为重要，它显示了每位客人的平均消费。在这些酒店中，多人居住率越高，营收就越多。

格雷戈里酒店的每位住店客人产生的效益计算如下：

$$RevPAC = \frac{实际客房收入}{客人人数}$$

$$= \frac{7363.75\ 美元}{95}$$

$$= \underline{\underline{77.51\ 美元}}$$

每位客人的平均房价 度假村酒店尤其对了解每位客人的平均房价感兴趣。这一价格是以在店的每位客人为基数，其中也包括儿童。

格雷戈里酒店的每位客人的平均房价计算如下：

$$每位客人的平均房价格 = \frac{客房收入}{客人人数}$$

$$= \frac{6960\ 美元}{95}$$

$$= \underline{\underline{73.26\ 美元}}$$

客房收入分析

除非客人有资格享受其他房价，前厅部员工一般应以门市价销售客房。"房价变化报告"列出了那些不是以门市价销售出去的房间。有了这份报告，前厅部管理层就能审查各种特别房价的使用情况，确定员工是否遵守相应的前厅部政策和程序。

计算机化的前厅部系统可以编制程序，自动准备好一份房价变化报告。

看"营收统计"，是前厅部经理们评价前厅部员工客房销售效果的一种方法，营收统计是实际客房收入占可实现的客房收入的百分比。

营收统计 可实现的客房收入是指在某日、某周、某月或某年酒店的所有客房都能以门市价售出所能产生的客房收入额。实际的与可能的客房收入之比叫作营收统计。格雷戈里酒店可能的收入是11760美元（120间客房全部以98美元门市价售出）：假定实际客房收入是6960美元，格雷戈里酒店的营收统计就可以计算如下：

$$营收统计 = \frac{实际客房收入}{可能的客房收入}$$

$$= \frac{6960\ 美元}{11760}$$

$$= 0.5918\ 或\ \underline{59.18\%}$$

这一结果揭示在这一天，实际客房收入是120间客房全部以98美元门市价售出能创造收入额的59.18%。统计表明大多数房间是以折扣价销售的。

酒店收入财务报表

酒店的收入财务报表是提供在给定时期内有关酒店经营成果的重要财务信息：这个给定时期可以是一个月，也可以更长，但不能超过一个业务年度。因为收入财务报表揭示的是给定时期的净收入额，它也是管理层评价总体经营业绩所使用的最重要的财务报表之一。虽然前厅部经理们也许不会直接依赖酒店的收入财务报表，但它是经营业绩和营利性的重要财务指标。酒店收入财务报表部分依赖于前厅部通过房务部门收入财务报表提供的信息。房务部门收入财务报表将在下一部分讨论。

酒店的收入财务报表经常被称为联合收入财务报表，因为它体现了酒店所有的财务活动，给出了一幅综合性图画。在经营部门栏目下，房务部门的信息出现在第一行。房务部门的创收额是用收入财务报表涵盖的期间内房务部门的净收入减去人员工资和相关费用，并减去其他开支。房务部门的工资支出包括与前厅部经理、总台接待员、预订员、客房服务员，以及大厅的服务人员相关的工资。由于房务部门不同于一个销售部门，所以不从净收入中扣减销售成本。

房务部门创造的收入通常是酒店各创利部门中最大的单项金额。以表12-15中的数据为基础，伊顿伍德酒店房务部门一年挣得的收入是4528486美元——或者说是经营部门总收入5544699美元的81.7%。

表 12-15　收入汇总报表样本

截至 12/31/20XX 的伊顿伍德酒店的年度收入简报

	排序	净利润	销售费用	薪酬 & 相关费用	其他费用	收入（扣除费用后）
营运部分						
客房	1	6070356		1068383	473287	4528486
餐饮	2	2017928	733057	617705	168794	498372
酒水	3	778971	162258	205897	78783	332033
远距离通信	4	213744	167298	31421	17909	－ 2284
租金及其他费用	5	188.092				188092
总营运费用		9269091	1062613	1923406	738373	5544699
非营运费用						
	排序	净利润	销售费用	薪酬 & 相关费用	其他费用	收入（扣除费用后）
行政和公共方面	6			227635	331546	559181
市场	7			116001	422295	538296
资产经营和维护	8			204569	163880	368449
Utiuty 费用	9				546331	546331
总非营运费用				548205	1464052	2012257
总计		9269091	1062613	2471611	2202425	
除去非营运费用收入						3532442
租金，财产税						641029
除利前收入，贬值与摊销，以及收入税						2891413
利息费用						461347
贬值摊销前收入以及收入税						2430066
贬值与摊销						552401
出售资产获利						1574
税前收入						1879239
收入税						469810
净收入						$1409429

房务部门收入财务报表

　　酒店的收入财务报表显示的只是概括的情况，由各创收部门制作的分部门收入财务报表提供更详细的资料。部门的收入财务报表又称为明细表，是酒店的收入财务报表中的资料来源。

表12-16 房务部门收入财务报表样本

明细表1	
截止至 12/31/20XX 的伊顿伍德酒店	
的财务报表样本	
	现有阶段
收入	6124991
补贴	54635
净收入	6070356
费用	
薪酬	855919
员工奖金	212464
总工资单及相关费用	1068383
其他费用	
网络/卫星电视	20100
工会	66775
满意的顾客服务	2420
承包服务	30874
顾客的重新定位	1241
顾客交通	48565
洗衣房与干洗	42495
亚麻制品	12140
营业用品	122600
订单	40908
远程通信	12442
培训	7122
制服	60705
其他	5100
总其他费用	473487
总费用	1541870
部门收入（扣除后）	$4528486

表12-15 给房务部门明细表注为1。房务部门收入财务报表出现在表12-16中。表12-15中显示的房务部门的净收入、人员工资和相关费用、其他开支，以及部门收入的数据都与表12-16中经营部门栏目下房务部门的数额相同。

房务部门明细表一般由酒店财务部制作，而不是由前厅部财务人员制作。数据来自以下几个渠道：

房务部门费用输入项目 .... 来源文件
工资和薪水 .... 计时卡，工资记录
员工福利 .... 工资记录
回佣 .... 旅行社账单
合同清扫 .... 外包公司发票
客人交通费 .... 发票
洗涤和干洗......客房部和店外洗衣坊/洗烫
　　　人员收取的员工制服洗涤费
布草 .... 供货商发票
经营补给品 .... 供货商发票
预订费用（如果有的话） 预订系统发票
其他经营费用 .... 供货商发票
　　　（例如设备出租业的发票等）

（预订费用为酒店为获取客房预订而支付给中央预订系统、全球分销系统和互联网分销系统的服务费用）。

认真审阅房务部门的收入财务报表，前厅部经理能制订行动计划来改善部门的财务状况，并提高服务水平。例如，收入财务报表可能会指出由于加收了长途电话附加费，电话收入降低了。这项分析说明因为每个电话的费用在加收附加费以后增加了，但客人打的电话数量减少了。所以，尽管每个电话的收入增加了，但整体电话收入还是下降了。

客房部有另外一个例子。如果酒店把每位客房服务员每天清扫任务从14间增加

到 15 间，似乎可以减少服务员，节约工资、福利和可能需要的清洁用品，但是前厅部经理们必须注意到采取措施降低成本也可能降低对客服务水准。

房务部门预算报告书

一般来说，酒店的财务部门还要做月度预算报告书，用实际收入和支出的数据与原先预算的数额作比较。这些报告能为评价前厅部的运作提供及时的信息。评判前厅部的工作，常常用房务部门月收入和支出数据与预算金额相比较来评判运行的结果。

一份有代表性的预算报告书，应包含所有预算项目的月度差额和年度迄今为止的累计差额。前厅部经理们更容易注意月度差额，因为年度迄今为止的累计差额只是代表月度差额的累积。表 12-17 给出的是 1 月格雷戈里酒店房务部门的预算报告书。这份预算报告书里还没有年度迄今为止的累计数，因为 1 月是该酒店业务年度的第一个月。

表 12-17　房务部门月度预算报告书样本

格雷戈里酒店房务部门 20XX 年 1 月预算报告			
实际（美元）	预算（美元）	差异（美元）	％
收入			
客房销售　156240	145080	11160	7.69％
补贴　437	300	(137)	(45.67)
新增收入　155803	144780	11023	7.61
费用			
薪酬　20826	18821	(2005)	(10.65)
员工奖金　4015	5791	1776	30.67
总薪酬表及相关费用　24841	24612	(229)	(0.93)
其他费用			
工会　437	752	315	41.89
清洁承包　921	873	(48)	(5.50)
顾客交通　1750	1200	(550)	(45.83)
洗衣房与干洗　1218	975	(243)	(24.92)
亚麻制品　1906	1875	(31)	(1.65)
营业用品　1937	1348	(589)	(43.69)
预订费用　1734	2012	278	13.82
制服　374	292	(82)	(28.08)
其他营业费用　515	672	157	23.36
总其他费用　10792	9999	(793)	(7.93)

（续）

	实际（美元）	预算（美元）	差异（美元）	%
总费用	35633	34611	(1022)	(2.95)
部门收入	120170	110169	10001	9.08%

表 12-17 既给出了金额差额，又给出了营业额百分比差额，这一点很重要。金额差额说明实际业绩与预算额之间的差别，金额差额可能有利或不利，常见的观点如下：

	良性差额	非良性差额
收入	实际超过预算	预算超过实际
支出	预算超过实际	实际超过预算

例如，1 月房务部门人员薪水和工资额是 20826 美元，而预算额是 18821 美元，就产生了一个 2005 美元的良性差额。用括号括起这个金额差额，是要说明它是非良性的。然而，如果收入差额为良性，支出中的非良性差额（例如人员工资额）就不一定是负面的了。可比差额也许只能说明接待客人比制定预算时客人更多的情况下，与其相关联的支出也就更大。识别差额到底是良性的还是非良性的，有一种方法可行，就是把一般时期的实际住客房分出实际成本和预算成本，实际成本小于等于预算成本就是正面的，即使出现较大开支也无妨。

用金额差额除以预算的金额，就得出百分比差额。例如，表 12-17 中的 7.61% 净收入差额就是用 11023 美元的美元差额除以 144780 美元的预算净收入而得出的结果。

预算报告书上既有金额差额，也有百分比差额。这是因为单独美元差额或单独百分比差额不足以说明报告中差额的意义。例如，金额差额不能说明在预算基础上所发生变化的重要性。一家大型酒店前厅部月度预算报告书上可能出现 1000 美元的实际净收入与预算之间的差额。这似乎是一个重大差额，但是，如果 1000 美元差额是以 500000 美元预算额为基础的，那么它代表的百分比差额只是 0.2% 而已。多数前厅部经理不会认为这个差额有多重要。然而，如果该时期的预算额是 10000 美元，1000 美元的差额就代表了 10% 的百分比差额，这可就成为多数前厅部经理认为重大的百分比差额了。

单独的百分比差额也会有欺骗性。例如，我们假设一个支出项目的预算额是 10 美元，而实际支出是 12 美元，2 美元的美元差额代表了 20% 的百分比差额。这个百分比差额显得非同寻常，但前厅部经理调查这 2 美元差额的种种努力却会一无所获。

事实上，前厅部实际营运结果与预算金额在预算报告书上互不相同，这一点也不奇怪。无论预算过程中有多么细致，都不可能是完美无缺的。前厅部经理不必去分析每一项差额，只有意义重大的差额才需要管理层去分析，去采取适当措施。酒店总经理和财务主任可以提供标准，前厅部经理用这些标准来确定哪些是意义重大的差额。

经营比例

经营比例能帮助经理们评价前厅部的营运成绩。表 12-18 说明有 20 种以上的比例可以用于对前厅部营运业绩的评价。

工资总额和相关费用是房务部门最大的单项支出项目，也是全酒店最大的单项支出。为了便于掌控，劳动力成本是按部门进行分析的。用房务部门的工资总额和相关费用除以部门的净客房收入，就产生了前厅部经营中最需要经常分析的领域——劳动力成本。

表 12-18 房务部门有用的经营比例

	净营收	工资及相关费用	其他费用	部门收入
酒店收入总额的百分比	X			
部门收入的百分比		X	X	X
部门总费用的百分比		X	X	
酒店工资总额及有关费用的百分比		X		
从前期百分比	X	X	X	X
改变预算百分比	X	X	X	X
每间可用客房	X	X	X	X
每间占用空间	X	X	X	X

经营比例应当与适当的标准进行对比——例如预算的百分比。由于工资总额及相关费用是最大的单项支出，实际和预算的劳动力成本百分比之间出现任何重大差别都要进行认真的调查。

分析工资总额及相关费用的一种方法得用上与表 12-19 所示表格相似的表。本期和前期的实际数据，以及预算的数额都分项列出，以便对比分析。应突出一切重大差异，并且在备注栏中作出解释。通过对工资总额和相关费用的分析，前厅部经理向酒店高层管理证明他们关注了房务部门中最重要的可控制费用。根据售出房数量的波动，认真关注员工配备，可以保证工资总额及相关费用与总收入的百分比按月保持相对稳定。

比例标准

只有与以下有用的标准相比较时，经营比例才有意义：
- 计划的比例目标。
- 相应的历史比例。
- 行业平均值。

与计划的比例目标相比较是最好的。例如，设定一个稍低于上月的本月劳动力成本百分比目标，前厅部经理就能更有效地控制劳动力和相关费用。对较低劳动力成本百分比的期望，可以反映出前厅部经理在改善排班过程和其他与劳动力成本相关因素等方面所做的努力。通过实际劳动力成本百分比与计划的目标之间的比照，前厅部经理可以衡量出他的控制劳动力成本各项努力的成效。

行业平均值也是对经营比例进行对照的一个有用的标准。在国内财务公司和酒店业行业协会的出版物上，我们可以找到这些行业平均值。

有经验的前厅部经理知道，经营比例只是一种指示，它们不能解决问题，也不能揭示问题的根源。充其量只是在比例与计划的目标、前期的结果或行业平均值发生重大差别时说明可能存在问题，通常还要有相当多的分析与调查，才能决定适当的纠正措施。

表 12-19　工资总额分析表样本

前台薪酬分析

酒店: _____　截止时期: _____

职位目录	去年总计	今年总计	预算总计
前台			
电话总机			
房务主管			
副房务主管, 客房服务员			
客房清洁员与门童			
布草员			
洗衣房员工			
预订员			
维修员、花匠与维修助理			
保安、救生员与制服服务员工			
	(去年)	**(今年)**	
薪酬及相关费用			
净收入			
劳动开销百分比			
统计			
出租房			
净房			
客房清洁员, 钟点工			
每一个客房清洁员打扫的房间数			
每一间房开销 (客房服务员)			

评论:

_____

_____

灾害规划

灾难规划通常是前厅经理甚至是酒店高级经理所忽视的一个领域。由于这不是每天运营碰到的问题，所以前厅经理有必要准备一个灾害时行动及修复计划，并确保前厅员工熟知理解此计划。

有各种情况的灾害需要考虑，从停电、自动系统停工，到犯罪行为、恶劣天气、洪水、火灾和恐怖袭击。要完全预见潜在的灾难是不现实的，但可以制订预防解决方案以备不时之需。如果酒店设有安保部，安保总监就要对灾害规划进行设计、编写资料，以及落实措施，还要经常重修前厅的灾害规划方案。如果酒店不设有安保部，则可以向其他相关组织获取专业经验，例如美国饭店业协会和美国酒店与住宿业教育学院。

如今的酒店已经高度自动化，所以灾害规划中就必须涵盖当重要计算机系统发生故障时，前厅人员应当采取何种补救和修复措施。培训前厅员工在酒店物业管理系统、通信系统、电子门锁系统，以及其他重要自动系统发生故障时采取何种措施是非常必要的。尽管多数系统故障的发生是短时间及轻微的，但仍旧对客人服务产生不小的影响。

遗憾的是，酒店经营中最常见的问题是可能发生在前台、销售点、客房等地的犯罪活动。前厅经理需要准备有效安全的处理流程来应对可能影响到前厅工作的犯罪行为。前厅员工需要知道当犯罪行为发生时，他们应该联系谁并采取什么步骤。例如，酒店员工应该知道当事件发生后不能随意触碰或移动客房内物品，必须等待警方前来调查。

为了成功应对恶劣天气、洪水和其他自然灾害，酒店需要特殊的计划。酒店管理层为了应对自然灾害需要与当地及区域的灾害防护组织合作。此外，应对计划中还要考虑到能源短缺和物资缺乏等问题。例如，暴风雪就会影响酒店员工前来上班或准时下班离店。

火灾、恐怖袭击或其他灾害事件要求酒店拥有一整套停业疏散计划。前厅员工必须知道如何见机行事，在任何时候他们都是整个酒店的代表。他们还必须知道将什么文件资料带离酒店，将什么资料锁进文件柜，以及如何处理酒店财产，如现金。一些前厅员工还要根据灾害计划安排去协助客人撤离酒店，指引他们从安全的通道离开酒店。

有了计划和培训，当可预见的灾害发生时，前厅部乃至整个酒店就可以成功地应对这些灾害。酒店管理层应当阶段性地重修并更新灾害计划与安排，这些计划和安排不能一经制定完成就束之高阁。从简单的消防演习到针对盗窃或爆炸威胁而精心设计的指导说明，培训不应是一蹴而就的活动，它必须再三反复地训练，保持长期有效。

小 结

前厅部经理能获得的资源有人力、金钱、时间、工作方法、物资、精力和设备，其职能是计划并评价对这些有限资源的使用。管理的过程可以分解为专项管理任务：计划、组织、协调、员工配备、领导和控制。虽然各个酒店的前厅部管理任务会有所不同，但基本管理工作的范畴是相同的。

计划也许是最重要的管理工作。没有竞争性强的规划，生产率会变得极为低下。没有规划制定的方向和重点，前厅部经理会过度沉浸在与完成酒店目标不相干的甚至不一致的任务之中。沟通是计划中的一个重要组成部分。一名高效的经理会向上级汇报，还要同受影响的部门员工沟通部门的各项活动方案。以计划的目标为指南，前厅部经理在给前厅部员工公正地分配工作时，执行的是组织工作。组织工作包括确定各项任务的执行顺序、确定任务应在什么时间完成。

管理中的协调工作包括运用资源去争取计划的目标。许多人会在同一时间做不相同的工作，前厅部经理能够协调这些人的努力。员工配备工作包括招聘和挑选应聘人，并给员工排班。依照公式计算在一定条件下能满足客人需要和经营需要的员工人数，常常是员工配备工作的准绳。

领导是一项复杂的管理技能，要经受各种情况的锻炼，与其他管理技能息息相关。对于前厅部经理来说，领导工作包括监督、激励、培训及用纪律约束员工，还包括做出决定。最好的领导部门的方法是以自己为榜样。每一家酒店都有一个保护企业资产的内部控制体系，控制的过程保证实际经营结果与计划的结果紧密相配。管理中的评估工作确定达到计划目标的程度，评估还包括审查和修改前厅部的目标。

前厅部的三项重要计划工作是建立房价计划、预测可销售房，以及作经营预算。酒店一般都会有几种不同的房价，门市价是列在房价表上的价格，它告诉前厅接待员酒店各种客房的标准销售价格。除非客人有资格享受其他房价，前厅部员工应以门市价销售客房。建立各种房型的门市价，决定折扣类别和特殊价格，是重大管理决策。为了建立能保障酒店盈利能力的房价，管理层应认真考虑诸如成本、客人需求、市场情况、通货膨胀等因素。

通过市场条件法制定房价是最简单、最常用的办法。在市场条件法里，酒店房价要在设定的同类市场酒店中有竞争力。设定房价的拇指规则法按每1000美元建筑和装修费为每个房间设定1美元房价，假定出租率为70%。决定每个房间平均价格的哈伯特公式则考虑成本、想要的利润及预期售出的房间数。前厅部经理必须了解房价和出租率对客房收入的作用，以保证酒店能达到其营收目标。

最重要的短期计划统计是预测未来任何一天的可销售房数量。可销售房预测能用来帮助管理预订、指导客房销售工作，还能计划员工配备需求。预测可销售房的过程一般都依赖于历史的出租率资料。在有效的预测中，像不抵店百分比、门市客人、延期房和提前离店房等的统计资料都可能是关键的因素。

前厅部经理执行的最重要的长期计划工作是预算。年度经营预算是一项盈利计划，涉及收入渠道和支出项目，它被分成为月度计划，接着又分为每周（有时甚至是每日）计划。预算计划随后会变成标准，对照这些标准，管理层能评价经营的成果。在制订预算计划工作中，前厅部经理的首要责任是预测客房收入并估计相关的支出。这一过程需要前厅部经理与财务部同心协力，共同努力。

评价前厅部的经营成果是一项重要的管理工作。在评价前厅部经营的工作中使用的重要管理工具有日营业报告、住房比例、客房收入分析、酒店收入财务报表、房务部门收入财务报表、房务部门预算报告书，以及营业比例和比例标准。

营运规划必须包含灾害规划。灾难指的是天气等自然灾害、火灾、犯罪活动、恐怖袭击及自动系统故障。前厅管理者要与酒店其他部门及当地区域灾害规划处理组织一同制订灾难应对及修复计划。计划方案需要被完整地记录下来，并且前厅所有员工都要接受培训，如模拟灾害事件发生，消防演习或酒店疏散撤离行动。

主要术语

每日平均房价（average daily rate）：用客房净收入除以售出房数量产生的一种出租比例。

每位客人平均房价（average rate per guest）：用客房净收入除以客人人数产生的一个出租比例。

竞争酒店（competitive set）：市场中由一家酒店面临的一组最主要的竞争对手酒店。

营业日报（daily reports of operations）：一份报告，它总结 24 小时内酒店的财务活动，洞察与前厅部相关的收入、应收款、营业统计，以及现金交易。它又被称为经理的报告、日结报告、每日收入报告。

预测（forecasting）：预告活动和业务趋势的过程；房务部门制作的预测通常有可销售房预测和出租率预测。

店内计数（house count）：某一时期预测的或预期的住客人数，有时分解成团队业务和非团队业务。

哈伯特公式（Hubbart Formula）：一种由下至上推算的房间定价方法；在确定每间房平均价格时，这种方法考虑成本、想获得的利润及预期的售出房。

收入财务报表（income statement）：一种财务报表，提供一定时期酒店经营成果的相关重要信息。

市场条件法（market condition approach）：一种定价方法，以同一地理市场中可比照酒店的同类产品售价为基准确定价格。

多人居住百分比（multiple occupancy percentage）：一人以上共住的客房数除以住客房数目。

多人居住比例（multiple occupancy ratio）：一种用于预测餐饮收入、说明布草洗涤需求和分析日营业收入的比率；这些数据得自于多人居住百分比，或者由确定每间售出房平均住客人数产生；也被称为双人居住比例。

出租率百分比（occupancy percentage）：一种住客比例，说明某一时期售出房与可销售房的比例。

出租房比例（occupancy ratios）：一种衡量酒店客房销售业绩的尺度；标准的出租房比例包括出租房百分比，多人居住比例，日平均房价，每间可销售房收入，每位客人产生收入，每位客人平均价格。

经营比例（operating ratios）：一组能帮助分析酒店经营情况的比例。

延期房（overstay）：客人居住到他声明的离店日期之后。

门市价（rack rate）：酒店为某一种类客房制定的标准房价。

每位客人产生的营收（revenue per available customer）（RevPAC）：一种注重每位实际客人所带来的营收的收入管理尺度。

每间可销售房营收（revenue per available room）（RevPAR）：一种注重每间可销售房营收的收入管理尺度。

房价变化报告（room rate variance report）：列出未以门市价售出的房间的报告。

拇指规则法（rule-of-thumb approach）：一种为房间定价的成本法；使用这种方法，每间房的每1000美元建筑和装修成本确定1美元房价，假定出租率为70%。

续住房（stayover）：一种房间状态术语，说明客人今天不离店，至少还要住一晚；自进店之时起到声明离店日期连续居住在一个房间的客人。

提前离店（understay）：在他声明的离店日期之前办理离店手续的客人。

营收统计（yield statistic）：实际客房收入与可能的客房收入之间的比例。

复习题

1．七项管理工作是怎样融入管理的全过程的？这些工作又是怎样体现在前厅部经理这个岗位的？

2．酒店可能给出的特殊房价有哪些种类？建立房价的三种常用方法是什么？

3．前厅部经理在制作可销售房预测时需要哪些信息？这些预测为什么很重要？它们的可靠性如何?

4.为了控制提前退房和延期房,前厅部员工可以采取什么措施?

5.每间可销售房收入与每位顾客产生的收入两者有什么区别?前厅部经理能够怎样使用各个比例?

6.10天预测和3天预测是如何帮助保证前厅部高效率运转的?这些预测之间有什么样的关系?除了前厅部以外,酒店还有哪些部门要依靠这些预测?

7.在做预算计划的过程中,前厅部经理的主要责任是什么?怎样去完成?

8.前厅部通常计算的出租比例是什么?出租比例有什么意义?

9.前厅部经理可以用什么样的方法去评价前厅部是如何有效销售客房的?

10.前厅部经理如何使用预算报告去分析营运状况?为什么说金额差异和百分比差异的报告都很有价值?

11.前厅部经理比较经营比例时,有什么有用的对照标准?与标准不尽相同有什么意义?

12.前厅部经理能够如何为员工做好处理灾害情况的准备?

网址:

若想获得更多信息,可访问下列网址。网址变更恕不通知。若你所访问的网址不存在,可使用搜索引擎查找新网址。

1.American Hotel&Lodging Association:www.ahla.com

2.American Hotel&Lodging Educational Institute:www.ahlei.org

3.Smith Travel Research:www.smithtravelresearch.com

4.TIMS Reports.com:www.TIMSreports.com

5.TravelCLICK:www.travelclick.net

本章附录:手工操作计划

以下的计划和流程是当灾难或其他极端情况发生导致酒店管理系统在相当长一段时间内停工时可使用的指导纲要(表1中举例一些可立即采取的措施)。此举目的是为了设立明确的控制和协调责任。每家酒店都应根据自身的营运需要准备措施计划,并为其他的重要系统(销售点系统、销售与餐饮等)准备相似的计划文件。所有这些计划都应阶段性地重新评估以确保其有效性。

运营酒店的关键是管理层与酒店内各部门间良好的、有组织的沟通,特别是前台、预订部和客房部。大多数员工可能没有在纯手工环境中工作过,且习惯性依赖前厅的计算机系统。所以，为员工制定的所有手工指令都必须清楚和明确，且要经常进行训练。在发生极端状况时，保证对客服务也是最为重要的。

管理层与员工的角色

以下的是关键管理层与运营员工的角色。需要根据每个酒店的运营情况对任务进行分配。例如，酒店可能没有系统经理，但必须有人负责协调和支持自动系统的正常运行。酒店内所有的人都要认识到执行每一项任务职责的重要性。

总经理 / 酒店经理

- 对所有管理层人员通知授权。
- 获取系统人员发出的酒店状况报告。
- 根据系统的停工时间，制定 / 批准运营决定。

系统经理

- 探测问题的严重性，估计系统停工时间。确定进程中补救措施的状态。
- 通知响应团队系统问题的严重性，对实施应急方案提出建议。
- 确保所有必要的工作职能，员工准备采取手工操作，如有必要，通知相应的系统服务 / 供应商工作人员。
- 向管理层报告应急方案的状态。
- 监督数据、组件、系统或整套计算机的维修、复原和更换情况。
- 向酒店管理层报告详细的问题原因和解决方案，措施实施情况，以及必要的修正建议。

表 1　快速响应清单

快速响应清单
1. 提醒经理。
2. 如果系统是由于电源故障，立即关掉所有设备。如果不这样做，就会进一步导致硬件损坏。如果关键项目是在不间断电源自动关闭程序下，监控以确保它们事实上被正确地关闭。
3. 分发列表之前检查最近的停机时间报告和破坏情况。
4. 指定一个职员，负责维护房间库存和状态，记录所有登记，付款处等。
5. 指定发布职员，负责撰写所有客人的账单。
6. 警告零售店，系统是不实用的，他们必须手动关闭检查键。所有房间费用必须被手动上传至前台。
7. 提醒审计人员他们应该尽早开始手工审计报告，至少应提前 4 个小时。
8. 警示中央预订系统的情况和预计停机时间，并安排另一个系统继续跟踪预订和反馈酒店的可用性状态。
9. 房务部部门经理应该写一封信给所有住客和抵店客人，通知他们现在的情况。
10. 给关键人员配发使用电池的操作机器，包括交换机操作器。

接待经理

• 与系统经理和预订经理一起协调前厅的职能。

• 监督系统停工期的前厅职能。

• 监控系统停工期的控制和审计跟踪。

• 监督酒店内紧急情况。

• 为餐饮销售点提供当前的客人名单、未入账名单和现金客人名单。

• 对计划执行中的文本文档或遇到的问题进行评估和修订。

• 当系统恢复后，对数据进行重建。

前厅督导

• 监控入住登记职能。

• 维护客房状态控制表。

• 维护无预订散客名单。

• 同客房部沟通客房的状态改变。

• 维护客房状态更改记录。

• 监督前来协助员工的工作。

• 监督系统恢复后的入住、离店和调房记录的重新输入。

接待员

• 控制客人消费记录存档，维护当前账户余额。监督原始凭证，凭据／账单的生成。

• 协助收银员平账。

• 当系统恢复后，协助费用／账单的入账。

预订经理

• 向所有预订员发布30天和1年内的可售房报告。

• 监督手工预订处理。

• 维护手工预订文档。

• 维护手工可售客房控制表。

• 当系统恢复后，监督预订记录的重新输入。

总机接线员

• 当系统停工后，通知计算机员工。

• 在前厅部的协助下维护并更新电话服务名单。

所有销售点经理

• 与系统经理协调餐饮的应急计划。

• 监督所有餐饮销售点应急计划的执行情况。

• 监督销售点的手工运营，包括点单、服务、付款和账单入账。

• 监督系统恢复后的信息输入。

- 协助系统停工时的平账流程。

收银员

- 负责三方查账，将账单控制表分发至各销售点收银员。
- 监控手工小费控制表及分发收取的小费。

助理总管

- 与系统经理一起协调会计部门的职能。
- 监督会计部门的应急计划的执行情况。
- 监督系统恢复后的数据重建。

应收账款经理

- 与前厅督导和提供协助的员工一起手工维护客人分类账。
- 维护手工宴会费用记账。
- 在系统停工期间以应付账款协助退还押金。
- 维护手工信用卡账户余额。
- 监控预付押金情况。
- 监督数据的重建。

客房部

- 监督手工客房状态控制。
- 建立初始晚间客房状态表报告。
- 监督空房查房。
- 监督分发更新的客房状态表至前厅部。
- 监督手工客房清扫员工作分配。
- 维护客房状态更改记录。

夜间接待经理

- 在需要的时间和地点执行常规的审计职能职责。
- 帮助在系统停工时生成手工报表。
- 监督系统停工时夜间员的工作。
- 协助数据重建。
- 更新和分发报表。
- 每日凌晨结算酒店各项账户。

手工前台工作综述

表 2 列示了手工运营前台所需的项目和员工。先确保排房报告（表 3）和其他标准表格均已将房间号填妥，且其余信息不变。准备一个"灾难应急包"并装进所有必要的文具用品（笔、卡片、本子、胶带等），存放在前台一个便利的区域。

表2 手工前台工作需要品清单

形式:	手动房间架
	现金客户报告
	房间计算表
	登记卡(手写或预印)
	客人的手卷(手写或预印)
	预订表单(手写或预印)
	最近的系统停机时间报告
杂项:	依照字母进行索引的文件
	计算器与磁带(电池供电的)
	铅笔和橡皮擦
	支付卡印刷机
人员:	发布员: 负责发布所有客人费用单据
	架职员: 负责维护房间库存和现状
	跑步者: 负责部门之间的沟通,确保部门间能正确传递信息,每个人都在手动操作程序当中

表3 手工客房状况显示架报告样本

手工客房显示架

楼层 _____ 区域 _____

房间号: _____	客房类型: _____
房态: _____	宾客姓名: _____
客房特征: _____	结账时间: _____
房间号: _____	客房类型: _____
房态: _____	宾客姓名: _____
客房特征: _____	结账时间: _____
房间号: _____	客房类型: _____
房态: _____	宾客姓名: _____
客房特征: _____	结账时间: _____
房间号: _____	客房类型: _____
房态: _____	宾客姓名: _____
客房特征: _____	结账时间: _____
房间号: _____	客房类型: _____
房态: _____	宾客姓名: _____
客房特征: _____	结账时间: _____
房间号: _____	客房类型: _____

（续）

房态： ＿＿＿＿＿＿	宾客姓名： ＿＿＿＿＿
客房特征： ＿＿＿＿＿	结账时间： ＿＿＿＿＿
房间号： ＿＿＿＿＿＿	客房类型： ＿＿＿＿＿
房态： ＿＿＿＿＿＿	宾客姓名： ＿＿＿＿＿
客房特征： ＿＿＿＿＿	结账时间： ＿＿＿＿＿
房间号： ＿＿＿＿＿＿	客房类型： ＿＿＿＿＿
房态： ＿＿＿＿＿＿	宾客姓名： ＿＿＿＿＿
客房特征： ＿＿＿＿＿	结账时间： ＿＿＿＿＿
房间号： ＿＿＿＿＿＿	客房类型： ＿＿＿＿＿
房态： ＿＿＿＿＿＿	宾客姓名： ＿＿＿＿＿
客房特征： ＿＿＿＿＿	结账时间： ＿＿＿＿＿
房间号： ＿＿＿＿＿＿	客房类型： ＿＿＿＿＿
房态： ＿＿＿＿＿＿	宾客姓名： ＿＿＿＿＿
客房特征： ＿＿＿＿＿	结账时间： ＿＿＿＿＿
房间号： ＿＿＿＿＿＿	客房类型： ＿＿＿＿＿
房态： ＿＿＿＿＿＿	宾客姓名： ＿＿＿＿＿
客房特征： ＿＿＿＿＿	结账时间： ＿＿＿＿＿
房间号： ＿＿＿＿＿＿	客房类型： ＿＿＿＿＿
房态： ＿＿＿＿＿＿	宾客姓名： ＿＿＿＿＿
客房特征： ＿＿＿＿＿	结账时间： ＿＿＿＿＿

返回至自动化运营操作

当系统恢复工作之后，系统自身并不知道它停工时都发生了什么事情，所以必须手工将所有的交易记录更新到系统中。这就要求所有的管理人员有组织地准确输入用户记录。如果夜审工作都排列有序，所有员工就可以在某个时间关注一整天的活动。夜审员必须一天天地更新系统停工时的记录，以至系统完全恢复正常。手工处理流程必须持续到整个系统和数据信息完全恢复到最新状态。以下是系统更新的通用步骤：

1. 处理第一天工作。处理在系统停工期间所有未记录的活动，包括入住、离店、所有交易项目与客房状态变化。

2. 一些系统（如总机、电话计费系统、迷你酒吧、收费点播系统等）通过接口将费用登入到客人账户中，则可能会在缓存中有未入账费用。如果这些系统在酒店管理系统停工时还照旧工作的话，费用会自动地在系统接口恢复后登入到客人账户中。费用可能会登入到错误的客人账户中，重复收取，电话或迷你酒吧计费也可能会不恰当地关闭或打开，等等。每个这样的系统都必须装有备份打印机用来显示未能发送至酒店管理系统的费用报告（包含有日期、时间及客房号）。该信息必须手工地登入到正确的客人账户中，但是打印出的报告并未指出这些费用未记录在缓存中。向供应商查询每个系统是如何工作的，以及在酒店管理系统、传输接口发生故障时应当如何最好地进行处置。将此项信息加入到灾难行动与恢复计划中。

3. 执行故障日的全面客房及财务审计。

4. 在计算机系统中运行一份夜审报告。

5. 当以上流程完成后，系统进入故障日的第二天，以相同的方法处理剩余停工期间内的交易记录。给每天的运营都做一份夜审报告，直到系统的当前时间同现在的时间一致为止。

第 13 章

学习目标

1. 了解收益管理理论，讨论经理们是如何运用在存量管理、折扣配给及住宿期限控制方面的预测信息来增加收入的。

2. 探讨经理们常用来计量和管理收益的公式。

3. 了解以下各项对收益管理决策有何影响：团队房销售、散客房间销售、其他收益机会、特别活动和公平市场份额预测。

4. 探讨收益经理的角色和地位，描述典型的收益会议，概述在高需求期和低需求期运用的市场策略，探讨收益管理策略，解释收益管理软件如何帮助酒店经理们做决策。

13

收益管理

在传统上，一家酒店的日常状况不是按出租率百分比评价就是用日平均房价来评价。很遗憾，这种一维的分析既不能抓住这两个因素之间的关系，也不能体现它产生的客房效益。例如，一家酒店可能会降低它的房价，或者说日平均房价，来努力增加出租率。这一策略有助于提高出租率百分比，却没有考虑由于低房价而引起的效益损失。此外，还没有考虑每间住客房的成本，这项成本会降低整体盈利能力。除非出租率的增加能盖过房价的下降和相对稳定的每间住客房成本，否则实际利润就会下降。同样，提高房价，会有随之而来的出租率百分比下降。这就意味着有些本来可以用较低房价售出的房间现在空着，也会损失掉一些收益。有的酒店集团就愿意用低房价去吸引业务，从而提高出租率百分比；而另外一些又喜爱设定平均房价目标，不惜以牺牲出租率为代价去争取达到目标价。

收益管理给出一个更为精确的评价尺度，因为它把出租率百分比和日平均房价结合成一个统计数：产出率统计。简单地说，收益管理就是用来最大限度扩大收益的一项技术。收益管理，有时又称作产出管理，尽量考虑影响业务趋势的各种因素。它还是一种评价工具，能让前厅部经理用潜在收益作为标准，可以与实际收益进行对比。

收益管理的方法多种多样。一种方法常常是为满足某一家酒店的需要度身定制的，本章将给出收益管理分析中使用的许多通用原理和基本假设。尽管收益管理分析可以手工进行，但这样做很麻烦，耗时费力。使用计算机和合适的应用软件，收益管理的计算工作可以快速而准确地自动进行。

收益管理的概念

收益管理这一概念最早产生于航空业，大多数旅客都知道同一航班上的客人所付的费用常常不一样。超级节约者折扣、提前14天购票计划、周六机上过夜包价等都成了航空公司定价的标准。对于收益管理应用于其他服务行业的可能性，了解的人并不多。已经证实收益管理在住房、汽车出租、游船、铁路运输和旅游业方面基本上都很成功，总之，在把预订视为宝贵商品的情况下都可应用。成功实施收益管理的关键在于监测需求和制定可靠预测的能力。

当酒店业开始使用收益管理时，还仅是关注在客房房价上和简单的供求关系经济理论上。如果对客房间夜数的预测需求较低，即预测出租率低，则收益管理策略就会指示保持低房价，尽可能多地吸引客人前来入住。此举意在将每间可售房转化成房价低的客房预订。而当某段时期的需求水平上升时，酒店会上调其房价。酒店会根据不同的细分市场给不同的客户群制定不同的价格，如美国汽车联合会会员、美国退休者协会会员。此外，酒店还会对各细分市场进行预测。例如，当前未来某一天的预订量可能较低，但如果届时会有一个全城的大型会展举办，酒店经理会认为酒店到那时会有较高的入住率，所以会更准确地预估出租率并调整价格。当酒店经理们更清晰地认识到收益管理理论及应用策略，就更能有效地调整价格提高出租率。酒店公司对曾入住过的客人及未来不愿入住的客人进行过全面的数据分析，发现房价可以根据具体细分市场的住宿需求来进行调节。比如，

- 商务客人的预订时间通常在抵达日之前7天之内。
- 休闲客人的预订时间通常在抵达日之前3～6个月。
- 酒店常旅客计划会员。
- 通过互联网预订的旅行者。
- 通过酒店官方网站预订的旅行者。
- 需要租车服务、机票预订与其他完整旅行计划组合的旅行者。

酒店经理们期待获得最佳的销售机遇。成功收益管理的关键是在正确的时候（周中、周末），用正确的价格（门市价、公司协议价、团队价、政府价或折扣价）将正确的产品（客房、宴会、特色附属服务），销售给正确的客人（商务、休闲、会展、政府客人）。

许多酒店运用收益管理技巧来评估每个客人或团队的总收益潜能。这不仅包含客人的客房收入，还包含有餐饮收入、电话服务、互联网、水疗服务、健身中心、商务中心及其他酒店产品和服务。然而这里主要讨论客房收益，因为客房收益是大多数酒店的最主要收益，所以酒店管理层投入了最大的关注度。

收益管理在住宿业已得到全方面普及。大型酒店公司已经开发了独特的收益管理系统来调节每家酒店的房价与入住率水平。而有一些酒店经理并不同意根据收益管理系统的分析、评估和策略得到的销售决策，认为收益管理过于量化，可他们却忽视了收益管理工作潜在的效益。

收益管理以供求关系为基础。需求超出供应时，价格就会上涨；相反，当供大于求时价格就会下跌。考虑现有需求，通过价格调整，有可能对需求产生影响，这是盈利的关键。为了增加收入，酒店业正试图开发新的预测技术，让酒店能用最理想的价格对供求关系的变化做出反应。酒店业的侧重点正在从大量预订向高利润预订转移。通过在低需求期增加预订，在高需求期以较高的房价售出客房，酒店业提高了自身的盈利能力。总而言之，求大于供的时候房价应该高（为了房价最大化），供大于求的时候房价应该低（为了提高出租率）。

收益管理是关于进行预测和做出决定的——预测可能有多少业务，是哪种业务，随后经理做出决定从哪些业务中争取最大收益。

酒店行业中的应用

所有的酒店公司都有一个共同的问题：它们有固定的房量，到一定时间不售出即无法保存。酒店售出的真正商品是特定时间内的空间。如果一个房间某一晚没有售出，那就无法弥补丢失的时间，因而收益也就损失了。因此，这些商品通常依据交易时机和入住日期以不断变化的价格出售。

要进行预测——称为预测——经理们需要信息。他们必须了解酒店，了解酒店所在的竞争经营市场。他们还需要考虑会影响业务的未来事件——或者说变量。

预测能帮助决定房价是应该提高还是应该降低，帮助决定是接受还是拒绝某项预订，以便让收益最大化。前厅部经理们已经成功地把这种需求预测策略应用于客房预订系统、管理信息系统、客房和包价定价、客房和收益管理、季节价的确定、演出节目前期晚餐特选，以及特价、团队价、旅游团经营者和旅行社价。

前厅部经理们认识到这样做法的优点，包括：
- 改善了预测。
- 对季节价格和存量客房之间关系的决定做出了修正。
- 认识了新的细分市场。
- 认识了细分市场的需求。
- 激励了前厅部和销售部门间的协调。
- 做出了打折销售的决定。
- 改进了短期与长期的业务发展规划。

- 建立了以价值为基础的价格体系。
- 增加了业务和利润。
- 节约了劳动力成本和运营费用。
- 启动了连续的客户联系记录（即有计划地对客人的问询或预订要求做出回应）。

选择收益管理战略和策略实际上就是挑选你所要的预订，并且选择酒店管理层最希望获得的客人类别组合。多数酒店经理期望能获得两个或两个以上的客人类别（一些通用的客人类别是团队、商务、休闲、政府和合同客）。有了客人组合就可以保证酒店的业务不会因某一类别业务的下降而受到明显影响。例如，2001 年 9 月 11 日后的美国及海外的商务旅行者深受恐怖袭击的影响。一些酒店由于拥有多样的客人基础便可试着保持尚可接受的盈利，而那些基本只经营商务旅客业务的酒店就很难保持盈利了。酒店的目标是识别高产出的客人——那些付得最多住得最久的人——就能获得最高的利润。通过控制房价和选择住客的方法，即可做到这一点。

对待不同的需求要有不同的策略。而面临的挑战就是每一天都可能出现不同于其他日子的状况，实施的策略要最适合酒店、客人、市场，以及需求状况。通过接待量管理、折扣配给和住宿期限控制可以做到这一点。

接待量管理　接待量管理包含各种控制和限制客房供给的方法。例如，酒店一般会接受超过实际可销售房的预订数，试图抵消提前离店、取消和不抵店可能产生的影响。接待量管理（又称作选择性超额预订）平衡着客房超卖的风险与可能出现的客房浪费（某一天酒店停止接受预订结果出现空房）而引起的收益损失。

其他形式的接待量管理包括根据预测的取消、不抵店和提前离店来决定接受多少当日抵达的门市客人。接待量管理策略常常根据房型不同而变化。超额预订更多的低价房会有经济上的优越性，因而解决超卖问题一种可以接受的办法就是升级到价格较高的房间。当然，这种超额预订的数量要取决于较高价格房间的需求水平。在先进的计算机收益管理系统里，接待量管理还会受到邻近酒店或其他竞争酒店可销售房数量的影响。

应该清楚地认识超额预订的风险。一般来说，每日留有一些空房要好于让客人到其他酒店去。让客人另择酒店会引起不满。如果因超额预订而出现频繁重新安排住客，宾客就会改换酒店或改换品牌。另外，酒店管理层还必须了解地方法律是怎样定义超额预订的。

2001 年年末至 2003 年年末，美国酒店经理们遇到的最麻烦问题之一就是团队流失。传统处理团队预订的方法包括两个步骤。第一步是先给团队参会者预留一部分客房。第二步是参会者正式登记入住之前预留的客房。

团队要求一定量的客房间夜数是酒店衡量是否要接受这一团队业务的考虑因素

之一。一旦酒店接受了团队预订，就希望所有的团队客人都能按约前来入住。而如果团队客未能完全入住先前预留的客房数量，所产生的空房就称为流失。2001年年末之前，团队流失还未对多数的酒店造成严重的影响，原因是酒店可以通过在其他客户市场寻找业务来弥补损失（如接受短期的商务客入住）。实际上，一些酒店允许小比例的团队流失并以此作为接待量管理策略的一部分。2001年后，有三个因素可用来评估团队流失的影响力：团队历史、在线购买和业务采购。

- 团队历史：签订大量客房的会务策划者旨在根据团队组团历史来做预测。如果某一团队常常达不到最后的客房用量，酒店管理层就会在事前对预期业务进行调整，而不是等到最后一刻。

- 在线购买：团队客人有互联网就可以在线预订低房价的客房，而不是主办酒店提供给团队的价格。另外，参团客人可能更愿意入住主办酒店周边有低房价的酒店。

- 业务采购：由非团队类别产生的客房量，如商务和休闲客人已经大大减少，故指望能承接到团队及会展类业务。

酒店经理们与会议组织者协调工作以减少团队流失客房数量。现在会议组织者使用各种方法来保证他们的团队会兑现承诺的客房间夜数。例如，许多团队要求参团客人只能入住指定的会务酒店。而且，一些全城规模的团队会议不会给未入住指定酒店的客人提供交通服务。有时对未入住指定酒店团队客人的团队登记费用也会很高。从这些举措出发，酒店经理们可以更好地管理酒店的折扣房价来保证店内团队客人能获取最低公布价格。此外，一些酒店也不给支付低折扣房价的客人提供忠诚顾客奖励。

折扣配给 打折包含以较低的价格或折扣价在限定的时间内销售限定的商品组合（房间）。订房客人根据各种不同的价格，选择不同的房型，每种价格都低于门市价。其理论依据是减价销售时限商品（客房）常常比销售不出去好。折扣配给的主要目标是在避免销售不掉的客房的同时，保留足够的较高房价客房，以满足可预测的高房价需求。这一过程会按需求从门市价开始在各个价格水平上重复。实施这一方案需要有可靠的需求预测技巧。

用房型限制打折的第二个目标是鼓励升级销售。在升级销售的情况下，预订接待员或前厅接待员试图把客人安排在价格较高的房间里。这项技术要求对价格弹性和升级可能性有可靠的估计（弹性指的是价格与需求之间的关系。如果价格小涨引起需求大幅下降，则说明市场是价格弹性的；如果价格小涨对需求不产生影响或影响很小，则说明市场是无价格弹性的）。

住宿期控制 住宿期控制由接受预订时实施，为的是留出足够的时段用于接待要求多日居住的宾客（代表较高的收益水平）。这意味着在收益管理的观念指导下，即使那一晚有房间，一个只住一晚的预订也有可能被拒绝。

例如，周三的房间已接近售完，而周二、周四的夜晚尚有空房，酒店会为了让周三最后几间空房的收益潜力最佳化而选择多日居住客人，即使给折扣价也在所不惜，而不愿接受只住周三一晚的预订。同样，如果酒店预测周二、周三和周四接近客满，那么在这些天中的任何一天接受一个一晚住房就会有损酒店的整体客房收益，因为它会妨碍其他几天的出租率。面临这种情况的酒店的订房目标是为了达到整个期间的最好业绩而不只是一晚的销售量。住宿期控制在旺季如圣诞节、新年、复活节和国庆节时是常用的方法。

这些策略可以结合运用。例如，住宿期控制可以与折扣管理相结合。一个三晚的住宿可能会拿到折扣，而一晚的只能付门市价。必须提醒的是，运用这些策略不可暴露在客人面前。客人可能不会理解如果他只想住一晚，为什么非得住三晚才能拿到折扣价。收益管理的正确使用依赖于销售过程，绝不可以泄露使用的收益管理策略。

衡量产出率

收益管理是设计用来衡量收益成果的。收益管理中涉及的主要计算之一是酒店的产出率统计。产出率统计是实际客房收入与可能的客房收入之间的比例。实际客房收入是由售出客房所产生的收入，可能的客房收入是假如所有客房都以门市价售出该收到的款项（或者如下所述，以酒店可能的平均房价售出）。

确定可能收入的方法不止一种。有些度假村假设所有客房以双人居住价格售出来计算可能的收入。度假村一般有较高的双人居住比例。商务酒店计算可能的收入时则常常考虑单人房和双人房正常销售中的组合百分比。由于假设单人房的价格低于双人房的价格，第二种方法的结果是可能的收入总数要低一些。事实上，酒店客房100%双人居住可行性不大（第一种方法），而用第二种方法的酒店如果双人房销售超过预测的组合比，则有可能超过它的"可能的收入"。

由于使用不同的方法会引起酒店产出率统计的变化，一旦选择了喜欢的方法，就应连续使用下去。第二种方法（使用单人和双人居住）将在后面的公式中加以说明。至于使用第一种方法（以100%双人居住为基础），公式1、公式3、公式4和公式5都不适用；对于这样的酒店，可能的平均双人房价（公式2）将会与可能的平均房价（公式5）相同。

即使常常要用到一系列公式，但收益管理的数学计算是相对简单的。本节要介绍的是收益管理计算的基本公式。

为了方便下面的讨论，假设卡萨·瓦纳酒店有 300 间客房，日平均房价为每间 80 美元，目前的平均出租率是 70%。酒店有 100 间单床间和 200 间双床间客房。管理层为各房型制定了单人居住和双人居住的门市价。单床间一人居住售价 90 美元；双人居住售价 110 美元。双床间单人居住售价 100 美元；双人居住售价 120 美元。

公式 1：可能的平均单人房价

如果酒店没有根据房型改变单人间房价（例如，所有单人间一律 90 美元），其可能的平均单人房价就等于门市价。像在本例中，单人房价根据房型不同而变化时，可能的平均单人房价就要按加权平均数计算。用各房型的房间数乘以它的单人间门市价，再用总数除以酒店可能的单人间数量，就得出加权平均数。对于卡萨·瓦纳酒店，其可能的单人平均房价计算如下：

房间种类	房间数	单人房门市价	100% 单人住宿收益
单床	100	90 美元	9000 美元
双床	200	100 美元	20000 美元
	300		29000 美元

$$可能的平均单人房价 = \frac{单人房门市价收益}{按单人售卖的房间数}$$

$$= \frac{29000 \ 美元}{300}$$

$$= 96.67 \ 美元$$

公式 2：可能的平均双人房价

如果酒店不根据房型改变房价，那么可能的平均双人房价就等于它的门市价。就像在这个例子中，当双人房价因房型不同而变化时，可能的平均双人房价就要按加权平均数计算。用各类房型的房间数乘以各自的门市价，再用总数除以酒店可能的双人房数量，就得出加权平均数。对于卡萨·瓦纳酒店这个例子，此项计算如下：

房型	房间数	双人房门市价	100% 出租率双人房收益
单床	100	110 美元	11000 美元
双床	200	120 美元	24000 美元
			35000 美元

$$可能的平均双人房价 = \frac{双人房门市价收益}{按双人房售卖的房间数}$$

$$= \frac{35000 \ 美元}{300}$$

$$= 116.67 \text{ 美元}$$

注：对于把可能的收益按 100% 双人居住计算的酒店，这一步即可确定可能的平均房价（参见公式 5）。

公式 3：多人居住百分比

决定一家酒店产出率统计的一个重要因素是酒店客房中一人以上居住房占的比例，即多人居住百分比。这一信息之所以重要，是因为它说明销售组合，有助于平衡房价和将来的住房需求。在卡萨·瓦纳酒店这个例子中，如果 210 间售出房中（70% 出租率）有 105 间一般由一人以上居住，多人居住百分比计算如下：

$$多人居住百分比 = \frac{105}{210}$$
$$= 0.5 \text{ 或 } \underline{50\%}$$

公式 4：价格差

除了多人居住百分比之外，产出率统计有另一项重要的差价计算。在各种不同的房型中确定一个房间的价格差，可能是在瞄准某一市场中运用产出决定的一项基本要素。酒店可能的平均单人房价（公式 1）和可能的平均双人房价（公式 2）之间的数量差额称为价格差。卡萨·瓦纳酒店的价格差计算如下：

价格差 = 可能的平均双人房价 − 可能的平均单人房价
= 116.67 美元 − 96.67 美元
= 20.00 美元

公式 5：可能的平均房价

收益管理中的一个非常重要的因素是可能的平均房价。酒店可能的平均房价是一项集合统计，它有效地结合了可能的平均房价，多人居住百分比，以及价格差。可以先用酒店多人居住百分比乘以价格差，再把结果加到酒店可能的平均单人房价上，产生一个以需求（销售组合）和房价信息为基础的可能的平均房价。对于卡萨·瓦纳酒店来说，其可能的平均房价计算如下：

可能的平均房价 = （多人居住百分比 × 价格差）+ 可能的平均单人房价
= （0.5 × 20 美元）+96.67 美元
= 106.67 美元

公式 6：实际房价销售系数

酒店实际收费占门市价的百分比包含在酒店的实际房价销售系数（AF）里，也称作房价达成比例。在没有使用收益管理软件的时候，实际房价销售系数的计算一般是用酒店当前的实际平均房价除以可能的平均房价。[①]实际平均房价等于客房总收入除以售出房或住客房数量（取决于酒店的政策）。对于卡萨·瓦纳酒店来说，实际房价销售系数计算如下：

$$实际房价销售系数 = \frac{实际平均房价}{可能的平均房价}$$

$$= \frac{80.00\ 美元}{106.67\ 美元}$$

$$= 0.750\ 或\ \underline{75.0\%}$$

实际房价销售系数还等于 100% 减去折扣百分比。通过计算实际房价销售系数，管理层会发现他们的实际房价与制定的门市价之间的差距。在这个例子中，折扣百分比是 25%。

实际房价销售系数可以用在确定产出率统计的一种方法里。不是一定要计算实际房价销售系数，因为没有它也可以确定产出率统计。然而，实际房价销售系数本身就是一项重要的统计数，因为它能让管理层监督并更好地控制酒店的折扣运用。出于这个原因，许多酒店都把计算实际房价销售系数作为收益管理的一部分。

公式 7：产出率统计

收益管理的一个重要因素是产出率统计。产出率统计的计算把一些前面所述公式结合成一关键指数。有各种不同的方法表达和计算产出率统计，它们是等同的：

$$1. 产出 = \frac{实际客房收益}{可能的客房收益}$$

$$2. 产出 = \frac{每晚出售客房数}{客房总数} \times \frac{实际平均客房售价}{可能的平均客房售价}$$

$$3. 产出 = 出租率百分比\ \times\ 实际房价销售系数$$

所有客房无论几人居住都以单一门市价出售的酒店，使用第一个公式。当酒店对不同房型或不同居住人数使用不同的门市价时（这种情况更常见），可能的客房收益等于可销售间天数乘以可能的平均房价。

在此对能够按字面意义自我解释的第二个公式不再另行说明。下面是第三个公式的说明。对于卡萨·瓦纳酒店，其计算如下：

产出 = 出租率百分比 × 实际房价销售系数

$$= 0.7 \times 0.75$$

$$= 0.525 \text{ 或 } \underline{52.5\%}$$

下面谈另一个例子。假设萨贝克斯酒店有 150 间客房，门市价 70 美元。酒店每晚平均售出 120 间客房，售价 60 美元。该酒店的产出是多少呢？

出租率百分比 =120÷150=0.8 或 80%

实际房价销售系数 =60÷70=0.857 或 85.7%

产出 =0.8×0.857=0.686 或 68.6%

在运用这种方法确定产出率统计的时候，请注意，在实际房价销售系数和出租率百分比中对免费房的处理应完全一致。也就是说，如果出租率百分比中包含了免费房，那么用来计算实际房价销售系数的实际平均房价就一定是客房收入除以住客房，而不是除以售出房。如果出租率百分比中不计算免费房，那么计算实际平均房价时也不能计算免费房。

公式 8：每间可售房收益

有的酒店不把产出计算成一个百分数，而喜欢另一种能集中表现每间可销售房收益（RevPAR）的统计。使用下面任何一个公式，都可以算出每间可销售房收益：

$$\text{每间可售房收益} = \frac{\text{实际客房收益}}{\text{客房总数}}$$

$$\text{每间可售房收益} = \text{出租率百分比} \times \text{日平均房价}$$

例如，假设卡萨·瓦纳酒店售出 180 间客房，总收入 11520 美元，它的每间可销售房收益是多少呢？

$$\text{每间可售房收益} = \frac{\text{实际客房收益}}{\text{客房总数}}$$

$$= 11520 \text{ 美元 } \div 300 = \underline{38.40 \text{ 美元}}$$

或者

每间可售房收益 = 出租率百分比 × 日平均房价

$$= 60\% \times 64 \text{ 美元 } = \underline{38.40 \text{ 美元}}$$

在此出租率百分比 =180÷300=0.6 或 60%

日平均房价 =11520 美元 ÷180=64 美元

公式 9: 等同的产出出租率

出租率百分比和实际平均房价的不同计算组合能带来相等的客房收入与产出率统计。假设卡萨·瓦纳酒店当前的出租率为 70%,平均房价为 80 美元,正在考虑把平均房价提高到 100 美元的策略,卡萨·瓦纳酒店必须达到什么样的出租率才能得到与目前相同的净客房收入呢? 要计算等同的产出出租率,使用下面的公式:

$$等同的产出出租率 = 现有住客率百分比 \times \frac{现有平均房价}{预计平均房价}$$

$$= 70\% \times \frac{80\ 美元}{100\ 美元}$$

$$= 0.560\ 或\ \underline{56.0\%}$$

然而等同的产出出租率通常不代表等同的运营结果。设想卡萨·瓦纳酒店有以下三种客房销售情况,都会得到等同的产出出租率。

案例	已销售客房数	出租率	平均房价	客房收入	产出出租率
1	190	63.3%	88.42 美元	16800 美元	52.5%
2	200	66.7%	84.00 美元	16800 美元	52.5%
3	210	70.0%	80.00 美元	16800 美元	52.5%

以上三种产出案例结果是否相同? 尽管所有三种案例都产生了等同的客房收益和产出出租率统计,但其中还是有很大的不同值得注意。

案例 1 中销售的客房数量最小,所产生的关联运营成本也最小。案例 1 的平均房价最高,在三个案例中利润率最高。案例 3 中销售的客房数量最多,故运营成本最高,该案例的平均房价最低。然而这些情况可能会有误导。通常,销售的客房越多,酒店就能获得更多的非客房收入。换言之,高入住率百分比会带来最大的总收入(客房与非客房)。案例 2 代表了客房销售量与平均房价的中间水平。一些酒店管理者青睐此案例,因为运营成本与总收入能达到一种平衡。

诚然,等同的产出出租率不代表相同的运营状况。计算得到等同的产出出租率,还需依据酒店特有的规范和管理评定方法来判断何种情况最佳。

公式 10: 等同的出租率

当管理层想知道什么样的房价和出租率百分比组合能带来相等的净收入时,就可以使用等同出租率公式。

等同的出租率公式与等同产出出租率公式非常相似,只是通过体现毛利和盈利空间来考虑边际成本。每间住客房成本(又称为边际成本)是酒店售出那间房产生的成本（例如，像清洁、补给品一类客房部开支）；如果房间没有售出，就不会产生这种成本（与固定成本相反，无论房间是否售出，都产生固定成本）。盈利空间是房价减去提供那间房的边际成本以后所留下的部分。

要计算等同的出租率，使用下面任何一个公式（它们是同一公式相等的表达式）皆可：

$$等同的出租率 = 现有出租率百分比 \times \frac{门市价 - 边际成本}{门市价 \times （1 - 折扣百分比） - 边际成本}$$

$$等同的出租率 = 现有出租率百分比 \times \frac{现有边际贡献}{新的边际贡献}$$

让我们回到相同产出率统计中讨论的例子。现在，假设卡萨·瓦纳酒店当前的出租率为 70%，平均房价为 80 美元，正在考虑把平均房价提高到 100 美元的策略。再假设供应一间客房的边际成本为 12 美元。卡萨·瓦纳酒店必须达到什么样的出租率才能得到与目前相同的净客房收入呢？

$$等同的出租率 = 现有出租率百分比 \times \frac{现有边际贡献}{新的边际贡献}$$

$$= 70\% \times \frac{80 \ 美元 - 12 \ 美元}{100 \ 美元 - 12 \ 美元}$$

$$= 0.541 \ 或 \ \underline{54.1\%}$$

从相同产出的讨论，我们可以想起卡萨·瓦纳酒店需要 56% 的出租率产生相同的产出率统计，即相等的毛收入。然而，卡萨·瓦纳酒店不需要有相等的毛收入去获得相同的净收入，因为出售较少的房间（以较高的价格）以后，它的相关营业成本也少了。

虽然门市价相对来说不常提高，但打折却是住房行业中常见的做法。如果平均房价打折 20%（到 64 美元），那么与出租率 70% 平均房价 80 美元相等同的出租率是多少？

$$等同的出租率 = 70\% \times \frac{80 \ 美元 - 12 \ 美元}{64 \ 美元 - 12 \ 美元}$$

$$= 0.915 \ 或 \ \underline{91.5\%}$$

一张折扣方格图能帮助管理层评价房价打折策略。例如，如果一家酒店的平均房价是 100 美元，边际成本（每间住客房的成本）是 11 美元，表 13-1 中的坐标列出了在不同房价折扣水平上，要获得相等的净收入需要的出租率百分比。要制作折扣方格图，首先得计算提供一间客房的边际成本；其次，把这个信息代入等同的出租率公式，进行计算并填入坐标。用手工方法完成一张折扣方格图十分费时，扩展表程序则大大简化了这一过程。

表 13-1 折扣坐标样本

门市价	100 美元						
边际成本	11 美元						
现有出租率	在不同房价折扣水平上，要获得相等的净收入需要的出租率百分比						
	5%	10%	15%	20%	25%	30%	35%
100%	106.0%	112.7%	120.3%	129.0%	139.1%	150.8%	164.8%
95%	100.7%	107.0%	114.3%	122.5%	132.1%	143.3%	156.6%
90%	95.4%	101.4%	108.2%	116.1%	125.2%	135.8%	148.3%
85%	90.1%	95.8%	102.2%	109.6%	118.2%	128.2%	140.1%
80%	84.8%	90.1%	96.2%	103.2%	111.3%	120.7%	131.9%
75%	79.5%	84.5%	90.2%	96.7%	104.3%	113.1%	123.6%
70%	74.2%	78.9%	84.2%	90.3%	97.3%	105.6%	115.4%
65%	68.9%	73.2%	78.2%	83.8%	90.4%	98.1%	107.1%
60%	63.6%	67.6%	72.2%	77.4%	83.4%	90.5%	98.9%
55%	58.3%	62.0%	66.1%	70.9%	76.5%	83.0%	90.6%
50%	53.0%	56.3%	60.1%	64.5%	69.5%	75.4%	82.4%
45%	47.7%	50.7%	54.1%	58.0%	62.6%	67.9%	74.2%
40%	42.4%	45.1%	48.1%	51.6%	55.6%	60.3%	65.9%
35%	37.1%	39.4%	42.1%	45.1%	48.7%	52.8%	57.7%
30%	31.8%	33.8%	36.1%	38.7%	41.7%	45.3%	49.4%
25%	26.5%	28.2%	30.1%	32.2%	34.8%	37.7%	41.2%

把产出和等同的出租率公式用于同样的资料会说明它们之间的区别。再次假定卡萨·瓦纳酒店现在的出租率为 70%，平均房价为 80 美元，边际成本为 12 美元。平均房价为 100 美元，出租率 50% 时酒店的境况会更好吗？100 美元和 55% 出租率时怎样？表 13-2 给出了这些资料，并且应用了产出率统计和等同的出租率公式。请注意 50% 的出租率低于产生相同的净客房收入所需要的 54.1% 和相同产出所需要的 56%。因此，无论根据哪一种方法，以 50% 出租率和 100 美元平均房价经营卡萨·瓦纳酒店的境况都会更糟。

表 13-2 产出和等同的出租率公式的应用

	已售房间数	出租率百分比	平均房价（美元）	总客房收入（美元）	总边际贡献*（美元）	产出
现有的	210	70.0%	80	16800	14280	52.5%
相同的	168	56.0%	100	16800	14784	52.5%
等同的	162**	54.1%	100	16200	14280	50.6%
新的	150	50.0%	100	15000	13200	46.9%
新的	165	55.0%	100	16500	14520	51.6%

* 在 12 美元的边际成本的基础上。由于所有的情况下，固定成本是相同的，总边际贡献的不同将恰好使房间净收入之间的不同相等。

** 由 162.3 四舍五入而得。基于这一数字，净收入将达到 14282 美元。

然而，在第二种情况下，发现了两种方法相互矛盾，说明了等同的出租率公式的优越性。出租率55%的时候，卡萨·瓦纳酒店没达到相同产出率统计所需要的56%。使用产出率统计公式时，酒店的境况会变糟。但是，55%的出租率高于产生相等的净客房收入所需要的54.1%。用等同的出租率公式，酒店的境况会好些。细看总盈利空间栏——它显示盈利（因此净客房收入）会上升——揭示了等同的出租率公式提供了更准确有用的信息。[②]

当然，低出租率可能会引起非客房收入的损失，还必须对照这个损失衡量客房收入方面的所得。

公式11：每位客人除房费以外的收益要求

与产出率统计不同的是，等同的出租率考虑到了边际成本的变化，但两者都没有考虑到由于出租率的变化而引起的非客房净收入的变化。当一位经理需要了解一项房价变化是否会影响多项非客房净收入的变化时，使用损益分析可以找到答案。这种方法涉及计算或估计等一系列因素：

- 房价变化引起的客房收入的净变化。
- 用非客房净收入补偿净客房收入减少需要的数额（当房价打折扣的时候），或者用净客房收入补偿非客房净收入减少（当房价上涨的时候）需要的数额。
- 在非房费收入营业点每位客人的平均消费额。
- 房价变化可能带来的出租率变化。

例如，团队可以向酒店要求较低的客房价格。为了能获取合理的团队利润，酒店可以要求获得一些额外的餐饮收入，如大陆式早餐或团队晚餐。此外，酒店也许不愿降低客房价格，而是添加些服务，如免费招待鸡尾酒或减免停车费用。此方法可同样适用于以包价计划来酒店的休闲旅客。包价以极具竞争力的价格招徕客人，但是收入的内部分配应当实现利润最大化。

损益计算的基础是所有非房费收入的加权平均盈利空间比例（CMRw）。该主题的详细讨论虽在本文的范围之外，但各个非客房收入营业点的加权平均盈利空间比例可以用下面的简单公式确定[③]：

$$加权平均盈利空间比例 = \frac{非客房总收入 - 非客房收入中心变动成本}{非客房总收入}$$

了解了加权平均盈利空间比例和客人的平均非房费消费额，再估计出租率可能的变化（客人人数），前厅部经理就能够确定升高或降低房价引起的净变化是否多于非房费收入净变化的抵消额。

例如，为了提高出租率，增加净收入，假定酒店管理层在考虑房价打折策略。

确定所需要的每位客人除房费以外收益的公式如下：

$$需要的每位客人除房费外的收益 = \frac{需要的非房费收入净增加}{增加的顾客数量} \div 加权平均盈利空间比例$$

前厅部经理可以用这个公式的计算结果与每位客人的实际平均非房费支出相比较。如果这个数字大于每位客人的实际平均非房费支出，房价打折就会让酒店净收入蒙受损失；也就是说打折带来的额外客人的消费不足以抵消房费收入的净损失。如果需要的每位额外客人的数额低于实际平均消费额，酒店就可能通过打折而增加其净收入。

作为另一个例子，我们假设布拉德里酒店有 400 间客房，可能的平均房价为 144.75 美元（产生可能的客房收入 57900 美元），每个房间的边际成本为 12 美元。酒店目前的经营状况是出租率 60%（每晚售出 240 间客房），平均房价 137.50 美元。管理层认为，把平均房价降到 110 美元就能把出租率提高到 75%（每晚售出 300 间客房）。他们还认为，把平均房价下降到 91.67 美元，出租率就能上升到 90%（每晚售出 360 间客房）。管理层该试试哪一种策略呢？

在三种情况下客房收入（33000 美元）都是相同的，注意到这一点很重要，只看一项产出率统计（57%）是不能给出解决办法的。等同的出租率计算能给出更有用的信息。平均房价减少到 110 美元要求有 76.8% 的等同出租率（60% × 125.50 美元 ÷ 98 美元）。减少到 94.5 美元要求有 94.5% 的等同出租率（60% × 125.50 美元 ÷ 79.67 美元）。按管理层 75% 和 90% 出租率的预测，两种平均房价的下降都会减少净房费收入。

然而，总收入的增加能证明平均房价的降低是正确的。确定这是否正确的第一步是计算三种选择中的总盈利空间（或者，如果有固定成本，计算客房净收入）：

出租率水平		客房总数		客房盈利空间	总收入盈利
60%	×	400	×	(137.50 $12.00) =	30120
75%	×	400	×	(110.00 $12.00) =	29400
90%	×	400	×	(91.67 $12.00) =	28681

平均房价降低到 110 美元额外带来 60 位客人，但引起净客房收入损失 720 美元。平均房价降低到 91.67 美元额外带来 120 位客人，但把净客房收入降低了 1439 美元。在两种情况下，为了要抵消损失，布拉德里酒店都要从每位额外客人身上创造 12 美元平均净非房费收入（720 美元 ÷ 60 额外客人；1439 美元 ÷ 120 额外客人）。如果非客房加权平均盈利空间比例是 0.25，则需要的每位外加客人非房费支出为：

需要的非房费支出 = 12 美元 ÷ 0.25 = 48 美元

换句话说，如果布拉德里酒店的客人每天在非客房销售点的平均消费在 48 美元以上，酒店就能用任何一种折扣去增加净收入总额。

在收益管理分析中，对非客房收入的考虑也可能成为关键的因素。一些酒店为了反映整体包价的吸引力，给团队优惠的打折房价，以达到吸引餐饮客源的目的。

通过对减少房费净收入而提高出租率的降低房价的探讨，我们的讨论已深达非房费收入的损益分析。损益分析还可以用来检查房价提高带来的影响。考虑一下下面的情况。

房价上升的时候，出租率一般都会降低（除非需求非常缺乏弹性）。涨价会大幅度减少客房销售量，尽管日平均房价会高些，但净客房总收入实际上会下降。因为出租率下滑，非客房收入也容易随之下滑。在这种情况下，很明显涨价会损害酒店的财务状况。

然而，尽管涨房价会引起出租率下降，事实上它也可能带来更高的净房费收入。虽然更高的净房价收入是管理层梦寐以求的，但没有认真细致地分析，不可实行这类涨价，因为即使净房费收入上去了，整体净收入还是会下降的。当出租率下滑减少非房费净收入的额度大于净房费增加额时，这种情况就会发生。

例如，假定有 400 间客房的萨贝克斯酒店在考虑把房价从 80 美元升高到 90 美元。当前的出租率是 80%。预测涨价后的出租率估计为 75%。出售一间客房的边际成本是 14 美元。每位客人平均非房费日消费额为 75 美元，所有非客房销售点的加权平均盈利空间比例为 0.30。管理层应该实施提价吗？第一步，要计算对净房费收入部分盈利的影响。

出租率		房间		客房盈利空间		盈利总额
80%	×	400	×	（80 美元 – 14 美元）	=	21120 美元
75%	×	400	×	（90 美元 – 14 美元）	=	22800 美元

如果房价提高，净客房收入会增加约 1680 美元。每间住客房的利润率将从 82.5%，（66 美元 ÷ 80 美元）增加到 84.4%（76 美元 ÷ 90 美元）。

第二步，计算对非客房净收入的影响：

非客房收入

出租率 80% 时：320 位客人 × 75 美元 × 0.30=7200 美元

出租率 75% 时：300 位客人 × 75 美元 × 0.30=6750 美元

如果房价提高，非客房收入会减少约 450 美元。

第三步，从净房费收入的增加额中减去非房费收入的损失。在这个例子中，如果房价涨 10 美元，每日净收入总额将增加约 1230 美元（1680 美元 – 450 美元）。有了这个净得益，管理层应实施涨价。

现在假设前厅部经理预测涨价后的出租率是 71% 而不是 75%，这项改变会导致不同的结果，如下面的计算所证明：

出租率		房间		客房盈利空间		盈利总额
80%	×	400	×	（80 美元 − 14 美元）	=	21120 美元
71%	×	400	×	（90 美元 − 14 美元）	=	21584 美元

如果房价上涨，净房费收入会增加约 464 美元。然而，如果房价上涨，非客房净收入将减少 810 美元。

非客房收入

出租率 80% 时：320 位客人 ×75 美元 ×0.30=7200 美元

出租率 71% 时：284 位客人 ×75 美元 ×0.30=6390 美元

在这个修改过的例子中，每日净收入总额会减少约 \$346（\$810 − \$464）。在这种情况下，管理层就不应实施涨价。

每位客人收益及每间可售房营运总利润

每间可售房收益是收益管理分析中的既定组成部分。另外两个酒店收益与盈利能力的衡量指标是：每位客人收益与每间可售房营运总利润。

每位客人收益 与每间可售房收益相似的原因是它衡量总收益，然而不同于每间可售房收益，它使用客人总人数作为变量。每位客人收益的目的是决定入住酒店客人的平均可获得收益。公式是：

$$每位客人收益 = \frac{总收益}{顾客人数}$$

每位客人收益在拥有多种营收销售点的酒店中十分有用，例如在餐厅、酒廊、休闲活动、水疗中心与零售商铺。它表明了可从每位客人处获得的总收益，也是比每间平均房价更加全面的测量方法。酒店经理们也可用每位客人收益来揭示酒店的哪些区域没有获取期望的收益。例如，酒店也许可以每天获得每位客人收益 110 美元，即每位客人贡献的平均总收益（客房收入、餐饮收入、水疗收入、室内娱乐收入等）110 美元。然而，如果此值下降，表明酒店已不能向先前那样可以获取每位客人收益。此情况会致使酒店管理层实施适当的战略与策略来止跌回升。

每间可售房营运总利润 这是比每位客人收益更加复杂的测量值，因为它涉及的是总利润。每间可售房营运总利润可以综合各部门费用，不仅是收益，就是营运总利润，计算的是部门收益与费用间的算术差值。将总营运利润除以可售房数量，管理层可以了解酒店的盈利能力水平。每间可售房营运总利润的目的是量化酒店每间可售房的盈利能力。行业分析员也能运用每间可售房营运总利润来断定酒店的财务状况。这一统计值在业主有意要重新融资或出售酒店时就显得尤为重要。每间可售房营运总利润的公式是：

$$每间可售房营运总利润 = \frac{各部门的营业收入 - 各部门费用}{可售房的数量}$$

酒店管理层也许能通过大量的工作来获取收入，但未能尽力控制成本。如果酒店没有适当地控制费用，其所有的最大化收益的努力都不会产生期望的利润。例如，酒店可能会有比预计要高的出租率，导致比原先估计要多的收入。然而，为了能消化更多的生意，管理层需要安排更多的员工上班，从而导致更多的工资支出和可能产生的加班，或需要准备更多的库存（食品和酒水等），所以将减少未预见的生意增长部分的最终利润。

每位客人收益与每间可售房营运总利润有各自的优点，也有相应的缺点。例如，每位客人收益对一些收入机会有限的酒店来说可能不是有效的衡量方法，比如廉价或经济型酒店。每位客人收益也会给一些住客时间短的酒店带来不合理的结果。此外，由于每位客人收益是基于住客数量，所以它很难与其他酒店进行比较，尤其是一些相似酒店之间的双人居住比例差异很大。

每间可售房营运总利润有两个主要缺点。第一，它很难成为行业的测量标准，因为酒店的盈利信息往往属于所有权者并且是机密。酒店是愿意提供平均房价与出租率给中立机构（如 Smith Travel Research），但对于盈利数据则不同：通常只有高层管理者和酒店业主可支配盈利数据信息。第二，每间可售房营运总利润并非及时；可能需要一个月的时间来计算每间可售房营运总利润。酒店管理层可能更青睐及时的运营成果数据。

收益管理的要素

灵活的房价既影响住客人数，也影响相关的收益交易，这一事实有助于证明收益管理的潜在复杂性。只集中注意可能的房费收入，就不会给管理层提供全面综合的意见。

当房价有选择地打折而不是普遍打折的时候，当打折涉及可能有竞争买家的客房销售的时候，收益管理就更加复杂了。酒店经常把折扣给予某些类别的客人（例如，上层人物和政府官员）。酒店还必须决定是以折扣房价接受，还是拒绝团队业务。本节讨论酒店以收益管理为基础做预订决策时会产生的各种情况。

开发成功的收益管理策略必须包含以下因素：

• 团队房销售。
• 暂住客（或散客）房间销售。
• 餐饮活动。

- 当地和地区范围的活动。
- 特殊活动。

理解收益管理的重要事项之一是各个酒店之间的实际情况都会有所不同。由于客源、竞争和其他事项的原因，一家酒店不同季节的情况也会有变化。然而，开发基本收益管理技能也有一些重要的固定要素。

团队房销售

在许多酒店里，团队构成了客房收益的核心。酒店接受提前三个月到提前两年的团队预订是常见的事。一些国际化大酒店和受欢迎的度假村还常为提早两年以上的团队订房。因此，了解团队订房的趋势和要求对收益管理的成功就至关重要。

销售和餐饮经理不断与新客户和现有客户联系。有一项要求来临的时候，销售或餐饮经理必须对客户的要求进行认真研究，并记录在案。随后，此信息会递交收益会议考虑，做决定之前要问的问题有：

- 该团队的要求是否符合酒店在此时期的策略？例如，该团队要用 100 个房间，但这个数字会超出此时期团队房配给量。
- 同一时期是否还有别的团队要来？
- 该团队要用什么样的会议室？
- 该团队对同一天另外的团队预订业务有什么影响？
- 该团队愿付什么样的房价？
- 餐饮活动是否包括娱乐？会使用酒店的餐厅吗？
- 从客房、餐饮和其他来源，酒店计划能创造多少收益？

为了理解团队销售对整体客房收益可能产生的影响，酒店应尽量多地收集团队档案资料，包括：

- 团队预订资料。
- 团队预订比率。
- 预期团队业务。
- 团队预订提前量。
- 散客业务的转移。

团队预订资料 管理层应决定是否根据可以预见的取消，历史上过高估计用房数，或者会比领队原先预期更大的需求来修改已记录在案的团队预留房。如果有该团队以前的业务档案，管理层常能通过审阅团队的预订史来调整期望值。乐观地预期参团人数，团队都想比实际需要多保留 5% ~ 10% 的房间。酒店从团队预留房中取消不需要的团队房称为水分因素。在估计有多少房要从预留房中"清洗"掉的时候，管理层一定要细致。如果团队预留房中减少的房间过多，酒店就可能会超额预订，陷于无法接待全体团员的境地。

团队预订比率 团队预订业务所占百分比叫团队预订比率（此处："Booking"指的是酒店和团队之间的初步协议，不是指给团队成员们逐间分配预留房④）。例如，假设某一年的4月，一家酒店有300间预留房，供计划在当年10月举办的活动使用。如果前一年同期酒店只有250间为10月预订的团队房，团队预订比率就应比前一年的高20%。一旦酒店积累了数年的团队预订资料以后，就能看出揭示一年中各月正常团队预订比率的历史趋势。这一预测看上去简单，但是不可预见的波动会使它变得很复杂，例如全市范围的大会。应注意这些变数，以便在将来的团队预订比率预测中识别它们。管理层应保持一种简单明了的方法去跟踪团队预订比率。团队预订比率能成为宝贵的预测变量。

预期团队业务 多数全国的、地区的和州的协会，以及一些公司都有管辖年会选址的政策。例如，一个团队会在三个城市轮流开会，每三年就回到一座城市，虽然还不一定签署了合同，但酒店管理层根据循环规律可以相信此团会回来。当然，团队可能不会总是回到一个地区的同一家酒店。但是，即使它去了别的酒店，该团也会带来一些

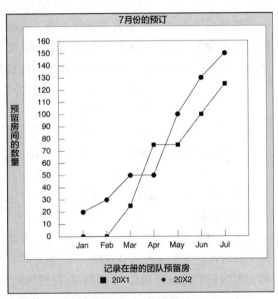

图 13-1 酒店的提前量／团队预订比率样本

要在本地区寻找住宿的团队和非团队业务。分析这些资料的酒店能预测市场的"压力"，并相应调整他们的销售策略。此外，等待最终合同谈判的意向性协议也应包括在收益管理分析之中。

团队预订提前量 预订提前量衡量提前多久进行住房预订。在许多酒店里，常在计划抵达日期前一年内进行团队预订。管理层应确定本酒店的团队预订提前量，以便揭示预订趋势。预订趋势可以与团队预订比率信息相结合，说明酒店接受团队预订业务的价格，并与历史趋势相比较（见图13-1）。在需要确定是否接受一个外加的团队，以什么房价接受新团队预订的时候，这个信息就显得很重要了。如果现有的团队预订比率比预期的低，比历史上的都低，这可能就不得不用较低的房价来促

进出租率了。另外，如果需求极为强烈，团队预订比率超出预期或历史趋势，房价再打折就不合时宜了。谈预订提前量还必须考虑宴会销售。例如，婚礼通常提前一年或更早就规划了，如果宴会部提前一年接到使用酒店大宴会厅的要求，管理层必须做出决定，是接受这项宴请业务还是提供给可能来的既用客房又用大宴会厅的团队。团队预订也许取消，如果酒店拒绝了宴请业务，那么客房和大宴会厅就会都空着。

散客业务的置换 在决定是否接受额外团队的时候，管理层应查阅需求预测。酒店以牺牲散客为代价接受团队业务的时候，置换就会发生。由于散客常常比团队成员付的房费高，这种情况要有严格的检查研究。散客用房是给予非团队客人身份登记入住客人的房间。非团队客人又称作散客（独立自由旅客）。

假设霍尔布鲁克酒店有 400 间客房，可能的平均房价是 100 美元，实际的平均散客房价为 80 美元，实际团队平均房价是 60 美元，每间住客房的边际成本是 15 美元。考虑一下在将来 4 天中一个要用 60 间房的团队预订对酒店的影响：

	周二	周三	周四	周五
可销售房	400	400	400	400
确定的团队房	140	140	150	150
估计散客用房	200	180	220	210
可销售空房	60	80	30	40
团队预留房	60	60	60	60
散客置换	0	0	30	20

如果接受了团队预留房，周二和周三不会发生置换，因为意外多卖了房间，这两天酒店肯定盈利（每天多获得 3600 美元客房毛收入和 2700 美元净收入）。然而，到了周四和周五，分别有 30 位和 20 位散客会被置换。如表 13-3 所示，如果接受这个团队，周四的客房收入仍然会增加 1200 美元毛收入和 750 美元净收入。接受这个团队，周五的客房收入也会增加 2000 美元毛收入和 1400 美元净收入。换句话说，接受这项团队业务会增加酒店每一天的产出。另外，由于它提高了酒店的出租率，这个团队业务还可能增加酒店的非客房收入。

有几个因素有助于决定是否接受一个团队预订。如前所述，酒店首先应看收益因素。只有预期的收入（包括非客房营业点的收入）能抵消散客收益损失时，才有可能接受这个团队。此外，管理层还要考虑那些没住上房的散客会发生些什么。无论被置换的客人是常客还是第一次来，都可能决定再也不回那个把他们拒之门外的酒店了。特别是常客决定不再回来的时候，散客的收益损失就不能仅限于讨论的那几晚了。当然，打发走可能的团队也会减少将来的业务。

如果接受了团队而把一位周二来店欲住三晚的散客拒之门外的时候，就会发生另一种不可把散客收益损失仅限于讨论的那一晚的情况。即使是由于缺少房间，团队在周四挤占了非团队房，它不仅影响了周二，也影响到了周三。

决定是否接受一个必须置换散客的团队是一件值得认真考虑的事。管理层必须考虑对将来业务的较长期影响。

表 13-3　收益和产出计算

	周二		周三		周四		周五	
	无团队	有团队	无团队	有团队	无团队	有团队	无团队	有团队
总收益	$24400	$28000	$22800	$26400	$26600	$27800	$25800	$27800
贡献 *	19300	22000	18000	20700	21050	21800	20400	21800
产出 **	61.0%	70.0%	57.0%	66.0%	66.5%	69.5%	64.5%	69.5%

注：* 以 15 美元的边际成本为基础。

** 潜在收益=潜在平均房价 100 美元 × 400 个房间 = 40000 美元。

跟踪团队史能帮助识别那些团队并不真正需要的客房数，把它们重新分配给散客。大多数团队都把需要的房间数高估 5% ~ 10%，这个比例叫作水分因素。通过了解各团队所含水分因素，经理就能安全地从预留房中抽出多余的房间。如果减少的团队预留房过多，酒店会发生超额预订，无法接待所有的客人。如果一个团队没有在本酒店的居留史，经理应与该团队以前住过的酒店联系。

动态包价 收益管理最具创新的一个方面是根据顾客需求对旅游产品进行定制。此举被称为动态包价。尽管酒店销售人员通过旅行社、互联网以及直销渠道向旅行者提供包价服务已有数年，但这些行为只是简单将各种现有服务组合成一个包价产品。这些产品只是固定的打包，由于没有任何个性定制，这些产品也往往不能满足旅客的需求。固定包价产品通常包含基本客房、停车费、酒店餐厅的晚餐抵用券。一个高尔夫产品包价可能包含一场或两场高尔夫练习。固定的包价产品通常带来许多限制，比如入住天数限制与抵店日期限制。也许最要紧的是，固定包价产品不允许替换和更改。例如，所有客人都收到晚餐抵用券，即使他们不愿意在酒店餐厅用餐，因为这张券是包价产品中的打包服务。所以，客人就不得不为他们不愿意消费的服务而买单。

动态包价考虑到如何优选服务内容。客人可以使用互联网预订引擎，如酒店品牌网站、单体酒店网站、个别航空公司网站，或第三方旅游网站来生成自定义（动态）的包价产品。自定义的包价产品可以包含客人喜欢的服务与产品。动态包价显得更能增加酒店打包产品的价值，也能更加满足旅客的需求。动态包价可包含机票、酒店客房、租车协议、休闲活动、运动项目、餐饮抵用券、水疗服务、娱乐票务，及其他相关组成部分。参与在线动态包价活动的酒店给互联网站经销商提供一段时间内的特价客房。酒店通常会发现在低出租率时期动态包价显得尤为有效。通过提供特价服务，酒店可以更好地促销其商品，因为自定义的旅游组合有着简化的预订程序。酒店会控制动态包价的客房数量，所以当出租率上升时，酒店可以增加可售房房价或减少之前准备的保留房数量。

动态包价也给升级销售提供了机会。例如，酒店给固定包价一间基础房型，升级销售可以给希望入住豪华客房的客人提供选择。升级销售能为酒店在不增加额外费用的情况下有效地产生额外收益。

散客房销售

如前所述，散客房间是那些销售给非团队客人的房间。与团队业务相比，散客业务的预订一般更接近抵店日期。商务酒店多数团队业务的预订可能提前 3 ~ 6 个月，而散客业务的预订只提前 1 ~ 3 周。在度假酒店，团队预订可能会提前一到两年，而散客业务的预订可能提前 3 个月。关于团队业务，管理层必须监督协议价和散客业务的提前时间，才能了解当前的预订与历史和预期房价相比较的情况。这又导致了更复杂的散客房价打折问题。

在前面的例子中，房价是根据床的种类和客房数量确定的，然而在今天的市场中，会有许多其他理由用不同的方式确定房价。为了客房收益最大化，前厅部经理可以决定根据房间的位置、吸引力、客房面积分类。对好一些的房间多收费。例如，小一点的，靠近吵闹的走廊的，没改造的或景观不佳的房间会以较低一些的房价出售。这些房间因而被定为标准房，设定较低一些的房价。吸引力较强的房间定为豪华房，设定较高一些的房价。

为了开展业务，酒店会以标准房价销售豪华房，借以吸引客人，在需求低落的时候更是如此。然后，随着需求提高到设定的界限，剩下的豪华房就能以全价销售了。在这种策略之下，管理层是要将客房收益最大化，而不仅仅只是关注平均房价或出租率。理由是较低的需求会给酒店制造较激烈的竞争局面。打折会减少因对价格不满而造成的业务损失，使酒店售出那些原本会空着的房间。精明的经理必须知道什么时候禁止房价打折。如果房价上涨过早，出租率便会下降，如果房价上升过晚，有些房间便会在它们应能售出的价格之下被售出。在豪华房打折以标准房房价售出时，预订或前厅人员应告诉客人，给他升级了。这会增加客人居住的价值感，同时也会减少他下次再来酒店，拿到高一些的价格时可能产生的困惑。

经理们在选择策略的时候，还应考虑收益管理的道德规范。如果把一间客房分类为标准房，一般都会有非常充足的理由，因此，只是因为有人愿意付钱而以高于门市价的价格售出这间房就显得不道德了。即使需求会造就收取高价的机会，但只是由于市场在某一时期能接受就收高价，并不总是好的经商之道。有的酒店这么做了，受到了市场的批评。这就是许多州要求在每个房间内张贴房价的原因。

关于散客销售的另一个应考虑事项是给某些业务渠道折扣价。折扣可以给予公司和政府的旅行者，也能给予知名人士、军队和航空公司人员、旅行社等。这些折扣价常常应用于很大一部分酒店业务上。有的酒店还效仿航空公司，给在互联网上订房的客人打折。他们对这些折扣的看法是互联网上预订的相关成本比较低，把节约的成本交还给客人。但是，这种做法仍处于初级阶段，还需要时日让旅行大众和酒店管理层去了解这类折扣的影响。例如，许多酒店品牌在网站上提供最佳房价保证，以减少来自打折网站低价产品的影响。有一家酒店公司通知其销售渠道，如果其销售房价比酒店公司网站要低的话，就会影响其与公司的合作协议。

控制折扣对优化收益是关键性的。例如，如果一家酒店在一个假期只订出很少房间，它就会对所有打电话来的人敞开折扣之门，以吸引业务。随着这一时期需求的上升，就会有选择地打折了。当前厅部经理认为，房间可以按较高价格售出而不会影响出租率的时候，就不应再打折了。有的折扣是不能停止的。在一切可能的时候，折扣合同应留有业务情况许可时的灵活性。

其他收益机会

对合适的客房收取合适的房价，收益管理决策能给提供额外收入（非客房收入）销售点的酒店更为复杂的方法。一个提供有会议宴会场地、休闲娱乐设施、水疗中心和其他收入销售点的酒店会给客人更多的选择，也会给酒店管理层更多收益机会去评估。收益经理应与会议婚礼策划师协商专注于会议场地、宴会服务、视听设备租赁等总的包价，而不仅仅是客房价格。收益管理分析必须考虑所有的收益机会，即决定酒店整体生意经济价值的潜在盈利能力。

宴会是餐饮收益的来源，它会影响到客房收益。例如，在新年之夜接收了一个不使用客房，而只使用酒店宴会厅的宴会，那么另一个使用 50 间客房和宴会厅的团队就只能被拒之门外了。多数情况下，既用客房又用宴会场所的团队会给酒店带来更多的利润。因此，应考虑接受那些对酒店营运利润贡献大的团队。在有效的收益管理中，酒店各部门间的合作和交流是非常重要的。

当考虑到该对每位参加酒店会议活动客人收取多少费用时，管理层应当考虑总收益机会，以及各机会所带来的利润。例如，客房可以带来 75% 的部门利润率；宴会餐饮，30% 的利润率；会议室租赁，90% 的利润率；视听设备租赁，60% 的利润率。在给使用客房、会议室、宴会服务与视听设施的参会者定价时，需要考虑其对各相关部门的潜在收益（或利润率）。酒店经理们可以使用电子表格或收益管理软件轻松地完成分析。当潜在的收益计算出来后，还需要与酒店这一时间段的预算进行比较。如果会议收益（或利润率）超过预算的值，便可作出及时的决策，与会议策划师签订协议。

会议策划师可能会要求酒店管理层在考虑会议时做出让步，这种让步往往是某种会议附加服务，即让策划者觉得能减少费用。在协商过程中，这种让步可以是会议场地的使用成本或会议费用的降低。假设会议策划师要求免费为会议领导安排 VIP 套房，这种让步减少了会议组织者的费用，但却减少了酒店的收益。其他的让步还包含打折房价，会议场地租赁折扣，餐饮折扣与视听设备折扣。会议策划师还会要求额外的免费服务产品，如放置于 VIP 套房内的每日装饰花卉、葡萄酒奶酪拼盘。

这些让步都是一种收益的损失或费用的上升，最终会导致会议总利润的下降。所有的低成本或无成本服务项目必须在决定会议价格之前与酒店单独协商。

许多酒店不会在预测入住率高的时候接受纯宴会生意，直到临近团队纯宴会预订日期。然而，如果酒店的客房销售历史显示在新年之夜的入住率较低，那么销售部就可以提前预订纯宴会的生意。

当地和地区范围内的活动

当地和地区范围内的活动对酒店的收益管理策略会产生戏剧性的影响。即使酒店并不在大型会议的会场附近，会议转移的散客和小团队也会被推荐过来（作为分流设施）。这种情况发生时，前厅部经理应了解会议和它带来的客房需求，如果需求是实实在在的，散客和团队房价就可能需要调整了。

会议活动会让团队和散客趋势分析失效。如果团队或散客的房间销售协议价变化幅度加大，前厅部经理应立即进行调查。增加的需求可能说明本地区有会议或另一家酒店有大额订房。降低的需求可能说明一家主要竞争酒店中有重大团队取消，它正在削减房价，设法填满客房。

在产出策略和战术中，道德规范和好的商业形象应该是一个整体。竞争者们偶尔坐在一起，讨论一般业务趋势，是合适并且合法的。但是，讨论房价或房价的建立（确定）就不合法了。会有其他的渠道可以了解什么是影响本地区业务的原因，例如，多数旅游和会议管理层会发行本地区会议名单。在任何情况下，两家不同酒店的员工都不能讨论房价结构或其他酒店经营事务，因为在美国，这会被认为违背了《反垄断法》。

特别活动

诸如音乐会、节庆活动和运动会等特别活动经常会在酒店或其临近地区举行。

酒店可以利用这种提高需求的机会，限制房价打折或要求最短居住期。这是一种常见的做法，例如许多南方的度假村在圣诞节期间就是这么做的，想在那里过圣诞节的客人会被要求保证 4 ~ 5 晚的最短居住期。同样，由于需求高而可销售房有限，1996 年夏季奥运会期间，佐治亚州亚特兰大就取消了客房折扣，同时还要求最短住宿期。这些都是收益管理的有效策略，但必须谨慎使用，不要疏远了常住客。

公平的市场份额预测

收益管理的另一要素是了解酒店在竞争中的地位，这叫作公平的市场份额预测。了解现行房价是否有竞争性，以及了解酒店是否在业务市场中实际占有公平的份额都是很重要的。

进行这种分析的主要工具是史密斯旅游住房报告，或简称 STAR 报告。STAR 报告是历史记录，它提供的信息能够告诉酒店管理层，他们的收益管理战略和策略过去起了什么样的作用。但是，通过回顾过去，管理层能做出将来酒店如何定位的重大决策。STAR 报告中的关键统计是每间可销售房收益指数。这项统计告诉酒店管理层，与竞争酒店相比，在报告期内酒店是否拿到了公平的业务份额。例如，若一家酒店的每间可销售房收益指数是 100%，就表明它从市场业务中拿到了公平的份额。请记住每间可销售房收益既考虑了出租率，也考虑了日平均房价。如果一家酒店的得分是 105%，就表明在此期间它实际获得了较多的份额。如果得分 90%，则说明酒店的竞争对手在这段时期内表现较好。需要注意的是，由于每间可销售房收益既考虑了出租率，也考虑了日平均房价，酒店可以比竞争对手的出租率低，但仍保持较高的每间可销售房收益，因为它的日平均房价高。

每当收到 STAR 报告的时候，就应对这种信息加以分析，还可用于对今后几个月和明年同期的预测。例如，多数酒店都有高峰季节和非高峰期，管理层一般认为按月划分业务季节很方便，STAR 报告能用来给下个月的房价定位，也能用于做第二年或下一季的预算。它能显示价格调整的机会，也能指出房价重新定位的需要。例如，管理层可以看过去两年的 STAR 报告，发现他们的每间可销售房指数在 6 月超过 105%。这可能是一个信号，说明可以继续在这个月实施较高的房价，因为需求高。但是，STAR 报告不应是决策基础的唯一信息来源。例如，如果明年 6 月前可望有另一家 300 间房的酒店开业，因为市场增加了新的竞争力量，保持或提高价格就会更困难些。

尽管 STAR 报告非常有价值，但还需酒店自身将重要的统计数据传递给报告制造者。因为收集必要的数据来制作此综合报告十分耗时，STAR 报告只能展现历史情况。因此，它不能及时地反映短期内酒店收益策略是否成功。由于不同的市场因素，酒店可能需要等待一至两个月才能得知自己的经营表现情况。许多行业观察人士认为 STAR 报告是趋势分析的坚实基础，原因是它将三个月或以上的数据整合为一个报告周期。长期的报告更能展现收益管理策略是否成功。还有其他的商业资源可供酒店经理人制定收益管理策略和战术。例如，TravelCLICK 制作有一系列的报告，包括有 Hotelligence、互联网 Hotelligence、RateVIEW/Phaser。这些报告是由多种多样的信息资源汇集而成，包括全球分销系统 GDS、互联网预订引擎，具有对市场的预见性，因为它是以实际预订交易数据为基础的。

收益经理

收益经理的职责使得其成为影响酒店经营财务结果的最重要角色。一名收益经理通常是判定成功酒店与不成功酒店间的关键。此章节收益管理主要讨论客房收益，许多大酒店还含有非客房收益的分析。例如，当对团队定价时，收益经理会考虑团队的总收益情况（客房、餐饮、视听设备租赁和其他收入）并做最终定价。收益经理必须要有酒店整体收益结构的概念，酒店生意的主体是来自哪些客人。

当酒店希望雇用收益经理时，要从工作职责说明开始。不同酒店的工作说明也不尽相同。例如，市中心的有限服务酒店与在市郊州际公路旁相似规模酒店对工作说明的内容肯定不同。

一个成功的酒店收益经理需要具备以下技能：
- 操作技能：收益经理需要在酒店的一个或几个营收部门工作过。他们必须理解收入的来源及各运营部门的相应成本结构，以及与各部门间保持联系沟通共同达成酒店目标。
- 分析技能：收益经理必须要理解历史、现在和未来的收益数据。他们必须能够评估酒店的预订趋势并预测入住需求，制定定价策略，寻求房价与入住率的平衡。
- 战略技能：收益经理必须知道当前市场上发生了些什么，市场情况将如何影响到酒店。收益经理必须借用良好的市场条件来运用那些评估技术。
- 组织技能：收益经理必须维护当前运营的细节数据，为未来运营建立信息数据库。
- 沟通技能：收益经理必须能够解释短期与长期经营预测的收益流程与决策。
- 良好聆听技能：收益经理必须能够聆听收益管理团队人员、酒店部门领导与其他员工。他们需要感谢他人提到的问题及给予的建议。
- 团队建设技能：收益经理必须在收益管理团队、酒店部门领导和员工之间营造齐心协力的氛围。有效的收益管理策略与战术需依靠收益经理在工作关系环境中营造的信任与信心。

- 培训技能：成功的收益管理要求对相关人员进行不断的培训。收益经理必须能够培训组织内各级别员工，包括总经理、前厅经理、销售经理、餐饮经理、预订经理、宴会经理及其他相关人员。

除此之外，成功的酒店收益经理需具备以下个人特质：

- 耐心：收益经理往往需要在3、6及12个多月的实施生效之前做出许多收益管理决策。他们需要有耐心，不能因为不可预见的酒店或市场情况而频繁地变换决策。成功的收益经理需要对员工有耐心，员工们需要学习收益管理是如何工作的，以及他们个人在整个管理过程中的角色和作用。
- 创新：收益经理常常要寻找新的数据来源和方法来实施收益管理。
- 合作：收益经理必须有洞察力且能从各部门负责人和员工处收集信息。与收益经理合作紧密的各部门经理也能更好地理解和支持大家共同建立和实施的决策与战术。
- 灵活：收益经理必须在需求发生变化的时候灵活变换策略与战术。

收益管理的运用

收益会议

收益管理是一个不断发展的过程。无论酒店是在经历高需求期或低需求期，收益管理都起作用，都是酒店开发业务工作的一部分。许多酒店发现，定期召开交流重要业务信息，做出适当收益管理决策的收益会议非常有用。

常见的一种错误是把收益管理看作短期行为。有的经理试图在客人抵店日期前几周内做出决定，事实上，这和他们应该做的正好相反。成功的收益管理向前看几个月或数年，跟踪业务趋势和客人需求。对多数房间安排给团队使用的接待团队的酒店尤其如此。这类酒店一般都接受将来很远的团队预订，因此它们收益管理决定的影响也更久远。在这些酒店中，提前几周改变房价会提高日平均房价和每间可销售房收益，而真正的影响是在团队预订和确认房价的时候。

酒店员工是收益管理成功的基本力量，会要求他们作为收益管理队伍的一部分参加会议，这个队伍一般包括酒店各个关键部位的代表、总经理、全体销售经理和餐饮经理，以及预订经理，他们一般作为收益管理队伍的成员出席收益会议。如果酒店有专职收益经理，他也是固定的与会者。其他经理可能定期被邀请参加。例如，酒店的财务总监可能会定期出席会议，报告月底的状况或收益会议要讨论的专门事项。前厅部经理、餐饮部经理或宴会经理也会被邀请参加，因为有些决定需要他们的参与。表 13 - 4 列出了不同的方法，收益管理团队可以用来激励全体员工参与收益管理。

表 13-4　确保持续不断的交流和参与

> 这里有几个让你的员工参与收益管理的一些想法：
>
> • 创造一个竞争意识。给员工的各种形式和报告，如 TIMS 或者 STAR。让他们知道你的竞争对手在做什么，鼓励他们超过你最强的竞争对手。
>
> • 张贴可衡量的、具体的目标，如预算或出租数据。员工需要确切地知道他们的期望是什么，所以要确保目标非常具有挑战性但又是可实现的。
>
> • 告知员工他们各自的影响力程度。了解在组织中角色的工作人员的影响作用更可能支持你的努力。
>
> • 为目标实现提供激励或酬劳。为良好工作寻求并提供反馈，对没有达成的目标采取进一步行动。辅导工作人员改正问题。
>
> • 训练你的员工。简单地告诉他们你想让他们做的还不止这样。花点时间向他们展示你对他们的期望。持续跟进，以确保达到标准。

　　这个团队就像实施收益管理计划的外围代理。他们能帮助酒店确定过去的预测是否准确，能提醒收益经理注意团队或散客的重要行为方式。这个团队能制订部门间交流的行动方案。手中有了准确的预测，各部门经理都能提前几天做好准备：

• 了解有多少客人在酒店，能帮助餐饮部做准备。

• 房价变化和销售策略的改变对销售部产生的影响。

• 出租率会对客房部和大厅服务的工作产生影响。

　　收益管理队伍可以每日、每周或每月开会。每日会议一般只持续 15 分钟左右，会上该团队：

• 审查 3 日预测，确认以前制定的策略仍在实施。这些策略还要与预订办公室、中央预订办公室与前台进行沟通。

• 审查前一天（或上周末）的出租率、客房收入、日平均房价和产出率统计。这些数字都是由夜审报告提供的。如果出现与预期不同的情况，应作简短讨论，让每个人都知道差异出在哪里。

• 审阅近期业务（一般为 3 个月以内）的订房的数量。收益会议要知道酒店的出租房数量和客房收入是否与预期相符。订房数量要与酒店规划的每日业务增量相比较，如果酒店的订房数量低于预期，就有问题了，就必须采取行动来增加业务。如果订房数量高于预期，酒店就可能还有其他的收益机遇值得考虑。多数商务酒店没有很多提前数月的散客业务预订，在这些酒店中，预订量与团队业务真实相关。但是，度假村会提前数月有强烈的散客需求，例如，滑雪度假村和气候温暖的度假村会跟踪圣诞节的散客的订房量。团队的预订量可以每周检查一次，对更久远的业务检查频率可以减少。

- 审阅过去的业务。有些情况下，做出收益决定之前需要更多的调研。团队史不一定唾手可得，全市性会议的预订要反复核对，会议日期的变化范围和需要会议室的准确数量，都是做决定之前需要的。

- 提出新业务。新业务有两个组成部分：散客业务和团队业务。散客业务每天都会有变化，特别到了抵店前的一周之内。所有酒店都是这样，正因为如此，预订经理必须密切监视散客需求，重大变化应提交收益会议。例如，一家酒店预期将来一周的出租率为75%，而散客需求已经把出租率推得高于预测。收益会议的参会者就需要知道这一情况，以便审查房价和其他策略。这不应该是一个反应性过程，应提前做出计划，让管理层相信改变房价的机会增加了。例如，管理层相信当出租率达到90%的时候，只能按门市价售房。如果酒店的出租率已持续5天为88%，收益会议应给预订管理层和前厅部经理明确指示，告诉他们出租率达到90%时该干什么，价格变化不一定非要等待第二天的收益会议。同时，如果出现最后一分钟取消，把出租率控制到90%以下，预订经理应能够有选择地给予折扣，而不一定非等到下一次会议。

- 讨论需要做出的最后一分钟调整。
- 决定哪些信息要作为部门间交流的一部分，进行传阅。
- 审阅30～60天前景，交流这些预测中的最新修改。
- 审阅当前分销渠道策略。

在每周会议上，队伍可以会谈1小时以便：

- 审阅30、60、90天和120天预测。
- 讨论即将来临的重要时期的策略。

在月度会议上，收益管理队伍讨论影响更大的事项，可能会特别关注生意清淡的月份，决定做出什么样的努力才能激励销售，例如增加营销活动，要求调动当地的或专业的销售力量。他们还会审阅执行中的年度预测。有的还用月度会议来进行必要的收益管理技能培训。

要做出正确的决定，就要整体审视收益管理的各项因素。这个过程是复杂的，但遗漏了相关因素，就有可能让收益管理工作无法圆满成功。

应每日跟踪产出率统计。长期跟踪产出率统计会有助于识别趋势。但要正确运用收益管理，管理层还要为将来而跟踪产出率统计。按照酒店接受预订提前量的多少，每个营业日都要计算将来期的产出率统计。如果酒店现在知道三周后的某日产出率为50%，就会有足够的时间采取正确的策略来增加产出。会启用折扣价增加出租率，也会取消折扣价以提高平均房价。如果说获得全部可能的客房收益不太可能（一般是不可能），前厅部经理就应该去争取最好的出租率和房价组合。

应逐个审阅每一份团队业务销售合同。合同应与历史趋势相比较，还要与预算相对照。每个团队的建议房价应由销售经理提出，并和团队计划一同带到会上。这个建议价需要与预算甚至预测相对照。如果它达到或超过酒店在相应时期的目标，就没有什么要讨论的了。然而，如果建议价低于期望值，就需要给出充足的理由。酒店一般都有一份每月团队销售目标或预算图，每一个团队都要接受审查，看它是否有利于完成预算。例如，团队的客房价格可能低于预算的房价，但其餐饮将会带来与预算相同的利润率。如果现有的散客需求强烈，而该团队只能产生很小的收益，酒店就可能拒绝它；如果需求很弱，酒店就会考虑接受这个团队，目的只是充填那些卖不出去的房间，创造一点收益。运用团队协议价分析，能帮助管理层判定酒店是否在通向目标的轨道上前进。

另一个因素是已记录在册的实际团队预订方式。例如，一家酒店在两个团队之间会有两天的清淡期，管理层会吸收低收益团队来填补空缺。反之亦然，酒店团队房近满的时候可能有一个团队要房间，加上这个团队会让酒店团队销售高于目标，接纳的话就要转移一些价格高的散客业务。如果团队坚持要这家酒店，就需要报出比正常团队价高的房价，以弥补转移散客产生的收益损失。

散客业务也需要同样的分析。例如，由于酒店给出的折扣价，公司和政府业务会被安排到标准间。标准房住满以后，酒店就只剩下豪华房可卖了。如果需求不强，管理层可以决定按标准房门市价出售豪华房，以保持竞争能力。在做出出租率和房价决定之前，最好先看一看团队和散客的组合情况。

收益管理的目标是要让收益最大化，通过收益来源跟踪业务有助于决定什么时候允许房价打折。业务的来源多种多样，应认真逐一分析，弄清它对整体收益的影响。如果团队有带来回头客的潜力，前厅部经理常常会同意给这个团队折扣房价。

潜在的高需求策略和低需求策略

酒店需要确定高、低需求期的收益管理策略。在需求高的时候，增加客房收入的常规技术是最大限度地扩大平均房价。散客和团队业务市场会需要各自的单独而专门的策略。

下面是高需求的时期中使用的一些散客业务策略。

- 尽力确定正确的市场门类组合，用可能的最高房价售出房间。这一策略高度依赖准确的销售组合预测。
- 监督新的商业预订，用这些变化了的情况重新分配客房。可以给专门的市场分类配一定的留存量。例如,标准房可能以较低的折扣价售给了有预订的旅行者,出租率开始攀升的时候,考虑停用低房价,剩下的标准房只能按门市价收费。管理层还要做好准备,万一需求开始减退,就要重新启用低房价。管理层要密切监视需求,并且要灵活调节房价。此处有一点很重要,就是房间总是能以低于张榜公布的门市价销售的,而高于公布的门市价销售则是不道德的。

- 考虑设立最少住店天数。例如,劳动节那个周末总是客满的度假村,就可以要求最少居住3天,以更好地控制出租率。

有许多团队业务策略适用于高需求期。例如,决定取舍时,选产生最高收益额的团队。管理层应依靠自身的经验去开发收益管理政策。

从总收益出发,把客房批量销售给那种同时预订会议室、餐饮服务和套房的团队是聪明的做法。预订辅助设施和服务的团队大多会在酒店里花费较多的时间和金钱。这一策略一般要限制当地客户使用多功能厅、会议室和公共区域,如果这些区域被当地客户预订了,需要这些场地的更能获利的团队往往会被迫易地。另一个策略是努力将对价格敏感的团队移到低需求的日子里。如今签订的多数团队合同都注明若无领队同意,团队日期不能变更。表13-5给出了酒店可以使用的另外一些高需求期策略,而图13-6则列出了超量需求期的策略。

表13-5 高需求期策略

---

1. **关闭或限制折扣。**

必要时分析和限制折扣,使得平均房价最大化。你可以给那些预订长期入住的客人折扣,或限制较短的居住期的预订。

2. **小心使用最短居住期的限制。**

限制最短居住期可以帮助增加间夜所带来的财产。对于团队来说,要考虑团队的模式并决定他们更可能增加多少天的入住时间。

3. **减少团队房间的分配。**

定期与团队的领队沟通。确保团队实际需要的房间数并确定合同。如果没有,进行调整。

4. **减少或去除保留至下午6点的房间。**

减少或去除未付、保留至下午6点的房间数量。当需求高时,你会需要可供出售的房间。

5. **收紧担保和取消政策。**

收紧担保和取消政策有助于确保间夜的付款。在预订当天就要收取第一晚入住的费用。

6. **提高至与竞争对手一致的价格。**

收取和竞争对手一致的价格,但限制这段时间公布在中央预订系统和列在小册子上的价格的增加。

7. **考虑增加包价产品的价格。**

如果你已经提供了包价产品的折扣,考虑增加包价产品的价格。

8. **对套房、行政客房应用全价。**

（续）

> 在高需求的情况下，对套房、行政客房收取全价。
>
> 9. 选择关闭"抵店日期"。
>
> 通过只允许接受在某一特定日期的预订，只要顾客在那一天之前抵店，酒店就能够控制登记入住的容量。这对于跟踪和监督由于这种限制发生的不承认预订很重要。
>
> 10. 评价连贯性销售的好处。
>
> 通过连贯性销售，所需的入住可以在某策略应用之日前开始。这在入住高峰时经常使用，管理部门不希望这一高峰对其前后任何一天的预订造成不利的影响。
>
> 11. 对昨晚的入住采用押金和担保。
>
> 更长时间的入住，确保押金和担保适用于昨晚的入住，使提前离店最小化。

表 13-6　超量需求期的策略

> **应用高需求的策略。**
>
> 在超额需求的情况下，需求可能超过供应，重要的是要考虑到所有的限制通常在高需求的情况被采用。
>
> **了解超量需求的原因。**
>
> 找出究竟是什么导致了超量需求。可以问以下问题：
>
> • 这是一天还是持续多日的事件？
>
> • 这是什么类型的事件？客人的组成是什么？
>
> • 什么其他产品可能会由于这个事件卖出？
>
> • 这个需求是本地的还是大面积的？
>
> • 潜在客户可能接受一个最短时间的入住要求或其他入住限制吗？
>
> 这些问题的答案将帮助确定最佳策略的应用。
>
> 例如：
>
> • 如果你发现这一需求是为期 1～2 天的事件，你可以考虑住两晚的要求而剔除其他只会待一个晚上的客人。
>
> • 如果你发现客人根据事件的具体情况可能会取消预订，你可以要求 48 或 72 小时取消通知（例如，你的客人可能参加一个体育赛事，某些团队可能会或可能不会进入后续阶段。他们可能在参与事件已经结束后选择回国）。更积极的方法是为提前进入下一场比赛的队伍的粉丝提供房间。
>
> • 如果事件关乎你的资产，你可以关闭这一时期的折扣。

低需求期散客和团队业务的优先策略是通过出租率最大化来增加收益。前厅部经理会发现下面的业务策略很有帮助：

- 认真设计一个灵活的定价体制，允许销售代理在一定情况下低价销售。在为低需求期谋划的过程中，应提早确定这些较低的价格。
- 确保所有的互联网分销渠道都有当前的价格和可售卖日期，有些情况下通过购买搜索引擎排名或购买横幅广告来改进在互联网分销渠道上的排名会十分有益。
- 努力准确地规划期望的组合市场。这一规划的精确性将影响最终的产出率统计。

- 管理层应密切注意团队预订及散客业务趋势。不可武断地阻塞较低价格的门类和市场份额。

- 由于低出租率期不可避免，就启动较低价格门类，吸引价格敏感团队，同时开展公司、政府和其他特殊折扣价促销。考虑开发新房价包价，并从当地社会吸引业务（例如，当地散客市场的周末游）。

- 对门市客人保持高房价。这类客人抵店之前与酒店没有联系，通过管理严密的销售技术，争取一个提高平均房价的机会。

- 一种非财务性策略是让客人升级住更好的房间，不另加费用。这一技术能提高客人满意度和忠诚度。实施这一政策应纯属管理层决定，同时也有一定风险。例如，客人可能指望将来住店会享受同样的升级，这不可能，而预订和前厅员工则要花费口舌去解释那是特殊的、一时性的升级，因为酒店重视客人的业务。

这里列出的并不是全部策略，但它们是行业策略的代表。表13-7还列出了一些低需求期另外的策略。

表13-7　低需求时的策略

> 1. **销售价值和效益。**
>   确保客人知道你有合适的产品和最好的价值，而不是引用报价。站在其他客人可能会考虑的角度推销酒店的各种价值和好处。
>
> 2. **提供包价产品。**
>   可以增加间夜的一个策略是用一个价格把住宿和大量令人满意的产品和服务结合进一个包价产品中。可以提及任何增加、改造或新设施。非客房收入可以包括进去，例如：免费的电影、景点门票、折扣和购物优惠券。
>
> 3. **保持折扣类别开放。**
>   制定折扣通常是针对特定的市场或者某个特定的时间或季节的。在低需求时接受折扣鼓励间夜是很重要的。
>
> 4. **鼓励升级。**
>   客人搬到一个更好的住宿或提升服务的等级可以提升他们的体验，并鼓励他们一次又一次回到酒店。
>
> 5. **提供随住宿期变化的门槛价。**
>   随住宿期变化的门槛价的激励为入住更长时间的客人提供了一个折扣。例如，客人住三个晚上可能得到一个额外的5美元每晚的折扣，而住一个晚上的客人可能不会有这一折扣。
>
> 6. **撤除入住限制。**
>   客人将在他们到达或离开时不再受限。只住一个晚上的客人和住一个星期的客人一样地受到欢迎。这将有助于最大限度地提高入住率。将这点告知酒店员工以及中央预订系统的员工是极其重要的。
>
> 7. **员工参与。**
>   创建一个提高入住率和间夜的激励竞赛。确保要包括所有的员工以及中央预订部员工。

（续）

> 8. 建立与竞争对手的关系。
>
> 与竞争对手的亲切关系可以帮助推荐和开展交叉销售工作。
>
> 9. 更低的价格。
>
> 只要能收回成本，把客人留在酒店具有极大的意义。你可能要在给定的时间确定门槛价，然后尽可能降低价格。

实施收益策略

一旦这些都组织好了，分析清楚了，前厅部经理要确定在任意给定一天使用什么房价。某些策略和战术会与警告同行。过严实施限制实际上会阻碍业务。经理们应时刻牢记，最终的目标是满足客人的需要，任何不能满足客人需要的策略都不会达到希望的效果。过多运用收益管理就会像完全没有运用收益管理一样。也就是说，有四个策略一定要谨慎使用：

- 门槛价。
- 最短住宿期。
- 临近抵达。
- 连贯销售。

门槛价 无论需求是高还是低，门市价总是公开的。前厅部经理必须根据需求为给定的日子设定最低价，房价不得再低于这个最低价。这有时又称为门槛价。在给定的那一天，任何房间可以高于门槛价售出，低于门槛价不行。有些自动化收益管理系统甚至不显示低于门槛价的价格，防止使用它们。根据酒店期望的产出和市场情况，门槛价可以每日波动。门槛价通常能反映前厅部经理让产出最大化的定价策略。

有时候，对以高于门槛价销售的预订代理和前厅接待员还给予奖励。例如，如果某一天的门槛价是 80 美元，而一位预订接待员以 90 美元售出了一间房，他就会得到 10 个促销分，到了月底，累计全部促销分，每 100 分可以得到一定数额的现金奖励。但是，这类奖励也要谨慎实行，预订和前厅接待员会不用得分少的房价，即使那些房价已高于门槛价。这样，在他们获得奖励分的同时，实际上也会赶走业务。

奖励还可以给予住宿期长的客人。例如，住 3 天的客人可以获得比住 1 天的客人更低的房价。这是"住宿期敏感门槛价"。由于产出的总收入会比一两天住房预订的大，预订接待员也会为一个三晚的预订得到奖励分，即使它的价格还要低些。

宣传门槛价可以用各种不同的方法。有的酒店把房价张贴在预订办公室和前厅，在接待员能看见而客人看不见的地方。有的计算机系统，如前面所说的，只显示能接受的价格。无论用什么方法，重要的是预订信息必须保持是最新的。产出策略一天中可以变化几次，全体前厅和预订接待员都必须知道这些变化。

最短居住期 最短住宿期策略要求预订至少达到一定的天数方可接受，本章前面部分曾给出过这种例子。这一策略的优点是让酒店能建立相对平稳的出租率模式。在住客高峰期，度假村就常用这种方法。在特殊活动或住客高峰期，酒店也可以用这种方法。

使用最短住宿期这项要求的意图是要防止一天的出租率峰期的前后猛升猛降。运用这一策略必须谨慎，面对严格的最短住宿期要求，那些不想住那么久的能产生利润的客人也许就会另谋出路。这一策略只能在鼓励增加业务量而不惹恼客人时方可实施。要保证此策略在起作用，经理可以每日检查预订取消记录。

最短居住期可以和房价折扣结合实行。例如，短期住宿客人一定要付门市价，而达到最短住宿期的就能得到折扣价。

临近抵达 临近抵达策略允许接受某日的预订，只要客人在那一日前抵达即可。例如，某一天有 300 个房间的客人将入店，前厅部经理会觉得一天中 300 多间房的客人入店给前厅部及其相关部门的压力太大，因此，在那一天之前抵达并且居住超过那一天的客人将被接受。但是，入住高峰那天额外抵店的客人不能接受。与最短住宿期策略一样，预订部应跟踪因这一策略而取消预订的数量。

连贯性销售 除了要求的住宿可以从策略实施日之前算起之外，连贯性销售与最短住宿期策略相同实施。例如，如果周三执行三晚连贯性销售，连贯性销售适用于周一、周二和周三。三天中每一天抵店的客人都必须住满三晚方可接受。

当某一天是住客高峰，管理层不想高峰给其前后的日子带来负面影响时，连贯性销售策略就特别有效。酒店把连贯性销售策略当作高峰日超额预订的一项技术。通过正确预测不抵店客人，提前离店客人和预订的取消，管理层能够经营好高峰日，超额预订会下降，能接待好全体有预订的客人。没有这样一种策略，高峰前后的日子出租率都会下降，因为高峰日会预留延长期。

可销售房策略可以与房价策略结合使用。例如，三晚的最短住宿期就可以与 90 美元门槛价联合使用，如果客人只住两晚，就报给客人 110 美元的门市价，否则就不接受此预订。

收益管理软件

虽然收益管理的单项任务可以人工进行，但处理数据和计算产出率统计的最有效方法是用收益管理软件。收益管理软件能够结合客房需求和房价统计，模拟高营收产品的方案。

收益管理软件并不代经理做决定，它只是为管理决定提供信息和支持。由于收益管理常常十分复杂，前厅部员工不会有时间人工处理大量的数据。很幸运，计算机可以储存、调回，并且根据影响客房收益的广泛因素处理大量数据。假以时日，收益管理软件就能帮助管理层创建产生可能决策的范例。决策范例以历史资料、预测和已预订的业务为基础。

在已经使用计算机化收益管理的行业里，已经看到以下结果：

- 连续不断的监测：计算机化收益管理系统能每天 24 小时，每周 7 天跟踪和分析业务状况。
- 连贯性：软件程序可以按存入的市场中的某家公司或当地管理规则，对市场中的特殊变化做出反应。
- 信息可取性：收益管理软件可以提供改进的管理信息，这些信息能帮助经理们更快做出更好的决定。
- 成绩跟踪：计算机系统能够分析一个业务期内的销售和收益交易，确定向收益管理的目标进展的情况。

收益管理软件还能做出各种各样的报告。以下是收益管理软件有代表性的产出文件：

- 市场细分报告：提供有关部门客人组成的信息。这些信息对用市场细分做有效的预测非常重要。
- 一览表／预订图表：按日提供间夜需求和预订量。
- 未来每日状况报告：为一周的每一天给出需求资料。此报告含有大量预测信息，通过一周每日的比较分析，可以发现出租率趋势。它可以设计成包含数个将来的时期。
- 某日订房报告：说明酒店的预订模式（预订趋势）。通过文件证明图表上的某一天是如何构成的，此报告与预订图表紧密相连。
- 每周概要报告：包括房间的销售价格，授权销售的房间数，以及在营销活动中以特别价／折扣价售出的房间数。
- 客房统计跟踪表：跟踪不抵店、不抵店的保证类预订、门市客人，以及打发走的客人。这一信息能成为准确预测的工具。

因为管理层对收益的提高有兴趣，计算机化收益管理已成为广泛使用的招待业应用软件。

小 结

与历史上的其他标准相比，收益管理对客房收入和出租率情况有更精确的量度。收益管理之所以有效，是因为它把出租率和日平均房价结合在一起，构成了一个单项统计。在顾及影响业务趋势的众多因素的同时，收益管理看重最大限度扩大客房收益。它是一项可以衡量的工具，前厅部管理层可以把可能的收益作为标准，用实际收益与之比较。

在把预订视作宝贵商品的业务环境中，收益管理已被证实是成功的。成功的收益管理的关键在于可靠的预测，因为它以供求状况为基础。

成功的收益管理关键是在合适的日子将合适的产品以合适的价格卖给合适的顾客。多数酒店公司已经开发了独特的收益管理系统，用以在酒店内为平衡房价与入住率提供数据支持。

2001 年年末至 2003 年年末，美国酒店经理们遇到的最大问题是团队的流失。自2001 年以来，评估团队流失的三个重要影响因素是：团队历史、在线询价与业务外包。

因为收益管理应用了一整套需求预测技术为预测的业务量确定有效价格，用于客房预订中能取得高度成功。收益管理用三种方法控制预测信息，以寻求最大化的收益：供应量管理、折扣分配和居住期控制。

供应量管理有许多控制和限制客房供应的具体办法，它也会受到临近酒店或竞争酒店可销售房数量的影响。即使某团队承诺会预订更多房间，团队流失会减少实际出售房间数从而影响供应量管理。打折包括时间期限和降价产品（客房）的可供应量。打折配比的首要目标是保留充足的高价房以满足在此价位的预计需求，与此同时设法填满那些否则会空着的房间。居住期控制把时间限制置于预订的接受期，为的是让多日居住的需求（代表较高水平的收益）有充足的房间。

收益管理中的主要计算工作是产出率统计，它是实际收益与可能的收益之比。实际收益是售出客房产生的收入，可能的收益是如果所有客房以全价或可能的平均价售出应该收到的现金数额。可能的平均房价是一个统计的集合，它把酒店可能的单人房双人房价格，多人居住百分比和价格结合在一起，成为一个单一的数字。实际房价销售系数是用酒店的实际平均房价除以可能的平均房价。另外，有的酒店喜欢把统计集中于每间可销售房收益（RevPAR）。

每位客人收益（RevPAG）的目的是衡量每位住店客人的平均收益。这对拥有多个销售点的酒店来说尤为有用。它能帮助酒店经理们找出哪些部门没有产生预期的收益。可售房总运营利润（GOPPAR）结合部门费用与收入，计算得出运营总利润。

出租率和实际平均房价的不同组合会算出相等的客房收益和产出。管理层必须注意，不要把相等的产出当作房间数和住客人数方面的相同经营状况。

动态包价允许定制旅游打包产品来符合顾客的特殊需求。它增加了酒店打包产品的潜在价值，并且比固定包价产品更能满足客人的需求。多数酒店发现在入住率低时动态包价产品尤为有效。

收益管理分析必须考虑所有影响潜在利润的收益机会来决定酒店总体业务的经济价值。只有经过如此的分析，酒店管理层才能计算出合理且有意义的房价。

收益经理的职责是协助酒店在财务上的成功，且收益经理往往能决定所在酒店是否盈利。

收益会议是多数酒店使用的论坛，它们在那里做出收益管理的重大决策。收益会议可以根据需要定期召开，讨论团队和散客业务，实施收益策略。

在有选择地打折而不是普遍打折时，以及在销售有竞争买主的客房时，收益管理就会变得更加复杂。酒店经常给某些类别的客人（例如知名人士、政府人员）打折，酒店还必须决定是以折扣价接受还是拒绝团队业务。理解团队业务对酒店经营业绩的影响，是如何应用收益管理的一个重要因素。

因为收益管理的目标是让收益最大化，按收益来源跟踪业务会有助于确定什么时候允许打折。有的酒店会允许特殊种类的打折业务，例如公司业务，因为这些市场会带来许多回头客。确定了各种不同的业务来源之后，应逐个进行分析，了解它对酒店总收益的影响。只要能经常带来客人，经理们经常会接受打折的业务，因为它的长期影响是有利的。

实施产出策略包括设定客房的门槛价。门槛价是某一给定时间能提供的最低价。门槛价有时是住宿期敏感型的，就是说住满最少居住期的客人能得到较低的房价。有时候还用奖励来鼓励前厅和预订接待员以高于门槛价的价格出售房间。由于门槛价会频频改变，房价及其变化的有效交流就显得十分重要。

收益管理经常用控制房价的手法致力于产出最大化。其他注重居住期和抵店日期的策略也是行之有效的。为了提高产出，这类其他策略可以与房价控制有效结合使用。

尾注：

① 本方法不会得出如那些由收益管理软件精确计算出来的实际房价销售系数。这是因为可能的平均房价是酒店所有房间门市价的加权平均数，用实际售出房（或住客房）门市价的加权平均数会更准确。由于售出房的销售组合一般每日都有变化，这些房间门市价的加权平均数也就每日不相同。因为人工计算每日售出房门市价的加权平均数太麻烦，也不切实际，所以一般用全部房间的可能

平均价格取而代之，这样做产生的错误因素影响不大。但是，收益管理软件能更精确地计算实际房价销售系数，因为它能简单、自动地计算每日售出（或住客房）门市价的加权平均数。

②理论上，以及本章所举的例子中，假定每个房间的边际成本为一个给定的常量，事实上却并不总是不变的。例如，某些劳动力成本会增加；也就是说，随着出租率上升，到达某一点时管理层会不得不增加前厅接待员，去协助接待客人。另外，客房服务员一般以班次而不是按房间数拿工资，如果一位服务员一天打扫12个房间，第二天打扫了15个房间，每个房间的边际成本也会发生少许变化。此外，有的酒店能够关闭未在使用的副楼，如果增加一位客人意味着要起用整个副楼，那么很清楚，增加那位客人的边际成本就要比只增加一个单人房的边际成本要高得多。关于这些事项的详细讨论，请参见雷蒙德·S.史密德盖尔的《酒店业管理中的财务》第4版（密歇根州东兰辛：美国酒店与住宿业协会教育学院，1997年），第6章。

③关于盈亏分析和盈利空间比率的更详细讨论，请参见史密德盖尔书的第7章。

④团队业务常常会涉及酒店的销售部门，销售部门一般接受团队预订，然后把预订转给预订经理，再由预订经理为团队预留客房。如果个别团员与酒店联系，说他们已订了房，那么预留房的数量应相应减少。

主 要 术 语

实际房价销售系数（achievement factor）：酒店实际收入占门市价的百分比；在尚未使用收益管理软件的酒店，一般用实际平均房价除以可能的平均房价来估算。

预订提前时间（booking lead time）：预订得提前多久的一种衡量方法。

盈亏分析（breakeven analysis）：一种成本、收益和销售量之间关系的分析，有助于确定能覆盖全部成本的收益要求。也称为成本——销售量——利润分析。

临近抵达（close to arrival）：一种产出率管理策略，只要客人在某一日期前抵店，就允许接受那天的预订，例如，如果客人的实际居住时间从周二晚上开始，酒店就会接受关于周三晚上的预订。

盈利空间（contribution margin）：整个营运部门或某一产品的销售价减去销售成本，代表销售收益额对固定成本和／或利润的贡献。

每间住客房成本（cost per occupied room）：只有在房间售出时才发生的可变的或销售产品附加成本；又被称为边际成本。

折扣方格图（discount grid）：一张图表，指出在不同的折扣水平要获得同等净收入所需要的出租率。

置换（displacement）：由于接受了团队业务，导致了客房短缺，因而不得不拒绝的散客；又称作非团队性置换。

动态包价（dynamic packaging）：根据特别旅游者的需求定制旅游包价产品。酒店发现在低入住率时期动态包价尤为有效。

等同出租率（equivalent occupancy）：由于平均房价产生了一个期望的或实际的变化，需要求出一个能与原有价格和出租率产生相同净收益的出租率。

公平市场份额（fair market share）：酒店日平均房价、出租率或每间可销售房收益与竞争酒店的对比，以确定是否得到了市场中的业务份额。

固定成本（fixed costs）：指即使销售额发生变化，在短期内保持稳定不变的成本。

预测（forecast）：一项估计业务量的工作。

可售房总运营利润（GOPPAR）：一种收益衡量方式，关注可售房运营总利润。

团队流失（group attrition）：利用不足、无法达到约定的团队房间数量。

团队预订比率（group booking pace）：团队业务占预订的百分比。

门槛价（hurdle rate）：在收益管理中，它是某一日期可接受的最低房价。

边际成本（marginal costs）：售出客房时才产生的可变的或销售产品附加成本；也称为每间住客房成本。

最短居住期(minimum length of stay）一项可行的收益管理策略,要求至少达到一定的天数,才能接受此项预订。

可能的平均房价（potential average rate）：一种集合统计，它有效地结合可能的平均单、双人居住房价，多人居住率，以及房价价格差额，产生一个只有全部房间都以门市价售出时才能达到的平均房价。

房价达成的百分比（rate potential percentage）：酒店实际收费占门市价的百分比，用实际平均房价除以可能的平均房价；又称为实际房价销售系数。

房价差额（rate spread）：酒店可能的平均单人房价和可能的平均双人房价之间的差额。

收益管理（revenue management）：一种以供求关系为基础的技术，用来使收益最大化，它在低需求期降价以增加销售，在高需求期提高价格增加收益。

每位客人收益（RevPAG）：注重每位客人收益的一项收益管理的衡量方法。

每间可销售房收益（RevPAR）：注重每间可销售房收益的一项收益管理的衡量方法。

连贯性销售（sell-through）：一项可行的收益管理策略，除了要求的住宿期可以从政策实施前的日子开始，它与最短居住时间的要求相同。

随住宿期变化的门槛价（stay – sensitive hurdle rate）：在收益管理中，门槛价（或最低可接受房价）随客人预订住宿期的长短而变化。

水分因素（wash factor）：从团队预留房中取消不需要的团队房。

加权平均收益空间比例（weighted average contribution margin ratio）：在产品多样化的情况下，加权计算各经营部门的平均收益空间，反映各部门对酒店偿付固定成本和盈利能力的贡献。

产出率统计（yield statistic）：实际客房收入与可能的客房收入之比。

复习题

1．收益管理的目标是什么？
2．为什么说不同收益部门之间的交流对成功实施收益管理非常重要？
3．在计划收益管理策略之时，使用历史资料的重要性是什么？其局限性又是什么？
4．业务下降时停止打折会有什么影响？
5．在收益管理中预订比率起什么作用？
6．什么是水分因素？它如何影响收益管理？
7．在决定是否接受一个团队预订时，为什么散客转移分析非常重要？
8．边际成本与固定成本有什么不同？
9．相等产出计算方法不考虑而等同出租率计算方法要考虑的是什么？差别为什么有意义？两个公式都未触及的重要问题是什么？
10．只以对客房收益产生的影响为唯一理由来决定接受还是拒绝一项团队预订的做法可行吗？为什么可行或为什么不可行？
11．客房需求低的时候，适合采用的几种策略是什么？客房需求高的时候呢？
12．门槛价是什么？它在收益管理中是如何应用的？产出管理可用的有哪些策略？

网址：

若想获得更多信息，可访问下列网址。网址变更恕不通知。若你所访问的网址不存在，可使用搜索引擎查找新网址。

1.Smith Travel Research:www.strglobal.com
2.TIMS Reports:www.timsreports.com
3.TravelCLICK: www.travelclick.net

案例分析

案例：使收益管理生效

哈特斯通套房酒店是一家有250个房间，全部为套房的酒店。3个月前，一家叫费尔蒙特的新酒店在哈特斯通附近开业。在费尔蒙特开业前几个月，劳拉，哈特斯通的总经理，就敦促前厅部和预订的全体员工尽一切力量销售客房。就像她所说的，"无论花什么代价，都要保持竞争力。"销售总监帕特从一开始就支持这一计划，但是前厅部经理朱迪从一开始就有些担心。朱迪关心的是一年半以前开始实施的收益管理会因为追逐出租率而彻底无用了。

最新盈亏报表说明朱迪的担心是正确的。虽然出租率迄今与预算相吻合，但是日平均房价（ADR）下降了6美元。另外，商务客比例也比计划的要低——是40%而不是50%的商务客源。此外，SMERF部分也比原先估计的增大了——占客人组合比的15%而不是5%。SMERF是低价团队业务的总称——社会、军队、教育、宗教和友好团体。

朱迪、帕特和劳拉在一次会上讨论这些最新数字。总经理劳拉主持会议，她开场说："我们已经经受了由费尔蒙特开业带来的暴风雨，我们设法保住了我们的出租率水平，但我们似乎要重新做一些部署。相信大家都收到了我发给你们的盈亏报表，我关心的是这样的事实，即我们失去了很大份额的商务客人。而且我们的日平均房价也太低了。"

"我同意，"朱迪说，"我只是在执行命令让员工注重销售房间的数量。我们为了赢得高出租率付出的代价是产出率和营业额，要想回到我们从前的地位恐怕得花费一段时间。"

"费尔蒙特开业前几个月，我们开会一直同意要尽最大力量保持我们的出租率，而那就是我们已经做到的，"帕特说，"你和你的员工工作很努力，将受到表扬，朱迪。"

"听着，听着，"劳拉说，"现在我们还有些时间重新评价我们的地位，重新开始瞄准商务这部分市场。"

"我只希望现在从费尔蒙特赢回来还不算太晚。"朱迪叹了口气说。

那天晚些时候，朱迪召集前厅和预订人员开会，简短说明要重新实施收益管理程序。"我知道，在过去几个月里，为了填满客房，你们都做出了极大的努力，我为你们而感到自豪；全体管理人员也为你们感到自豪。我们达到了出租率目标。不好的一面是失去了我们的预订的客人组合。我们失去了一些商务客人，却争得了过多的 SMERF 客人。而且我们的日平均房价下降了足足 6 美元。难道还不是重新检讨收益管理的时候了吗？"

"收益什么？"杰克脱口问道，他是一位新前厅接待员。"你从未跟我们说过。"

"稍等一会儿，"朱迪反驳道，"你们有些人刚来不久，没有全面接受过这个项目的培训，但是我曾经与每个人都在某种程度上谈到过它。"

"是的，你曾告诉了我一点点，"特蕾西说，她是一位订房员。"说实话，我从来也不喜欢它。一天，我向一位客人报价 85 美元，他订了一个套间。一个月以后他又打电话来，我报了 105 美元，然后客人就问房价为什么上涨了——想想看，我该怎么说呢？"

"好吧，你有许多事可以告诉这样问的客人，但我们现在不讨论这个问题。"朱迪说。

比尔，最有经验的前厅接待员说，"正像你告诉我的，我一直在用收益管理程序。"他转向同事们，"当你看着酒店收益这幅大图画时，它真的不无道理。我只要告诉好奇的打电话者，我们的房价取决于他们抵达的日期。有的时期我们会比别家忙，那会影响到房价。"

"比尔，很高兴听到你在继续使用收益管理程序，"朱迪说，"我们可以在正规的培训中更详细地讨论它的应用。自从争取住客量开始以来，发生了很多变化——人员变化，甚至收益管理程序本身也发生了变化。是评价我们部门在执行收益管理程序方面又需要进行新一轮培训的时候了。你可以相信，特蕾西——以及你们大家——当你们报价的时候，我们的产品价格是有竞争力的。那倒提醒了我，"说到这儿朱迪停顿了一会儿，"你们中有多少人实际进入过我们的一些套间？"

六位员工中有三人举起了手。"多少人见过费尔蒙特或任何其他竞争酒店的客房？"朱迪继续问道。只有比尔举起了手。"几乎没人见过我们的套房与其他酒店提供的单人房之间的差距？"

"没有时间去看我们在卖的产品，"杰克自卫地说。

"看别人产品的时间就更少了。"另一位订房员林达补充说。

"这正是我担心的，"朱迪说，"在今后两周左右的时间里，我在评价培训需求的同时，将让你们每一位花时间去了解我们产品的价值——特别要与费尔蒙特和其他竞争酒店产品的价值进行比较。"

"我们还继续给 84 美元的特价吗？"特蕾西问道。"由于这个价格我们已经有了许多回头客。"

"有人打电话告诉我，我们有城内最好的生意。"林达说。

但比尔告诫说，"下周我们不再使用了。房屋建造商会议将召开，城里每一间房都会订出去。下周我们能收高一点。"

"这个想法很好，比尔，"朱迪说，"我知道，受客人欢迎的确很好，任何时候当一位客人看到报价要转身离去时，使用折扣价的方法留住客人要容易得多；但是特价是最糟糕的度假村或其他特殊情况下使用的，我们不能过多地给这个价。像这次会议这样的特殊活动期间，我们还需要调整销售策略。"

"谈到销售策略，我们什么时候学习你说到的销售技巧培训模块？"林达问道。

"我曾听说过它，但还没见过它。"

讨论题

1. 管理人员怎样才能解决日平均房价过低的问题？

2. 朱迪能让像杰克和特蕾西这样的员工更了解更适应收益管理程序的方法有哪些？

3. 哈特斯通套房酒店员工的培训应注重什么销售技巧？

4. 哈特斯通套房酒店怎样才能重新获得失去的部分商务订房？

案例号：370CF

本案例由酒店业软件网络公司，一家营销资源及辅助公司的丽莎·里查德协同制作（马萨诸塞州 02109，波士顿市六十州大道 700 号。电话：617 - 854 - 6554）。

第14章

学习目标

1. 内部招聘与外部招聘方法各自的优缺点。
2. 总结挑选过程，包括经理如何使用挑选工具、评价申请和面谈。
3. 了解有效聘用和入职培训步骤。
4. 阐述四步培训法。
5. 了解前厅部经理能够用来安排和促进员工的技巧。

14
管理人力资源

如今的前厅部经理比上一代的经理面临的挑战要大得多。劳动力管理一直是很重要的,而最近有迹象表明将来的饭店会更强调劳动力管理。前厅部经理必须老练地对待由不同年龄、民族背景、文化和价值观的人们组合而成的劳动力大军。正如劳动力的性质会变化一样,管理上的技术和奖励办法也会变化。本章着重讨论一些基本概念,提供了前厅部经理有效管理和发展有能力的员工而需要了解的一些概念。

招 聘

员工招聘是一个寻找并筛选合格的申请人填补岗位空缺的过程。这一过程包括通过恰当的渠道宣布或为岗位空缺做广告,面谈和评价申请人,以确定最适岗的人选。

人力资源部门常常协助前厅部经理寻找并聘用合格的人选。然而,并不是所有饭店都有人力资源部门,没有人力资源部门的时候,前厅部经理就不得不自己寻找合格的招聘渠道,投放广告,在内部张贴职位空缺公告,进行初次面谈,联系介绍人,并执行其他相关的任务。即便在有人力资源部门的饭店里,前厅部经理也有责任阐明前厅工作岗位所需要的技能和品质,与人力资源部门交流这些信息,以保证能恰如其分地证明申请人合格。这些一般是用一份岗位职责来完成,指出岗位所需要的技能、个人品质,以及岗位职责。无论怎样说明前景,前厅部经理都应亲自与最适合前厅岗位的几位申请人面谈。

内部招聘

内部招聘涉及现有员工的调动或晋升。通过这种形式的招聘,经理们得以接触那些熟悉饭店,还可能熟悉前厅部的申请人,得以接触技能已得到证实的申请人。内部招聘还能提高员工的士气和生产力。对于能给予提高技能、知识、地位和收入机会的饭店,员工会表现出忠诚。许多行业领导,包括公司董事长、副董事长及总经理,就是通过内部招聘而升上来的。表14-1总结了内部招聘的优缺点。

表 14-1　内部招聘的优点和缺点

优点

- 提高被晋升员工的士气。
- 其他员工看见自己将来的机会，士气也能提高。
- 经理能更好地了解内部招来的新手的能力，因为他们的工作表现已经经受了长期观察。
- 主管和管理岗位的内部招聘会带来一系列晋升（每个空出的岗位由一个人去补充），能强化"内部职业阶梯"。
- 内部招聘的成本低于外部招聘的成本。

缺点

- 内部招聘推动"近亲繁殖"。
- 内部招聘会在被晋升遗漏的员工中引起士气问题。
- 内部招聘会产生政治泛音；有的员工会把内部晋升看成与经理、主管的友好关系。
- 通过内部招聘填补一个部门的空缺，也许会造成另一部门中更重大的空缺。

内部招聘工作包括交叉培训、接班规划、张贴职位空缺公告、按工作表现付薪以及保留一份召回名单。

交叉培训　在一切可能的时候，应培训员工能执行多项工作任务。交叉培训能让前厅部经理轻松地制定多面手员工排班表，包括有计划的员工休假以及处理缺勤。员工们认为交叉培训有益是因为能让他们的技能多样化，使他们工作起变化，并且使他们对饭店更有价值。交叉培训还会带来更大范围的晋升机遇。许多年前引入前厅部系统的时候，开房、收银和预订员工就交叉培训了。在小一些的饭店，常常把预订、总台和总机接线结合成一项工作。一家大饭店公司新近的一项创新是交叉培训总台接待员和行李员，这种情况下，给客人登记入住的人也就是为客人提行李，引领客人到房间的人。交叉培训也许会有一些缺点，但总体效果是非常积极的。

接班规划　在接班规划中，前厅部经理确定一个重要岗位，并且认准某一位员工，让他逐步填补这个岗位。前厅部经理要识别员工的培训要求，并且确保达到这些要求。由经理制订员工上岗计划、确定培训日期和时间、培训教师，以及员工获得上岗资格的日期。

张贴职位空缺公告　前厅部经理在内部张贴职位空缺公告的时候，会有许多申请人。其他部门的员工会想调到前厅部，或者现有前厅部员工想在本部门有所进展。无论是哪一种情况，前厅部经理都必须保证员工有岗位要求的技能，并且还有良好的工作记录。

岗位正式空缺以后，前厅部经理应及时张贴公告。也可以在部门会议上讨论空缺。有的饭店公司在对外宣布之前先向员工公开各个岗位。工作告示应张贴在员工休息区或工作区域中显眼的位置。有的饭店还发现张贴在入口处很有用。员工们知道这些消息以后，常常会鼓励合格的朋友或熟人来申请。

公告的内容应是全面的，要充分说明工作内容，指出最低任职要求和需要的技能。公告还应该告诉申请人该项工作是日班、夜班，还是周末班。有的饭店还公告准确的工资额。有些饭店里，员工在现岗不达一定期限不可申请。这种情况下，公告中应明确声明这项要求。

按工作表现付薪 员工们知道饭店有奖励努力工作和生产能力的工资计划时，他们会更容易受到激励，努力表现突出。当员工拥有更多的经验和能力时，他们应得到相应的报酬。给全体员工同样加薪，不论表现如何，会挫伤那些表现突出的好员工。

保留一份召回名单 招聘工作看起来是不常发生的事，而事实上，它是不断在发生的。为了给将来的员工配备做准备，前厅部经理应制作并保留一份召回名单，记录有特殊技能和兴趣的员工及以前的申请人。有的饭店还保留一份后备名单，或称等候名单，记录那些以良好表现做满聘用期的前员工。在业务高峰期或员工人手短缺时，前厅部可以聘用这些人作为补充劳动力。

外部招聘

前厅部经理也可以从饭店外招募人员来填补空缺岗位。新员工能贡献创新的思想、独到的观点，以及创造性的办事方法。外部招聘工作包括广告、上网招聘、临

表 14-2 外部招聘的优点和缺点

优点

• 外部招聘把新鲜血液和新的思想带进公司。外部来的新成员常常不仅能提供新的想法，还能带来关于竞争对手在干什么、怎样干的消息。外来新手能提供对公司的新看法，有时这些新看法能强化现有员工的工作满意度。外来新手可能会说到这样一类事情，如"你们的厨房比我以前工作的 X Y Z 公司的干净多了"，或者"这里员工的互助态度使我在这里比在老地方工作愉快多了"。考虑一下这些话的价值吧。

• 外部招聘能够避免很多由内部招聘时引发的相关的政治问题。

• 外部招聘也是公司广告的一种形式（如报纸广告、招贴画、公告牌通知等，提醒公众关注你们的产品和服务）。

缺点

• 外部招聘时，找到一个好的适合公司的文化和管理哲学的人会更困难些。如果现有的员工感到他们在公司没有机会升迁了，就会产生内部士气问题。

• 外部新手比内部人员需要入职培训的时间较长。

• 外部招聘会在短期内降低生产率，因为外来新手不如内部人员工作快捷或有效。当员工认为他们能把那项工作干得与外部招聘来的新手一样好时，就会产生政治问题和人际矛盾。

时职业介绍机构，以及员工推荐介绍计划。联邦、州和地方政府的税收政策会奖励管理层从指定的群体中招聘。另外还有几项政策鼓励聘用残疾人。表 14-2 总结了外部招聘的优点和缺点。

广告招聘 广告招聘包括投放广告在报纸杂志、社区宣传栏、酒店标牌、酒店的网站，以及各种相关职业招聘互联网上。广告应注明工作的要求、薪酬和福利，以及酒店的工作环境和文化。在发布广告之前，应当参考目前出现在媒体上的其他招聘广告。了解和参考最有吸引力的和有趣的广告可帮助管理者设计和放置有效的广告。

酒店可以通过内部公告栏、办公室区域或在部门会议等渠道发布职位空缺通告。酒店的工作人员也可以在酒店的官方网站上公布招聘信息（在"工作招聘"或"职位空缺"的标题下面）或者在员工内部网站上公布职位空缺信息。酒店通常有多种方法来审查和申请空缺职位，例如以书面或在线形式。酒店的工作人员可以手动审查申请表格，在线复审申请表格，或应用基于 Web 的技术，自动筛选的在线应用。通过计算机软件程序比较和筛选申请人的资格条件是否符合酒店的员工标准，形成对申请人的资格是否符合工作要求的初步评估。随后酒店人员可以选择符合申请条件的申请人，并联系其进行面试。酒店如果可以设置适当的岗位要求、技能要求及相关的工作要求筛选步骤，自动筛选软件将是用来筛选和招聘符合条件的求职者的一种精简高效的招聘手段。

媒体招聘。大多数报纸都会特别设置工作招聘专栏，它们也会出版一些与求职相关的刊物。部分当地出版社可能特别专注于一些职位空缺信息。社区公告栏一般位于教堂、社区中心、商场和其他公共场所。公告栏通常设置专门区域用于在有限时间内张贴招聘启示。部分酒店成功地在其酒店标志或者酒店专用车辆上发布职位招聘信息，但是这一类广告是相对简洁，一般只列出空缺职位、联系方式和酒店的官方网址。在某种程度上来说，互联网已经成为一个强大的招聘工具。许多城市在社区网站上开辟招聘专栏，这些专栏通常发布一些入门级的职位。其他网站则主要面向管理方面的岗位招聘，如 hoteljobs.com、Monster.com 和 HotJobs.com。

酒店经理会查看社区布告栏，并专注于某些特定类型的招聘广告，然后联系个人并向他们提供服务机会。例如，酒店经理需要填补酒店客房部人员空缺的时候，那些在杂货店、教堂和社区公告板发布房屋清洁服务的个体便有可能是合适的人选。广告费是昂贵的，因此确定哪些媒体可以引起合格招聘人选的关注是非常重要的。常见的是同时使用多个广告渠道。如果酒店有独立的人力资源部门，其人事专员通常了解如何选择最有效的广告媒体。

上网招聘 上网招聘包括与朋友、熟人、同事、业务联系人及学校管理人建立个人联系。这些个人联系常常会通向受聘人。向饭店提供服务或补给品的公司也会向饭店提供可能的工作或候选人的线索。其他网络资源还有行业人士或社团关系。如果饭店是连锁饭店中的一个，前厅部经理就能与本地区其他饭店的经理们联网。通过联手工作，他们使职业生涯向更有利于全体员工的方向发展，使受聘于连锁集团更令人向往。

临时职业介绍机构 临时职业介绍机构能提供员工补充许多岗位。这些机构常常培训某些领域里的一批员工。临时职业介绍机构是为盈利而经营的，因此其临时工小时收费一般比正式工小时薪金要高。这些高出的收费通常以其他方式补偿，例如，临时职业介绍机构会：

- 减少加班，减少招聘或聘用费。
- 提供经筛选和培训的合格员工。
- 能提供完整的配套员工队伍。

不好的方面是临时工缺乏适当的专门训练。另外，他们需要时间去了解饭店的布局、用品、设施，以及部门的工作时间。其结果是临时工会比前厅部自己的员工缺乏工作能力，需要更多监督。临时工一般作为正式工队伍的短期补充。

员工推荐介绍计划 有的前厅部采用员工推荐介绍的方法鼓励其员工为空缺岗位推荐自己的朋友和熟人，员工推荐介绍计划程序一般都会奖励把合格的人员推荐到公司来的现有员工。前厅部管理层从一开始就建立推荐员工的奖励方法，此计划就能最好地发挥作用。计划还必须说明将应用什么标准，如何才算成功。一般情况下，被推荐的员工必须工作一段特定的试用期以后，推荐者才能取得奖励。试用期从 90 天到 180 天不等。

税务信用 有一些政府制度，如联邦政府的有目标的工作税务制度，为从特定人群中聘用员工提供税务奖励，任何前厅部员工按税务信用制度聘用人员，必须在聘用前经州聘用委员会当地办事处证实被聘用人属于目标人群。领取有目标的工作税务信用的饭店必须要证明新员工不是饭店业主的亲戚或抚养人，他以前也没有在饭店工作过。

残疾员工 前厅部有些岗位很适合残疾人，例如，坐轮椅的人就可能适合做总机接线员或预订员，这些工作一般不要求站起来，也不要在工作区大幅度运动。有残疾的员工一般都有明确的目标，并且把工作看作自己能力、技能和独立性的重要证明。

一般来说，可以通过当地政府的工作培训机构或提供残疾人培训的学校来招聘有残疾的员工。有的社区也会给聘用残疾人的公司税务奖励。在聘用这样的人之前，前厅部经理必须保证工作范围适应这些员工的需要。1990 年《美国残疾人法案》的主要焦点就是要让体脑有伤残的人能更容易地找到工作，并且在自己的职业上有所发展。饭店必须采取适当的措施遵守这一立法，特别是在无障碍设计和聘用工作方面。

由于传统的劳动力市场在不断萎缩，有伤残的人们正在成为新员工重要的和不断壮大的来源。此外，岗位职责和规范必须明确指出不适合《美国残疾人法案》所保护的人的限制或要求。例如，坐轮椅的员工就不适合做行李员，因为这个岗位要求走动和搬提重物。

挑 选

为前厅部的岗位选择恰当的人这项工作应有前厅部经理参加。根据饭店的不同政策，前厅部经理可能直接聘用申请人，也许只能把建议聘用的人选递交给最高管理层。

有实际技能、知识和领悟能力的申请人很可能成为有价值的前厅部员工。前厅部工作常需要的三项特殊技能是好的语言能力、数学计算能力及键盘（打字）技能。员工的语言技能是与客人和其他员工交流所需要的；数学能力会帮助他理解前厅部的财务和交易过程；做档案记录和使用计算机时，键盘技能就特别有用了。

由于前厅部的工作需要高度涉及与客人的接触，经理们常常在申请人中寻找某些个人特性。这些性格包括善于与人相处的、灵活的、有专业态度的、有上进心的，以及注重外表的。评价申请人的个人品质是很主观的。有效的前厅部选拔程序常关注多项技能、态度和个人品质。此外，由于前厅部员工与客人接触极多，在这些接触中他们要能体现出饭店的气质，无论是在电话、信函还是面对面接触中。客人通过与员工的接触产生对饭店的印象。一个饭店公司与有希望的预订员谈话是用电话问几个问题，这让谈话人听到候选人的声音，了解他怎样通过电话来体现自己。适当选择员工会有助于确保在所有对客接触中保持饭店的形象和价值。

挑选工具

岗位职责和任职要求是重要的挑选工具。一份岗位职责列出了全部任务及与组成工作岗位相关的信息。岗位职责还会列出汇报关系、职责、工作条件、将使用的设备和材料，以及该岗位的其他特别信息。由于岗位职责清楚地阐明执行某项工作需要履行的职责，因而在招聘和挑选员工的工作中它特别有帮助。岗位职责还可能解释一个工作岗位与部门其他工作岗位之间的相互关系。

虽然每项工作都是独特的，但前厅部的工作要求可以有一些总的说明。任职要求一般会列出并说明成功执行岗位职责所需要的个人素质、技能、性格、教育状况及本人经验。制定任职要求时，经理们可以利用其他前厅部员工的知识，以及与工作相关的所有书面材料。例如，经理们可以用准点上班来描述员工的职业态度。职业态度还可以进一步用对客人反应的灵敏、幽默、随和，以及有良好的聆听习惯来说明。灵活的员工会被认为是好的团体成员，愿意按需要在不同的岗位或班次工作。任职要求可能涉及一些与前厅的特殊需要相关的专门名词，例如，适当的穿着在度假村会成为便装，而在一家商务饭店，它会被称为正式职业装。对个人素质的说明必须与各个饭店的不同需要相适应。

评价申请

一般来说，前厅部经理评价工作申请人是通过审阅完整的工作申请表，检查申请人的参考资料，以及有选择地与申请人交谈。有人力资源部门的饭店会按照前厅部的岗位职责和任职要求筛选申请人。在没有人力资源部的饭店，前厅部经理应负责筛选和评价申请人等各方面的工作。工作申请表很容易填写，应要求申请人提供有助于证明他适合此工作的信息。表 14-3 给出了工作申请表样本。

经理们应查阅参考资料，证实申请人的身份和他以前的工作经验及技能。经理们应该知道，除了申请人过去的职务、聘用时间和工资以外，以前的雇主一般不愿意多提供信息。前雇主很少表明他们是否愿意再雇用此人。前雇主的意见，特别是反面意见，会增加雇主对前雇员负上侮辱、诽谤或损坏名誉行为的可能责任。前厅部经理必须熟悉本饭店对了解现有或过去员工工作记录的电话的处理政策。熟悉这些政策，能让经理们更好地理解工作候选人的以前雇主的意见。

检查所有工作申请人在警方的记录也可能是饭店的政策。对某些岗位来说，这也许是基本要求，如收银员或饭店货车驾驶员岗位。检查警方记录会帮助揭发不安全驾驶记录、毒品记录，或由于现金处理问题从另外的工作岗位被开除的记录。初步的药物测试，是就业招聘的基本要求，旨在检测不安全或非法药物目前或最近使用情况。作为一个注意事项，药物测试不应该被认为起到决定性作用的。应聘者在确认被录取之前可能需要接受一个或者多个测试来确认其是否符合聘用要求，并获准聘用审议。此外，任何与药物测试有关的政策，酒店应当适用于所有求职者，而不仅仅用于部分。

由于联邦、州和地方法律禁止歧视性聘用，工作申请表里的问题必须要被细心组织。表 14-4 列出了可能被认为是歧视的问题，并提出避免歧视的建议方法。经理们会发现，在准备谈话问题的时候，这项指导也非常有用。由于各州的法律及其解释不尽相同，应有合格的律师审阅工作申请表、相关人事表和谈话程序，以保障它们的内容不违背反歧视法。

表 14-3　工作申请样表

求职申请表

一般资料

姓名 ＿＿＿＿＿＿＿＿＿＿　　社会保险号 ＿＿＿＿＿＿＿＿＿＿

　　名姓中间字母　　　　地址 ＿＿＿＿＿＿＿＿　电话 ＿＿＿＿＿＿＿＿　邮编 ＿＿＿＿＿＿

　　街市州　　　　　　　邮编

如果你申请的岗位要求你开车，有驾驶执照吗？　有□　　　无□

如果你的回答是有，请提供：执照号码　　　　等级

国籍：如果你不是美国公民，你有长期居留签证，1-94 表或移民局信函说明你依法准许在本国工作吗？

　　有□　无□　　如果受聘，你能出示证明吗？　能□ 不能□

如果你不满 21 岁：年龄 ＿＿＿＿＿＿＿＿＿　出生日期：＿＿＿＿＿＿＿＿

作为聘用说明，你在以前的工作中使用过其他名字吗？　是□　否□

写出曾用名

　　岗位说明：第一选择　　　　　　第二选择

希望工资额：　　　　　　可以到岗日期

你申请哪种性质的工作？　　　正式工□ 临时工□ 每周小时数　夏季□

学校学期：　　其他□　　说明：＿＿＿＿＿＿＿＿＿

有时一项工作任务会要求以下条件，如果要求了，你愿意工作吗？

A.轮班？　行□　不行□　　B.循环班次？　行□　不行□

C.工作日程不是从周一到周五？ 行□　不行□　　D.超时工作？ 行□　不行□

列出排班问题或限制

您是否有可靠的交通运输工具，以满足任何工作时间安排的需要吗？ □是　□不是

以前在本饭店工作过吗？ 有□　没有□　什么时候

离开原因 ＿＿＿＿＿＿＿＿＿＿＿主管姓名

你是怎样来申请的？ □他人引荐 ＿＿＿＿＿＿　　　　□报纸广告

　　　　　　　　　　　　　　　　　　　　报纸名称

　　　　□代理商　　　□签名　　□批准人

　　　　□朋友 / 现在的员工 ＿＿＿＿＿＿＿＿＿＿＿

　　　　　　　　　　　　　　姓名

你有亲属在这里工作吗？

　　　　　　　　　　　　　　姓名

警方犯罪记录：你曾被判有重罪吗？ 是 □ 不 是 □如果是，请简要说明你犯罪的情况，包括性质、地点及案件处理。由于这只是决定是否聘用的因素之一，因此一项重罪不会就把你拒之门外。

＿＿

＿＿

第一页

（续）

军事状况

你有没有在美国军队中服役过？有□ 没有□ 如果有，请说明服役期间的特殊训练或获得的技能，它们会有助于工作吗？_____

教育情况

学校类别	学校名称和地址	学习年数	毕业了吗	主修领域
	9、10、11、12	是□否□		
	1、2、3、4	是□否□		
	1、2、3、4	是□否□		

工作经验

首先列出最近的雇主，然后是仅次于最近的。我们要核查所有资料。

前雇主姓名和地址	工作日期 自　　至 年　月　　年　月	岗位	主管	每周工作小时	薪水
公司地址					
城市　　　州 电话	你为什么离开或打算离开该公司？				
紧挨着的前一位雇主姓名和地址	工作日期 自　　至 年　月　年　月	岗位	主管	每周工作小时	薪水
公司地址					
城市州电话	你为什么离开该公司？				

用另外的纸写明其他工作经历

特殊技能

打字 / 文字处理 _____ 听写 / 速记 _____ 电话 _____ 计算机

外语 _____ 机械 _____

　列举　　列举

个人介绍

以下认识认识我，并且能给出个人介绍

姓名　地址　城市　州　　邮编　　电话

申请人　请阅读后签名

我证实据我了解本表中的内容是正确的，并且知道伪造资料会被拒绝雇用，即使雇用了也会被开除，我授权本申请中提及的人或组织向你们提供任何或全部有关我以前的工作，教育或其他信息只要是有关本申请表设计的题目均可，并且不追究因向他们提供信息而引起的责任。我授权你们索取并接受这些信息。我理解该饭店在雇用或聘用方面没有种族、肤色、宗教信仰、来源国家、性别、年龄、残疾人或经验状况的歧视。

　　　　　签名 _____　日期 _____

表 14-4　聘用前提问指南

主题	聘用前的合法提问	聘用前的不合法提问
姓名	申请人全名　因法院命令或其他缘由更名的申请人的原名 你曾经用其他名字在本公司或工作过吗　申请人的娘家姓 检查工作记录需要其他名字吗? 如果要, 请解释。	
地址或居住期	作为本周或本市的居民有多久?	
出生地		申请人的出生地。 申请人父母、配偶或其他近亲的出生地。
年龄	你达到或超过 18 岁了吗?　*要求申请人提交出生证、Alt 或洗礼记录。 你多大了? 你的生日是哪天?	
宗教信仰	询问申请人的宗教派别、宗教分支机构、教堂、教区、牧师或奉行的宗教节日。 不告诉申请人 "这是天主教 (新教或犹太教) 组织"。	
种族或肤色	面部肤色或皮肤颜色。	
照片	要求申请人在聘用申请表上粘贴照片。 尽管申请人反对, 仍要求他提交照片在谈话后聘用前索取照片。	
身高	询问涉及申请人身高。	
体重	询问涉及申请人体重。	
婚姻状况	要求申请人提供关于婚姻状况和孩子的资料。你是单身还是结婚了? 你有孩子吗? 你的配偶有工作吗? 你的配偶叫什么名字?	
性别	先生、小姐、太太造成任何关于性别的问题。诸如生育能力或提倡什么形式的计划生育的问题。	
主题	**聘用前的合法提问**	**聘用前的不合法提问**
国籍	你是美国公民吗? 如果不是美国公民, 申请人想要成为美国公民吗? 如果你不是美国公民, 你有在 美国合法永久居住权吗? 你想永远留在美国吗	你是哪一国公民? 申请人是入籍还是自然出生的公民, 获得公民权的日期。 要求申请人出示入籍证明或首要证明。 申请人的父母或配偶是入籍的还是自然出生的美国公民; 父母或是配偶或美国国籍的日期。
民族	询问申请人流利说、写的语言。	询问申请人的(a)门第; (b)家世; (c)民族起源; (d)血统; (e)出身或民族。申请人父母或配偶的民族。你的母语是什么? 询问申请人怎样获得外语的读、写或说的能力的。
教育	询问申请人接受的职业或专业教育以及求读的是公立或是私立学校。	
经验	询问工作经验。 询问申请人到过的国家。	
被捕	你曾被判有罪吗? 如果是, 什么时间、什么地方及什么性质的罪。 曾告你犯有重罪的吗?	询问被捕情况。
亲属	除了配偶之外, 申请人已在本公司工作的亲属姓名。	申请人亲属的地址, 除了父母、丈夫或妻子及要抚养的孩子的地址 (在美国的)。
紧急情况下通知	事故或紧急状况下要通知的人的姓名地址。	事故或紧急状况下要通知的最近亲属的姓名地址。
服役情况	询问申请人在美国军队或州民 兵组织的服役经历。 询问申请人在美国军队、海军等某个部队服役情况。	询问申请人的一般服役经历。

（续）

组织	询问申请人是某成员的组织的情况——名称或在种族、肤色、宗教、民族或成员门第方面的特色。	列出你所属的俱乐部、社区和居住地
介绍人：谁建议你到这里来申请工作的？		
*询问此问题的目的只是为了确定申请人是否到了法定工作年龄。		

资料来源：密歇根州公民权利保障部，密歇根州兰辛。

面谈

第一印象很重要。申请人会产生对面谈人、饭店、前厅部，以及在这里工作会有什么样的印象，正如谈话人产生对申请人能否适合该工作的印象一样。常有这样的情况，对工作满意及积极性逐步来自一次面谈中形成的期望。

在大型饭店里，一般由人力资源部门办理招聘（包括做广告）和所有候选人的初级筛选。然后，由各部门经理进行主要的深入的面谈，再决定录用谁。前厅部经理可以把面谈和聘用的任务委托给一位助手。无论是由谁去做实际聘用工作，前厅部经理都要对聘用工作和保持合格的前厅部员工队伍负责。

无论谁是面谈人，他都应彻底熟知工作及其职责、福利、薪水幅度以及其他的重要因素。面谈人应该是对人品和他们的任职资格的公平的裁判，是积极向上的楷模，也是善于沟通的交流者。表14-5总结了与面谈有关的常见问题。在经理们知道哪些会毁掉面谈的因素时，他们就能更好地加以防范，增加面谈成功的可能。

面谈应在舒适、隐蔽的地方进行，如果不可避免，也只能有极少的干扰。注意力集中于申请人能表现出认真的态度。公事公办式的布置，申请人坐在桌前，面谈人坐在桌子另一边，会让申请人感到紧张。就在或靠近实际工作区域进行面谈，常常是行之有效的，会让申请人感到更加轻松愉快。如果工作区干扰太大，无法坐下来谈话，则应该另选地点。除非发生紧急情况，否则面谈期间不能允许有电话或其他干扰。

进行面谈 面谈过程至少有五项目标：

- 建于基于工作关系层面的交流。
- 收集足够而准确的信息，以便做出明智的聘用决定。
- 提供足够的信息，以便申请人做决定。
- 向选中的申请人推销公司和工作岗位。
- 在饭店和申请人之间营造友好关系。

进行面谈时，前厅部经理应使用交谈的语调说话。必须加以注意，不要让申请人认为经理在屈尊俯就或恩赐。经理应该用对待客人一样的礼貌和尊敬对待申请人。

面谈人应该让申请人确定谈话节奏，对紧张和害羞的人要有耐心，不应该把经理要求的标准确切告诉申请人，因为有的申请人会改变自己的反应以满足这些期望。经理还应该注意申请人的身体外观，因为许多申请人会按照他们最高的个人标准加以修饰。

表 14-5　与面谈相关的常见问题

相似性错误
许多面谈人容易对与自己相似（兴趣、个人背景甚至外表等方面）的候选人反应积极，而对与自己很不同的候选人反应消极。
对比性错误
应该把候选人与为岗设定的标准相比较，而不是把他们互相对照。在两位较差的候选人之后来了一位平平之辈的时候，无论是有意识还是潜意识地对比候选人就会特别糟糕。因为在候选人之间的对比，那个平平之辈看上去就会很突出从而引起对比性错误。
过于看重负面信息
人类的本性就是对负面信息比正面信息注意得多。我们看自荐材料或申请的时候，会倾向于寻找负面而不是正面的资料，在面谈中也会发生这样的情况。
第一印象错误
许多人会对候选人产生强烈的第一印象，并且在面谈中自始至终保持第一印象。
光环效应
有时候，候选人某一方面——外表、背景等——给面谈人的好印象会给他的总体印象增辉。在这种喜爱的光芒下，面谈人看候选人的一言一行时会产生光环效应。
魔鬼的号角
光环效应的对立面。这种情况常常会使面谈人用不喜欢的眼光看待候选人的一言一行。
错误的听和记忆
面谈人并不总能听出一句话想要表达的意思，他们也无法记住说过的每一件事。
近期错误
面谈人容易记住候选人最新的行为或反应，而记不住面谈中稍早些行为和反应。
非言辞因素
非言词因素如服装、微笑、说话方式和目光接触等，都会影响面谈人对候选人的印象。有的面谈人只根据候选人的服装和举止来决定聘用谁。

做好充分准备的面谈人有一份提前准备好的问题单。面谈人不一定要问所有的问题，而在洽谈过程中又会引出另一些问题。问题应该能让申请人充分展示自己而不要让他们感到自己是在受审。用"是"和"否"的提问应该限制，只要能证实申请表上提供的信息或获取另外的事实即可。询问"你以前的工作愉快吗"之类的问答题不能引发详细的答复。另外，这类问题还会引导申请人做出他们认为面谈人想听的回答。要引出更全面的反应，经理应询问开放式问题，如"关于以前的工作，

你最喜欢的是什么"或"关于以前的工作，你最不喜欢的是什么"。

一般来说，面谈人要用一段轻松的谈话，有时还可能是幽默的，来开始面谈，让申请人感到放松些。随后，他可以问申请人的工作期望———一般是申请人寻求的工作种类和工作条件——而转入面谈主题。面谈人应在一个时间集中在一个主题上，例如，在谈及教育或其他问题之前，面谈人可以深入谈谈申请人的工作经验。

好的面谈人会用适当的手势和言语鼓励申请人，他们还注意聆听，注意申请人的身体语言。姿势或语调的突然变化、目光移动，以及紧张的面部表情和行为说明申请人对谈论的话题感到不自在。申请人回答问题犹犹豫豫的时候，经理应跟上相关的问题，探求更进一步的信息。此外，当一位申请人的答复含糊其词或转换话题时，可能就表示他想要回避这一主题。同样，面谈人试图取消或回避主题时也会引起申请人的怀疑。当申请人问及工作岗位或前厅部运作问题时，面谈人应尽量直接而诚实地做出回答。

给申请人一份岗位职责作为面谈的一部分不失为一个好主意。它会清楚地表明经理在寻找什么，工作有什么要求。前厅部经理可以和申请人一起阅读岗位职责，指出重要的职责。这使得申请人能够形成一幅关于工作的更清晰的画面，形成他们是否喜欢这份工作的全面观点。如果面谈进展顺利，甚至还可以简单讨论如果被聘用后候选人实际要接受的培训。

在没有人力资源部门的饭店，面谈人应在面谈的早期阶段就确定申请人是否达到了岗位的基本要求。这也是谈及其他聘用要求的时候，例如联邦政府要求的员工证明他们在美国工作的合法权益（然而要注意，在做出聘用决定之前，不可要求申请人出示这类证据）。进行面谈的人还应当确定在工作条件、排班时间、工资、工作种类和聘用福利方面，申请人的个人工作要求能否得到满足。如果出现工作似乎难以令各方满意的情况，面谈即应终止。在不理想的情况下给予或接受工作都会导致较高的员工不满意率和流动率。

面谈的问题 分两步提问是面谈中最常用的技术。第一步，面谈人问一些具体的问题，如谁，什么，何时或何地。第二步，或后续的，问题要追寻更深层次的反应——或能告诉面谈人为什么或怎么样。例如，第一个问题可能是："在原来的饭店，你最喜欢的工作是什么？"申请人回答之后，面谈人会问："为什么那是你最喜欢的？"面谈人可以使用的其他提问技术包括：

- 应了解申请人的各种反应，而不是单一的反应，那样能更具有自发性。后续问题应该缩小范围。
- 使用直截了当的问题来证明事实并快速获得大量信息。直接问题有时又称为封闭型问题，常常得到很简短的回答，例如是或不是。

- 使用非直接式或开放型的问题，或要申请人进行比较。当面谈人不单寻求标准答案时，这项技术很有用处。开放型问题是要申请人详细回答的问题，例如："在学校时你喜欢什么科目？"
- 当回答似乎不合理或不切实际的时候，往深处追踪这一题目。
- 申请人给出不完全的回答时，应探求更多的信息。这时候常常重述他的回答作为问题，例如，"那么，你认为部门太大了，是吗？"
- 用简短而肯定的反应鼓励申请人说下去，例如，"我懂了"或"请继续说"时点头表示赞同也会有所帮助。
- 运用沉默来表示申请人应继续讲。
- 申请人不理解问题时，给出示范答案。
- 做出评论而不是一味提问，让申请人的回答多样化。

问什么？所有的问题都要有很强的专业背景。在面谈中问及的问题应该与空缺的岗位相关。例如，对于总台接待员岗位的申请人和前厅部主管工作岗位的申请人，前厅部经理就不可问完全相同的问题。可以了解申请人执行专门工作任务的能力。表 14-6 给出了一套经理们进行面谈时可以使用的问题样本。

表 14-6 面谈样题

与工作背景相关
- 你每周一般工作 40 小时吗？加班多少时间？
- 你的总额工资和到手工资各是多少？
- 有些什么福利？你要为这些福利付多少钱？
- 你想要什么样的工资 / 薪金？你会接受的最低数额是多少
- 你最希望把工作安排在一周中的哪几天？
- 以前周末工作过吗？在什么地方？有多久？
- 你最喜欢的工作班次是什么？你不能上什么班次？为什么？
- 你喜欢每周工作多少小时？
- 你怎么来上班？
- 对于可能要工作的班次来说，你的交通方法可行吗？
- 上一份工作是什么时候开始的？做到什么职位？你现在的职务或你离开时的职务是什么？
- 你现在工作或上一份工作的起始工资是多少？
- 在现在的工作或上一份工作中，多久增加一次工资？
- 在下一份工作中，你想要避开的三件事是什么？
- 你希望主管有什么样的素质？
- 你为什么选择这一行？
- 你为什么有兴趣在本饭店工作？

（续）

• 什么工作经历对你的职业决定影响最大？

教育和智力

• 在学校的时候，你最喜欢哪些学科？为什么？

• 在学校的时候，你最不喜欢哪些学科？为什么？

• 你认为你的成绩是整体能力的一个好的标志吗？

• 如果一定要你再次重做受教育决策，你会做出同样的选择吗？为什么或为什么不？

• 过去 6 个月里，你学到的最重要的是什么？

• 你发现你最好的老师具有什么好品质？这些也可以应用在工作上吗？

个人性格

以下有些问题会更适宜问那些没有什么工作背景的人：

• 业余时间你喜欢干什么？

• 在现在或前一份工作中，你缺勤或迟到了多少次？那是正常的吗？是什么原因？

• 你在本饭店工作，家里会怎么看？

• 在你前一份工作中，关于无故迟到或缺勤的政策给你解释清楚了吗？这些政策公平吗？

• 你的第一位主管是什么样的人？

• 你的第一份工作是怎样得到的？你最近的工作呢？

根据面谈的需要，以下关于个人性格、工作职务的问题可以改变：

• 谁的责任更重大——前台接待员还是预订销售员？为什么？

• 你曾面对过一位对一切都不满的气愤的客人吗？如果有过这样的经历，那你是怎样与客人一起解决问题的呢？

• 你认为你所申请的岗位的人离开的主要原因是什么？你会怎么去改变它？

• 你认为一个好总台接待员的最主要责任是什么？

• 假设你的主管坚持要你以某种方式学习一项任务，而你知道有更好的方式，你会怎么做？

• 你遇到过对某些员工表现出偏爱的主管吗？对这种情况，你是怎么认为的？

• 在你的工作经历中，你最喜欢的是什么？为什么？

• 在你的工作经历中，你最不喜欢的是什么？为什么？

• 当你到商店去买东西的时候，希望看到销售人员什么样的素质？

• 在前一份工作中，你最大的成就是什么？

• 如果有机会，你会对前一份工作做哪些改变？

• 如果给了你这样的机会，你愿意回到前雇主那里吗？为什么或为什么不？

• 当你决定离开时，是提前多久通知前雇主的（或计划通知前雇主）？

• 你的前主管和同事们会怎样描述你？

• 你带到这个新岗位的强项和弱项是什么？

• 工作上什么会让你感到灰心？你会怎样对待这些挫折？

• 在你的前一份工作评估中，你的前主管提到需要改进的有哪些方面？你认为为什么会有这样的意见？

• 你最愿意改进自己的三个方面是什么？

• 你干过的最值得骄傲的事是什么？为什么？

（续）

> - 你遇到的最有趣的是什么事？
>
> - 你申请的工作对你重要吗？为什么？
>
> **针对候选管理人员的问题**
>
> - 对员工，你有过什么样的培训计划？谁制订谁实施的？
>
> - 在前一份工作中，你做了哪些努力去改进你所管理部门的工作？结果是怎样衡量的？
>
> - 经理的最重要贡献是什么？
>
> - 哪些饭店是你们的最大竞争者？他们的强项、弱项各是什么？
>
> - 作为管理者，你的员工会怎样描述你？
>
> - 在前一份工作中，你必须管理多少人？描述一下情况，对开除员工你是怎么看的？
>
> - 你在激励你的员工方面做了哪些工作？

　　不问什么？ 在组织面谈问题和决定要问什么问题的时候，经理们必须细心。一般来说，经理们应避免问及那些不能在聘用决定中合法利用的信息。讨论的重点不应集中于出生地、原居住国、国籍、年龄、性别、生活方式、种族、身高体重、婚姻状况、宗教或信仰、被捕记录、伤残，以及宗教或民族组织、俱乐部成员。经理们也不该问工作申请人伤残现状、性质或严重程度。

　　专门为某一性别的人准备的问题也是违法的。例如，面谈人就不应只问女性申请人有没有孩子，或有什么安排孩子的计划。如果这些问题与聘用有关，或者前厅部经理能证明它们有关，那么就必须既问男性也问女性申请人。

　　有些信息是一定要在聘用申请人之后才能得到的，如年龄证明、在美国工作合法权益的证明。取得这些信息的适当时机是新人填写聘用表格之时。另外，一项工作能否给予也许要以检查身体、药物实验或询问的结果为条件，但只能是所有做这项工作的员工都要检查或询问方可。员工的药检和询问必须与工作相关，并且与员工的工作需要保持一致。

　　面谈评估 表14-7中给出的面谈评估样表中列出了前厅部员工的一些重要品质。此表的各部分应根据前厅部的任职要求进行组合。前厅部经理可以运用这个表来评价申请人的强项和弱项。与申请人面谈之后，前厅部经理可以用此表按以下标准给出一个得分。

表 14-7　面谈评估表

申请人姓名_____	需评估的岗位_____		日期_____		
	Poor match	acceptable	strong match		
相关工作背景	- 3	- 1	0	1	+3
一般背景					
工作经历					
同样的经历					

（续）

对工作的兴趣					
工资要求					
出勤					
领导经验					

相关工作背景	−3	−1	0	1	+3
一般背景					
工作经历					
同样的经历					
对工作的兴趣					
工资要求					
出勤					
领导经验					

教育＼智力					
正规学校的教育					
智力能力					
另外的培训					
社交技能					
语言表达和聆听能力					
文字能力					

身体因素					
一般身体健康					
体力状况					
清洁、服饰和姿势					
体力水平					

个人性格					
第一印象					
人际交流技能					
个性					
合作精神					
激励					
眼界、幽默和乐观					
价值观					
创造性					
压力承受能力					
展示技能					
服务态度					
独立性					
计划和组织能力					
成熟性					
决断能力					
自我了解					

（续）

灵活性				
工作标准				
小计				

共计得分 _____

- 如果申请人达到给定领域技能的可接受水平，或技能不直接与工作有关，则他们的得分为0。
- 根据在与工作相关的领域，他们超出可接受的技能水平的程度，得分可加1分或3分。
- 在与工作相关的技能方面，按他们低于可接受的水平的程度，可减1分或3分。

　　每一位申请人都有强项和弱项。面谈评价表能保证某一方面的缺点不会让申请人失去机会。评价了所有的申请人之后，经理应选出并聘用最适合该岗位的申请人。在面谈评价表上得分最多的申请人一般有可能成为最好的员工。一旦选出了申请人，经理应通知参加面谈的其他申请人，该岗位已经有人了。有的时候，一个岗位不成功的申请人会适合于另外的岗位空缺。出现这种情况时，经理应鼓励申请人去申请，或者花点时间告诉另一部门的经理有关合格的申请人的情况。

　　所有聘用面谈应存档，特别是那些未被录用的申请人的面谈。这些记录应只有与工作相关的信息，面谈人的个人便条不能成为候选人工作申请档案的一部分。

聘　用

　　当雇主向一位未来的员工表示愿意给予工作时，试用阶段就开始了。试用工作包括做出一切必要的安排，让新人与现有员工建立良好的工作关系；开始人事记录。试用阶段一直持续到新员工首次在岗评估结束。有时候，工作申请人在受雇前会与好几位经理面谈，包括本班主管、房务部经理，甚至到总经理。应告诉申请人这是首次面谈过程的一部分，让他们知道需要不止一次来到饭店。

提供工作岗位

　　由于聘用工作要求有一定程度的技能和关于复杂的劳动法的知识，多数前厅部经理依赖人力资源部门或最高管理层制定的专门人选。当只有一两个人有权给予聘用时，饭店能更好地管理怎样描绘工作和聘用前做出的承诺。开始和结束给予聘用工作的三个步骤是：提议、谈判和议定。

　　聘用提议　组词严密的提议是一位未来的员工对雇主承诺的开始。要保证提议的用词清晰，意义明了，不会产生误解，许多饭店都要求有书面的提议。成功的聘用提议有时间性。前厅部经理等待给出提议的时间越长，候选人接受提议的可能性就越小。在等候期间，申请人会失去热情和兴趣，也可能已经接受了其他地方的一项工作。可能的时候，应给书面工作提议。这样做可以避免对工作职务、工作要求、起始工资或工作日程方面的误解。写得好的工作提议都有一行供申请人接受提议的签字。这一签字行表明申请人已经阅读并理解提议的内容。

谈判提议 在面谈过程中，前厅部经理应逐渐熟悉申请人的背景情况和他的期望。许多有时会成为工作提议的障碍的问题（如工资、起始日期及员工福利）应进行讨论。但只有当工作提议肯定会被接受时，管理层才会与其展开谈判。

设定合理的起始日期，这一做法会告诉新人，前厅部希望员工在离职时给出适当的提前通知。不给未来的新员工足够的时间提前通知他们现在的雇主，饭店就不能指望自己的员工会提前通知自己。

完成聘用提议 一旦申请人接受了工作提议，前厅部经理应该让申请人相信：他做出了正确的抉择。应告诉新人并不期望他们一开始就了解工作的方方面面，但管理层相信他们的能力，能成功地开展工作。主管应立即着手准备新人的到来，包括通知其他前厅部员工。应把新员工的姓名、以前的工作经历以及到岗日期告诉现有的员工。前厅部经理应会见各个班次的排班领导，鼓励他们协助进行新员工培训，建立良好的工作关系。

处理人事事务

在新员工到职前处理好有关人事方面的事务有助于适应新的岗位。应试穿制服、定做名牌，因为这些是员工第一天上班就需要的。如果员工需要饭店开银行账户或提供其他帮助，应尽可能在第一天上班前办好。

这期间的主旋律应该是温暖的、关心的和专业化的。如果过于轻松、随便或喧闹，新员工会认为饭店或前厅部的政策和程序过于松懈。员工应知道管理层在服务方式上的期望，也应知道前厅部和饭店的目标。管理层会发现，办理过程是与新员工讨论目标和期望的最佳时刻。

在这个时候，前厅部经理或人力资源部的员工也应该讨论计时卡、工资发放程序、工作隶属关系以及制服等事项。一张对照表可以保证每一重要事项都已办理。在员工入职培训期间，许多事项还要再强调。

入职培训

新员工第一天来工作时应拿到一份入职培训计划。计划好及有组织的入职培训会让新员工有一个良好的开头。通常，新员工第一天上班都充满着急切的心情。前厅部经理应负责安排好员工的入职培训。

经理们应计划好让新员工尽可能顺利地进入新的工作。成功的入职培训计划常包含书面的日程，新员工可以用作参考。日程表应告诉员工，他将要去见谁，在哪里见，什么时间见，以及将讨论什么问题。至少，入职培训计划应包括关于以下信息：

- 饭店：它的历史、服务声誉、主要管理人员姓名、发展计划、公司政策，以及连锁信用的信息。
- 福利：工资、保险项目、员工折扣、假期和带薪假日。
- 工作条件：培训计划安排、工作日程、休息、用餐时间、加班、安全、保安、员工通知牌和记事本，以及社会活动。
- 工作：工作岗位所承担的任务、工作怎样适应前厅部、前厅部怎样适应饭店、期望达到什么样的服务标准。
- 前厅部团体：介绍同事，概述每位员工的主要职责，解释隶属关系。
- 规则和规定：关于如吸烟、出入、纪律处分、停车权利。
- 建筑物：建筑物的布局、员工入口的位置、更衣室、员工餐厅、制服房、总台，以及其他重要部门。此外，应领总台、预订和大堂的服务员工去客房、餐厅、娱乐区和会议室，让他们开始了解住客区域的布局。

这其中有许多信息是员工手册中也应该有的。员工上班的第一天就应确定填写所有国籍证明或工作许可证明、赋税预扣、保险，以及类似的与工作相关的表格的时间。根据工作应发给制服和更衣柜。新员还应该参观全饭店，特别是不同种类的客房和会议室。参观地点应包括工作区、计时钟、工作日程张贴处、库房、急救箱、厕所和小憩处。参观相关的部门会有助于强化对工作流程的解释，以及对团体协作的需要。在参观中，前厅部经理应尽量多给新员工介绍一些同事。

管理层应保证让新员工看到所有营业点。参观中还应该指出一些重要部门的位置，如客房部、洗衣房、维修保养部、财会部等。参观中最重要的事情之一是要花时间把新员工介绍给重要的经理们，特别是总经理和房务部经理没参加面谈的情况下，要介绍给他们。这种介绍能让新员工立刻感到是整个团体的一员，它还有助于建立管理层与员工之间的相互关系。

技能培训

保证员工受到适当的培训是前厅部经理的主要职责之一，这并不是经理一定要做培训老师，实际培训工作可以交给培训老师、部门里的主管，甚至是聪敏的员工。

然而，前厅部经理应负责部门内外培训计划的实施。

　　绝大多数经理和培训员都知道，培训的目标是帮助员工获得做好工作的技能。但是，许多经理和培训员都不知道培训的最佳方法，他们常需要一个培训框架。四步培训法提供了这种框架，它们是：

- 准备培训。
- 实施培训。
- 技能实习。
- 跟踪检查。

准备培训

　　对成功的培训来说，准备工作是十分重要的。没有充分的准备，培训会缺乏逻辑顺序，工作的重要细节也会被忽略。培训开始之前，前厅部经理必须分析工作，并估计员工对培训的需要。

　　分析工作　培训和防止工作出错的根本在于工作分析。工作分析确定员工必须掌握什么知识，他们要完成什么任务，以及执行任务时他们必须达到的标准。不完全了解每位员工要去做什么，你就无法进行适当的培训。工作分析可分为三步：确定工作所需的知识、制定任务单、为前厅部各岗位的任务制作分类细目。知识、任务单和分类细目构成了评价工作的有效体制。

　　工作所需的知识明确员工在进行工作时需要知道些什么。工作知识可以分为三类饭店全体员工的知识，前厅部员工的知识，各岗位如总台接待员的知识。表14-8列出了有关饭店全体员工、前厅部全体员工以及前台接待员所需要的知识。

表14-8　前厅部员工工作知识

全体员工的知识	全体前厅部员工应掌握的知识	餐厅菜单。
• 高质量的对客服务。		• OSHA 规则。
• 血液携带的病原体。	• 客房状况术语。	
• 个人仪表。	• 电话礼仪。	**总台员工应掌握的知识**
• 紧急情况。	• 保安。	• 何谓总台员工？
• 失物招领。	• 客房种类。	• 与其他同事及其他部门团结
• 再循环程序。	• 保养需要。	协作。
• 安全工作习惯。	• 饭店政策。	• 目标市场。
• 识别值班经理。	• 社团信息。	• 客房设备和用品的使用方
• 饭店宣传册。	• 回答问路。	法。
• 员工政策。	• 机场班车服务。	• 电话系统。
• 美国残疾人法案。	• 乘坐电梯的礼仪。	• 各营业点的设备。

（续）

• 总台计算机系统。	• 房价术语。	• 检查批准程序。
• 总台打印机。	• 常客计划。	• 信用检查报告。
• 客房状况显示架。	• 入住登记和结账离店指南。	• 货币兑换。
• 预订的种类。	• 客房预测。	• 库存物资系统。
• 客房统计和出租率统计的术语。	• 信用卡授信程序。	• 重点宾客。

一份任务清单反映出一个岗位的全部工作职责。表14-9给出了总台接待员的任务清单样本。注意任务清单的每一行都以一个动词开头，这种形式强调了行动，并且清楚地告诉员工，他将负责做什么。只要有可能，都应按每日工作的逻辑顺序列出任务。

工作分类细目包括一张表，列出了需要的设备和用品、步骤、怎样去做，以及解释怎样去完成一个单项任务的提示。为了适应各项工作的需要和要求，工作分类细目的形式可以有所变化。表14-10给出了表14-9中列出的"运用有效的销售技巧"中第16项任务的工作分类细目样本。

每一位前厅部员工都应该知道将用来衡量他的工作表现的标准，因此，分解工作任务和制定标准就很重要了。为了发挥工作标准的作用，各项任务必须是看得见的，

表 14-9　任务清单样本——总台接待员

总台接待员任务清单	
1. 使用总台计算机系统	18. 带领客人参观客房
2. 使用总台打印机	19. 客房尚未准备好时使用的候补名单
3. 使用总台电话系统	20. 在超卖情况下重新安置客人
4. 使用传真机	21. 使用人工客房状况显示系统
5. 使用复印机	22. 处理房间更换
6. 整理总台，准备入住登记	23. 为客人办理保险箱业务
7. 使用前厅部工作日志	24. 为销售点准备现金报告
8. 制作并使用抵店名单	25. 经管并跟办信用检查报告
9. 预留和撤销预留客房	26. 处理客人信件、包裹、电报和传真
10. 建立预登记	27. 管理客人信息指南
11. 开始客人入住登记	28. 准备地图并提供指路服务
12. 登记时确定付款方式	29. 帮助客人提供特殊需要
13. 获得信用卡授权	30. 回答有关部门服务和活动的问题
14. 发放并控制客房钥匙／钥匙牌	31. 处理对客服务中的问题
15. 完成客人入住登记	32. 为客人兑换支票
16. 运用有效的销售技巧	33. 领取、使用并上缴备用金
17. 为抵店团队做预登记以及入住登记工作	34. 邮寄客人账单和发票

（续）

35. 遵守保护客人隐私和安全的措施	45. 处理客人延迟离店
36. 办理叫醒服务	46. 办理延迟收费
37. 操作付费电影系统	47. 保持总台干净整齐
38. 处理保证类预订客人的未抵店情况	48. 调整客房状态，与客房部下午报告一致
39. 更新客房状况	49. 准备最新客房状态报告
40. 帮助客人办理将来的预订	50. 执行大小检查
41. 办理客人离店手续	51. 盘存并申领总台补给品
42. 调整有争议的对客收费	52. 填写并上缴当班检查表表
43. 转移获准同意的客人收费	53. 处理急救
44. 办理自助离店	54. 对警报做出正确反应

资料来源：招待业培训丛书，《总台员工指南》(密歇根州东兰辛：美国饭店与住宿业协会教育学院)。

可以衡量的。表 14-11 给出了可以用作行为评价的"现有员工培训需求评估表样本"。前厅部经理(或主管经理)进行工作表现评估时只需将对应的栏目与员工表现相对照。应经常对新员工进行表现评估。这些评估应该起到强化的作用，关注成功的地方和需要改进的地方。随着新员工越来越熟悉他们的工作，评估的频率可以降低，直至把他们完全培训好。

制作工作分类细目 如果要前厅部的一个人去负责撰写每项工作的分类细目，这项任务也许永远也完不成，除非规模很小，只有有限的任务。一些最佳分类细目是由实际执行任务的人撰写的。在员工众多的饭店，可以组织撰写标准的小组来完成协作任务。小组成员应包括部门的主管和几位经验丰富的员工。在小一些的饭店，可能会让有经验的员工单独去写工作分类细目。

多数饭店都有政策与程序手册。虽然这种手册里很少会有建立有效培训和评估方面的详细内容，但其中有的章节能帮助该小组成员撰写各部门岗位的工作分类细目。例如，如果手册的程序部分有岗位职责和任职要求，就能帮助小组成员写工作清单和执行标准。政策部分则是那些能用于工作分类细目的额外信息的来源。

涉及设备使用的工作分类细目可能已写在供应商的操作手册中。标准小组也不必写总台计算机系统的工作标准，只要在培训中引用(或甚至附上)供应商的操作手册中的几页即可。

写工作分类细目包括写前厅部工作清单上的每一项任务的工作标准，这些工作标准必须是能看得见的、可衡量的。前厅部经理至少帮助小组写两个到三个岗位的工作标准。在帮助的过程中，经理必须强调每项工作标准都要看得见，并且可以衡量。主管或经理能否简单地在工作审查栏中的"是"或"否"上打钩就可以评价一位员工的工作，可以试验出各项工作标准的价值。有的时候，可衡量的工作标准还包括笔试，以证明员工具备所要求的知识。这类考试应易于执行，多数使用多项选择、正确／错误判定及填空类型的试题。

小组写出了两项到三项任务的分类细目之后，其他任务的细目写作交给小组的各位成员在一定的时间内，他们应把原稿交给前厅部经理，由前厅部经理组合分类细目，把它们处理成一个简单的形式（也许与表14-10所示的相同，或与本章附录里的相似），并给小组的每位成员发一份副本。这时可以召开最终会议了，由标准小组仔细分析每个岗位的分类细目。工作分类细目一经最终确定之后，应立即用来培训前厅部员工。

表 14-10　工作分类细目样本

运用有效的销售技巧		
需要的资料：促销项目目录册，促销材料，宣传册，客房简图，餐厅和房内用餐菜单		
步骤	**怎样去做**	**提示**
1.升级销售客房	☐客人进店时推荐较高房价的客房。 ☐描述高价房的特色和好处。 ☐出示客房简图，帮助说明特点。 ☐如果客人有孩子，建议用大点的房间，以增加空间。 ☐建议商务旅客用条件更好的房间，或者更大的房间，可以开会。 ☐如果一对夫妇正在度假，建议用能留下深刻记忆的特色房。 ☐直接问客人他们是否愿意入住你所说的房间。	升级销售是一种销售比客人原订房间更贵的客房的方法。 向客人提供更好的房间不会伤害客人，你在表达的是希望客人住得愉快。 不要等待客人告诉你也要订的是某一种房型。预期他们的需要，并且问你是否能为他们订那种房型的房。客人通常者欢迎积极的建议。
2.推荐餐厅	☐如果客人说没有时间离开房间，则推荐订房内用膳，告诉客人服务时间。 ☐运用好的判断。不要在深夜推荐房内用膳菜单上的大菜。 ☐如果客人要找一个好地方吃饭，则推荐饭店的餐厅。 ☐给客人看菜单，以帮助他们做出决定。 ☐要能告诉客人预订和着装方面的要求。 ☐倾听客人意见，如果他们特别询问饭店外的餐厅，就建议去有地方特色的餐厅。 ☐如果客人在找地方放松一下，建议他去茶座。 ☐掌握对菜单、营业时间和娱乐节目的变动信息，客人可指望你是本饭店的专家。	记住，当你推荐饭店餐厅的时候，是在进行团体协作。 参见"前厅部全体员工要掌握的知识"中"餐厅菜单"。

（续）

步骤	怎样去做	提示
3.推荐饭店的促销项目	☐问主管，店内有哪些促销项目。 ☐研究各促销项目的特点及益处。 ☐热情地描述可以满足客人需要的项目。 ☐给客人审理传册和其他促销材料。	客人喜欢感到他们得到了"免费的东西"或"特别优待"。

资料来源：招待业培训丛书，《总台员工指南》（密歇根州东兰辛：美国饭店与住宿业协会教育学院）。

分析新员工的培训需求 任务清单是做员工培训计划的极好工具。事实上，不能指望新员工在第一天上班之前就学会所有的任务。在你开始培训之前，请研究任务清单。然后，再根据单独工作之前应该掌握的；在岗两个星期之内应该掌握的；或在岗两个月内应掌握的各项任务来分步实施。

选出你评定为"1"的几项任务，计划在首期培训中完成。员工了解并且能执行这些任务之后，在随后的培训中教剩下的任务，直至新员工学会所有的任务。

你决定了各期培训教授的内容之后，请看工作分类细目。把工作分类细目作为培训的课程计划，也可以作为自学的学习指导。因为工作分类细目列出了员工必须执行的每一步骤，还准确告诉我们培训中要做些什么。工作分类细目可以指导讲课，也可以确保重点或步骤不被忽略。

员工必须知道的知识一般写在一个单页上。每次安排9个或10个知识部分或工作分类细目让新员工学习。不要员工一次阅读所有的知识部分和所有的工作分类细目，这会使员工感到茫然，他无法记住把工作做好的足够的信息。

分析现有员工的培训需求 前厅部经理们有时会感到一个员工或几个员工的工作有问题，但他们不能肯定到底是什么问题；有时也会感到和员工有点不太对劲，但不知道从哪里着手改善。一份培训需求评估能帮助找出一位员工的弱点，同样也能找出全体员工的弱点。要对一位员工进行需求评估，就观察两到三天他现在的工作，记录在一份与表14-11类似的表格里。员工得分使前厅部经理们有时会感到一个员工或几个员工的工作有问题，但他们不能肯定到较差的地方就是你计划补习培训的目标所在。

表 14-11 培训需求评估表样本

现有员工培训需求评估 你现有的员工工作如何？用这张表去观察评定他们的工作。 第1部分：工作知识				
评定员工在以下各方面的知识	低于标准很多	略低于标准	达标	高于标准
全体员工应掌握的知识				
高质量的对客服务				
血液携带的病原体				
仪容仪表				
紧急情况				

（续）

评定员工在以下各方面的知识	低于标准很多	略低于标准	达标 高于标准
失物招领			
再循环程序			
安全工作习惯			
值班经理			
你饭店的宣传册			
员工政策			
美国残疾人法案			
前厅部全体员工应掌握的知识			
礼貌接听电话			
保安			
客房种类			
保养需求			
饭店政策			
所在社区			
回答问题			
到机场的交通			
乘电梯礼仪			
餐厅菜单			
OSHA 规则			
总台员工应掌握的知识			
何谓总台员工？			
与同事和其他部门团结协作			
目标市场			

现有员工培训需求评估

第 1 部分：工作知识

评定员工在以下各方面的知识	低于标准很多	略低于标准	达标 高于标准
全体员工应掌握的知识（续）			
使用客房设备和用品电话系统			
销售点记录设备			
前台计算机系统			
前台打印机			
客房状况显示架			
预订种类			
可售客房和出租客房术语			
房价术语客房状况术语			
常客计划			
入店登记和结账离店要点			

评定员工在以下各方面的知识	低于标准很多	略低于标准	达标 高于标准
客房预测			
信用卡授权程序			
检查授权程序			
信用检查报告			
现金兑换周转库存量系统			
重点宾客			

第 2 部分：工作技能

评定员工在以下各方面的知识	低于标准很多	略低于标准	达标 高于标准
使用前台计算机系统			
使用前台电话系统			
使用前台打印机			
使用传真机			
使用复印机			
整理总台准备入住登记使用前厅部工作日志			
制作并使用抵店客人名单预留和取消预留房			
建立预先登记开始客人入住登记			
登记过程中确立付款方法寻求信用卡授权			
发放和控制客房钥匙			
结束客人入住登记			
运用有效的销售技巧			
预先登记并办理团队客人入店手续			
向潜在的客人展示客房			
客房未能入住时使用等候名单超卖时重新安置客人			
使用人工客房显示系统办理换房			
为客人办理保险箱			
为营业点准备现金报告			
制作并跟踪信用检查报告			
办理客人的信件、包裹、电报和传真			
更新对客服务信息指南			
准备地图并给客人指路			
帮助落实客人的特殊要求回答关于服务和活动项目的问题			
处理对客服务中的问题			
为客人兑换支票			

（续）

评定员工在以下各方面的知识	低于标准很多	略低于标准	达标	高于标准
领取、使用并上缴备用金邮寄客人的账单和付款单				
保护客人的隐私和遵守保安措施				
处理客人的叫醒电话管理收费电影系统				
处理保证类预订的不抵店更新客房状态				
帮助客人预订客房在前台办理客人离店手续				
调整有争议的收费				
转移经批准的对客收费				
办理自助离店手续				
办理延迟离店手续				
收取延迟离店费用				
保持前台清洁整齐				
核对客房状态和客房部				
下午的房态报告				
准备一份最新状态报告				
执行大小检查盘存并申领前台补给品				
填写并上交当班检查表对需要急救的情况做出反应				
对警报做出反应				

资料来源：招待业培训丛书，《总台员工指南》（密歇根州东兰辛：美国饭店与住宿业协会教育学院）。

制订部门培训计划 一年定四次培训计划是个好办法，每三个月左右一次，而且最好在下一季度开始前一个月完成各个计划。按照以下步骤准备培训：

- 认真复习培训中要用到的所有知识部分和工作分类细目。
- 为受训人每人复印一份各知识部分和工作分类细目。
- 制定培训日程。这将取决于你要培训谁和用什么方法培训。记住要把每一期培训的内容限制在员工能够理解和记住的范围内。
- 选好培训时间和地点。可能时，在业务低谷时间把培训安排在合适的工作点。
- 把培训的日期和时间通知员工。
- 实施授课。
- 收集需要的全部物品做演示。

实施培训

准备精良的工作分类细目为四步培训法中"进行"阶段提供了你需要的全部信息把工作分类细目当作培训指南使用，遵循各工作分类细目中各步骤的顺序。在每一步骤，演示并告诉员工要做什么、怎样做，以及它的细节为什么重要。

给他们准备的机会。让新员工学习任务清单，从而对他们将要学着去做的所有任务有一个总体印象。可能的情况下，至少在第一期培训开始前一天把清单发给他们。每期培训开始前至少一天，让新老员工复习你计划本期培训涉及的工作分类细目。然后，开始每一期的培训前，介绍本期的内容，要让他们知道培训要持续多久，什么时候休息。

你在解说步骤的时候，还要做演示，要让员工真切看到你在做什么，鼓励他们需要更多信息时随时提出问题。要保证有足够的时间进行培训，进展要缓慢、细致，如果员工不能立刻理解时要耐心，所有步骤至少说两遍。当你第二次演示一个步骤时，要提出问题看他们是否理解了。根据需要反复做每一步骤。要尽量少用专门术语，要用刚进入接待业或刚进入饭店的新员工能理解的词汇，以后，他们会学会术语。

技能实习

当培训人和受训人都认为他们已熟悉工作，能够合格地完成以下步骤时，受训人应尝试独立执行任务。及时实习会养成好的工作习惯，让每位受训人演示你所教授的任务的各步骤，这会告诉你他们是否真的懂了。要抵制代替员工的冲动。

指导会帮助员工获得技能，自信是进行工作所必需的。员工做得正确应立即给予祝贺，你发现问题要温和地给予纠正。在培训这一阶段形成的坏习惯以后会很难纠正。要确保每位受训人都理解了，并且不仅能解释怎样去执行每一步骤，还能说明每一步骤的目的。

跟踪检查

培训后有许多方法可以让员工把技能带到工作场所去，以达到更易掌握的目的，其中一些方法如下：

- 在培训中和培训后提供机会使用和演示新技能。
- 让员工与他们的同事们讨论培训内容。
- 对进行中的事和关心的事提供持续的、敞开交流的机会。

在工作中继续予以指导 培训能帮助员工学习新知识，掌握新技能和态度，而指导则着重于把培训中学到的知识在工作岗位的实际应用。作为指导，你通过使用挑战、鼓励、纠正和积极强化等方法，巩固他们在培训阶段学到的知识、技能和态度。在岗指导注意事项有：

- 观察员工的工作，确保他们正确执行任务，做得特别好时应让他们知道。
- 轻松地提出建议，去纠正次要问题。

- 当员工犯重大错误时，得体地纠正他们。最好的方式是在双方都不忙时，在一个安静的场所去纠正。
- 如果一位员工在使用不安全的工作方法，应立即纠正。

不断给予反馈 反馈是你告诉员工他们做得怎么样。有两种反馈是积极的反馈，在工作中运用这些行为和信息。一种是承认工作做得好，另一种是再指导性反馈，找出做得不对的地方，说明怎样才能改进。这两种反馈的一些注意事项如下：

- 让员工知道他们什么做得对，什么做得不对。
- 员工受训后做得好应告诉他们，这会帮他们记住所学的东西，还能鼓励他们。
- 如果员工没能达到标准，首先就做得对的方面向他们祝贺，然后再告诉他们怎样去纠正坏习惯，解释为什么这样做很重要。
- 明确具体。准确陈述员工所说所为来对其行为加以说明。
- 细心遣词造句；听上去你是在帮忙，而不是命令、要求。
- 不要说，"当你问客人谁不认识路线可以帮忙时，你提供了高质量的对客服务，但是你应该知道餐厅的营业时间呀。好好学学那份饭店宣传册吧。"
- 而要说，"当你问客人谁不认识路线可以帮忙时，你提供了高质量的对客服务，你学习了餐厅及其他设施的营业时间就能提供更好的服务，我再给你一本饭店宣传册。"
- 确信你弄懂了员工所说的话。用诸如"我好像听见你说的是"。
- 弄清员工听懂了你的话，说："我不能确定解释清了每件事，告诉我你们认为我说了些什么。"
- 你的意见应严肃而真诚。员工们欢迎对特殊表现的真诚祝贺，没人喜欢因批评而难堪或受辱。
- 告诉员工，你不在时去哪里寻求帮助。

评价 评价员工的进步。用任务清单作对照表，确认所有任务都已掌握。为尚未掌握的任务提供进一步培训和实践的机会。

取得员工反馈 让员工评价他们接受的培训，这能帮助你改进对他们和其他员工的培训工作。保留每位受训人的培训记录，跟踪每位员工的培训史，并在员工的人事档案里保存一份培训记录。

为员工安排工作班次

为员工安排工作班次是前厅部经理面临的最具挑战性的任务之一。排班过程会是极为复杂的，特别是前厅部员工只接受了执行单项任务培训的时候尤其如此。例如，总台接待员在还没接受过总机工作培训的时候，就不宜安排他做接线员。

员工排班会对工资成本、员工生产率，以及士气产生影响。前厅部内部交叉培训越多，需要执行前厅任务的员工就越少。交叉培训给前厅部员工提供更广泛的工作知识和技能。在受训后掌握了做几项工作技能时，许多员工发现工作更有趣了。当员工看到自己的技能提高了的时候，他们会感到更自信；而给前厅部带来的是更高昂的员工士气。好的士气能迅速扩散给全体员工。

前厅部经理必须对员工的排班需求保持敏感。例如，计时工会要求更改安排，以避免上班时间与上学发生矛盾。有的前厅部员工会要求上不同的班次，以学习各班次所具有的独特的挑战。有的前厅部经理以资历为基础进行员工排班，有的以其他标准或喜好为基础进行安排。两种都很公平，但前厅部经理必须前后一致地执行排班标准，并且注意各位员工的需要，才能做出行得通的安排。

在对员工的需要保持敏感的同时，前厅部经理还要把前厅部的需要时刻记在心上。在员工能来而工作并不需要的日子安排员工上班，会使饭店承担不必要的财务负担。

前厅部经理会发现，以下提示在安排员工班次时很有帮助：

- 排班必须涵盖整个工作周，一般确定为从星期日到星期六。安排时要运用饭店的业务预测，前台和大厅服务处的业务一般以预计每日进出店人数为基础安排员工。预订部通常以什么时候预计有预订往来为基础进行安排，这需要与销售部进行一些协调。例如，销售部可能会在报纸上的星期日旅游版刊登广告，读者有可能会立即进行预订，因而饭店应安排人力接听电话、回答询问。

- 安排必须在下个工作周开始前 3 天张贴公布，有的州还要求提前 5 天或更多天张贴。前厅部经理了解关于加班时间和薪水的法律也很重要。

- 张贴的工作安排上应注明休息日、休假时间，以及请假的日子。员工应熟知递交休假申请需要提前的时间。

- 应该根据预测的业务量和未预见到的员工人数变化，逐日复核排班表，必要时，应改变原先的安排。

- 所有的安排变化应直接张贴在排班表上。

- 张贴的排班表的副本可以用来监督员工的每日出勤情况，这份副本应作为部门永久记录的一部分保存。

其他排班方法

其他排班方法涉及工作日从标准的上午 9 点到下午 5 点间员工安排的变化。变化内容包括临时工的排班和可弹性工作时间的安排、压缩工作天数的排班，以及工作任务的分担。

临时工安排 临时工常见的有学生、新的或年轻的父母、退休人员，以及其他不愿做正式工的人，聘用临时工能给前厅部的安排增加灵活性。另外，由于分摊到福利和加班上的费用一般会降低，它还能有助于减低劳动力成本。

弹性工作时间安排 灵活时间规划允许员工更改其上班和下班的时间。每个班次都有一段时间要求所有当班的员工都在场，班次中其他时间的安排则是可变的。前厅部经理必须保证一天中的每个小时都有合理的安排。灵活时间能提高员工士气、生产率，以及对工作的满意度。此外，实行弹性时间安排的前厅部有时还能吸引大量高质量的员工。多数前厅部经理以不同的形式使用弹性时间，以适应各个班次变换着的工作负担。例如，总台传统的班次是从上午 7 点到下午 3 点，下午 3 点到晚上 11 点。但是，由于大量的入店登记，安排一两名员工从中午到晚 8 点上班会更好些。而机场饭店会有上午 6 点到下午 2 点的班次，以安排清晨离店的客人。

压缩工作天数 压缩工作天数给员工一个机会，能在比平常少的天数内完成等同于标准工作周的工作。一种流行的做法是把 40 小时的每周工作浓缩成 4 ~ 10 小时工作日。压缩工作天数或多或少有点缺乏弹性。前厅部的员工会喜欢 4 天一周的非弹性时间，而不喜欢 5 天一周的弹性时间。从员工观点出发产生的优点是提高了的员工士气和降低了缺勤人数。考虑压缩工作天数的时候，前厅部经理应谨慎从事，在有些州，尽管员工每周工作总量不超过 40 小时，但他们一天工作超过 8 小时即可算加班。

工作任务分担 工作任务分担，即由两个或更多临时工的共同努力完成一位正式工的职责。通常分担同一工作的员工在不同的小时里工作，还常常在班次的不同时段工作。要有些重叠时间，让员工能够交流信息，解决问题，或者就是要保证工作流程通畅。工作分担能减少补缺人数和旷工，同样也能提高员工士气。前厅部也受益匪浅，因为即使分担工作的一方不干了，另一方也会留下来，还会帮助训练一位新来的合作者。

应当指出，在运用以上讨论的各种排班技术时，必须记住一定的限制。在使用计时工的饭店里，如有工会组织便会有限制排班时间灵活性的工作安排的规定，还会为任意一天超过 8 小时的工作支付加班费。另外，州和联邦工资和小时法也会给排班带来一些限制。前厅部经理在开始安排员工之前，应对这些工会合同规则和工作规定有彻底的了解。

员 工 激 励

前厅部经理应努力创建一个能鼓励员工专业发展和成长的工作氛围。要做到这一点，管理人员必须提供培训、指导、指示、纪律约束、评估、管理和领导。前厅部缺乏这些基本要素时，员工对饭店的目标就会变得消极、不满、漠不关心。这种感觉会表现在旷工、低生产率和高员工流动率方面。

由于当今劳动力市场的变化和员工人员流动的高成本，前厅部应寻求留住高效员工的途径。针对这一重大挑战的一种方法是实施强有力的激励技术。

激励可以有许多不同的方法。出于教学的目的，激励指的是一种艺术，能激励前厅部员工在某项工作、计划或问题上的兴趣，并使他们能不断对面临的挑战保持关注及承担责任。激励是人类的需求如个人发展、个人价值和归属感得到满足后产生的结果。在前厅部，激励工作的产生应该是员工对自身的价值、重要性和归属感的感觉已经从参加一次特殊的活动得到改善。因对前厅部所做的贡献而受到表扬的员工，一般都是受到高度激励的顶级员工。

前厅部经理可以用来激励员工的方法很多，包括培训、交叉培训、表扬、通报表扬，以及奖励计划。

培训

激励员工的最有效方法之一是培训他们。培训能告诉员工，管理人员非常注意提供必要的指令和指导，以保证他们的成功。成功的培训不仅包括工作任务和职责的知识（一项工作"要做什么"），还包括公司文化（工作中"为什么要以特定的方法完成任务"）。这个"什么"和"为什么"必须紧密相连。如果一位员工不知道为什么一项工作要以某种方式去做，他就不会真正理解工作。这会导致工作表现差，导致员工之间的摩擦。员工理解了企业文化，他们就会成为其中的一部分并且支持它。

培训大大减少了员工因不知道对他们的期望时所经历的挫折。有效的培训使员工知道工作上的期望，要求完成的任务和需使用的设备。因为培训能使员工有更多的产出，更高的效率，以及更容易管理，对培训的投入能得到很好的回报。

交叉培训

交叉培训只是教育在职员工一项工作任务，而不是聘用他来工作。交叉培训对前厅部管理层和员工双方都有许多优越性。对员工来说，交叉培训是掌握其他工作技能的机会，对经理来说，交叉培训能增加安排工作的灵活性。由于能执行数种工作职能，经过交叉培训的员工更为可贵。最后，交叉培训能消除许多与职业成长和发展相关的障碍，它能成为宝贵的激励工具。

认可

当客人对前厅部员工做出肯定的评价，或者把饭店作为将来再回来住的选择时，一般都反映了客人的满意度。前厅部经理应把肯定的反馈意见转告员工,作为对工作做得好的认可。描绘营收、成就、出租率和客人满意度的图表和曲线也能成为有效的激励因素。

客人的、管理人员的以及同事们的表扬都是强大的员工推动力。许多饭店用意见卡吸收客人的反馈。意见卡可以在前台发放,也可以放在客房、餐厅或其他地方。意见卡经常要求客人提出提供了杰出服务的员工。填好的宾客意见卡,特别是那些表扬员工的意见卡,可以张贴在员工通告牌上。

前厅部可以对受到客人表扬的员工给予奖励。例如,宾客意见卡,给经理的意见或给前厅部的信件中表扬的总台接待员可以在饭店餐厅用餐,也可以发给一张礼品券。

另一种流行的表扬形式是月度优秀员工计划。前厅部月度优秀员工可以由管理人员选出,也可以由前厅部员工选出。一般来说,能获此殊荣的员工要表现出对前厅部及其标准、目标的非凡忠诚。前厅部月度优秀员工会得到奖励证书或奖章。

沟通

让员工对前厅部的工作保持消息灵通能产生积极的效果。了解即将来临的活动的员工会感受到更大的归属感和价值感。

前厅部新闻简报或告示牌都是建立并保持正式沟通的良好方式。这种新闻简报中的文章可以与工作相关,也可以与个人相关,包括的主题有:

- 工作岗位空缺公告。
- 抵店或住店重要宾客和饭店里的特殊活动。
- 晋升、调动、辞职,以及退休通告。
- 新招聘通知。
- 工作提示。
- 特别表扬。
- 生日、结婚、订婚和出生通告。
- 将来临的活动。

前厅部区域的告示牌可以张贴工作安排、备忘录、通告、抵店或在店重要宾客团队活动、正常培训通知,以及其他有关信息。当告示牌的位置在前厅部全体员工都能到达的地方,而且员工经常浏览信息时,它就是最有效的。在许多饭店,员工告示牌是做好工作所需的每日信息的唯一来源。

奖励计划

员工应该得到对他们的工作的特别感谢。奖励计划是表彰工作中表现突出员工的最有效方法之一。奖励计划的规划和方法各有不同，常常是奖励杰出工作的一种极好方法。前厅部应该开发并建立奖励计划，这个计划应能产生一个对客人、员工和前厅部都有利的局面。好的奖励计划应该能挑战员工，并且能创建一种竞争精神。

设计好的前厅部奖励计划应该：

• 表扬并奖励突出的员工的表现。

• 提高员工的生产率。

• 表现出对员工满意度的重视。

• 激励员工通过提建议参与营收和改善服务的工作。

在开发奖励计划时，前厅部经理应考虑以下基本方针：

• 开发一项适用于并且专用于前厅部的奖励计划。

• 列出计划的特殊目标和目的。

• 确定前厅部员工受表扬、得奖必须达到的条件和要求。

• 想出多样化奖励的方法，并获得相关费用的必要批准。

• 确定计划开始的日期和时间。每位员工都应参加。前厅部经理应设计出有趣、可行，并具有创造性的计划。

• 确保方案的可持续性。一个方案如果过于复杂，或员工对其缺乏兴趣，这个方案可能无法进行至完成。

前厅部经理考虑的奖励主要是：

• 表扬信。

• 表扬证书。

• 公开照片展示（有员工和总经理或前厅部经理）。

• 表扬晚宴或活动。

• 礼品证书。

• 周末活动安排。

• 特别停车权。

• 表扬徽章。

成功的奖励计划还向员工提供向目标进展情况的反馈。例如，张贴在前厅部告示牌上显示每个进步的曲线图就会对奖励计划有很大激励作用。目标应具有挑战性，但也不能脱离现实，显得高不可及。不现实的目标会挫伤员工，也会毁掉奖励计划的激励作用。

前厅部的奖励计划通常以提高出租率、客房营收、平均房价和客人满意度为中心。一个时期执行一项奖励计划能让员工集中于特别的目标。例如，前厅部经理可以开发一项与增加日平均房价或出租率直接关联的奖励计划，员工就会努力去达到特定的出租率或特定的日平均房价。奖励应持续一段时间，这段时间过去以后，奖励计划即应结束。例如，在淡季，前厅部经理会集中于增加出租率；而在旺季，前厅部经理会实施一项奖励计划，通过在总台升级销售让日平均房价最大化。

工作评估

前厅部员工需要了解自己的工作表现，前厅部员工和经理之间的互动能对员工的自我形象和工作观念产生影响。正如本章前面讨论的员工评估一样，工作评估是经理可以用来激励员工和提高士气的最有效方法之一。

工作评估：

• 给每位前厅部员工一份正式书面反馈。

• 指出工作中的强弱之处，提出改进的计划和措施。

• 给经理和每位员工一个机会，可以制定专门的目标和进展日程。

• 通过提升、增资，以及外加责任表扬和奖励杰出的工作表现。

• 帮助确定适合员工的特殊工作岗位。

前厅部经理会发现，有很多方法和技术可以评估员工的工作表现。虽然多数饭店都有工作评估程序，但前厅部经理应量体裁衣，制定本部门的评估程序，以利达到部门的目的和目标。有效的工作评估一般集中体现员工的工作表现，以及员工提高工作技能改善表现应遵循的步骤。工作评估应该是公正的、客观的、资料丰富的，并且是积极向上的。在评估完成的时候，员工应清楚地了解他什么做得好，什么地方还需要改进。每位员工至少每年接受一次评估。

许多前厅部经理使用书面工作评估表和程序。当需要对员工进行劝告或终止聘用时，书面评估会很有说服力，很有益。经员工认可并签署的书面工作评估应存入员工的个人档案。表中还可以留出空间，让员工加上他自己的意见，也许还应指出他将来愿意考虑的其他岗位。随后可以由主管和员工共同制订下一个岗位的准备工作计划。书面评估表很重要的原因还在于，如果员工认为自己受到不公正的对待，他可以在法律诉讼中保护员工。饭店能够拿出员工的工作史和违纪记录，并且能说明饭店为改变这种状况做了哪些工作的时候，发生法律纠纷的机会就少多了。

小　结

劳动力的性质改变了，管理劳动力的技术和法律也改变了。前厅部经理必须了解这些变化，才能更好地管理和指导前厅部员工。

员工招聘是一个寻找并筛选合格的申请人填补职位空缺的过程。这一过程宣布工作空缺岗位，面谈和评价申请人。内部招聘——现有员工的提升——可以提高前厅部的士气和生产率。内部招聘包括交叉培训、接班计划、在店内张贴岗位空缺、奖励员工如工作表现，以及保留一份召回名单。外部招聘包括上网招聘、与临时职业介绍机构联系，以及推广员工推荐计划。联邦、州和当地政府通过税收鼓励饭店从特定的群体中招聘员工。

岗位职责和任职要求是重要的挑选工具。一份岗位职责列出了所有的任务及组成工作岗位的相关信息。任职要求则列出并说明成功执行岗位职责列出的各项任务所需要的个人素质、技能、性格、教育状况，以及经历。

工作申请表应该简单，容易填写，只要求申请人提供他为什么适合这份工作的信息。前厅部经理通过审阅填好的工作申请表，核对申请人的参考资料及与挑选出来的申请人进行面谈。经理应检查参考资料以证实申请人的陈述。

主持面谈人应该是公正的客观的裁判员，积极的楷模，经验丰富的沟通者，还要是一位销售人员。经理和面谈人应该知道要问什么，不要问什么；许多种问题是不合法的。面谈之后，应该对申请人进行评估，使用面谈评价表能保障申请人在一方面的缺点不会不恰当地去除再考虑他的机会。

聘用涉及各种必要的安排，让新员工与现有员工建立良好的工作关系。聘用阶段一直持续到新员工的最初适应期结束。由于聘用要求有复杂的聘用及劳动法知识，多数饭店则依赖人力资源部门或最高管理层专门指定的人。

新员工第一天来上班时应得到入职培训。前厅部经理应该对给前厅部新员工入职培训负全部责任。

前厅部经理的一项重要责任是保证员工得到恰当的培训。培训可以以作为清单依据，它列出了一个岗位的人必须执行的任务。工作分类细目则专门说明了工作清单上的各项任务应怎样去完成。工作分类细目可以作为培训指南，也可以作为工作评估的工具。前厅部经理可以运用以作分类细目为基础的工作评估来确定员工的培训需要。

安排员工工作班次是前厅部经理面临的最复杂、最困难的任务之一。员工排班会影响工资成本、生产率及士气。从交叉培训员中可以获得员工配备的灵活性。交叉培训能降低劳动力成本，还能让员工扩大工作知识面，增加技能范围。

前厅部经理应努力创建一个有利于专业发展和员工成长的工作环境。要做到这一点，管理人员应提供培训、指导、指令、纪律约束、评估、管理和领导。一个组织缺乏这些要素的时候，员工就会变得对公司的目标很消极、不满、漠不关心。这种感觉会在他们的旷工、低生产率和高流动率方面表现出来。

🄫 主 要 术 语 🄫

封闭性问题（closed-ended questions）：只要回答"是"与"否"的问题；限于证实正式申请表上的信息或获取事实。

压缩工作天数的安排（compressed schedule）：对全日制工作时间的一种改变，让员工能在少于传统的每周 5 天的工作日里完成与标准工作周相等的时间。

交叉培训（cross-training）：培训员工使他们能满足多个岗位的要求。

外部招聘（external recruiting）：经理们寻找店外申请人填补空缺岗位的过程，也许要通过社区活动、实习生计划、上网招聘、临时职业介绍机构或招聘代理机构来完成。

弹性时间（flextime）：一项灵活工作时间计划，允许员工改变上下班时间。

试用阶段（hiring period）：紧接着正式录用直至新员工早期适应工作结束的一段时间；这期间涉及各项必要的安排，让新员工与现有员工建立良好的工作关系。

奖励计划（incentive program）：以员工应付某种情况的能力为基础，给予员工特别表扬和奖励的计划；计划的规划和方法可以不同，它是鼓励员工杰出工作表现的一种方法。

内部招聘（internal recruiting）：经理在部门或饭店内部招募工作候选人的过程；方法包括交叉培训、接班计划、张贴空缺岗位，以及保留召回名单。

工作分析（job analysis）：确定各岗位需要的知识、各岗位需要完成的任务，以及员工完成任务必须达到的标准。

工作分类细目（job breakdown）：一张表，详细说明应该怎样执行一项工作的技术职能。

岗位职责（job description）：一张明细表，说明一项工作的全部重要职责，以及汇报关系、额外责任、工作条件与需要使用的设备和器材。

工作知识（job knowledge）：员工执行任务必须了解的信息。

工作任务分担（job sharing）：一种工作安排，一个正式工的工作岗位的责任由两位或更多临时工分担。

任职要求（job specifications）：一张表，列出成功执行岗位职责中所列任务所需要的个人素质、技能以及性格。

激励（motivation）：激发一个人对某项工作、计划或某一问题的兴趣，让他对面临的挑战保持关注，承担责任。

开放式问题（open-ended questions）：不仅仅"是"或"否"就能回答的问题，应能引导申请人做出详细的回答。

入职培训（orientation）：用于培训新员工掌握工作的基本要素，包括工作需要的技能和信息的一段时期。

工作评估（performance appraisal）：是员工定期接受所属的经理或主管评价的过程、评估工作表现、讨论员工提高技能改进工作应采取的措施。

工作标准（performance standard）：一种要求达到的工作水准，设定了可以接受的工作质量。

招聘（recruitment）：寻找并筛选合格的申请人，填补现有的或即将出现的岗位空缺的过程；包括登广告或公布空缺岗位的消息，评价申请人以确定可以聘用谁。

任务清单（task list）：一张表，以重要性为顺序，列出一个工作的全部重要职责。

复习题

1. 在挑选应聘员工的过程中，应如何使用岗位职责和任职要求？
2. 前厅部经理可以在哪里寻找工作申请人？经理可以用什么方法找到并聘用到员工？
3. 进行面谈包括哪些步骤？在面谈询问时，面谈人应记住哪些技巧和注意事项？
4. 员工入职培训包括哪些内容？
5. 工作分类细目是怎样在工作清单的内容上扩展的？制作工作分类细目包括哪些步骤？
6. 培训的准备工作为什么重要？培训者怎样才能做好培训的准备工作？什么原则能帮助培训者有效地进行培训？
7. 几种其他的排班技术是什么？
8. 最有效的工作评估是由于什么样的原因而进行的？
9. 什么是激励？前厅部经理可以用什么方法激励员工？怎样才能把奖励计划用作激励前厅部员工的一种方法？
10. 为什么书面工作评估对饭店和员工都很重要？

网址：

若想获得更多信息，可访问下列网址。网址变更恕不通知。若你所访问的网址不存在，可使用搜索引擎查找新网址。

1. HR Magazine:http://moss07.shrm.org/publications/hrmagazine/
2. Human Resource Executive Online:www.hrexecutive.com
3. Society for Human Resource Management（SHRM）:www.shrm.org

案例分析

案例1：酒店总经理关于员工问题的思考

比尔·米勒是博登海边度假酒店的总经理。过去的一年他被酒店前厅部的人员流失问题所困扰。在过去的5个月内，前厅部已经失去了前厅部经理蒂姆，两位主管和几位客户关系维护服务代表。

莎拉在酒店里工作了一年半，是时间最长的客服代表。莎拉最近被晋升为主管。虽然她从未从事过相关工作，但她的工作与客户相处的态度，以及她对前台操作流程和系统的知识似乎让她成为该职位的理想人选。因此，比尔·米勒毫不犹豫地提升了她，因为前厅部经理的位置仍在缺欠，莎拉现在直接向比尔汇报工作。

莎拉与前厅部所有员工相处合作得非常好，例如预订员、接线员、行李员、礼宾部员工和代客泊车员工。因为前厅经理职位空缺，莎拉和其他前厅部职员负责组织安排日常排班表，管理前厅部现金流，以及解决大部分前厅部的日常问题。这已经持续了两个多星期，比尔想知道他们在无须前台经理监督的情况下，能持续有效地工作多久。比尔正在考虑调整前厅部的组织结构，莎拉和其他人都将有机会晋升，最终获得有效地管理前厅部门运作所必需的经验。

他正在考虑在新的组织机构中设置前厅经理助理和预订部经理两个新职位。目前，前厅部已经有一个领班、前台主管莎拉和其他岗位员工，来保证前厅部门有效地运作。

比尔希望这样的这个新结构将有助于减轻前厅经理的工作压力，有利于降低前厅重要岗位员工的流动率。酒店员工的流动往往会在就业后的前 3 个月内发生，但这并不能解释前厅经理和主管辞职的原因。他们已经在酒店工作了 2 ~ 4 年的时间。然而，最近员工辞职一般发生在工作后的前两个月内。　比尔猜想是否因为为期两周的新员工培训过于严格。新员工需要在两周内学习所有的前厅部门操作系统及其流程。新员工将接受接近 8 小时的入职培训，包括了对运作流程的基本介绍、酒店的简介、企业的核心思想及理念、参观酒店，以及与新员工在薪酬福利、政府政策法规和公司政策的方面进行介绍和讨论。入职培训之后是为期两周的高强度培训，新员工将在前厅部和预订部的各个岗位进行轮岗培训，包括行李员、礼宾及代客泊车等工作。该培训的目的是让新员工对酒店的前厅运行有一个全面的了解。通常情况下，这种培训体制是为了解决由于人手短缺或客流量高峰时期等问题引起工作中断的情况下，新员工能够被安排在前台或行李部协助工作。学员可以实践他们在培训课程中学习到的知识。然而，如果学员在实践前没有获得相关方面的培训，他们将会觉得很难进行实际操作。新学员经常会遇到的问题是：如果前一天培训他们的员工今天没有上班，当天他们就会被分配给另外的培训人员。这通常意味着培训人员将会询问新员工的培训进度及内容，可能认为他们已经可以在很多方面进行独立操作。这样有时候对新员工有一定的帮助，有时候会是一种困扰。

比尔还考虑了酒店的整个招聘流程。他在人力资源部的协助下招聘了酒店的管理层人员。人力资源部的人员主要负责招聘一线员工。人力资源部门的主要职责是招聘，包括广告的投放、筛选应聘者、初次面试、最后确定人选。招聘是人力资源部的常规工作及职责。人力资源主管是一位经验丰富的员工。她提醒比尔，一般人员流动问题一般多发生在以季节性业务为主的行业，例如度假产业。

莎拉是一名很好的员工。她居住在距离酒店 32 公里之外的小镇上，是被酒店在其家乡发布的招聘广告所吸引来酒店应聘。在来酒店前，她没有任何的酒店业从业经验，但是她非常热爱她现在工作。她晋升得很快，并且有一个清晰的职业生涯规划。她渴望进步，学习所有成就一名成功管理人员的相关知识和技能。她不知道该如何告诉比尔她的职业目标，是否应该直接去人力资源部？在入职培训之后，她再也没有看到过人力资源部的员工。她都能在前厅部直接领取自己的薪水，没有合适的机会去人力资源部。

现在前厅部经理的职位还是空缺，莎拉希望自己能够得到这个职位。从她的角度来看，这并不太难。比尔也在考虑同一件事情。尽管内部晋升相对简单，如果莎拉能晋升，她将会长期留在酒店。比尔认为虽然莎拉有点太年轻，但是她非常聪明好学。

莎拉的电话把比尔从思考中带回现实。一位酒店住客要求询问经理为什么其过账的要求从昨晚提出至今仍然没有被调整？比尔想知道为什么客户不让莎拉解决他的问题。他再次考虑莎拉是否能胜任前厅经理这个职位。她的晋升是否会对酒店的入住率，每间可销售房收入及客人的入住体验产生不良的影响？

比尔决定观察和评估度假酒店其他部门人员流动的问题。他在考虑如何降低酒店员工流动率。他没有做数据统计，但他知道，酒店员工的离职问题每年会使酒店损失上万美元。他不太确定如何计算内部职员离职成本，于是决定请其他部门经理来帮助解决这个问题。

讨论题

1. 关于博登海边度假酒店的员工招聘流程，你对比尔有什么建议？
2. 比尔应当如何看待博登海边度假酒店的新员工培训？
3. 哪些方法可以降低博登海边度假酒店员工的离职率？
4. 莎拉应当如何获得胜任前厅经理职位的必需技能和知识？

案例编号：608C16

本案例还刊登在 Todd Comen 所著《前厅部管理的案例分析》（美国饭店业协会教育学院，2003 年）。

案例 2：冻企鹅度假村为滑雪季节配备员工

作为冬季滑雪胜地，冻企鹅假村有许多季节性的客满期。事实上，滑雪季节（为期 10 周的季节）中间的 6 周饭店的预订是满的。预期业务会增加，管理层要制订一项计划，在最初 2 周（早期）和最后 2 周（后期）以及季节高峰期的 6 周为度假村配备员工。

很巧，新近聘用的前厅部经理史考特先生曾负责为海啸夏季度假村配备员工，那是一个经历过同样出租率循环的饭店。然而，冻企鹅位于一个更广阔的地带，给史考特先生带来了独特的挑战。以前，他能很方便地从海啸夏季度假村周围的社区大学聘用临时工，在冻企鹅周围的大山中，几乎找不到临时工。

史考特先生认为，解决员工配备这一难题有两个部分，第一，必须招聘一批核心员工，愿意整个 10 周都工作。他相信能在工作期间给每位员工合理的工资，还加上全季胜利结束时发给奖金。第二，史考特先生认为度假村以前没给员工足够的培训，让他们能高产出地工作。他认为，通过交叉培训，重新安排前厅部工作架构，员工们能够更有效地工作，还能保持高昂的士气。

讨论题

1. 你认为核心员工的强、弱项是什么？胜利结束时的奖金是个好主意吗？要吸引所需要的员工来经营度假村，还能做些什么？

2. 提出5个史考特先生在工作面谈中会明智地询问各申请人的问题。注意提出一些问题，能让史考特先生评价申请人接受培训的潜力。

3. 对史考特先生计划的交叉培训，重组前厅部的工作和责任，你是怎么看的？你认为激发士气的重要事项是什么？

4. 史考特先生应怎样把标准告诉申请人，以保证他们了解度假村的期望？

案例编号：33212CA

下列行业专家帮助收集信息，编写了这一案例：注册饭店管理师、梅里斯塔饭店和度假村集团服务部副总裁理查德·M. 布鲁克斯和密歇根州立大学旅馆学院旅馆系终身教授迈克尔·L. 卡萨瓦纳博士。

本案例还刊登在《住宿房管理案例研讨》（美国饭店与住宿业协会教育学院，1998 年，密歇根州兰辛），国际书号：0 - 86612-184 - 6。

案例 3: 前厅经理的备忘录

蒂姆·莫森，是博登海边度假酒店的前厅经理，他为即将到来的夏季感到不安。前厅部门在过去一年工资花费超过30 万美元，包括前台接待员、夜间审计员、接线员、客房预订员和行李员。

1～5 月的营业收入接近预算收益金额，但是接下来几个月的客房预订量确实令人费解。人们似乎都要等到最后才做计划，这使夏天旺季时节的客房预订非常缓慢。考虑到在过去3 年房价的上涨和经济的萧条，度假酒店的管理者希望看到预订量能尽快到达顶峰，否则这将是一个最低迷的夏季。

前厅部最近受到部分关键职员离职的影响。新的前台接待员，正如期待那样，会受到前厅主管和经理助理更多的关注。蒂姆的助理已经在度假酒店工作了两年，虽然他有着20 年在快餐店工作的经验，但对于酒店行业来讲他仍然是位新人；新提升的前厅主管比较成熟，由于其来自非营利性机构，酒店行业经验还是比较缺乏。

度假酒店的预订部拥有两位新晋升的主管，罗宾和特蕾西。罗宾主要负责预订系统的管理及员工培训；特蕾西则负责管理日常排班，招聘和与员工沟通事宜。特蕾西在3 年内晋升到这个职位，在此之前她并没有相关的酒店从业经验。罗宾是3 年前从附近酒店跳槽过来的，他在员工培训以及预订计算机系统的操作和管理方面有着丰富的经验。特蕾西每天的工作时间比较长，但是她并不希望全权管理酒店的预订部，因为她不希望因为工作而占据家庭生活过多的时间。

为了更好地管理前厅部的薪酬总支出，蒂姆正在考虑做出一些调整管理。他一直希望聘请一位预订部经理，希望此人能对预订部进行更科学有条理的管理。但是这个职位一直空缺了将近 3 个月，因此两名主管代替部门经理的设想变成现实。

特蕾西，预订部主管主要负责招聘，日常工作安排，激励员工和与员工沟通工作。特蕾西希望能够与所有预订部员工一起讨论以及制定让部门更有效运作的策略，但是因为每个人都有不同的工作时间安排，更没有员工愿意在休息时间参加会议，这让她束手无策。她告诉每个人他们可以为他们开会进行打卡计时。但在上述方法的基础上，部门人手仍然短缺以及影响了她的正常工作时间，无法完成日常的文书工作，履行她的工作职责。例如生成晨间报表、确认函、对预订过程质量审核和处理客人的特殊要求。

"无法组织部门会议并不奇怪，"她向罗宾抱怨道，"整个部门已经有一年没有开过会了。部门的策略制定和修改依据是每个班次按要求记录关于酒店住客提出的问题和其他日常运作的相关信息。最近，一些小问题正在困扰着基层员工，他们常常在抱怨他们是如何执行的某些任务，而其他人却很清闲。这些问题包括填写客人的住店记录，清洁前台，标注回头客的入住。"

过去三个月的营业额没有达到预期值，因此该部门必须要缩减其年度花费预算。在最近的经理会议中，营销总监和总经理认为，夏季的几个月的营业额可能会低于预期。他们要求部门经理缩紧开支，尽可能减少并控制成本。蒂姆在考虑如果能在即将来临的旺季中减少员工工作时间长度来实现削减劳工开支。

审查完关于前厅部的总工资支出会计报告后，蒂姆决定可以通过更加精准的排班安排来实现削减人员开支。他去年期间通过取消业绩评价的方法成功抑制了人员薪水上涨。一位前台工作人员曾要求加薪，但蒂姆告诉他，他已经接近他的薪资级别的最高水平，他们将在年终根据工作表现来决定其工资水平。

最后，经过深思熟虑，蒂姆制定出了下面这份关于前厅部门支出的备忘录：

前厅部备忘录

日期：6 月 3 日

致：全体前厅员工

抄送：总经理

发送人：蒂姆 · 莫森

回复：计划

为了保证开支的合理性，我做了一个办公室出勤情况的调查。我发现很多员工是在他们正式上班 10 分钟前打卡，这种情况必须马上停止！当早到时，你可以早到 7 分钟打卡出勤时应穿着工装。另外，预约员工可以不用打卡签退，并允许在工作时间内用餐。除此之外，其他员工要在打卡签退后才能用餐。谢谢大家的帮助和努力，从而可以更加有效地控制部门的开支。

下星期，蒂姆开始制定夏天的员工调度安排。他的目的是确保工作紧密进行，保证满足顾客服务需求的基础上不多安排员工。在他担任前厅经理职责的第一个夏季，他决定不允许任何形式的替代。蒂姆决定将他的战略形成书面文件，使他的员工知道在接下来的旺季期间他的工作期望是什么：

前厅部备忘录

时间：6 月 14 日

致：全体前厅员工

抄送：总经理

发送人：蒂姆·莫森

回复：关于休假和休息时间的安排要求

我们即将迎来度假酒店的旺季，在此我提醒全体前厅员工关于请假申请的事宜。是的，是申请！为了协助日常排班调度，我在办公室张贴了一份新的日程表。你的请假申请，一旦被批准后，将会被记录在日程表上。只有我和前厅经理助理可以进行有效记录。请不要在休假批准前做任何的假期安排。部门人员有限，我们要齐心协力去迎战这个夏季。

让我们一起期待一个繁忙高产的夏天。

月底，当蒂姆和总经理在审查前厅部开支时发现，在即将到来的通常是旺季的 8 月预订情况与往年相比不容乐观。在开支管理上面临着更大的压力。总经理和蒂姆发现总工资支出依然超过预算金额，事实上，蒂姆对进一步削减部门的劳工开支已经束手无策了。他回到办公室，查看了上个月的劳工开支和员工工作时间安排。

最后他给预订部的员工写了一下备忘录：

前厅部备忘录

时间：7 月 4 日

致：预订客服

抄送：总经理

发送人：蒂姆·莫森

回复：关于用餐时间

我认为我已经明确规定员工只能在打卡下班时间用餐。但是从工资支出报表中可以清晰地看到这个要求并没有被执行。每一位员工都在用餐期间让呼叫器离开身边。如果你选择只休息 20 分钟，可以，但是请打卡下班。根据法律规定，休息时间应为 15 分钟。唯一的例外是那些独自工作，或少于 6 小时轮班的员工。我会调整工作时间安排来更好地实行这一政策！

谢谢！

讨论题

1. 你有什么建议给蒂姆和特蕾西改善部门间的沟通？

2. 你认为蒂姆的备忘录对于实现目标有效吗？你有什么建议给蒂姆关于重写这些备忘录吗？

案例编号：608C16

本案例还刊登在 Todd Comen 所著《前厅部管理的案例分析》（美国饭店业协会教育学院，2003 年）。

附　录

互联网概念

　　互联网一直是酒店业自动化应用中增长最快的区域。支持互联网多媒体的万维网（WWW）的普及促进了酒店业自动化应用的发展。万维网代表技术的一种更令人激动的用途之一，支持互动应用，自助服务功能，通信选择和视频广播。万维网，简称为网络，是一个复杂的文档、图形及其他多媒体元素的分布式数据库。它是由数以百万计的在全球各个网站可用的超文本文件组成。超文本是一个非线性组织，实现将各种信息通过网络进行连接。网络是一个由文件、图像和多媒体组成的系统，可以由任何一位互联网用户很容易地访问。一组超文本文件可以链接到其他用户来创建一个大型分布式计算机网络。它不仅是一个巨大的信息资源图书馆，也是一种用于表达、推广和交易处理的介质。

　　网站是一个基于菜单的系统，该系统组织互联网资源进入一系列的菜单页面或者屏幕。每个连接的网络服务器保持互联网数据上的各种指令或链接，并且能够检索该数据。数据可以以文本文件、音频文件、视频文件、图形图像文件或任何其他数据形式被存储在一个计算机系统中。

　　互联网，或者简称为网络，比万维网更大，由一个大型的、一系列复杂的计算机网络旨在为全球公众提供获取信息和通信服务。网络是由工作站构成，工作站可以用户能够共享数据，程序和外围设备（如服务器和打印机）。数据共享允许全系统的通信，同时程序共享使用户能够访问不常使用的程序，而避免因这些程序被安装在每个桌面单元（称为客户机）对速度或存储器容量产生的损失。从经济角度来看，设备共享是源自网络的一个重要益处。昂贵的外围设备，如大容量存储设备和彩色激光打印机，可通过将所有客户端连接到一个网络。

　　网络环境可以被称为客户机—服务器（C/S）或对等网络（P/P）。客户机—服务器环境中连接一个或者几个功能强大的计算机（简称为文件服务器或服务器）到几个（少数，几十个，甚至上百个）其他不那么强大的计算机（客户机）。客户机可以访问多种存储在服务器上的程序和借用服务器的处理能力，相对于这些程序在一个独立的模式下操作，可以更迅速、更有效地执行任务。例如，一台服务器可以将数以千计的数据在几秒钟内归类到数据项，而对于台式计算机来执行相同的任务，可能需要更长的时间。

　　客户机—服务器环境的一个优点是服务器可以同时处理多个客户机请求。客户机—服务器网络也可通过管理通信（电子邮件）和提供网络管理（监控和安全）来提高系统的性能。在对等网络中，每个工作站都是具有客户端和服务器功能。一个简单的对等网络的例子是由两个或三个计算机连接的家庭网络，共同使用一部打印机或共享网络通信入口。因为任何客户机可以是一个服务器和任何一个服务器也可以是客户端，这些设备都被认为具有相等的或对等的状态。对等网络的网络，和客户机—服务器网络一样支持通信，数据库管理，文件共享。不同于客户机—服务器网络的是对等网络更容易发生安全和访问控制的问题。

在现实中，互联网可称为网络的网络，连接本地和地区计算机网站到一个广阔的电子电网。万维网不同于互联网，它是互联网的公共部分。有许多网络连接到属于私人，而不是供公众使用互联网。

互联网运营

因特网在美国最初被同时构思为发展州际高速公路。连接大部分城市和乡村的州际高速公路系统的设计是基于维护全国各地持续不断的物资供应的需要。该公路是设计有足够的备用路确保物资资源源不断地运送到国家的各个区域。这些原则在创建互联网时被视为是非常重要的。用州际公路系统作为模型，注意力集中于确保计算机之间的数据的连续运动在不同的战略位置，从东海岸到西海岸。网络规划者试图通过计算机平台的多样性来创建数以万计的交互式通信道路。

互联网已经产生了一个技术爆炸持续影响这世界各地生活的所有方面，包括酒店业。虽然互联网在技术上是全球性的，据估计，近2/3的互联网的使用是起源于美国。正是由于这个原因，互联网被倾向于针对美国观众的英语网站和内容所支配。

互联网开始于为美国国防部的高速网络。军方领导人寻求一种既能在机构之间高速传输信息同时也能不受能量波动和停电等影响的网络。正是由于这个原因，互联网是一个没有中央集线器互连网络。

彼此通信，该网络使用了一组称为协议的标准。通过采用这些相同的网络协议，政府和商业机构已经能够连接到互联网的骨干网。骨干是设计承载大部分网络通信的互联网的组成部分。即一台计算机连接到骨干成为互联网设备。此外，一台计算机或计算机网络连接到骨干，骨干使设备具备了互联网功能。骨干形成了互联网架构的大动脉。图1包含此结构的示意图。在前厅，例如，本地区域网（LAN）可用于个人工作站终端连接到一个服务器。反过来，服务器也可以被用于建立一个互联网网关。同时连接到互联网，前台的工作人员可以与世界各地数以百万计的用户共享数据和信息。

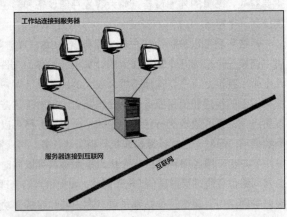

图 1　网络连接

连接

由于以一个固定的月租费和额外使用费的可能性，访问互联网的费用范围从免费到相对昂贵。很少有用户直接访问互联网。大多数用户需要通过互联网服务提供商（ISP）或者在线服务提供商（OSP）购买获得。基本上，在线服务提供商（OSP）使得用户除了互联网之外，能够使用其他在线服务，如果需要的话，可以通过专用服务器连接到互联网主干网。America Online 和 MSN 是互联网服务商的例子，不仅可以用一个专用服务器直接访问互联网，而且它们还提供了各种其他类型的互联网服务。第二个（更常见的替代）是互联网服务提供商（ISP）。只要用户连接到 ISP 服务器，ISP 就可以提供直接连接到互联网主干网的服务。EarthLink、有线电视公司和提供上网的电话公司都是互联网服务供应商的例子。在本质上，ISP 为用户提供连接互联网的渠道，而 OSP 则提供其他服务和互联网连接。无论是使用 ISP 还是 OSP，对于建立互联网连接都有五项基本要素的要求：

第一，PC 用户或其他计算机为基础的设备。任何能够被连接互联网并且具有基于互联网协议程序的设备都能够成为互联网设备。个人计算机、打印机、服务器、扫描仪、个人数字助理（PDAs），无线电话和没有内存或数据存储能力（通常称为哑终端或瘦终端）的工作站都是一些只能够连接互联网的设备。

第二，通信软件。这包括所有编写和指令信息发送和接收的程序，以及互联网自身的通信量。

第三，通信设备。这包括物理连接互联网到个人计算机或整个网络的设备。通信设备包括网桥、网关、路由器和网络接口卡（网卡）。该连接可以是有线或无线的。

第四，互联网账户。这是连接互联网的必要条件。每个用户必须在互联网上有一个独特的身份识别。互联网账户是通过互联网服务提供商（ISP）或者在线服务提供商（OSP）提供给大多数的互联网用户。

第五，网页浏览器软件。这个使用户能够查看网页。最流行的网页浏览器是微软的 IE 浏览器，网景导航者和美国在线。没有一个网页浏览器，网页就不能显示。

硬件

互联网是不同网络的一个集合。在互联网上传输的数据可能会通过几种类型的网络，计算机和通信线路才能到达一个最终的目的地。互联网的专用硬件，旨在使数据在不同网络之间的传送实现无缝连接。这类设备例如网桥、网关、路由器和网卡等都是互联网有效运行必不可少的。

网桥使用相同的数据传输协议（在同一地址格式）连接两个或多个网络。网桥确保了附加网络可以像一个网络一样运行。网桥的目的是提升网络能力和分离网络通信。

网关提供了两个不兼容的网络相互通信的途径。网关通常可以将发送信息指令的计算机请求转化成接收信息指令的计算机可以理解的格式。

互联网主机连接到路由器可将信息发送到互联网的不同区域。路由器在解释数据包所使用的协议（即通过互联网发送的一组数据），并且在发送和接收协议之间进行转换。因此，路由器可用于连接使用不同协议的网络。

网卡基本上是一个被放置在计算机中的通信装置，从而确保计算机可以连接到网络。网卡可以通过有线电缆使计算机与外部连接，因此提供一个有线网络的物理连接点或网线连接的天线。

互联网服务

互联网服务对于所有的互联网用户没有任何成本，并且不需要特殊的设备，但是在互联网设备里可能需要额外的程序。有几种可以使用的互联网服务，包括：交换信息的电子邮件，将文件从一处传送到另一处的文件传输协议，将信息发布给订阅者的信息发布服务，

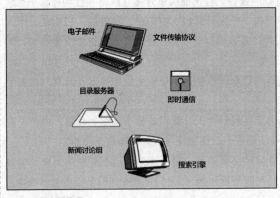

即时通信的互动讨论，聚焦话题范围的新闻组，电子信息公告板和用于研究的搜索引擎。随着因特网的发展，新颖和独特的服务将被加入进来。图2中包含了互联网服务的摘要。

电子邮件

电子邮箱或电邮，可以确保用户无论是住在同一栋楼、跨镇、跨州或其他地方都可以迅速沟通。电

图2　网络服务

子邮件通常是新互联网用户的第一应用，并且是使用最广泛的互联网服务。使用电子邮件发送一条消息给世界各地的人就像写留言给隔壁的人一样简单。唯一的条件是发送方必须知道接收者的电子邮件地址，并有一个电子邮件软件包。

基本上，电子邮件是通过计算机组成、发送、接收和阅读的一条消息或者一个文件。电子邮件结合邮局传递传统信件或文件的质量和电话通信的速度，效率以及可靠性。此外，发送电子邮件成本通常低于邮票或电话的价格。

文件传输协议

文件传输协议，也被称为远程登录传输，是一种访问的方法并且通过互联网传输文件，程序或其他服务。文件传输协议是用于从远程互联网站点传送文件到本地计算机的最古老，最流行的方法。文件传输协议站点内部程序可以是共享软件（需要注册使用费）或免费软

件（无成本使用）。从历史来看，文件传输协议使用一组复杂的指令来导航一个网站和识别被传送的文件。这不再是这样，由于先进的导航软件可用于访问和管理大多数的文件传输协议网站。凭借从互联网上获得下载文件的方便易用性（从一个远程站点的文件到本地计算机），许多酒店软件供应商已经开始提供其产品的演示版本。尽管对用户作用不太明显，但文件传输协议为信息在不同计算机用户之间的传输提供了非常有效的途径，而无须发送者或接收者修改操作程序。从本质上说，文件传输协议是公众分享文件的基础。

目录服务器

目录服务器通常用于描述自动信息分配系统。目录服务器程序使用户可以从互动的互联网讨论小组中添加（注册）或删除（注销）他的名字。通常情况下，用户注册一个讨论小组同时提交给目录服务器一份邮件列表。如需注册，用户只需发送电子邮件到该列表服务器所在的主机。每当一个条目被发送到目录列表时，同时也会有一封邮件发送给所有的注册人员。

即时通信

即时通信是一个用来描述允许任何可以实现两人或多人进行实时互动讨论的程序术语。它的工作原理很像电话或电话会议，只有它是基于文本的，并在互联网上。加入到即时通信，用户必须使用客户端软件。安装客户端后（大多数客户端可以通过互联网免费下载），用户可以访问（登录）到即时通信主机服务器，并在几个即时通信渠道中进行选择，每个都专用于参与者的虚拟社区（聊天群）。选择信道，用户可以与正在参加同一讨论组的其他用户进行讨论。选择网名（聊天身份）后，用户开始通过输入文本进行交流。所有输入的文本会被立即传递给同一信道的接收者。正是出于这个原因，即时通信能够承载及时、生动的全球范围的对话。

新闻讨论组

新闻讨论组本质上是关注特定主题的在线讨论组。例如，有专门关于另类音乐、运动队、外星人电影、历史事件、政治间谍、餐厅评论、酒店技术和缅甸山地犬的新闻组。新闻讨论组根据主题划分为不同的层级，每个主题中可以有很多子话题。讨论的形式是通过向新闻组发送邮件实现的。新闻讨论组可能被审核或者未被审核的。如果一个新闻讨论组需要审核，电子邮件将会被自动发送给审核编辑，其主要工作是查看所有传入的电子邮件，确保邮件发布之前的恰当性。在未被审核的新闻组里，所有接收到的信息会立即发布给所有参与者。

新闻讨论组服务器是负责共享预定义主题的信息和评论的新闻讨论组。每个新闻讨论组的成员都可以发布和回复消息，创建消息主题。新闻讨论组的开放性常常会出现广泛参与，这可能会导致失去焦点。出于这个原因，大多数新闻组倾向于提供常见问题解答，参与者必须在参与新闻讨论组讨论之前阅读此列表。列出一个常见问题有助于保持小组正在讨论的焦点。

公告板

新闻组是新闻讨论组网路，独立于互联网但又通过网管与互联网连接。新闻组是电子公告板的先驱，并一直服务于几千个的特殊兴趣的群体。新闻组是一个互联网之外，但由于互联网紧密相连的系统。新闻组依赖电子邮件提供一个集中的，基于文本的新闻服务。因此，新闻组参与者被认为能够发布、阅读和回复在线消息的人。新闻组的新闻讨论组基本上是用户阅读和发布关于他们所选择主题的消息公告牌。当消息被发布到新闻讨论组，每个访问该讨论组的人都可以阅读和回复此消息。新闻组、新闻讨论组和即时通信之间的区别在于新闻组和新闻讨论组不注重信息的实时交换。

搜索引擎

搜索引擎基于选题或在互联网上选定的部分关键词能识别搜索特定的互联网资源。图书资料、档案资料、新闻媒体、产品发布、零售网点、数据库、技术概念、产品搜索等，可以进行调查，发现和检索。Google，Yahoo! 和 Excite 是搜索引擎的代表。搜索引擎从根本上来说是包含了各种参考资源的数据库。用户能够提交查询并与数据库互动，如果存在的话，确定包含搜索条件匹配的资源。用户可以访问搜索引擎或搜索服务，尝试使用特殊身份词语——关键字和名称来找到自己感兴趣的互联网网站。在大多数情况下，搜索引擎都是免费并且界面易于用户使用的特征。一旦用户输入查询，搜索引擎会列出包含有问题信息的一系列可能的网站。搜索引擎往往提供了各种搜索参数，使用户能够缩小搜索范围以便于所识别的资源对于正在进行调查的项目具有更高的相关性。

许多搜索引擎提供了类别索引或者主题目录，以帮助用户进一步分类或缩小搜索标准。在目录下，用户能够选择一个一般性主题专项一个特定的互联网网站，例如，选择 "酒店业" 类别，然后选择"饭店"次级类比，最后选择一个度假村酒店。目录易于使用并且可以成功找出结果。此外，一些搜索引擎提供了预览和相匹配网站的点击率。表3提供了互联网服务概要描述。

表1 互联网服务描述

电子邮件：通过计算机发送，接收和阅读的电子文件组成。

文件传输协议：为用户从远程计算机中将文件复制到本地计算机的一种方法。

即时通信：不需要用户将信息发布到电子公告板的基于文本的实时网络讨论。

列表服务：通过自动邮件分发系统发布信息的渠道。

新闻讨论组：关注特定主题的需要或不需要审核的在线讨论组。

搜索引擎：基于关键词搜索的互联网资源识别与检索。

远程登录：进行远程登录到另一台计算机并访问其公共资源的协议。

新闻组：通过网络发送和接收信息群组的能力。

社交网络

社交网络是个体拥有共同兴趣、活动和经验的在线网络社区。活跃的成员探索，分享和讨论他们认为相关的和适当的任何问题，网络的目的是简化实时在线交流。它可以共享大量的人们希望通过虚拟讨论发布的相关信息和观点。

社交网络是一个流畅的、不受管制的环境，对于各酒店企业也既提供了机会也带来了挑战。选择在酒店写下自己经历的客人对于酒店可能是有益的也可能有害的。由于企业有自己观点的非客人可能会表示出支持或不支持的观点或行为。此外，一些酒店公司都通过经常性的对话的方式提供信息，有助于提升酒店的形象，产品信息的提供和事件采取主动出击的方式。

目前有许多社交网站，包括：在 MySpace，Facebook，Classmates，Bebo，Orkut，PerfSpot，Flickr，Yahoo! 360°，Live Journal，my Yearbook，MSN Spaces，Ravelry，Xanga 和 Friendster。同样，热情好客为本的社交网站也有很多，包括 TripAdvisor，TravelPost，Gusto! MyTravelGuide，RealTravel，TravBuddy，Fodors，TripConnect，VirtualTourist 和 WAYN。这些技术如聊天会话、短信、电子邮件主题、数字媒体、文件共享、讨论组和博客都是流行的互动方法。

互联网地址

互联网有效运行需要两个重要因素：互联网地址和通信。地址主要是关于分配用户和机器独特的识别证书。用户地址便于信息的交换，而计算机的地址允许访问互联网资源。用于识别网络上的人、计算机和资源的系统被称为因特网寻址。有两种不同的定址方案，一种是特别处理人际沟通，另一种是处理机器的访问。最常见的人际信息交流是电子邮件。电子邮件地址用来识别一个人或计算机的信息交换。它是从左向右读并使用 username@domain.name 的格式。域名描述了电子邮件服务器的组织，地址的名称部分详细地描述了组织的类型。例如，mikek@ahlei.org 这个电邮地址。这个假设的地址属于 Michael Kasavana（用户名：mikek），据称他在美国饭店业协会教育学院工作（域名：ahlei），其被归类为一个组织间网络实体（名称：ORG）。不同于电子邮件地址，计算机地址是基于互联网上的称为网际协议（IP）地址和域名的数字地址。IP 地址是用于识别连接到互联网的每台计算机的唯一数字；我们将在下面对它进行讨论。

域名系统

域名系统是互联网上组织站点名称一种方法。域名系统由组合在一起的被称为主机的网络计算机和允许寻址和其他信息的广泛分布和保持的权限层级等原则组成的。域名系统的一个优点是，它消除了跟踪主机名到地址的集中附属文件。

例如，假设一位互联网赞助商是准备通过互联网建设一个网站。假设该网站的内容和网络服务器的配置非常适合，网络管理者旨在确保新建的网站将可在因特网上被发现。为了到达这个目标网站，查询用户必须拥有 Web 浏览器，并在其中输入网站的域名（地址）。域名是互联网身份的最显著的部分。

图 3　网页地址

域名组合成一个统一资源定位符（URL）的格式，如 http://www.ahlei.org。在这个例子中，ahlei.org 是称为 URL 的主域名部分。传统的互联网电子邮件地址，像 mikek@ahlei.org，仍然含有主域名。主域名是电子邮件和互联网地址之间的共同纽带，目的是指定一组计算机。主机名是分配给一台特定计算机的名称。主机名附加到域名的左侧。其结果是一个完整的主机域名的形成。如果 www 是主机域 ahlei.org 内的名称，并指定 www.ahlei.org 会直接指示浏览器到主机。

网络上的每台主机都需要一个网际协议（IP）地址。IP 地址是在互联网上用来标识一个特定位置的序列号。把 IP 地址想象成街道地址。IP 地址和域名密切地绑定在一起，并主要来识别使用网络的特定计算机位置。域名可以看作是 IP 地址的一种易于理解的人类语言的转换形式。互联网用户通常不需要关注 IP 地址，因为域名包含了来自用户的 IP 地址。域名比 IP 地址更容易记住和共享。

主域的拥有者可以创建和管理额外的子域或次域。例如，假设创建一个销售（sales.ahlei.org）和客户服务（support.ahlei.org）的子域作为主域名的扩展。通过坚持一套标准体现了域的层次结构。域名都是从左至右开始编写，从最具体的（子域名）到相对具体（主域名）的域名（通常由点分隔）的一部分。图 4 提供了 IP 地址和网页地址进行比较的例子。

域名扩展

扩展域名通常被写在根域的右侧（在最后分割点的后面）。此扩展被称为顶级域名（TLD）。

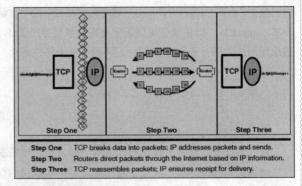

Step One	TCP breaks data into packets; IP addresses packets and sends.
Step Two	Routers direct packets through the Internet based on IP information.
Step Three	TCP reassembles packets; IP ensures receipt for delivery.

图 4　分组交换过程

TLD 类别中的成员是基于该用户或参与系统所属的组织类型。目前流行的顶级扩展域名包括：

ARTS—文化 / 娱乐实体

BIZ—商业介绍网站 business reference sites

COM—商业组织

EDU—教育机构

FIRM—商业公司

GOV—政府机构

INFO—信息服务机构

MIL—军事组织

NET—网络支持团体 / 网络提供商

NOM—个体或个人命名

ORG—组织（如非营利性组织）

PRO—专业隶属关系

REC—休闲 / 娱乐机构

STORE—提供销售商品企业

TV—电视台隶属网站

WEB—万维网相关活动

域名扩展提供所指定人员或组织的相关信息。例如，.COM（发音为"点 COM"）是商业机构的缩写；它可能是使用最广泛的扩展域名。当一个公司试图注册自己的域名时，可能面临该域名已经被其他组织采用，而他们只能使用代替的扩展名的窘况。例如，位于密歇根州兰辛东部的大学酒店可能会发现 URL universityinn.com 已经被另一个城市的另一家旅馆给采用了。酒店的经理可能会找另一个可以使用的域扩展名来注册他想要的域名，如网络（Network）的简写 .NET（发音为"点网"）。虽然最初 .NET 专供互联网服务提供商使用，但是它或许是一个可行的选择。换句话说，随着互联网活动的增加，以前执行的管制已经有所放松。一些企业和教育机构已经成功地用扩展名 .NET 注册了。

域名必须是唯一的，且不能超过 24 个字符。字母、数字和横线属于有效字符。在一个域名生效之前，互联网信息中心（一个负责管理域名的机构）会通过全面的调查来验证它的独特性。经过互联网信息中心批准的域名会被添加到用户的启动文件。计算机的 IP 地址与域名相对应，并且通过互联网网站的赞助商变成可发现的。

互联网缩略语

URL、HTML 和 HTTP 是三个重要的互联网缩略词。如上所述，Web 由网页组成，这些网页的地址通常被称为的 URLs（发音为"earls"）。URLs 通常以一个确定被访问资源类型的前缀为开头。在 Web 浏览器中输入一个 URL 将引导程序直接访问该地址代表的网站。HTML 意为超文本标记语言，它是一种基于文本的通用计算机语言，用于展示可以通过网络浏览器显示的文档的结构和内容。HTTP（超文本传输协议）是一种信息检索技术，旨在帮助用户快速地访问网站。Web 上的文档地址通常以"http: //"开头，之后是服务器名称和域名。当需要私人或专有的数据时，网站地址可能会自动变为 HTTPS，表示这个 HTTP 链接现在是受保护的（不受来自外界的干扰）。 HTTPS 通过确保数据输入享有高优先级安保措施让用户有很高的安全感。

互联网通信

互联网没有任何的中央管理。相反，它是成千上万个个人网络和组织的集合体，其中的每一个都独立地被拥有和操作。每个网络都和其他网络配合指导网络通信，使信息可以不间断地在互联网上传输。为了使网络和计算机有效地工作，必须有一个针对网络通信程序和标准的一般协议。

常见的通信协议使网络通信成为可能。通信协议或通信标准有助于确保不同类型以及不同制造商的计算机之间的通信。数据通过网络里各种各样的物理路径传送。有时传输包括发送不同格式的数据或把消息分割成段，有时为了在网络上最有效地利用媒体和设备，数据传送还涉及协调传输。

互联网把数据从一台计算机传输到另一台。如果接收计算机和发送计算机在同一个网络上，它们可以直接传输电子信息。如果发送计算机不能直接连接收计算机所在的网络，它会把消息发送到另一台能够转发给接收计算机的机器上。

可进行转发的主机至少连接两个以上的网络，如果可以进行转发，它会直接将消息传送给接收计算机，如果不可以，则将其传递到另一个转发主机。消息从互联网的一部分到另一部分的过程中，通过十几个甚至更多转发主机是很常见的。

TCP/IP 协议

构成互联网的各式的网络基于同样的方式工作。它们以段，或称数据包的形式传输数据，其中每个数据包都带有其发送者和接收者的地址。应用最广泛的协议是传输控制协议（TCP）。TCP 和 IP 的组合被用于几乎所有的互联网应用。网民们通过支持相同的技术通信标准享受网络的服务和资源。

连接到互联网的网络彼此基于 TCP 和 IP 两个协议通信。简单地说，TCP / IP 协议创建数据包。TCP 协议主要包括：

- 打破数据包里的文档，文件或消息。
- 在信息接收端重新组合数据包。
- 确保所有的数据包送达并且可使用。

TCP/ IP 的 TCP 组件负责在一端打破原始数据，转换成数据包，并在另一端重新正确组装 IP组件负责使数据包成功到达预定目的地。TCP部分通知网络交换设备数据包的内容，IP 部分指示数据包的传输目的地。TCP 简单地将数据编排成数据包，并根据它们的目的地给它们标注地址。图 4 是分组交换过程的示意图。

路由器读取该 TCP/ IP 包，然后指引数据包通过因特网中错综复杂的链接网络。负责确保数据成功传送和接收的是联通的计算机而非因特网——这是一个重要的概念，每一台在互联网上的计算机都有能力与任何一台和它同级的计算机进行通信。在一个分组交换网络中，发送者和接收者之间的链接不是唯一和连续的。相反，当信息被发送时，它被分割成小的数据包，同时通过许多不同的路线发送，然后在接收端重新组合。相比之下，电话系统是一个电路交换网络。在电路交换网络中，一旦连接建立（例如，电话呼叫被接通时），那一部分网络就仅供一个连接使用。显然，这不可能是互联网有效的运作方式，因为每次传输都需要有自己的专用线路。

局域网和广域网

局域网（LAN）是一个密闭的地理区域内的网络，例如一个办公大楼或一个校园。广域网（WAN）是大范围内连接的局域网的组合。广域网最好的例子之一是酒店公司的中央预订系统，它包括在酒店的工作站和在预订中心的工作站，这些工作站由同一个网络链接，并且共享同一个数据库。广域网也可以通过连接到接入互联网骨干网的主计算机或主网络来连接互联网。

信息模式

互联网可以以非传统的方式帮助建立电子通信管道。互联网信息在任何一个拉取或推送模式下都可以使用。一个信息拉取包含用户指示 Web 浏览器显示目标网站和从该网站拉取数据或文件。换句话说，一旦在网站上，用户可以决定审查、检索、打印或下载哪些信息或其他可用资源。正如其名称所暗示的，一个信息拉取是用户获取所需的网站内容的途径。相比之下，信息推送涉及发布信息到用户或用户组的网站管理员。信息推送类似于邮政服务主动提供邮件。例如，当订阅一个邮件列表或讨论组时，参与者会被要求提供一个电子邮件地址。这个地址很可能被该网站的管理员用于发送定期邮件。通常情况下，站长决定发送信息的内容和时间。同样，注册也可能会给用户带来意外的或不想要的新闻、公告、产品介绍、促销活动宣传、垃圾邮件或其他推送给用户的信息。以酒店业为例，一个潜在的客户可以访问的酒店公司的网站并查询预订信息（房间和价格）——这是一个信息拉取的例子。但是对于已登记的常客，可以定期向其发送关于各种大酒店的特点，功能和特殊事件的电子信息，这是信息推送。

网 页

网站是链接在一个数据包中的一个或多个页面的信息。相关文件一起驻留在一个虚拟主机计算机上，形成了一个网站。然而，一个单一的服务器可以承载多个网站，分别容纳在一个单独的区域或目录中，像一个硬盘驱动器可以容纳多个目录。网站可以设计成一个简单的由一般到特殊的信息结构，也可以很复杂，包含一些看起来随意链接到其他页面的网页。站内文件可以链接到其他任何同网站的文件，甚至是其他网站上的文件。然而，大多数网站都设计成金字塔或大纲结构，给用户建立一个视觉模型，以了解信息是如何安排的，并指点他们如何找到和浏览网站上的文件。

一个网站可以只有一个页面，也可以包括几十页甚至上百页。欢迎页或主页是一个网站的首页或顶页。通常情况下，欢迎页面作为一个网站的介绍，解释该网站的目的并描述整个网站中其他页面上的信息。欢迎页也可以作为网站内其他网页的内容表，提供从顶部页到整个网站其他网页的所有链接。欢迎页面通常会被嵌入下划线或突出显示的超链接文本。超链接的任务是使整个网站的其他网页与首页相连接。良好的网络设计原则建议整个网站的页面都应该链接到欢迎页面。这种方法使用户可以随时找到回到网站的顶部的方式，以便浏览其他目标。

术语主页也用于描述的浏览器的默认启动页面。浏览器的默认主页可以由用户决定和指定。每次用户启动浏览器时会自动检索默认主页。浏览器软件公司通常会把自己的网站的首页或欢迎页面设置成默认页面，但用户可以更改设置为任何他们喜欢的页面。浏览器的主页将是用户每次浏览网络的起始点。大多数网页浏览器会提供一个主页键，无论目前浏览器正打开哪一页或者访问过哪一页，都可以使用它自动返回起始页。

由于网页被认为是发布的文件的集合，而文件是由页面组成的，所以一个网站的元件通常称作网页。网页是浏览器查询、接收和显示信息的单位。网页可以被格式化为文本、图形或两者兼有，并应被认为是信息单元，而不是书或杂志的拷贝。

网页的大小是由其中一个文件中象征着页面的开始和结束的嵌入的代码所决定的。虽然网页可以是任何长度的，但是计算机屏幕仅能显示有限的内容。网页不是以计算机屏幕的尺寸大小来制作的，因此有可能比标准的计算机屏幕更长更宽。出于这个原因，查看网页可能需要使用一个垂直或水平滚动条。滚动条的作用是控制计算机屏幕显示网页中想要的部分。滚动条通常由方向箭头来引导水平和垂直移动。当网页被显示在浏览器中，用户可根据需要，通过滚动或"翻页"来浏览整个网页。当网页被打印时，打印的不仅仅是显示屏上显示出的部分，而是整个页面（类似于打印若干页数）。

一个网页可以是一个超文本或超媒体文件。超文本文件包含到其他文件的超文本链接。超媒体文件包含与其他文件相链接的文本、图形、视频、音频、动画和超链接。

网页的基本内容可以并且经常是通过文字处理器产生的。然后处理过的文档会被（使用特殊格式化代码）嵌入到网页中。特殊的格式化代码用于指示浏览器如何显示文本。虽然文字处理器可以生成包含文本和图形的文档，但是使网页更加引人注目的方法通常是将文本和图形与多媒体相结合。音频、视频、动画和其他活跃的媒体元素（包括虚拟现实）也可嵌入网页。将这些综合起来能够创建一个超出二维页面的三维概念空间。出于这个原因，网页有时候会产生误导。

网站的每个页面都有自己独特的地址或 URL。 URL 的作用类似于个人计算机上的目录。在个人计算机上的文件夹和子文件夹的作用是为计算机用户组织内容。类似地，URLs 让网站的内容组织符合逻辑。提供超出网站主页的更具体的网址的 URL 被称为 URL 扩展地址。扩展 URL 地址的小节之间由斜线："/"分开。图 5 是扩展 URL 网页地址的一个例子。小节"pub"表示网站的出版物部分，要观看的文档的具体名称是"custom.htm"。

超文本和超链接

超文本为网络的文档链接和页面链接建立了基础，并提供给用户一种快速获取信息的手段。相较于从文档开始看到文档结束并且依次消化信息，用户可以选择一个单词、短语或概念，并获得关于所选择项目或主题的更详细的信息。超文本编程使文档可以在相同或不相同的因特网服务器上联动。超文本通常由超链接

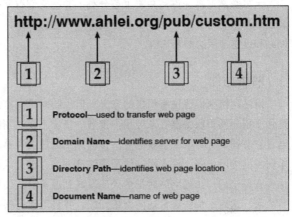

图 5　扩展 URL 网页地址

组成，超链接在屏幕上显示为高亮的单词、词组、概念、图标或图形。用户能够通过点击一个项目或对象，在互联网导航上寻找更多的信息。在网络上，该信息可能位于全球范围内的任何网站。

超链接有三种类型。目标超链接可以从同一个文档中的一个位置移动至另一个位置。例如，在网页顶部的一个目录可能包含与网站内容表等价链接。用户可以通过从列表中选择一个项目，来让浏览器迅速显示那部分文档。相对超链接可以在同一个网络服务器上，从一个文档移动到另一个文档里。在网络术语中，第二个文档被认为是第一个文档的相关物。绝对超链接的作用是移动到不同的互联网服务器上的另一个文档。

超文本和超媒体使用户能够以非线性方式获取信息。从头到尾地读一本书，是线性的学习方式。把相关话题当作没有必然联系的条目分开来调查是非线性的学习方式。例如，在阅读有关酒店前台运作的文章时，读者可能想更多地了解预订系统；阅读有关预订系统的东西可能引发对电信技术的兴趣；阅读有关电信技术的文章可能会促使读者在广域网方

面产生兴趣, 以此类推。非线性运作方式从一个相关话题转移到另外一个的能力, 使得超链接强大而有效。从一个网页跳转到另一个被称为网上冲浪, 就像使用遥控器控制电视换台一样。

书签

书签是互联网浏览器的一个重要功能。书签存储用户喜爱的网页地址。对一个喜欢的网站使用书签功能可以创建一个到该网站的捷径, 使得用户能够快速地到达网址, 而不必记住和输入一长串互联网地址。书签类似于按键式电话的重拨功能。在每一个访问过的网站上都随意留下书签可不是一个好主意, 因为这些网站的 URL 将淹没在冗长的收藏夹列表中。大多数浏览器允许用户将书签分类, 并把它们存储在有对应标注的文件夹中。排序并通过目录结构分类保存书签相当于创建一个虚拟书架。适合加入书签的网页包括最喜爱的网站和经常使用的参考资料。

网络插件

网站网络插件往往有积极的意义, 但也给网页浏览器用户造成了烦恼。网络网络插件是用于描述网页服务器在未经用户批准的情况下发送到网页浏览器的小程序的术语。程序通过它驻留的计算机来捕获信息。该信息由浏览器存储, 并在每次浏览器向服务器发出请求时发回给服务器。许多网站使用网络插件来存储登录码。这些网站需要安全登录。网络插件在每个用户访问网站时把登录码发送到服务器, 使用户不必在每次访问该网站时都进行登录。这对于那些经常访问大量网站, 并且可能有很多不同的登录密码的用户来说往往是一件好事。

通过在用户浏览器存储网络插件, 服务器可以不经过用户的许可收集登录码以外的用户信息, 这就是引起用户担忧的原因。根据所使用的网络插件的类型和浏览器的功能, 浏览器可以选择接受或不接受该网络插件。已被接受的网络插件可能会被保存一个或长或短的时间, 这取决于浏览器是否已被设置为接受和存储已接收到的网络插件。网络插件可能包含从近期浏览过的网页上获得的用户信息。这些信息可能被滥用, 导致竞争性的间谍活动。网络插件可以在不经用户允许的情况下收集诸如登录代码、报名信息、网上采购模式、浏览程序、用户偏好等信息, 然后转发给网页服务器。

当服务器接从浏览器处收到含有网络插件的请求后, 服务器就可以使用存储在网络插件中的信息。例如, 服务器可能根据用户的喜好定制 HTML 文档或根据用户的访问和请求模式创建和维护日志。网络插件通常保存在用户的计算机（有源存储器）中, 直至浏览器被关闭。浏览器关闭后, 网络插件可以自行存储到用户的硬盘上。无论如何, 网络插件通常都配有一个预定的到期日。即使继续驻留在硬盘上也许可以让网络插件搜集更多信息供以后传输到网页服务器。

内容拦截软件

有些浏览器依靠一个内容分级系统，使使用者能够设置可视类材料的权限，并以此通过内容拦截软件来锁定某些特定内容。用户对内容拦截软件产生兴趣的原因有很多。其中一个原因涉及网络空间允许电子传送淫秽或色情材料的污秽一面。计算机传播淫秽材料主要在三个地方出现：拨号公告板系统（BBS）、互联网网站和新闻组。公告板系统、互联网网站和新闻组无法被管制，并会向任何一个发现它的人提供不需经过审查的访问权限。因此，人们需要能够基于指定的标准和参数来限制访问的内容拦截软件。此外，很多雇主希望把员工的网络活动限制在与工作有关的范围内。许多管理者担心信息高速公路使得员工分心，导致生产力水平下降，所以他们希望限制员工访问与业务无关的网站。

计算机病毒

计算机病毒是用于感染计算机程序或文件的软件。它的目的是扰乱计算机的运行或者毁坏计算机。病毒代码被写入之后，它就会埋藏在现有程序内。一旦该程序被执行，病毒代码就会被激活并且自我复制，附加到系统中的其他程序里。受感染的程序将病毒复制到其他程序。病毒程序往往旨在通过破坏或扰乱数据来损坏计算机系统。如果受感染的文件被转移到其他计算机，或被其他计算机系统访问，病毒就会扩散到其他系统。随着互联网和其他计算机网络使用的增加，病毒已成为一个严重的问题。

病毒不能被附加到数据上；它必须与一个被下载或安装到计算机的可执行程序相连。负载病毒的程序必须被执行才能激活病毒。虽然已知的计算机病毒有几千个，但大部分是"良性"的，其危害力不比一个有创意的恶作剧大。良性病毒可能会冻结屏幕显示或闪烁一条短短的信息。另一种可以被设计为产生恼人或异常的声音。通常，良性病毒被发现并删除前会持续产生几乎无害的效果。恶性或有害的病毒主要有四种类型：

- 引导扇区病毒。
- 文件型病毒。
- 木马病毒。
- 宏病毒。

引导扇区病毒用被修改过的、被感染的版本引导程序来替换计算机启动系统。当被感染的引导程序执行时，它会将病毒加载到计算机内存中。软盘是引导病毒传播的最常见的途径。如果计算机重启时软盘在驱动器内，机器就会被感染。因为此时计算机为了找到操作系统，会读取软盘的引导区。一旦计算机被感染，引导型病毒很可能会自我复制到所有这台机器读取或写入的软盘中，直到病毒被消灭。

文件型病毒将病毒代码插入程序文件，然后传播给任何访问过受感染程序的程序。

特洛伊木马病毒是隐藏在合法程序中，或设计得看起来像合法的程序的病毒。特洛伊木马病毒通常会导致计算机在应用程序的执行过程中进行非法活动。这种病毒的传统用法是定位密码信息或削弱系统防御，以便将来非法侵入；或破坏程序、文件或数据。

宏病毒利用应用程序的宏语言，如文字处理，来隐藏病毒代码。即使宏病毒在应用程序内保持隐藏，宏被执行的时候也会导致程序和／或文件被破坏。换言之，当一个带有受感染的宏的文档被打开时，宏病毒就会加载到内存中。某些操作，如保存文档，会激活病毒。宏病毒常附着在文字处理和电子表格模板上，这样，任何使用该模板创建的文件都会被感染。

有些病毒还可能包含逻辑炸弹或定时炸弹。逻辑炸弹会在符合某种条件时被激活，通常用于破坏数据，其运作方式是格式化硬盘驱动器或在选中的文件中插入乱码。逻辑炸弹通常伴随互联网公共领域的软件下载传播。逻辑炸弹一经发动立即造成损害。例如，一个心怀不满的工作者可以用逻辑炸弹摧毁可能导致他或她被解雇的预约或工资文件。"定时炸弹"是一种设置为在特定日期自动激活的逻辑炸弹。

损坏程序或文件的另一种形式是蠕虫病毒。虽然蠕虫经常被分类为病毒，但是它不会像病毒一样把自己附着到另一个程序上。相反，蠕虫病毒会在内存或磁盘驱动器上反复复制，直到占用所有内存或磁盘空间。这会导致计算机将停止运行。有些蠕虫程序还能够将自己复制到互联网或内联网中的其他计算机上。

杀毒软件是检测和清除计算机病毒的软件。防病毒程序能够查找试图修改防火墙、操作系统和其他只读文件的程序或程序代码，也可以对照病毒签名文件查找病毒特征码，即已知病毒特定的代码模式。病毒签名文件需要经常更新、加入新发现的病毒信息，这样防病毒程序就可以查杀在自身发布时间之后诞生的病毒。防病毒程序的另一种运作方式是给现有的程序文件"接种疫苗"。当一个程序文件接种后，它的信息，如文件大小和创建日期会被记录在独立的接种文件中。防病毒程序能够运用该信息检测程序文件是否被病毒篡改。然而，一些复杂的病毒程序会采取措施以避免被发现。例如，病毒可能感染一个程序而不改变它原始的程序大小和创建日期。能够使用某种方法躲避检测的病毒称为隐形病毒。其躲避检测的能力使隐形病毒成为最难控制的病毒之一。病毒检测软件应该定期更新以确保系统的安全和全面运作。

内联网和外联网技术

随着互联网的急剧增长，越来越多的用户开始利用互联网进行人际沟通、信息收集和业务交易。由于互联网的普及，企业很快认识到为互联网工作的组成部分本质上同样重要。当互联网技术应用于一个公司、组织或其他实体内部，并只供雇员使用时，它被称为内联网。大多数公司为他们的内联网建立了防火墙。防火墙是硬件和软件的组合，只允许被授权的个人以指定目的访问内部。员工可以使用公司的内部网访问网络资源，但防火墙会阻止那些来自互联网的访问与内联网互动。内部网往往由一个企业内的许多网络组成，彼此通过 TCP／IP 协议进行通信。这些独立的网络往往被称为子网。在酒店企业，企业内部网可能允许员工访问有关公司政策、程序、岗位提供、福利和其他公司的信息。

大多数内部网技术，如互联网使用的，是以客户机／服务器为基础的。然而，在许多情况下，科技作用于内联网和互联网的方式是不同的。在多个公司应用相同的技术，使每个公司既在自己的内联网上又在公用的互联网上，推动了外联网的发展。

建立一个内部（内联网）、外部（互联网）和可选的附加（外联网）信息和资源可以无缝结合的系统有很多好处。第一，TCP／IP 为基础的网络让人们可以很容易地在家中或旅途中远程访问网络。第二，访问一个内联网或外联网很像连接到互联网，不同之处在于连接到专用网络或网络，而不是一个公共网络的提供商。第三，内联网、外联网和互联网之间的合作创造了许多实实在在的好处。认识到互联网和网络技术力量的新兴工业化国家正在开发更高级的内部网和外部网，来实现加强交流沟通、提高生产力、扩大经济利益、促进决策制定等目的。内联网和外联网具有其他网络的一切功能，并且使人们在一起更容易、更有效地工作。

外联网连接的不仅是内部人员，还有供应商、业务合作伙伴、精选的客户，以及其他关联实体。无论内部网还是外部网，在确保机密性、安全性和可控性的前提下，提供高品质的互动是至关重要的。

外部网在连接互联网的情况下，用一个无缝的应用程序连接多个远程机构。互联网支持外联网所需的接入类型和网速，直接取决于用户的数量和必须送达的信息量。外联网应用可以增强与远程设备、客户和供应商的互动。使用外部网的公司可以不再依靠传真、电话和邮件通信，并且能够节省通话、纸张和邮寄费用。酒店公司可以为他们最好的企业客户创建专用的外联网，或为供应商设置外联网来方便食品、饮品和用品的订购、监管和付账。

网站设计

为了吸引和留住网站访问者，一家酒店要注重网站的设计、质量和内容。曾经，酒店的官网像纸质宣传册一样只有文本和图片；现在它们已变得更加复杂，为游客提供了一系列重要的商业产品信息的互动集合，旨在提高公司的形象和补充其战略计划。

设计酒店网站时应有效利用图解和翔实的内容，而不是仅仅运用成熟的浏览器技术。一个酒店网站的设计应该能够最大限度地吸引旅客。现在的很多酒店网站用网上预订、电子邮件反馈、安全交易和链接网站来吸引眼球。虽然非酒店业的网站可以通过订阅或广告收入获得资金支持，但是这对酒店网站来说不太现实。有史以来，酒店网站的设计、开发、融资和维护都由酒店公司（或其签约的代理人）完成。

一个精心设计和开发的网站可以成为酒店管理公司非常宝贵的资源。酒店公司面向全球市场、24 小时营业全年无休的供应能力使其可以在网络上最大限度地曝光或关注，并且只有很小的风险和成本。保持网站的时效性和准确性非常重要，因此酒店管理公司或酒店要确保有人负责网站的内容。这个人通常被称为站长。站长不一定是计算机专家，但必须熟悉该网站的运行目的和操作方式。

设计概念

建立网站不难，关键是要设计一个满足酒店的目的和其目标市场的期望的网站。关于网站，有一些非常好的问题酒店管理者们需要了解，包括：

- 酒店是否需要聘请专业顾问来帮助开发一个智能、高效、精致的网站？
- 如何在网站上展示酒店的竞争优势？
- 网站应该强调酒店的哪些功能？
- 需要加入定制图表、全景照片、动画和视频剪辑吗？
- 网站的哪些部分应该定期更新，哪些部分应该保持不变？
- 网站应该是交互式的吗？应该允许用户与酒店通信（即预订客房、住宿反馈、预约保留时间、订购酒店服装等）吗？
- 哪些关键字和标签可以让网站在搜索引擎上最大限度地曝光？

一个经验丰富的专业团队可以在文本布局、图片、网络技术、动画和特殊多媒体功能等方面给酒店项目团队提供帮助。表 2 给出了基本的网页设计理念。网页设计技巧还包括：

- 把网页中的所有发布日期去掉，除非日期会随着内容的定期变更而变更。没有什么比贴着"最新"标签的内容、日期却显示为 2 ~ 4 天前更能让访客察觉到网站的怠慢。不要指望访客们会觉得一条显然过期的信息会具有真实和时效性。
- 让网址导航更便捷（记住三个点击规则）。相比于其他任何因素，不能让访客在合理的时间内访问网站内的某一页对一个具有影响力的网站而言危害是最大的。网站上的特殊功能、数据和其他信息应该能够在三次点击之内显示出来。例如，如果客户想要下订单，那么他必须能够在三次（或几次）点击之内找到下订单的界面，否则客户就可能关闭网页，并且很可能再也不会访问了。
- 控制网页的长度（记得 22 英寸规则）。一个过长的网页会让访客忘记它讲过什么或者关键内容在哪。"22 英寸规则"的目的是使访客更加便利地操作网站。22 英寸（1 英寸等于 2.54 厘米）长的网页等于两张首尾相接的标准长度的打印纸，这种长度的信息是便于读者处理的。超链接到其他页面是一个比无尽的单个网页更好的选择。
- 考虑让网站自动过滤和添加流行元素。新鲜的信息会刺激和加剧游客的兴趣，并提醒用户他们每次访问时，网站都会有所不同。很多酒店网站以当前天气状况、独特的菜品、专用的 24 小时停车场、竞赛、点击率为特色，还支持社区交叉促销和特别活动。
- 不要认为网站是一个大的超链接列表。酒店管理公司忽视最多的网站设计功能就是超链接。很多时候网站都组织得很差、很凌乱，内容演示不合逻辑。没什么能比面对网页上一长串的超链接更让访客沮丧了。最好的网站设计往往是最简单的。
- 删除网站上的所有计数器。低访问频率会向访客们暗示潜在的问题。相隔几周之后发现自己从第 116 位访客变成第 118 位访客绝对不会增加你对这个网站的兴趣。统计包括访问量在内的网络活动的方法有很多，而网站访客什么都不需要知道。

- 避免使用技术技巧来吸引游客。动画技术、流式音频、视频播放器、数据展示和其他现在流行的应用技术都会迅速地过时并被增强的应用程序取代。事实证明，依靠技巧和噱头来吸引游客不像提供刺激的内容或相关站点的链接那样有用。要避免过分依赖技术工具、把它们作为网站的主要吸引力。

表 2　网站设计基础

文本:
- 简短的文本可以被最快最容易地理解。
- 太多的文字使网站杂乱，不招人喜欢。
- 字体大小、样式和颜色可以提高酒店信息的影响力。
- 配有适当的图解、照片或插图的文本效果最好。

图表:
- 只用那些可以让人直接了解到酒店特色的图表。
- 简单图表好。
- 图表应该能够帮助访客和酒店网站进行互动。
- 如果想给访客提供一个舒服的视觉效果，将整个网站的图表统一设计是必需的。
- 图表应该能够被便捷地加载到网页上。

照片:
- 照片是展现某些酒店特色，尤其是自然结构和娱乐设施最好的办法。
- 必须培养关注意识，确保数字照片图像清晰、大小合适，并且被及时发布到网上。
- 按照逻辑顺序排列的照片更有影响力。

动画:
- 动画或许在展现动作或片段方面更有效。
- 动画可以吸引注意力，或者强调网站的某个部分。
- 动画的作用是让酒店特色更加鲜明，而不是使这些信息模糊不清，或者仅仅用于娱乐。
- 不要将动画与其他类型的插图混用。
- 有争议的动画主题或者扭曲的表述会引发潜在的不良后果。

网站策略

以下有关饭店网站策略的列表侧重于代表性，而非面面俱到。表 3 列举了一些受欢迎的酒店网站功能。

意识　吸引新客户往往是网站发展的一个主要目的。可以在网站上明显地展示产业照片、地理位置图、联系人列表，以及便利设施、餐馆和类型的信息等来使消费者产生兴趣。此外，酒店企业可以提供实时预约功能、电子优惠券或频繁的浏览器的促销活动。

优化 仅仅构建一个网站不能确保访问量。网站主办者必须为网站和引用内容编写索引，并在任何必要的时候升级网络地址。即使网站或品牌名称已经广为人知，网站设计师和站主也会经常确认搜索引擎中最受欢迎的关键词，并确保他们的网站包括这些词汇。这就是所谓的优化，优化将人们在网上搜索信息时搜到这个网站的可能性最大化了。

产品推广 展示房间类型和便利设施、楼层平面图、会议设施、娱乐设施、宴会厅和餐饮产品，以及其他特色在酒店管理公司的网站中比较常见。能够描述和展示酒店及其出口的自然构造，聚焦奖项、证书、当前的评价等级和评论是推广有影响力的产品的基础。此外，有些酒店还通过网站出售他们的品牌服装和配饰。

顾客反馈通道 以客户对管理者的评论和信件为特色的网站越来越受欢迎。电子邮件提供了一对一交流的渠道。另外，酒店的电子宣传册、客户服务承诺、职位申请、经销权提供及相关文档也可以通过网站发布。网站可以通过给现有客户提供特殊网络利益（如鼓励性的奖品、常客折扣、特殊活动入口、特价促销等），使客户更加忠实，同时提升网络价值。

表3　酒店网站的流行特色

通用信息：	分类项目
历史 / 哲学 / 目标声明	天天特供 / 促销
地址和电话	儿童菜单 / 外带菜单
天气 / 方向 / 当地地图	外卖 / 网络订餐
管理 / 主要联系工作人员（电子邮件链接）	宴会及酒席菜单
房间供应：	定制主菜 / 私人聚会
户型	菜单点评 / 评论家评论
楼层平面图	其他特点：
客房设施	物理结构 / 虚拟游览
客房娱乐	意见 / 相邻操作
客房残障设施要求	会议 / 展览 / 派对设施
空房	商品销售 / 品牌服装
预订：	装饰 / 布景选项
网站地址 / 相关信息	娱乐 / 室内布置选项
地图 / 邻近区域信息	就业机会 / 申请
在线预约 / 确认	服务小费 / 项目单 / 娱乐包
集团与会议策划	常客回馈计划 / 优先顾客项目
收益管理应用	宣传册 / 促销计划
特殊交易专用在线 / 电子邮件 RFP	礼券 / 电子优惠券
菜单供应：	顾客纪念品 / 相册
菜单预览	

　　新闻　一个网站可以作为公司新闻、产品促销、特别活动信息，新闻稿和值得播出的信息迅速传播的媒介。新闻项目性质上可能是公司或行业的，也可能是一般性的。例如，酒店网站会呈现住宿业股市新闻、物业意见、属性更新、工作人员公告和其他重要商业信息。

　　关系建立　网站提供了一种与客户、股东、加盟商、承办商和公司核心人员培养关系的手段。有些酒店在网站上为经销权和特许经营人信息、会议策划者推广、员工沟通、竞赛和图样，以及类似内容预留空间。营销和客户反馈调查，也可以通过网络进行。

　　交易　在线采购技术提供了一种装置，让客户在网站上进行安全的电子交易。预订客房并提供支付卡保障是安全交易的一个很好的例子，因为它使用了有附加安全作用的特殊超文本传输协议。网上零售由主要销售带有酒店名或标志的商品的礼品店和货物中心组织。此外，酒店可能提供备用设备产品运送服务和其他基础交易服务。销售特色商品的网站通常使用购物车，让网民可以浏览产品线，参考报价选择产品，并完成支付。在线购物者无法使用现金支付，因此必须选择使用信用卡、借记卡、Google Checkout、PayPal、Paymentech、MoneyZap、Bill Me Later 等支付方式中的一种。随着电子金融的不断发展，网上交易所能使用的支付方式也会同时增多。

　　就业　酒店网站可以成为提供就业机会的有效媒介。事实证明，通过网络布告吸引求职者是一个替代传统发布工作方式的有效方法，因为网站可以为公司介绍未来的员工，同时为他们建立直接的交流途径。先进的网站设计使访问者可以下载和打印就业申请表，或在线填写电子表格。

　　引起公众关注　酒店可以利用网站展示大堂、客房、餐厅，以及重大时尚宴会活动的照片。网站可以还利用聚光来突出特别的名人事件或发布个人所获的证书。这样的重点可以证明网站形象的重要性，同时帮助酒店建立"虚拟人格"。

　　建议和小窍门　每天、每周或每月的一个小贴士可以帮助改变网站内容、激发好奇心和兴趣、增加网站的收益。这对让现在的顾客对网站保持兴趣尤为重要。提示可能直接关系到公司（如老年包价旅游、团体旅游率等）或在本质上总体概括（例如：如何为旅行做准备、在旅行时锻炼的办法、选择正确的红酒来搭配特定的食物等）。

　　内联网支持　制定公司内部网或专用虚拟网络（VPN），为多家连锁店经营者提供了独特的交流与操作机会。例如，使用网络链接在一起的财产链可以通过链条的内部网列出总采购订单。订单文件会被发送给一组优选的承办商。然后承办商的网站可以发回在线购买的定价方案和电子表格。同样，加盟商的 VPN 能通过链接到公司的网页与上级组织沟通。另一种公司内部网的普遍用法是作为公司信息的储存库，包括政策、程序、公告、员工福利信息、职位空缺记录和其他有价值的信息。内部网可以被设计成所有员工都可以访问网站的某些部分，其他部分则需要特殊的安全入口的形式。例如，所有人都可以访问员工福利信息，而账务程序只允许有会计安全码的员工访问。

词汇表

骨干网（backbone）：互联网主干道用于承载大部分数据传输。

网桥（bridge）：使用相同数据传输协议（相同的地址格式）连接两个或多个网络的一个连接。网桥使连接的网络作为一个单一的网络运行。

插件（cookies）：插件是当你浏览某网站时，由 Web 服务器发送到网页浏览器的，用于浏览器记录和转译缓存数据的信息。

域名系统（DNS）：一种用于在互联网上组织网站名称方法。

电子邮件（E-mail）：通过计算机发送、接收和阅读的电子文件组成。

外联网（extranet）：能够连接经过授权的私人、消费者、供应商和商业战略合作伙伴的私有化网站。

文件传输协议（File Transfer Protocol）：允许在远程互联网网站访问文件，程序或其他服务的应用程序。

防火墙（firewall）：由硬件和软件组合而成，出于安全目的用于将局域网分成两个或多个部分的安全屏障。

常见问题解答（FAQs）：与特定产品或讨论主题相关的常见问题列表。

网关（gateway）：允许网络上的用户访问不同类型网络的资源。

超链接（hyperlinks）：链接相关文件的内置连接。

超文本（hypertext）：包含与超链接相关文件的网络文件。

超文本标记语言（HTML）：一组被称为标签或标记，用于创建、链接、显示网页的特殊的指令。

即时消息（instant messaging）：一种用于描述允许两个或更多的用户进行实时互动讨论交流的任何程序的术语。

互联网（Internet）：网络的网络，连接本地和地区计算机网站到一个广阔的电子电网。

互联网协议地址（IP）：在互联网上用来标识一个特定位置的计算机地址。

互联网服务提供商（ISP）：通过中介计算机提供互联网链接。

国际互联网信息中心（Inter NIC）：负责核对 IP 地址唯一性的组织。

内联网（intranet）：应用于一个公司、组织或其他实体内部，并只供雇员使用的互联网技术。

关键词（key words）：用于传输文章、网站、文件等项目的一个小的单词集合。

网络（network）：使用户能够共享数据、程序和外围设备（如服务器和打印机）的一系列工作站组合。

新闻讨论组（newsgroup）：本质上是关注某些特点主题的在线讨论组。

在线服务提供商（OSP）：通过中介计算机提供在线服务和互联网的链接。

协议（Protocol）：用于计算机之间信息交换的规则和程序的设置。协议定义如何建立链路，信息如何传送，以及错误如何检测和纠正。通过使用相同的协议，不同类型的计算机可以进行通信。

路由器（router）：负责点到点传送数据包的设备；即引导网络通信的智能网络连接器。

搜索引擎（search engine）：旨在帮助用户查找和检索互联网资源的程序。

共享软件（shore ware）：需要支付注册费的下载软件。

社交网络（social network）：个体拥有共同兴趣，活动和经验的在线网络社区。

传输控制协议（TCP）：互联网数据传输的传输层协议。

统一资源定位符（URL）：格式化的互联网域名。

新闻组（Usenet）：独立于互联网但通过网关连接到互联网的新闻讨论组网络。

病毒（virus）：将自身复制到其他程序和文件，并对这些程序和文件造成损害的一种程序。

网站管理员（web master）：负责管理网站的人。

环球信息网（WWW）：与应用软件类似的互联网图形用户界面；可以通过电子查阅相关信息的包含网站的一部分互联网；互联网上可以查阅到的超链接文件集合。

译后记

2014 年年初接到中国旅游出版社翻译《前厅部的运转与管理》（中文第二版）一书的任务后，心中不免忐忑，一是自己第一次翻译外文教材，缺乏经验；二是本书是美国饭店业协会教育学院的经典教材之一，对译文质量有很高的要求。早在 20 世纪 90 年代初就读上海旅游高等专科学校时本人就接触过该教材最初的版本，对这本教材及美国饭店业协会的其他系列教材比较熟悉，2002 年中国旅游出版社出版该系列教材时，自己更是立即购买了全套教材收藏，既是对专业教学的需要，更是对这套教材的高度认可。本人自 1993 年在上海旅游高等专科学校饭店管理系毕业留校后就担任酒店前厅的教学工作，至今已有 20 多年。基于此，最终决定接受这项艰巨的任务，把它当成是对自己的一次挑战，也是对原版新教材的一次再学习。与我一起翻译本教材的是我的两个优秀的年轻同事，其中于立扬老师翻译了教材的第 8、9、12 和 13 章，王慎军老师翻译了教材的第 4、5、6 和 7 章，其余内容由我本人翻译，最后由本人对全书统稿及修改。

美国饭店业协会的这套系列教材是 2002 年由中国旅游出版社首次引进，并组织了当时国内著名旅游院校的专家学者进行了翻译。本书当时的译者是南京金陵管理干部学院的包伟英老师，包伟英老师凭借其多年的行业实际工作经验和深厚的理论基础，对本书当时的版本进行了相当完美的翻译。本人接到此次的翻译任务后，对照此次新版的英文教材对包老师当年的译本再次进行了认真阅读，发现部分内容在新版本教材中没有太多变化，因此，我们在此次翻译中对于旧版中没有变化的内容除对个别字句进行了修改外，基本沿用了包老师当年的翻译，特此说明并对已经仙逝的包伟英老师致以深深的敬意和缅怀。

　　相对于中国旅游出版社 2002 年出版该书的上一版而言，随着酒店行业近十几年的飞速发展，尤其是信息技术在饭店行业及在线旅行社行业的广泛应用，本版教材充分认识到技术应用对饭店前厅运行管理的影响，并将有关内容进行了及时的补充与更新，比如书中有关预订分销渠道、自助入住登记、计算机管理系统、互联网应用等方面的内容均是这方面的显著体现。本版中新增的部分内容还包括了收益经理、博客与社交网络影响饭店的途径、自动化信息系统失灵情况下的手工备份程序、身份盗用的预防、信用卡支付安全标准、绿色酒店等。这些话题已经成为前厅部运营的关键所在。另外，有关前厅运行的重要讨论贯穿了整本教材，尤其是关于人力资源管理、酒店业务预测、收益管理、预算编制等方面。多元文化背景下的劳动力管理、员工招聘与保留、《美国残疾人法案》的介绍等内容更是体现了作者对于人力资源这个至关重要的酒店成功因素的关注。

　　本书内容丰富，涉及面广，使读者能从更宽泛的角度审视酒店前厅运行管理在酒店经营管理中的重要作用。从本书的编排上看，每章开头的本章概要与学习目标使读者很容易事先抓住重点，每章结尾处的小结、主要术语、复习题及案例分析和最新的互联网网址信息更是为读者深入学习及广泛探讨带来了极大的帮助。

　　此书特别适合作为旅游院校酒店管理专业教材和酒店中高层管理者的培训教材。

　　本书在翻译过程中还得到了任连萍、何越、王立进等老师及周晨倩、张懿等同学的帮助，在此一并表示感谢。还要感谢中国旅游出版社编辑李冉冉女士细致、辛苦的工作。

　　由于本人翻译经验不足，水平有限，译文中不妥之处还望广大读者原谅！

王培来
2015 年 3 月于上海

责任编辑：李冉冉
责任印制：冯冬青
封面设计：何　杰

图书在版编目（CIP）数据

　前厅部的运转与管理 /（美）卡萨瓦纳著；王培来，
包伟英译 . -- 2 版 . -- 北京：中国旅游出版社，2015.6（2024.8重印）
　ISBN 978-7-5032-5345-4

　Ⅰ.①前… Ⅱ.①卡… ②王… ③包… Ⅲ.①饭店—
商业管理 Ⅳ.① F719.2

　中国版本图书馆 CIP 数据核字（2015）第 115763 号

北京市版权局著作权合同登记号：01-2013-5279

书　　名：前厅部的运转与管理

作　　者：（美）卡萨瓦纳著；王培来，包伟英译
出版发行：中国旅游出版社
　　　　　（北京静安东里 6 号　邮编：100028）
　　　　　https://www.cttp.net.cn　E-mail: cttp@mct.gov.cn
　　　　　营销中心电话：010-57377103，57377106
　　　　　读者服务部电话：010-57377107
经　　销：全国各地新华书店
印　　刷：三河市灵山芝兰印刷有限公司
版　　次：2015 年 6 月第 2 版　2024年8月第4次印刷
开　　本：720 毫米 ×970 毫米 1/16
印　　张：33.5
字　　数：539 千
定　　价：128.00 元
ＩＳＢＮ　978-7-5032-5345-4